Lightroom 6/CC

par la pratique

Chez le même éditeur

Traitement de l'image numérique

S. Kelby, *Photoshop pour les utilisateurs de Lightroom*, 2014.
M. Evening, *Lightroom 5 pour les photographes*, 2014.
M. Evening, *Photoshop CC pour les photographes*, 2014.
A.-L. Jacquart, *Retouchez vos photos pas à pas*, 2014
C. Jentzsch, G. Theophile, *Créez vos livres photo avec Lightroom*, 2013.
J. Schewe, *Imprimer ses photographies – Optimiser ses fichiers dans Lightroom et Photoshop*, 2014.
J. Schewe, *Le négatif numérique – Développer ses fichiers RAW avec Photoshop, Camera Raw et Lightroom*, 2013.
J. Delmas, *La gestion des couleurs pour les photographes, les graphistes et le prépresse*, 2012.
J.-M. Sepulchre, *DxO 8 pour les photographes*, 2013, 250 pages, uniquement disponible en e-book.
P. Ricordel, *Capture NX2 par la pratique*, 2010, uniquement disponible en e-book.

Techniques de la photo – Prise de vue

M. Freeman, *Capturer l'instant*, 2015.
P. Bricart, *Les secrets de la photo de nu*, 2015.
D. Dubesset, *Les secrets du cadrage photo*, 2015
E. Balança, *Les secrets de la photo d'animaux*, 2014.
G. Simard, *Les secrets de la photo en gros plan*, 2014.
A. Guillen, I. Guillen, *Les secrets de la photo sous-marine*, 2014.
F. Milochau, *Les secrets de la photo de paysage*, 2014.
V. Bergamaschi, *Les secrets de la photo de nuit*, 2014.
S. Calabrese Roberts, *La photo documentaire*, 2013.
A. Amiot, *Conseils photo pour les voyageurs*, 2013.
A.-L. Jacquart, *Photographier au quotidien avec Anne-Laure Jacquart*, 2013.
A.-L. Jacquart, *Mémophoto – Les réglages de l'appareil*, 2012 (dépliant).
A.-L. Jacquart, *Mémophoto – La composition étape par étape*, 2012 (dépliant).
A.-L. Jacquart, *Composez, réglez, déclenchez !*, 2011.
R. Bouillot, *La pratique du reflex numérique*, 4e édition, 2013.
F. Hunter, S. Biver, P. Fuqua, Manuel d'éclairage photo, 2e édition, 2012.
H. Mante, *Composition et couleur en photographie*, 2012.

Photographe, un métier

R. Nething, *Photographe 3.0*, 2015
M. Dournes, *Les photographes et le droit*, 2015.
S. Tailleur, *Être photographe portraitiste*, 2015.
É. Delamarre, *Profession photographe indépendant*, 3e édition, 2014.
C. Flers, *Vivre de la photo de mariage*, 2014.
A. Amyot, *Vivre de ses photos*, 2013.
F. Gay Jacob Vial, *Artiste photographe*, 2014.
F. Gay Jacob Vial, *Animer des ateliers de photographie*, 2013.
F. Gay Jacob Vial, *Créer et gérer une activité de photographe*, 2012.
G. Lepetit-Castel, *Concevoir son livre de photographie*, 2013.

Boîtiers

P. Garcia, *Photographier avec son Canon 750D/760D*, à paraître.
V. Lambert, *Photographier avec son Nikon D810*, 2015.
P. Druel, *Photographier avec son Nikon D750 / Photographier avec son Nikon D3300*, 2014
N. S. Young, *Photographier avec son Canon EOS 70D*, 2014.
L. Breillat, *Choisir l'objectif idéal pour son reflex Nikon / Choisir l'objectif idéal pour son reflex Canon*
V. Luc, *Maîtriser le Canon EOS 60D / le Canon EOS 5D Mark II / le Canon EOS 550 / le Canon EOS 500D / le Nikon D80 / le Nikon D200 / le Nikon D50 / le Canon EOS 350D.*
V. Luc, P. Brites, *Maîtriser le Canon EOS 600D – Maîtriser le Canon 5D Mark III.*
V. Luc, M. Ferrier, *Maîtriser le Nikon D300.*
V. Luc, B. Effosse, *Maîtriser le Canon EOS 40D / Maîtriser le Canon EOS 400D.*
M. Ferrier, C.-L. Tran, *Réussir ses photos avec le Pentax K-x / Réussir ses photos avec le Nikon D5200.*
M. Ferrier, C.-L. Tran, *Découvrir le Nikon D3000 / Découvrir le Nikon D5000 / Découvrir le Nikon D90 / Découvrir le Canon EOS 1000D.*
B. Favier, J.-M. Sepulchre, *Le Canon EOS 7D Mk II*, uniquement disponibles en e-book.
J.-M. Sepulchre, *Les Fuji X-Pro1 et X-T1 – Le Nikon D610 – Le Nikon D7100 – Le Nikon D800 – Le Nikon D7000 – Le Nikon D5100 – Le Canon 5D Mark III – Le Canon 1D Mark IV – Le Sony NEX-7 – Le Leica M9 – 137 tests d'objectifs pour le Nikon D3s – 94 tests d'objectifs pour le Nikon D300s – 58 tests d'objectifs pour le Nikon D90 – 91 tests d'objectifs pour le Nikon D300 – 103 tests d'objectifs pour le Nikon D700 – 110 tests d'objectifs pour le Nikon D3*, uniquement disponibles en e-book.

Et bien d'autres titres. Consultez notre catalogue sur www.editions-eyrolles.com, et notre actualité photo sur notre webmagazine www.questionsphoto.com.

Gilles **Theophile**

Lightroom 6/CC
par la pratique

EYROLLES

Éditions Eyrolles
61, boulevard Saint-Germain
75005 Paris
www.editions-eyrolles.com

ISBN : 978-2-212-14194-8

Remerciements

La réalisation de cet ouvrage n'aurait pas été possible sans de nombreuses collaborations.

Je voudrais en premier lieu remercier mon éditrice, Stéphanie Poisson, ainsi que les équipes chez Eyrolles pour leur implication et leur recherche permanente de la qualité.

Merci également à Céline Jentzsch (fotogenic.com), qui une fois de plus a largement contribué à l'iconographie du livre avec ses magnifiques photos de voyage. Merci aussi à Isabelle Beauvais (isabelle-photographe.com), photographe indépendante, qui m'a donné des images de sa fille pour l'exercice de capture en mode connecté.

Un grand merci à Christophe Métairie (cmp-color.fr), spécialiste en gestion des couleurs, pour son implication. Sa réputation de sérieux et de qualité n'est plus à faire, merci à lui de m'avoir fourni gracieusement une mire couleur A4 et des profils d'entrée personnalisés. Christophe propose ce service sur son site, ainsi que de nombreux matériels liés à la gestion des couleurs.

Je n'oublie pas non plus de remercier, pour leur soutien sans faille, leur disponibilité et leurs informations, Sharad Mangalick, Product Manager de Lightroom chez Adobe, et Denis-Pierre Guidot, Senior Application Engineer chez Adobe France. Leur aide a été essentielle pour coordonner la réalisation du livre de sorte qu'il soit disponible le plus rapidement possible après la sortie de Lightroom 6/CC. Merci également à tous les membres du groupe de bêta-test Lightroom – que je fréquente assidûment depuis 7 ans déjà –, disséminés un peu partout dans le monde, pour leur aide précieuse et leurs conseils avisés, quasiment 24h/24.

Enfin, un grand merci pour leur patience à ma famille, Marie, mon épouse, Anna et Louise, mes filles devenues des ados depuis la dernière édition de ce livre, et à mes amis, souvent éloignés ; car écrire un livre revient à vivre en ermite pendant plusieurs mois. Je n'oublie pas non plus mon fidèle petit carlin, qui passe le plus clair de son temps à mes côtés pendant que je rédige, devenant probablement ainsi l'un meilleurs experts de Lightroom 6/CC.

Gilles Theophile
Pauillac, le 06 avril 2015

Avant-propos

De nouvelles orientations

Avec cette sixième édition de Lightroom, Adobe prend résolument le cap du Creative Cloud tout en offrant toujours la possibilité d'acquérir le logiciel avec une licence dite « perpétuelle ». Ainsi, il faudra désormais accepter et s'habituer au fait qu'il y a un Lightroom CC et un Lightroom 6. Les fonctionnalités sont, au lancement en avril 2015, strictement identiques dans les deux versions – hormis tout ce qui est lié à Lightroom mobile –, mais il est fort probable que l'une va évoluer progressivement, avec de nouveaux outils, et que l'autre se contentera de la prise en charge de nouveaux appareils photo et de la correction de bugs. C'est la situation que connaît Photoshop, avec d'un côté une version CC qui évolue en permanence, et de l'autre une version CS6 qui reste figée.
Il est beaucoup trop tôt pour dire si Adobe a l'intention de sortir un Lightroom 7 qui intégrerait toutes les nouveautés apparues au fil du temps dans la version CC, quoi qu'il en soit, le but de cet ouvrage est de vous présenter le programme en détail, sans aborder les considérations d'ordre commercial. Cela a toujours été le cas, et nous continuerons dans cette voie, même si l'accent est mis à l'avenir sur la version CC.
Voici donc cette nouvelle édition de *Lightroom par la pratique*, à laquelle nous avons apporté un certain nombre de changements. En effet, pour ne pas faire grossir déraisonnablement l'ouvrage tout en y intégrant les nouveautés du logiciel, nous avons décidé, mon éditrice et moi-même, de supprimer certains exercices, notamment tout ce qui touche aux modules de sortie, et plus particulièrement les modules Livres et Web qui, de toute façon, étaient abordés de manière trop succincte eu égard à leurs vastes possibilités. Sur ces sujets, nous nous sommes recentrés sur l'essentiel, à savoir ce dont a besoin le photographe immédiatement après avoir traité ses images : l'exportation, la diffusion sur un service de galerie web ou sur les réseaux sociaux, l'impression d'une épreuve papier, la réalisation d'un diaporama, l'envoi par e-mail et la synchronisation avec Lightroom mobile, sur tablette et smartphone. Lightroom mobile, qui avait pris le train en marche lors du cycle Lightroom 5, fait dorénavant l'objet d'une toute nouvelle partie dans ce livre.

Les nouveautés

Comme toujours, les nouveautés de Lightroom CC édition 2015 et Lightroom 6 sont nombreuses, et axées sur le flux de travail. Trois d'entre elles se détachent du lot : l'identification de visages, la fusion de photos et l'accélération GPU.
L'identification de visages fut à l'origine prévue pour Lightroom 5 mais reportée à une date ultérieure. La voici dans Lightroom CC et Lightroom 6, accompagnée d'un flux de travail complet incluant des mots-clés de personnes. L'indexation fonctionne en tâche de fond, mais vous pouvez la désactiver ou la cantonner à une activité ponctuelle. Les algorithmes se basent sur l'identification positive et votre approbation pour affiner la pertinence des suggestions de nom lorsque le programme pense avoir reconnu un visage. Le système s'avère redoutablement efficace et fiable, avec un taux d'erreur très faible.
La fusion de photos permet l'assemblage de panoramas et la fusion HDR, avec une particularité importante : le flux est 100 % RAW. Vous travaillez à partir de fichiers RAW et obtenez un panoramique ou une image HDR au format DNG, vous pourrez donc exploiter tous les outils du module Développement. Les résultats obtenus sont même meilleurs qu'avec l'outil Photomerge de Photoshop. La fusion HDR se fait en 32 bits, mais le DNG obtenu est un fichier 16 bits à point flottant, le meilleur compromis entre qualité et latitude de correction.
L'accélération GPU permet au module Développement d'exploiter la puissance de calcul de la carte graphique. L'affichage, y compris l'agrandissement et la navigation, ainsi que l'ensemble des actions des outils de correction globale ou locale s'avèrent bien plus réactifs. Activée par défaut – si votre carte vidéo est compatible –, l'accélération GPU est encore cantonnée au module Développement, mais pourra se voir étendue à d'autres fonctions. L'amélioration des performances englobe également l'importation pour la version Mac, ainsi que l'exportation, qui fait un peu

plus appel à la mémoire vive (RAM). Lors de l'importation en DNG, la conversion ne se fait plus lors de la copie des images, mais une fois que celle-ci est terminée.
Au niveau des nouveautés secondaires ou moins visibles, on notera, pour le module Web, l'abandon de Flash au profit d'HTML5, avec de nouveaux modèles de galeries ; le moteur du module Cartes a également été remplacé pour plus de stabilité. Pas de gros changements pour les autres modules, à l'exception du module Diaporama qui permet maintenant l'ajout de pistes musicales multiples et le choix de la qualité de l'aperçu, pour contrer d'éventuels ralentissements ou blocages en cours d'exécution. À cela s'ajoutent un tas de petites améliorations, saupoudrées aussi bien dans le programme que dans ce livre, comme le filtre de recherche de collections, la création et l'attribution à une collection dès l'importation, la pipette de mots-clés, le pinceau additif/soustractif pour les filtres gradué et radial, la prise en charge des profils CMJN pour l'épreuvage, le message d'avertissement des corrections optiques déjà intégrées, la correction des yeux d'animaux, une meilleure fusion dans l'image de la suppression des défauts, etc.
Le livre a été réécrit en grande partie, et la quasi-totalité des illustrations est nouvelle.

Structure de l'ouvrage

Ce livre comprend 65 exercices répartis en sept parties.

1. **Préparer l'environnement de travail :** réglages, création et gestion de catalogues, installation d'éditeurs et de modules externes, fonctionnement des piles et des copies virtuelles, éditeur de filigranes pour incruster un copyright dans une image... Toutes ces fonctions de base, préalable indispensable à un travail dans Lightroom, font l'objet de huit exercices.

2. **Maîtriser le catalogage :** en suivant un cas concret de flux de travail, nous nous intéresserons d'abord à l'importation, au tri et à la notation des images avant de passer à la création de collections. Puis nous verrons l'identification des visages, suivie de la gestion des mots-clés et des métadonnées. Nous continuerons avec la modification du nom et de la date de fichiers avant de nous intéresser à l'importation à partir de l'Organiseur de Photoshop Elements, à l'importation et à la conversion de photothèques Aperture et iPhoto, et au transfert d'images numérisées ou prises avec un appareil photo connecté à l'ordinateur. Nous traiterons aussi des flux de travail DNG et vidéo avant d'aborder la géolocalisation avec le module Cartes.

3. **Développer ses images :** cette partie est plus particulièrement dédiée au développement de fichiers RAW et aux corrections de base de la tonalité, des couleurs, du bruit et de la netteté. Nous nous pencherons ensuite sur la « présence » de l'image, avec les outils Vibrance et Clarté. Bien entendu, les outils liés au Processus 2012 seront largement discutés, ainsi que l'étalonnage et l'utilisation de profils couleur tiers.

4. **Corriger ses images :** dans cette quatrième partie, nous irons un peu plus loin avec des outils de correction « techniques », comme les corrections de l'objectif, le nettoyage des poussières et le recadrage, avant de passer à des tâches créatives grâce à la retouche locale, au « Filtre gradué », à la conversion noir et blanc, au virage partiel et aux effets de grain ou de vignetage. Elle se terminera avec l'une des grandes nouveautés de Lightroom 6/CC, à savoir le mode « Fusion de photos », pour l'assemblage de panoramas et la fusion HDR.

5. **Optimiser son flux de travail :** cette partie est importante, nous y verrons comment accélérer la postproduction grâce au traitement par lots et aux paramètres prédéfinis de développement, avant de nous intéresser à une méthode de travail idéale pour les photographes pressés. Nous verrons également comment reconfigurer les réglages de Lightroom en fonction de son boîtier ou de ses réglages personnalisés, et comment automatiser le post-traitement dans Photoshop à partir de Lightroom, avant de passer à la gestion des aperçus dynamiques et du traitement en mode hors ligne.

6. **Diffuser ses images :** cette partie couvre tous les moyens immédiats de diffusion des images, à commencer par le menu Exporter et son optimisation pour améliorer le flux de production, puis l'impression, précédée de l'épreuvage écran. L'accent sera également mis sur la publication électronique avec un cas concret de gestion de galerie web Flickr à l'aide des services de publication, la création d'une présentation dans le module Diaporama ainsi que l'envoi d'images par courrier électronique.
7. **Bouger avec Lightroom mobile :** cette dernière partie aborde la gestion, la correction et le partage des images, toujours avec des exemples qui permettent au photographe d'être immédiatement opérationnel.

Toutes les captures de ce livre ont été faites sur Mac. Néanmoins, il n'y a aucune différence d'utilisation de Lightroom sur PC et sur Mac. Les rares menus ou raccourcis clavier qui diffèrent sont signalés dans le texte.

Téléchargement des exercices

Des fichiers sont disponibles pour un certain nombre d'exercices (indication en ce sens en introduction des exercices concernés). Pour faciliter le téléchargement et la manipulation, il ne s'agit pas de fichiers RAW originaux mais de DNG compressés, qui présentent l'avantage de la légèreté tout en conservant toutes les caractéristiques de réversibilité d'un RAW. Les corrections décrites dans les exercices sont intégrées et pourront être reprises ou modifiées à votre guise.

Choisir d'utiliser des DNG n'est pas totalement innocent, l'objectif est aussi de vous faire découvrir ce standard qui présente de nombreux avantages, aussi bien d'un point de vue technique que pour la cohérence du traitement de photographies.

Vous trouverez les fichiers sur www.editions-eyrolles.com, sur la fiche de l'ouvrage (rubrique « Compléments »).

Sommaire

Partie 3

Partie 4

नृसिंह घाट
NARSING GHAT

Partie 1

Préparer l'environnement de travail

Lightroom a la particularité de couvrir des fonctions jusque-là assurées par plusieurs programmes pour le catalogage, le développement des fichiers RAW, la correction des images, l'impression, la diffusion des documents, la création de livres photo, la géolocalisation et le traitement de base des vidéos. Il couvre la quasi intégralité des besoins du photographe tout en permettant de transférer les photos dans Photoshop ou dans d'autres logiciels, pour procéder à des retouches.
Lightroom 6/CC propose, comme pour chaque version, de nouvelles fonctions et options ; il est important de le paramétrer correctement avant de commencer le travail. Il vous faudra également assimiler les bases du fonctionnement du catalogue, qui enregistre toutes les modifications effectuées dans les images et les métadonnées. Nous nous attarderons ensuite sur les différents modes d'affichage avant de voir comment Lightroom communique avec Photoshop et de quelle manière on peut installer des outils supplémentaires grâce aux modules externes. Nous apprendrons enfin à quoi servent les piles et les copies virtuelles, deux éléments essentiels du flux de travail, avant de nous pencher sur l'éditeur de filigranes pour protéger les images à l'exportation en leur incrustant un logo ou un copyright.

Ghats de la ville de Pushkar, au Rajasthan (Inde)

Exercices

01 Régler les Préférences

Après avoir installé Lightroom 6/CC sur votre ordinateur, vous devez impérativement régler les options du logiciel pour que son utilisation soit la plus agréable et la plus fluide possible. Nous n'examinerons pas ici chaque option en détail, nous nous concentrerons sur les réglages les plus importants, ainsi que sur les nouveautés de Lightroom 6/CC. Les options spécifiques à certaines fonctions seront abordées dans les exercices suivants : « La reconnaissance de visages » (exercice 14), « Le flux de travail DNG » (exercice 24), « Le flux de travail vidéo » (exercice 25), « Le module Cartes » (exercice 26), « Flux de travail hors ligne » (exercice 56) et tout ce qui touche à Lightroom mobile (exercice 63).

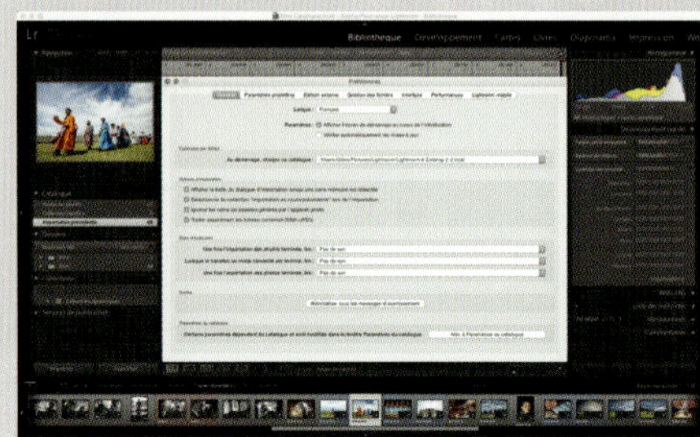

Étape 1

La fenêtre des Préférences est accessible par le menu **Lightroom>Préférences** (sur Mac) ou **Édition>Préférences** (sur PC). Les paramètres de catalogue sont à part, au cas où le photographe utiliserait plusieurs catalogues avec des réglages différents. Dans l'onglet Général, désactivez l'option « Afficher l'écran de démarrage au cours de l'initialisation » pour supprimer le logo au démarrage. Si vous disposez d'une connexion Internet, cochez le bouton de vérification automatique des mises à jour. Vous pouvez également modifier la langue, ce qui exige un redémarrage du programme.

Important : en cas de problème avec Lightroom, vous pouvez réinitialiser les Préférences en lançant le programme tout en maintenant les touches Alt/Option + Maj enfoncées. Une boîte de dialogue vous permettra de confirmer la réinitialisation, ou de démarrer normalement.

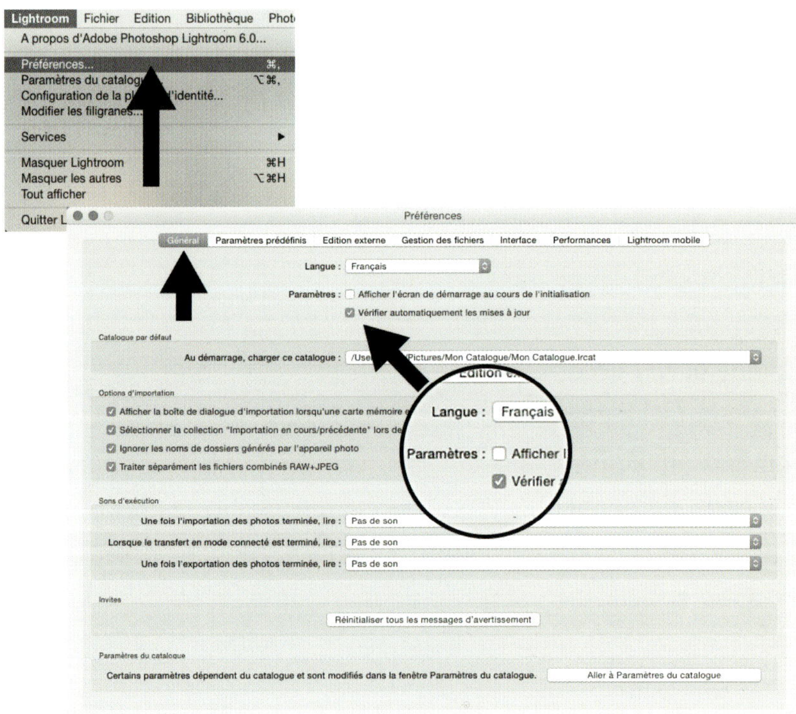

Étape 2

Toujours dans l'onglet Général, section « Catalogue par défaut », indiquez le catalogue à charger au démarrage. Si vous utilisez plusieurs catalogues, choisissez l'option « Me demander au démarrage de Lightroom » : Lightroom affichera une fenêtre de sélection de catalogue, dès le démarrage (exercice 02, étape 10). Vous pourrez également définir le catalogue par défaut, ou rechercher un catalogue qui ne figure pas encore dans cette liste.

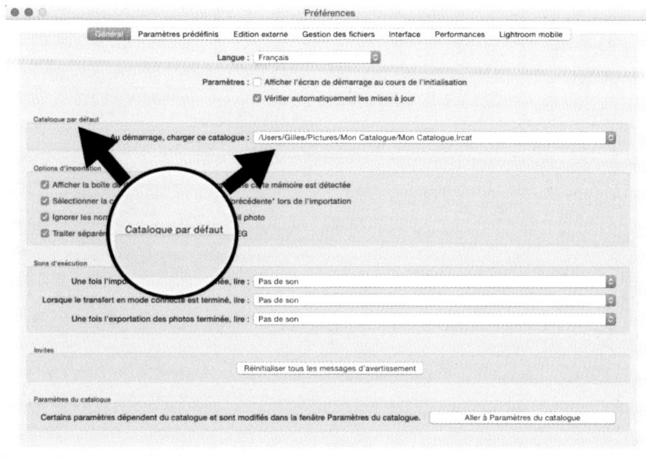

Étape 3

Cochez les options qui vous conviennent dans « Options d'importation » : affichage automatique de la boîte de dialogue d'importation dès insertion d'une carte mémoire, ignorance des noms de dossiers créés par le boîtier, séparation ou non des fichiers en prise de vue RAW + JPEG. L'option « Importation en cours/précédente » permet de rester ou pas dans la collection temporaire d'importation : laissez-la active, vous pourrez vérifier immédiatement l'ensemble des images importées dans un emplacement unique.

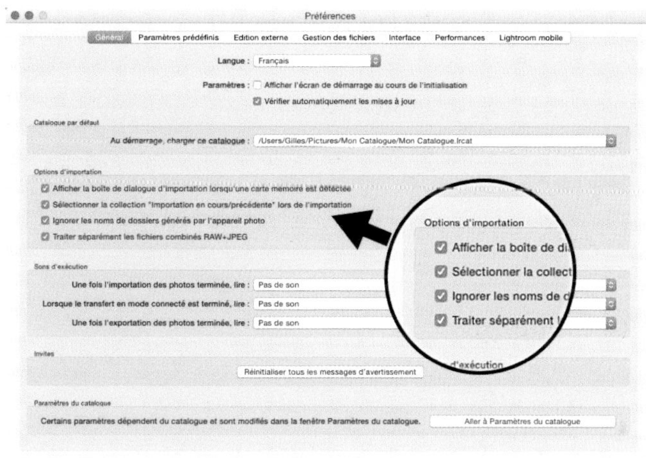

Étape 4

Dans l'onglet « Paramètres prédéfinis », vérifiez que l'option « Appliquer les réglages de tons automatiques » est inactive, afin que les images ne soient pas corrigées lors de l'importation. Si vous appréciez les réglages de tons automatiques, vous pourrez les utiliser dès que les images seront dans le catalogue. En revanche, l'option « Appliquer le mélange automatique lors de la conversion initiale en noir et blanc » doit être cochée : lorsque vous convertirez vos images en noir et blanc, Lightroom analysera leur contenu et vous proposera un réglage optimisé qui vous servira de base de travail.

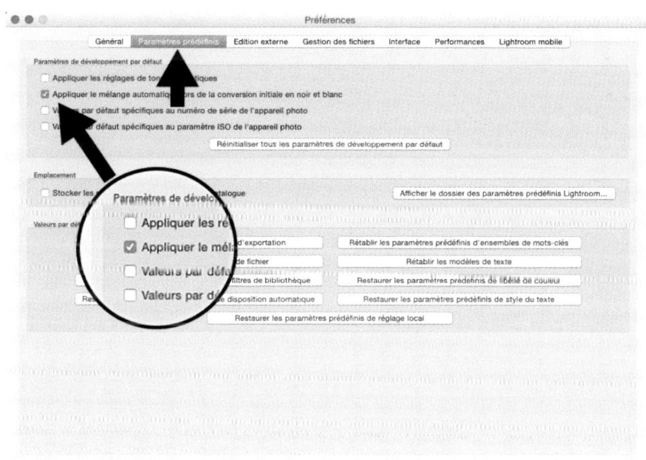

Étape 5

Lightroom permet de créer des paramètres prédéfinis qui ne s'appliqueront qu'à un boîtier identifié par son numéro de série (exercice 53) ou à des images prises à une sensibilité ISO préétablie. Une autre option que nous retiendrons ici est la possibilité de stocker les paramètres prédéfinis dans le dossier du catalogue, ce qui est pratique s'il est installé sur un disque dur externe pour le partager, par exemple, entre vos ordinateurs du bureau et de la maison. Attention, l'option de stockage des paramètres prédéfinis avec le catalogue peut empêcher l'installation automatique d'éditeurs externes.

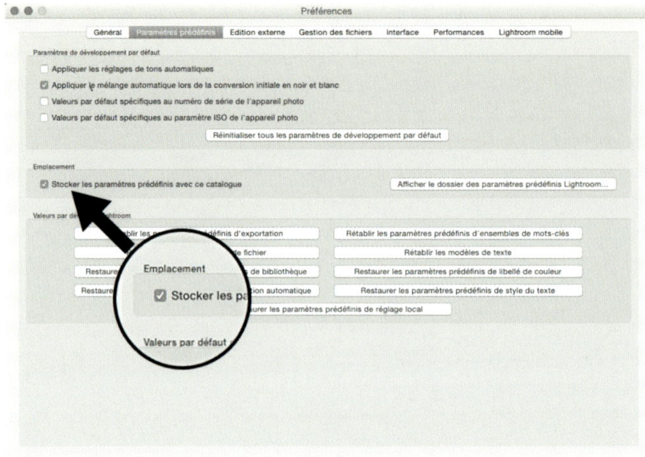

Étape 6

L'onglet « Gestion des fichiers » permet de régler la taille de la mémoire cache partagée avec Camera Raw (si Photoshop est installé). Elle stocke des aperçus partiellement traités des images pour accélérer l'affichage dans le module Développement. La taille maximale est de 200 Go (1 Go = env. 2 500 aperçus), réglez-la selon votre production. Si vous dépassez la taille établie, les plus anciens aperçus sont remplacés au fur et à mesure par les nouveaux. Placez-la de préférence sur un disque rapide de type SSD (cliquez sur Sélectionner). Il y a également une mémoire cache vidéo (500 Go max.).

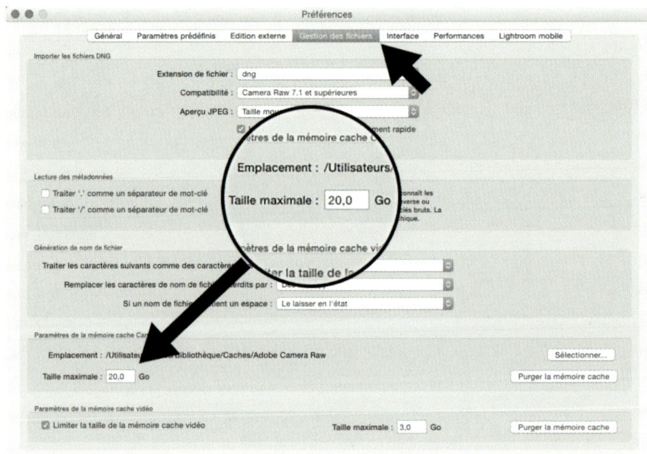

Étape 7

Autre façon d'accélérer l'affichage dans le module Développement : l'exploitation de la puissance de calcul de la carte graphique. Si elle est compatible, l'option « Utiliser un processeur graphique » sera automatiquement activée, et le modèle de carte sera affiché juste en dessous.

La seule indication de son activité est la présence sporadique d'une petite animation, uniquement dans le module Développement, à droite dans la barre d'outils située sous l'image.

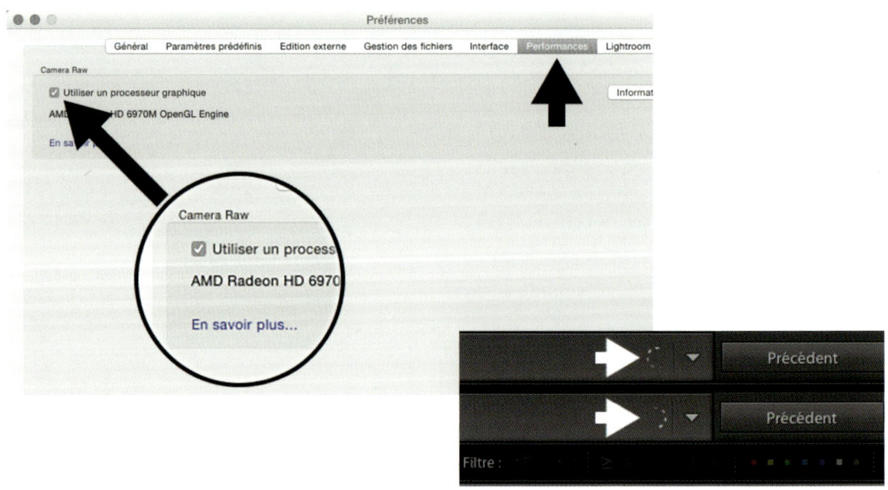

Étape 8

Les « Paramètres du catalogue » sont accessibles par les menus Lightroom (Mac) ou Édition (PC), ou par l'onglet Général des Préférences. L'onglet Général affiche l'emplacement et les informations du catalogue ; pour accéder à son dossier sur le disque dur, cliquez sur le bouton Afficher. La section Sauvegarde permet de programmer la fréquence des sauvegardes ; nous vous conseillons de le faire une fois par jour, à la fermeture de Lightroom. La sauvegarde du catalogue sera compressée et stockée à l'emplacement de votre choix (exercice 02, étapes 4 à 6).

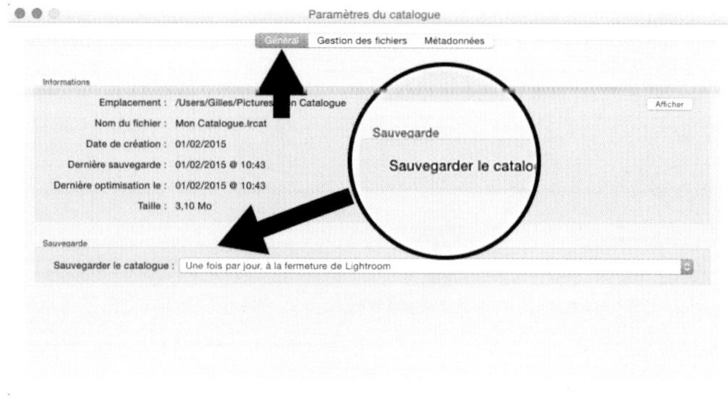

Étape 9

Dans l'onglet « Gestion des fichiers », vous pouvez régler la qualité des aperçus créés à l'importation des images. Par défaut, la « Taille d'aperçu standard » est sur « Automatique » : elle est réglée selon la résolution de votre écran. Quant à la « Qualité de l'aperçu », laissez-la sur « Moyenne ». Vous pouvez supprimer les aperçus de qualité 1:1 au-delà d'un certain temps, notamment si votre production est conséquente : faites-le après livraison et archivage des images correspondantes, l'option « Après 30 jours » étant un bon compromis. Notez que l'onglet indique également la taille totale du dossier des aperçus et des aperçus dynamiques.

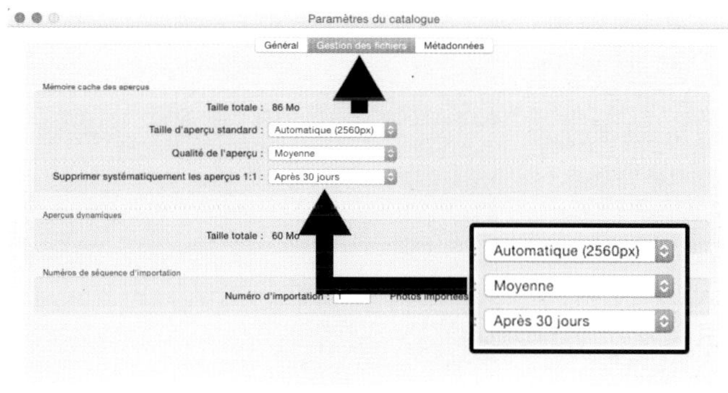

Étape 10

Dans l'onglet Métadonnées, cochez toutes les options de la section Édition. La première facilite le travail en suggérant des mots en cours de saisie dans les différents champs de métadonnées ; notez que vous pouvez initialiser les listes de suggestions. La deuxième option propose d'inscrire les paramètres de développement, c'est-à-dire les corrections faites aux images, dans les en-têtes des fichiers JPEG, TIFF et PSD, en plus du catalogue.

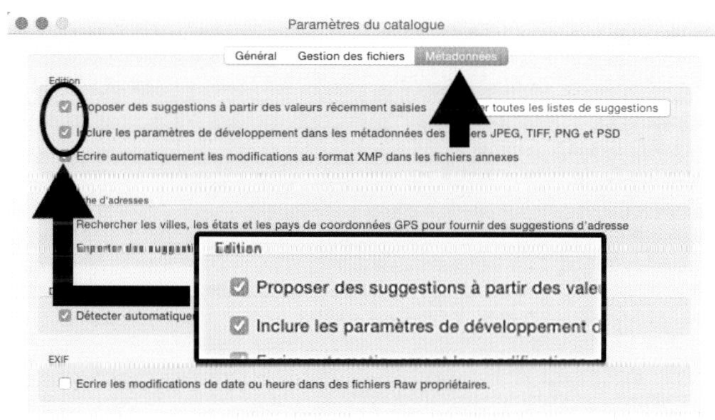

Étape 11

L'écriture automatique des modifications au format XMP dans les fichiers annexes des images RAW garantit un deuxième niveau de sauvegarde du travail de correction des photos, en plus du catalogue. Si vous n'activez pas cette option, parce que vous ne partagez pas votre travail avec d'autres sessions de Lightroom ou Camera Raw, l'écriture dans les fichiers annexes se fait également au coup par coup à l'aide du raccourci Cmd/Ctrl + S, après sélection des images. L'activation de l'écriture automatique au format XMP peut dégrader la réactivité de l'application.

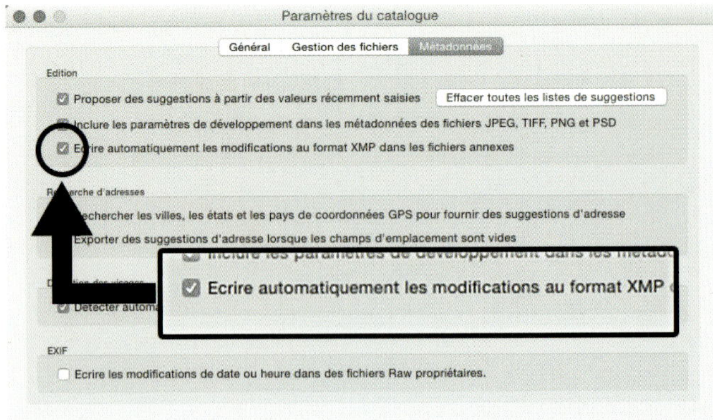

Étape 12

On procède ensuite aux réglages des options d'affichage du module Bibliothèque par un clic droit sur une vignette et en cliquant sur « Options d'affichage », tout en bas du menu flottant. L'onglet « Mode Grille » permet de choisir entre les cellules réduites, qui ne contiendront qu'un nombre restreint d'informations sur l'image, et les cellules agrandies, pour lesquelles vous cocherez toutes les options disponibles. Sachez qu'il n'y a, a priori, pas de différences notables entre les types de cellules en ce qui concerne la vitesse et la fluidité du déroulement des vignettes.

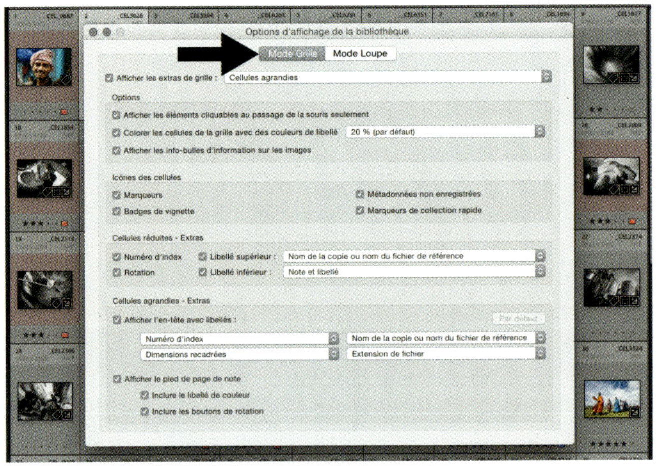

Étape 13

Si vous passez en mode Loupe, vous pourrez paramétrer les informations affichées en incrustation dans les images (en haut à gauche). En cochant « Afficher rapidement au changement de la photo », les informations apparaîtront brièvement. Vous pouvez également afficher et retirer ces incrustations manuellement, à l'aide de la touche I du clavier, ou opter pour un affichage permanent en cochant « Afficher l'incrustation d'informations » en haut de la boîte de dialogue. Quittez ensuite cette dernière : vous êtes prêt à travailler avec Lightroom.

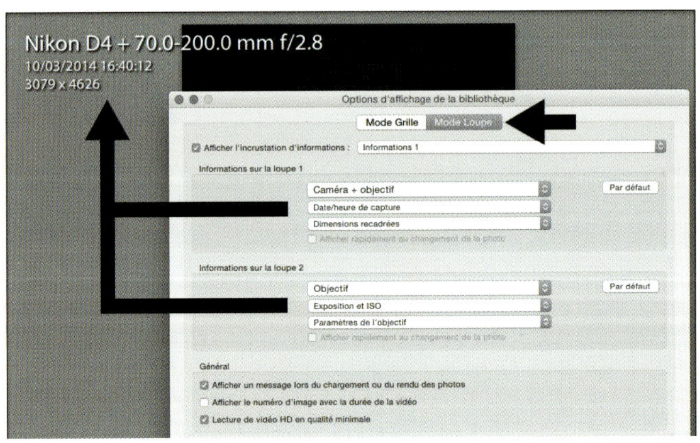

02 Créer et gérer un catalogue

Le flux de travail de Lightroom repose entièrement sur une base de données appelée « catalogue ». Le catalogue ne contient pas les images elles-mêmes, mais centralise toutes les informations qui y sont liées, comme les métadonnées, les réglages et les corrections de développement (corrections de la tonalité, des couleurs, du bruit, accentuation de la netteté, recadrage, perspectives, traitement artistique des images, etc.), l'arborescence des dossiers et les collections.

Dans ce deuxième exercice concernant la préparation de l'environnement de travail, nous allons voir comment créer un catalogue neuf, mettre à jour un ancien catalogue et assurer à la fois la maintenance et la sauvegarde.

Étape 1

Après la toute première installation, Lightroom affiche une boîte de dialogue signalant que le programme va créer un catalogue à l'emplacement par défaut (en fonction du système d'exploitation). À moins de vouloir modifier l'emplacement du catalogue, confirmez en cliquant sur le bouton Continuer.

Cette étape est une sécurité : en vous demandant de confirmer l'endroit où sera placé le catalogue, le programme s'assure que vous avez bien été informé de son emplacement. Cette boîte de dialogue n'apparaîtra plus par la suite.

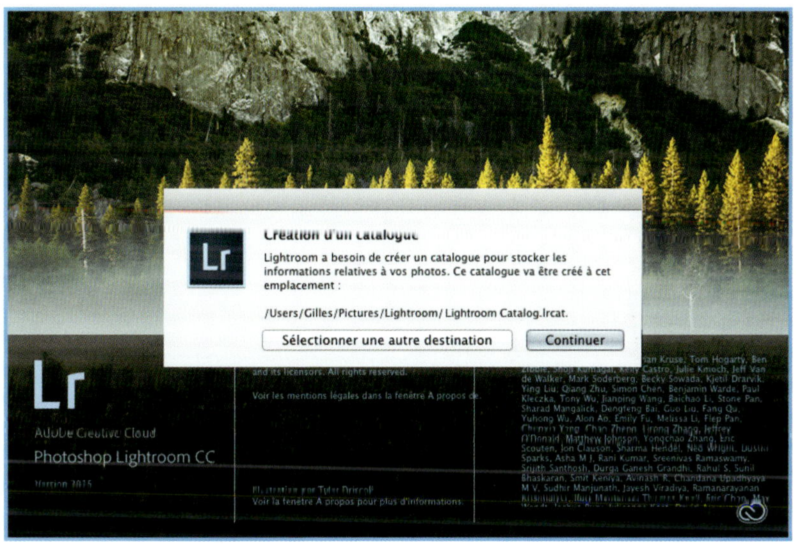

Remarque : auparavant, la création d'un catalogue pouvait dérouter des utilisateurs mal à l'aise avec l'informatique : l'emplacement et le rôle du catalogue, en tant que base de données, n'étaient pas toujours très bien compris, notamment lorsqu'on a l'habitude de se servir d'un simple explorateur de fichiers. Cette fonction à l'installation s'inscrit dans une volonté marquée d'assister les utilisateurs tout au long de leur progression avec Lightroom.

Étape 2

Votre nouvelle session de Lightroom s'ouvre par défaut en mode Personnes – ou reconnaissance de visages (exercice 14) – sur une fenêtre « Bienvenue dans la vue Personnes » qui vous informe que cette recherche est une opération d'indexation parfois longue. Vous pouvez opter pour une recherche permanente en arrière-plan (qui peut être désactivée plus tard, voir l'exercice 14) ou ponctuelle, en ouvrant un dossier ou une collection. Cliquez sur les « ? » pour afficher plus d'informations sur ces modes.

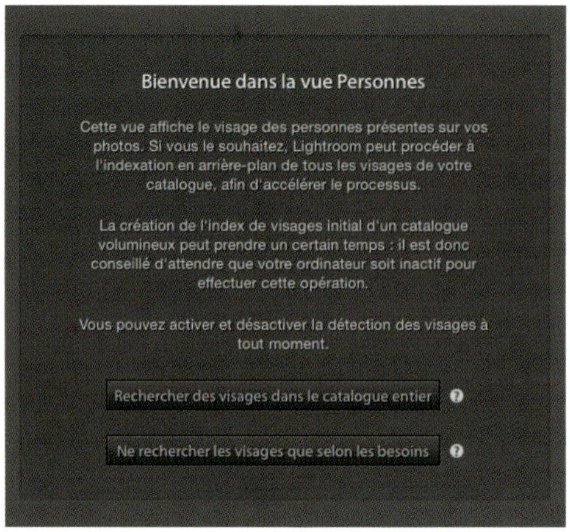

Étape 3

Vous voilà prêt à importer vos premières images (exercice 09), mais auparavant, regardons le dossier du catalogue qui contient des éléments importants : le catalogue lui-même (la base de données), avec l'extension « .lrcat », les aperçus (nom du catalogue + Previews.lrdata) pour l'affichage des images dans le module Bibliothèque et les aperçus dynamiques (nom du catalogue + Smart Previews.lrdata) pour le mode hors ligne. Si vous avez choisi de stocker les paramètres prédéfinis avec le catalogue (exercice 01, étape 5), vous y trouverez le dossier « Paramètres Lightroom ».

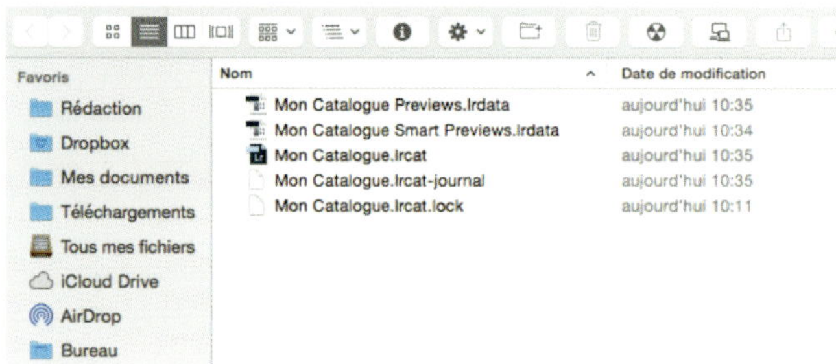

Étape 4

Selon vos réglages des Paramètres du catalogue (exercice 01, étape 8), vous serez invité à sauvegarder le catalogue à la fermeture de Lightroom (la fenêtre permet de modifier directement la fréquence des sauvegardes). Cliquez sur Sélectionner pour définir l'emplacement de sauvegarde du catalogue, autre que celui du catalogue, de préférence sur un disque externe. Activez les options permettant de vérifier l'intégrité du catalogue et de l'optimiser.

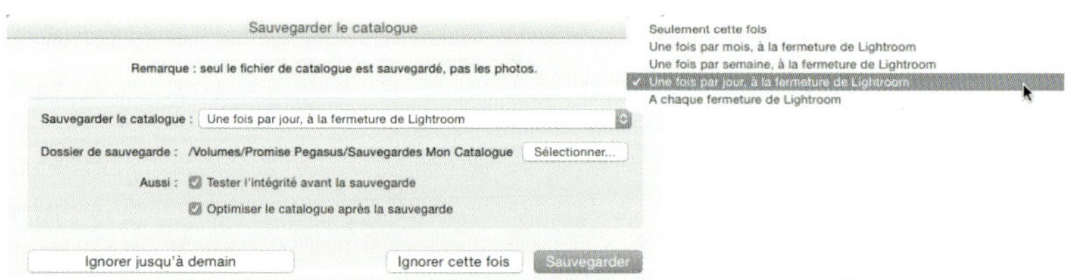

Étape 5

Quand vous aurez cliqué sur Sauvegarder, Lightroom créera une copie compressée (ZIP) du catalogue à l'emplacement choisi. Une fois que Lightroom aura quitté, ayez la curiosité de rendre une visite au dossier de sauvegarde : vous y trouverez une liste de sous-dossiers portant le nom du catalogue, ainsi que la date et l'heure de la sauvegarde. En ouvrant un de ces répertoires, vous verrez une copie compressée de votre catalogue, avec l'extension « .zip ».

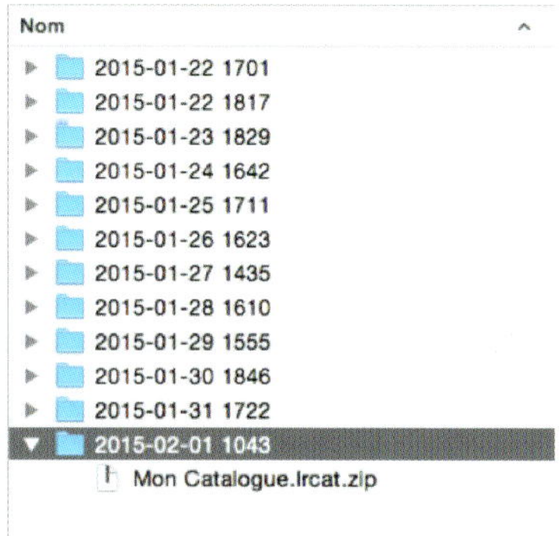

Étape 6

Au bout d'un certain temps, vous aurez accumulé beaucoup de sauvegardes de catalogue qui finiront, même compressées, par prendre de la place – d'autant plus que votre collection d'images sera conséquente. Supprimez-en de temps en temps en veillant à conserver les plus récentes. Elles vous seront utiles si vous rencontrez des difficultés d'ouverture de votre catalogue parce que celui-ci est corrompu : la première chose à faire est de tenter de redémarrer sur une sauvegarde du catalogue (étape 7).

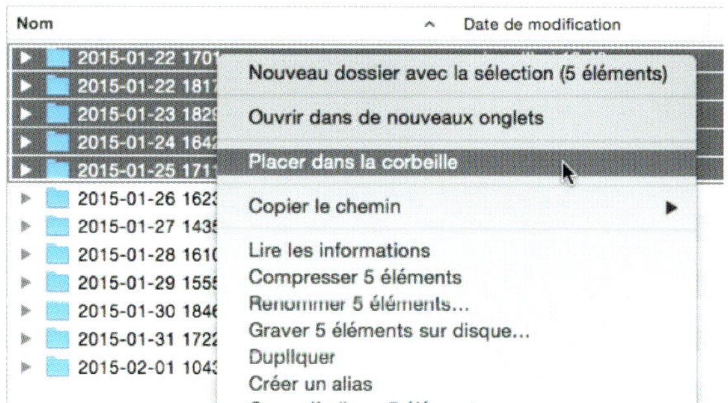

Étape 7

En cas de corruption de votre catalogue, décompressez la dernière sauvegarde, puis lancez Lightroom en appuyant sur Alt/Option ; dans la fenêtre de dialogue, cliquez sur « Sélectionner un autre catalogue » puis choisissez le catalogue sauvegardé que vous venez de décompresser. Lightroom devrait démarrer normalement (si ce n'est pas le cas, remontez aussi loin que nécessaire dans vos sauvegardes), et vous retrouverez votre travail tel que vous l'aviez laissé lors de la session précédente.

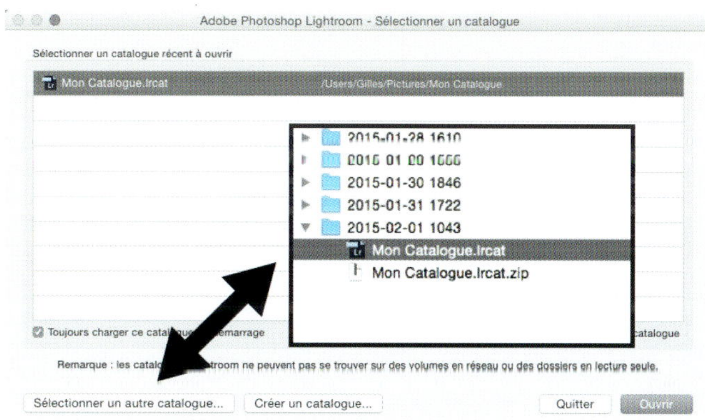

Étape 8

Lightroom propose deux routines de maintenance. La première consiste à tester l'intégrité du catalogue à la fermeture (étape 4), la seconde est l'optimisation, soit à la fermeture, soit à tout moment, en allant dans le menu **Fichier>Optimiser le catalogue**. Cette opération consiste à nettoyer le catalogue de toutes les données inutiles, liées à des fichiers supprimés ou redondantes. Si vous constatez un jour un ralentissement notable du programme, lancez avant toute chose l'optimisation du catalogue. Cela n'exige pas de redémarrer Lightroom.

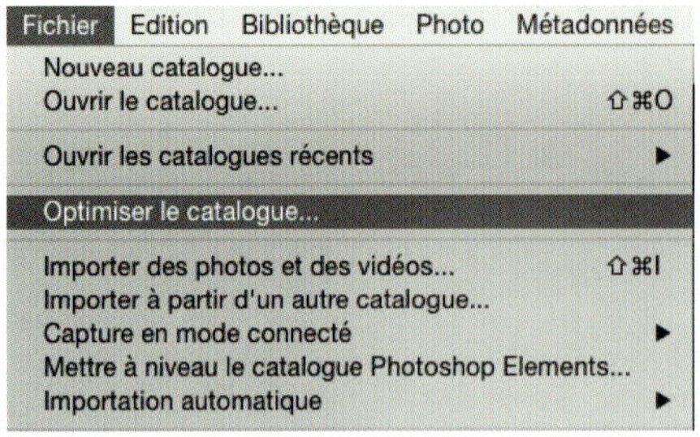

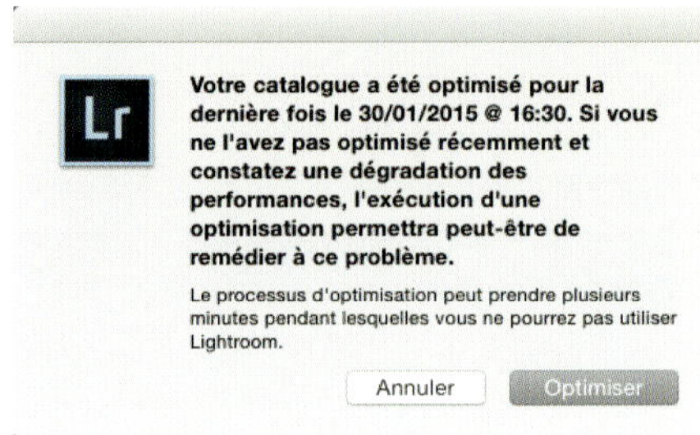

Étape 9

Pour créer un autre catalogue, allez dans **Fichier>Nouveau catalogue**, choisissez un emplacement et saisissez le nom du nouveau catalogue dans la boîte de dialogue. Ensuite, il ne vous restera plus qu'à importer des photos et des vidéos.

Lightroom n'autorisant pas l'ouverture simultanée de plusieurs catalogues, vous devrez passer d'un catalogue à l'autre par l'intermédiaire du menu **Fichier>Ouvrir les catalogues récents**.

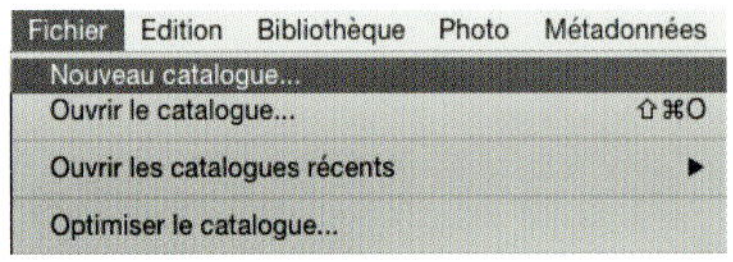

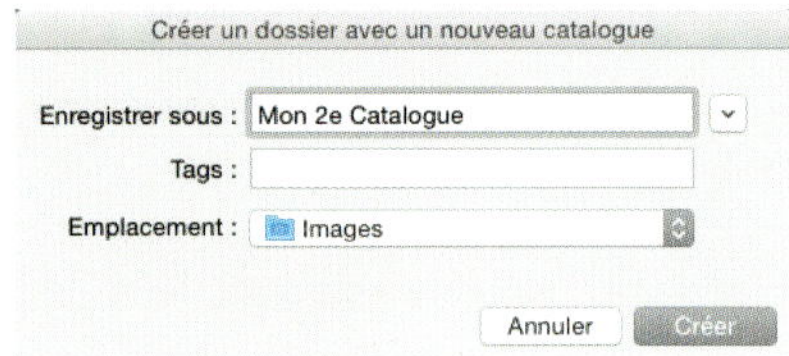

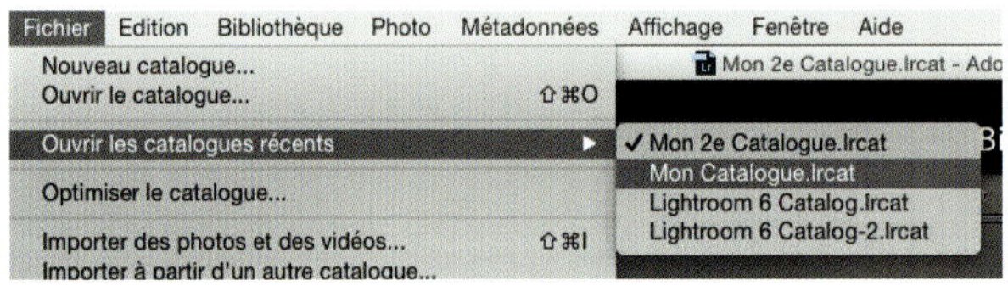

Étape 10

Vous pouvez aussi changer de catalogue, en lançant Lightroom tout en appuyant simultanément sur la touche Alt/Option. Il vous suffit ensuite de sélectionner le catalogue de votre choix dans la fenêtre de dialogue. Dans tous les cas, le passage d'un catalogue à l'autre provoque le redémarrage de Lightroom, cette opération ne prenant que quelques secondes.

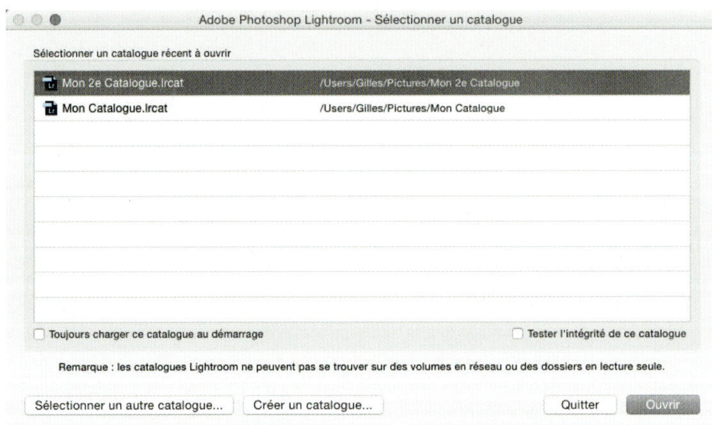

Étape 11

Si vous utilisiez les anciennes versions 1 à 5 de Lightroom et que vous décidez de passer à la version 6/CC, cette dernière pourra bien entendu prendre en charge votre catalogue courant. Cela passe par une mise à jour qui prendra quelques minutes, en fonction de la taille de la base de données. Au premier démarrage, Lightroom 6 va détecter la présence de votre catalogue et proposer la mise à jour par l'intermédiaire d'une fenêtre de dialogue. Cette dernière permet également de choisir un autre catalogue à mettre à jour, et de modifier son emplacement.

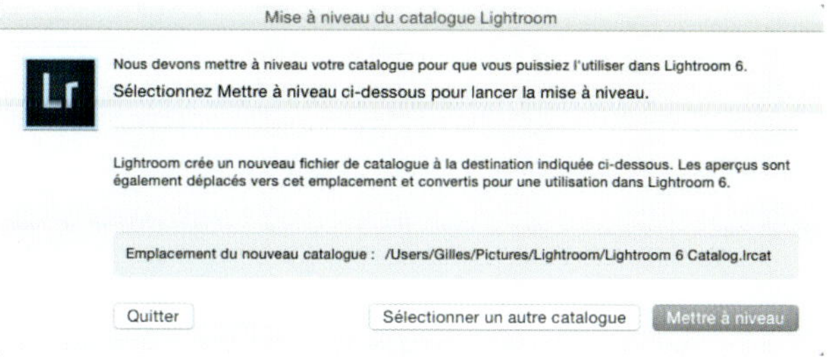

Étape 12

Cliquez sur le bouton « Mettre à niveau » pour convertir votre catalogue et vos aperçus vers Lightroom 6/CC. Dès que l'opération est terminée, le programme se lance automatiquement sur le catalogue converti. Notez que, par sécurité, votre ancien catalogue n'a pas été supprimé : vous retrouverez vos dossiers, vos images, vos collections et vos métadonnées tels qu'ils étaient avant de passer à Lightroom 6/CC.

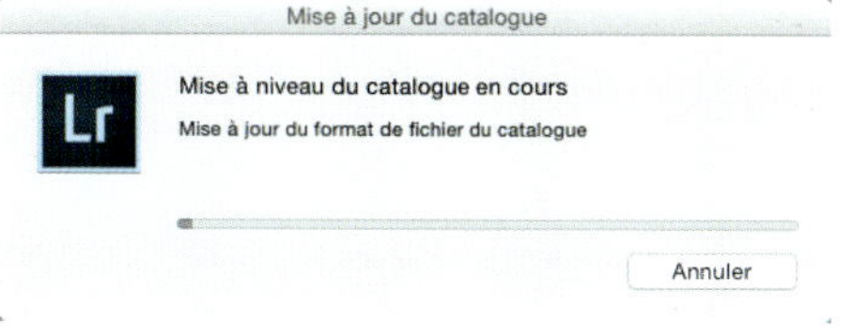

Conclusion : bien que Lightroom soit particulièrement fiable et stable, et rarement confronté à des problèmes de corruption, nous n'insisterons jamais assez sur le fait qu'il faut tout mettre en œuvre pour protéger vos données et vos images. Prenez, dès la première utilisation, de bonnes habitudes :

- créez un dossier de sauvegarde du catalogue sur un disque dur autre que celui de l'ordinateur, et séparé du dossier contenant le catalogue courant ;
- programmez une sauvegarde du catalogue une fois par jour, à la fin de votre session de travail ;
- faites en sorte que Lightroom exécute systématiquement le test d'intégrité et l'optimisation du catalogue. Cette opération ne prend que quelques dizaines de secondes, y compris sur des catalogues relativement volumineux ;
- n'accumulez pas de sauvegardes quotidiennes pendant plusieurs mois d'affilée : redémarrer sur une sauvegarde de catalogue vieille de 6 mois n'a aucun sens, notamment si vous travaillez tous les jours avec Lightroom. Effacez régulièrement les plus anciennes sauvegardes, mais conservez-en au moins une dizaine.

03 Importer et exporter un catalogue

Lightroom ne permet pas d'ouvrir plusieurs catalogues en même temps. En revanche, si vous avez créé un catalogue sur votre ordinateur portable lors d'un voyage ou pour les besoins d'un reportage, vous pouvez très bien importer son contenu – travail effectué, images et métadonnées – dans votre catalogue principal une fois de retour chez vous. Vous pouvez également créer un catalogue à partir d'un dossier ou d'une collection en vue de le confier à un autre utilisateur de Lightroom.
Notez que les catalogues de Lightroom sont parfaitement compatibles entre Mac et PC. Par exemple, si vous créez un catalogue sur un Mac, vous pouvez le transférer et l'utiliser sur un PC sans aucune restriction, et vice versa.

Étape 1

Dans le cas d'utilisation de deux catalogues, l'un sur votre ordinateur de bureau, l'autre sur votre ordinateur portable, l'idéal serait de stocker le second avec les images sur un disque dur externe, pour faciliter le transfert d'un ordinateur à l'autre. Vous pourriez relier les deux ordinateurs via un réseau, mais nous vous proposons ici une méthode simple, notamment si vous êtes peu porté sur l'informatique.

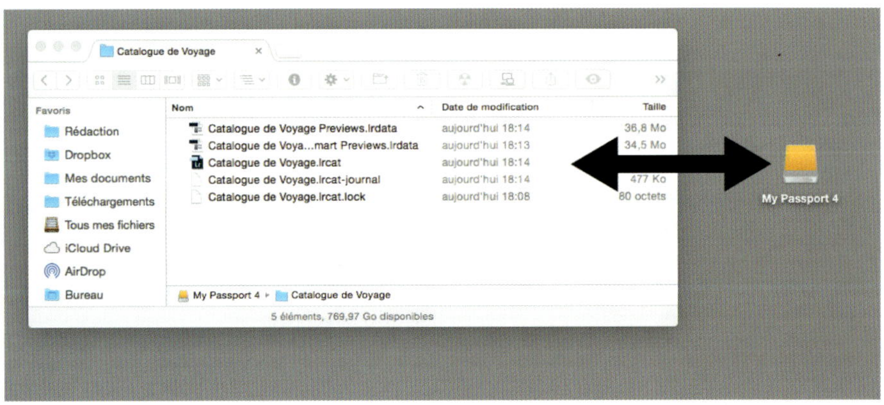

Remarque : si vous utilisez deux catalogues, l'un sur un ordinateur de bureau qui reste le poste de travail principal, l'autre sur un ordinateur portable qui servira en reportage ou en voyage, n'attendez pas trop longtemps pour transférer les images et métadonnées de l'un vers l'autre. En effet, vous risqueriez de perdre le fil et de laisser grossir le catalogue provisoire du portable, au point de perdre du temps à gérer l'un et l'autre des catalogues – ce qui inclut, bien évidemment, la sauvegarde et la maintenance. Dès que vous êtes de retour chez vous, prenez l'habitude de transférer tout de suite le contenu du catalogue.

Étape 2

Après avoir relié le disque dur externe à votre ordinateur principal, allez dans le module Bibliothèque, menu **Fichier>Importer à partir d'un autre catalogue**. Dans la boîte de dialogue qui s'affiche à l'écran, parcourez les différents volumes jusqu'au dossier contenant le catalogue à importer, sélectionnez le fichier de ce catalogue (nomducatalogue.lrcat) puis cliquez sur le bouton Sélectionner. Notez que si vous importez un catalogue d'une version plus ancienne de Lightroom, une boîte de dialogue proposera d'abord sa mise à jour.

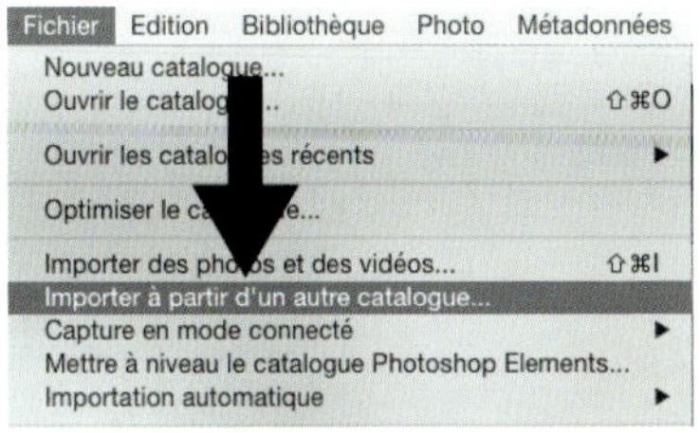

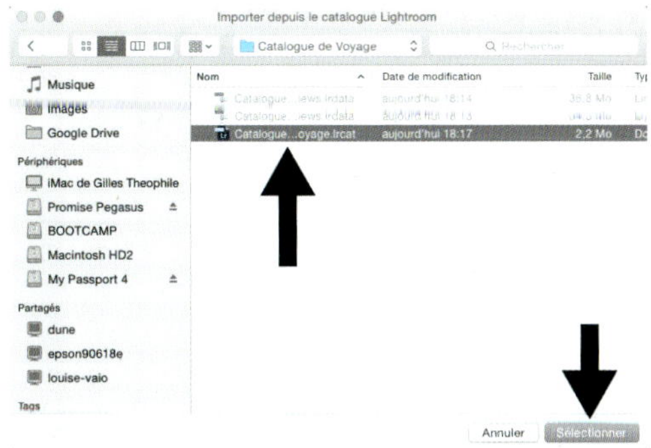

Étape 3

Une fenêtre va s'ouvrir : elle affiche la liste des dossiers du catalogue à importer, que vous pouvez sélectionner en les cochant à votre guise, ainsi que les vignettes des aperçus (si l'option « Afficher l'aperçu », dans le coin inférieur gauche, est cochée). Le menu déroulant « Gestion des fichiers » permet d'ajouter les photos au catalogue, soit sans les déplacer (Lightroom les indexera telles quelles, sur le disque dur externe), soit en les copiant sur votre ordinateur principal, avec choix de l'emplacement – méthode que nous suivons ici.

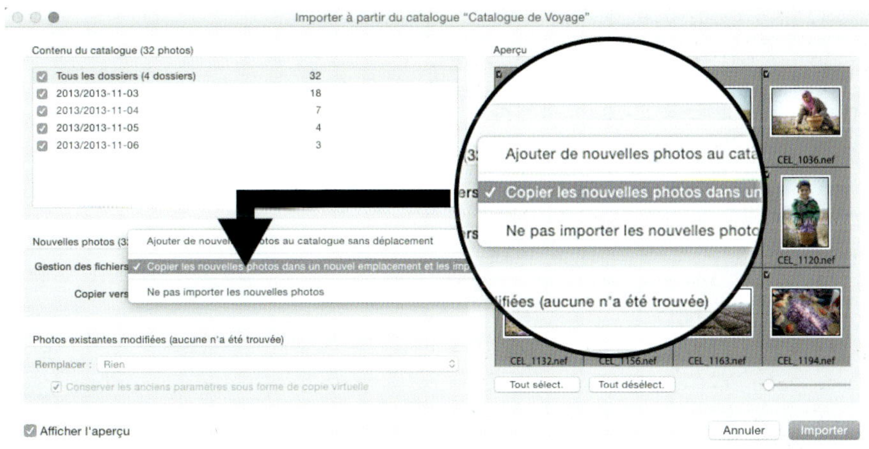

Étape 4

Si des photos sont détectées dans le catalogue de destination alors qu'elles sont également présentes et modifiées dans le catalogue à importer, Lightroom vous proposera de mettre à jour les métadonnées, les paramètres de développement et, éventuellement, d'écraser les originaux. Dans ce cas, vous pourrez conserver les anciens paramètres de développement dans une copie virtuelle de chaque image qui sera automatiquement créée lors de la fusion des catalogues.

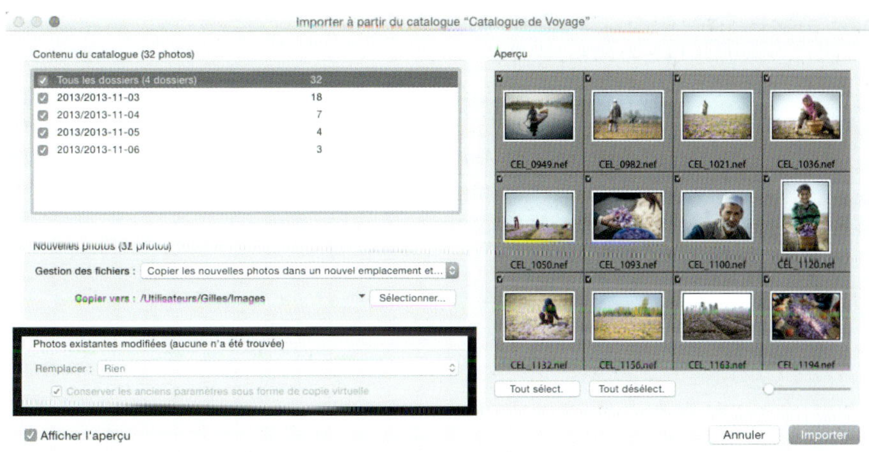

Étape 5

Il ne vous reste plus qu'à cliquer sur le bouton Importer. Lightroom passera par plusieurs étapes signalées par des fenêtres d'informations (mise à jour des métadonnées, des collections, etc.). Dès que l'importation sera terminée, vous retrouverez dans le catalogue de destination les images, les aperçus, les aperçus dynamiques, les métadonnées, les paramètres de développement, les collections, les piles et les copies virtuelles du catalogue source.

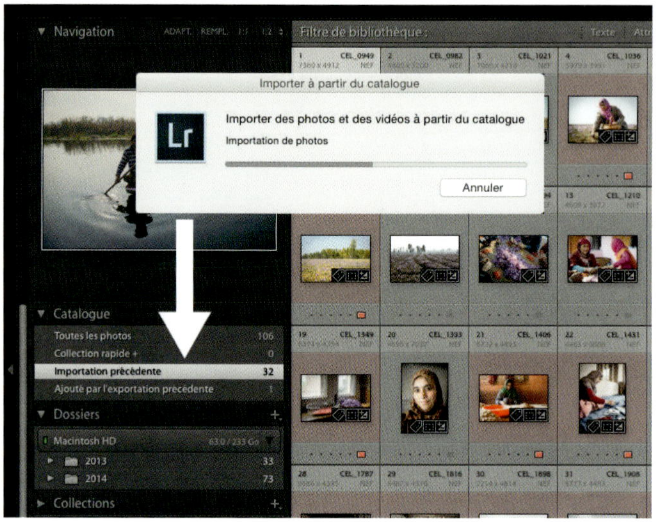

> **Remarque** : l'importation d'un catalogue inclut les collections, mais pas les services de publication, que vous devrez recréer complètement.

Étape 6

L'exportation d'un catalogue se commande, soit à partir du menu **Fichier>Exporter en tant que catalogue** après avoir sélectionné au moins une image dans le module Bibliothèque, soit en faisant un clic droit sur un dossier, une collection ou une collection dynamique et en choisissant « Exporter ce dossier (ou cette collection) en tant que catalogue ».

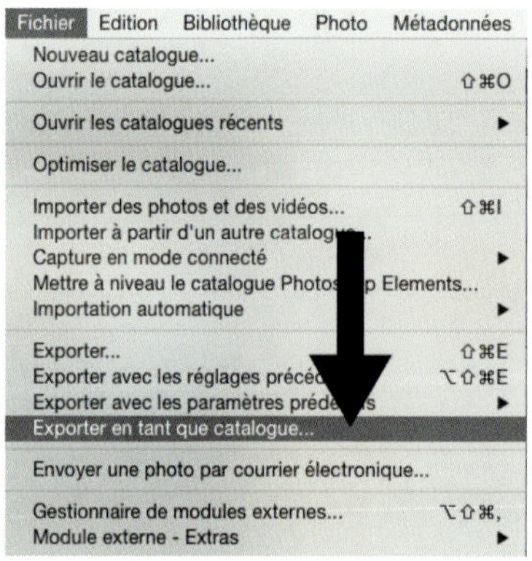

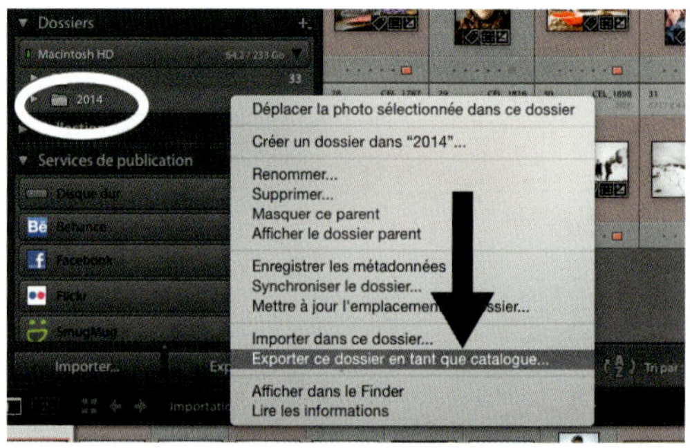

Étape 7

Dans les deux cas, une boîte de dialogue va s'ouvrir, dans laquelle vous devrez saisir le nom du nouveau catalogue et déterminer son emplacement. Dans le bandeau inférieur, vous trouverez également un décompte du nombre de photos exportées ainsi que trois options à cocher. L'option « Exporter les fichiers originaux » permet de joindre les photos originales au catalogue nouvellement créé – sinon ce dernier se contentera d'indexer les images à leur emplacement actuel.

Étape 8

La seconde option, « Créer / inclure des aperçus dynamiques », permet de créer ou d'importer, s'ils existent déjà, les aperçus indispensables au mode hors ligne (exercice 56). La troisième, « Inclure les aperçus disponibles », permet également d'exporter les aperçus des images déjà créés dans le catalogue source (à moins de les reconstruire ultérieurement). Lorsque votre choix est fait, cliquez sur « Exporter le catalogue ».

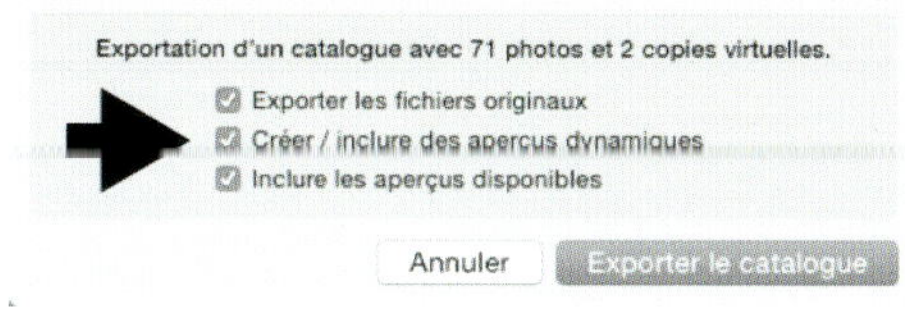

> **Remarque** : si, en exportant un catalogue, vous avez sélectionné au préalable un certain nombre de photos, une quatrième option apparaît dans la boîte de dialogue : « Exporter les photos sélectionnées uniquement ».

Étape 9

Une fois que le catalogue a été exporté, vous pourrez redémarrer Lightroom sur ce dernier. Toutes les métadonnées sont incluses, ainsi que les collections, les dossiers, les marqueurs de tri, les copies virtuelles et les corrections du module Développement. En revanche, les services de publication ne sont pas transférés.

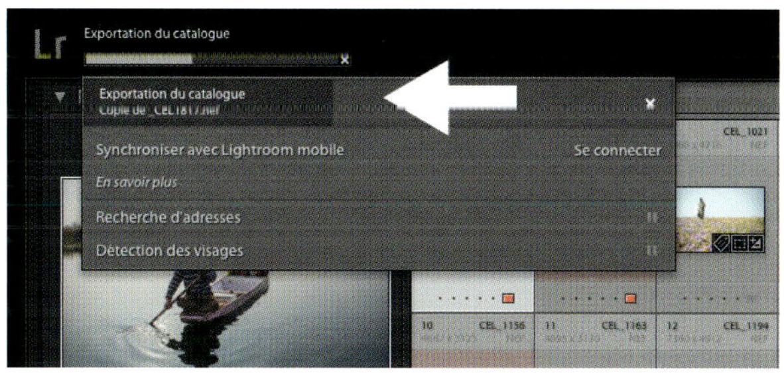

Étape 10

Lightroom assure en permanence la sécurité de votre travail en cours. Si l'exportation du catalogue est stoppée par un clic sur le « X » de la barre de progression (voir la figure de l'étape 9), une série de deux fenêtres de dialogue vous demandera de confirmer ou pas l'annulation (vous aurez également la possibilité d'annuler la copie des images originales pour réduire le temps d'exportation).

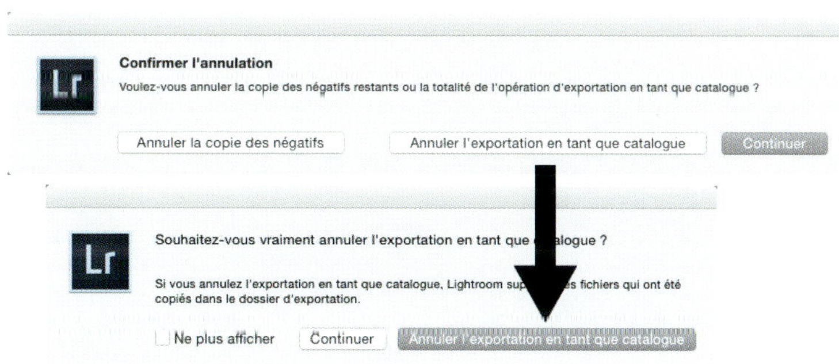

04 L'affichage

Pour évaluer son travail, tout photographe a besoin d'un logiciel capable d'afficher les images avec une qualité irréprochable et de fonctions parfaitement adaptées aux différentes étapes du flux de production, que ce soit le tri rapide, la comparaison et le développement des photos. Lightroom vous permet de travailler tout aussi efficacement sur un seul écran, avec votre portable sur le terrain, ou avec le confort de deux moniteurs une fois de retour chez vous ou au bureau. Il propose également un mode d'aperçu plein écran, l'incrustation d'une grille et de repères en mode Loupe et, depuis la version 6/CC, la possibilité d'afficher le module Développement en mode tactile sur la Surface 3 de Microsoft, ou sur certaines tablettes Wacom (Windows 8 minimum).

Étape 1

Les outils de Lightroom sont regroupés dans des panneaux latéraux. Pour dégager de l'espace de travail, on peut facilement les escamoter en appuyant simplement sur la touche Tab du clavier.

Si l'on presse la combinaison Maj + Tab, tous les panneaux latéraux, supérieur et inférieur vont disparaître. Pour les faire revenir, il suffit d'exécuter à nouveau le même raccourci clavier Maj + Tab.

> Remarque : notez que la touche T permet de faire disparaître ou apparaître la barre d'outils située sous la partie centrale.

Étape 2

Chaque panneau est doté d'une petite flèche. Un clic droit donne accès à des options d'affichage.

- « Masquage et affichage automatiques » : lorsqu'on approche la souris du bord, le panneau apparaît et reste en place tant qu'on y travaille ; dès qu'on éloigne le pointeur, il s'escamote.
- « Masquage automatique » : le panneau disparaît quand on éloigne la souris, mais il faut cliquer sur la flèche pour l'afficher.
- « Manuel » : on clique sur la flèche pour faire apparaître ou disparaître le panneau.
- « Synchroniser avec le panneau opposé » : toute action sur un panneau se produit également sur le panneau opposé.

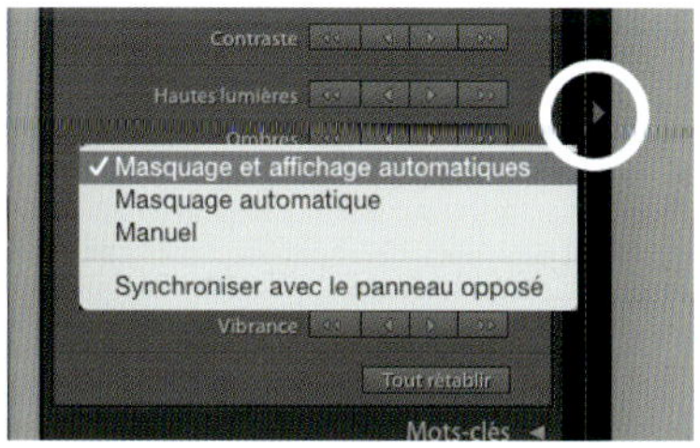

Étape 3

Pour profiter de l'espace maximal à l'écran, utilisez le raccourci Maj + F du clavier pour passer successivement de l'affichage normal au mode « Plein écran avec la barre de menus », puis en mode « Plein écran » (sans barre des menus).

Un mode « Aperçu en plein écran » permet d'afficher l'image sans aucun panneau de Lightroom, sur toute la surface du moniteur : pour l'atteindre, appuyez sur la touche F (de même pour le quitter). Vous pouvez y zoomer, passer d'une photo à l'autre avec les flèches gauche et droite du clavier, atténuer l'éclairage de fond, attribuer une note, un marqueur et un libellé de couleur (affichés brièvement dans le coin inférieur gauche).

Étape 4

Le mode Grille affiche le contenu des dossiers sous forme de cellules. La taille peut être modifiée à l'aide du curseur Vignettes situé dans la barre d'outils, ou encore à l'aide des touches « + » et « - » du clavier (hors pavé numérique).
Quel que soit le module, l'appui sur la touche G commande un retour dans le module Bibliothèque en mode Grille.

Étape 5

Le mode Loupe affiche l'image en grand dans l'espace disponible de la fenêtre principale de Lightroom. On peut aussi appuyer sur la touche E du clavier ou cliquer sur le deuxième bouton dans la barre d'outils.

Étape 6

Le mode Comparaison (3e bouton de la barre d'outils ou touche C) est une fonction essentielle du tri dans une série d'images semblables (exercice 10, étapes 6 à 8). On clique sur une première image : elle s'affiche à gauche dans la partie Sélection. Puis on sélectionne une deuxième image dans le « Film fixe » en gardant la touche Ctrl/Cmd enfoncée : elle deviendra l'image dite « Candidat », affichée à droite.
Pour passer aux images suivantes, utilisez la flèche droite du clavier.

Étape 7

Le mode Ensemble (4ᵉ bouton de la barre d'outils ou touche N) est une table lumineuse permettant d'afficher plusieurs images à la fois. Il suffit de faire une sélection multiple d'images avec la touche Ctrl/Cmd. Au fur et à mesure de leur sélection, les images s'afficheront dans la fenêtre centrale de Lightroom, un peu comme sur une table lumineuse bien ordonnée. En revanche, on ne peut pas permuter les images en les déplaçant à la main.

Étape 8

Zoomez dans l'image avec la loupe (commandée par un clic de souris) ou la barre d'espace. Maintenez-la enfoncée puis relâchez-la pour aller et venir dans l'image, appuyez une fois pour le zoom avant, une autre pour le zoom arrière.

> **Remarque** : pour verrouiller l'endroit où vous zoomez, allez dans **Affichage> Verrouiller la position du zoom** (modules Bibliothèque ou Développement). En passant d'une photo à l'autre, vous zoomerez au même endroit (pratique pour vérifier une série d'images semblables).

Étape 9

Le rapport d'agrandissement se choisit dans le panneau Navigation, en haut à gauche ; le rapport 1:1 (1 pixel de l'image = 1 pixel à l'écran) est l'équivalent du zoom 100 % de Photoshop. Le déplacement vertical ou horizontal se fera avec l'outil Main, soit dans l'image, soit à l'aide du pavé de zoom dans la vignette du panneau Navigation.

Étape 10

Pour activer le second écran, cliquez sur l'icône en forme d'écran portant le chiffre 2, en haut à gauche du « Film fixe ». Si vous n'avez qu'un écran, une fenêtre flottante s'affichera – elle ne sera pas d'une grande utilité, sauf si vous disposez d'un moniteur de taille hors norme, comme les modèles au format 21/10.

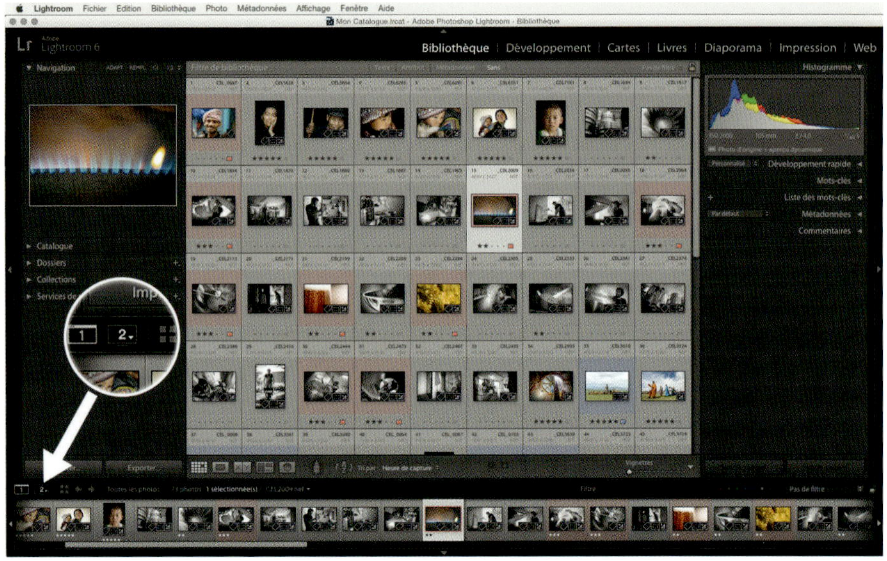

Étape 11

Le second écran comporte les mêmes options de réglage que l'écran principal (avec le zoom) et la possibilité bien pratique d'afficher la grille dans le module Développement, comme ici, ou de travailler sur une image en l'affichant à 1:1 sur un écran (pour la retouche) et à taille normale sur l'autre écran, pour un contrôle des corrections de manière globale et détaillée.

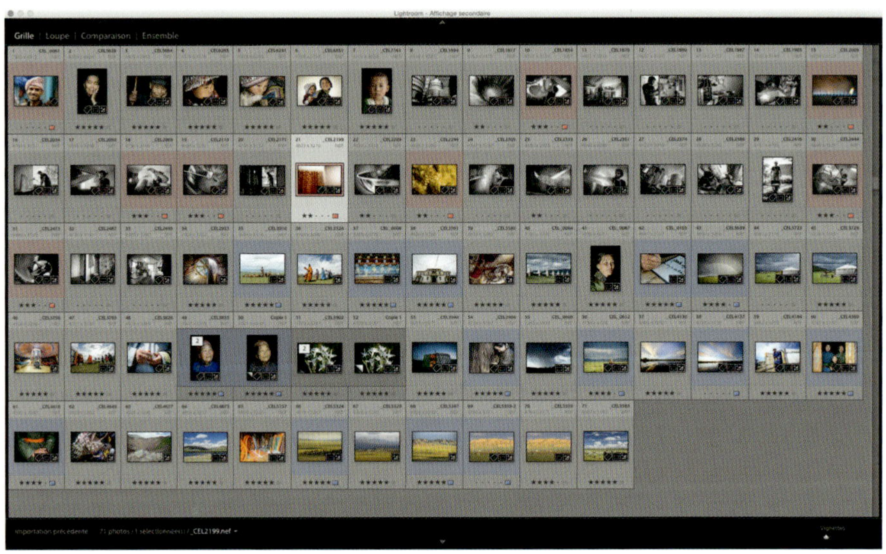

Étape 12

Le second écran propose aussi une loupe interactive : il suffit de promener le pointeur de la souris dans les vignettes pour voir le détail dans l'écran secondaire, à la valeur de zoom préalablement choisie. Notez que, pour être fluide, cette fonction (et l'utilisation de l'écran secondaire en général) requiert un ordinateur puissant.

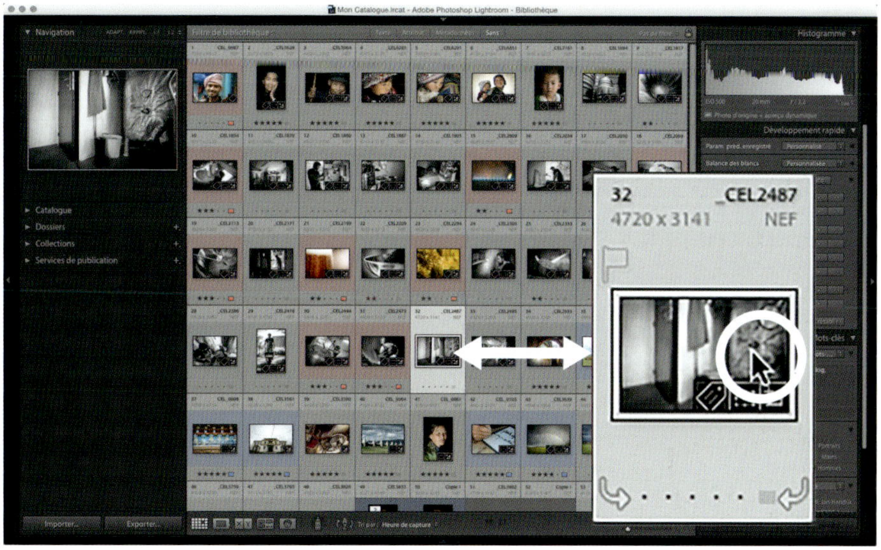

Étape 13

Lightroom propose un mode d'affichage agréable et pratique par atténuation de l'éclairage de fond des panneaux et des outils. Affichez une photo en mode Loupe puis pressez une première fois la touche L du clavier : les panneaux et les outils s'estompent. Ce mode est particulièrement utile pour corriger une photo sans être distrait par l'environnement de travail. Notez que l'éclairage de fond est désactivé en mode « Aperçu en plein écran ».

Étape 14

Si vous appuyez une deuxième fois sur L, l'environnement s'estompe complètement. Pour admirer ou faire admirer une image à la plus grande taille possible, pensez à escamoter tous les panneaux (sur les côtés, en haut et en bas), sans oublier la barre d'outils. La photo apparaîtra à l'écran presque comme un tirage dans un cadre ; l'effet est d'autant plus spectaculaire que le moniteur est grand.

Pour annuler l'effet d'éclairage de fond, pressez la touche L une troisième fois.

Étape 15

Pour paramétrer l'éclairage de fond, allez dans **Lightroom>Préférences** (Mac) ou **Édition>Préférences** (PC), puis dans l'onglet **Interface>Éclairage de fond**. Vous avez le choix entre cinq niveaux de gris, du blanc au noir (menu « Couleur de trame ») et quatre niveaux d'intensité. Les captures précédentes ont été réalisées avec les valeurs par défaut, à 80 % d'intensité.

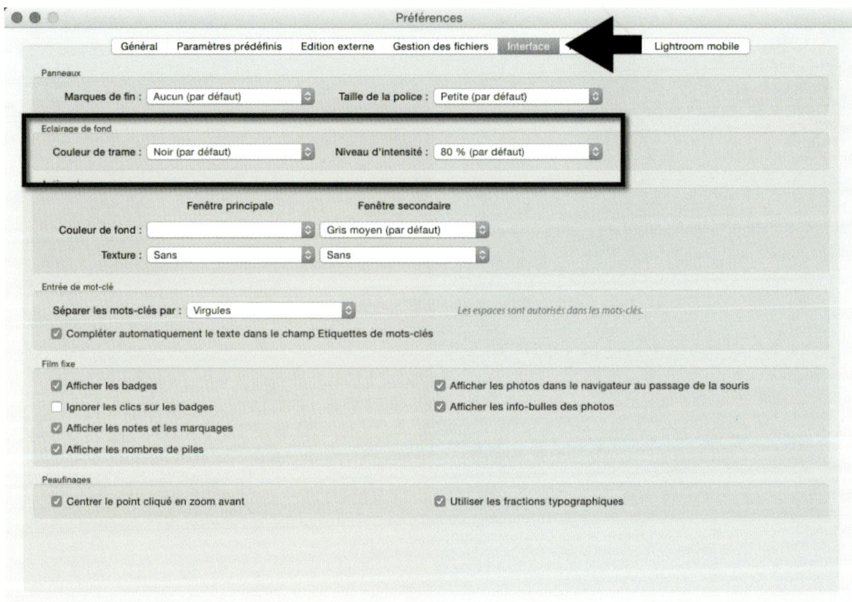

> **Remarque** : l'affichage avec éclairage de fond est particulièrement utile dans deux cas précis. Lors de la présentation rapide de photos en plein écran, il permet de se concentrer sur les images sans être distrait par l'environnement de travail. Dans le module Développement, vous pourrez mieux apprécier les corrections subtiles de tonalité, de couleur et de balance des blancs. N'hésitez pas à remplacer le fond noir par défaut à 80 % d'intensité par un gris moyen à 70 %, plus agréable et moins agressif.

Étape 16

Une fonction assez peu connue de Lightroom permet d'afficher un moniteur de contrôle lorsqu'on présente un diaporama sur un second écran tourné vers un client ou tout autre observateur – cela ne vous empêche pas de continuer le travail dans Lightroom, tri d'images par exemple, que vous pourrez montrer un peu plus tard à votre interlocuteur, tout en sachant en permanence où en est le diaporama. Pour activer cette fonction, il faut que l'écran secondaire soit en mode « Plein écran », et que l'option « Afficher l'aperçu du second moniteur » soit sélectionnée.

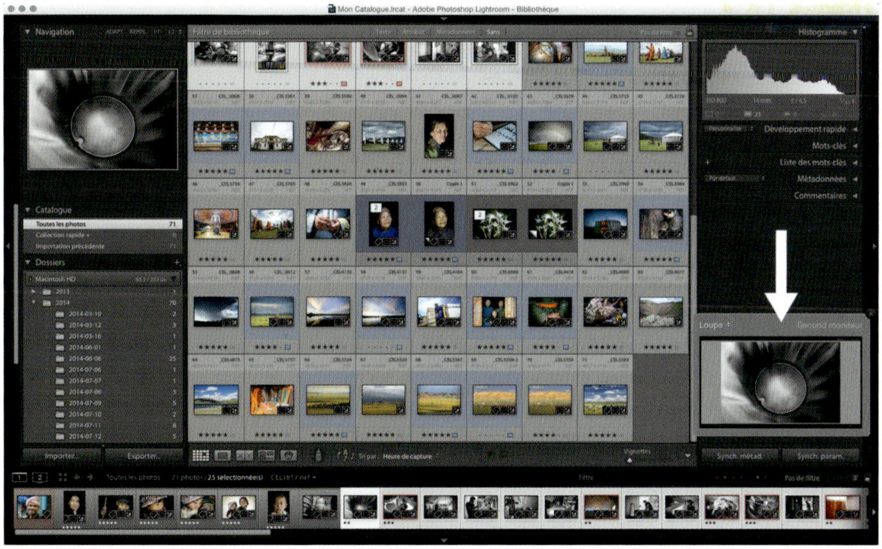

Étape 17

Lightroom propose également l'incrustation d'une grille ou de repères en mode Loupe, dans les modules Bibliothèque et Développement, ainsi qu'en prise de vue connectée (exercice 20). Pour incruster une grille, allez dans **Affichage>Incrustation de loupe>Grille**. Vous pouvez régler la taille et l'opacité de la grille qui s'affiche en pressant Cmd/Ctrl : placez la souris sur l'un des libellés, puis déplacez-la à gauche pour diminuer, ou à droite pour augmenter.

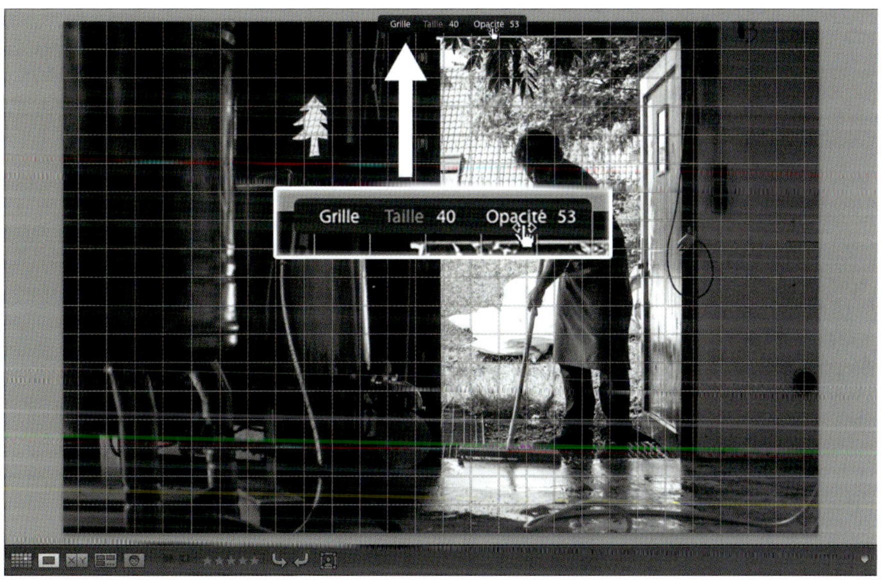

Étape 18

De la même manière, des repères constitués d'une ligne verticale et d'une ligne horizontale peuvent être affichés, avec ou sans la grille. Pour cela, allez dans **Affichage>Incrustation de loupe>Afficher>Repères**. Avec la touche Cmd/Ctrl, vous pouvez déplacer le point de croisement à votre guise, partout dans l'image.

Étape 19

En raison des multiples activités simultanées que Lightroom est susceptible d'effectuer, la barre de progression, en haut à gauche (là où se trouve la plaque d'identité) est épaulée par un centre d'activités. Il se présente sous la forme d'une fenêtre flottante qui apparaît quand on clique sous la plaque d'identité ou sous la barre de progression. Elle indique la progression des activités en cours, et les statuts de la synchronisation Lightroom mobile (exercice 63). Vous pouvez aussi y mettre en pause la recherche d'adresses GPS (exercice 26) et la reconnaissance des visages (exercice 14).

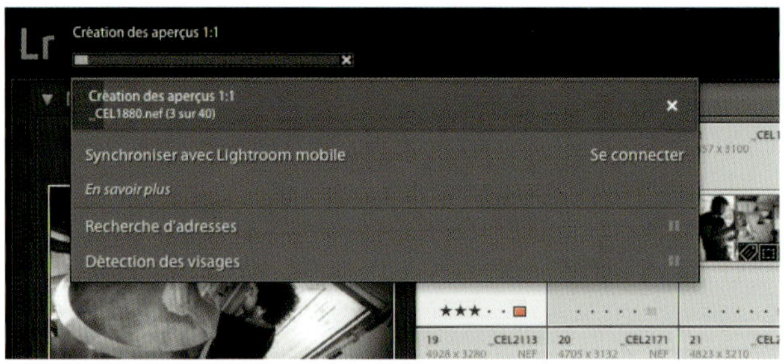

Étape 20

Pour les utilisateurs de tablettes Surface 3 et de certains modèles Wacom, sous Windows 8 minimum, Lightroom 6/CC offre de basculer l'affichage du module Développement en mode tactile, semblable à celui que vous trouverez dans Lightroom mobile (exercice 64).

05 Les éditeurs externes

Lightroom a largement étendu les possibilités de traitement des photos, du simple développement de fichiers RAW à l'assemblage d'images HDR et de panoramiques. Mais pour la retouche avancée, la transformation en profondeur, le détourage, le compositing et bien d'autres, Photoshop est incontournable.

Lightroom et Photoshop forment un ensemble cohérent. Il est possible d'installer d'autres éditeurs externes et de profiter d'outils complémentaires au sein d'un flux de travail particulièrement fluide. Les utilitaires de DxO Labs, Google/Nik Software, Topaz Labs, onOne Software et autres dialoguent parfaitement avec Lightroom et renvoient automatiquement les images traitées dans le catalogue, au format spécifié au cas par cas dans les réglages d'éditeurs externes du logiciel.

Étape 1

Si Lightroom est installé sur un ordinateur où se trouve déjà Photoshop ou Photoshop Elements (PSE), celui-ci apparaîtra automatiquement en tant qu'éditeur externe principal dans les Préférences de Lightroom, onglet « Édition externe ». Si les deux sont installés, Photoshop sera prioritaire.

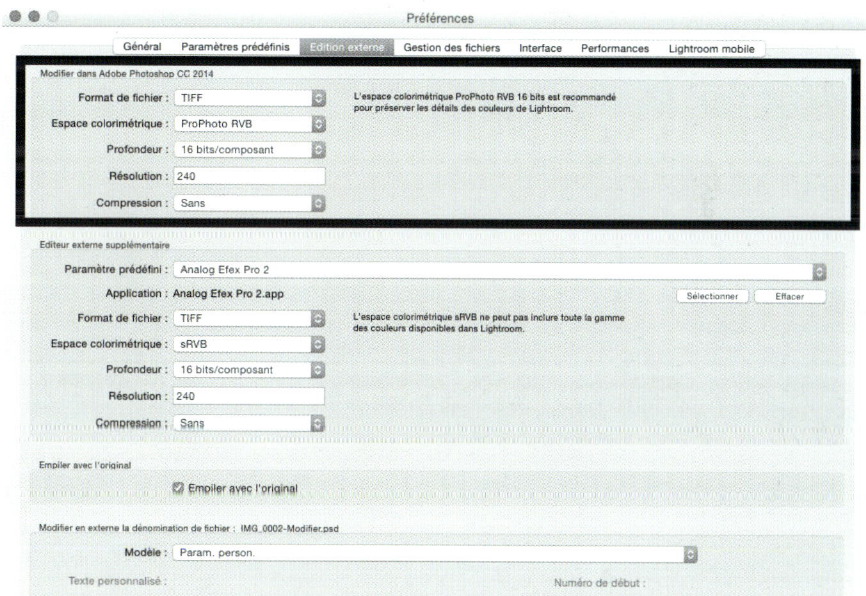

Remarque : l'utilisation d'éditeurs externes brise le flux de travail RAW de Lightroom, les images étant converties en TIFF ou PSD à cet usage. Les réglages doivent être choisis afin de conserver la plus grande qualité possible : 16 bits (8 bits pour PSE) dans un large espace colorimétrique comme ProPhoto RVB ou Adobe RVB 1998. Le choix du format TIFF est également préférable : il est compatible avec les calques et est plus universel que le PSD, format natif de Photoshop.

Étape 2

Avant d'envoyer une image dans Photoshop, il faut paramétrer une fois pour toutes les Préférences pour indiquer le format de fichier à employer (PSD ou TIFF – le JPEG n'étant pas disponible avec les éditeurs externes supplémentaires), puis, pour conserver une qualité maximale, choisir une profondeur de couleurs de 16 bits, l'espace couleur le plus large possible (ProPhoto RVB) et ne pas compresser en ZIP. Si vous cochez l'option « Empiler avec l'original » un peu plus bas dans la fenêtre, le fichier de retour dans Lightroom sera automatiquement associé à une pile incluant l'original.

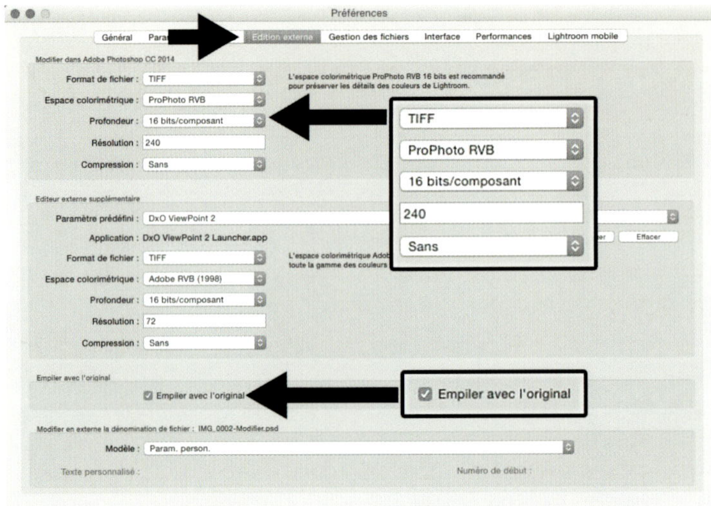

Étape 3

Pour envoyer une image de Lightroom vers Photoshop, faites un clic droit et sélectionnez **Modifier dans>Modifier dans Adobe Photoshop** (ou PSE). Si l'image de départ est un fichier RAW, elle sera automatiquement rapatriée après le traitement dans Photoshop dans le format spécifié dans les Préférences (voir l'étape 2).

Étape 4

Si l'image de départ est en TIFF, JPEG, PSD ou PNG, une boîte de dialogue vous propose les options suivantes :

- « Modifier une copie avec les corrections Lightroom » : un duplicata du fichier va être créé, avec les corrections préalablement effectuées dans Lightroom, puis expédié vers Photoshop ;
- « Modifier une copie » : une copie du fichier original va être créée, sans application des corrections Lightroom ;
- « Modifier l'original » : le fichier original ne va pas être dupliqué mais expédié tel quel, sans les corrections Lightroom.

Si l'éditeur externe n'est pas l'éditeur principal, la fenêtre proposera les options de format de fichier pour une ultime modification des réglages enregistrés dans les Préférences.

Étape 5

Les images expédiées depuis Lightroom dans Photoshop sont toujours réimportées automatiquement dans le catalogue, sans intervention particulière de l'utilisateur. Pour cela, une fois le travail de correction ou de retouche terminé dans Photoshop, fermez l'onglet ou la fenêtre contenant l'image en cours de traitement, puis enregistrez dans la boîte de dialogue qui s'affiche : cette version de l'image apparaîtra dans le « Film fixe » ou la Grille de Lightroom.

Étape 6

Si vous avez Photoshop CS3 (ou plus), vous disposez dans Lightroom d'une option très puissante, « Ouvrir en tant qu'objet dynamique dans Photoshop » ; vous profiterez des outils et du flux de travail non destructif permis par le système d'objets et de filtres dynamiques du logiciel. Même après retour dans le catalogue Lightroom, les corrections et modifications des fichiers TIFF ou PSD pourront être reprises plus tard dans Photoshop.

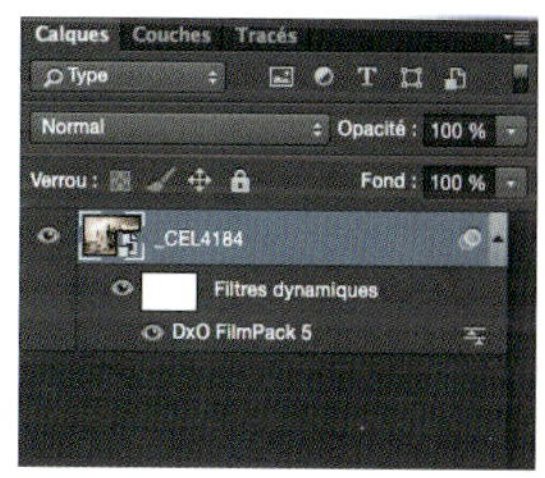

Étape 7

Depuis Photoshop CC, une autre fonction puissante peut intéresser l'utilisateur Lightroom : le « Filtre Camera Raw ». Après ouverture de l'image dans Photoshop, vous pouvez faire des corrections additionnelles dans Camera Raw, ce qui évite d'incessants allers-retours dans le module Développement de Lightroom : allez dans le menu **Filtre>Filtre Camera Raw**, l'image s'ouvre dans Camera Raw. Après les corrections, cliquez sur OK pour revenir dans Photoshop.

Étape 8

L'installation des éditeurs externes pour Lightroom est en général automatique, ainsi que le retour des images traitées dans le catalogue. Pour les logiciels qui n'ont pas été conçus dans ce sens, vous pouvez procéder à une installation manuelle, mais le retour automatique des images traitées dans Lightroom ne se fera pas : vous devrez utiliser la synchronisation de dossiers (exercice 13).

Pour installer manuellement un autre éditeur externe, allez dans les Préférences (Mac : **Lightroom>Préférences** ; PC : **Édition>Préférences**), onglet « Édition externe ». Dans la section « Éditeur externe supplémentaire », cliquez sur le bouton Sélectionner : une fenêtre du système va s'ouvrir dans laquelle il faudra rechercher le programme à ajouter. Pour valider le choix, cliquez sur Sélectionner.

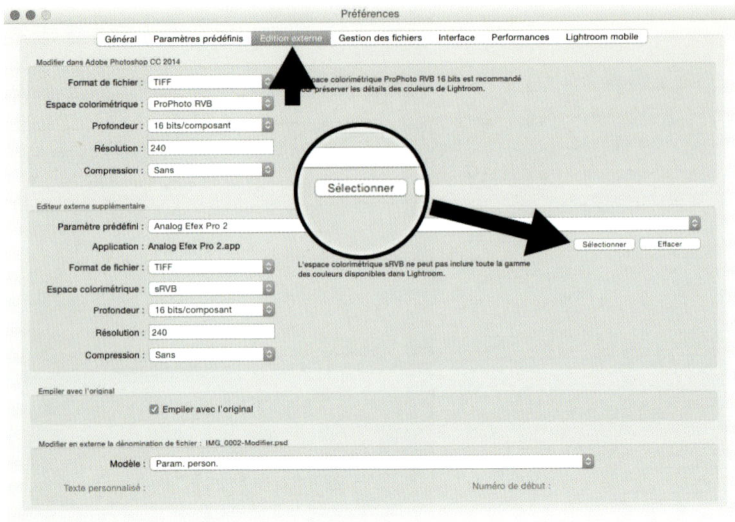

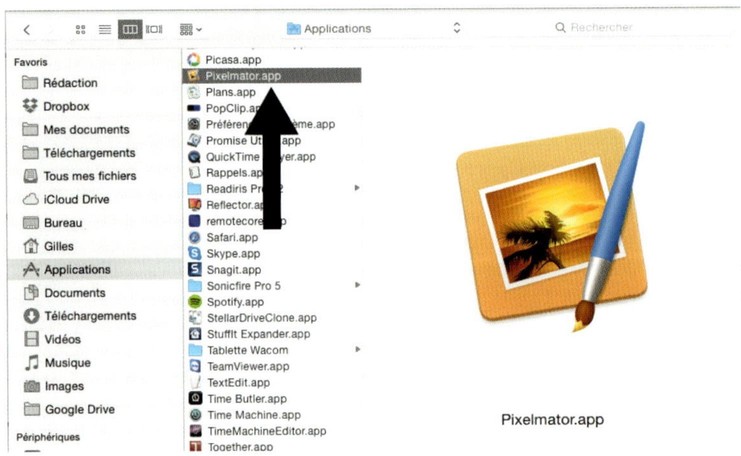

Étape 9

Après fermeture de la boîte de dialogue, allez dans le menu déroulant « Paramètre prédéfini » pour tout enregistrer (« Enregistrer les paramètres actuels en tant que nouveau paramètre prédéfini »). Une autre boîte de dialogue va s'ouvrir, dans laquelle vous saisirez le nom de l'application choisie (ou tout autre nom, à votre convenance) avant de valider en cliquant sur Créer.

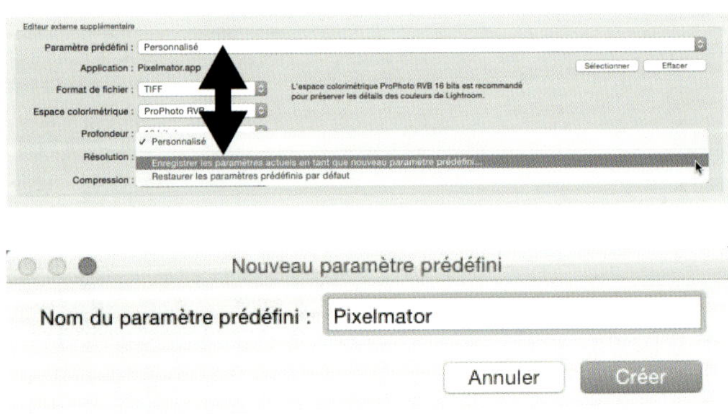

Étape 10

Passez ensuite aux réglages du format de fichier que vous souhaitez utiliser avec l'éditeur externe. Lorsque le choix a été fait, retournez dans « Paramètre prédéfini » et sélectionnez « Mettre à jour le paramètre prédéfini » dans le menu déroulant. Ce menu vous permet de modifier vos réglages à tout moment, de supprimer ou de renommer l'éditeur externe ou de retourner aux valeurs par défaut. Les réglages de fichiers peuvent également être modifiés à la volée, juste avant le transfert de l'image (voir l'étape 4).

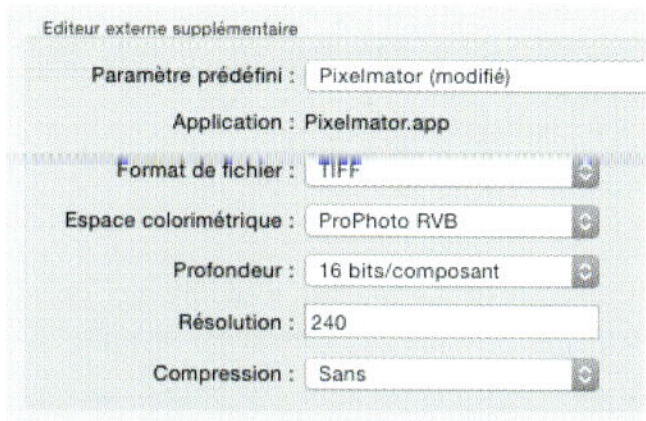

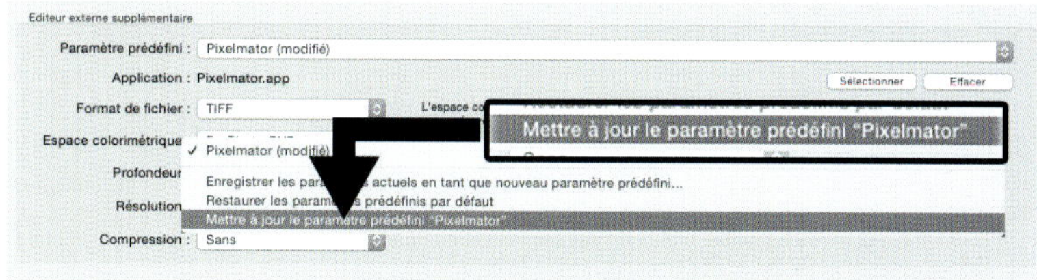

Étape 11

De retour dans Lightroom, l'éditeur externe enregistré à l'étape précédente apparaîtra dans la liste « Modifier dans... » quand vous ferez un clic droit sur l'image. Bien entendu, vous pouvez ajouter autant de modules externes que vous le souhaitez.

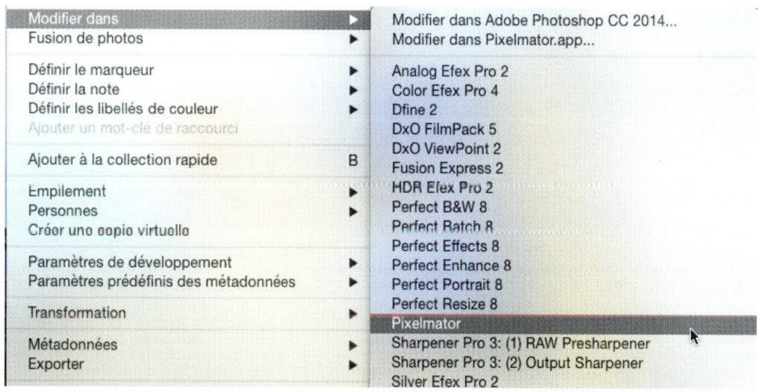

Étape 12

Si vous utilisez Photoshop comme éditeur externe, notamment avec des fichiers PSD, il y a un réglage important à faire pour assurer une parfaite compatibilité entre les programmes :

- dans Photoshop : allez dans les Préférences, **Gestion des fichiers>Compatibilité>Maximiser la compatibilité des fichiers PSD et PSB**, puis choisissez « Toujours » dans le menu déroulant ;
- dans PSE : allez dans les Préférences, **Enregistrement des fichiers>Compatbilité>Maximiser la compatibilité des fichiers PSD**, et choisissez « Toujours » dans le menu déroulant. Validez en cliquant sur OK.

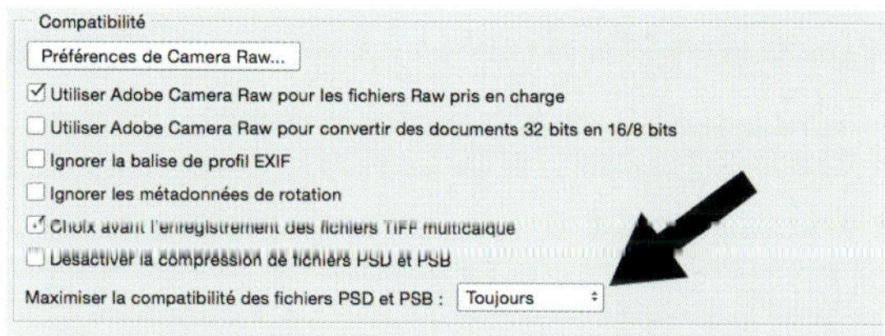

06 Les modules externes

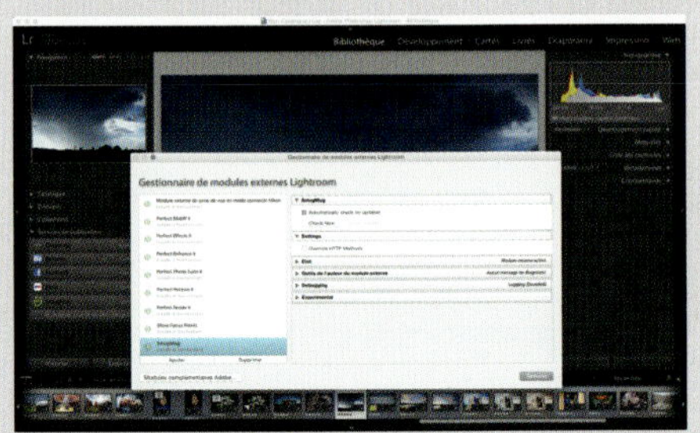

Lightroom permet l'installation de modules externes (plug-ins), essentiellement orientés « flux de production ». Un certain nombre de développeurs proposent des outils additionnels pour la gestion du catalogue, des métadonnées, ou pour l'exportation et la diffusion d'images vers des galeries web – mais s'il existe beaucoup de modules externes pour Lightroom, la plupart ne sont disponibles qu'en anglais. Attention, pensez à privilégier les auteurs qui ont pignon sur rue, afin d'éviter l'achat de modules externes dont le développement finirait par être abandonné.
Certains éditeurs de logiciels de traitement se servent également de ce mécanisme pour permettre le transfert direct de fichiers RAW, afin que vous puissiez profiter de leurs outils. C'est le cas, notamment, de DxO OpticsPro, un excellent programme qui vous permettra d'élargir l'éventail des outils de correction.

Étape 1

Le « Gestionnaire de modules externes » s'atteint par le menu Fichier. Son interface permet d'installer, gérer, mettre à jour et supprimer des modules externes. On peut y voir immédiatement le statut de tous les modules : « vert », le module fonctionne correctement, « jaune » ou « rouge », il y a un problème, « gris », les modules sont désactivés. L'installation et la suppression d'un module n'exigent pas de redémarrer Lightroom.

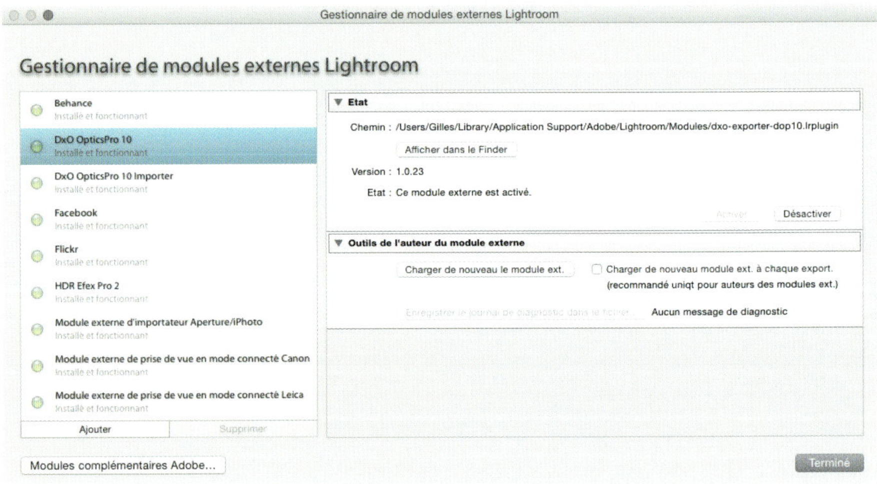

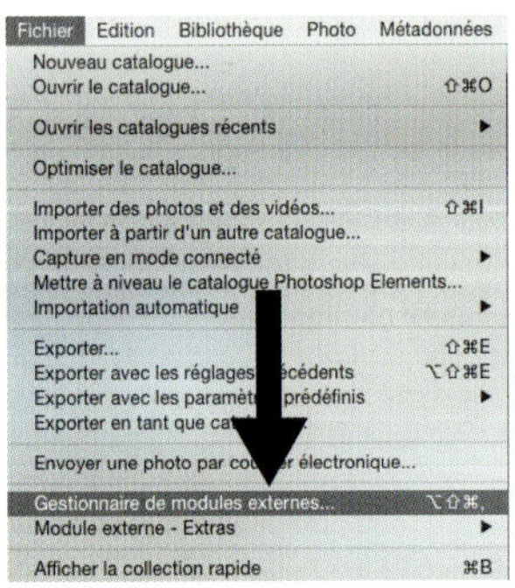

Remarque : de nombreux modules externes, gratuits ou payants, sont rassemblés sur le site Adobe Add-ons. Pour y accéder depuis Lightroom, lancez le « Gestionnaire de modules externes » et cliquez sur « Modules complémentaires Adobe», en bas à gauche.

Étape 2

L'installation d'un module externe passe d'abord par son téléchargement, puis par la décompression, de préférence dans un dossier unique qui regroupera tous les modules externes ou, au pire, dans le dossier Programmes ou Applications de votre ordinateur. En général, les modules sont des fichiers très légers, quelques centaines de Ko à peine pour la plupart.

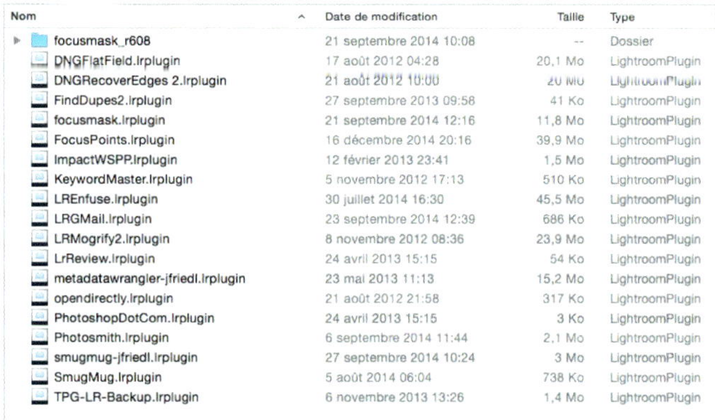

Étape 3

Après le téléchargement, lancez le Gestionnaire pour l'installation. Pour un nouveau module, cliquez sur le bouton Ajouter, sous la liste des modules, ce qui entraîne l'ouverture d'une boîte de dialogue du système dans laquelle vous pourrez pointer le Gestionnaire sur l'emplacement du module. Ensuite, il suffira de cliquer sur le bouton « Ajouter un module externe ».

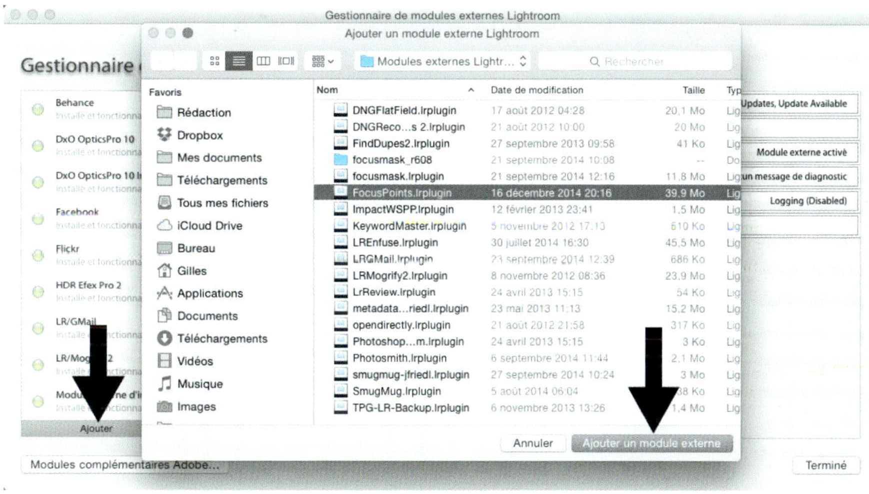

Étape 4

Si le chargement du module externe se passe correctement, celui-ci apparaîtra dans la liste (à gauche dans le Gestionnaire), un voyant vert indiquant qu'il est installé et opérationnel. À droite, selon les modules, on trouvera aussi bien des informations du développeur (clé d'activation, conditions de mise à jour, etc.) que l'état et l'emplacement du module. Une paire de boutons permet également d'activer ou de désactiver le module sans redémarrage de Lightroom. En cas de problème, on peut aussi le recharger ou le supprimer. Les mises à jour des modules sont la plupart du temps automatiques.

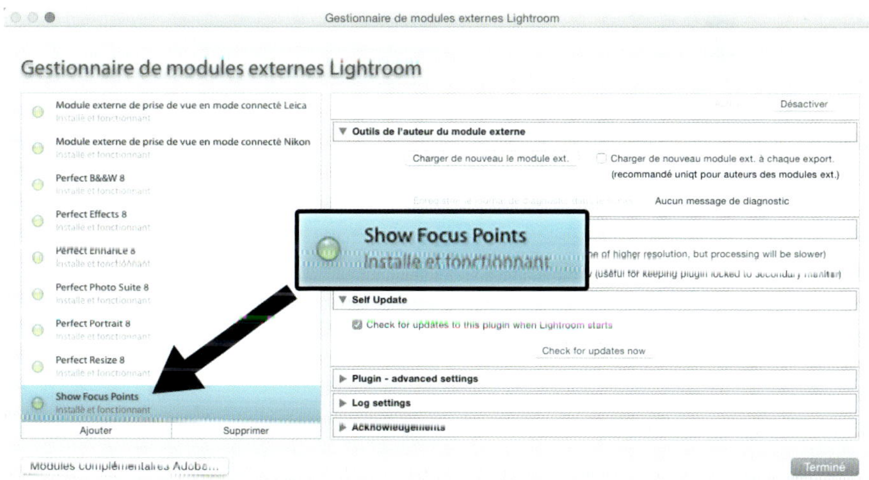

Étape 5

Une fois les modules externes installés, comment utilise-t-on leurs outils ? Certains sont situés dans le menu d'exportation des images. Après avoir fait un clic droit sur une photo, sélectionnez **Exporter>Exporter**, dans le menu flottant. S'il s'agit d'un des nombreux modules d'exportation vers une galerie web, d'envoi d'images par e-mail ou de sauvegarde, vous le trouverez dans le menu déroulant situé en tête de la fenêtre d'exportation.

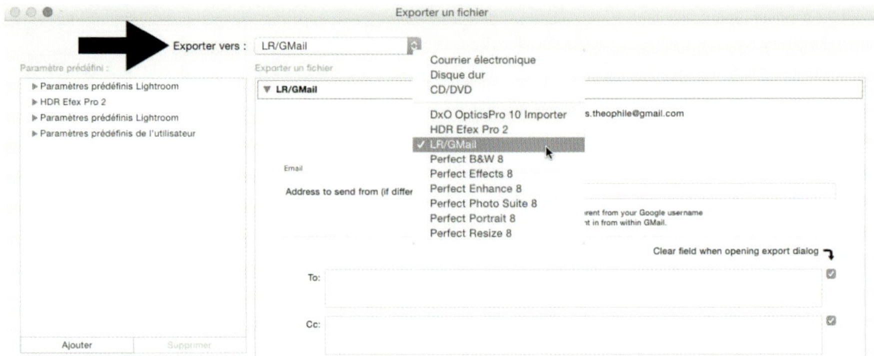

Étape 6

Certains modules de traitement d'images (pour l'ajout de cadres, de filigranes, pour contrôler les métadonnées à joindre aux images) s'installent dans la section « Actions de post-traitement », dans le coin inférieur gauche du menu Exporter.

Cliquer sur Insérer permet de rajouter des fonctions aux outils habituels, le tout pouvant être enregistré sous forme de paramètres prédéfinis pour automatiser les tâches d'exportation (exercice 57).

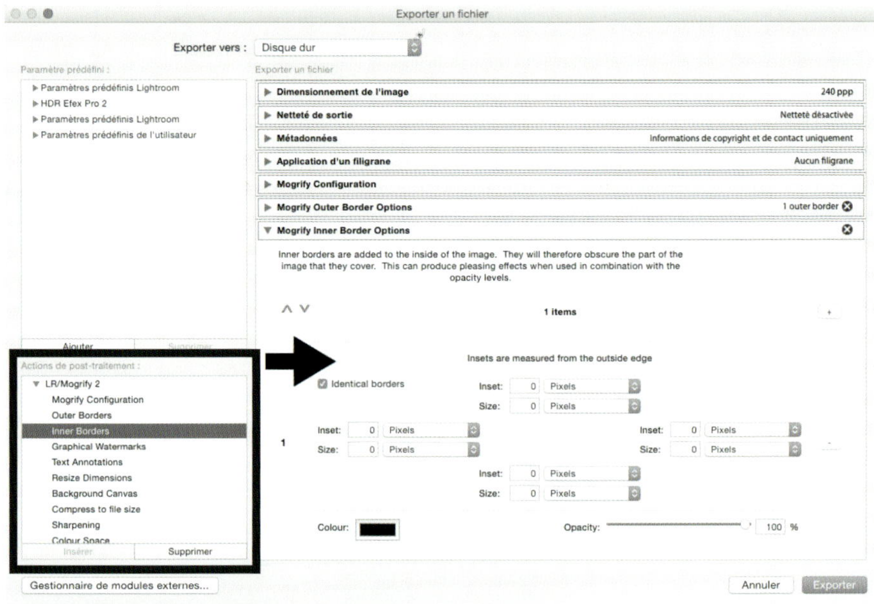

Étape 7

La plupart des modules externes d'exportation sont aussi dans le panneau « Services de publication » du module Bibliothèque. Cela permet la gestion de galeries web à distance (exercice 61). C'est la méthode que nous conseillons pour piloter le contenu de galeries avec plus de souplesse que le menu Exporter. Lightroom est livré avec des modules Behance, Facebook et Flickr.

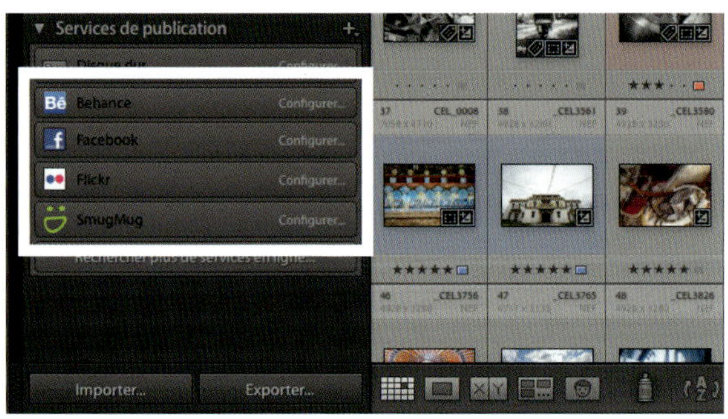

Étape 8

D'autres modules s'installent et s'utilisent directement dans Lightroom, on les trouve dans le menu **Fichier>Module externe – Extras** ou **Bibliothèque>Module externe – Extras**.

En général, ils permettent de traiter les images, de les ouvrir dans un autre logiciel (comme ici avec le pont vers DxO Optics Pro) ou de lancer des utilitaires de gestion d'images et de métadonnées.

Étape 9

Certains modules externes participent pleinement au catalogage des images, en installant des critères dans le panneau **Métadonnées>Toutes les métadonnées de modules externes**, dans les collections dynamiques et dans le « Filtre de bibliothèque ». Par exemple, il est particulièrement aisé de retrouver toutes les images chargées dans une galerie web à l'aide d'un module externe, où, comme ici, envoyées à l'aide d'un plug-in e-mail, avec le nom des destinataires.

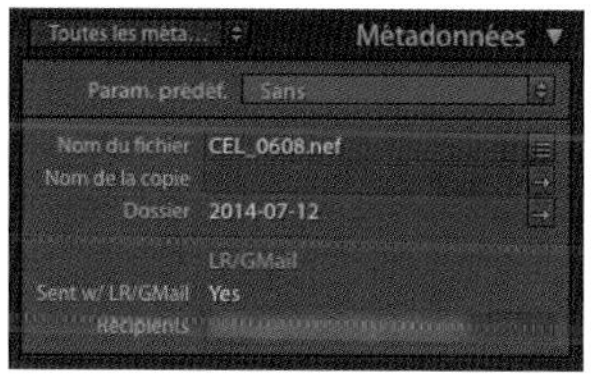

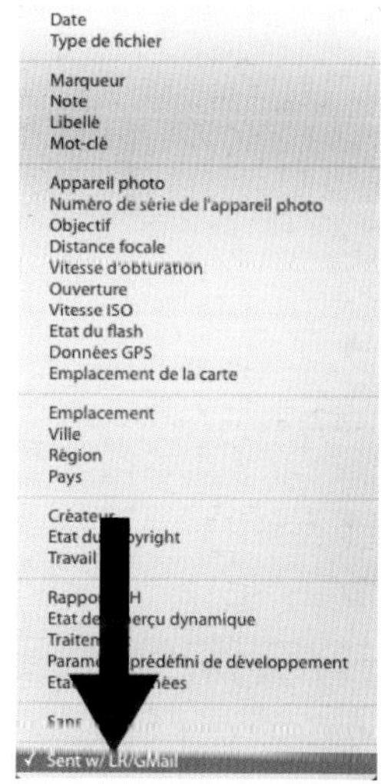

Conclusion : les modules externes pour Lightroom se divisent en quatre catégories principales.

- Modules d'exportation : pour envoyer les images sur une galerie web (Flickr, SmugMug, Zenfolio, 500px, etc.), par e-mail (via Gmail ou Outlook) à certaines agences, labos en ligne, ou simplement sur un autre volume pour la sauvegarde de vos photos.
- Modules de traitement d'images : fusion d'images exposées différemment, HDR, création de profils colorimétriques, envoi vers des éditeurs externes.
- Modules de gestion de métadonnées : ajout de champs de saisie, gestion des métadonnées de fichiers exportés, géolocalisation.
- Création de sites web.

07 Les piles et les copies virtuelles

Les photographes ayant connu le film argentique se souviennent des séances de tri de diapositives à la loupe, sur une table lumineuse. On organisait des petits tas : d'un côté les diapos à jeter, de l'autre celles qui étaient à revoir, et enfin les photos que l'on jugeait les meilleures.
Lightroom reprend le même principe avec les « piles ». Il est possible d'empiler les images aussi bien dans un dossier que dans une collection, indépendamment l'un de l'autre. Quant aux copies virtuelles, elles permettent de créer plusieurs versions d'une même photo, sans avoir à dupliquer physiquement cette dernière (et l'on pourra bien sûr empiler ces versions).

Étape 1

Dans le module Bibliothèque, les piles se reconnaissent aux vignettes pourvues d'un pavé blanc contenant un numéro indiquant le nombre de vues empilées (dans le coin supérieur gauche des images).
Cet indicateur est également visible dans le « Film fixe », ce qui permet d'en profiter dans les autres modules de Lightroom. S'il n'apparaît pas, vérifiez que l'affichage du nombre de piles est bien activé dans **Préférences>Interface>Film fixe>Afficher les nombres de piles**. Notez également que l'affichage d'informations et d'icônes dans le « Film fixe » ne se fait qu'à partir d'une certaine taille : vous pouvez la régler à la souris.

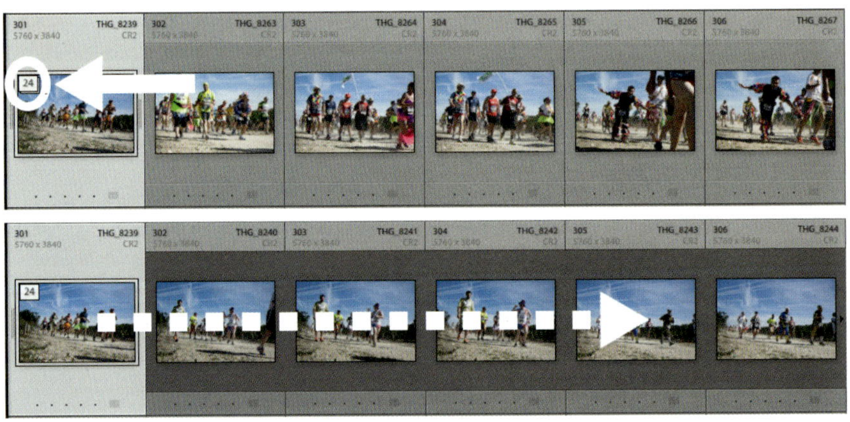

Étape 2

Pour créer une pile, sélectionnez une série d'images. Après avoir fait un clic droit, allez dans le menu flottant **Empilement>Associer dans une pile**. Les images s'empileront automatiquement, et un pavé apparaîtra, indiquant le nombre de vues dans la pile.

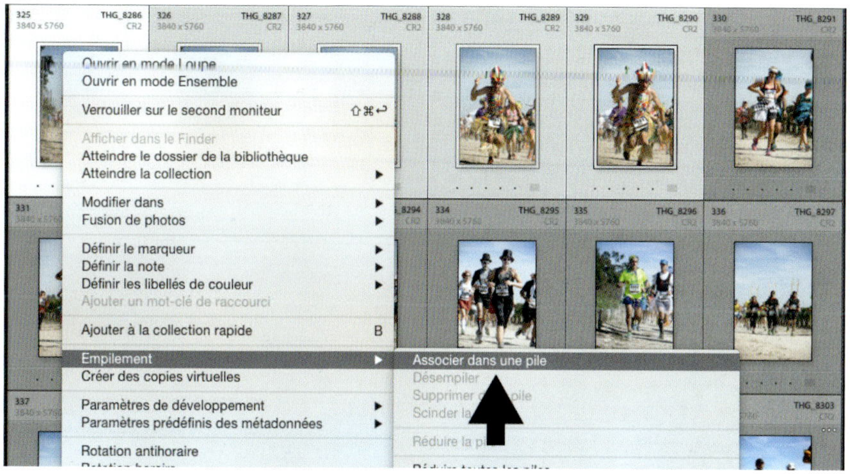

Étape 3

Pour désempiler les images, il suffit de cliquer sur le pavé de nombre d'images. Pour les empiler à nouveau, cliquez sur le pavé de la première vignette, celle qui est placée en haut de la pile. Pour voir rapidement le contenu d'une pile, pressez et maintenez la touche S du clavier enfoncée : la pile se déploie. Relâchez la touche : les images s'empilent.

Étape 4

Si vous passez le pointeur de la souris dans le coin supérieur gauche de la vignette (l'image, pas le cadre), vous verrez apparaître le pavé blanc avec les indications successives « 1 sur *x* », « 2 sur *x* », « 3 sur *x* », etc., ce qui indique l'ordre des photos dans la pile.

Lorsque des images sont désempilées, celle qui se trouve en tête de pile portera un cadre gris clair, et les suivantes un cadre gris sombre, ce qui facilite le repérage en mode Grille.

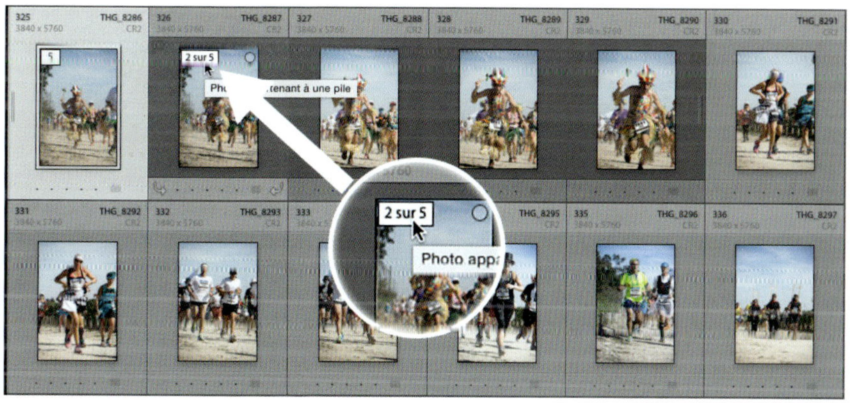

Étape 5

On peut scinder une pile en deux à partir de n'importe quelle image sélectionnée dans la pile elle-même. Dans l'exemple ci-contre, nous avons scindé une pile de 6 images en deux piles de 3 images, en faisant un clic droit sur la quatrième image et en sélectionnant « Scinder la pile » dans le menu contextuel.

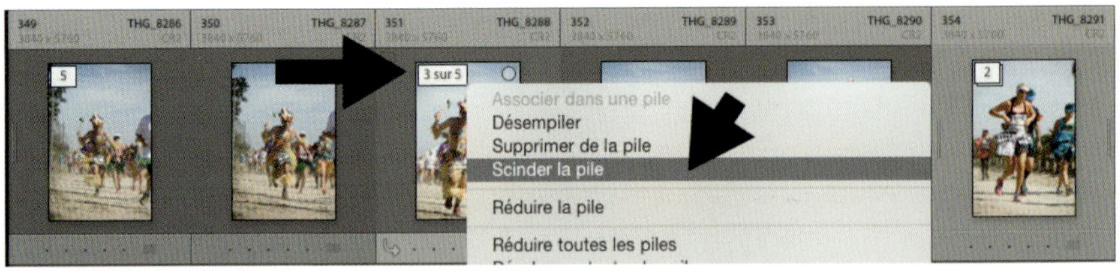

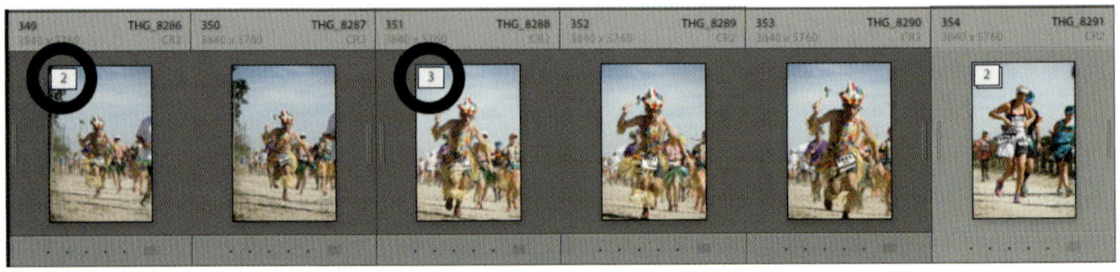

Étape 6

Les autres options du menu contextuel comprennent les fonctions :

- « Réduire ou développer toutes les piles » : s'adresse à la totalité du contenu du catalogue ou d'une sélection de dossiers et de collections ;
- « Déplacer vers le haut de la pile » : déplace une image directement en tête de pile ;
- « Déplacer vers le haut dans la pile » : déplace une image, position après position, vers le haut d'une pile ;
- « Déplacer vers le bas dans la pile » : idem mais vers le bas.

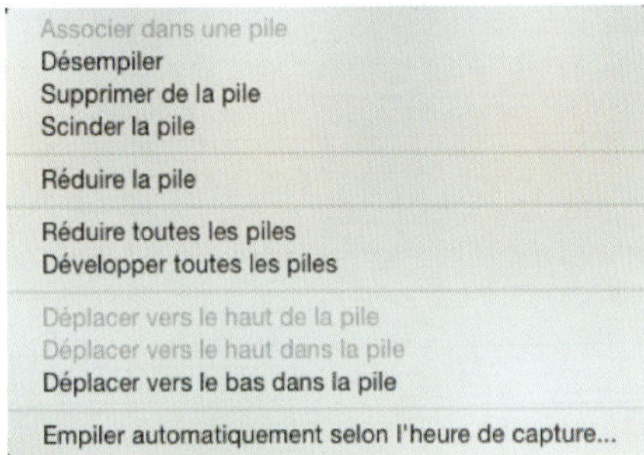

Étape 7

Le menu de gestion des piles offre une option intéressante pour les photographes d'action ou de sport désireux de regrouper les rafales par séquences de prise de vue.

Après avoir sélectionné un dossier ou une collection, choisissez « Empiler automatiquement selon l'heure de capture ». Une fenêtre va vous proposer de choisir l'intervalle de temps entre les piles ; le curseur permet de régler le nombre de piles en fonction de l'intervalle.

Les images des séquences seront regroupées au sein de piles, en se basant sur l'intervalle que vous aurez choisi.

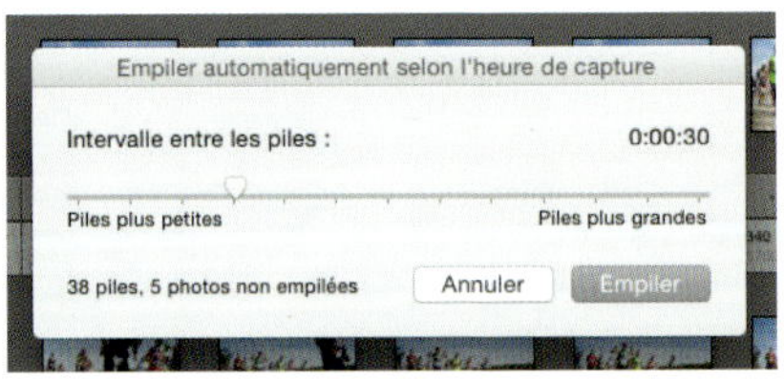

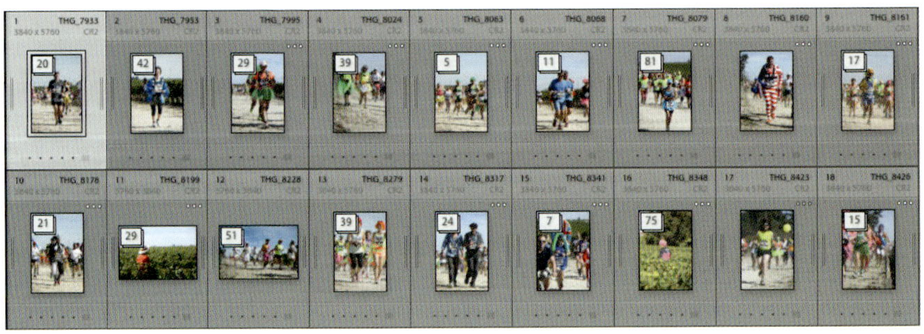

Étape 8

Les copies virtuelles permettent de multiplier les versions d'une image et d'appliquer des corrections différentes de l'original. Les copies ne sont pas physiques, elles existent uniquement sous forme d'instructions texte au sein du catalogue. Elles se reconnaissent au coin inférieur gauche de la vignette, replié comme le coin d'une feuille de papier. Pour créer une copie virtuelle, faites un clic droit sur une image et sélectionnez « Créer une copie virtuelle » dans le menu contextuel. Le menu **Photo>Définir la copie comme principale** permet de désigner une copie virtuelle comme nouvel original.

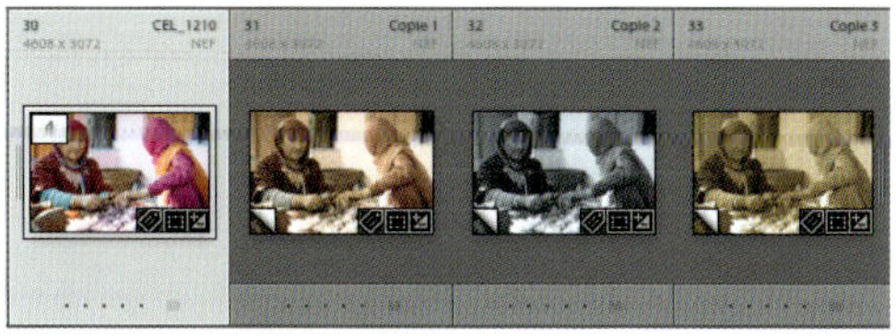

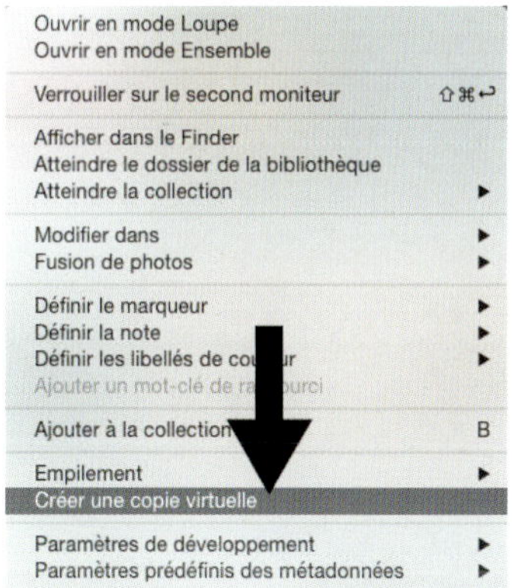

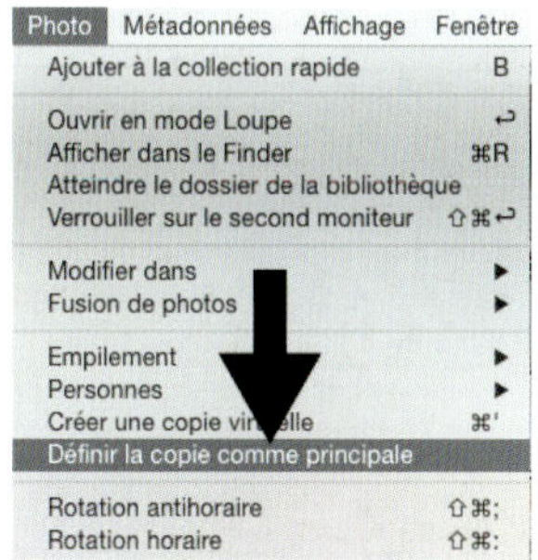

Étape 9

En créant une copie virtuelle, cette dernière garde le même nom que le fichier original mais se voit attribuer le nom « Copie 1 » (ou 2, 3, etc.) dans le champ de métadonnées « Nom de la copie », le contenu de ce dernier pouvant être utilisé comme critère des collections dynamiques. Le « Filtre de bibliothèque » permet également d'afficher uniquement les copies virtuelles du catalogue, des dossiers ou collections sélectionnés, en cliquant sur l'icône adéquate, dans la section Attribut, tout à droite.

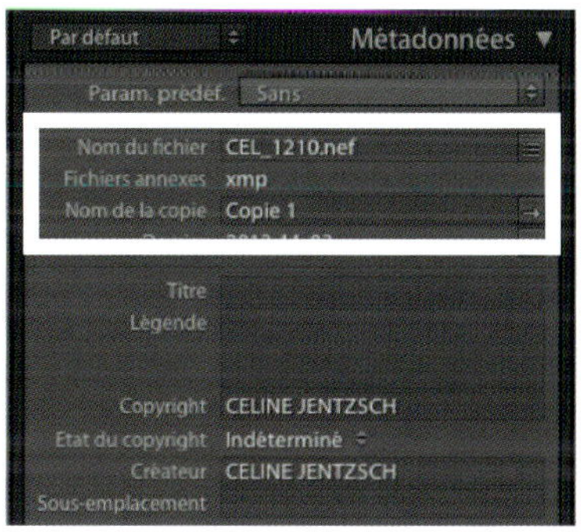

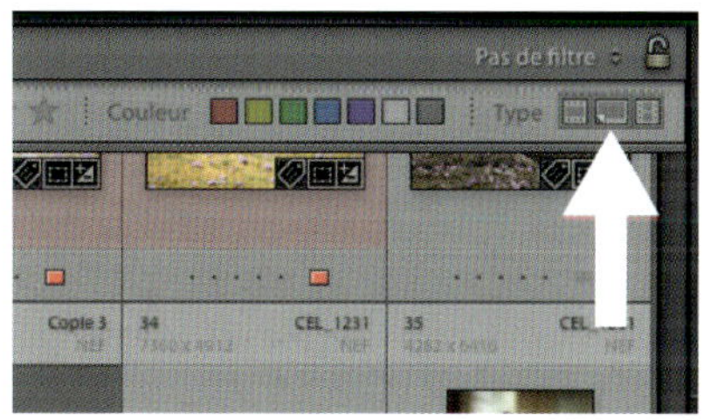

Conclusion : les piles et les copies virtuelles permettent de travailler avec une souplesse incroyable. Avec les copies virtuelles, comment ne pas être tenté de créer de nombreuses versions du portrait d'une mariée, que l'on déclinera en une variation infinie de teintes noir et blanc, sépia ou encore de traitements croisés et de virages partiels ? De plus, on pourra rassembler toutes ces images dans des piles, aussi bien au sein de dossiers que de collections.

Les piles permettent également de regrouper les séquences d'images, comme les panoramas ou les photos HDR destinées à être fusionnées. Dans ce cas, nous vous conseillons de placer le panorama ou l'image résultant d'une fusion au-dessus de la pile des images ayant servi aux assemblages.

Les copies virtuelles peuvent être créées aussi bien dans les dossiers que dans les collections.

08 Incruster un filigrane de copyright

Il est extrêmement important pour tout photographe de protéger ses images, et plus particulièrement si elles sont diffusées sur le Web ou par tout moyen de communication électronique.
Pour cela, Lightroom dispose d'un éditeur de filigranes texte ou graphiques que vous pourrez incruster dans vos photos. Le filigrane n'apparaîtra pas dans les images au sein de Lightroom, mais sera appliqué à l'exportation.

Note : la taille de la police de caractères et les réglages de l'exemple développé dans ce huitième exercice ont été volontairement appuyés pour faciliter la lecture.

Étape 1

L'éditeur de filigranes est accessible à tout moment, dans le menu **Lightroom>Modifier les filigranes** (Mac) ou **Fichier>Modifier les filigranes** (PC). C'est un outil qui se présente sous la forme d'une fenêtre flottante redimensionnable et qui dispose de son propre système d'affichage des images.

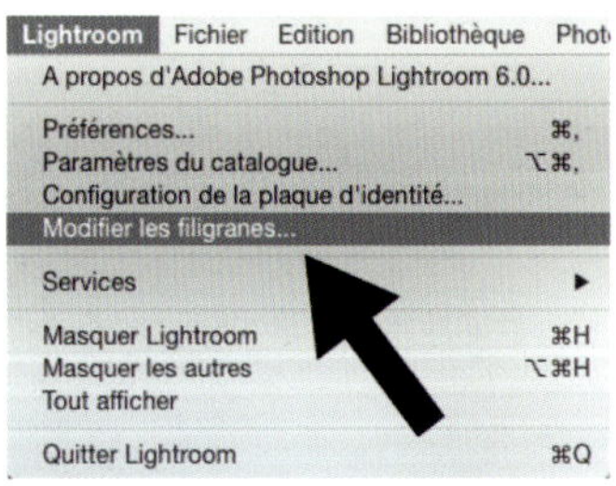

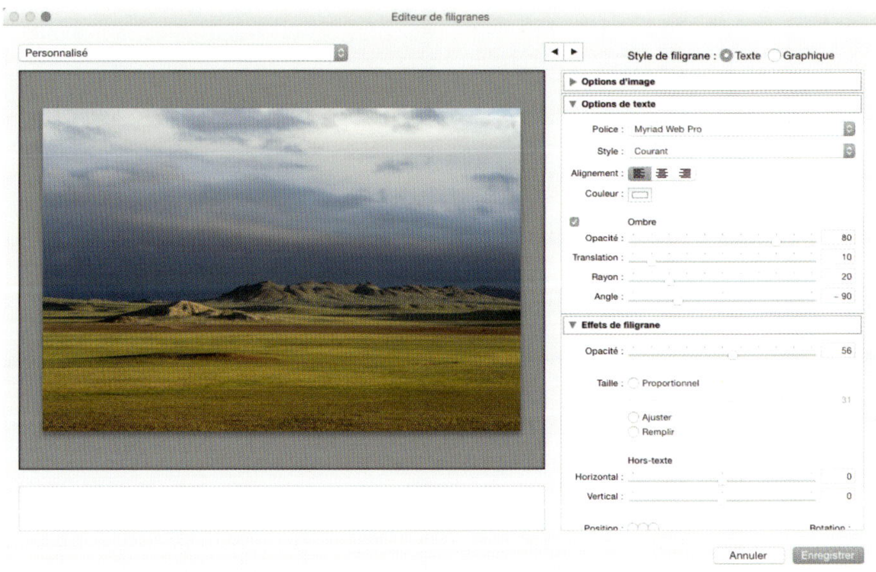

Étape 2

Pour créer un filigrane texte, cochez le bouton Texte, au-dessus de la palette d'outils située du côté droit de l'éditeur. Vous pourrez ensuite choisir la police, le style, l'alignement et la couleur du texte, et régler tous les paramètres de l'effet d'ombre, comme l'opacité, la dureté des contours, etc.

La saisie du texte se fait dans l'espace sous l'image.

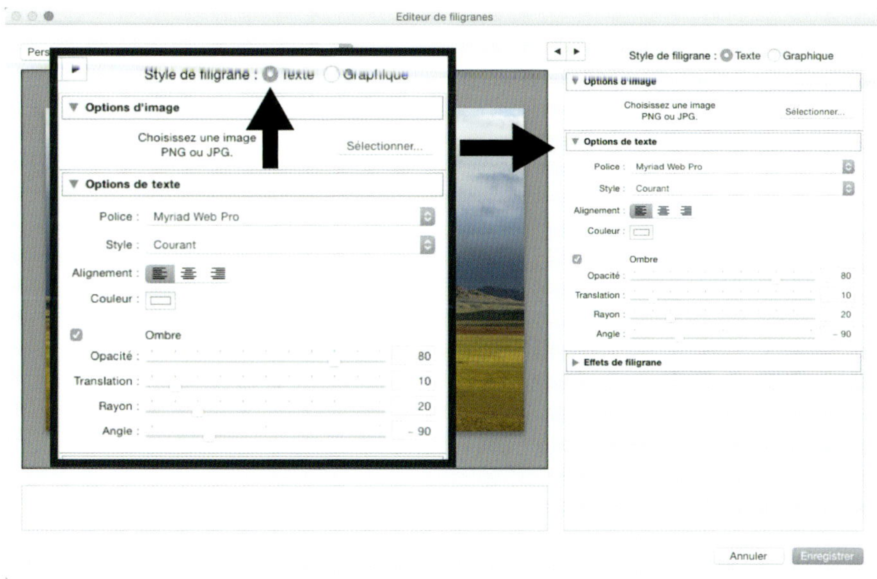

Étape 3

Si vous avez un logo au format JPEG ou PNG, vous pouvez l'importer après avoir choisi un style de filigrane graphique.

Dans ce cas, les options de texte se désactiveront, car l'éditeur ne permet malheureusement pas d'appliquer simultanément un filigrane texte et un filigrane graphique.

Remarque : si vous tenez à ajouter à la fois un filigrane texte et graphique, la solution est de vous tourner vers le module externe LR/Mogrify 2, conçu par Tim Armes et disponible sur le site photographers-toolbox.com. Il s'installe dans le menu Exporter (exercice 57), et propose un nombre conséquent d'outils, dont la possibilité de créer des cadres multiples. Son seul inconvénient est qu'il vous oblige à travailler à l'aveugle et à exporter une image-test pour voir le résultat. Néanmoins, c'est un plug-in incontournable pour les utilisateurs de Lightroom, disponible en version d'essai, et qui peut être acquis par donation.

Étape 4

Dans les deux cas, le panneau « Effets de filigrane » permet de régler l'opacité, la taille, les proportions, la position (neuf possibilités, plus le positionnement par rapport au cadre grâce aux curseurs Hors-texte, qui permettent de placer le filigrane n'importe où) et, éventuellement, la rotation.

Dans cet exemple, l'opacité du filigrane est moyenne et il prend toute la largeur de l'image ; il ne gêne pas la lecture tout en assurant une protection optimale.

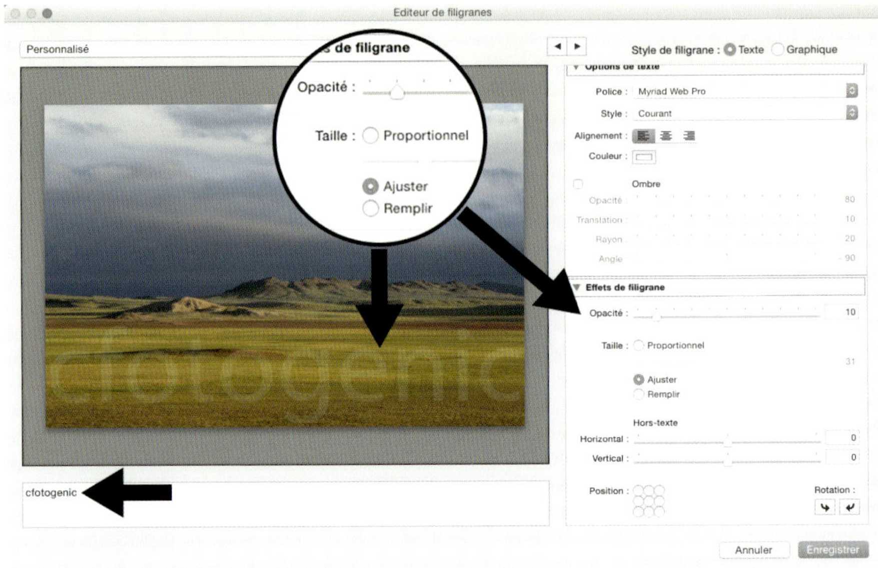

Étape 5

Lorsque tous les réglages auront été effectués, vous pourrez les enregistrer en cliquant sur le bouton Enregistrer (ou via le menu déroulant situé au-dessus de l'image). Sélectionnez « Enregistrer les paramètres actuels en tant que nouveau paramètre prédéfini » puis, dans la boîte de dialogue qui s'affiche, attribuez un nom à votre filigrane. Vous pourrez enregistrer autant de paramètres que vous le voudrez, en fonction de l'usage et de la destination de vos images.

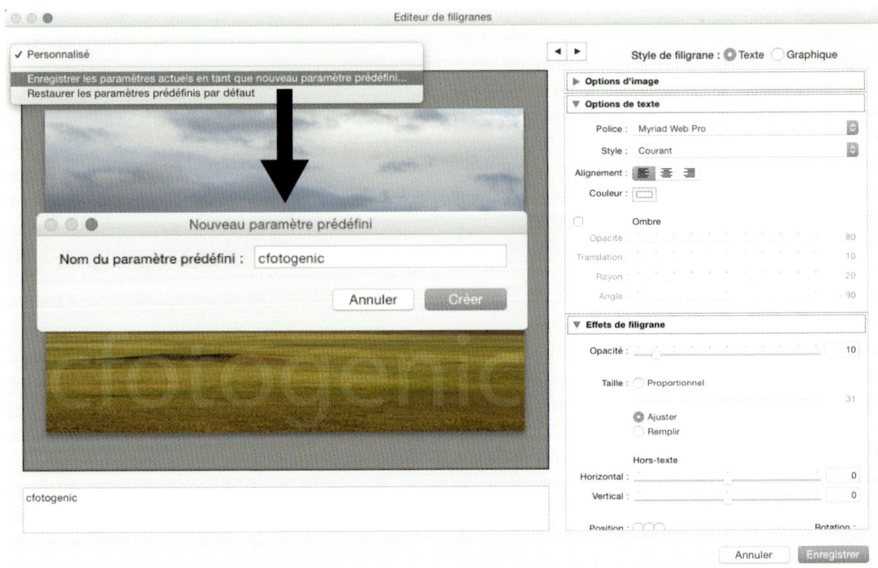

Étape 6

Les filigranes ne s'appliquent pas aux images stockées dans le catalogue, mais vous pouvez en avoir un aperçu en faisant défiler les différentes images, préalablement sélectionnées dans le « Film fixe » ou la grille, avec les flèches de navigation situées en haut de la fenêtre. Pour que l'incrustation soit effective, il faut passer par le menu Exporter et choisir le filigrane dans le menu déroulant situé dans la section « Application d'un filigrane ».
Après l'exportation, vous pourrez vérifier et constater que le filigrane a bien été incrusté en ouvrant l'image dans n'importe quel autre programme.

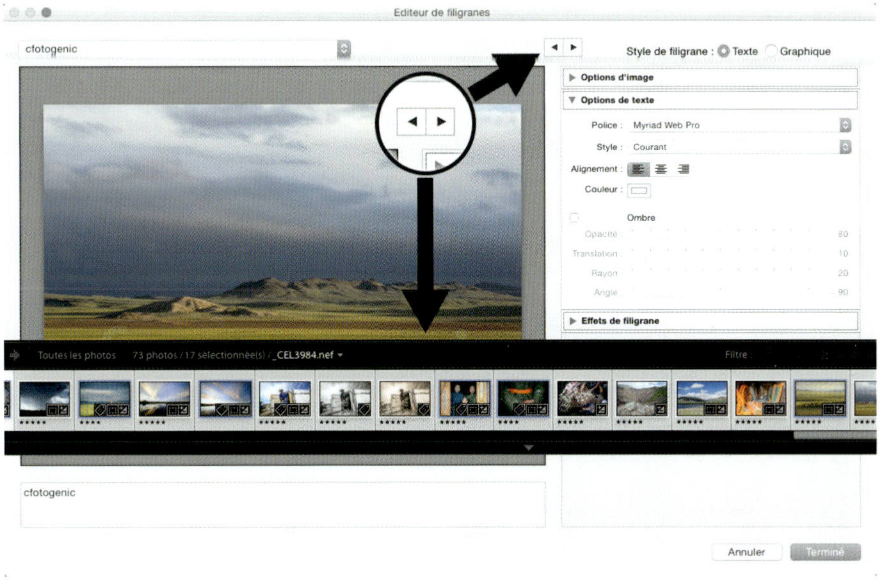

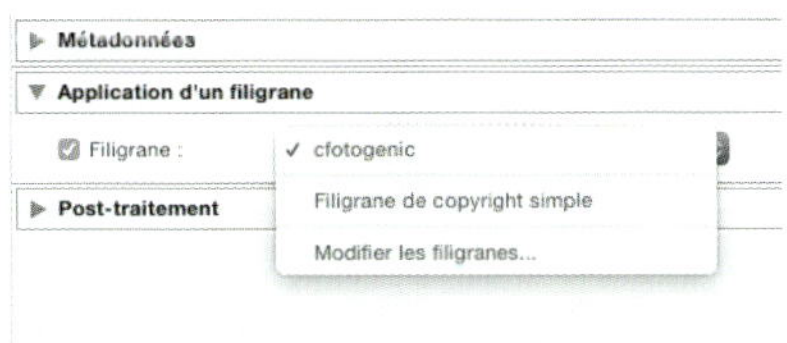

Conclusion : la protection des images est un sujet extrêmement sensible, plus particulièrement pour ceux qui commercialisent leurs photos. Le filigrane de copyright incrusté dans les images est un moyen imparable, mais il dénature l'image. Nous vous conseillons de le placer au centre de la photo (ou de sorte que sa suppression par recadrage la modifie radicalement), avec une opacité faible – il doit à peine se remarquer – et à une taille suffisamment grande pour couvrir la largeur ou la hauteur totale (là encore, pour qu'il ne puisse pas être supprimé par un simple recadrage). Vous pouvez également signer vos tirages papier en appliquant un filigrane via le module Impression (**panneau Page>Application d'un filigrane**).
La question se pose de savoir si un tiers utilisant aussi Lightroom peut modifier ou supprimer un filigrane de copyright dans un original RAW ou DNG : puisqu'on est dans un flux de travail non destructif et réversible, sachez que le menu Exporter ne permet pas de joindre un filigrane si vous choisissez un format de fichier Original ou DNG.

Shop
No
1605

Partie 2

Maîtriser le catalogage

Le catalogage d'images est le pilier du flux de travail de Lightroom, offrant fluidité et souplesse inégalées. Cette deuxième partie est consacrée à tout ce qui se passe immédiatement après avoir inséré la carte mémoire dans l'ordinateur.

L'importation des images doit déjà pouvoir mâcher une bonne partie du travail de catalogage via la création de dossiers par date de prise de vue et l'attribution de mots-clés et autres métadonnées aux images. Nous poursuivrons avec le tri des images puis leur organisation dans des dossiers et des collections et passerons ensuite à la reconnaissance et à la gestion des personnes présentes sur les clichés avant de traiter des métadonnées, du filtrage pour la recherche de fichiers et de la géolocalisation avec le module Cartes. Nous aborderons ensuite d'autres méthodes d'importation, à partir d'un scanner, d'un appareil en prise de vue connectée, ainsi que l'importation des photothèques à partir de Photoshop Elements, Aperture et iPhoto. Sans oublier le flux de travail avec les vidéos et le format DNG, qui peut se substituer aux nombreux formats RAW des fabricants de boîtiers.

Ruelle du quartier Old Delhi pendant la fête des lumières, Diwali (Inde)

Exercices

09 Le menu Importer

Le menu Importer de Lightroom permettant de préparer une bonne partie du travail d'organisation des fichiers, nous vous conseillons de bien suivre cet exercice consacré à la toute première étape, très importante, du flux de travail.
Nous vous rappelons également qu'en plus des fichiers RAW, DNG, JPEG, PNG, TIFF et PSD, Lightroom prend en charge les vidéos, principalement celles des appareils photo, les images CMJN et les images 32 bits créées dans des applications HDR, Photoshop ou autres.

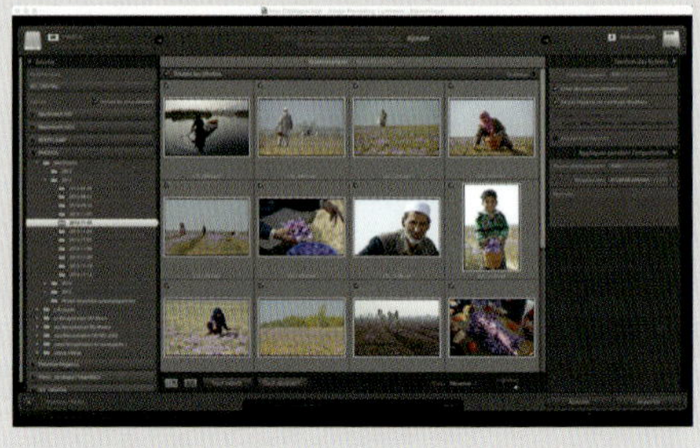

Étape 1

Une fois que vous avez cliqué sur le bouton Importer, en bas à gauche dans le module Bibliothèque (ou sur **Fichier>Importer des photos et des vidéos**), le menu Importer s'adapte automatiquement à l'écran dès son lancement.
Sa présentation adopte la robe foncée de Lightroom, et le contenu s'inspire du module Bibliothèque. Il est composé de quatre parties principales : le panneau de gauche contient la liste de tous les périphériques connectés à l'ordinateur, y compris tous les dossiers, la partie centrale est réservée à l'affichage des images, le panneau de droite comprend les volumes et dossiers de destination ainsi que tous les outils permettant d'attribuer des métadonnées et de régler la qualité des aperçus utilisés pour l'affichage des images dans Lightroom, et enfin le bandeau supérieur permet de choisir le mode d'importation.

Étape 2

Les méthodes de travail diffèrent selon l'importation à partir de la carte mémoire d'un appareil photo ou d'un volume (disque dur, clé USB, CD/DVD). Il est également possible à ce stade de démarrer un flux de travail entièrement en DNG (exercice 24).

Le lancement à la détection d'une carte mémoire peut être activé en allant dans **Préférences>Général>Options d'importation**.

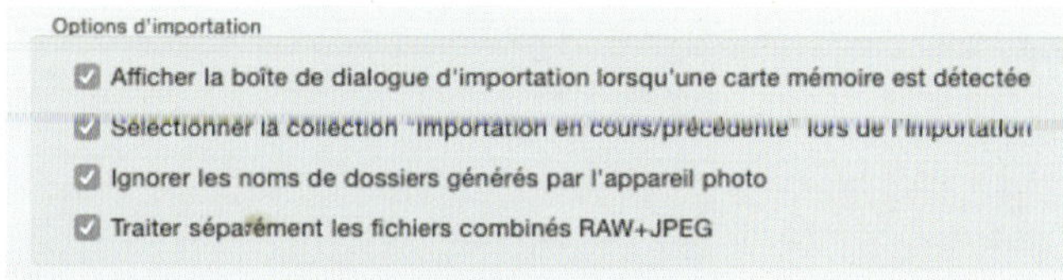

Étape 3

Le contenu de la source (disque dur, CD, clé USB, carte mémoire) sera affiché sous forme de vignettes dans la partie centrale, le nombre total d'images et la taille globale de l'ensemble des fichiers étant rappelés dans le coin inférieur gauche.

La source sera présentée sous forme de périphérique dans la colonne de gauche. Dans le cas des cartes mémoire, vous pourrez y cocher l'option d'éjection automatique après importation.

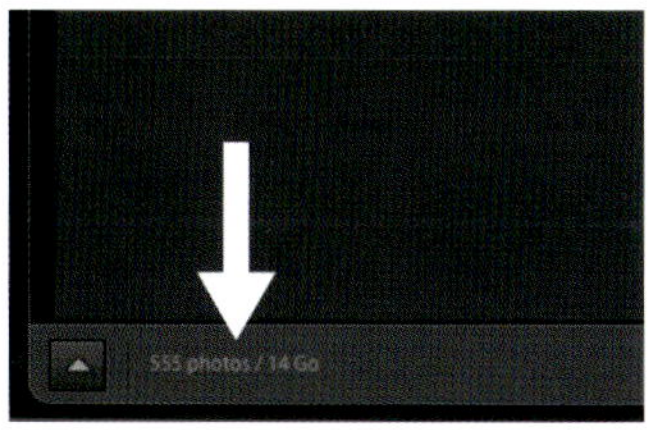

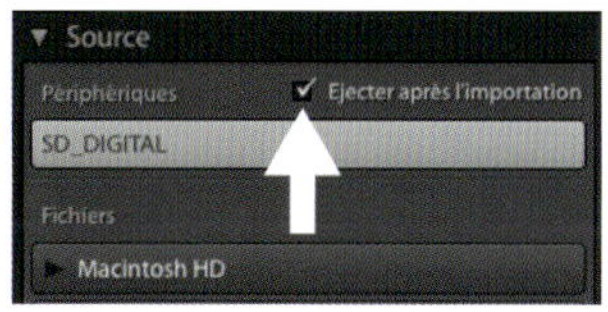

Étape 4

Dans le cas d'une carte mémoire, seules les options Copier ou « Copier au format DNG » (en haut du menu Importer) sont autorisées. En effet, Lightroom ne permet pas le déplacement des fichiers, ni leur suppression : c'est une sécurité en cas de problème à l'importation. Ce sera ensuite à vous de reformater la carte dans l'appareil, après vous être assuré que les images ont été correctement copiées.

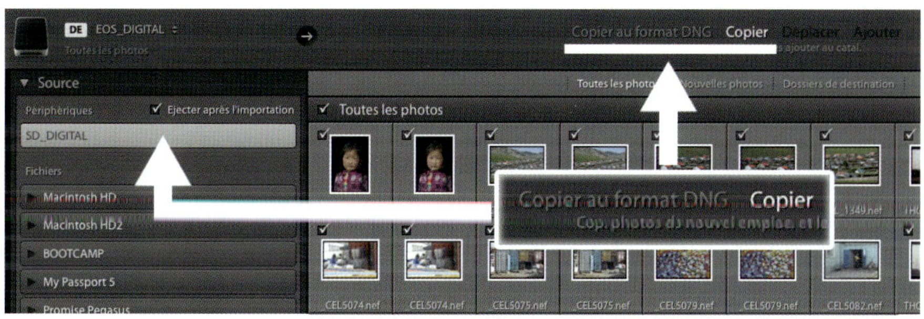

> **Remarque** : faut-il d'abord importer les images sur le disque dur puis dans Lightroom, ou directement dans Lightroom ? Le premier cas est une perte de temps, importez vos images directement dans Lightroom et, surtout, évitez de copier/coller le contenu de la carte mémoire par l'intermédiaire de l'Explorateur Windows ou du Finder du Mac, pour des raisons de fiabilité – notamment si vous devez transférer des centaines d'images.

Étape 5

Si vous importez à partir d'un dossier présent sur un volume (disque dur, clé USB, CD/DVD), tous les modes d'importation seront disponibles : Copier, « Copier au format DNG », Déplacer (vider le dossier source pour remplir le dossier de destination) ou Ajouter (ajouter les photos au catalogue sans les déplacer, en les laissant dans le dossier source). Si vous choisissez ce dernier, et si la source est sur un support ou un volume amovible, vous pourrez quand même travailler sur les images concernées dans le module Bibliothèque, en mode hors ligne.

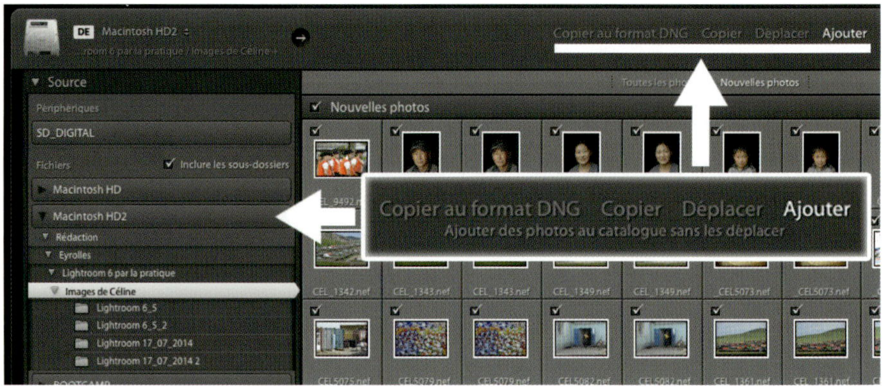

> **Remarque** : en mode Ajouter, seules les sections « Gestion des fichiers » et « Appliquer pendant l'importation » sont disponibles dans la colonne de droite.

Étape 6

Au-dessus de la grille, vous trouverez un bandeau avec trois options :

- « Toutes les photos » affiche toutes les images contenues sur la carte, y compris celles qui ont déjà été importées – elles seront désactivées et grisées ;
- « Nouvelles photos » affiche uniquement les images n'ayant pas encore été importées dans Lightroom ;
- « Dossiers de destination » affiche les images classées selon les dossiers de destination, si l'option « Organiser par date » a été retenue dans la section Destination (à droite, dans le menu Importer).

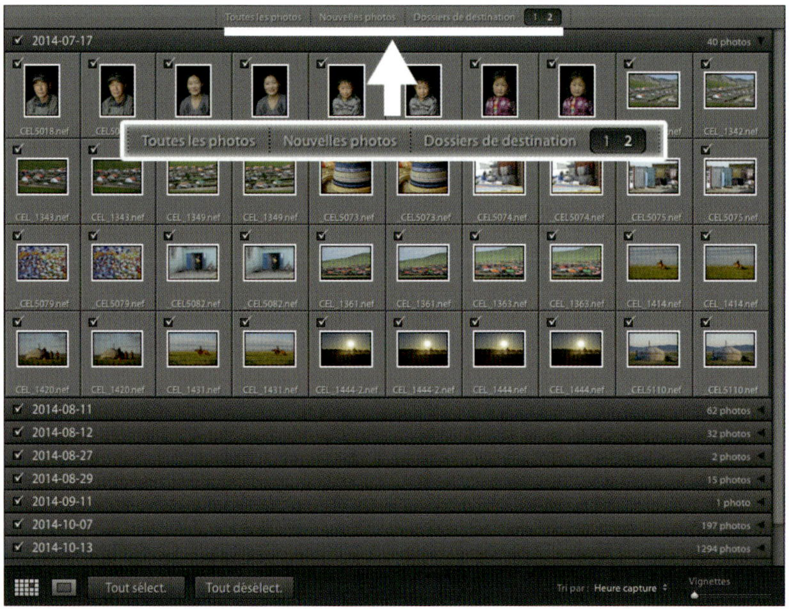

Étape 7

Les vignettes peuvent être agrandies avec le curseur situé en bas du menu ou avec les touches « + » et « - » du clavier. Les images peuvent être vues en grand en mode Loupe (touche E) comme dans le module Bibliothèque, on peut même zoomer (barre d'espace) et passer d'une photo à l'autre avec les flèches Gauche et Droite du clavier. Il est donc possible de vérifier et de faire un premier tri avant l'importation des images dans le catalogue. Pour revenir en mode Grille, appuyez sur la touche G.

Étape 8

On peut sélectionner les images manuellement en cochant le bouton du coin supérieur gauche des vignettes. Deux boutons pour tout sélectionner/désélectionner se trouvent sous la grille, près des boutons des modes Grille et Loupe. En bas, un menu permet de trier les images par heure de capture, par état vérifié (les images désélectionnées sont déplacées en fin de grille), par nom ou par type de support (regroupement des fichiers vidéo, JPEG, RAW, etc.). Les images décochées ont un cadre et une vignette assombris, et les images déjà importées (doublons) sont recouvertes d'un voile gris uniforme.

Étape 9

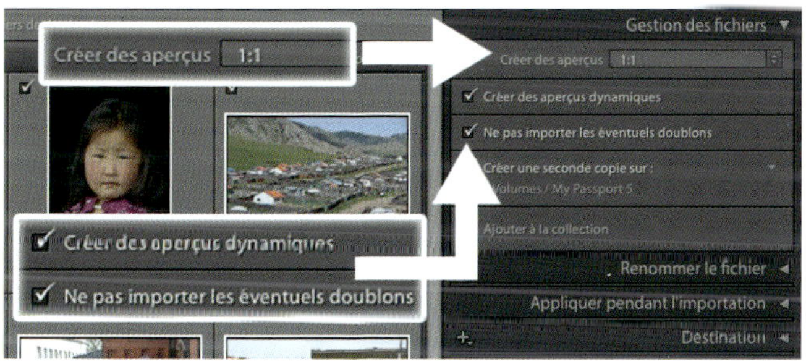

Après la sélection des images, allez dans la colonne de droite du menu Importer. Travaillez de haut en bas en commençant par la section « Gestion des fichiers » : vous y réglerez la qualité des aperçus dans Lightroom (Standard ou 1:1). Cochez « Ne pas importer les éventuels doublons » : le menu Importer ignorera les images déjà présentes dans le catalogue. Si vous avez l'intention d'utiliser le flux de travail hors ligne de Lightroom (exercice 56), cochez « Créer des aperçus dynamiques ».

Étape 10

Lightroom peut créer une seconde copie des originaux importés, sur un disque dur de sauvegarde, les images seront classées dans une liste de dossiers portant la date d'importation. Vous pouvez également attribuer directement vos images à une collection : cochez « Ajouter à la collection », le choix de la collection ou la création d'une nouvelle collection étant similaires aux fonctions du panneau Collections (exercice 12).

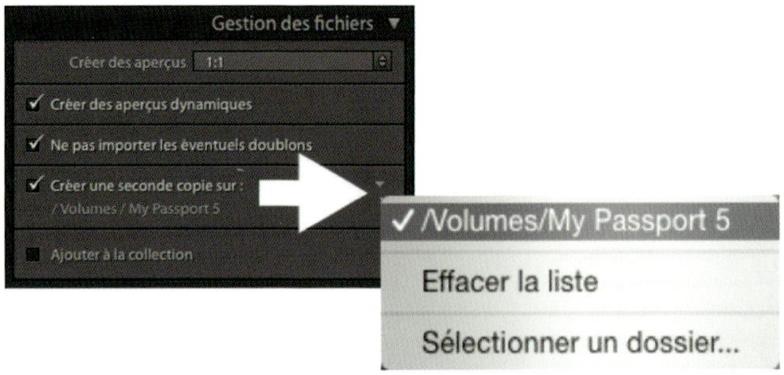

Étape 11

Les images peuvent être renommées dès l'importation avec un modèle à choisir dans la section « Renommer le fichier ». Cependant il est peut-être plus judicieux de renommer les photos à l'exportation, en fonction du destinataire ou de l'usage qui sera fait des images (exercice 19).

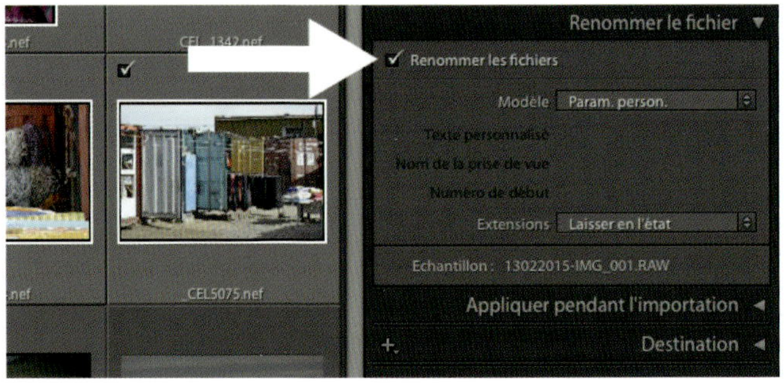

> **Remarque** : des fichiers de même nom, notamment parce que le compteur de l'appareil a fait le tour, ne posent pas de problème à Lightroom qui peut discerner les images selon la date et l'heure de prise de vue enregistrées dans les métadonnées EXIF.

Étape 12

Dans la section suivante, vous pourrez appliquer des mots-clés ou un modèle de métadonnées contenant, par exemple, vos références et copyright. Faites-le systématiquement pour protéger vos images. Si la carte mémoire contient plusieurs séances, il sera difficile d'attribuer des mots-clés spécifiques à chacune d'elles – vous pourrez le faire ultérieurement dans le module Bibliothèque. Vous pourrez aussi appliquer des paramètres de développement : c'est le moment idéal pour la correction des objectifs (exercice 38).

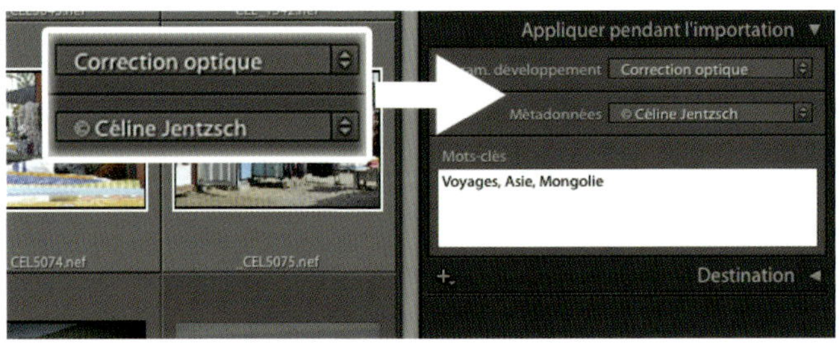

Étape 13

La phase du choix des dossiers de destination étant un sujet sur lequel butent beaucoup d'utilisateurs, nous allons détailler les différentes étapes à suivre pour rassembler les images dans des dossiers classés par ordre chronologique, le plus judicieux étant de créer une hiérarchie année/année-mois-jour.

Après avoir choisi le mode d'importation Copier ou Déplacer, allez dans le haut du panneau Destination, puis, dans la liste Organiser, choisissez « Par date ».

Dans la liste « Format de date », juste en dessous, sélectionnez le format année/année-mois-jour (qui sera affiché à la date où vous ferez cette opération, par exemple 2013/2013-04-30).

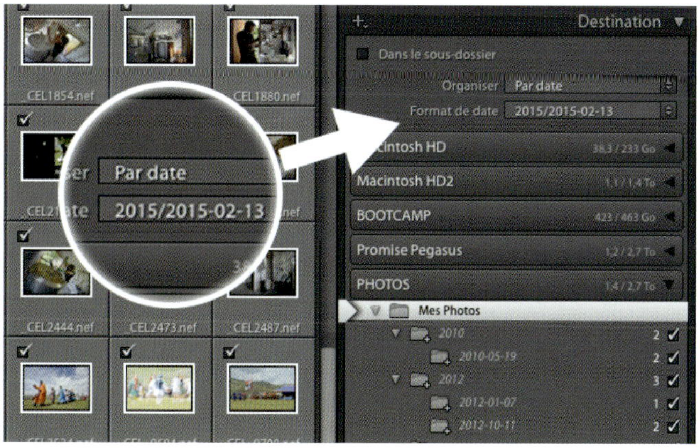

Étape 14

Dès que le choix du format de date a été fait, et que les dossiers sources ou les images à importer ont été sélectionnés, le panneau Destination va afficher une simulation de la liste des dossiers tels qu'ils seront créés lors de l'importation. Ces dossiers, surlignés par un fond plus clair, sont marqués d'un signe « + » et de la date en *italique*, avec le décompte des images et une case à cocher pour exclure, si nécessaire, l'importation du contenu à destination de ce dossier.

Par ailleurs, un signe « - » indique que certaines images de ce dossier ont été désélectionnées dans la grille pour ne pas être importées. Si un dossier complet n'est pas importé, il apparaît grisé.

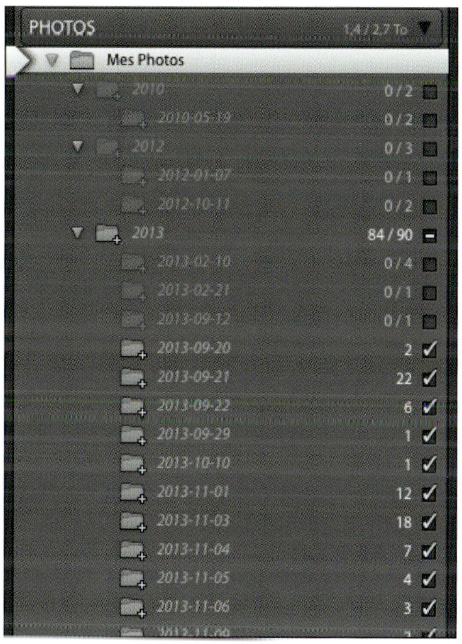

Remarque : faut-il classer ses dossiers par ordre chronologique ou par thèmes ? L'avantage fondamental de l'ordre chronologique est l'automatisation de la création des dossiers lors de l'importation, ensuite, vous pourrez ajouter un descriptif de contenu au nom du dossier, puis répartir vos images par thèmes grâces aux collections (exercice 12). Un autre avantage est la possibilité de ventiler plusieurs prises de vue ayant eu lieu à la même date dans plusieurs dossiers ou sous-dossiers, que vous nommerez avec la date plus un bref descriptif du contenu. Autre avantage plus subjectif : l'ordre chronologique est naturel et facilement compréhensible. Si vous avez toujours classé vos dossiers par thèmes et que vous débutez avec Lightroom, pas de panique. Importez votre organisation telle quelle et mettez-vous aux dossiers chronologiques avec vos nouvelles images. Par la suite, l'expérience aidant, vous pourrez toujours vous repencher sur vos anciens dossiers.

Étape 15

À ce stade, vous pouvez vérifier que les images seront bien importées dans les bons dossiers en comparant la liste des dossiers avec le contenu de la grille.
Au-dessus de cette dernière, cliquez sur « Dossiers de destination », cela va regrouper toutes les vignettes dans des sections par dates pourvues d'un en-tête avec, à gauche, la date, et à droite, le nombre d'images. Il ne vous reste plus qu'à comparer les dates et les chiffres avec ceux des dossiers en *italique*, dans le panneau Destination.

> **Remarque** : attention, si vous importez beaucoup de dossiers de photos, ils pourraient être répartis sur plusieurs pages, comme vous pouvez le voir ci-contre (nombre de pages à droite de « Dossiers de destination »).

Étape 16

Après importation, vous trouverez toutes vos photos dans le panneau Dossiers du module Bibliothèque, classées dans l'ordre chronologique demandé à l'importation et conformément aux instructions des étapes précédentes.
Une grosse partie du travail de classement est ainsi faite, et il ne vous restera plus qu'à ajouter une courte description du contenu dans le nom des dossiers !

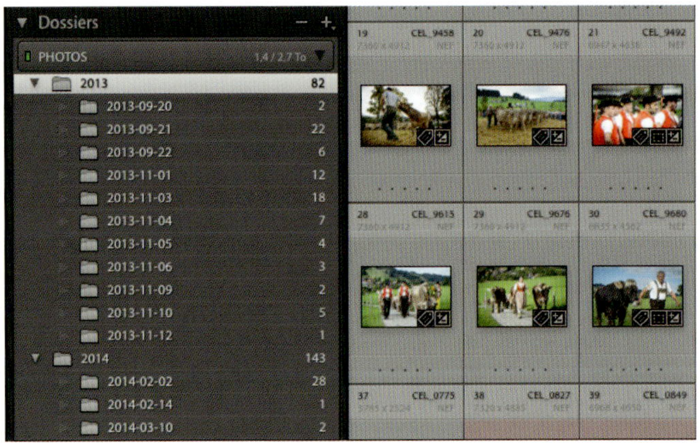

Étape 17

La section Destination permet de créer dossiers et sous-dossiers sans avoir à retourner dans le système d'exploitation, en cliquant sur le « + » de l'en-tête et en choisissant « Nouveau dossier » dans le petit menu. On y trouvera également les options « Tous les dossiers » et « Dossiers affectés uniquement » : le premier affiche tous les dossiers du disque de destination, y compris ceux qui n'ont rien à voir avec les images ou le travail dans Lightroom, le second n'affiche que les dossiers qui seront utilisés et créés lors du processus d'importation.

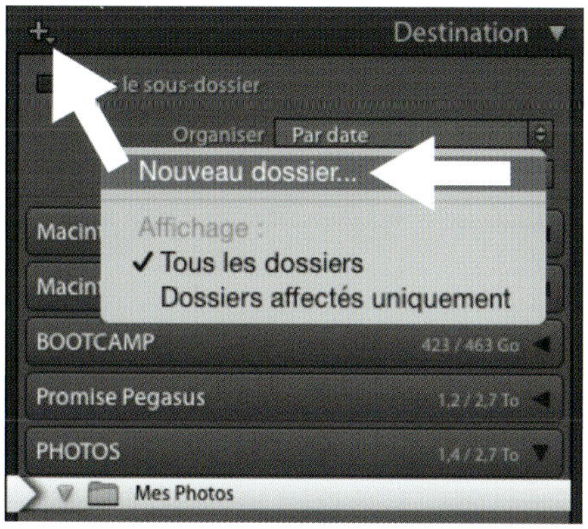

Étape 18

Vous pouvez simplifier l'affichage de la hiérarchie des dossiers en amarrant les seuls dossiers qui vous intéressent au dossier parent (celui immédiatement au-dessus dans la hiérarchie) : par un clic droit, sélectionnez « Amarrer au dossier parent » dans le menu contextuel : vous créez une liste simplifiée en cascade des dossiers concernés. Le principe s'applique aussi aux dossiers sources. Pour retourner à l'affichage de la hiérarchie complète, refaites un clic droit et décochez « Amarrer au dossier parent ».

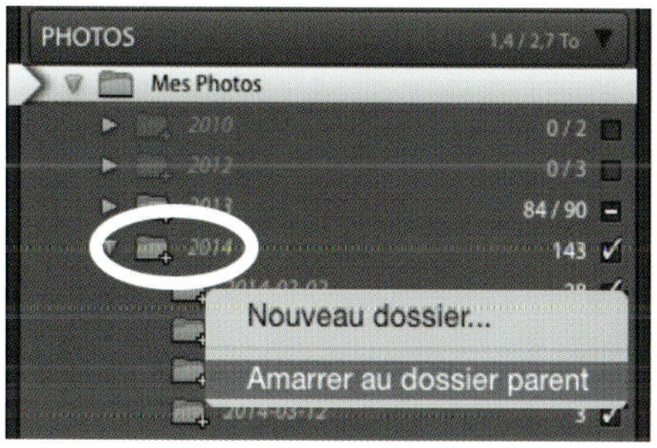

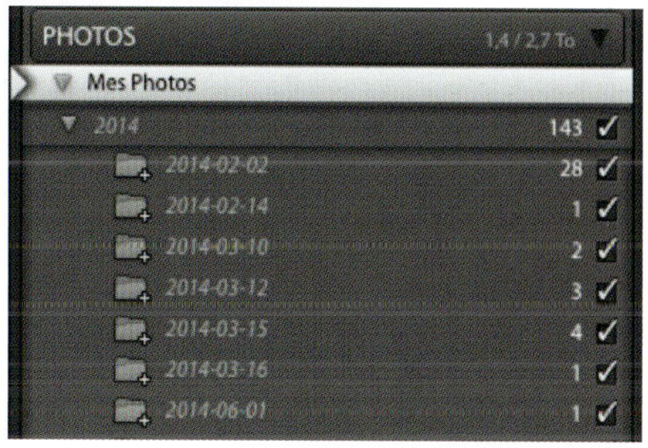

Étape 19

Si les tâches d'importation sont répétitives (mêmes dossiers) – idem pour les réglages concernant les aperçus, la copie de sauvegarde et l'application de métadonnées –, créez un « Paramètre prédéfini d'importation » dans le menu déroulant du bandeau inférieur, en choisissant « Enregistrer les paramètres actuels en tant que nouveau paramètre prédéfini ». C'est idéal en cas de production importante : enregistrer plusieurs paramètres prédéfinis permet d'adapter les tâches d'importation en fonction des exigences de votre activité de photographe.

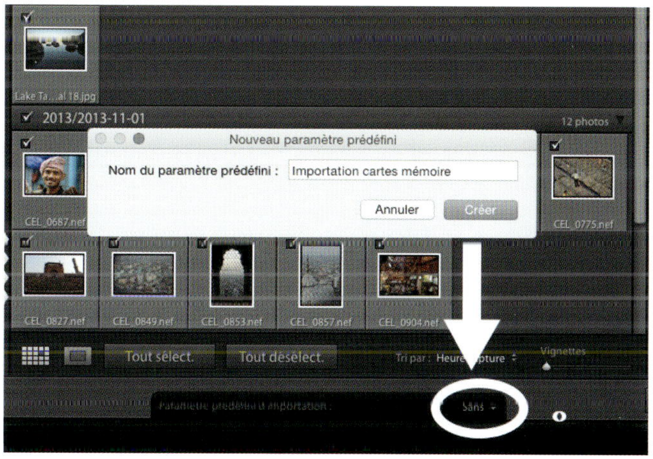

Étape 20

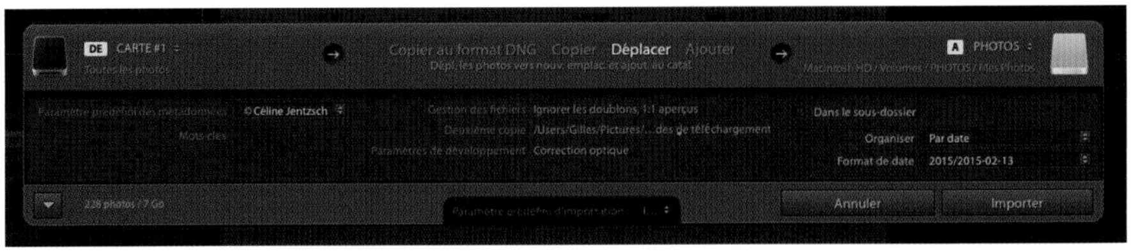

Enregistrer des paramètres prédéfinis d'importation prend tout son sens si l'on utilise la version compacte du menu Importer, qui n'affiche aucune vignette mais les réglages enregistrés. Une fois le menu compacté (par un clic sur la flèche en bas à gauche), il apparaîtra toujours de cette manière lorsqu'une tâche d'importation sera lancée, y compris à la session de travail suivante.
Pour revenir au menu normal, recliquez sur la flèche.

Conclusion : l'étape 10 indique que l'on peut créer un duplicata de sauvegarde des images lors de l'importation. Il s'agit des images brutes, sans mots-clés, métadonnées ni réglages effectués dans la colonne de droite. En cas de perte de votre catalogue, vous ne pourrez pas le remplacer par ces duplicatas, il faut donc créer et mettre régulièrement à jour, sur un disque dur indépendant, un « clone » de votre catalogue et de vos photos à l'aide d'un des nombreux logiciels spécialisés – et souvent gratuits ou à faible coût – disponibles sur le Web, comme Syncback SE (PC) ou Carbon-CopyCloner (Mac).

10 Trier les images

La première tâche qui suit l'importation est le tri. Elle se déroule en trois phases : la distinction des images retenues ou rejetées, l'examen détaillé et la notation des meilleures images, la passe destinée à valider la liste des photos rejetées avant de prendre une décision définitive sur leur sort (suppression ou non). La méthode présentée ici est destinée à vous donner une base de travail que vous adapterez à vos propres besoins.

Avant d'attaquer le tri de vos premières images, nous vous conseillons d'abord de consulter l'exercice 11, consacré aux collections dynamiques. Vous y apprendrez comment faire en sorte que Lightroom rassemble automatiquement vos images en fonction de leur statut et de leur notation.

Enfin, sachez que le marquage et la notation des images dans les collections synchronisées avec Lightroom mobile seront visibles sur votre tablette et sur votre ordinateur (exercice 63).

Étape 1

Le tri des images peut commencer dès la création des premières vignettes, pendant que Lightroom génère les aperçus.

Pour le tri initial, affichez l'image en mode Loupe (en grand, au centre), puis avancez dans le « Film fixe » (flèche Droite du clavier, ou flèche Gauche pour reculer) et appliquez un marqueur Retenue (touche P) ou Rejetée (touche X).

Si vous changez d'avis, vous pouvez réutiliser l'une des deux touches à votre convenance, ou bien appuyer sur U pour redonner un statut neutre à l'image.

Étape 2

Les vignettes des images retenues s'ornent d'un petit fanion blanc, tandis que les images rejetées se reconnaissent à leur fanion noir avec une croix blanche ; elles se recouvrent aussi d'un voile gris pour être repérées plus aisément dans la grille ou dans le « Film fixe ».

Pour accélérer le travail, enclenchez le verrouillage des majuscules : à chaque fois que vous attribuerez un marqueur, vous passerez automatiquement à l'image suivante.

Étape 3

Lorsque toutes les images auront été marquées, vous pourrez passer à la deuxième phase de tri, en vous concentrant tout d'abord sur celles qui sont retenues.

Dans le « Film fixe », à droite, cliquez sur le fanion blanc tout de suite après le mot « Filtre » : Lightroom ne va afficher que les images retenues, que vous allez pouvoir inspecter plus en détail, notamment à l'aide du mode Comparaison et du zoom.

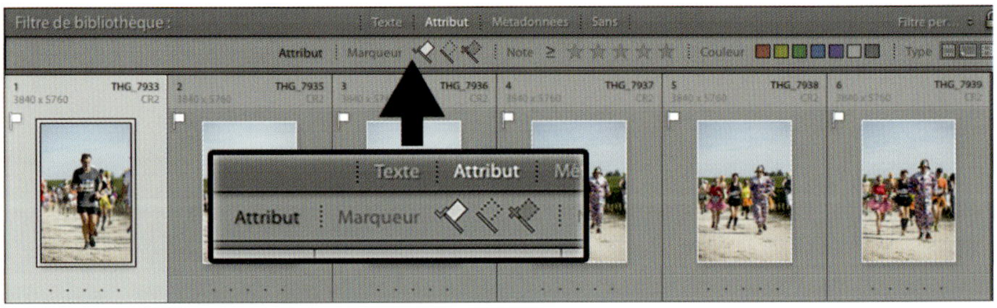

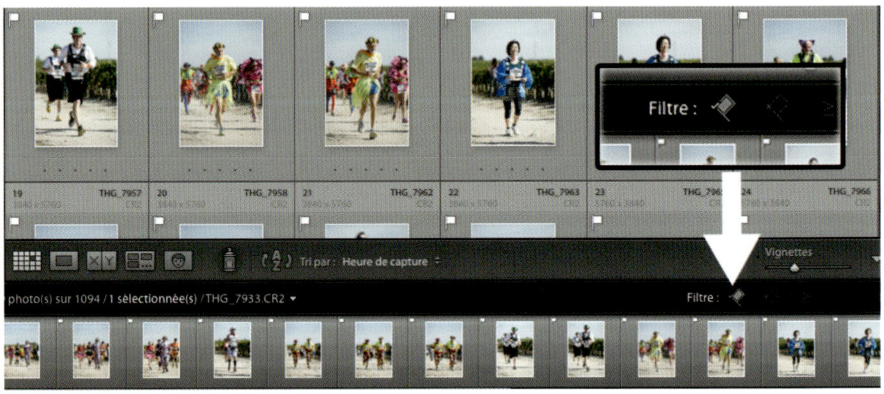

Étape 4

Double-cliquez sur la première vignette pour afficher l'image en mode Loupe. Pour zoomer dedans et vérifier sa netteté, appuyez brièvement sur la barre d'espace puis déplacez-vous avec l'outil Main, ou en déplaçant le curseur rectangulaire situé en haut à gauche de la fenêtre du panneau Navigation. Pour revenir en arrière, pressez encore la barre d'espace. Vous pouvez zoomer brièvement et revenir instantanément en arrière en appuyant plus longuement sur la barre puis en la relâchant.

Étape 5

Si vous estimez que votre photo est nette, bien cadrée et correctement exposée, vous pouvez lui attribuer une note (nombre d'étoiles) en appuyant sur les touches 1 à 5 du pavé numérique. Pour réinitialiser la note, appuyez sur 0 (zéro).

Étape 6

Pour juger un groupe d'images semblables, sélectionnez deux photos et passez en mode Comparaison (touche C) ou cliquez sur le bouton Comparaison (barre d'outils, sous la zone d'affichage centrale). Appuyez sur la touche I pour afficher les incrustations contenant le nom des fichiers (ce qui permet de s'y retrouver si on permute les images comparées). On identifie l'image de gauche (« Sélection ») dans le « Film fixe » grâce au cadre clair et au losange clair en haut à droite de la vignette. L'image de droite (« Candidat ») a un cadre gris moyen et le losange est noir. C'est l'image de gauche qui va servir de référence pour la comparaison.

Étape 7

Pour changer d'image candidate, il suffit de passer à la vignette suivante dans le « Film fixe » avec la flèche Droite du clavier, ou alors passer à une image précédente avec la flèche Gauche. Vous pouvez également permuter les deux images avec le bouton Permuter, dans la barre d'outils. Le mode Comparaison permet aussi d'attribuer un marqueur, une note et un libellé de couleur.

Étape 8

Vous pouvez zoomer et vous déplacer dans les deux images de manière synchrone si le petit cadenas de la barre d'outils est fermé. S'il est ouvert, ces opérations seront asynchrones ; pour resynchroniser instantanément la navigation dans les deux images, appuyez sur le bouton Synchroniser. Pour quitter le mode Comparaison, appuyez sur la touche E pour revenir en mode Loupe, ou sur la touche G pour revenir en mode Grille.

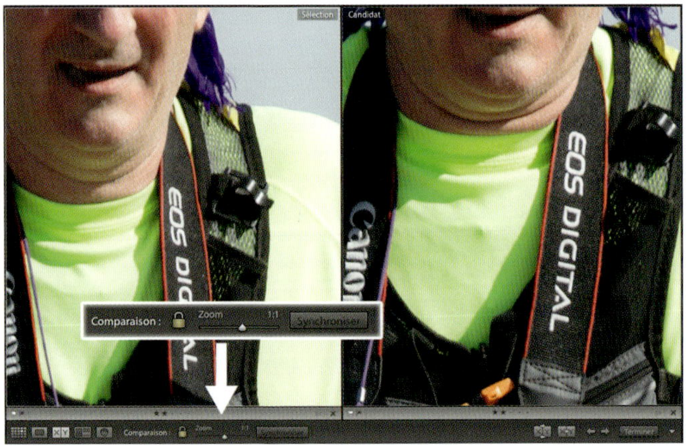

Étape 9

Lorsque toutes les images retenues auront été notées – certaines auront été probablement rejetées en raison, par exemple, d'un manque de netteté – il est temps de revenir sur les images non retenues avant de les supprimer définitivement. Désactivez le fanion Retenue dans le filtre du « Film fixe », puis cliquez sur le fanion des images rejetées. Recommencez les étapes précédentes pour inspecter vos images. Pour changer le statut d'une image rejetée, appuyez sur la touche U (Neutre) ou P (Retenue) : elles disparaîtront de la grille et du « Film fixe ».

Étape 10

S'il n'y a rien à tirer des images rejetées, repassez en mode Grille, sélectionnez toutes les vignettes (Ctrl/Cmd + A), faites un clic droit et choisissez « Supprimer les photos » dans le menu contextuel. Dans la boîte de dialogue qui s'affiche, cliquez sur le bouton « Supprimer du disque » pour retirer les images du catalogue et les effacer du disque dur.

Pour leur donner une chance ultime, cliquez sur Effacer, ce qui aura pour effet de les retirer du catalogue mais sans les supprimer du disque dur.

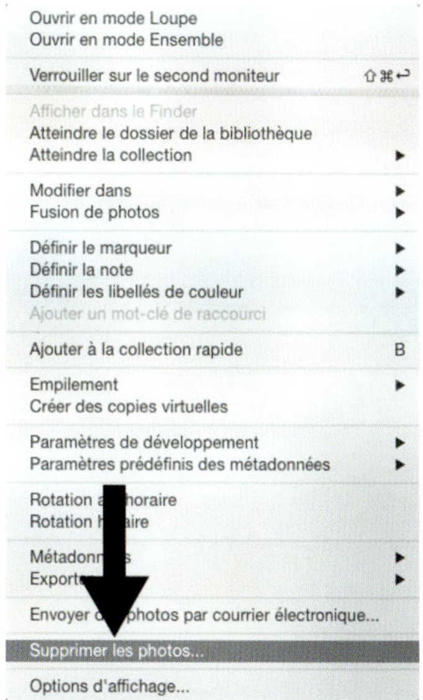

Étape 11

Le comportement des marqueurs est global, alors qu'il était local dans les versions antérieures à Lightroom 5.

En effet, jusqu'à Lightroom 4 on pouvait marquer une photo comme retenue dans un dossier et la rejeter dans une collection, tout simplement parce que le but des dossiers est de stocker les images et celui des collections de les organiser en projets, indépendamment de leur dossier d'origine. Pour simplifier, le marqueur attribué à une photo dans un dossier restera le même dans les collections où elle figure.

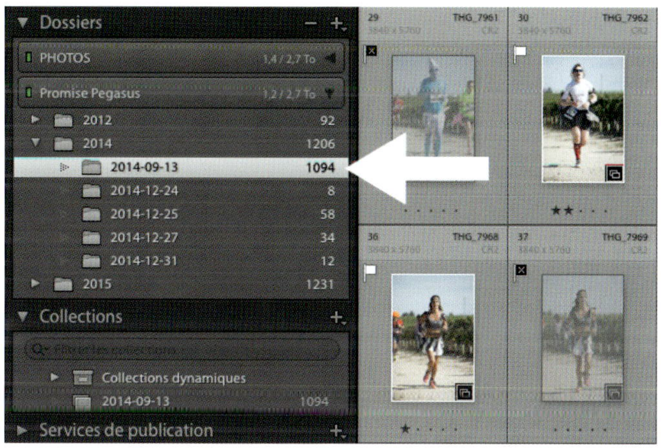

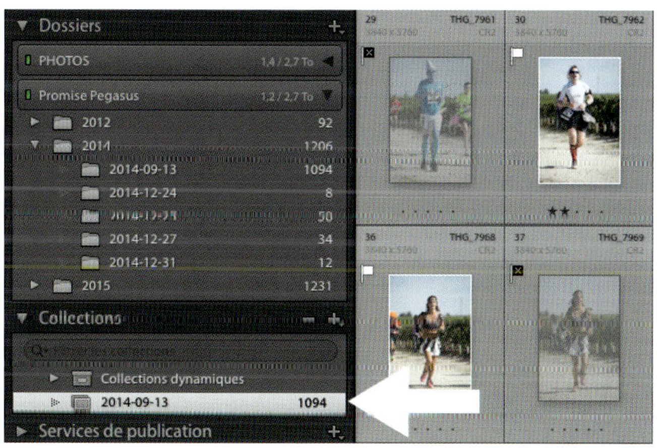

Étape 12

Si vous avez pris soin de créer des collections dynamiques conformément à la méthode présentée dans l'exercice 11, les images triées et notées seront regroupées automatiquement en fonction des critères utilisés (rejetées, retenues, note en étoiles ou la combinaison d'images retenues et ayant une note égale ou supérieure à X étoiles), ce qui vous permet de constituer sans effort des bases solides en termes de gestion des images, avec un accès immédiat et direct aux meilleures d'entre elles dès la fin du tri.

Conclusion : après avoir utilisé les filtres pour afficher les images retenues ou rejetées, n'oubliez pas de les désactiver à l'aide du raccourci clavier Ctrl/Cmd + L ; ceci vous évitera certains désagréments, comme ne plus voir la totalité de vos images parce que vous auriez oublié de désactiver un filtre...
Le tri et la notation sont une étape essentielle du catalogage. Séparer les photos réussies des images ratées ou banales vous permet de consacrer tout votre temps aux meilleures d'entre elles. Supprimez les images ratées, mais conservez celles qui vous semblent banales, peut-être changerez-vous d'avis dans quelques mois.

11 Les collections dynamiques

Les collections dynamiques de Lightroom permettent de regrouper automatiquement des images répondant à un certain nombre de critères, ou de combinaisons de critères, définis par l'utilisateur. Contrairement aux collections classiques, elles sont gérées par le programme et vous ne pouvez pas y ajouter (ou supprimer) des images à la main.

Dans cet exercice, vous allez créer une série de collections dynamiques destinées à regrouper automatiquement les images après leur tri, effectué dans l'exercice 10. Vous disposerez ainsi, dès votre première séance de travail dans Lightroom, d'une base pour développer un catalogage efficace et pertinent.

Étape 1

Après avoir importé, trié et noté les images, nous allons faire en sorte que le logiciel regroupe automatiquement les photos au sein de quatre collections :

- les photos portant un marqueur Retenue ;
- celles qui ont une note égale ou supérieure à 3 étoiles ;
- celles qui contiennent le mot-clé « Marathon » ;
- celles qui répondent aux trois critères précédents.

Pour corser, nous sélectionnons « Toutes les photos » dans le panneau Catalogue : ainsi, la totalité du catalogue sera analysée pour regrouper les images. Mais cela fonctionne aussi avec une simple sélection de dossiers.

Étape 2

Dans le panneau Collections, cliquez sur « + » et sélectionnez « Créer Collection dynamique ». Dans la boîte de dialogue, saisissez le nom de la collection (ici « Images retenues ») ; cochez le bouton si vous voulez inclure la collection dynamique dans un ensemble de collections (à choisir dans le menu), sinon elle restera à la racine, dans le panneau Collections.

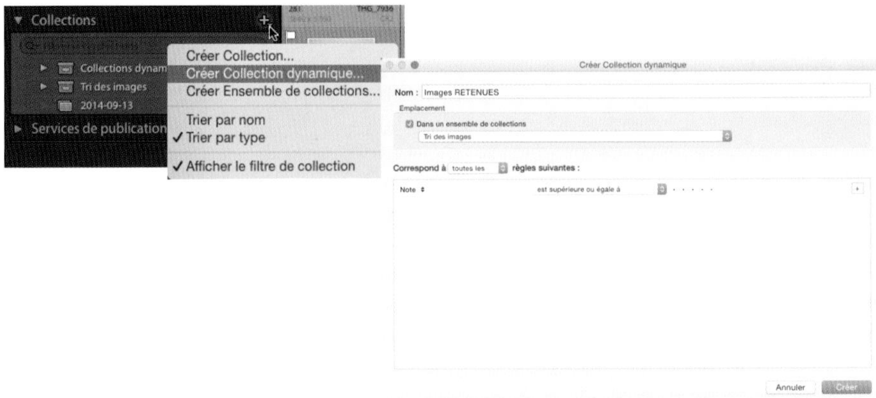

Étape 3

En laissant le mode de fonctionnement sur « Correspond à toutes les règles suivantes », choisissez « Marqueur Retenue » dans la première liste (à gauche), « est » dans la deuxième liste et « marquée » dans la troisième, puis validez en cliquant sur Créer. Aussitôt, toutes les images du catalogue portant un marqueur Retenue sont regroupées au sein de cette collection dynamique.

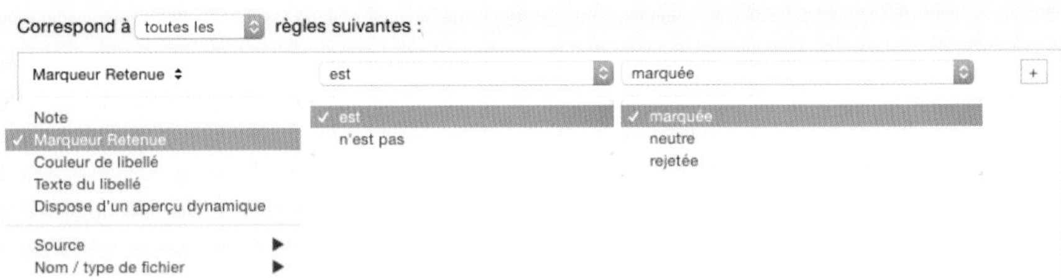

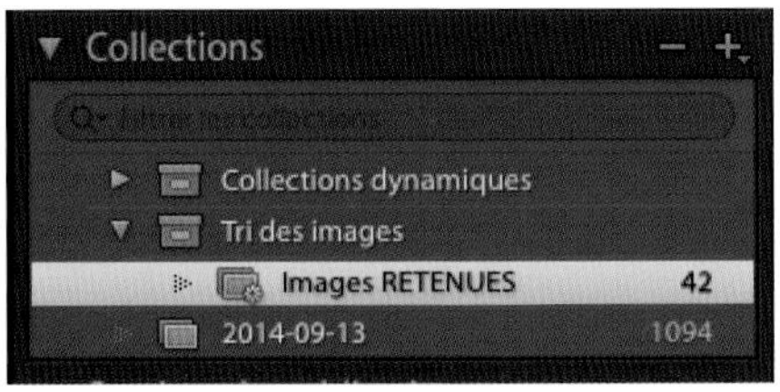

Étape 4

Reprenez le même exercice à l'étape 2, cette fois avec une collection dynamique nommée « 3 étoiles et plus » et réunissant les critères suivants : « Note / est supérieure ou égale à / 3 étoiles » (cliquez sur le 3e point). Cliquez sur Créer : là encore, toutes les images du catalogue notées avec au moins trois étoiles sont immédiatement regroupées dans cette collection dynamique.

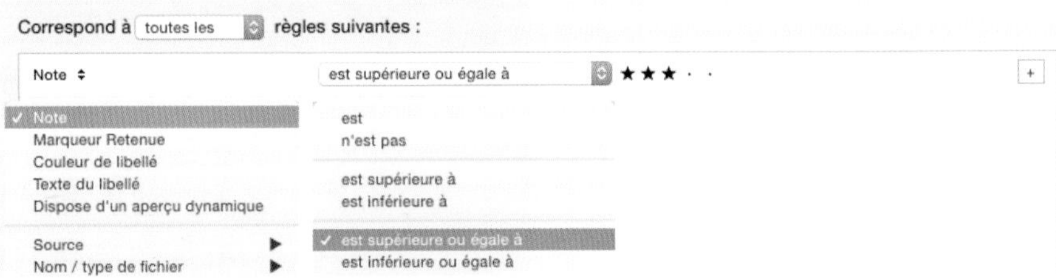

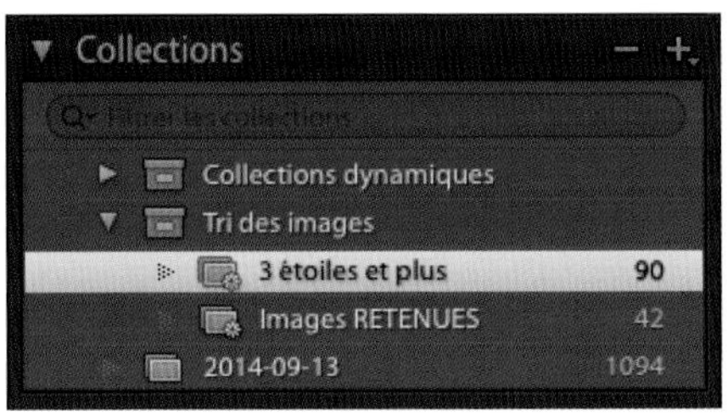

Étape 5

Créer une collection dynamique à partir de mots-clés est tout aussi simple, à condition que ces derniers existent déjà dans le catalogue. Dans cet exemple, je nomme la collection dynamique « Marathon » et je choisis les critères suivants : « Autres métadonnées / Mots-clés / contient / Marathon » (saisie au clavier).
Après avoir cliqué sur Créer, Lightroom rassemble les images contenant ce mot-clé, quel que soit leur statut ou leur note.

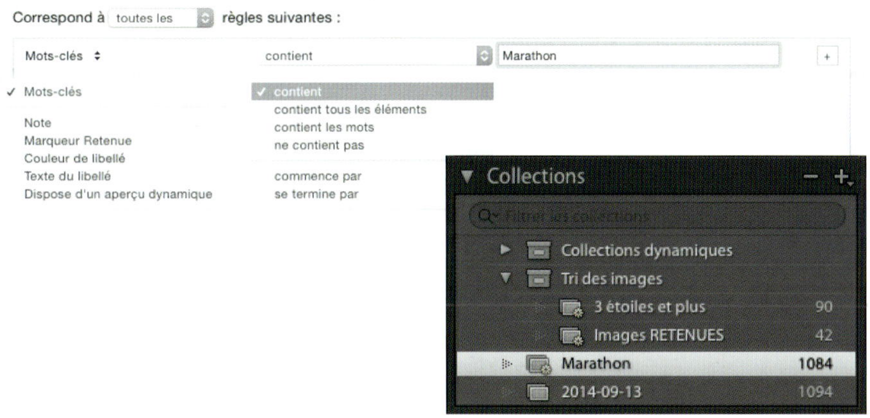

Étape 6

Passons à la vitesse supérieure et créons une collection dynamique combinant les trois critères précédents – image retenue, note supérieure ou égale à 3 étoiles et contenant le mot-clé « Marathon », ce qui s'avérera plus utile et productif que des collections à critère unique, à condition de ne pas être tenté par un nombre trop important de critères. Elle sera nommée « Marathon : 1er choix », avec les critères des étapes précédentes qu'on additionnera en cliquant sur le bouton « + » au bout de chaque ligne.

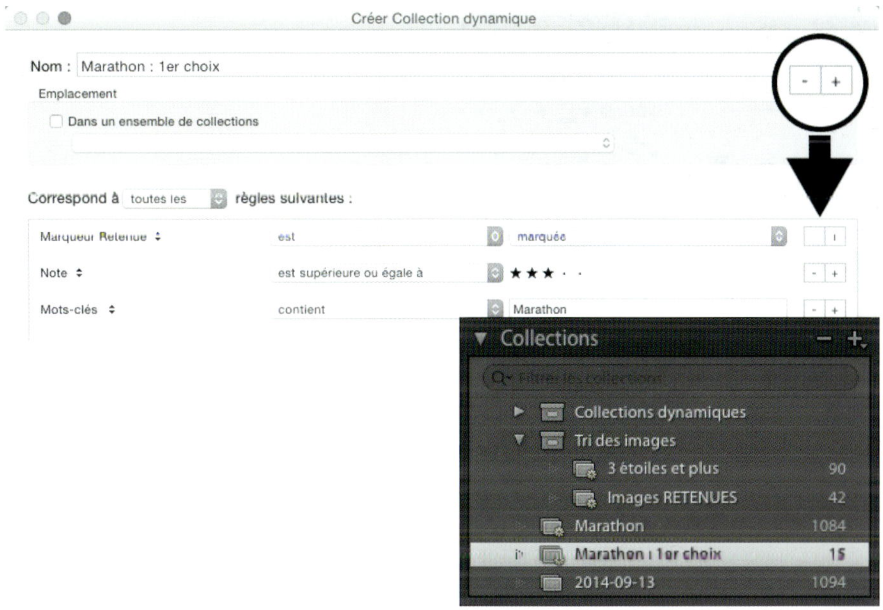

Étape 7

Quand on clique sur le bouton Créer, Lightroom collecte toutes les images qui ont été retenues, avec une note égale ou supérieure à trois étoiles et qui contiennent le mot-clé « Marathon ».

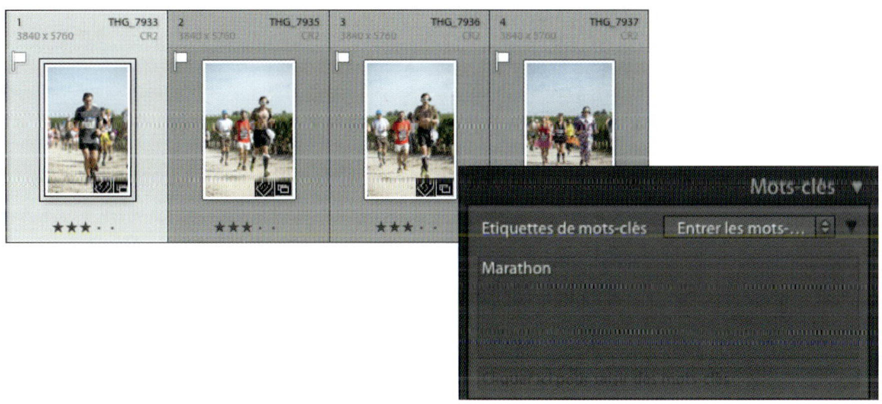

Étape 8

Lors de création d'une collection dynamique à critères multiples, il faut veiller au statut des règles dans la fenêtre de création.

- « Correspond à toutes les règles suivantes » : Lightroom collectera les images qui correspondent à l'ensemble des critères additionnés (marqueur Retenue ET note supérieure ou égale à 3 étoiles ET contenant le mot-clé « Marathon »).
- « Correspond à l'une des règles suivantes » : Lightroom collectera les images qui correspondent au moins à l'un des critères (marqueur Retenue **ET/OU** note supérieure ou égale à 3 étoiles **ET/OU** contenant le mot-clé « Marathon »). On retient ici **ET/OU**, car si une image présente au moins deux des critères, elle sera incorporée à la collection dynamique.
- « Correspond à aucune des règles suivantes » : Lightroom collectera toutes les images du catalogue qui ne répondent à aucun des critères précédents.

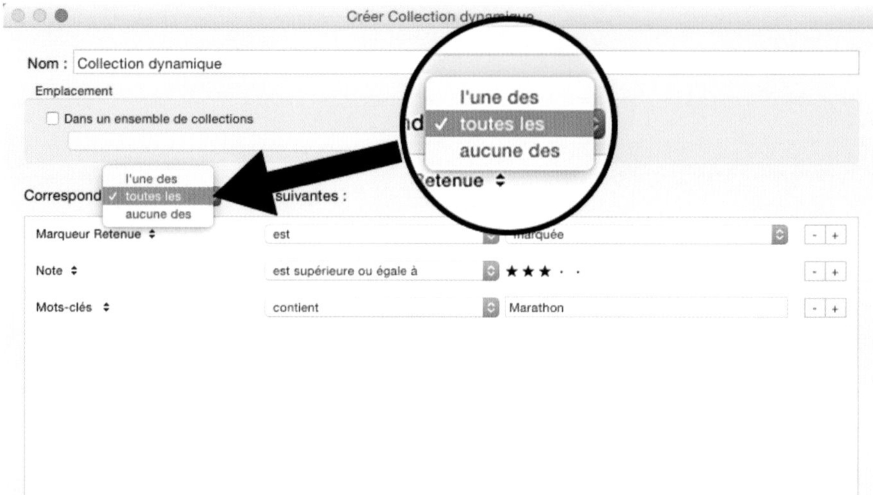

Étape 9

Dès le début de votre travail dans Lightroom, regroupez vos images sous forme de hiérarchie pyramidale à l'aide de la notation par étoiles, pour concentrer votre travail sur les meilleures d'entre elles. Pour cela, créez six collections dynamiques de 0 à 5 étoiles :

- pour regrouper vos collections, créez au préalable un ensemble de collections que vous appellerez « Notation » ;
- créez les collections dynamiques dans cet ensemble, nommées « X étoiles » (de 0 à 5) ;
- choisissez chaque fois l'ensemble Notation dans la liste de la section **Emplacement>Dans un ensemble de collections** ;
- sélectionnez le critère « Correspond à toutes les règles suivantes » ;
- critère « Note » + « est » + « X étoiles » (ne pas cocher les points pour 0 étoiles) ;
- validez en cliquant sur Créer.

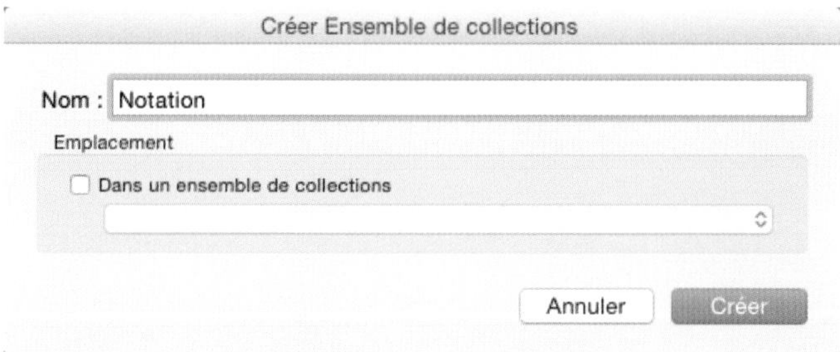

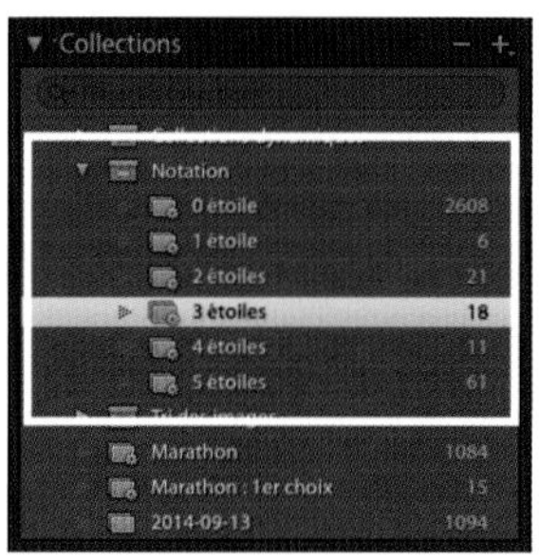

Conclusion : évitez les collections dynamiques qui comportent trop de critères. Le catalogage doit vous aider à retrouver une image rapidement, des collections dynamiques à critères multiples risquent de rendre votre organisation trop complexe.

12 Les collections

Après les collections dynamiques qui permettent de regrouper automatiquement les images en fonction de certains critères, nous allons aborder le cas des collections classiques, dont le mode de fonctionnement s'apparente à des dossiers virtuels. Avec les collections, vous allez organiser et classer vos photos par thèmes, par sujets, par clients ou par destinataires, avec une très grande souplesse, ce qui vous permettra de reléguer le rôle des dossiers (exercice 13) au simple stockage chronologique de vos photos. Si le principe de base des collections ne change pas dans Lightroom 6/CC, ce dernier apporte deux nouveautés bienvenues : un filtre de recherche intégré au panneau Collections, bien utile si la liste des collections s'allonge, et la possibilité d'attribuer directement des images à une collection dès l'importation (exercice 9).

Étape 1

Les dossiers créés lors de l'importation sont destinés au stockage de vos photos, ils sont physiquement présents sur le disque dur (exercice 13). Les collections sont des dossiers virtuels pouvant contenir un nombre infini d'images. Grâce à ce statut particulier (« virtuel »), une image peut faire partie de plusieurs collections. Les collections seront donc utilisées pour classer les images par thèmes, par sujets, par projets ou par clients.

> Remarque : les collections acceptent les copies virtuelles et il est possible d'y empiler des images. Comme nous l'avons indiqué dans l'exercice 10, les marqueurs de tri Retenue, Rejetée et Neutre s'appliquent globalement, ce qui n'était pas le cas avec les versions antérieures à Lightroom 4.

Étape 2

Prenons l'exemple d'images de voyage. Faudrait-il les classer dans un dossier « Voyage » ou « Mongolie » ?
Nous avons créé un ensemble de collections « Voyages » contenant un ensemble « Mongolie », lui-même contenant des collections « Paysages » et « Portraits ». Si une image appartient à une collection, une icône apparaît dans la vignette (deux cadres superposés). En cliquant dessus, on affiche la liste de toutes les collections auxquelles elle appartient ; on peut s'y rendre directement en cliquant sur le nom.

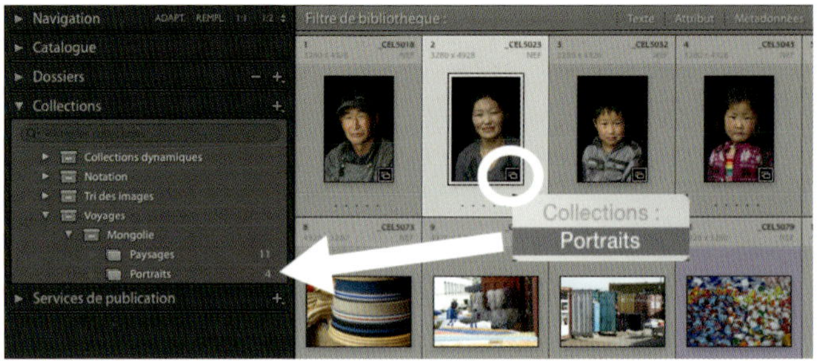

Étape 3

Pour créer une collection, sélectionnez des images, puis cliquez sur « + », dans l'en-tête du panneau Collections.
Sélectionnez « Créer collection » dans le menu contextuel, puis donnez-lui un nom dans la fenêtre de dialogue. Un certain nombre d'options à cocher permet d'inclure la collection dans un ensemble de collections (à choisir dans la liste), d'inclure des photos sélectionnées au préalable, de créer des copies virtuelles ou de la définir comme collection cible (voir étape 7). Cliquez sur Créer pour valider.

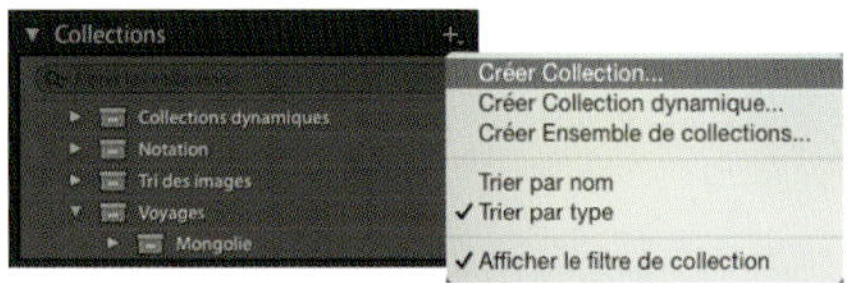

Étape 4

Si vous n'avez pas sélectionné d'images au préalable, vous pouvez les glisser/déposer dans la collection.
Les images collectées se présentent sous la forme d'un tas de photos et d'un signe « + » indiquant qu'elles vont être ajoutées à une collection. Ne saisissez pas les images par le cadre de la vignette mais par la photo elle-même.

Étape 5

Les collections peuvent être groupées et hiérarchisées dans un ensemble de collections. Cliquez sur « + » et sélectionnez « Créer Ensemble de collections ». Dans la boîte de dialogue, saisissez son nom. Vous pouvez aussi, dans la section Emplacement, inclure l'ensemble dans un autre ensemble en cochant le bouton « Dans un ensemble de collections », sinon l'ensemble sera à la racine du panneau Collections. Cliquez sur Créer pour valider.

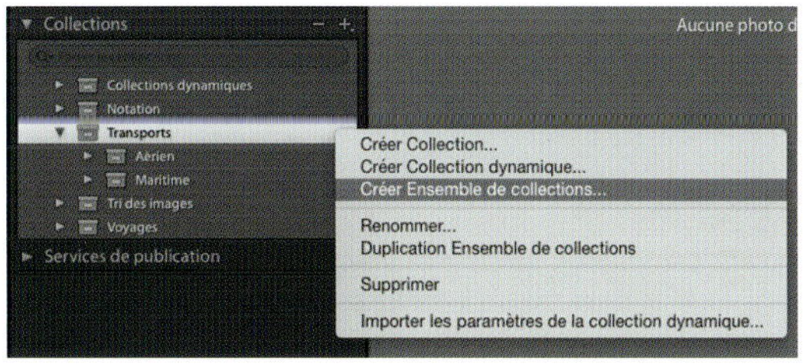

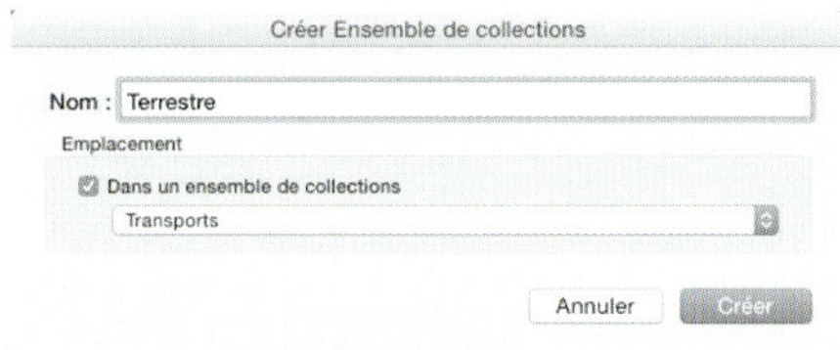

Étape 6

Créez un ensemble représentatif d'un sujet ou d'un thème général, puis ventilez les images dans des collections spécifiques. Dans la boîte de dialogue « Créer Collection », vous pouvez placer la nouvelle collection dans un ensemble de votre choix, inclure des photos préalablement sélectionnées dans le module Bibliothèque et/ou créer des copies virtuelles. Vous pouvez aussi définir la nouvelle collection comme « Collection cible » pour y ajouter ultérieurement d'autres images. Notez qu'on peut glisser et déposer des collections (classiques ou dynamiques) ou ensembles de collections dans un autre ensemble de collections.

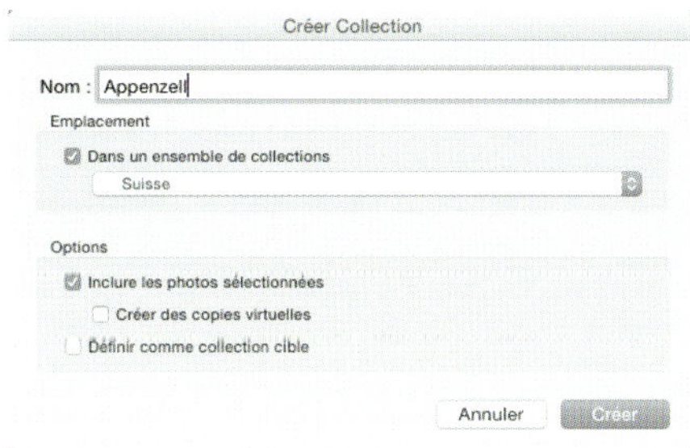

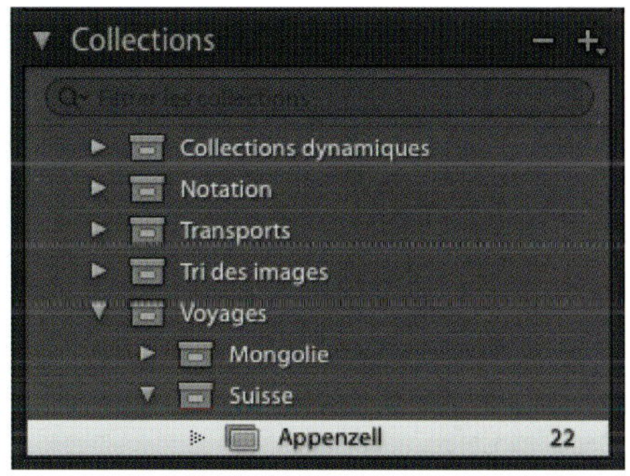

Étape 7

Il existe une méthode de création de collections à la volée : la collection rapide, dans le panneau Catalogue ; le signe « + » atteste qu'elle est active (n'importe quelle collection – sauf dynamique – ou service de publication peut devenir une collection cible : **clic droit>Définir comme collection cible**). Passez dans la grille, collectez les images en appuyant sur la touche B. « Ajouter à la collection rapide » apparaît dans le panneau d'affichage central, de même qu'un disque gris en haut à droite de la vignette. Pour annuler, rappuyez sur B.

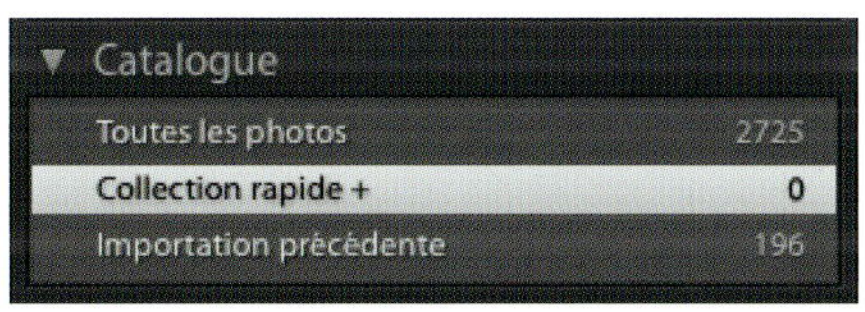

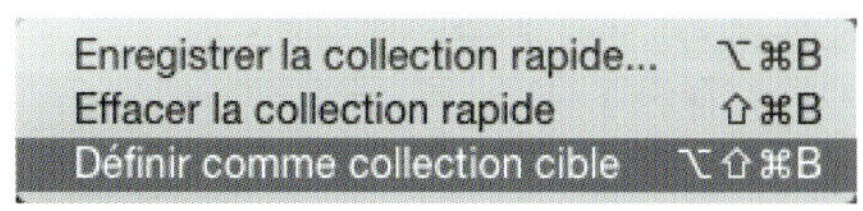

Étape 8

Au sein du module Bibliothèque, faites un clic droit sur « Collection rapide », dans le panneau Catalogue, puis choisissez « Enregistrer la collection rapide ». Dans la boîte de dialogue, entrez le nom que vous voulez donner à cette collection

Prenez bien soin de cocher l'option « Effacer la collection rapide après l'enregistrement », pour la réinitialiser et pouvoir la réutiliser. Après enregistrement, votre nouvelle collection apparaît dans le panneau Collections.

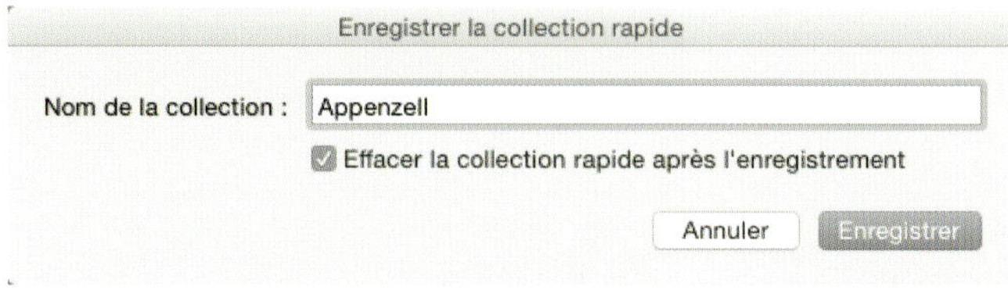

Étape 9

Méthode alternative bien pratique : si vous glissez et déposez un dossier dans le panneau Collections, soit à la racine, soit dans un ensemble de collections, une collection sera automatiquement créée à partir du contenu de ce dossier.

Il ne vous restera plus qu'à la renommer puisque la collection ainsi créée portera le nom du dossier d'origine.

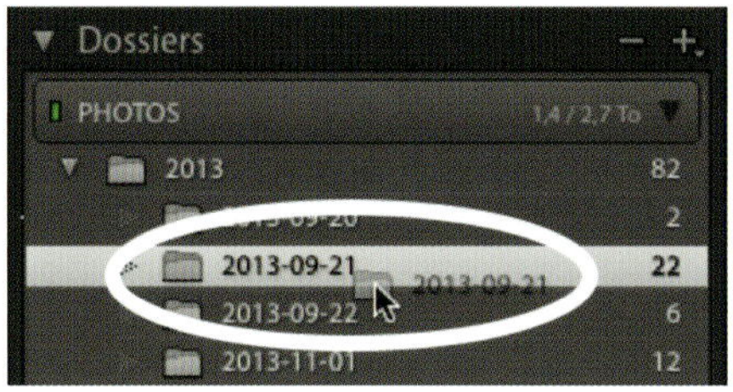

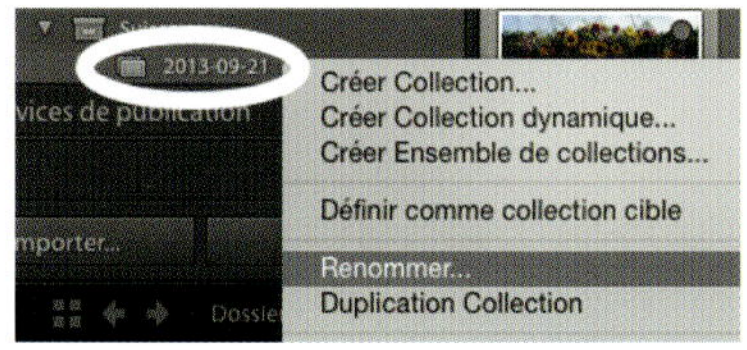

Étape 10

Si votre flux de travail repose intensivement sur les collections, ce qui est la nature même de Lightroom (voir étape 12), vous risquez de vous retrouver avec de longues listes hiérarchiques de collections et d'ensembles de collections. Dorénavant, Lightroom 6/CC propose un filtre de recherche : pour afficher le champ de saisie, cliquez sur le bouton « + » de l'en-tête du panneau Collections, puis, dans le menu contextuel, cochez « Afficher le filtre de collection ». En cliquant sur la flèche de la loupe, vous pouvez limiter la recherche aux collections synchronisées (exercice 63).

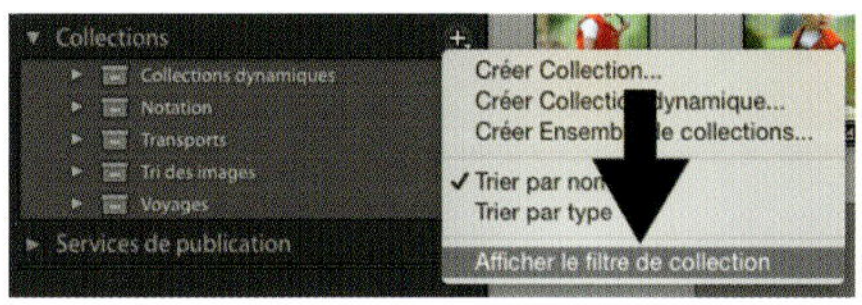

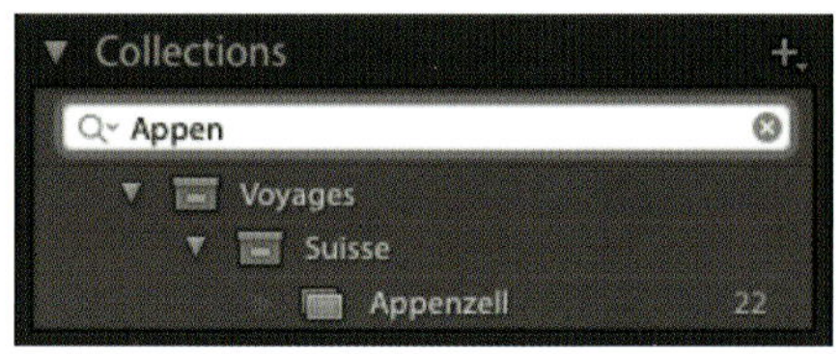

Étape 11

Dans Lightroom 6/CC, le menu Importer (exercice 09) permet de choisir ou de créer une collection afin d'y attribuer directement vos images, en plus du stockage dans un dossier. La section « Ajouter à la collection », qu'il faut cocher, affiche la liste des collections existantes plus la collection rapide ; en cliquant sur le bouton « + », vous retrouverez toutes les fonctionnalités décrites dans les étapes 3 et 5 de cet exercice.

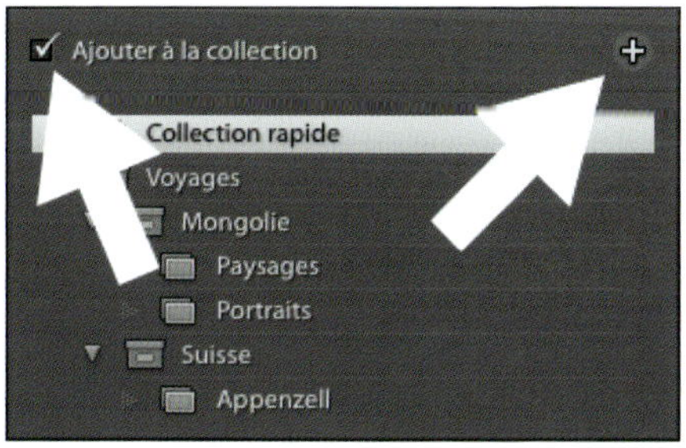

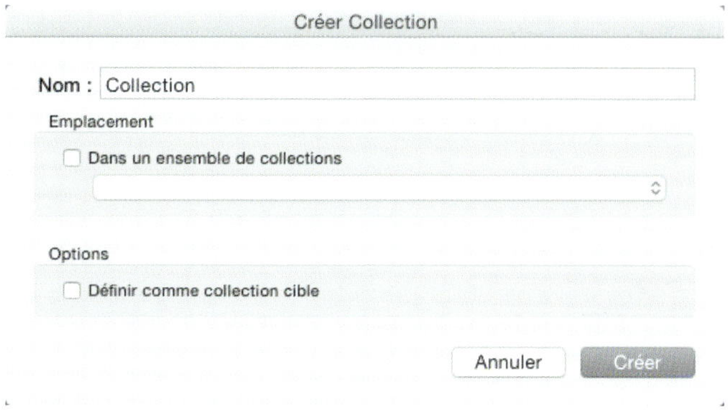

Étape 12

Lorsque vous passez le pointeur de la souris sur une collection, le panneau Navigation affiche une des images qui sert d'aperçu du contenu.

Parfois, il arrive que l'image ne soit pas suffisamment explicite ou plaisante. Mais vous avez la possibilité de décider de l'image qui sera systématiquement affichée : dans la collection, faites un clic droit sur la photo de votre choix et, dans le menu contextuel, sélectionnez « Utiliser en tant que photo de couverture ».

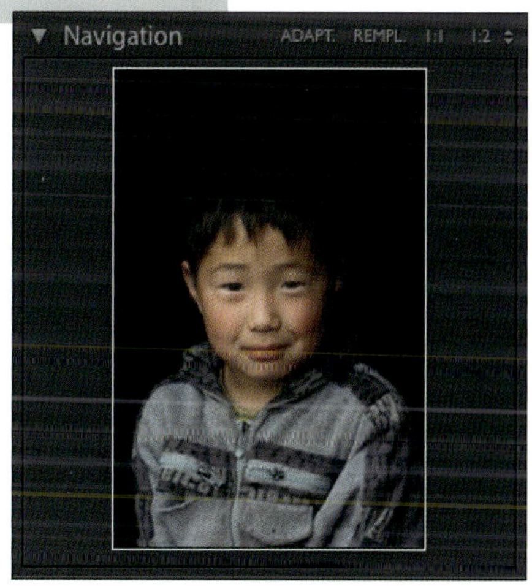

Conclusion : les collections sont accessibles dans tous les modules de Lightroom puisque c'est sur elles que le flux de travail repose, contrairement aux dossiers qui ne sont accessibles que par d'incessants allers et retours dans le module Bibliothèque. C'est également avec les collections que se fait la synchronisation d'images avec Lightroom mobile. Les modules de sortie – Livres, Diaporama, Impression et Web – disposent de collections spécifiques qui présentent la particularité de mémoriser à la fois les images, les réglages et la mise en page, constituant ainsi des projets complets.

13 Les dossiers

Après avoir fait un tour par les collections, revenons aux dossiers qui, dans Lightroom, doivent avant tout servir au stockage des images. Ils sont indexés par la base de données, mais sont bien présents sur le disque dur. Dans cet exercice, nous allons voir comment organiser les dossiers de manière optimale, en toute sécurité pour vos précieuses photos et vidéos. La méthode préconisée ici repose avant tout sur un classement chronologique des dossiers et non pas thématique, qui incombe plutôt aux collections. Néanmoins, sachez que Lightroom ne vous impose aucune façon de travailler et saura se plier à vos exigences.

Le module Bibliothèque fonctionne également en mode hors ligne lorsque les originaux ne sont pas disponibles, comme vous le découvrirez à partir de l'étape 15.

Étape 1

La méthode de classement la plus évidente est sans conteste l'ordre chronologique, au format année-mois-jour. Classer tous les dossiers par sujets ou par thèmes atteint vite ses limites : en effet, si je photographie mes enfants lors d'un voyage, où dois-je placer les images ? Dans le dossier « Famille », « Vacances » ou « Voyages » ? Si vous photographiez sur une même image un chien et un chat, quel dossier choisirez-vous, « Animal », « Canidé » ou « Félin » ? Classez vos dossiers par dates, laissez sujets et thèmes aux collections, même s'il n'est pas interdit de prévoir un petit nombre de dossiers principaux à thèmes (Photos professionnelles, Photos privées, etc.).

Étape 2

La hiérarchie de dossiers doit comporter un nombre limité de répertoires à la racine, par exemple « Photos » (ou « Photos privées », etc.). Placez-y des dossiers par années : 2011, 2012, etc., et si votre production est importante, créez dans chaque année un dossier par mois AAAA-MM (par ex. 2012-02).

Pour ajouter un dossier dans le module Bibliothèque, cliquez sur le bouton « + » du panneau Dossiers (« Ajouter un dossier ») ou sélectionnez « Créer un dossier dans... » dans le menu contextuel lorsque vous faites un clic droit sur un dossier.

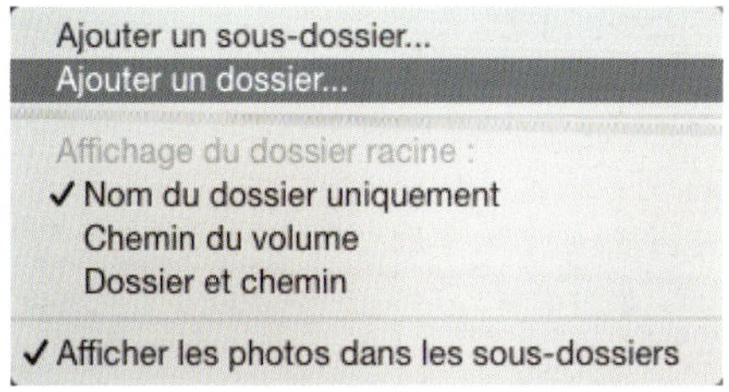

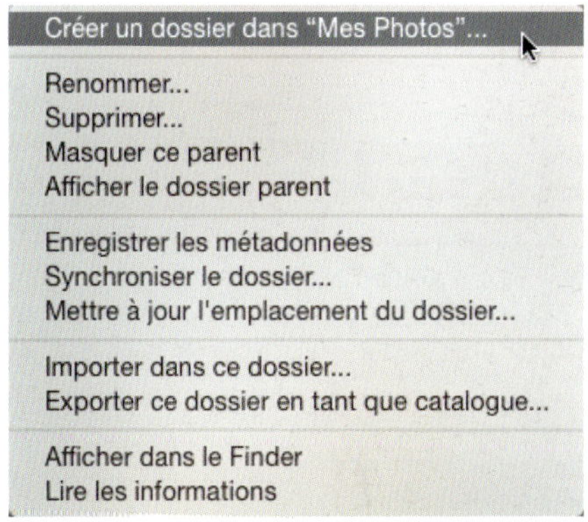

Étape 3

Attention, n'oubliez pas de choisir, dans le panneau Destination, les commandes « Organiser par date » et « Format de date » (exercice 09), pour obtenir un format AAAA/AAAA-MM-JJ. Ce système présente l'avantage de ventiler les images de sujets différents pris à la même date, d'autant que vous renommerez les dossiers avec une courte description du contenu qui suivra la date.

Vous pouvez également créer des sous-dossiers mais résistez à la tentation des hiérarchies de dossiers à niveaux multiples. Néanmoins, ventilez les différentes séances prises le même jour en plusieurs dossiers. La liste sera plus longue, mais plus aisée à parcourir.

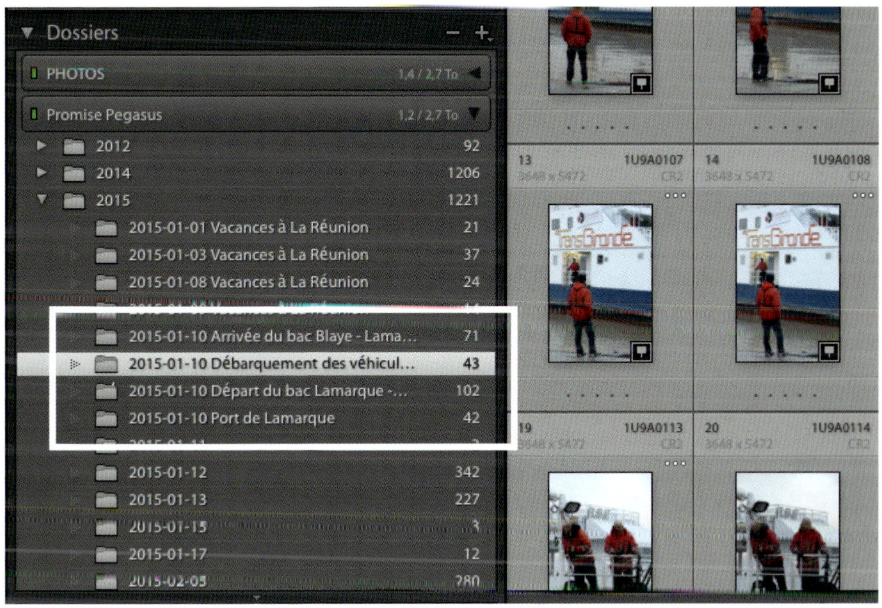

Remarque : le classement hiérarchique de dossiers va jouer le rôle de *timeline*, c'est-à-dire que vous obtiendrez une vue calendaire qui vous aidera à structurer vos souvenirs, lesquels comptent bien sûr dans votre manière de retrouver vos images et séances de prise de vue même si Lightroom possède tous les outils nécessaires à l'organisation et à la recherche de fichiers.

Étape 4

Ne déplacez pas ou ne modifiez pas d'images hors de Lightroom, dans l'Explorateur Windows ou le Finder de Mac OS X. Les dossiers référencés dans la base de données font partie du catalogue de Lightroom, vous risqueriez de briser le lien entre les dossiers sur le disque dur et le catalogue :

- si aucun aperçu dynamique n'est disponible, le dossier affiche un « ? », la vignette un « ! », seules les tâches du module Bibliothèque sont accessibles ;
- si des aperçus dynamiques sont disponibles, le dossier affiche un « ? », la vignette se pare d'un pavé gris clair, Lightroom bascule automatiquement dessus et les outils des modules Bibliothèque et Développement sont tous accessibles en mode hors ligne (exercice 56).

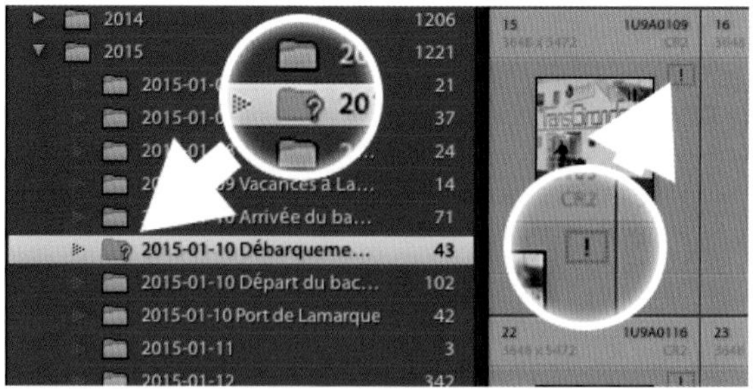

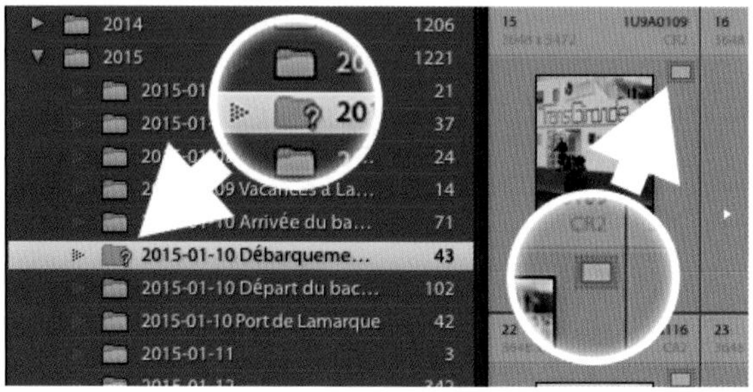

Étape 5

Pour restaurer le lien entre Lightroom et un dossier, cliquez droit sur le « ? » du dossier et sélectionnez « Rechercher le dossier manquant ». Une boîte de dialogue propose d'explorer le disque dur pour localiser le dossier ou les fichiers. Vous pouvez aussi cliquer sur le point d'exclamation dans la vignette : Lightroom peut rechercher les photos manquantes situées à proximité, à condition que l'option soit cochée dans la deuxième boîte de dialogue.

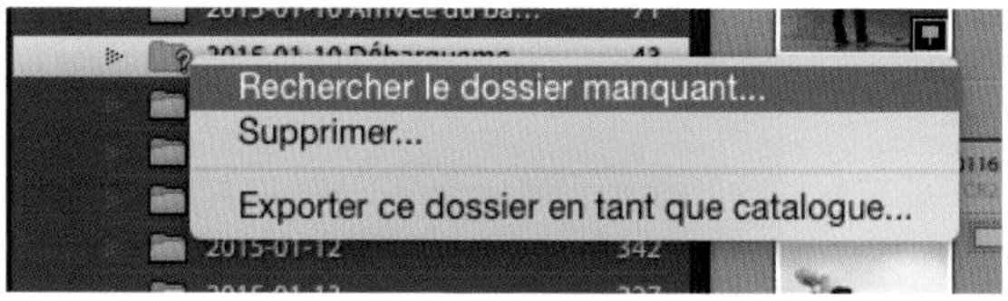

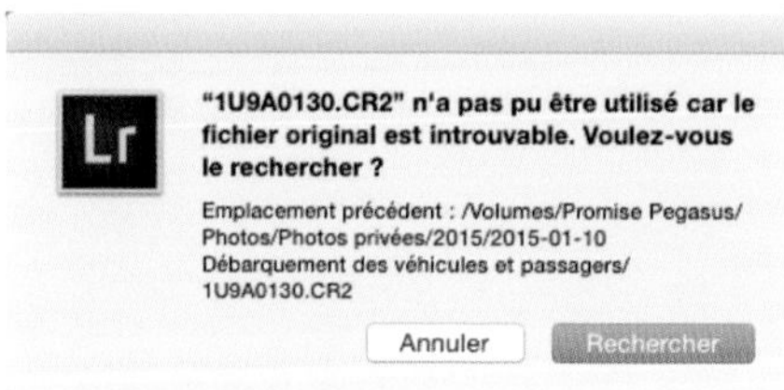

Étape 6

Ne confondez pas la commande « Rechercher le dossier manquant » avec une autre commande du menu contextuel, « Mettre à jour l'emplacement du dossier », qui apparaît par un clic droit sur un dossier qui n'est pas hors ligne. Cette dernière sera utile si vous avez décidé, pour une raison ou une autre, de déplacer le dossier sur un autre volume, par exemple.

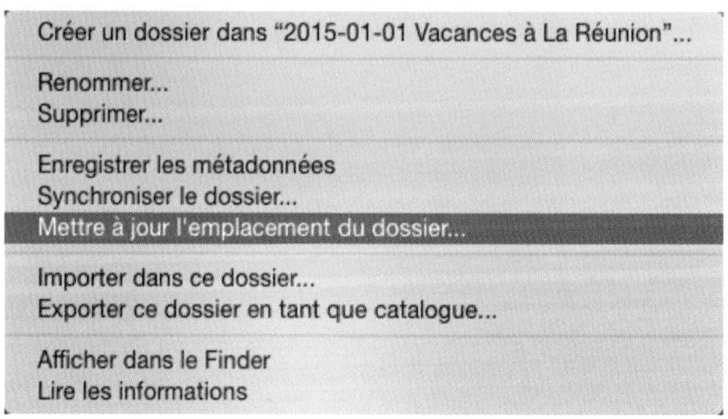

Étape 7

Il y a deux façons d'importer de nouvelles images directement dans un dossier : « Synchroniser le dossier » et « Importer dans ce dossier ». La première est très utile si des images ont été ajoutées dans un dossier sans passer par Lightroom. Avec un clic droit et la sélection de cette commande dans le menu contextuel, une boîte de dialogue s'affiche : Lightroom va comparer le contenu du dossier avec celui du disque dur, compter les nouvelles photos et celles qui manquent (suite à une suppression). Cliquer sur Synchroniser met le contenu du dossier à jour. Une option permet de ne pas lancer le menu d'importation.

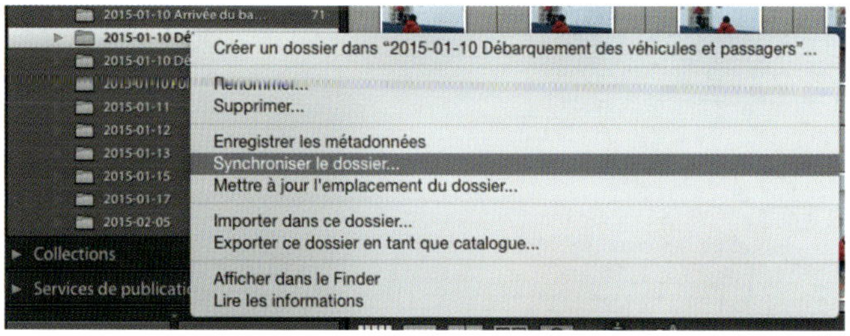

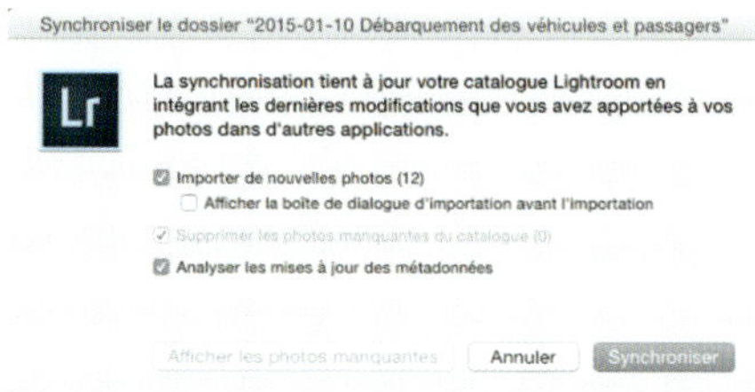

Étape 8

La seconde méthode permet l'importation directe dans le dossier choisi. Le menu d'importation va se lancer, mais vous n'aurez pas besoin de choisir la destination des images puisque le dossier est déjà sélectionné.

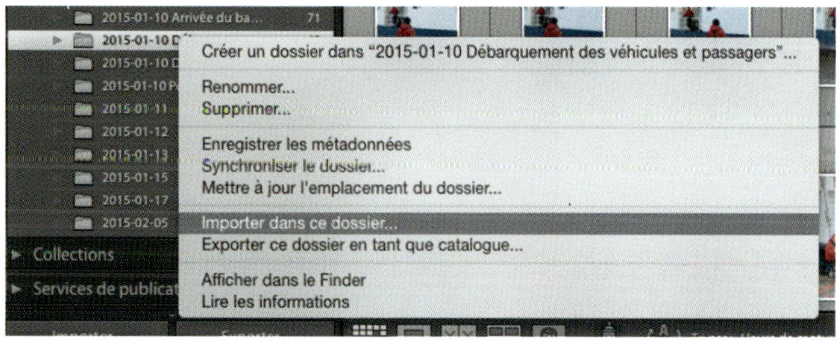

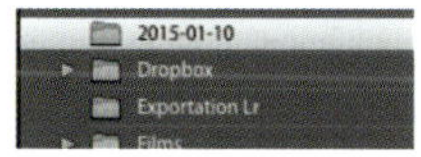

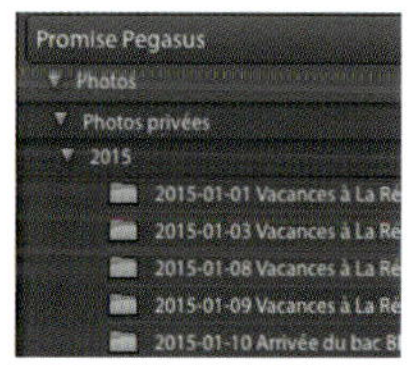

Étape 9

On peut renommer ou supprimer librement un dossier au sein de Lightroom. Et déplacer un ou plusieurs dossiers simplement en les faisant glisser à un autre emplacement, par exemple à l'intérieur d'un autre répertoire ; il est impératif de le faire dans Lightroom pour ne pas perdre le lien avec la base de données. En revanche, toute intervention sur un dossier dans Lightroom se produira également sur le disque dur.

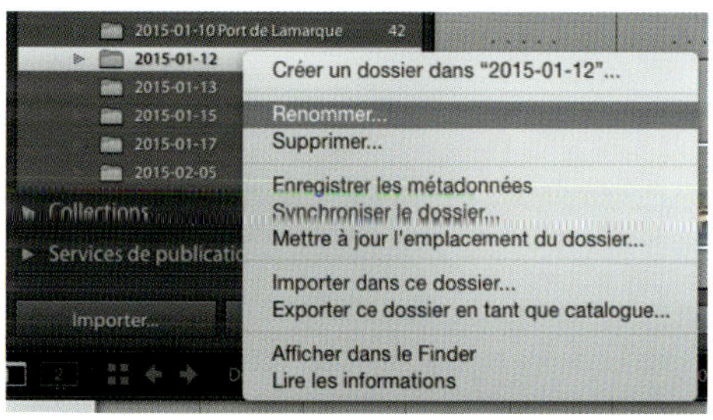

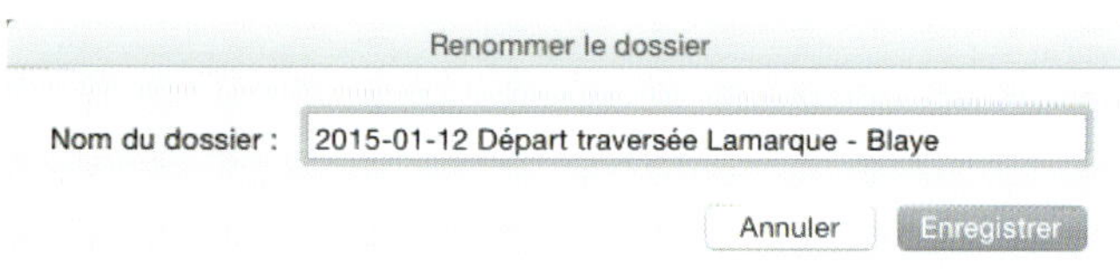

Étape 10

Dans le menu contextuel, vous trouverez encore deux fonctions de confort : « Masquer ce parent » et « Afficher le dossier parent ». Si vous disposez d'une hiérarchie de dossiers, avec par exemple un dossier « Photos privées » à la racine contenant des sous-dossiers, la commande « Masquer ce parent » le cachera : il ne sera plus visible dans le panneau Dossiers, et les sous-dossiers seront transformés en liste de dossiers à la racine. « Afficher le dossier parent » fait apparaître ou réapparaître le dossier supérieur dans la hiérarchie.

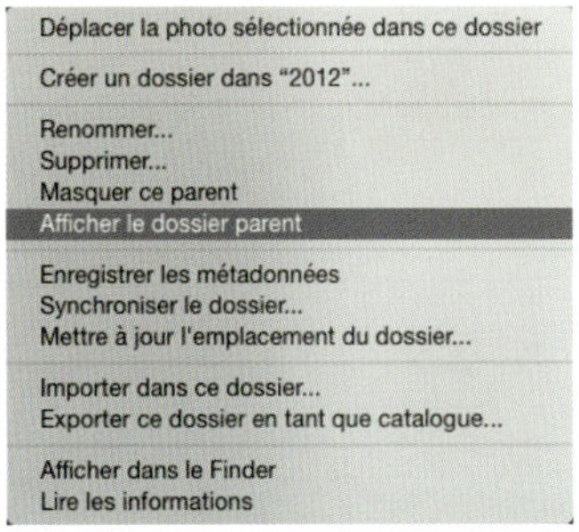

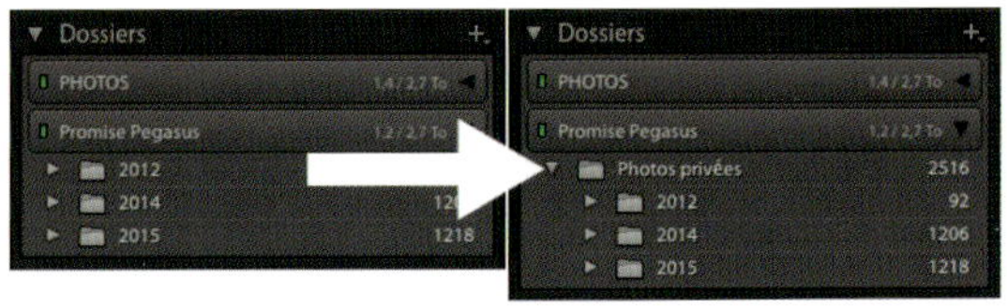

Étape 11

Lightroom vous permet de voir à tout moment l'emplacement des dossiers ou des fichiers sur le disque dur lui-même. Faites un clic droit sur un dossier (ou un fichier) et sélectionnez « Afficher dans le Finder » (Mac) ou « Afficher dans l'Explorateur » (PC). Aussitôt, une fenêtre du système s'ouvrira à l'emplacement du dossier ou du fichier.

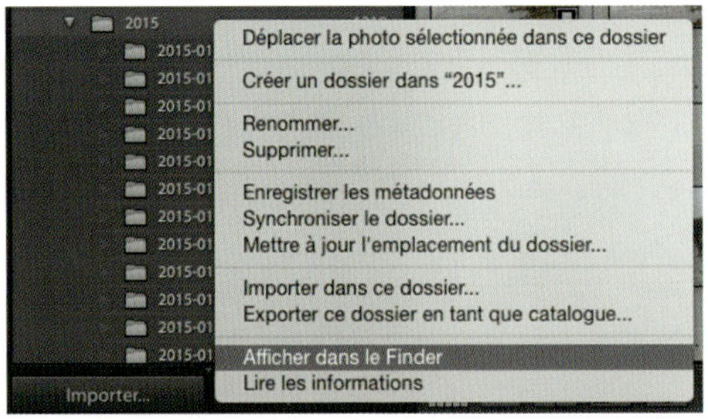

Étape 12

Le panneau Dossier affiche les différents volumes, disques durs et autres, sous forme de barres comportant un voyant dont la couleur indique le taux de remplissage du disque en question :

- vert : plus de 10 Go disponibles ;
- jaune : moins de 10 Go disponibles ;
- orange : moins de 5 Go disponibles ;
- rouge : moins de 1 Go disponible.

> **Remarque** : le rouge indique une situation critique puisque Lightroom exige au moins 1 Go de libre pour pouvoir écrire dans les métadonnées, suite à une modification des images ; vous risquez de voir un « ! » sur les vignettes, il faudra plus d'espace pour que les métadonnées se mettent à jour.

Étape 13

Un clic droit sur un volume permet de basculer entre les informations affichées, comme la capacité totale du volume, le taux d'occupation, le nombre de photos ou l'état (en ligne/hors ligne). La commande « Lire les informations » (Mac) ou Propriétés (PC) affiche le dialogue du système décrivant le volume (capacité, emplacement, etc.).

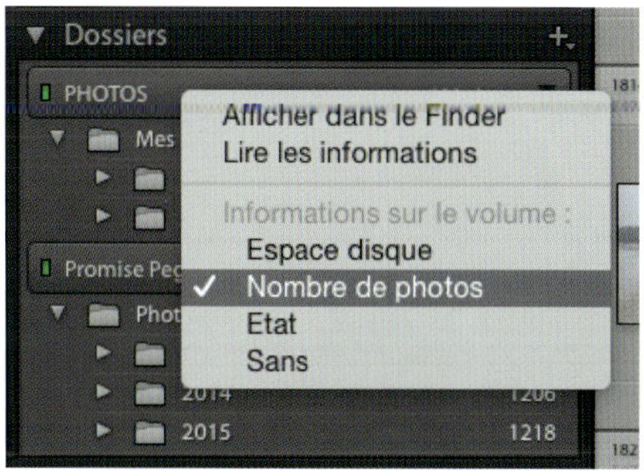

Étape 14

Si le voyant est éteint, le volume est hors ligne (**off-line**), pas connecté à l'ordinateur. Lightroom affichera les dossiers et les vignettes conformément aux cas expliqués dans l'étape 4, en fonction de l'existence ou pas d'aperçus dynamiques. Dès que le disque est reconnecté, les dossiers et fichiers repassent en ligne.

Remarque : pour en savoir plus sur le flux de travail hors ligne avec aperçus dynamiques, rendez-vous à l'exercice 56.

Étape 15

Le « Film fixe » dispose d'un menu des favoris accessible par la petite flèche qui suit l'intitulé et le nom de fichier, à gauche. Vous y trouverez la liste des sources récemment visitées (dossiers ou collections) ; on peut également y ajouter des favoris. Pour cela, après avoir atteint le dossier ou la collection dans lesquels vous avez l'intention de travailler, ouvrez le menu et cliquez sur « Ajouter aux favoris ». Aussitôt, le dossier ou la collection apparaît dans la section « Sources favorites » du menu.

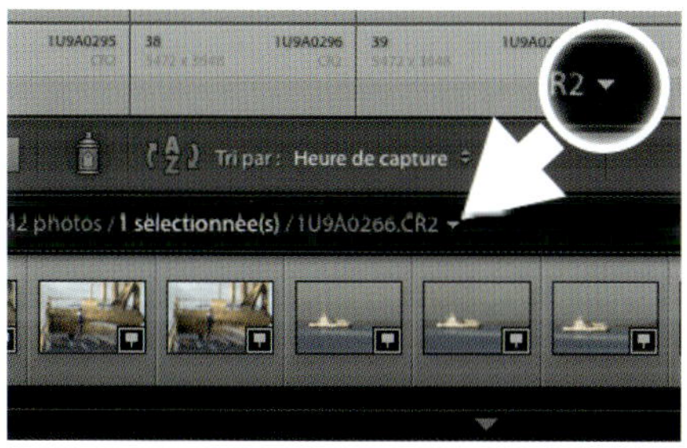

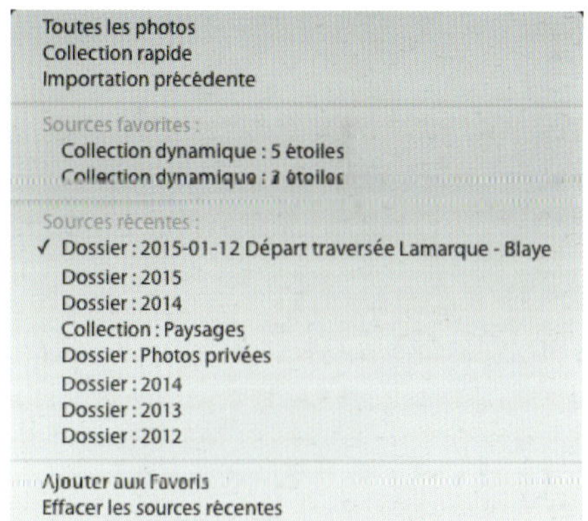

Étape 16

Pour naviguer rapidement d'une source à l'autre, vous pouvez vous servir des flèches Précédent ou Suivant, également dans le « Film fixe », à gauche. Elles fonctionnent comme celles d'un navigateur web, vous permettant de passer aux étapes précédentes de votre travail dans Lightroom puis de revenir où vous étiez. L'icône avec 4 carrés, à côté des flèches, permet de passer en mode Grille.

Le « Film fixe » affiche également le chemin du ou des fichiers sélectionnés (dossier/nombre de photos/nombre de photos sélectionnées/nom du fichier).

Remarque : la gestion des dossiers dans Lightroom est tout à fait semblable à celle du système d'exploitation, il n'y a donc aucune raison de modifier ou de manipuler vos fichiers en dehors de Lightroom.

Ce qui est possible avec les dossiers vaut pour les fichiers et les images : vous pouvez les déplacer d'un dossier à l'autre ou créer à tout moment d'autres dossiers ou sous-dossiers. Là encore, évitez les hiérarchies trop complexes. Et n'oubliez pas d'appliquer les deux règles suivantes :

- utilisez les dossiers pour le stockage des images ;
- utilisez les collections pour organiser vos images par thèmes.

14 La reconnaissance des visages

Voici enfin la reconnaissance des visages dans Lightroom ! Adobe ne manque pas d'expérience dans ce domaine, puisque l'Organiseur de Photoshop Elements propose cette fonction depuis plusieurs années déjà ; ceux qui viennent de ce logiciel ne seront pas perdus dans l'utilisation de la version Lightroom.
Le mode de reconnaissance des visages porte le nom « Personnes » dans Lightroom, il fait intégralement partie du module Bibliothèque.

Étape 1

Pour passer en mode Personnes, vous devez être dans le module Bibliothèque et cliquer sur le 5e bouton de la barre d'outils, à gauche, identifiable par un petit visage. Vous pouvez également utiliser la touche O ou passer par le menu **Affichage>Personnes**.
Quand vous passez en mode Personnes, le panneau central affiche des vignettes avec les visages, regroupés dans deux barres : « Personnes nommées » et « Personnes anonymes ».
Notez également que le graphisme du bouton Grille s'inverse : il devient gris foncé, avec un seul pavé gris clair (contre gris clair avec pavé gris foncé).

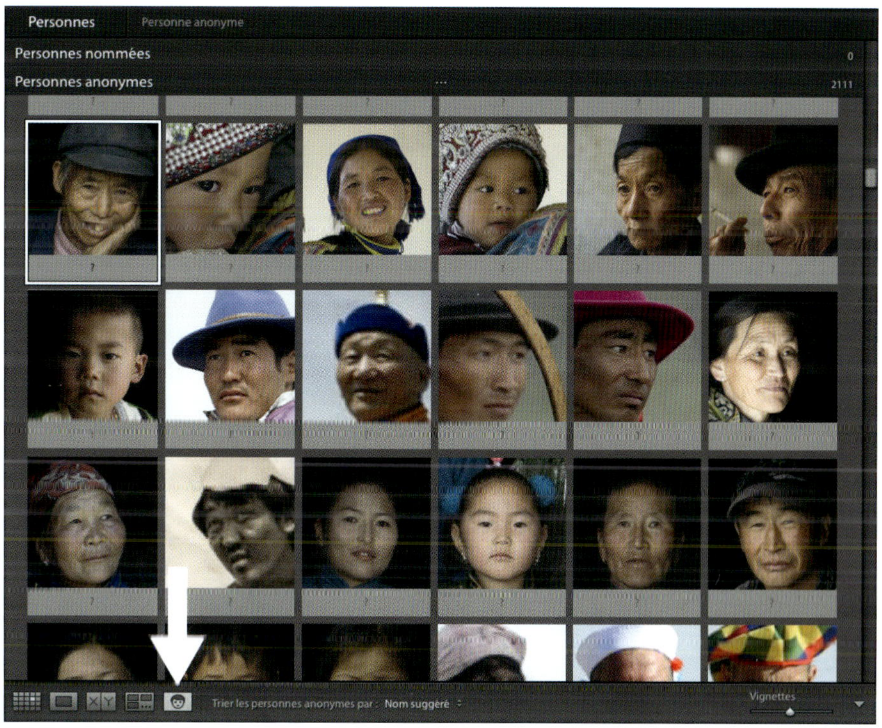

Étape 2

Lorsque vous lancez Lightroom 6/CC ou le mode Personnes pour la première fois, une boîte de dialogue vous propose d'activer la recherche et l'indexation des visages, soit dans le catalogue entier, soit dans un dossier à sélectionner (exercice 02, étape 2).
La recherche et l'indexation se font en tâche de fond, vous pouvez les mettre en pause à tout moment dans le « Centre d'activités » en cliquant sur le bouton Pause, à droite de « Détection des visages ».

> **Remarque** : l'indexation est encore plus rapide si les images disposent d'aperçus dynamiques ou si les fichiers Raw incorporent des aperçus JPEG.

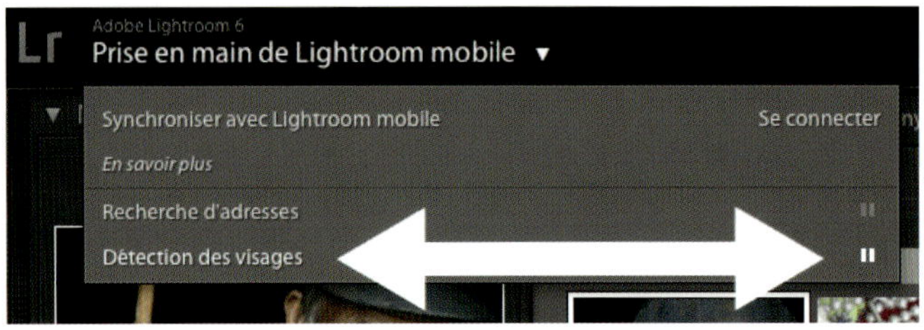

Étape 3

Vous pouvez également activer et désactiver la détection des visages dans les « Paramètres du catalogue » (exercice 01), onglet Métadonnées, section « Détection des visages ». Pour cela, cochez ou décochez « Détecter automatiquement les visages sur toutes les photos ». Si la détection globale (tout le catalogue) est activée, et que vos photos originales sont hors ligne et ne disposent pas d'un aperçu dynamique, l'indexation reprendra au démarrage suivant de Lightroom, une fois les originaux de nouveau accessibles.

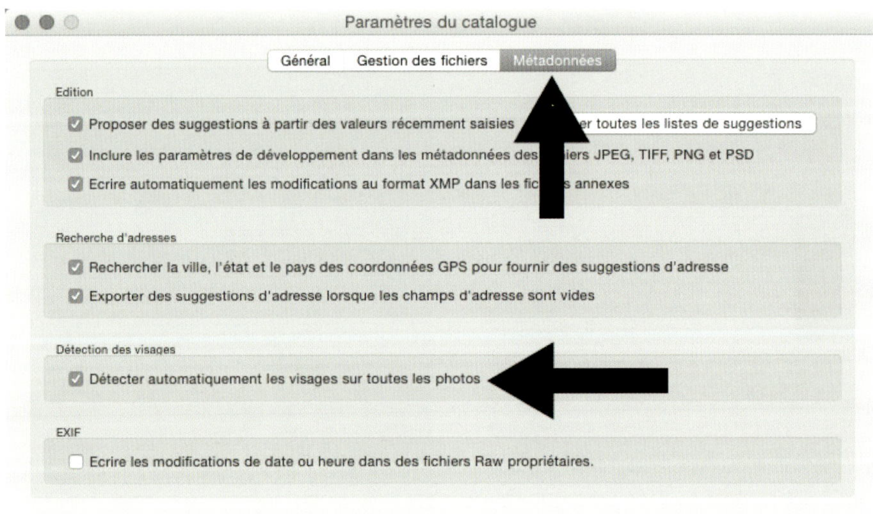

Étape 4

Le temps de détection et d'indexation initiales dépendra du nombre d'images et du nombre de visages présents sur les photos. Si vous passez dans le mode Personnes, vous verrez les vignettes avec les visages détectés et, sous chacune d'elles, une barre grise avec un point d'interrogation : il s'agit d'un champ dans lequel vous allez saisir le nom de la personne, ou la supprimer en cliquant sur le « X » qui s'affiche à gauche.

Remarque : si l'indexation globale n'est pas activée, elle ne se fera que lorsqu'une source (dossier) aura été sélectionnée, et que vous serez en mode Personnes.

Étape 5

Par défaut, les vignettes de personnes anonymes sont classées par « Nom suggéré » (le critère peut être modifié dans la barre d'outils). La taille des vignettes peut être ajustée avec le curseur placé à droite, toujours dans la barre d'outils.

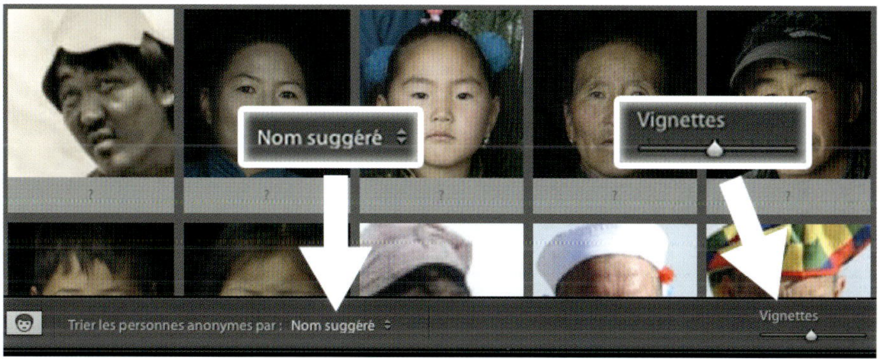

Étape 6

Lorsque les algorithmes de recherche détectent et reconnaissent un visage dans plusieurs photos, celles-ci seront automatiquement empilées. Une pile de personnes se reconnaît à un chiffre blanc dans un pavé sombre, en haut à gauche de la vignette. Pour déployer la pile, cliquez sur le pavé. Pour un aperçu rapide du contenu d'une pile, sélectionnez-la en cliquant, puis :

- appuyez sur la touche S – lorsque vous la relâchez, la pile se reforme ;
- appuyez sur la touche Alt/Option, et passez la souris dans la vignette pour faire défiler le contenu.

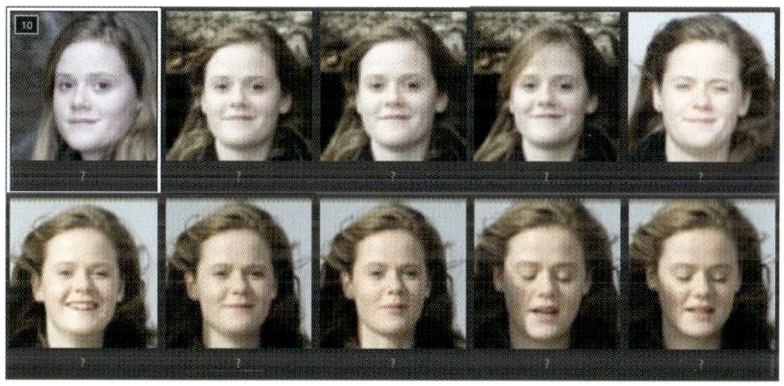

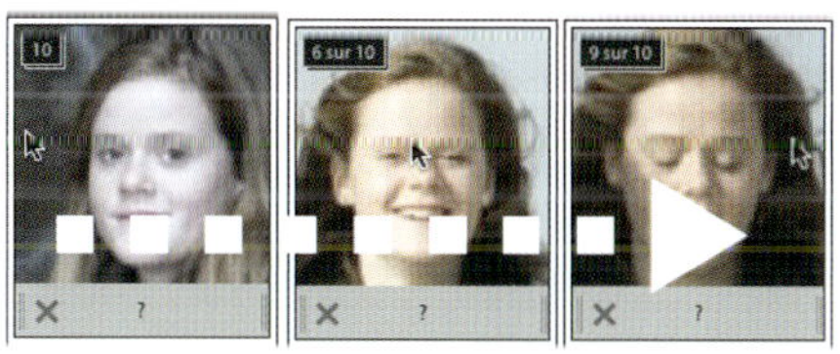

Étape 7

Si vous faites un clic droit sur une vignette, un menu contextuel vous propose des commandes additionnelles. Vous pouvez lancer une recherche d'un visage similaire, déplacer les photos dans la section des personnes anonymes, changer le nom, tracer ou supprimer une zone de visage (étapes 13 et 14) et accéder au dossier ou aux collections dont fait partie l'image.

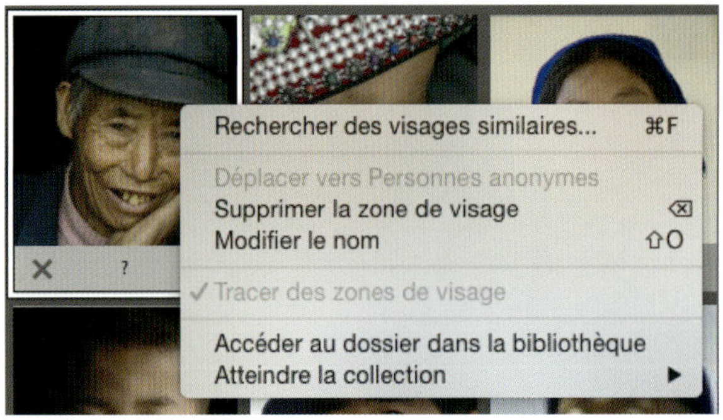

Étape 8

Après Lightroom, c'est à votre tour de vous mettre au travail en attribuant des noms aux personnes que vous connaissez. Le système va apprendre au fur et à mesure de la saisie puis commencer à vous faire des suggestions que vous pourrez approuver ou rejeter. Ce sera d'abord un travail de longue haleine, mais qui s'accélèrera au fur et à mesure de vos avancées. Cliquez dans la barre grise, sous une vignette, saisissez un nom puis validez avec la touche Entrée.

Étape 9

La vignette nommée passe de la section « Personnes anonymes » à « Personnes nommées ». La barre sous la vignette devient gris foncé et indique le nom de la personne ainsi que le nombre de photos associées.

Vous pouvez modifier le nom à tout moment, en cliquant dans la barre grise via le menu contextuel (étape 7). Si vous supprimez le nom, la vignette retourne dans la section « Personnes anonymes ».

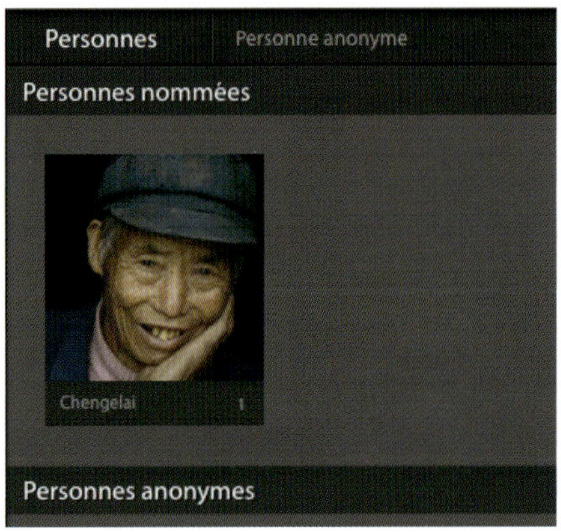

> Remarque : si vous double-cliquez une vignette ou une pile dans la section «Personnes nommées», elle s'ouvrira dans une section «Visages confirmés», et la section «Personnes anonymes» deviendra la section «Visages similaires»; cela permet de faire le travail d'identification sur une personne à la fois, en approuvant ou rejetant les propositions.

Étape 10

Vous pouvez attribuer un nom par lots après avoir sélectionné plusieurs vignettes. Dans le cas d'une pile, il sera attribué d'un coup à toutes les images de la pile. Si vous trouvez d'autres photos anonymes d'une personne déjà nommée, glissez-les depuis « Personnes anonymes » sur la vignette concernée dans « Personnes nommées ».

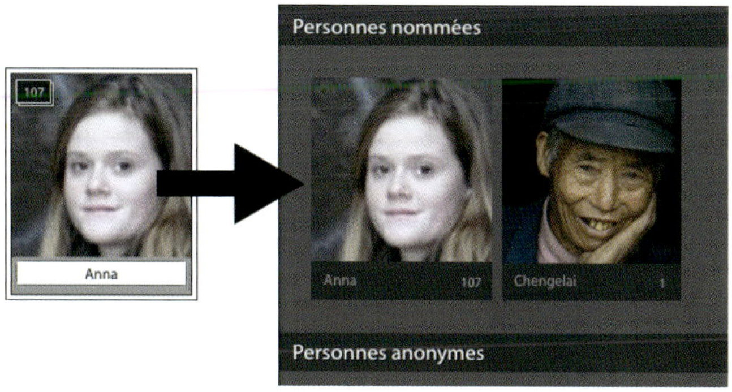

> **Remarque** : avant de renommer toutes les images d'une pile, vérifiez que toutes les photos représentent la même personne en déployant la pile (étape 6).

Étape 11

Au fur et à mesure de vos saisies, le système « apprend » et fait des suggestions. Si le nom proposé (dans la section « Personnes anonymes ») est correct, passez la souris sur la barre grise, sous la vignette, et cliquez sur la coche qui apparaît à droite : l'image ou la pile d'images est attribuée à la personne concernée, dans la section « Personnes nommées ». Si la suggestion n'est pas bonne, cliquez sur « Non, ce n'est pas X », à gauche, le nom suggéré est remplacé par « ? ».

> **Remarque** : l'auto-apprentissage du système de suggestion des noms repose uniquement sur les noms approuvés.

Étape 12

Vous pouvez faire défiler la grille verticalement et, pour faciliter votre recherche d'images, modifier le critère de tri dans la barre d'outils, sous la grille. Par exemple, vous pouvez afficher les vignettes en fonction de la taille des piles ou des noms populaires, c'est-à-dire les plus employés.

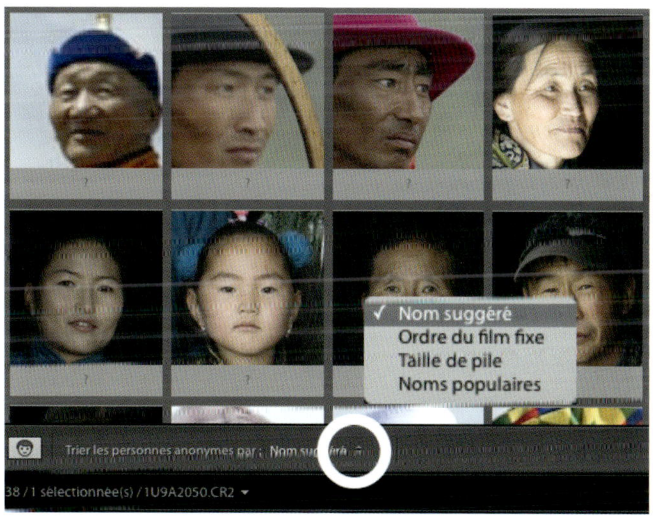

Étape 13

En double-cliquant sur une vignette, vous passez en mode Loupe, avec une zone carrée placée sur chaque visage s'il y a plusieurs personnes dans la photo. Si le système reconnaît un visage, une suggestion de nom apparaît dans une bulle flottante : en passant la souris dans la bulle, vous pouvez valider (coche à droite), rejeter (signe Interdit à gauche) ou saisir, comme ici, un nom après avoir cliqué dans le champ.

La taille de la zone peut être ajustée à la souris ou supprimée, en cliquant sur la croix, en haut à droite : la photo n'apparaîtra plus dans Personnes, ce qui sera utile si vous ne connaissez pas le nom de la personne en question ou que vous ne souhaitez pas l'indexer.

Étape 14

Si vous n'êtes pas en mode Personnes et que l'affichage est en mode Loupe, vous pouvez tracer à tout moment une zone sur un visage présent dans l'image. Pour cela, cliquez sur le bouton « Dessiner une zone de visage », dans la barre d'outils. Dans l'image, cliquez sur la zone pour l'activer, ce qui permet de la redimensionner (les quatre côtés en même temps ou chaque côté individuellement, avec les poignées) ou de la déplacer. Ensuite, cliquez sur la bulle, juste au-dessus, pour saisir le nom de la personne. Validez avec la touche Entrée, puis passez à l'image suivante.

> **Remarque** : si vous ne voyez pas le bouton « Dessiner une zone de visage », cliquez sur la flèche, à droite de la barre d'outils, et cochez l'option appropriée dans le menu.

Étape 15

Attribuer un nom à un visage va générer un mot clé de personne, que vous retrouverez dans le panneau « Liste de mots-clés » de l'onglet Personnes, mais aussi dans l'onglet Tout. L'onglet Autre, lui, contient tous les mots-clés à l'exception des mots-clés de personnes.

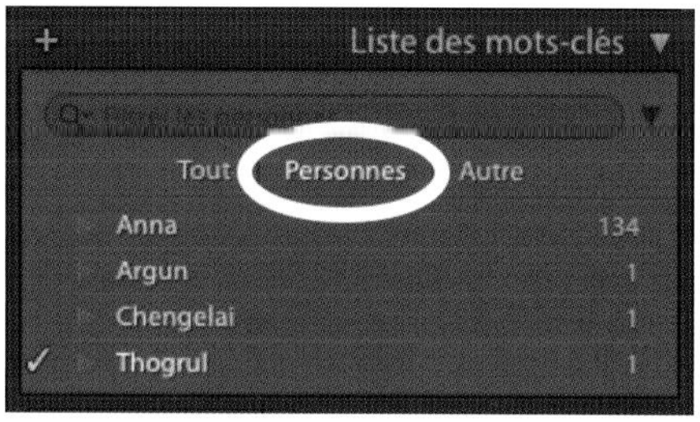

> **Remarque** : si vous ne voyez pas les onglets Tout / Personnes / Autre, cliquez sur la flèche noire à droite du champ de saisie « Filtrage de mots-clés ».

Étape 16

Avec un clic droit sur un mot-clé de personne, vous afficherez un menu dont les différences par rapport à celui des mots-clés classiques (exercice 15, étape 10) tiennent uniquement au commandes spécifiques à l'identification de personnes. Comme pour les mots-clés qui ne sont pas de personnes, la liste indique le nombre d'images par mot-clé de personne ; en passant la souris, vous pouvez afficher les images concernées en cliquant sur la flèche blanche à droite.

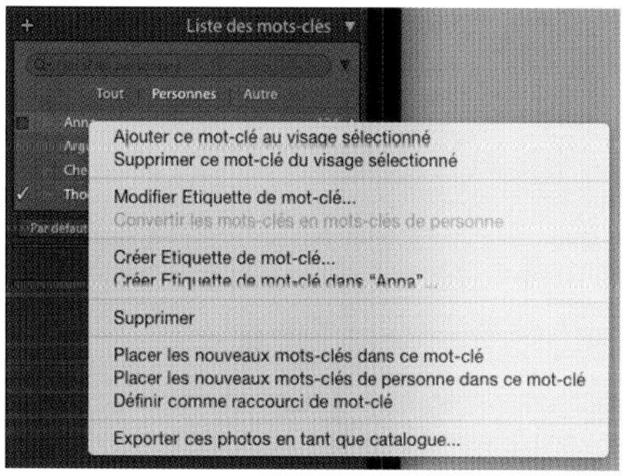

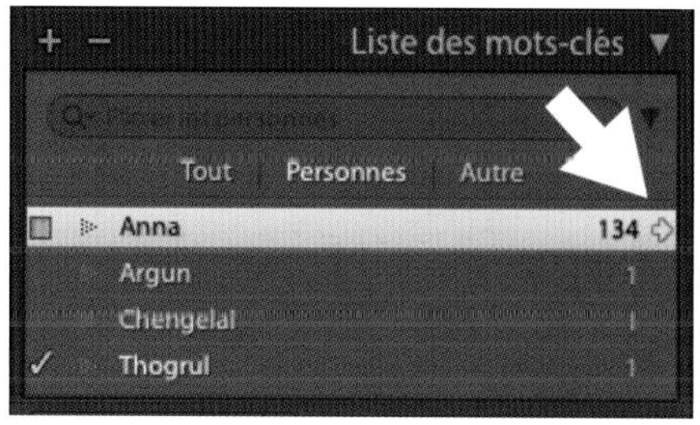

Étape 17

Si vous avez créé des mots-clés avec des noms de personnes dans les anciennes versions de Lightroom, vous pouvez les convertir en mots-clés de personnes. Cliquez droit sur un mot-clé, cochez l'option Personne dans la fenêtre « Modifier l'étiquette de mot-clé », puis cliquez sur Enregistrer. Ensuite, attribuez ces noms à des visages, selon la procédure précédente.

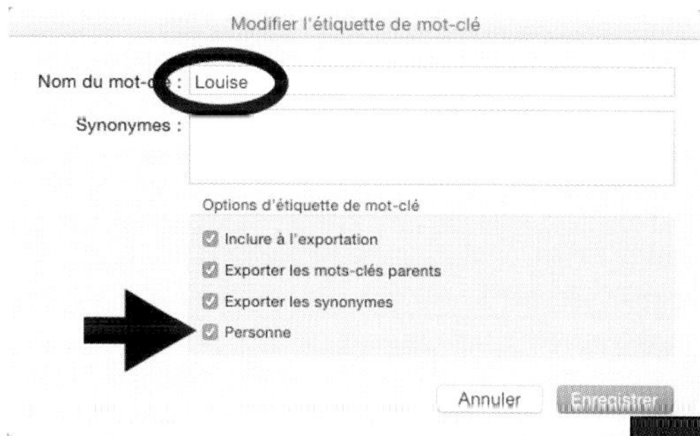

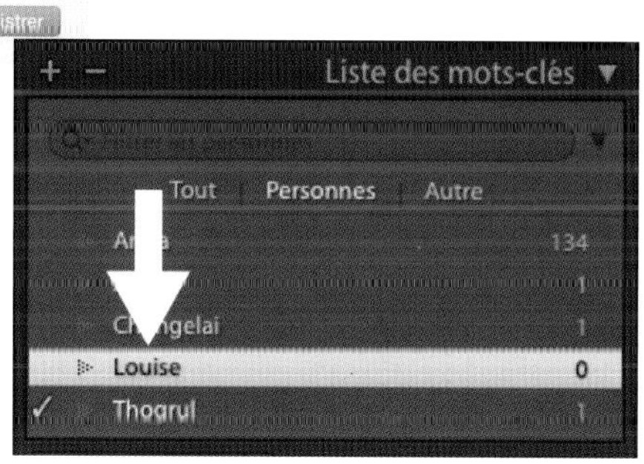

> **Remarque** : si vous convertissez un mot-clé parent en mot-clé de personne, les mots-clés enfants seront également convertis.

Étape 18

L'attribution de mots-clés de personnes par glisser-déposer est également possible. Saisissez une vignette de la section « Personnes anonymes » et déposez-la sur un mot-clé de personne, ou glissez-déposez un mot-clé de personne sur une vignette. Dans les deux cas, cela ne fonctionnera pas avec des mots-clés autres que ceux des personnes.

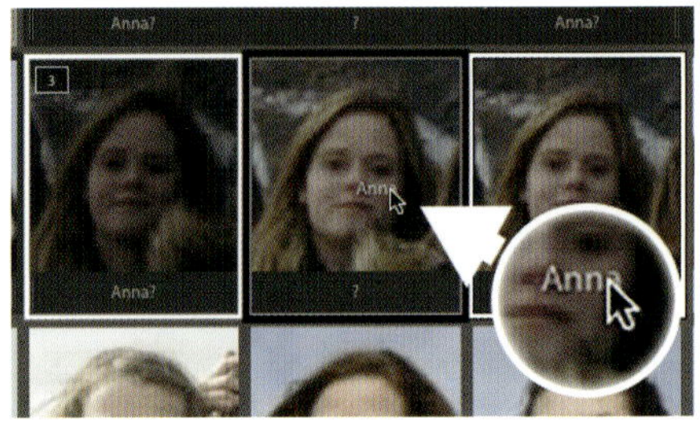

Étape 19

Si vous exportez des images indexées et contenant des noms de personnes, vous avez la possibilité de supprimer ces données en cochant « Supprimer les informations de personne », dans la section Métadonnées.

Conclusion : l'outil de détection et d'indexation des visages est particulièrement puissant et complet. Néanmoins, il lui arrive de considérer certaines structures comme un visage, mais le pourcentage de détections négatives reste globalement très faible.
Notez également que les informations de personnes sont conservées lors de la création de copies virtuelles (exercice 07), ou lors de la fusion de catalogues (exercice 03).

15 Gérer les mots-clés

Les mots-clés constituent l'un des piliers du catalogage. Concevoir une liste de mots-clés pertinente pour une collection de milliers d'images est un travail fastidieux qui requiert beaucoup de rigueur et d'organisation ; il n'existe pas de méthode universelle, les besoins de chaque photographe étant différents.
Lightroom 6/CC propose deux nouveautés en ce qui concerne les mots-clés : une pipette d'attribution et des mots-clés spécifiques aux personnes, que nous venons de voir dans l'exercice 14 consacré à la reconnaissance des visages.

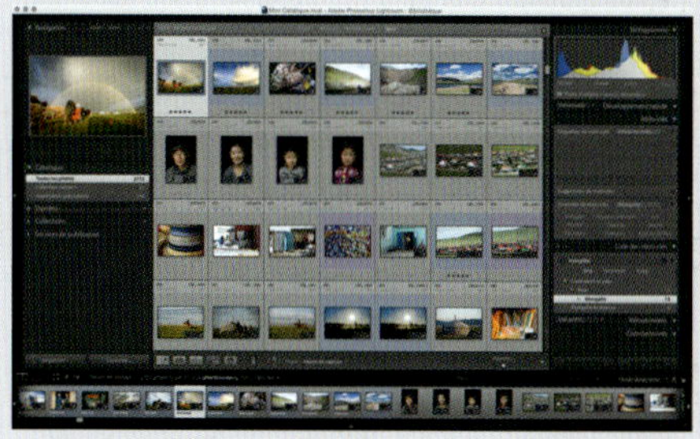

Étape 1

Lightroom dispose de nombreux outils de saisie et d'application de mots-clés. Voyons la méthode la plus simple et la plus directe. Le panneau Mots-clés, situé dans le panneau escamotable droit du module Bibliothèque, est divisé en trois parties :

- « Étiquettes de mots-clés » : affichage des mots-clés d'une image sélectionnée et saisie des mots-clés ;
- « Suggestions de mots-clés » : système automatique suggérant des mots-clés en fonction de votre méthode de travail et de la date et l'heure de prise de vue ;
- « Ensemble de mots-clés » : système rapide de saisie d'ensembles de 9 mots-clés.

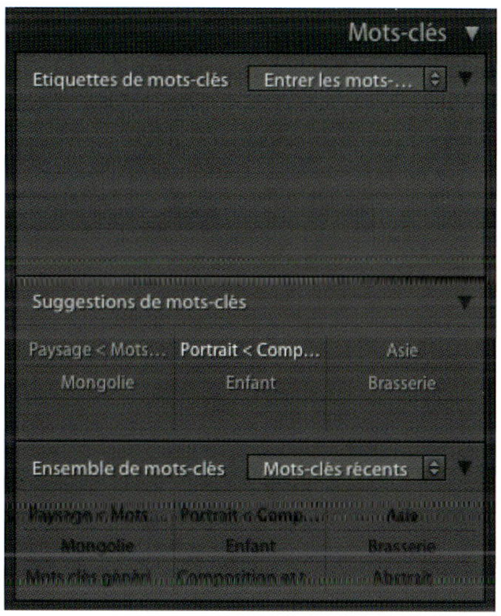

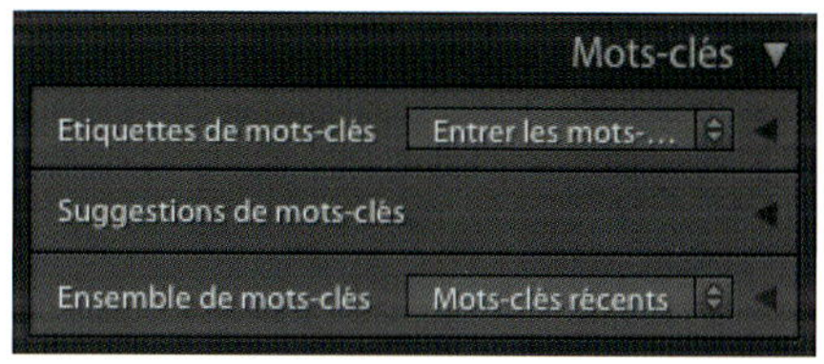

Remarque : la présence de mots-clés dans les images est identifiée par une icône en forme d'étiquette dans les vignettes. Adobe utilise fréquemment la terminologie « Étiquettes de mots-clés », issue du mot anglais tag qui signifie « étiquette ».

Étape 2

Pour voir les mots-clés d'une image, sélectionnez-la ou cliquez sur l'étiquette de sa vignette : ils s'affichent dans le pavé en-tête du panneau Mots-clés. Vous pouvez y ajouter ou supprimer des mots-clés directement. Quand plusieurs images sont sélectionnées, un mot-clé accompagné d'un astérisque (*) indique qu'il n'est commun à aucune d'elles. Saisissez un mot-clé en cliquant dans le bandeau au-dessus de la section « Suggestions de mots-clés ». Plusieurs mots-clés devront être séparés par une virgule. Validez avec la touche Entrée : cette méthode fonctionne aussi avec plusieurs images sélectionnées.

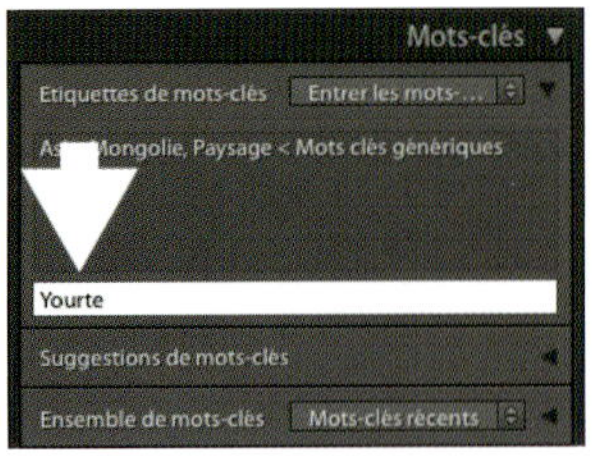

Étape 3

La section « Étiquettes de mots-clés » du panneau Mots-clés dispose d'une liste déroulante contenant les éléments suivants :

- « Entrer les mots-clés » : saisie et affichage des mots-clés tels qu'ils sont décrits dans les étapes précédentes ;
- « Mots-clés et mots-clés parents » : permet d'afficher la hiérarchie complète de mots-clés si elle est présente ;
- « Seront exportées » : indique les mots-clés qui seront exportés avec l'image selon les options décrites à l'étape 8.

Étape 4

Le panneau « Suggestions de mots-clés » est un automatisme : en fonction des mots-clés enregistrés dans le catalogue, de la date et de l'heure identifiant des séquences de prise de vue du même sujet, Lightroom propose une grille de 9 mots-clés les plus pertinents possible. En cliquant sur l'un d'eux, vous l'attribuerez aux images sélectionnées. Lightroom en proposera aussitôt un autre. La pertinence s'améliorera au fur et à mesure de l'enrichissement de votre collection de mots-clés.

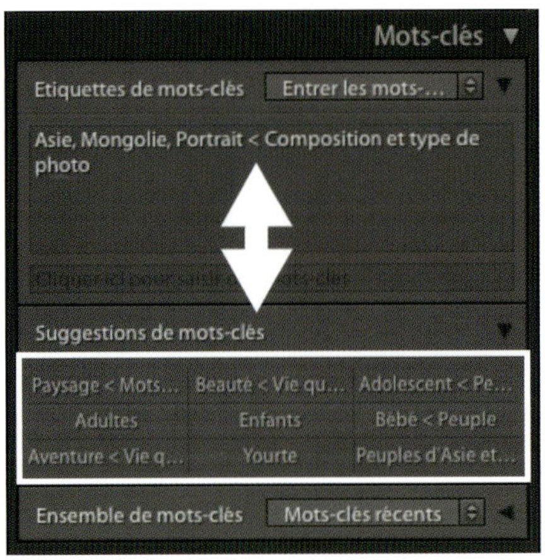

Étape 5

Le système « Ensemble de mots-clés » permet d'accélérer la saisie à la volée des mots-clés. Chaque ensemble comporte une grille de 9 mots correspondant aux touches du pavé numérique de votre clavier (cela fonctionne également avec les chiffres d'un clavier sans pavé numérique).
Si vous appuyez sur Alt/Option, vous verrez les numéros de touches en face de chaque mot-clé. Pour attribuer un de ces mots-clés, appuyez sur le chiffre correspondant. Pour passer d'un ensemble de mots-clés à un autre, appuyez sur Alt/Option + 0 (zéro).

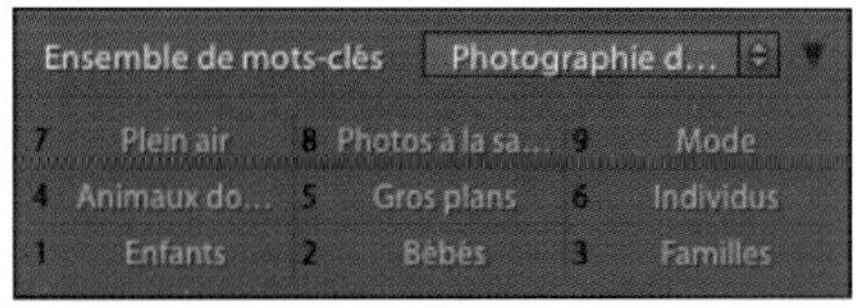

> **Remarque** : vous retrouverez également les « Ensembles de mots-clés » dans la description du nouvel outil Pipette, à l'étape 16.

Étape 6

Vous pouvez enregistrer autant d'ensembles de mots-clés que vous le souhaitez. Dans la liste, sélectionnez « Modifier l'ensemble » puis, dans la boîte de dialogue qui s'affiche, saisissez 9 mots liés à un sujet commun ou à une description précise. Dans la liste « Paramètre prédéfini », choisissez « Enregistrer les paramètres actuels en tant que nouveau paramètre prédéfini ». Une nouvelle boîte de dialogue va vous inviter à nommer l'ensemble de mots-clés. Validez en cliquant sur Créer.
Bien sûr, vous pouvez modifier à tout moment un ensemble de mots-clés.

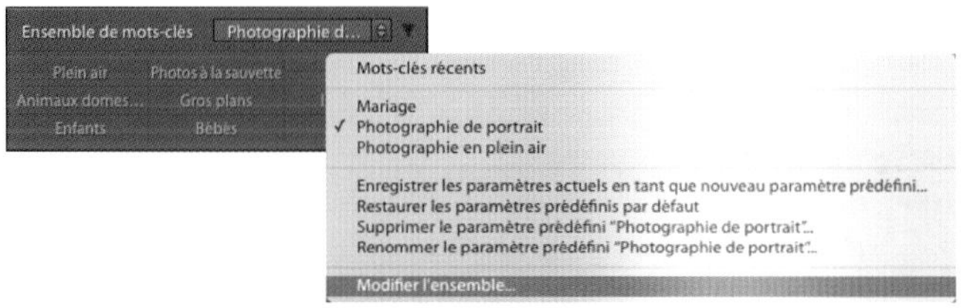

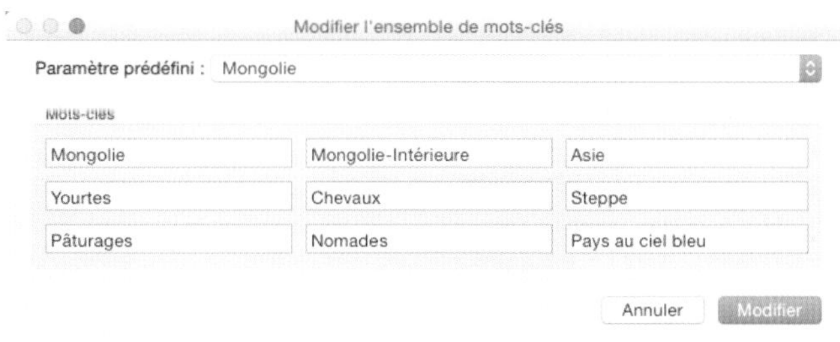

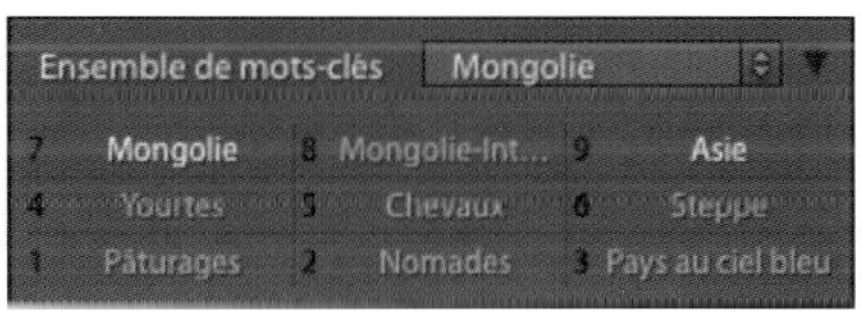

Étape 7

Le panneau « Liste des mots-clés » regroupe sous forme de liste alphabétique tous les mots-clés du catalogue, répartis en trois onglets : Tout (tous les mots-clés), Personnes (noms de personnes) et Autre (tous les mots-clés, sauf les noms de personnes). Lightroom prend aussi en charge les mots-clés hiérarchiques. Nous allons faire un petit exercice de création de groupe hiérarchique. Cliquez sur le bouton « + » pour afficher la boîte de dialogue « Créer Étiquette de mot-clé ».

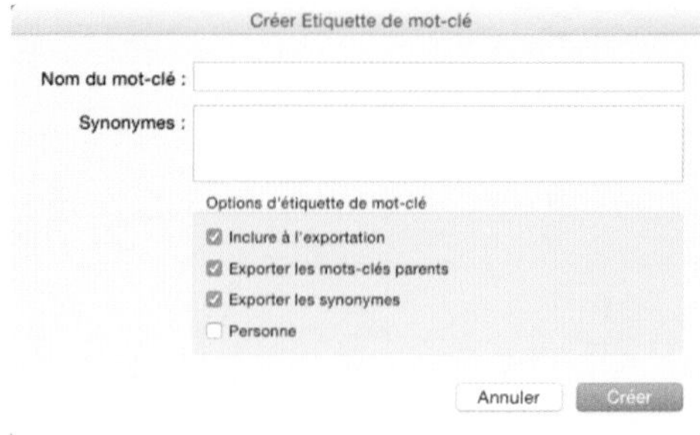

> **Remarque** : les mots-clés Personnes sont abordés dans l'exercice 14, consacré à la reconnaissance de visages.

Étape 8

Saisissez « Famille » dans « Nom du mot-clé », ce sera le point de départ de cette hiérarchie. Pour la différencier, vous pouvez utiliser des majuscules (pas obligatoire). En dessous, vous pouvez saisir des synonymes. Lightroom permet la recherche d'images comportant des synonymes de mots-clés, mais ils n'apparaîtront pas dans la liste des mots-clés. Cochez aussi les options qui vous permettront d'inclure les mots-clés, les mots-clés parents et les synonymes lors de l'exportation des images. Validez en cliquant sur Créer.

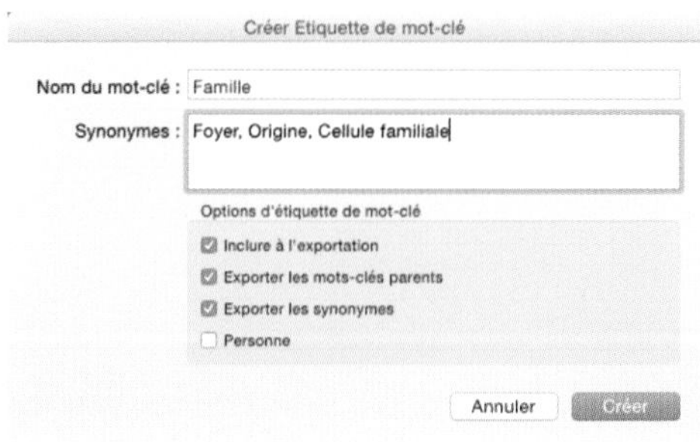

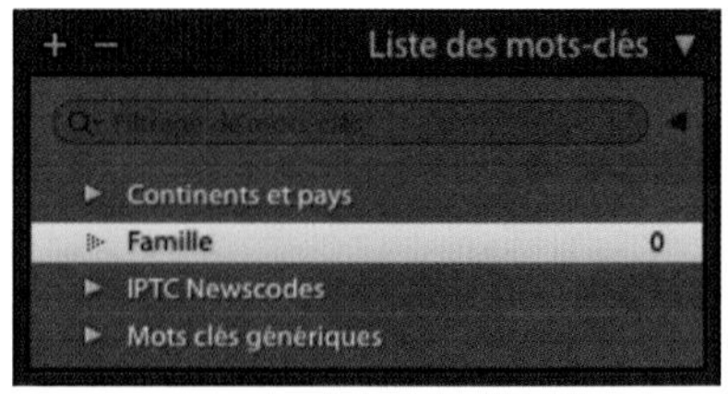

Étape 9

Dans la liste de mots-clés, faites un clic droit sur Famille et choisissez « Créer Étiquette de mot-clé dans Famille ». Dans la boîte de dialogue, saisissez « Parents ». Cochez les mêmes options que dans l'étape précédente, et cliquez sur Créer pour valider. Créez ensuite d'autres mots-clés dans Famille : « Enfants », « Grands-parents », etc.

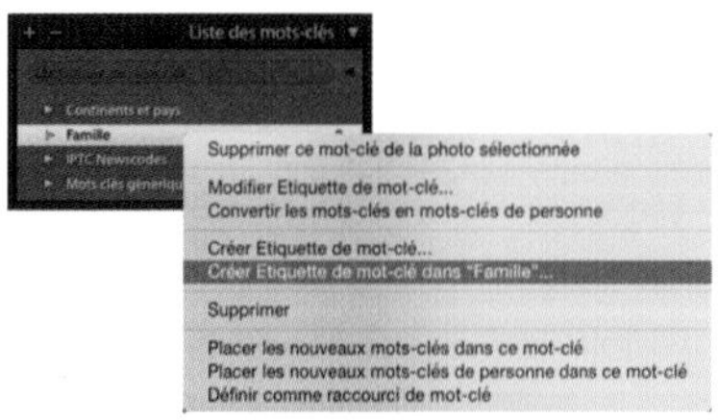

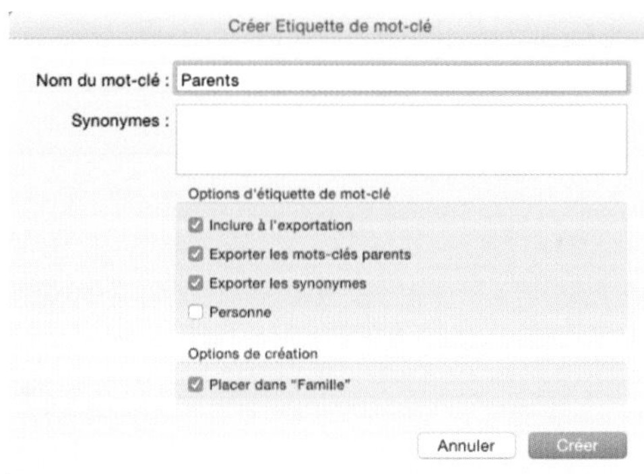

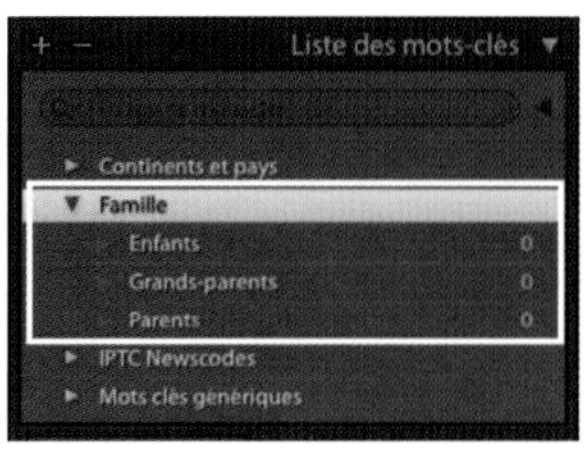

Étape 10

Les étiquettes de mots-clés peuvent être modifiées à tout moment, dans une boîte de dialogue appelée par un clic droit. Vous pouvez également réorganiser vos hiérarchies par glisser-déposer de mots-clés dans un autre mot-clé. Vous pouvez aussi attribuer automatiquement de nouveaux mots-clés à une étiquette de mot-clé en sélectionnant « Placer les nouveaux mots-clés dans ce mot-clé », toujours dans le menu contextuel. Un mot-clé cible se reconnaît au petit point à sa droite.

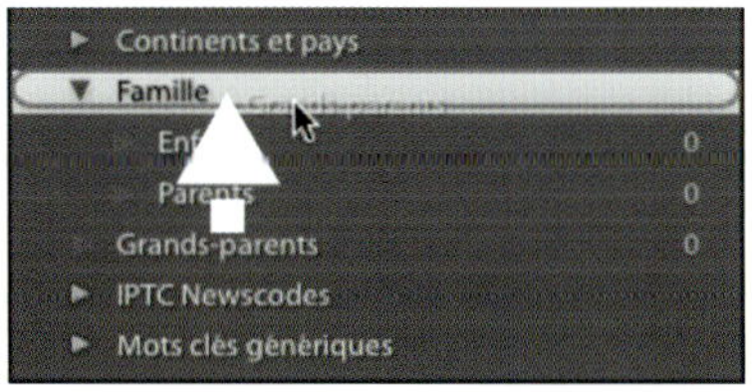

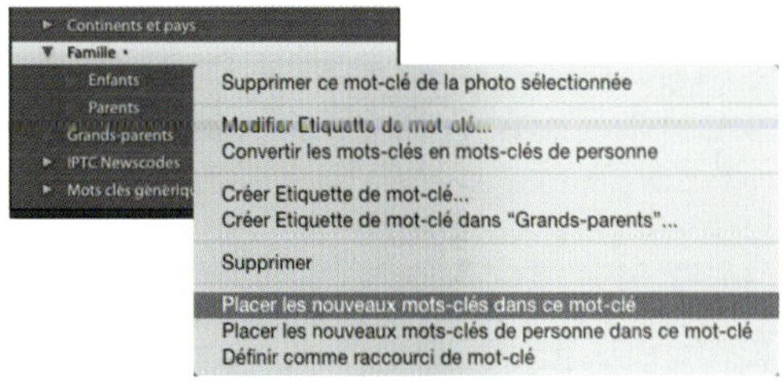

Étape 11

La liste de mots-clés dispose de son propre système de filtrage. Tapez les premières lettres dans « Filtrage de mots-clés », la liste se réduira au fur et à mesure de la saisie. Pour chercher plusieurs mots simultanément, séparez-les par une virgule. Une fois la recherche terminée, réinitialisez le champ de recherche en cliquant sur le bouton X, à droite. Pour supprimer des mots-clés, sélectionnez-les dans la liste puis cliquez sur « - », dans l'en-tête du panneau : une boîte de dialogue vous demandera de confirmer la suppression (elle n'apparaît pas dans le cas de mots-clés non attribués à des images).

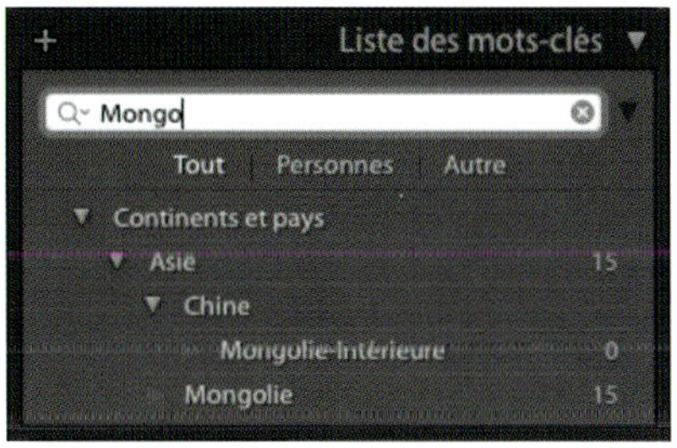

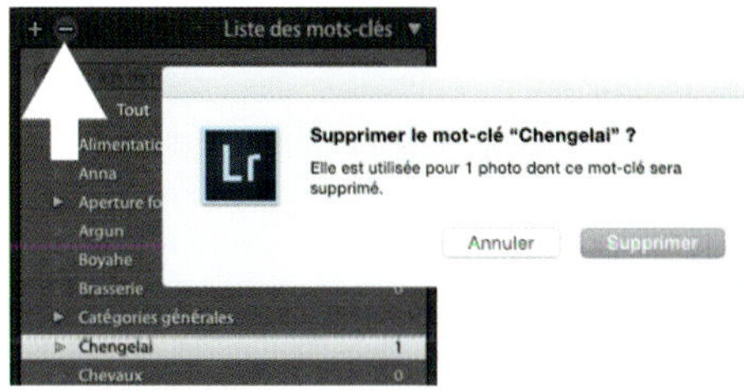

Étape 12

Cette liste de mots-clés a plusieurs rôles , le premier est de vous montrer le nombre d'images associées à chacun de ces mots. Si vous passez la souris sur un mot-clé, vous verrez apparaître une case à cocher avant le mot-clé et une flèche à la droite du nombre. Un clic dans la case à cocher attribuera (ou retirera) le mot-clé à une image sélectionnée et un clic sur la flèche affichera dans la grille toutes les images contenant ce mot, et activera le « Filtre de bibliothèque » avec une colonne Mot-clé.

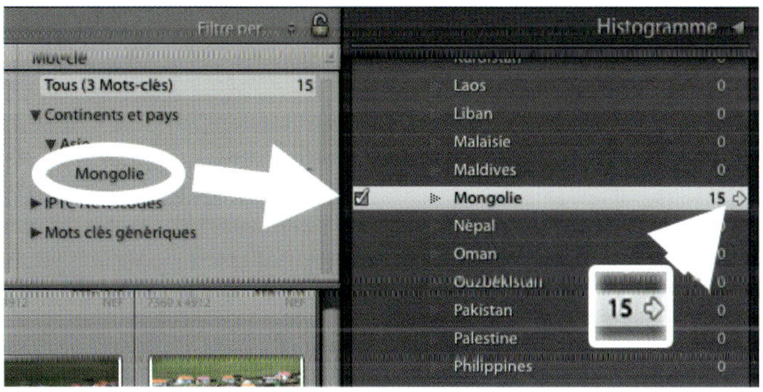

Étape 13

Les mots-clés incorporés à une image sont signalés dans la liste, à chaque fois avec une coche. Un mot-clé parent ou enfant, dans ce cas, peut avoir trois statuts :

- coche : il est également attribué à l'image sélectionnée, comme les mots-clés enfants ;
- signe « - » : il n'est pas attribué à l'image choisie, mais ses mots-clés enfants si ;
- pas de coche : le mot-clé n'est pas attribué à l'image sélectionnée.

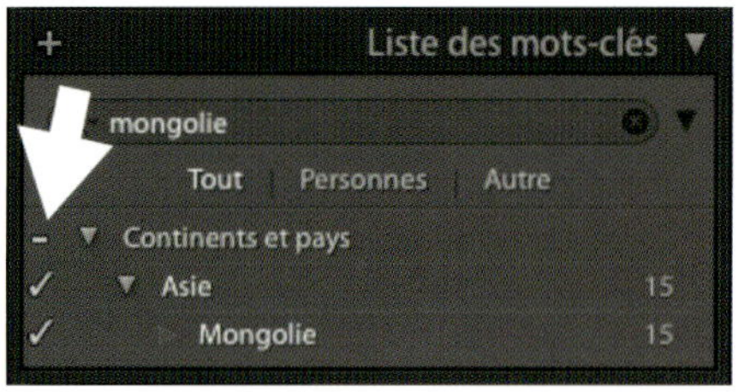

Étape 14

Pour attribuer un mot-clé ou un groupe de mots-clés (sélectionnés par un Ctrl/Cmd + clic) à une ou plusieurs images à partir de la liste, faites-les glisser sur les images de la grille. Le contraire est également possible : sélectionner plusieurs vignettes et les glisser sur un mot-clé dans la liste.

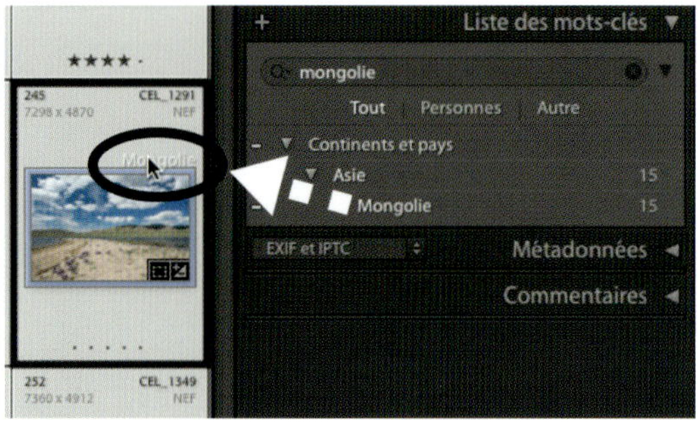

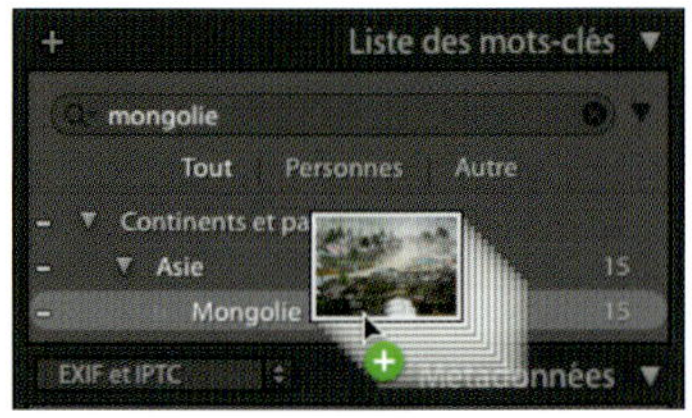

Étape 15

Autre façon d'attribuer un mot-clé, « Définir comme raccourci de mot-clé », dans le menu contextuel (clic droit). Un signe « + » apparaît à droite du mot. Pour l'attribuer, cliquez droit sur une vignette et sélectionnez « Ajouter un mot-clé X » dans le menu flottant.

Si vous utilisez l'outil Peinture, le raccourci apparaîtra dans le champ de saisie de l'outil ; vous pouvez y saisir d'autres mots-clés (Lightroom suggérera des mots-clés en cours). Il ne vous restera plus qu'à peindre dans la grille, bouton de la souris enfoncé. Pour revenir en arrière et gommer, appuyez sur Alt/Option.

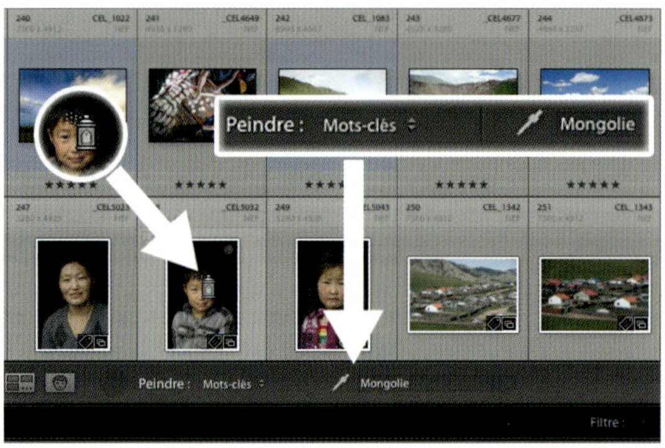

Étape 16

Si vous activez l'outil Peinture tout en maintenant la touche Maj enfoncée, vous activez aussi le nouvel outil Pipette, qui apparaît dans la barre d'outils. Placer le pointeur de la souris sur la pipette affiche les ensembles de mots-clés dans une fenêtre flottante (étapes 5 et 6).

Pour attribuer un mot-clé à une sélection d'images, cliquez dessus avec la pipette, qui se pare d'abord d'un « + », puis d'un « - » si vous changez d'avis. Pour attribuer tous les mots-clés de l'ensemble d'un seul coup, cliquez sur « Tout sélectionner ». Vous pouvez changer d'ensemble dans la liste contextuelle, en haut à droite.

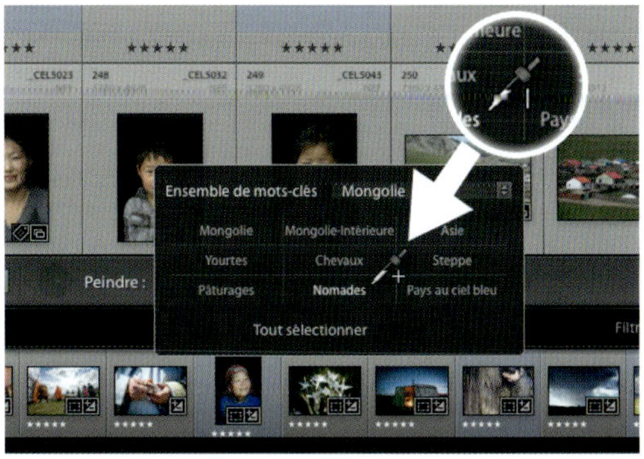

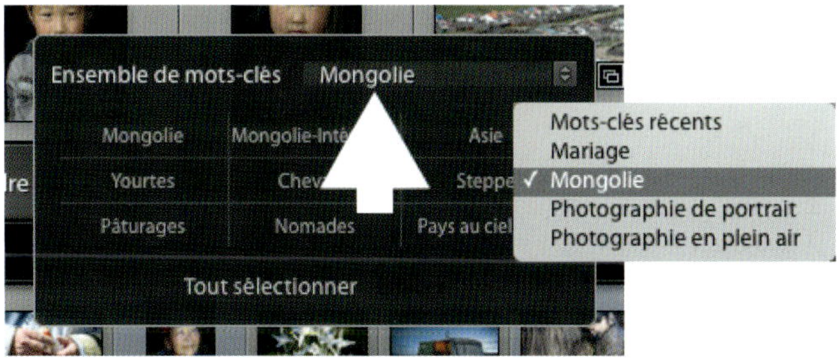

Étape 17

Vous pouvez aussi attribuer les mots-clés d'une image à d'autres, par synchronisation de métadonnées.

Sélectionnez l'image source, les images de destination et cliquez sur le bouton « Synch. métad. », tout en bas du panneau de droite du module Bibliothèque. Dès que la boîte de dialogue « Synchroniser les métadonnées » s'affiche, appuyez sur « Ne rien sélectionner », pour désactiver tous les champs qui ne vous intéressent pas à ce stade, et faites défiler le contenu de la fenêtre jusqu'à la section Mots-clés ; cochez-la puis cliquez sur Synchroniser.

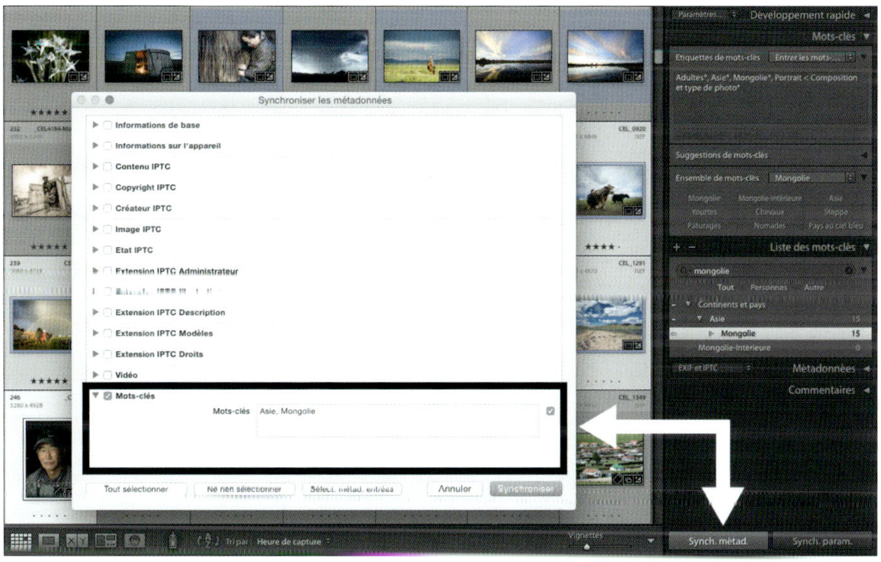

Étape 18

Lightroom permet d'importer et exporter des mots-clés, le but étant de les partager avec d'autres photographes.

Pour exporter votre liste de mots-clés, allez, toujours dans le module Bibliothèque, dans le menu **Métadonnées>Exporter les mots-clés**. Une boîte de dialogue vous permet de choisir l'emplacement du fichier que vous pourrez partager par e-mail ou par tout autre moyen à votre convenance.

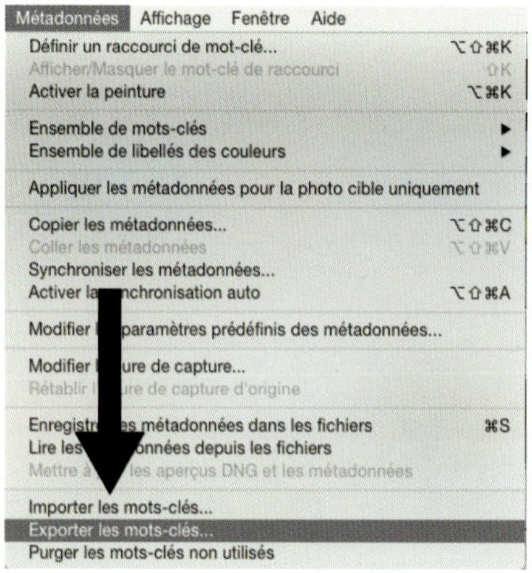

Étape 19

La liste de mots-clés est un fichier texte (extension « .txt », encodage Unicode UTF-8) reprenant la hiérarchie des mots-clés (tabulations) et les synonymes (entre accolades).

Pour importer une liste de mots-clés dans Lightroom, allez dans le menu **Métadonnées>Importer les mots-clés**.

Vous pouvez également faire un peu de ménage dans vos mots-clés en supprimant ceux qui ne sont pas utilisés. Pour cela, allez dans le menu **Métadonnées>Purger les mots-clés non utilisés**.

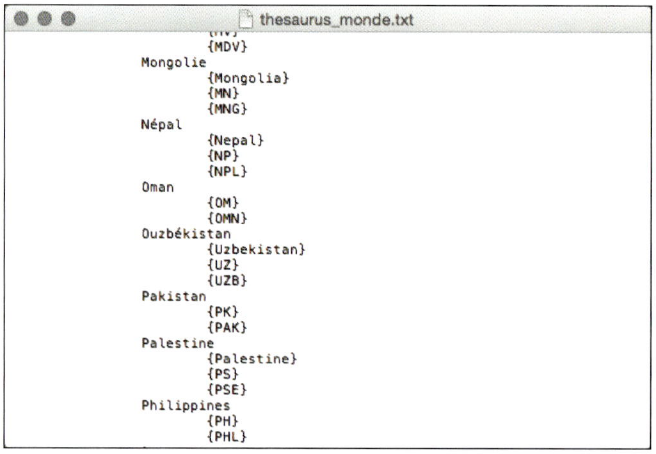

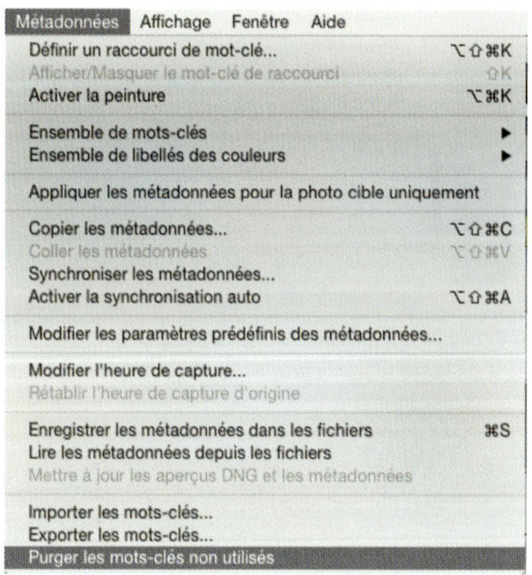

16 Les métadonnées

Les métadonnées sont indissociables des images, elles représentent à elles seules une somme de travail importante et constituent une valeur ajoutée aux photos.
Lightroom est doté d'outils complets dédiés aux métadonnées, dont la complexité apparente mérite une présentation plus claire. Il ne s'agit pas ici de décrire ces outils en détail, mais de vous les présenter et de définir leur rôle. Nous aborderons également les conflits de métadonnées et la compatibilité avec Bridge, le gestionnaire de fichiers livré avec Photoshop.

Étape 1

Le panneau Métadonnées se situe dans le module Bibliothèque, sur le côté droit. Vous trouverez à gauche du mot « Métadonnées » une liste déroulante pour reconfigurer le panneau en fonction du type ou du groupe de métadonnées.
Le réglage « Par défaut » regroupe les informations essentielles pour un usage routinier : nom et emplacement de l'image sélectionnée, état de mise à jour des métadonnées, champs IPTC de description et de copyright, note et libellé de couleur, données EXIF (matériel de prise de vue, paramètres d'exposition, coordonnées GPS).

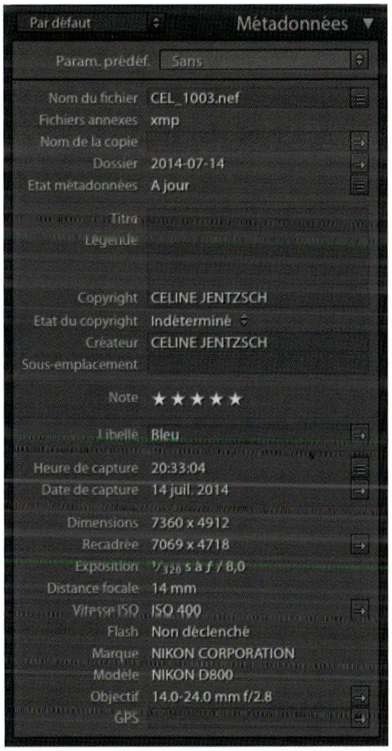

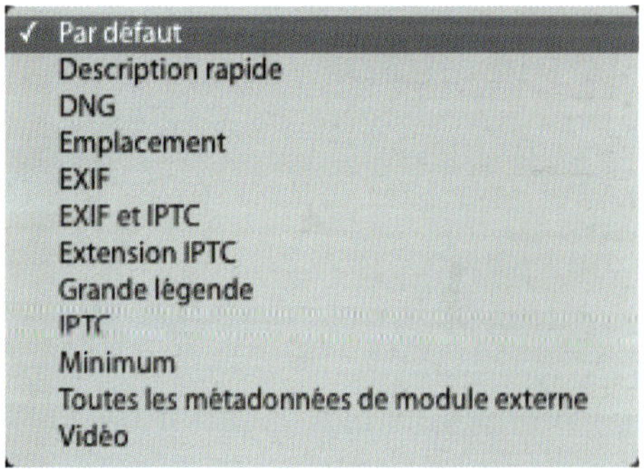

Étape 2

Les métadonnées se divisent en trois groupes principaux : les données EXIF *(Exchangeable Image file Format)*, qui sont générées par le matériel de prise de vue, y compris la date et l'heure, les données IPTC Core *(International Press Telecommunications Council)* pour la description des images et Extension IPTC, fournissant des champs supplémentaires de description de contenu et d'administration des photos. Le standard IPTC remonte aux années 1960-1970 et a été développé par la presse pour faciliter l'échange de données.

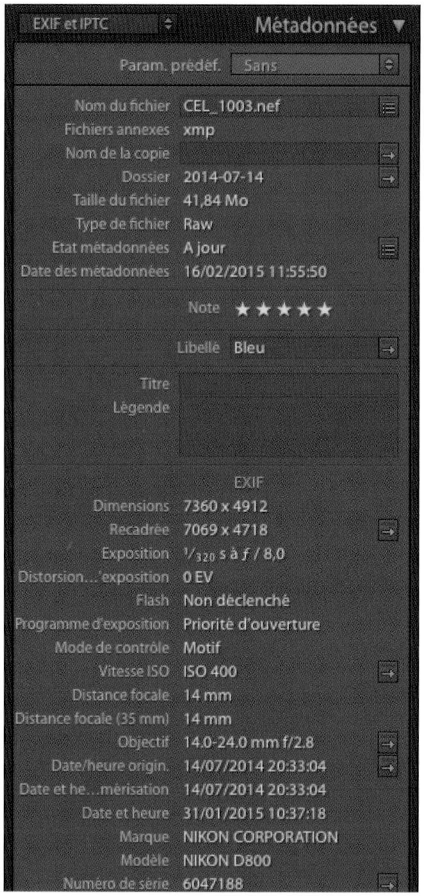

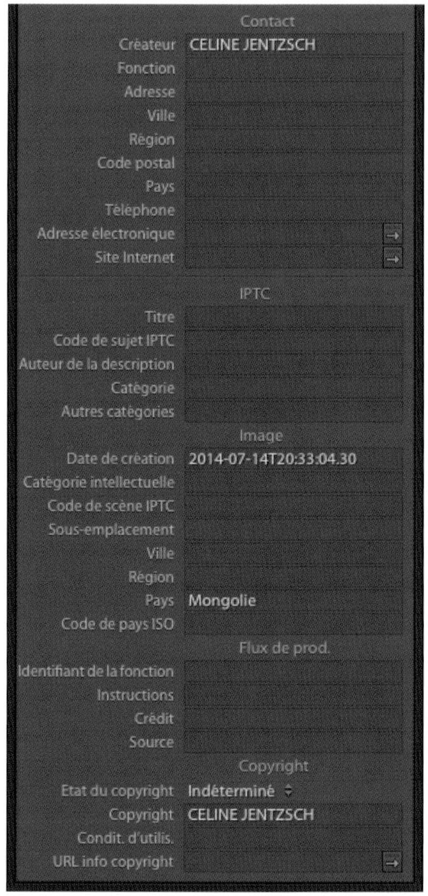

Étape 3

Les groupes « Description rapide » et Minimum, comme leurs noms l'indiquent, affichent les informations minimales : nom, emplacement, note, heure de capture, modèle d'appareil photo, champs IPTC de légende et copyright pour le premier, nom de fichier, note, légende et copyright pour le second.

Vous pouvez les utiliser comme référence si vous travaillez, par exemple, sur un portable doté d'un petit écran.

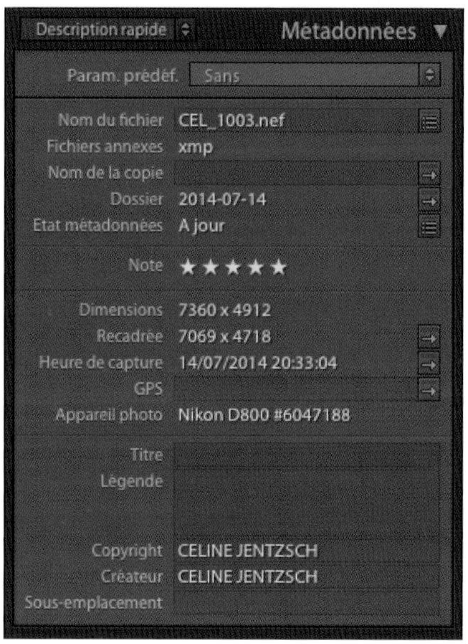

Étape 4

Dans la section « Par défaut » (et celles qui les affichent), les informations liées au fichier sélectionné se décomposent ainsi :

- « Nom du fichier » : pour modifier le nom de l'image, et le faire par lots en cliquant sur l'icône de droite ;
- « Fichiers annexes » : signale un fichier annexe au format XMP lié à l'image sélectionnée ;
- « Nom de la copie » : contient le nom d'une copie virtuelle, mais ne remplace pas celui du fichier original.

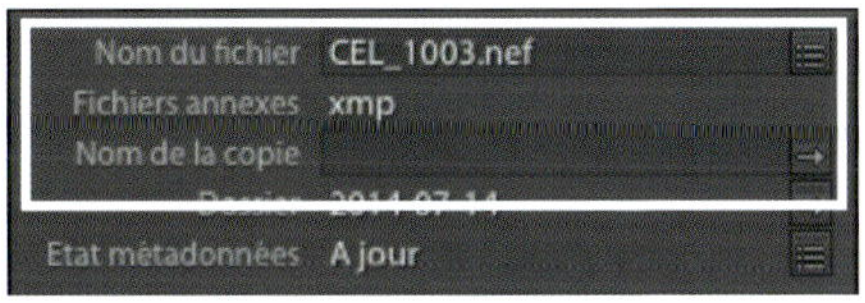

Étape 5

Autres informations indiquées :

- Dossier : signale le dossier de stockage de l'image sélectionnée – on peut s'y rendre directement en cliquant à droite, sur le bouton pourvu d'une flèche ;
- « État métadonnées » : indique le statut des métadonnées et les conflits éventuels, et permet leur résolution via un clic sur l'icône de droite (voir l'étape 6).

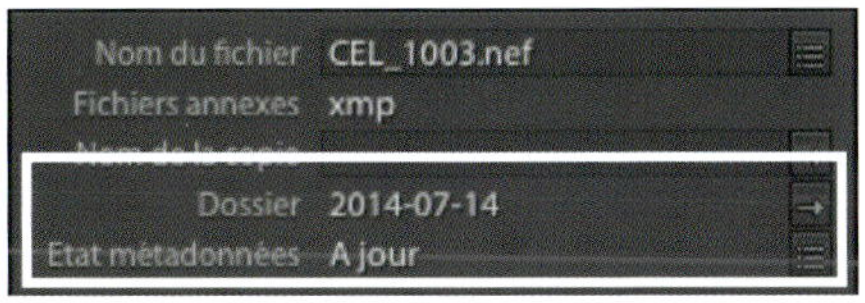

Étape 6

Les vignettes peuvent afficher l'état des métadonnées sous forme d'icônes :

- « A été modifié » (↓) : les métadonnées du fichier ne sont pas à jour après une modification dans Lightroom – cliquer sur la flèche ouvre une fenêtre d'enregistrement ;
- « Modifié sur le disque » (↑) : des modifications Camera Raw n'ont pas été enregistrées dans Lightroom (voir l'étape 7) ;
- « Conflit détecté » (!) : signale une erreur d'enregistrement des métadonnées, si la photo a été modifiée à la fois dans Lightroom et dans Camera Raw (voir l'étape 7).

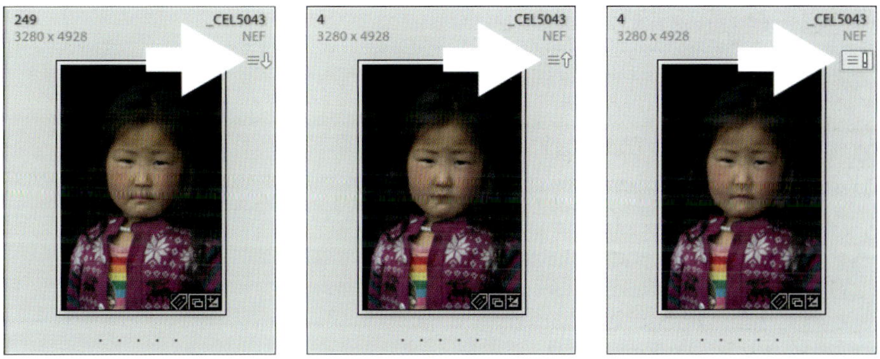

Étape 7

En cas de conflit détecté (!) ou de modification sur le disque (↑), cliquez sur l'icône dans la vignette. La fenêtre affiche :

- « Importer les paramètres depuis le disque » applique métadonnées et réglages faits dans Camera Raw ou Bridge ;
- « Écraser les paramètres » restaure métadonnées et réglages à partir des informations enregistrées dans le catalogue Lightroom (voir conclusion).

En cas de modification non enregistrée (↓), une autre fenêtre propose d'enregistrer les métadonnées dans le catalogue.

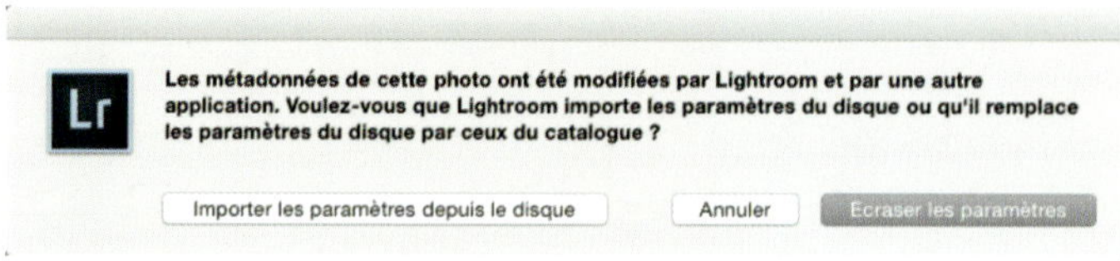

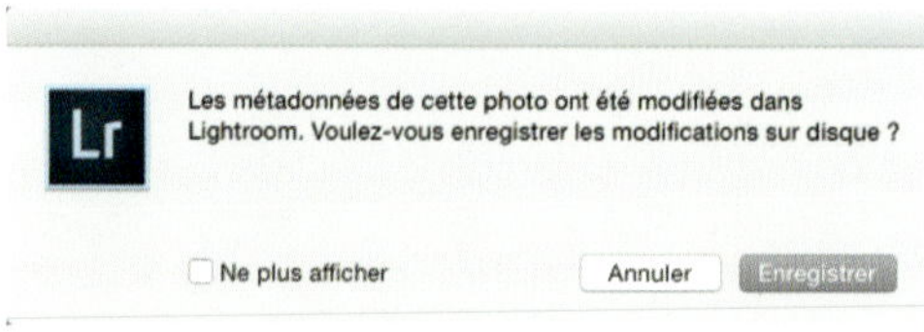

Étape 8

Le « Filtre de bibliothèque » offre de filtrer et regrouper les images affectées par les conflits de métadonnées selon les critères de l'étape 6. Allez dans le **Filtre de bibliothèque>État métadonnées** ou créez une collection dynamique avec le même critère. Vous aurez, dans ce cas, l'avantage de disposer d'une analyse permanente du catalogue et d'un regroupement automatique de toute nouvelle image affectée.

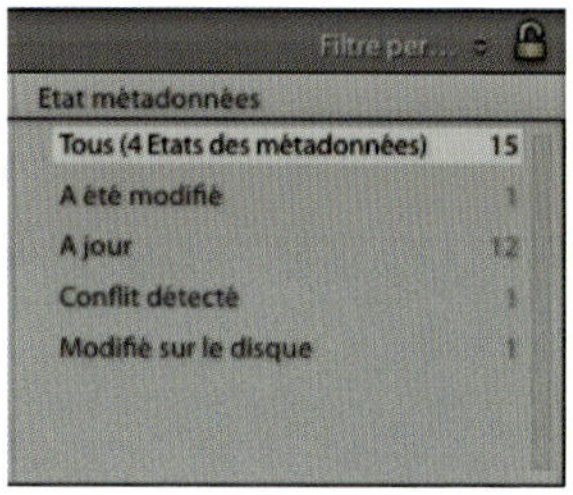

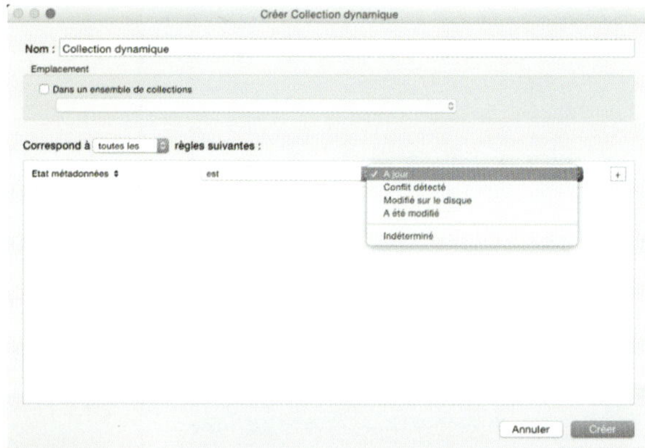

Étape 9

Les champs de la section IPTC permettent de saisir les informations suivantes :

- Contact : coordonnées du photographe (y compris e-mail et site web) ;
- Contenu : description visuelle du contenu de l'image, code de sujet IPTC, catégories ;
- Image : description informelle de l'image avec la catégorie intellectuelle, les codes de scène et le lieu de prise de vue ;
- État et Copyright : données liées au flux de travail et aux droits de l'image.

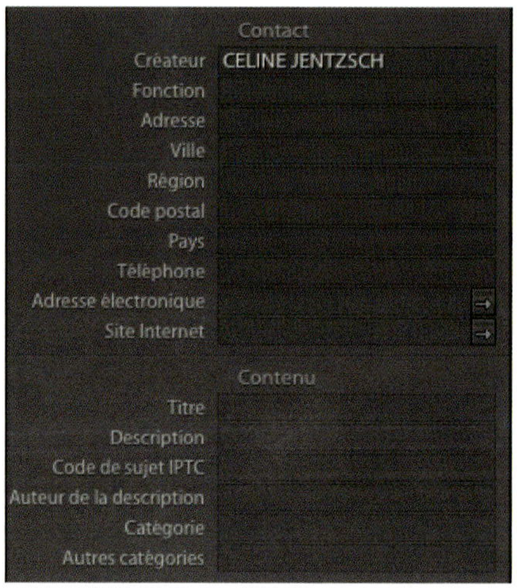

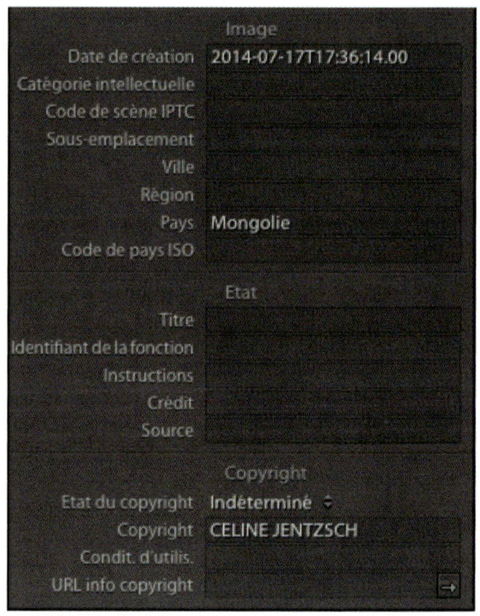

Étape 10

Les champs « Extension IPTC » s'adressent plus particulièrement aux professionnels. Définis et introduits en 2010, ils permettent de décrire les personnes, les biens et les organisations figurant sur les images. On trouvera également des champs réservés à la description d'œuvres d'art photographiées et les droits associés, des informations liées aux modèles (âge, droits) ainsi que des informations d'ordre administratif.

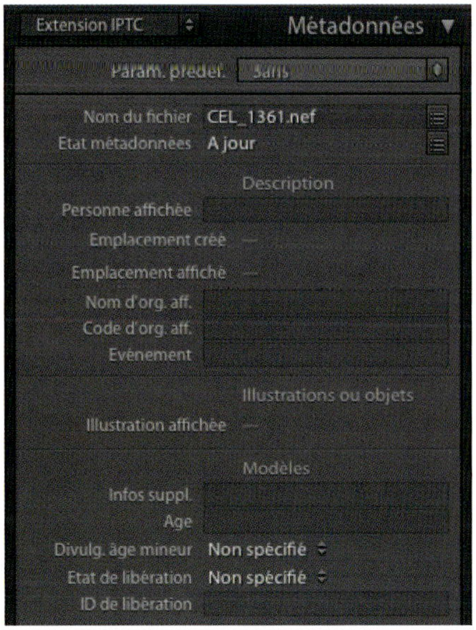

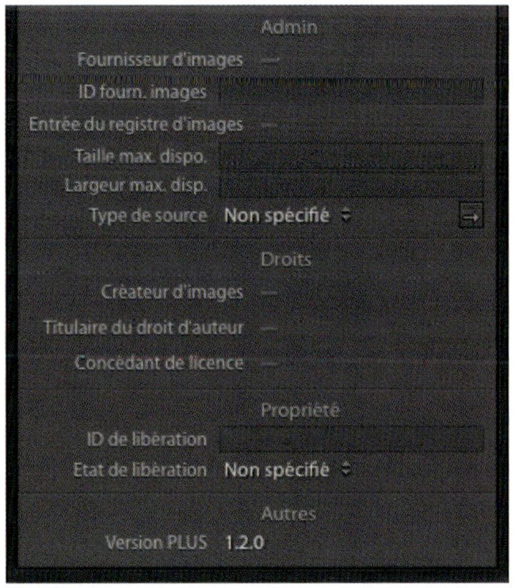

Étape 11

Dans Lightroom, vous pouvez appliquer un libellé de couleur aux images par un clic droit dans le petit pavé en bas à droite de la vignette et en sélectionnant une couleur, ou à l'aide de la bombe de peinture. Les libellés distingueront les images répondant à vos critères, comme le vert pour les séries de panoramiques, le bleu pour les images imprimées, le rouge pour tel ou tel client, etc.

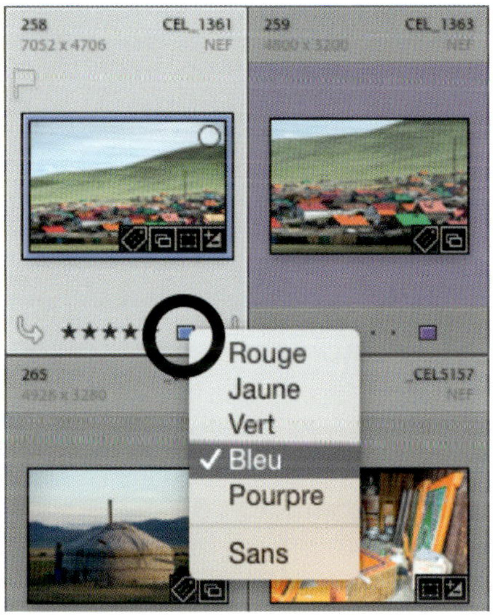

Étape 12

Lorsqu'un libellé de couleur est appliqué à une image, cette dernière est identifiable de deux manières :

- image non sélectionnée : son cadre prend la couleur du libellé attribué ;
- image sélectionnée : la photo est pourvue d'un cadre de la couleur du libellé attribué, et un pavé coloré apparaît dans le coin inférieur droit.

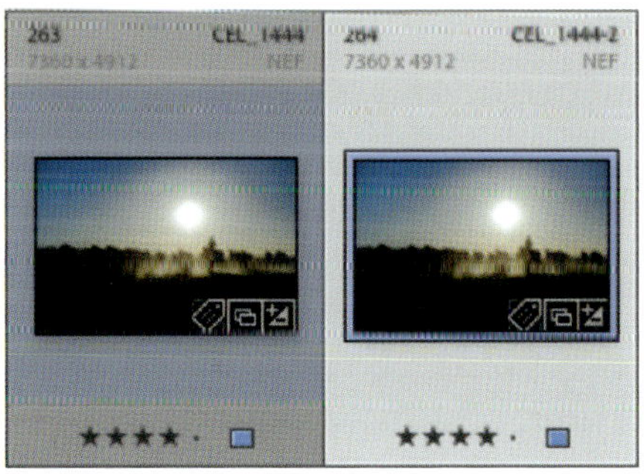

Remarque : vous pouvez modifier l'intensité des couleurs du cadre de la vignette : **clic droit>Options d'affichage>Mode Grille> Options**.

Étape 13

Il est possible de créer des jeux de libellés de couleur personnalisés, sous forme de paramètres prédéfinis, en allant, depuis le module Bibliothèque, dans le menu **Métadonnées>Ensemble de libellés des couleurs>Modifier**. Il suffira de saisir un nom pour chaque libellé de couleur et d'enregistrer le jeu sous forme de paramètre prédéfini. Vous pourrez à tout instant modifier vos réglages, les supprimer ou ajouter des jeux de libellés.

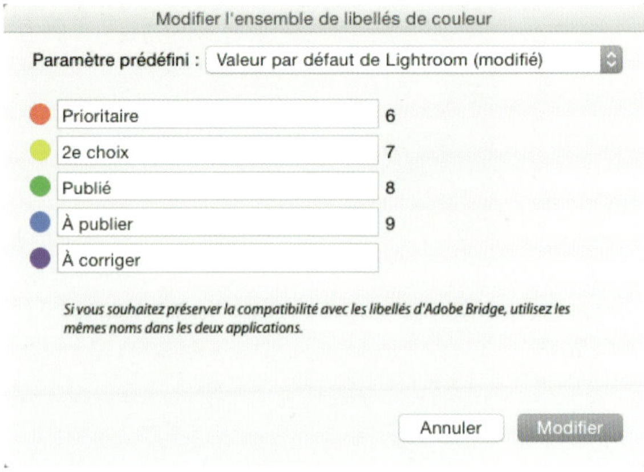

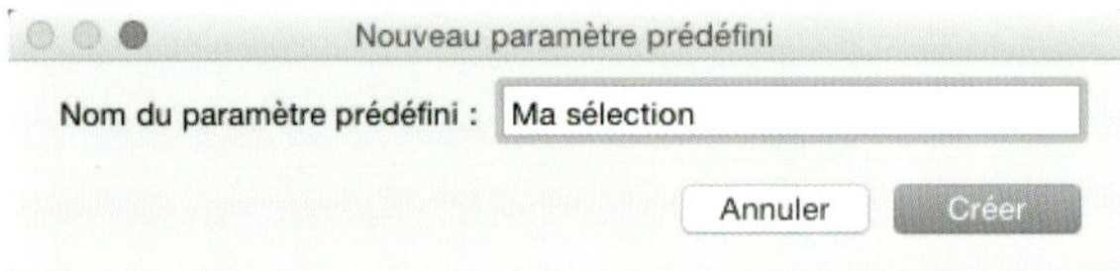

Étape 14

Lightroom est livré avec trois jeux de libellés de couleur :

- « État de la révision » : jeu d'instructions défini par la destination des images (retouche, impression, bon pour l'utilisation, etc.) ;
- « Valeurs par défaut de Bridge » : reprend les instructions telles qu'elles sont définies par défaut dans Bridge ;
- « Valeurs par défaut de Lightroom » : instructions définies en tant que réglage par défaut pour Lightroom.

Étape 15

Si vous utilisez également Bridge dans votre flux de travail, les images telles qu'elles apparaissent dans Lightroom, avec les corrections et le traitement, apparaîtront de la même manière dans Bridge à condition que les versions de Lightroom et de Camera Raw soient à jour (les mises à jour sont parallèles). Les informations saisies dans les champs de métadonnées apparaîtront dans Bridge, ainsi que la notation et les libellés de couleur – à condition que les libellés portent le même nom dans les deux programmes.

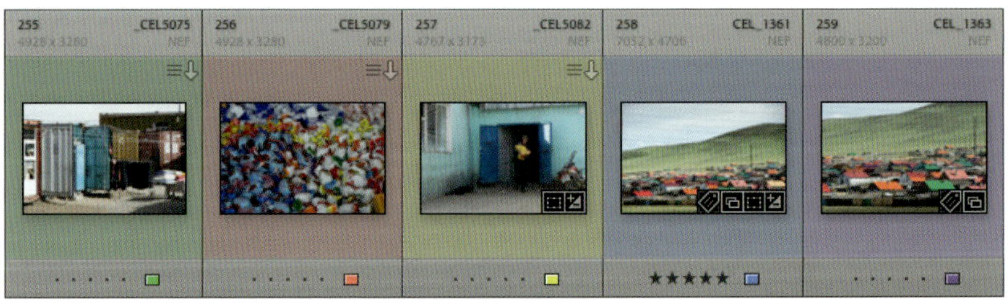

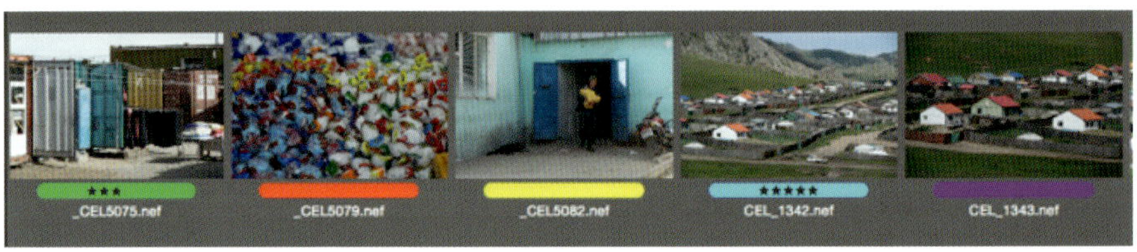

Étape 16

Il existe deux autres libellés de couleur :

- gris : aucun libellé n'a été attribué à l'image ;
- blanc : il y a conflit de libellé (cas typique d'une image venant d'une autre session de Lightroom ou Bridge où les libellés n'ont pas la même signification – voir étape 15).

Pour régler les conflits de libellés, affichez les images à libellé blanc en cliquant sur le pavé blanc du « Film fixe » ou dans la section Attribut du « Filtre de bibliothèque ».

Étape 17

Une astuce à connaître sur le bout des doigts concerne l'affichage des métadonnées lorsque plusieurs photos sont sélectionnées : la plupart des champs présenteront le mot « <mixte> ». Si vous voulez voir uniquement les métadonnées de la photo active (avec le cadre gris très clair), allez dans le menu Métadonnées et activez la commande « Appliquer les métadonnées pour la photo cible uniquement ».

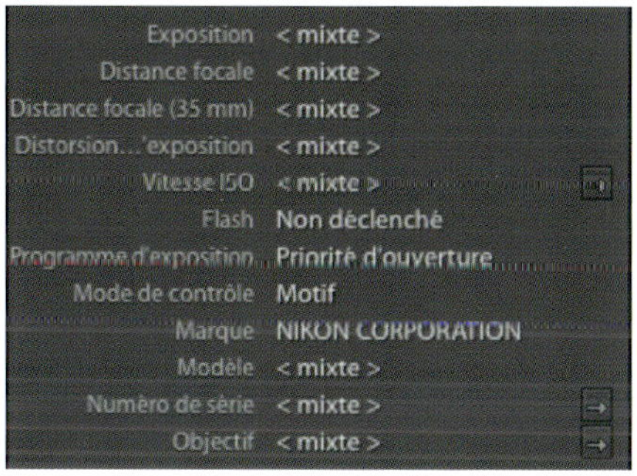

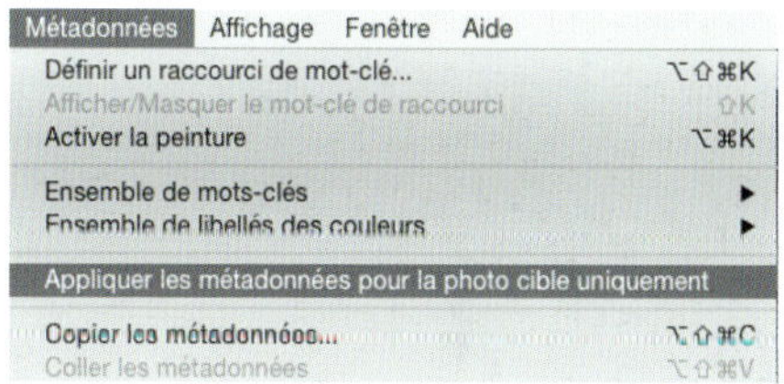

Étape 18

En revanche, si plusieurs photos ont été sélectionnées dans le « Film fixe » alors que vous êtes en mode Loupe, Comparaison ou Ensemble, le panneau Métadonnées n'affichera que les informations de la photo active, et vous ne verrez pas le terme « <mixte> » dans les champs de métadonnées.

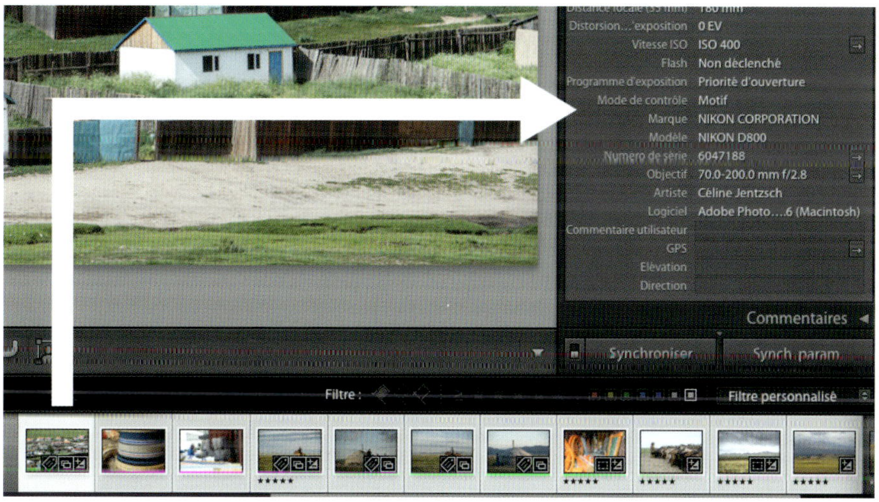

> **Conclusion** : si vous devez mettre à jour les métadonnées d'un fichier, notamment lors d'un conflit, la référence reste le catalogue, considéré comme une source plus sûre et sécurisée, moins sensible à la corruption qu'un fichier individuel susceptible de voyager d'un support ou d'un ordinateur à l'autre. Le panneau Métadonnées propose également un affichage spécifique à la gestion des fichiers DNG (exercice 24) et des vidéos (exercice 25).

17 Le « Filtre de bibliothèque »

Le « Filtre de bibliothèque » permet de rechercher des images, d'abord en sélectionnant une source (catalogue, dossiers, collections), puis en les filtrant avec un certain nombre de critères, le résultat s'affichant en mode Grille. Moins puissant et offrant beaucoup moins de critères que les collections dynamiques, il servira principalement à des opérations de filtrage ponctuelles en cours de travail dans Lightroom, avec un accès facilité notamment dans la liste des filtres du « Film fixe ».
Bien entendu, le filtrage ne se cantonne pas à l'affichage, mais permet de créer des collections à la volée, comme vous le verrez dans cet exercice.

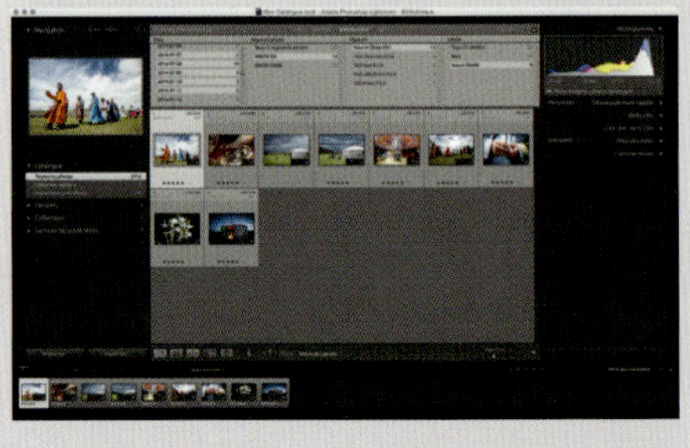

Étape 1

La barre du « Filtre de bibliothèque » est au-dessus de la grille. Pour la révéler ou la masquer, appuyez sur la touche $ (un message d'avertissement s'affiche si vous la masquez).

Le filtre est divisé en trois sections : Texte (pour la recherche basée sur de la saisie de texte), Attribut (marqueurs de tri, notes, libellés de couleur, etc.), et enfin Métadonnées, qui permet de filtrer en combinant un certain nombre de critères.

Pour afficher les trois sections en même temps, cliquez sur Texte, Attribut et Métadonnées, en maintenant la touche Maj enfoncée. Pour désactiver le filtre, cliquez sur Sans.

Étape 2

La section Texte contient un menu sur le type de texte qu'on recherche : nom d'un fichier, mots-clés, champs IPTC, éventuellement informations liées à des modules externes. Le deuxième menu contient des critères sur le contenu, complet ou partiel, des textes ou des mots saisis dans le champ à droite. Pour effacer le contenu du champ de saisie, cliquez sur la croix à droite.

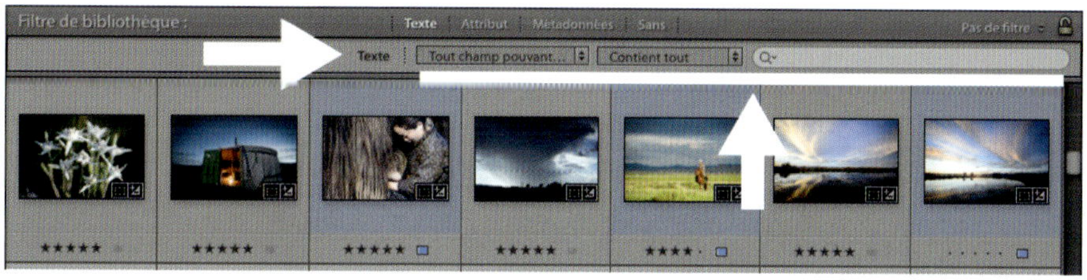

Étape 3

La section Attribut est la recopie des filtres situés dans le « Film fixe » (marqueurs, notes, etc.). Toute sélection dans l'un apparaît dans l'autre. Tout à droite, les icônes Type permettent de filtrer successivement l'affichage de photos principales, de copies virtuelles ou de vidéos. Bien sûr, vous pouvez les combiner à votre guise.

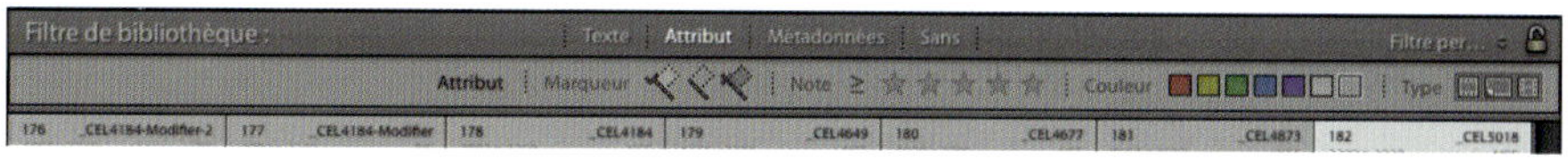

Étape 4

La section Métadonnées présente quatre colonnes par défaut, huit au maximum ; le nombre dépend du filtre choisi, d'origine ou personnalisé (menu en haut à droite, près du cadenas). Dans chaque têtière, choisissez, à gauche, un critère (date, type de fichier, etc.). À droite (une icône apparaît via le pointeur de la souris), un menu contextuel permet de gérer les colonnes (ajouter, supprimer) et le mode d'affichage au cas par cas (hiérarchie, brut, ordre, etc.).

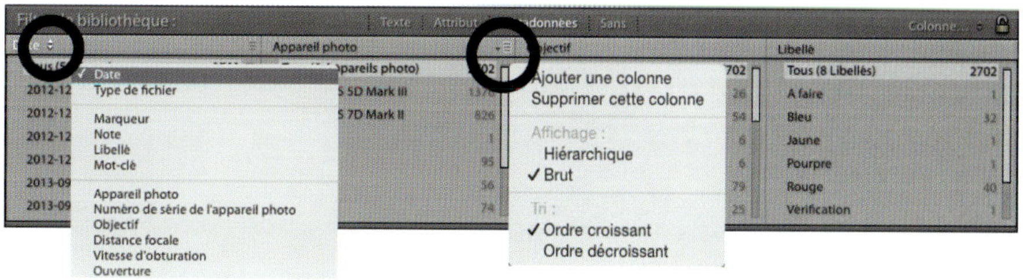

Étape 5

Nous allons passer à la pratique et créer une collection à partir d'images filtrées sur des mots-clés et marquées « Retenue » (fanion blanc). Avant, voyons le fonctionnement du filtre avec les cas **et**, **ou**, **sans**. Sélectionnez, dans le panneau Catalogue, « Toutes les photos » pour une recherche globale, puis activez le Filtre en cliquant sur Texte.

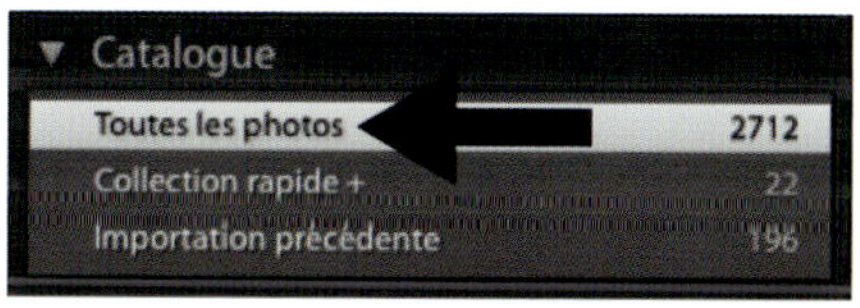

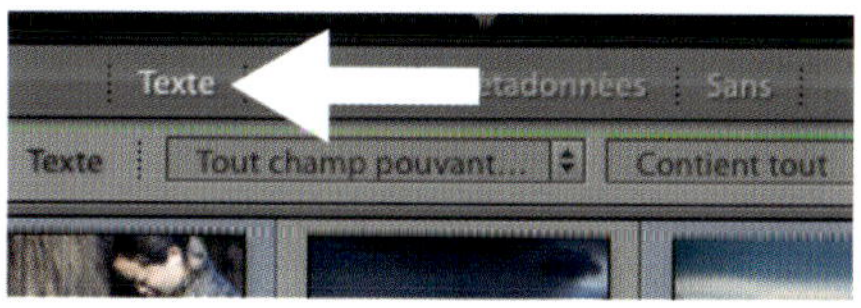

Étape 6

Premier cas (**et**) : dans le premier menu, on choisit Mots-clés puis, dans le suivant, « Contient tout ». On saisit « paysage » et « yourte », espacés par une virgule, puis on appuie sur la touche Entrée pour valider. Aussitôt, Lightroom regroupe et affiche toutes les images contenant les mots-clés « paysage » **et** « yourte ».

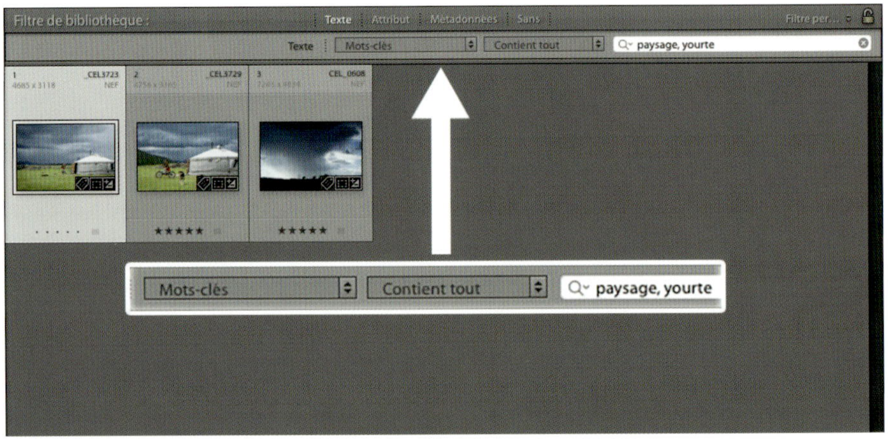

Étape 7

Deuxième cas (**ou**) : on choisit Mots-clés, puis Contient, et les mots-clés « paysage » et « yourte », toujours séparés par une virgule. Après validation, Lightroom affiche toutes les images contenant les mots-clés « paysage » **ou** « yourte ». La nuance est importante, car on regroupe ici des images contenant l'un **ou** l'autre de ces mots-clés.

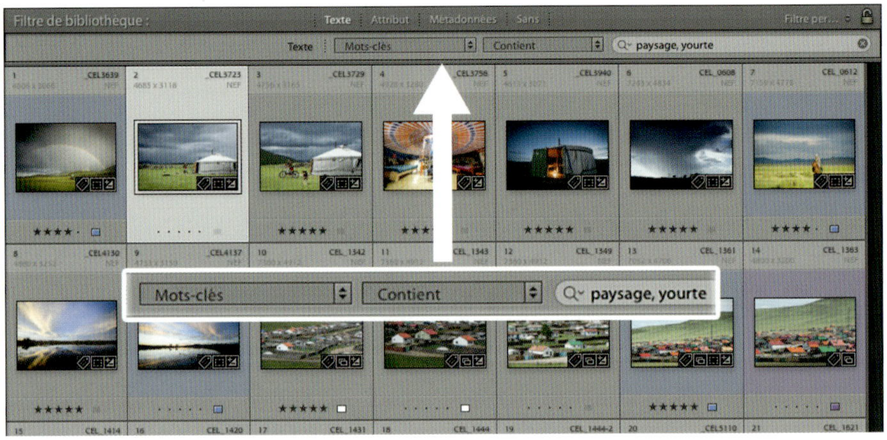

Étape 8

Troisième cas (**sans**) : on veut regrouper toutes les images **sans** le mot-clé « paysage » et **sans** le mot-clé « yourte ». Il suffit de choisir le critère « Ne contient pas » dans le menu déroulant adéquat.

Vous pouvez constater qu'avec ces trois cas, vous disposez de toutes les bases nécessaires pour un filtrage efficace de vos images.

Étape 9

Pour créer la collection basée sur les mots-clés « paysage » et « yourte », mais uniquement les images notées 5 étoiles, sélectionnez le catalogue, ou les dossiers contenant les images, saisissez les mots-clés avec les critères de l'étape 7, cliquez sur la section Attribut du filtre, puis activez les 5 étoiles. Sélectionnez toutes les photos (Ctrl/Cmd + A) affichées après le filtrage, puis créez une collection rapide afin de regrouper ces images dans une collection (exercice 12, étapes 7 et 8).

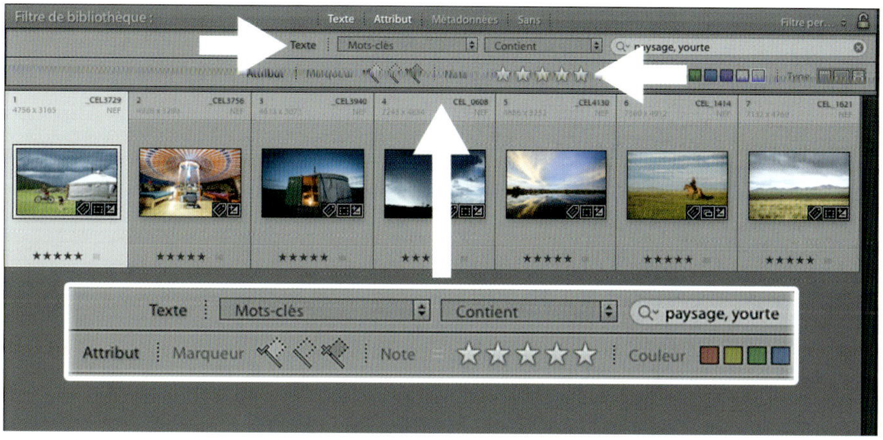

Étape 10

Créons un filtre personnalisé regroupant les images prises à haute sensibilité pour un traitement ultérieur. Pour éviter toute erreur, commencez par désactiver tout filtrage en cours (Ctrl/Cmd + L). Sélectionnez « Toutes les photos » dans le panneau Catalogue ou sélectionnez un dossier puis, dans le « Filtre de bibliothèque », cliquez sur Métadonnées. Le filtre affichant trop de colonnes (il en faut seulement deux), cliquez droit à l'extrémité droite de l'en-tête de l'une d'elles et sélectionnez « Supprimer cette colonne » dans le menu contextuel. Répétez l'opération jusqu'à ce qu'il n'en reste que deux.

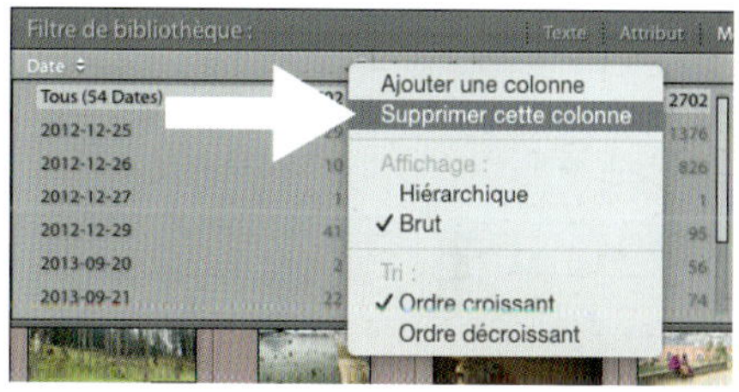

Étape 11

Dans la colonne de gauche, cliquez sur le mot affiché côté gauche de l'en-tête pour accéder à la liste des critères, puis choisissez « Appareil photo ». Une liste des appareils que vous avez utilisés apparaît dans la colonne avec, à droite, le nombre de photos correspondantes. Sélectionnez le boîtier à retenir.

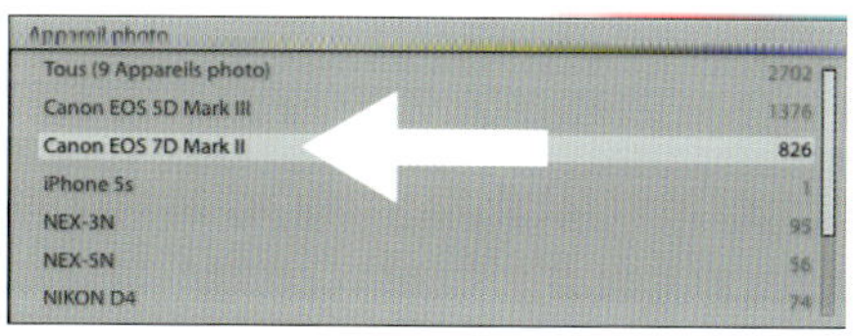

> **Remarque** : si vous possédez plusieurs exemplaires du même appareil, vous pouvez utiliser le numéro de série pour filtrer les images. Sélectionnez un ou plusieurs appareils avec Ctrl/Cmd + clic.

Étape 12

Dans la colonne de droite, sélectionnez le critère « Vitesse ISO ». Dans notre exemple, nous avons choisi de ne traiter que les images prises entre 3 200 et 6 400 ISO.
En maintenant la touche Ctrl/Cmd enfoncée, cliquez sur toutes les sensibilités concernées pour les activer.

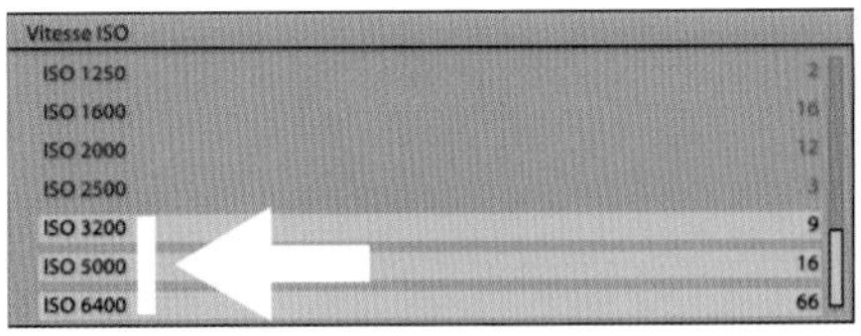

Étape 13

Pour enregistrer le filtre, retournez dans la barre du « Filtre de bibliothèque », en haut à droite, et déroulez le menu situé près du petit cadenas. Choisissez « Enregistrer les paramètres actuels en tant que nouveau paramètre prédéfini », puis, dans la boîte de dialogue, saisissez le nom du filtre, par exemple « 7D2 – ISO 3200 à 6400 ».
Validez votre choix en cliquant sur Créer.
Là encore, vous pouvez créer une collection en suivant la méthode expliquée dans l'étape 9.

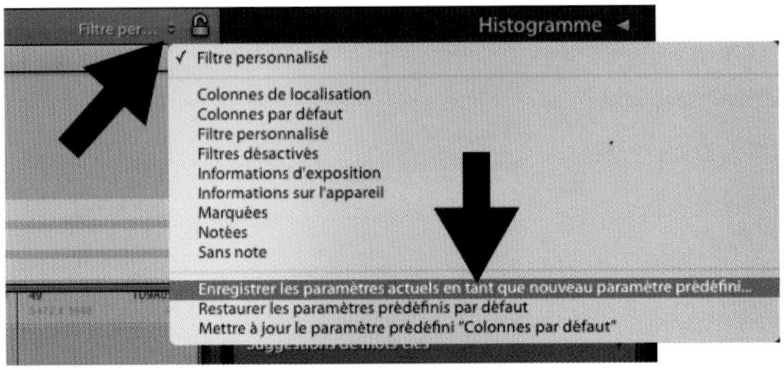

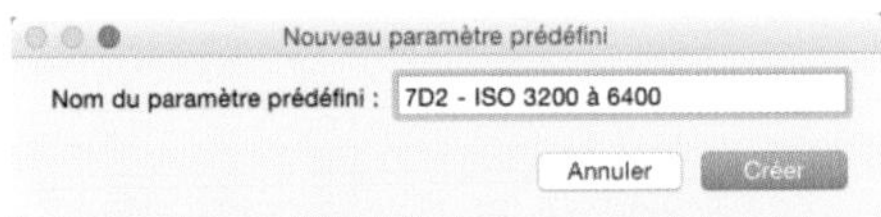

Étape 14

Au bout d'un certain temps, lorsque vous aurez engrangé de nouvelles images, vous pourrez parcourir votre catalogue et vos dossiers en sélectionnant ce filtre, soit dans la liste déroulante de la barre du « Filtre de bibliothèque », en haut à droite, soit, de manière bien plus pratique, dans la même liste dupliquée en bas à droite, dans le « Film fixe ».

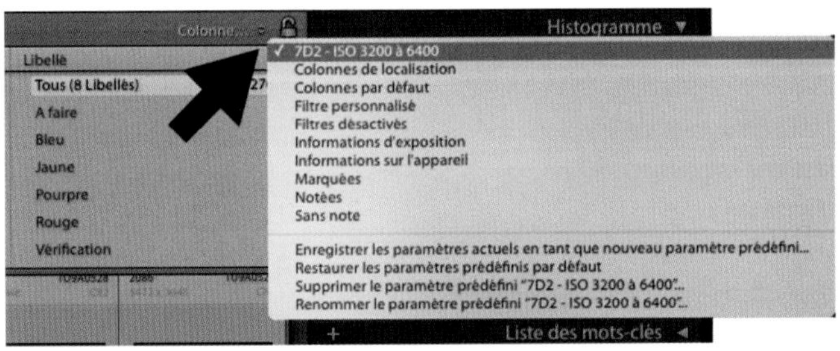

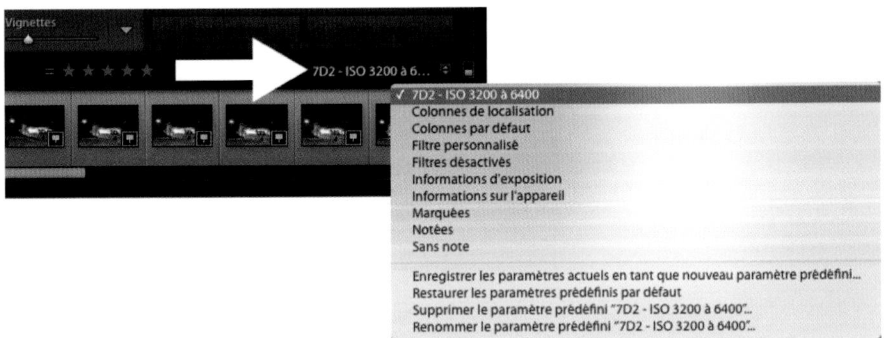

Étape 15

En recherchant des photos répondant à un critère précis, le filtre sera réinitialisé en passant d'un dossier à l'autre. Pour que le filtre soit permanent d'un dossier à l'autre, verrouillez le petit cadenas, en haut à droite. Même dans ce cas, vous pouvez mémoriser les réglages de filtres par dossiers en allant dans le menu **Fichier>Filtres de bibliothèque** et en cochant « Mémoriser le filtre de chaque source séparément ».

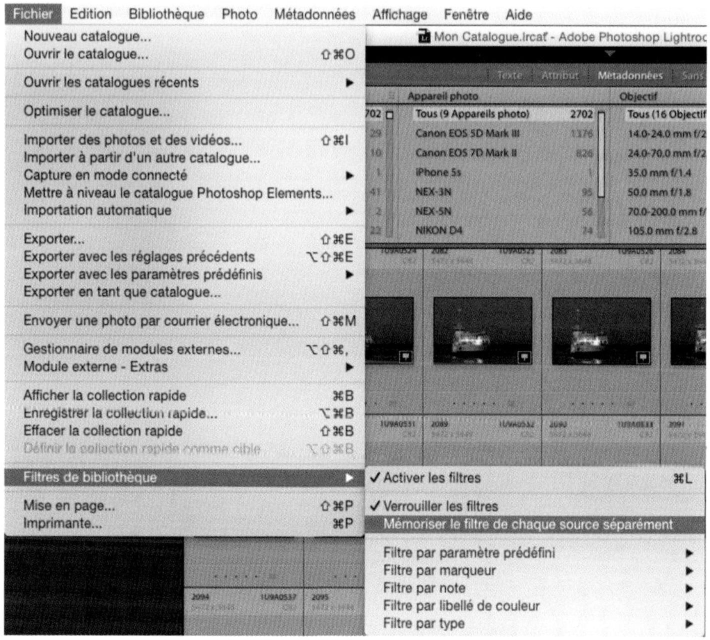

Remarque : cet exercice s'applique à bien d'autres besoins : regroupement d'images en fonction du type d'objectif, exportation ou non vers une galerie web, coordonnées GPS ou lieu de prise de vue notés dans les champs IPTC... Les possibilités sont multiples et suffisamment souples d'emploi pour s'adapter à vos méthodes de travail.

Utilisez les filtres à partir du « Film fixe », plus pratique que la barre du « Filtre de bibliothèque » car disponible dans tous les modules. Utilisez le cadenas pour verrouiller un filtre lors d'une recherche dans plusieurs dossiers. Après les opérations de filtrage, déverrouillez le cadenas et réinitialisez les filtres en cours.

18 Créer un modèle de copyright

Les métadonnées font partie intégrante de la gestion des images, y compris la protection de la propriété intellectuelle et commerciale. Nous allons passer ici à une application concrète et même obligatoire : la création d'un modèle de copyright que vous appliquerez systématiquement à toutes vos images lors de l'importation, de même qu'aux photos que vous exporterez et diffuserez. Votre nom, vos coordonnées, votre adresse e-mail et celle de votre site web seront joints à vos images, vous définirez aussi au cas par cas les droits de diffusion et le cadre d'utilisation de vos photos.

Étape 1

Pour créer un modèle de copyright, allez dans le panneau Métadonnées du module Bibliothèque. Vous y trouverez un menu déroulant « Param. prédéf. » : sélectionnez « Modifiez les paramètres prédéfinis... ». Une boîte de dialogue s'affiche, vous permettant de saisir de nombreuses informations. Si une image contenant déjà des champs IPTC renseignés a été sélectionnée au préalable, vous devrez tout effacer avant d'écrire (l'enregistrement ne supprimera pas les données de cette image).

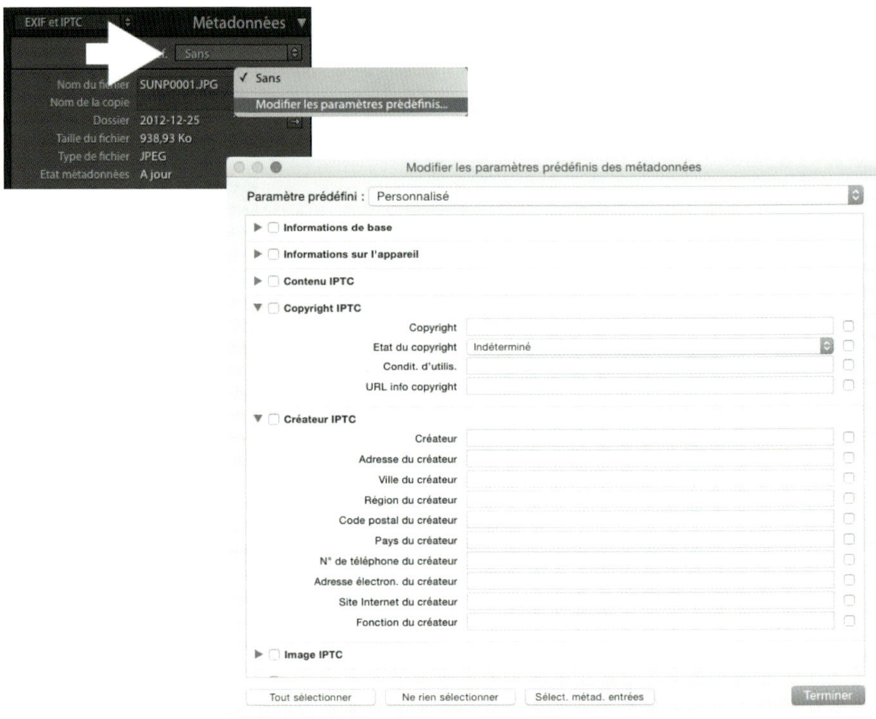

Remarque : vous pouvez également accéder à la même fenêtre dans le menu Importer, panneau **Appliquer pendant l'importation>Métadonnées**.

Étape 2

Dans la section « Copyright IPTC », remplissez successivement les champs :

- Copyright : saisissez une formule simple comme « © + prénom + nom + année en cours » ;
- « État du copyright » : sélectionnez « Protégé par un copyright » dans la liste ;
- « Condit. d'utilis. » : saisissez un texte succinct décrivant les conditions exactes d'utilisation de vos images, comme « Photos utilisables uniquement dans le cadre des exercices Lightroom » ;
- « URL info copyright » : si possible, saisissez un lien vers une page web contenant des informations liées à votre activité de photographe et à vos références.

Étape 3

Il est tout aussi important d'enregistrer vos coordonnées dans la section « Créateur IPTC ». Vous y mettrez votre nom, votre adresse exacte ainsi qu'un numéro de téléphone, une adresse e-mail et éventuellement l'URL de votre site web.

Étape 4

Vérifiez le reste du panneau pour voir s'il n'y a pas d'autres informations oubliées qui ne doivent pas y figurer. Les champs saisis sont automatiquement activés lorsqu'ils sont remplis (les cases sont cochées).

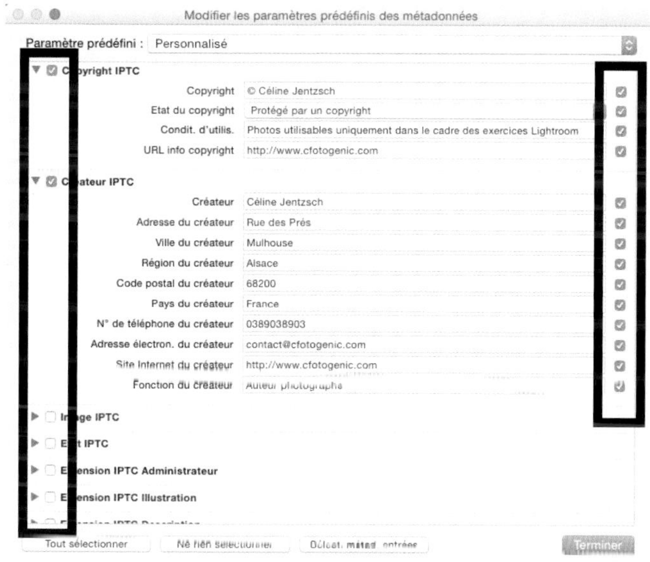

Étape 5

Retournez en haut de la fenêtre et choisissez « Enregistrer les paramètres actuels en tant que nouveau paramètre prédéfini » dans la liste déroulante « Paramètre prédéfini ». Une nouvelle fenêtre va s'afficher vous invitant à nommer le modèle de copyright, le plus simple étant de reprendre © + prénom + nom + année en cours. Pour obtenir le symbole copyright :

- Mac : touches Alt + C
- PC : touches Alt + 0 + 1 + 6 + 9

Validez en cliquant sur Créer, puis quittez la fenêtre en cliquant sur Terminer.

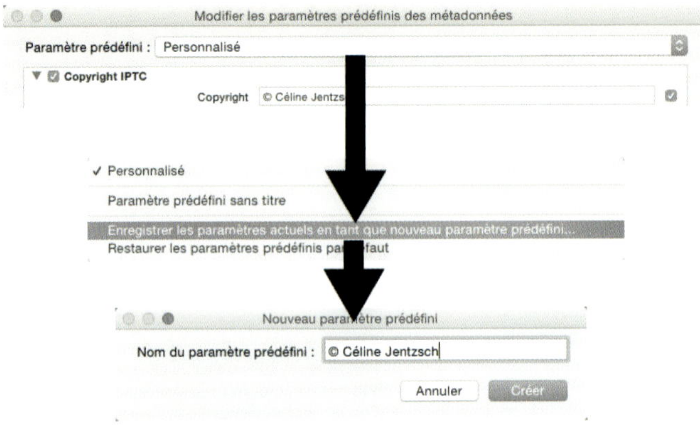

Étape 6

Il y a quatre façons d'appliquer le modèle de copyright aux images déjà présentes dans le catalogue : application, synchronisation, copier/coller, outil Peinture.

Pour l'application directe, sélectionnez une série d'images puis, dans le menu déroulant « Param. prédéf. » du panneau Métadonnées, choisissez le modèle que vous venez de créer. Une fenêtre de dialogue va s'afficher : cliquez sur le bouton « Toutes les photos sélectionnées ».

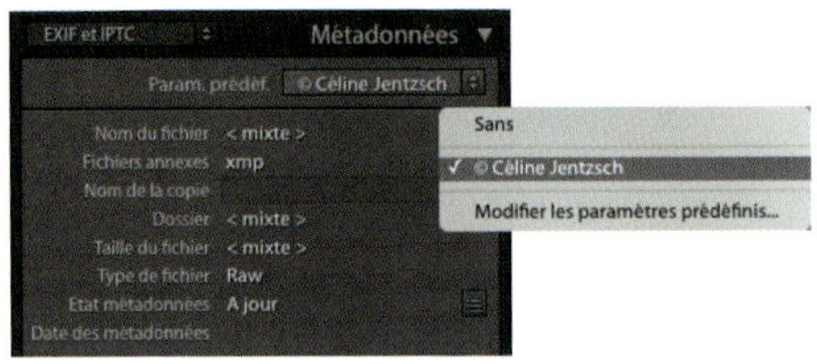

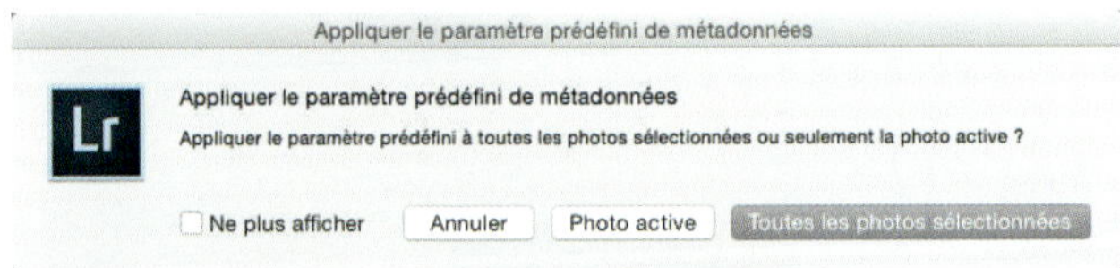

Étape 7

Pour la synchronisation, sélectionnez une image qui contient déjà le modèle de copyright, puis une série d'autres images en faisant Maj + clic ou Ctrl/Cmd + clic. Cliquez sur le bouton « Synch. métad. » situé sous le panneau Métadonnées.

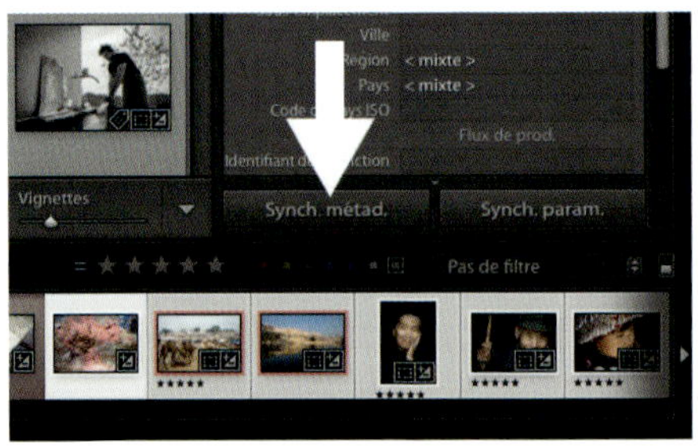

Étape 8

Dans la boîte de dialogue qui s'affiche, assurez-vous que les Informations de contact et de copyright sont bien cochées, puis cliquez sur le bouton Synchroniser. Il existe également un mode de synchronisation automatique, que l'on peut activer dans le menu **Métadonnées>Activer la synchronisation auto** (après avoir sélectionné une image source et une image de destination).

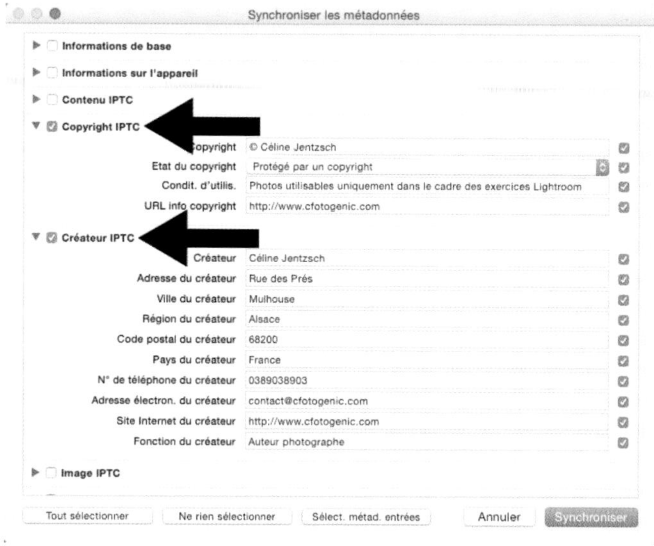

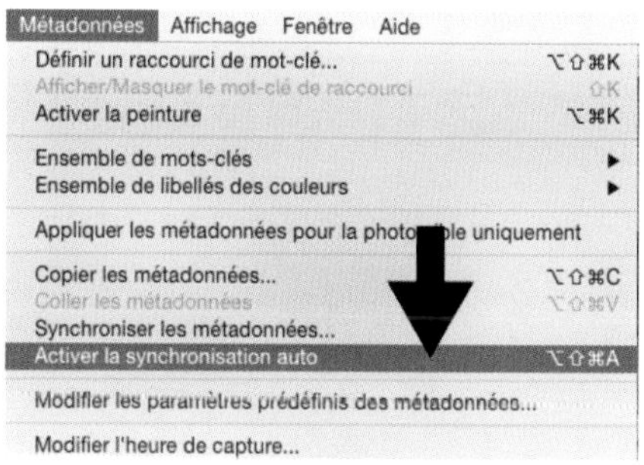

Étape 9

Le copier/coller est tout aussi efficace. Sélectionnez l'image contenant le modèle de copyright, puis allez dans le menu **Métadonnées>Copier les métadonnées** du module Bibliothèque. Cochez les informations à copier/coller (comme dans l'étape 8), puis cliquez sur Copier. Retournez dans la grille, sélectionnez les images de destination puis allez dans le menu **Métadonnées>Coller les métadonnées**.

Étape 10

L'application à la bombe de peinture est plus ludique. Activez l'outil Peinture en cliquant sur son icône (barre d'outils sous le panneau d'affichage principal de Lightroom). Sélectionnez à sa droite Métadonnées dans la liste déroulante Peindre, puis, plus à droite, le modèle de copyright. Passez l'outil Peinture sur les vignettes, en pressant le bouton gauche de la souris.

Lorsque c'est terminé, replacez l'outil Peinture dans la barre d'outils.

Étape 11

Le moyen le plus pratique d'appliquer un modèle de métadonnées est à l'importation des images (exercice 09). Dans le panneau de droite du menu Importer, section « Appliquer pendant l'importation », sélectionnez le modèle de copyright dans la liste déroulante.

Bien sûr, vous pouvez créer plusieurs modèles en fonction de la destination et de l'usage des photos.

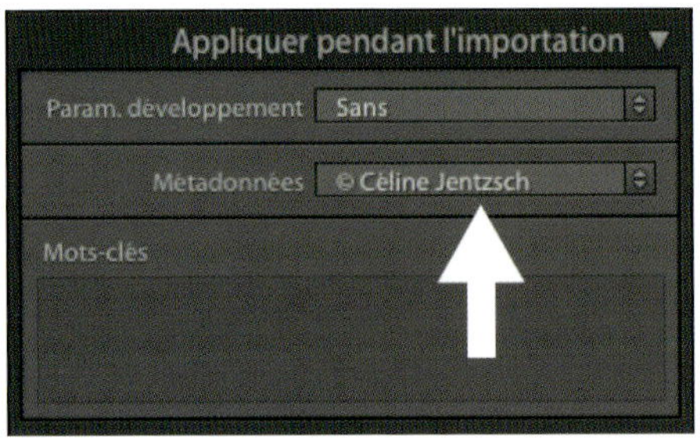

Conclusion : créer et appliquer un modèle de copyright dans Lightroom est très simple, prenez l'habitude de l'appliquer à toutes vos images dès l'importation, que vous soyez professionnel ou non. L'utilisation de la norme IPTC garantit que ces informations seront lues de manière universelle dans tous les logiciels capables d'afficher ces données.

19 Modifier le nom et la date des photos

Si la plupart des utilisateurs de Lightroom peuvent très bien se passer de changer le nom ou la date de leurs photos, certains professionnels ou photographes qui ont une production conséquente pourront être amenés à le faire dans le cadre de leur activité et de la diffusion des images vers de multiples destinataires.
Le programme propose, pour ces tâches, des outils complets. Mais attention, nous vous conseillons de ne pas renommer vos fichiers originaux à l'importation et de réserver ce travail à l'exportation, en fonction du destinataire ou de ce que vous avez l'intention de faire avec vos photos.

Étape 1

Pour renommer une photo, sélectionnez-la dans la grille ou le « Film fixe », puis appuyez sur la touche F2 du clavier, ou allez dans le menu **Bibliothèque>Renommer la photo**. Vous pouvez sélectionner plusieurs photos, dans ce cas il faudra choisir un modèle incluant une séquence afin de les renommer de façon logique.
Il est impératif de définir une méthode avant de vous lancer, elle doit être définitive pour conserver une certaine cohérence dans votre manière de travailler. Renommer les fichiers, comme saisir une légende dans les métadonnées ou élaborer un titre, choisir des mots-clés, représente un véritable défi intellectuel et exige un vrai travail de réflexion en amont, ainsi que de nombreux essais.

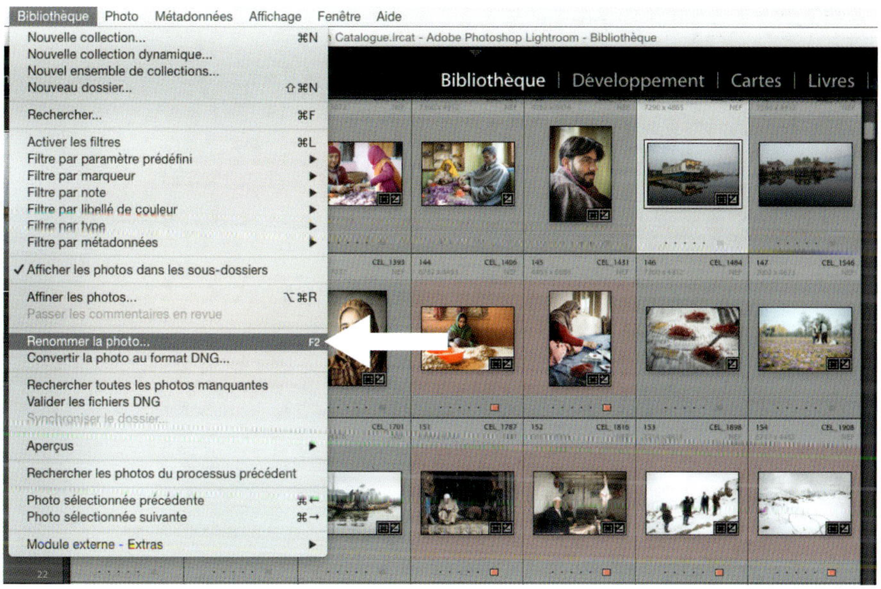

Étape 2

Aussitôt, une boîte de dialogue va s'ouvrir et vous proposer une petite liste d'options pour renommer la photo. Si vous choisissez une option avec « Nom personnalisé », un champ de saisie apparaîtra dans la fenêtre et vous pourrez apercevoir, en temps réel, une simulation du nouveau nom du fichier juste en dessous. Pour valider votre choix et renommer l'image sélectionnée, cliquez sur OK.

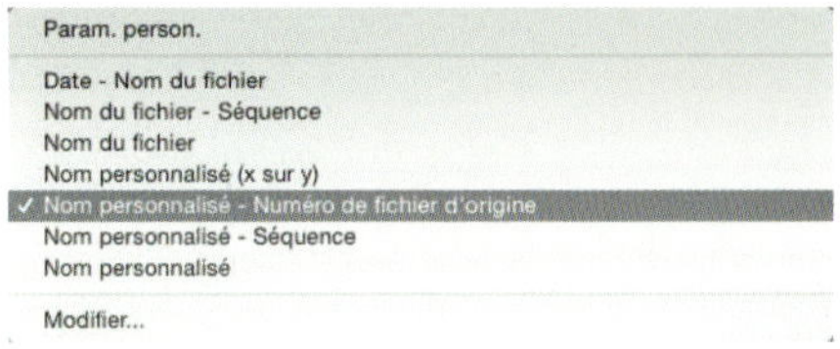

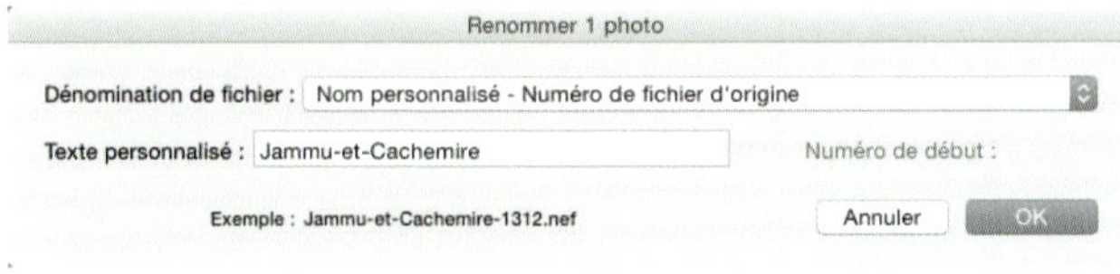

Étape 3

Bien entendu, cette liste n'est pas exhaustive et vous avez la possibilité de créer un modèle personnalisé en choisissant Modifier à la fin de la liste « Dénomination de fichier ». Cette commande ouvre l'« Éditeur de modèles de nom de fichier », qui présente des critères à insérer dans un champ de saisie avec, toujours en temps réel, un exemple affiché juste en dessous de la liste « Paramètre prédéfini ». Vous pouvez choisir et assembler un grand nombre de paramètres définissant le nom de l'image, la date et un numéro de séquence, des métadonnées et un texte libre.

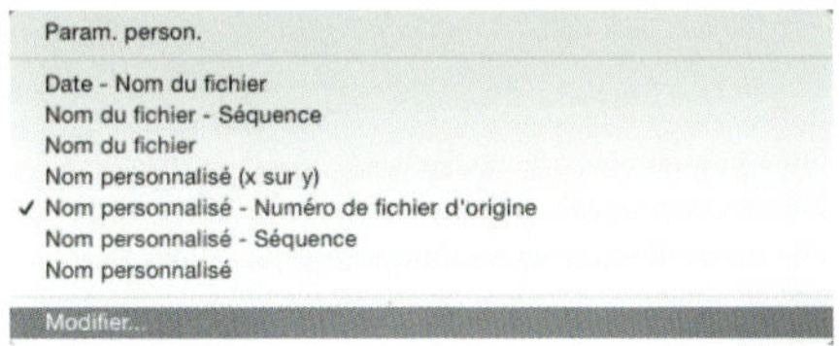

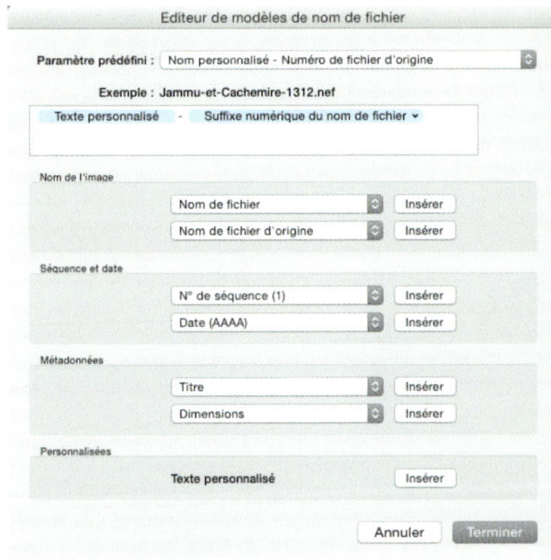

Étape 4

Les critères à insérer apparaissent sous forme de « jetons » que vous pouvez réordonner à la souris. Vous avez également la possibilité d'insérer des espaces, des tirets ou même du texte tout simplement en cliquant entre deux jetons et en faisant la saisie au clavier. Lorsque vous aurez terminé, enregistrez le modèle de nom de fichier dans le menu déroulant **Paramètre prédéfini>Enregistrer les paramètres en tant que nouveau paramètre prédéfini**. Vous gardez bien sûr la main pour modifier ou supprimer les modèles de nom de fichier. Quittez la fenêtre en cliquant sur Terminer.

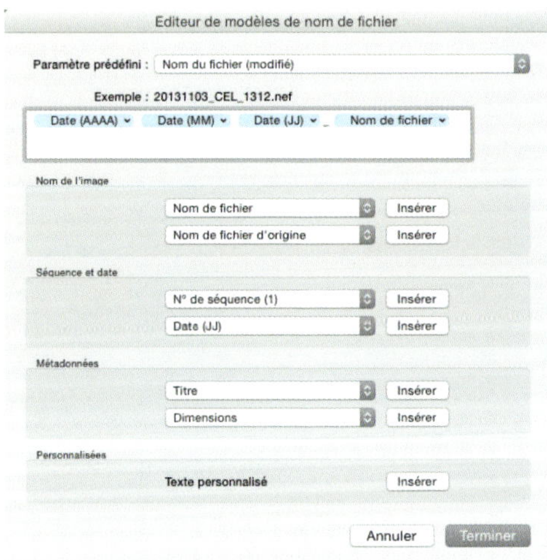

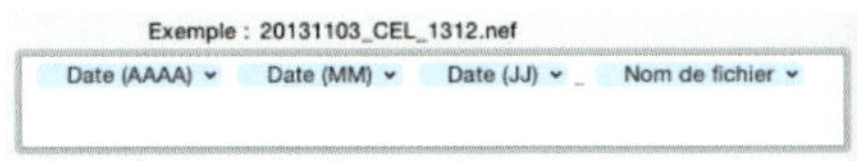

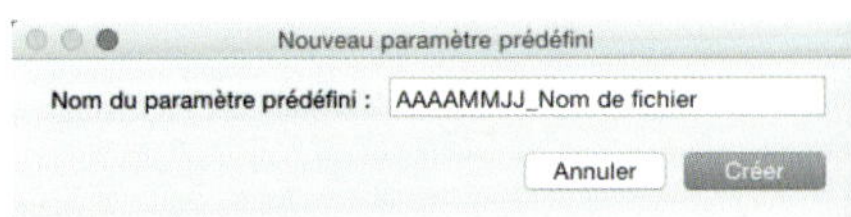

Étape 5

Si vous renommez une photo, sachez que le nom du fichier original n'est pas perdu et peut se retrouver dans le panneau **Métadonnées>EXIF et IPTC>Nom du fichier + Nom de fichier d'origine**.

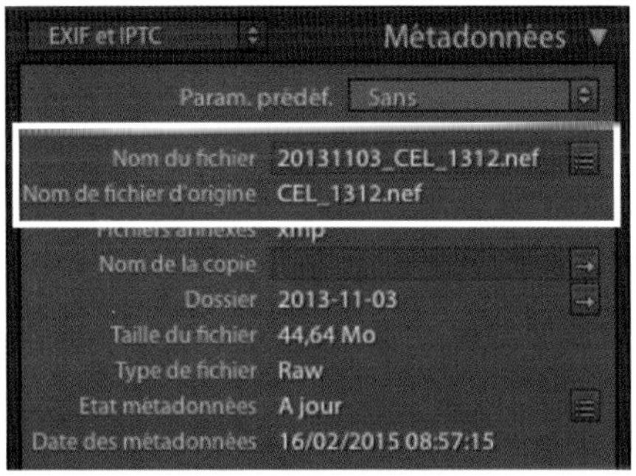

Étape 6

Il y a d'autres façons de renommer des fichiers par lots que la méthode expliquée dans l'étape 1 :

- par le menu Importer, section « Renommer le fichier », à droite. Vous pouvez accéder à l'éditeur et modifier les extensions en majuscules ou minuscules. Cette section n'est pas disponible en mode Ajouter (exercice 09) ;
- dans le module Bibliothèque, menu **Fichier>Importation automatique> Paramètres d'importation automatique> Dénomination de fichier** (exercices 20 et 21) ;
- dans le menu **Exporter>Dénomination de fichier** (exercice 57).

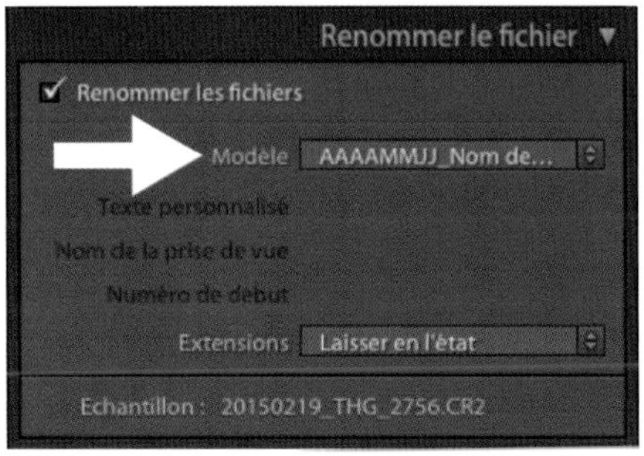

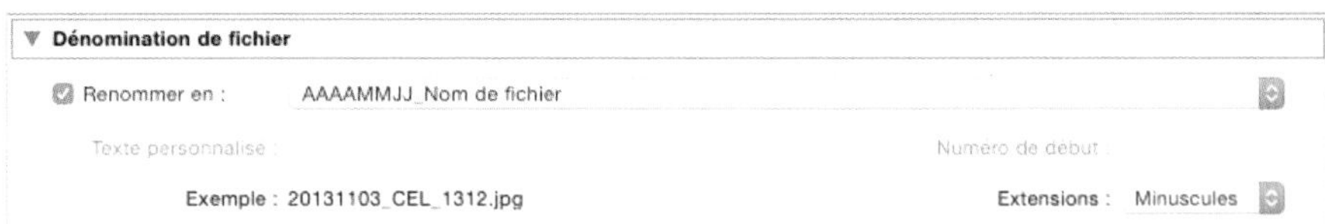

Étape 7

Si la date et l'heure de votre appareil photo n'ont pas été changées en cours de voyage au travers de fuseaux horaires, ou lors du passage à l'heure d'été ou d'hiver, vous avez la possibilité de les modifier dans Lightroom. Cela s'applique également aux images numérisées pour remplacer la date et l'heure de numérisation par celles de la prise de vue.

Étape 8

Sélectionnez une photo dans la grille puis allez dans le menu **Métadonnées>Modifier l'heure de capture**. Vous pouvez également sélectionner plusieurs photos, mais si vous êtes en mode Loupe, Comparaison ou Ensemble et que vous sélectionnez plusieurs images, seule la photo active sera modifiée.

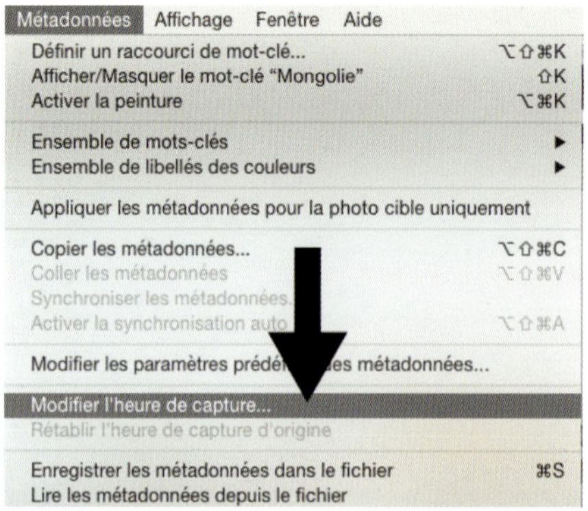

Étape 9

Le menu « Modifier l'heure de capture » propose trois types de réglages :

- « Régler sur une date et une heure spécifiques » : date et heure de capture seront modifiées en fonction de votre saisie dans la section « Nouvelle heure » ;
- « Décaler d'un certain nombre d'heures » : la liste déroulante de la section « Nouvelle heure » permet de corriger l'heure par tranches de 1 h, de -24 à +24, pour compenser les erreurs de fuseaux ou passages à l'heure d'été/d'hiver ;
- « Remplacer par la date de création du fichier » : date et heure originales (dites « de capture »), celles des données EXIF, seront remplacées par celles de création du fichier.

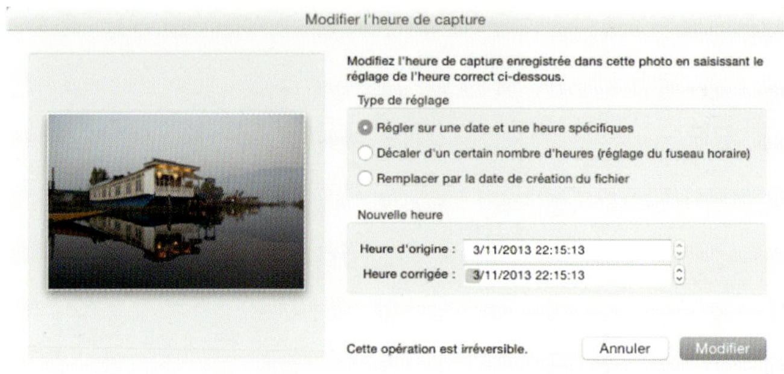

Étape 10

Pour régler la date et l'heure du fichier, cliquez sur la première option dans le champ « Type de réglage », puis, dans la section **Nouvelle heure>Heure corrigée**, saisissez une date et une heure corrigées, soit par saisie au clavier, soit en les faisant défiler avec les flèches après avoir cliqué, l'un après l'autre, sur les champs JJ/MM/AAAA HH:MN:SEC. Validez en cliquant sur Modifier. Vous pouvez vérifier le résultat dans le panneau **Métadonnées>EXIF>Date/heure origin**.

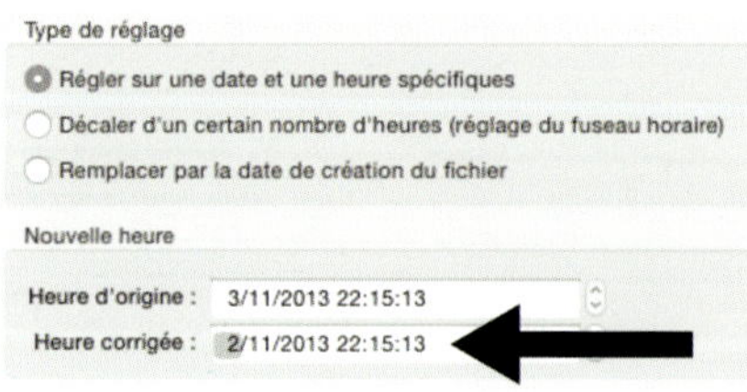

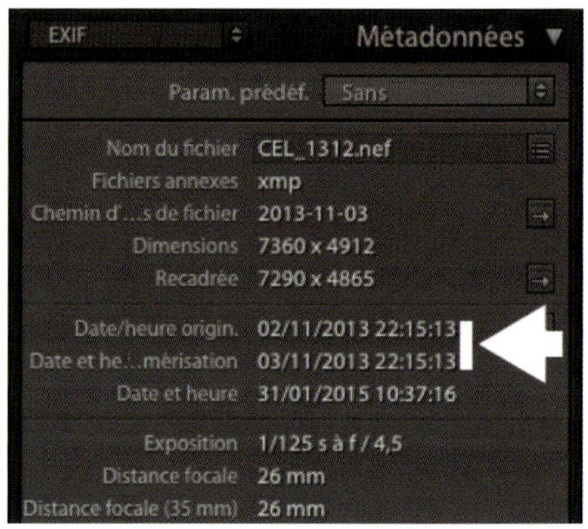

Étape 11

Si vous changez d'avis, vous pouvez rétablir la date et l'heure originales en sélectionnant la ou les photos dans la grille ou le « Film fixe », puis en allant, toujours dans le module Bibliothèque, dans le menu **Métadonnées>Rétablir l'heure de capture d'origine**. Vérifiez le résultat dans le panneau **Métadonnées>EXIF>Date/heure origin**.

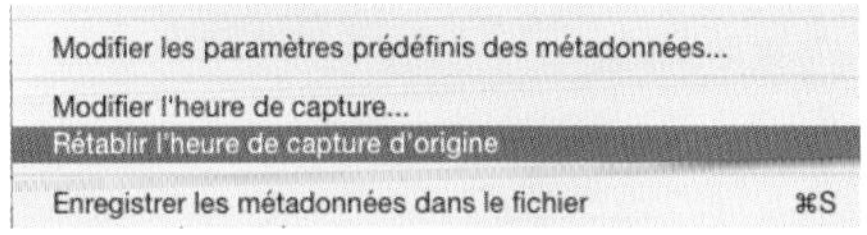

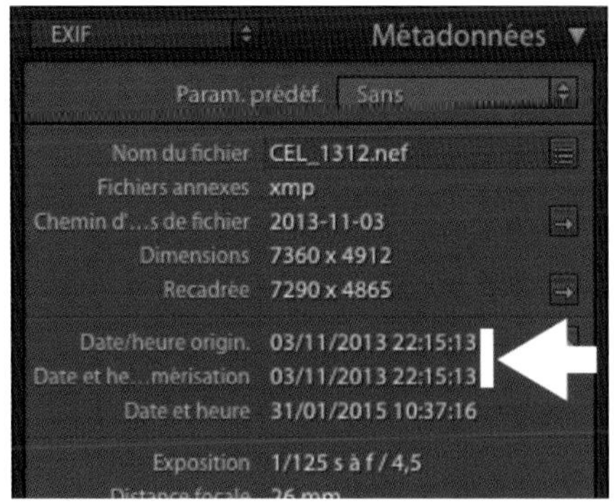

Étape 12

Adobe fait une seule exception à la sacro-sainte règle de ne pas modifier un fichier RAW, en permettant de modifier la date et l'heure. Pour que cela soit possible, vous devez aller dans les « Paramètres du catalogue » (menu Lightroom sur Mac, menu Édition sur PC), onglet Métadonnées, section EXIF, et activer l'option « Écrire les modifications de date ou heure dans des fichiers RAW propriétaires ». Cette opération est réversible grâce à la commande « Rétablir l'heure de capture d'origine ».

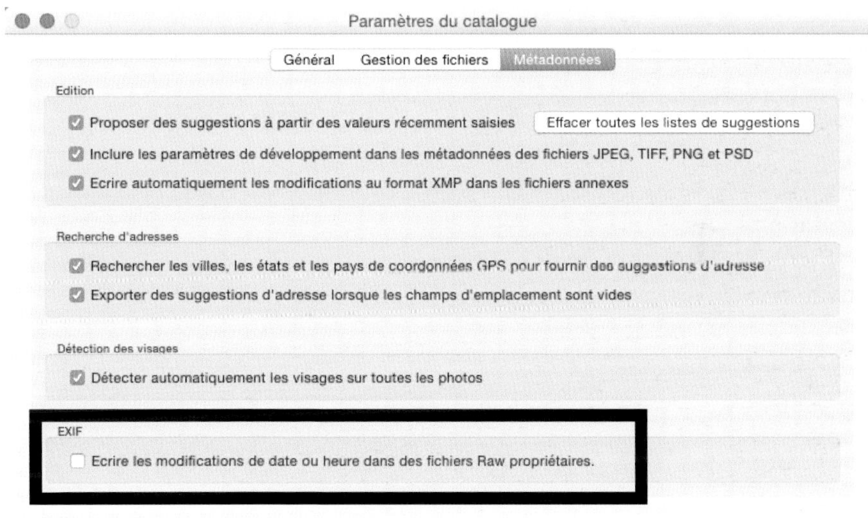

Conclusion : évitez, dans la mesure du possible, de modifier à tout bout de champ la date et l'heure de vos photos, au risque de perturber le bon ordre qui règne dans votre catalogue, notamment si vous avez établi des filtres basés sur l'horodatage des fichiers.

En ce qui concerne la modification de nom de fichier, nous vous recommandons de ne le faire qu'à l'exportation et de ne pas renommer les fichiers gérés par le catalogue, ni les originaux. Pour l'exportation, réfléchissez à un système de dénomination basé, par exemple, sur le nom original du fichier, suivi de vos initiales et d'un suffixe qui corresponde à un usage particulier ou à un destinataire :

CEL6784 _LaboNB.tiff (nom original + usage + extension)

ou encore :

CEL6784_20130504_Eyrolles.jpg (nom original + date de sortie + client + extension)

Dans tous les cas de figure, évitez les noms trop longs et trop complexes. Si vous réimportez dans le catalogue, prévoyez des filtres de recherche et des collections dynamiques adaptés pour regrouper vos images en fonction de leur usage.

20 La prise de vue en mode connecté

Lightroom propose deux autres méthodes d'importation d'images : l'importation automatique (exercice 21) et la prise de vue en mode connecté avec un appareil photo directement relié au module Bibliothèque. Les fonctions de capture en mode connecté restent très basiques – pas de pilotage à distance des réglages, pas de mode Live View – mais offrent certains avantages : simplicité, stabilité et rapidité.
La seconde partie de cet exercice (étapes 6 à 8) présente l'incrustation de loupe, qui permet de simuler une mise en page. Sachez que vous pouvez également utiliser, lors de la prise de vue en mode connecté, les repères et la grille incrustés présentés dans l'exercice 04, étapes 17 et 18.

Photo : Isabelle Beauvais – Modèle : Jade

Étape 1

Avant de démarrer une séance de prise de vue en mode connecté, il convient d'effectuer quelques réglages dans le menu **Fichier>Capture en mode connecté> Démarrer la capture en mode connecté**. À ce stade, vous pouvez relier votre appareil photo à l'ordinateur par le port USB (ou Firewire si l'appareil le permet) et le mettre sous tension.

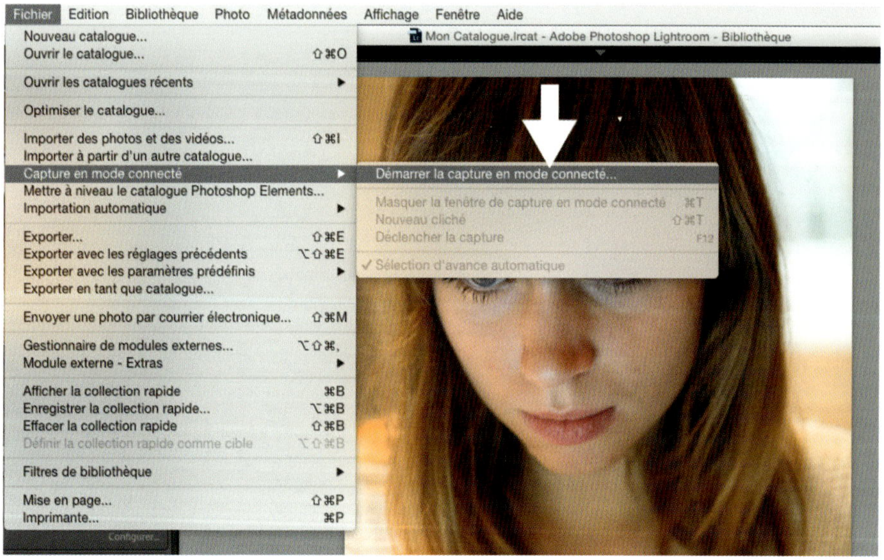

> **Remarque** : la capture en mode connecté de Lightroom est autonome, elle n'exige pas l'installation préalable de logiciels ou d'utilitaires spécialisés fournis soit par le fabricant de l'appareil, soit par des éditeurs tiers.

Étape 2

Dans « Paramètres de capture en mode connecté », saisissez le nom de la session de prise de vue (il y a « Session studio » par défaut), choisissez un modèle de nom de fichier qui permette de conserver ceux créés par le boîtier et un dossier de destination. Vous pouvez aussi envoyer les images directement dans une collection existante ou à créer dans la boîte de dialogue.

Étape 3

Appliquez un modèle de métadonnées de copyright (exercice 18). Si vous cochez « Scinder les photos en prises de vue » (section Session), les séquences seront automatiquement classées par sous-dossiers dans le dossier « Session studio ». Cliquez sur OK. Si vous avez choisi le découpage en sous-dossiers, une fenêtre apparaîtra pour saisie du nom initial de la prise de vue et des dossiers.

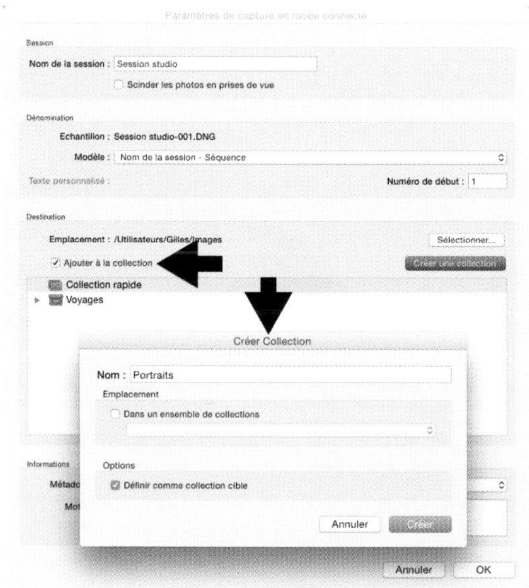

Étape 2

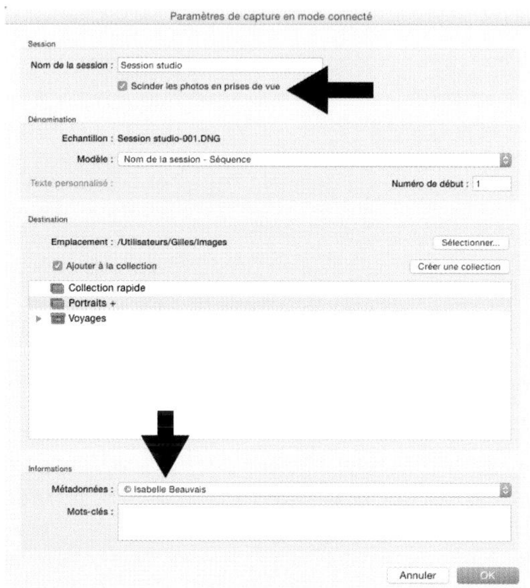

Étape 3

Étape 4

Quand on quitte la fenêtre des paramètres, une barre d'outils flottante s'affiche : à gauche, les noms de l'appareil connecté, du dossier et du sous-dossier de la session ; au centre, les paramètres de prise de vue (vitesse, ouverture, sensibilité ISO modifiables sur l'appareil) et de balance des blancs (modifiable dans la palette) ; à droite, accès à un paramètre prédéfini de développement et au bouton de déclenchement. En bas à droite, l'icône en roue dentée permet d'ouvrir la fenêtre des paramètres. La barre d'outils peut être réduite au bouton de déclenchement, en cliquant sur le bouton de fermeture en pressant Alt/Option ; vous pouvez la déplacer hors de la fenêtre de Lightroom.

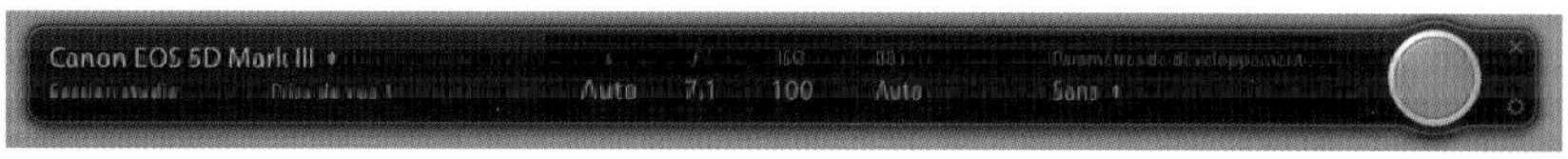

Remarque : vous pouvez également déclencher en pressant la touche F12. Notez également qu'à partir de Lightroom 6/CC la capture en mode connecté vous signale aussi que la carte mémoire est remplie ou que la batterie de l'appareil photo est faible.

Étape 5

Après déclenchement, les images seront importées dans les dossiers spécifiés aux étapes 2 et 3, dans le dossier « Session studio », par prise de vue, ainsi que dans la collection sélectionnée à l'étape 2. Vous ne disposez pas ici de mode Live View, mais les images arrivent directement dans le module Bibliothèque, sans passer par le menu Importer.

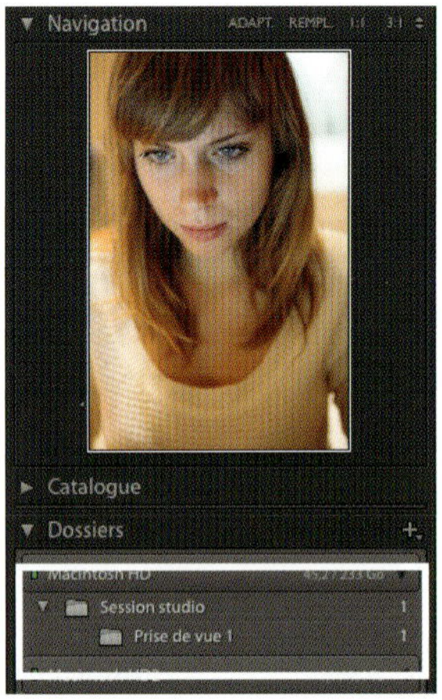

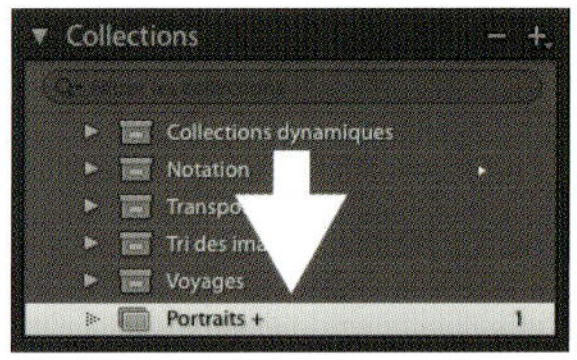

Étape 6

Dans le module Bibliothèque, le menu **Affichage>Incrustation de loupe>Image de mise en page** permet d'incruster une image prise en mode connecté (ou toute autre choisie dans la Bibliothèque) dans une mise en page, par exemple une maquette de couverture de magazine ou un simple élément graphique à placer dans la photo. Le but est de vérifier si l'image passe bien dans une mise en page.

Étape 7

La première chose à faire est d'importer la mise en page dans Lightroom, via le menu **Affichage>Incrustation de loupe>Sélectionner une image de mise en page**. Le fichier devra être au format PNG, qui gère la transparence. Il s'affichera directement sur l'image sélectionnée. Vous pouvez importer plusieurs images de mise en page, elles pourront être sélectionnées dans le menu **Affichage>Incrustation de loupe>Images de mise en page récentes**.

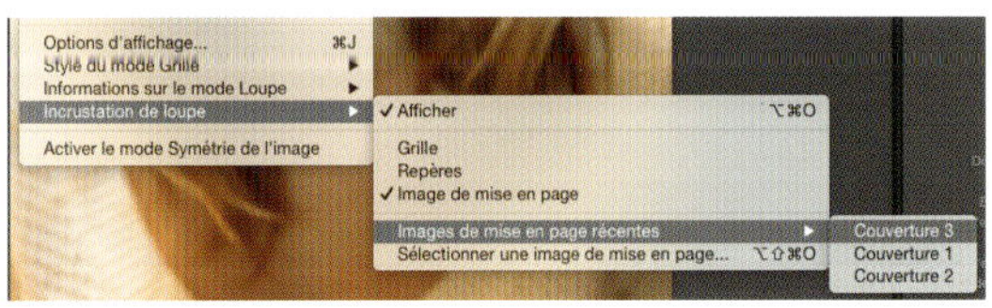

Étape 8

Par une pression sur la touche Ctrl/Cmd, un certain nombre de réglages apparaîtront dans un pavé flottant translucide, en bas de l'image : Opacité permet d'ajuster la présence de l'incrustation et Mat d'ajuster la luminosité du gris qui sert d'éclairage de fond.

Pour modifier les réglages, placez le pointeur de la souris sur les chiffres affichés et déplacez la souris à gauche ou à droite pour augmenter ou diminuer les valeurs.

La touche Ctrl/Cmd affiche aussi l'outil de redimensionnement de l'image PNG importée. Saisissez les bords ou les angles pour régler la taille. Vous pouvez zoomer dans la photo pour placer l'incrustation avec plus de précision, et déplacer l'incrustation par-dessus l'image, à la souris.

Notez que la fonction d'incrustation est une simulation : si vous exportez l'image, l'incrustation n'apparaîtra pas dans le fichier.

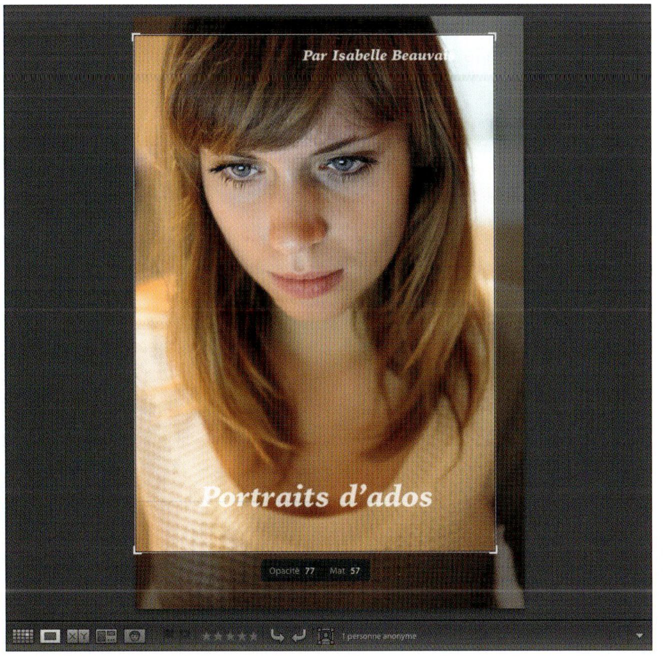

Conclusion : la capture en mode connecté ne fonctionne qu'avec un certain nombre de boîtiers Canon, Nikon et Leica. Si le mode connecté vous paraît trop restrictif, vous pouvez vous rabattre sur les logiciels de capture des fabricants d'appareils ou de certains développeurs tiers, et utiliser l'importation automatique telle qu'elle est expliquée dans l'exercice 21.

21 L'importation automatique

Lightroom propose une méthode alternative d'importation d'images, basée sur la surveillance automatique d'un dossier. Vous pourrez importer les images issues d'un scanner ou même d'un appareil photo : dans ce cas, on utilisera le logiciel ou le pilote du fabricant, qui déchargera les images dans un dossier temporaire, appelé « Dossier de contrôle », avant d'être transférées automatiquement par Lightroom dans le dossier surveillé par le module Bibliothèque.
Dans le cas d'un appareil photo, il s'agit d'un autre moyen de pratiquer la prise de vue en mode connecté, plus particulièrement si votre matériel n'est pas pris en charge par la fonction intégrée à Lightroom (exercice 20).

Étape 1

Dans le module Bibliothèque, allez dans le menu **Fichier>Importation automatique> Paramètres d'importation automatique**, ce qui va ouvrir une fenêtre de dialogue. Après avoir coché « Activer l'importation automatique » (accessible également dans le menu Fichier), nous allons créer un « Dossier de contrôle » (celui que Lightroom va surveiller en permanence).
Cliquez sur Sélectionner puis créez un dossier à l'emplacement qui vous convient le mieux. Cliquez encore une fois sur Sélectionner pour valider.

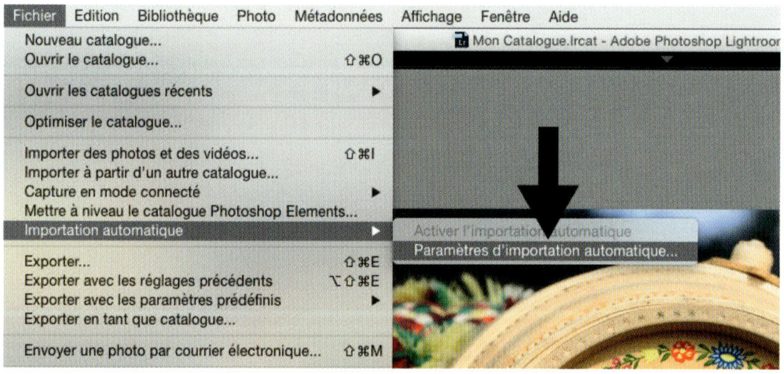

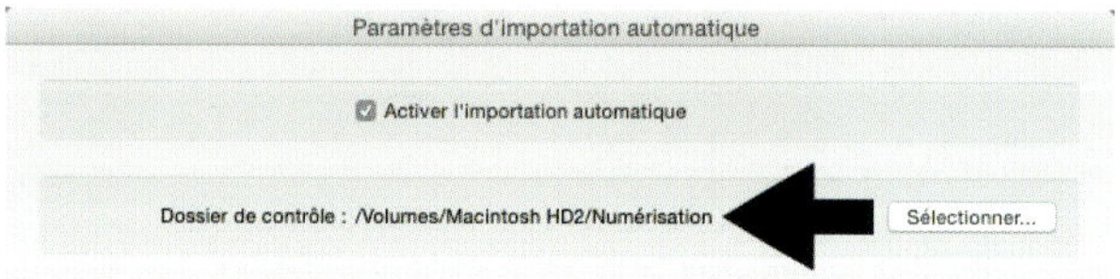

Étape 2

La section Destination, située juste en dessous, indique l'emplacement du sous-dossier par défaut (« Photos importées automatiquement »), ou tout autre dossier créé par vos soins dans lequel Lightroom transférera les nouvelles images détectées dans le « Dossier de contrôle ». Il apparaîtra dans le panneau Dossiers du module Bibliothèque.

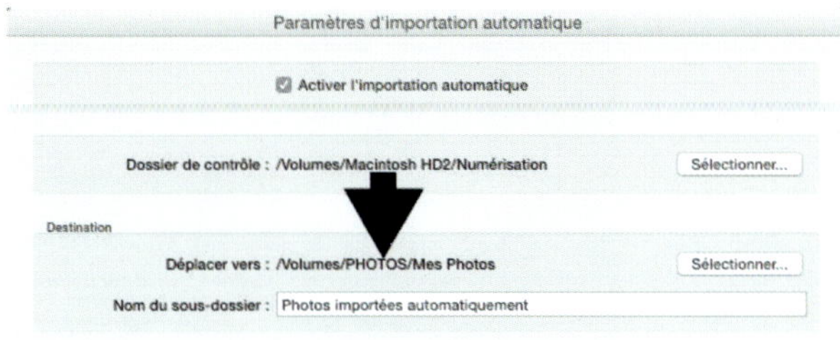

Étape 3

Vous pouvez renommer les fichiers par lots dès l'importation (exercice 19) avec, par exemple, un modèle « Date – Nom du fichier » choisi dans la liste déroulante. Pensez également à incorporer vos informations personnelles et de copyright à l'aide du modèle de copyright créé à l'exercice 18. Pour faciliter la recherche des images numérisées, ajoutez des mots-clés comme « Numérisation », « Scan », etc. Réglez la qualité des aperçus sur 1:1, puis cliquez sur OK pour la prise en compte des paramètres.

Étape 4

Indiquez au pilote de scanner l'emplacement du « Dossier de contrôle ». Tout dépend du scanner, mais si vous numérisez des diapositives et des négatifs, il y a des chances que ce soit l'un de ces logiciels :

- Epson Scan (scanners 4990 ou série « V ») : en mode professionnel, illustré ici, cliquez sur l'icône de dossier à côté du bouton Numériser, puis établissez la destination dans l'option Personnalisé ;
- NikonScan (scanners de films Nikon Coolscan) : **Préférences>Emplacements du fichier>Modifier l'emplacement** ;
- Hamrick Vuescan (pilote universel) : onglet **Sortie>Dossier par défaut**, puis cliquez sur le bouton @ pour afficher la fenêtre du système et définir l'emplacement du dossier de contrôle ;
- Lasersoft Imaging Silverfast (pilote universel) : dans le WorkFlow Pilot, fenêtre « Dimensions de l'image numérisée » puis section Chemin.

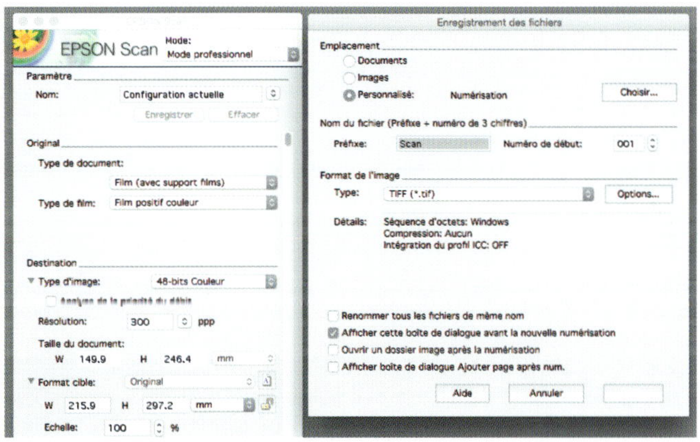

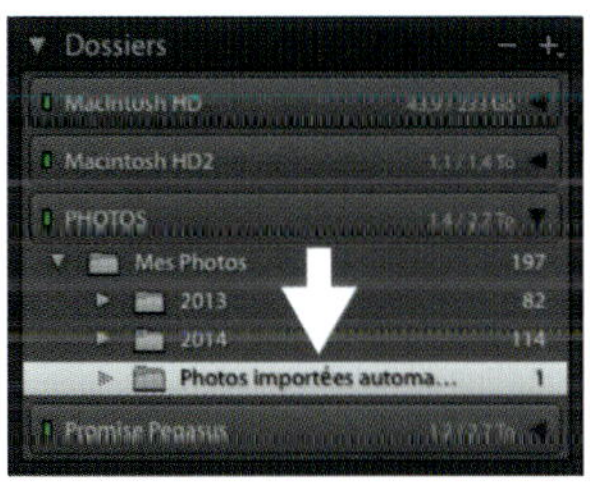

Il ne reste plus qu'à lancer la numérisation, les fichiers arriveront automatiquement dans le dossier spécifié.

Étape 5

Après la numérisation, l'image apparaît dans le sous-dossier d'importation automatique défini à l'étape 2. Vous pourrez passer aux tâches de catalogage, comme pour des photos en provenance d'un appareil photo numérique : triez, notez, regroupez-les dans des collections dynamiques (fonctionnant grâce aux mots-clés insérés à l'étape 2), puis traitement éventuel, soit dans Lightroom, soit dans Photoshop.

Conclusion : Lightroom, contrairement à Photoshop ou d'autres logiciels équivalents, ne prend pas en charge les pilotes de scanner de type Twain qui permettent de numériser directement à partir de l'application hôte. La méthode d'importation automatique est donc incontournable, mais elle est rapide et fonctionne très bien.

22 Importer le catalogue de Photoshop Elements

L'Organiseur de Photoshop Elements (PSE) présente beaucoup de similitudes avec le module Bibliothèque de Lightroom, même si les termes employés et les fonctions peuvent différer.

L'offre par abonnement « spécial photographes » d'Adobe, qui permet d'utiliser Lightroom, Photoshop CC et Lightroom mobile pour un coût modique, attire naturellement les utilisateurs de PSE. Mais certains ne souhaitent pas de formule d'abonnement et continueront à utiliser PSE comme éditeur externe de Lightroom. Dans tous les cas, ce dernier dispose d'une fonction d'importation automatique du catalogue de Photoshop Elements.

Note : l'exercice se base sur Photoshop Elements 13, la dernière version disponible au moment de la sortie de Lightroom 6/CC.

Étape 1

Lightroom permet d'importer le catalogue PSE dans son propre catalogue mais, pour simplifier, nous allons partir d'un catalogue Lightroom vierge dans le cadre de cet exercice. Libre à vous d'importer dans votre catalogue courant, ou de le faire plus tard en fusionnant ce nouveau catalogue Lightroom avec l'ancien.

Il n'y a rien de particulier à faire au niveau de l'Organiseur PSE à part, peut-être, saisir cette occasion pour faire un peu de ménage...

Étape 2

En plus des images, nous allons voir comment Lightroom va se comporter avec les albums créés dans l'Organiseur PSE (l'équivalent des collections) et les mots-clés.

La première précaution à prendre est de quitter l'Organiseur PSE avant toute tentative d'importation. La détection et la localisation du catalogue PSE par Lightroom sont automatiques.

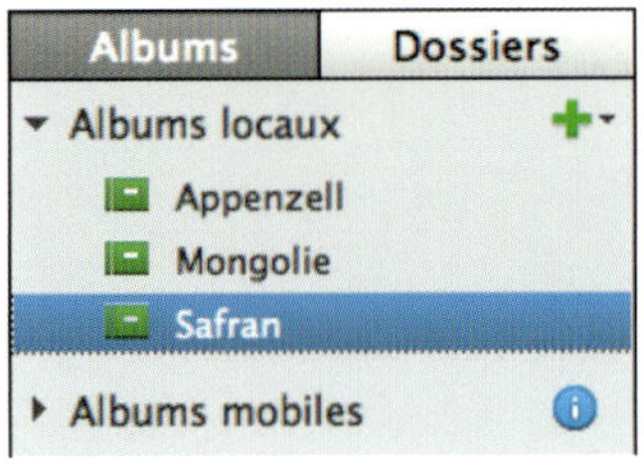

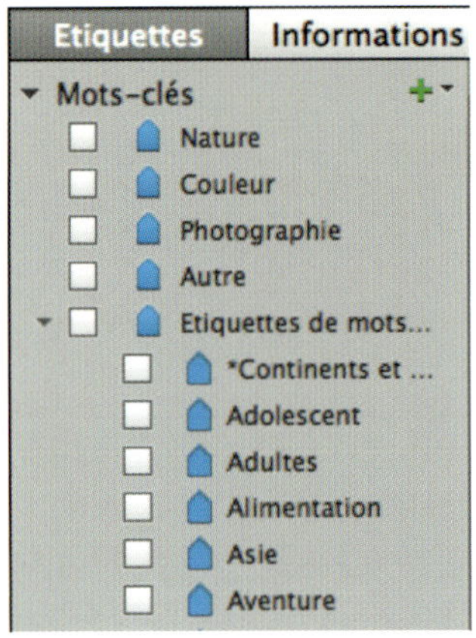

Étape 3

Dans le module Bibliothèque de Lightroom, allez dans le menu **Fichier>Mettre à niveau le catalogue Photoshop Elements**. Si cette commande n'apparaît pas dans le menu, c'est que votre catalogue PSE n'est pas actif et ne contient pas au moins un fichier pris en charge par Lightroom.

Autre cas : si le catalogue PSE n'est pas actif et n'est pas situé à l'emplacement par défaut, vous devrez l'activer pour que la fonction de recherche automatique de catalogue PSE par Lightroom fonctionne.

Si vous l'activez lorsque Lightroom est ouvert, redémarrez ce dernier pour faire apparaître la commande dans le menu Fichier.

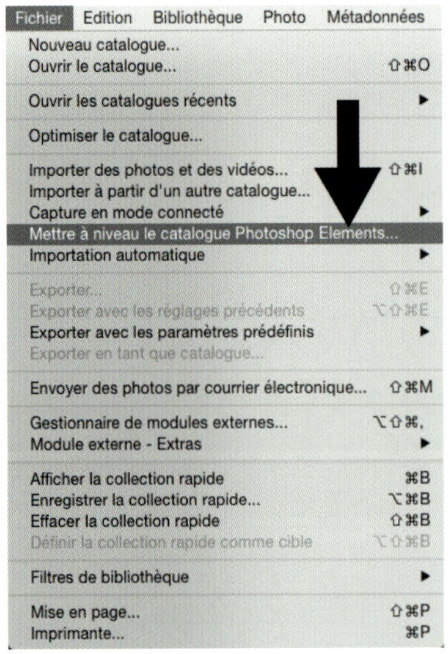

Étape 4

Une boîte de dialogue nommée « Mettre à niveau le catalogue Photoshop Elements » va s'afficher. Elle indique l'emplacement du catalogue PSE actif, le nombre de photos incluses et le catalogue de destination de Lightroom. Cliquez sur « Mettre à niveau ».

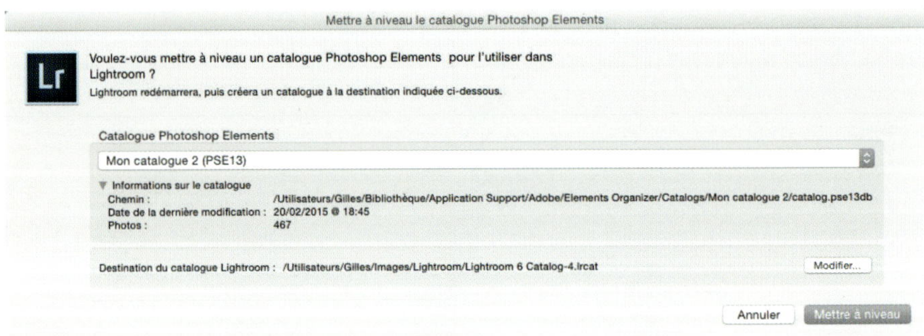

Étape 5

Lightroom va quitter, une nouvelle boîte de dialogue apparaît avec une barre de progression du processus de création du catalogue Lightroom à partir du catalogue Photoshop Elements. Vous pouvez annuler l'opération à tout moment.

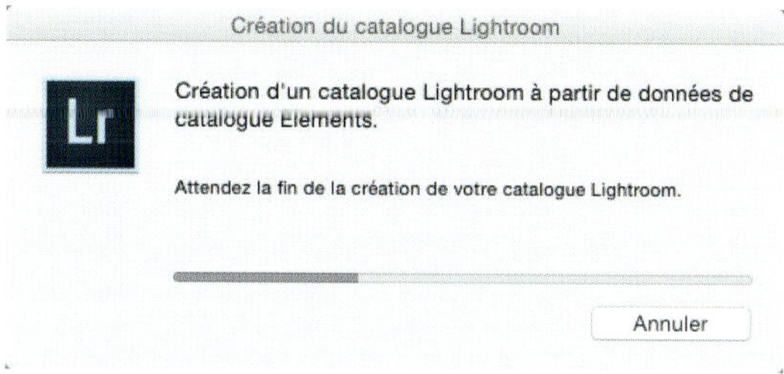

Étape 6

Dès que l'importation est terminée, Lightroom va redémarrer automatiquement. Le processus est plus ou moins rapide en fonction, bien évidemment, du nombre de photos et de la puissance de l'ordinateur.

Étape 7

Il se peut que les dossiers après importation dans Lightroom soient présentés sans hiérarchie, l'un en dessous de l'autre. Dans ce cas, faites un clic droit sur un dossier et choisissez « Afficher le dossier parent » pour faire apparaître le dossier par année situé à la racine, tel qu'il est dans l'Organiseur PSE et sur le disque dur.

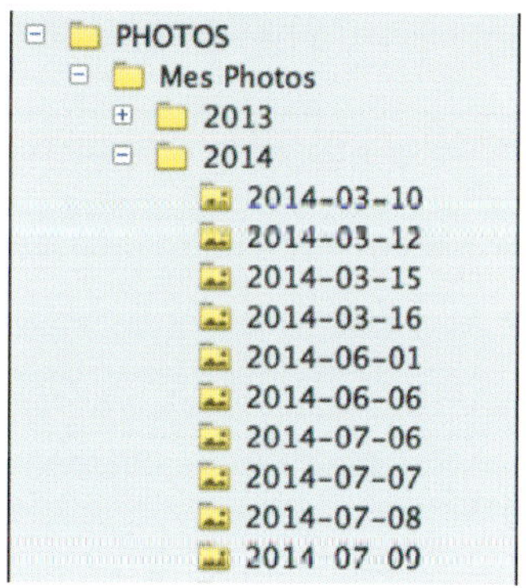

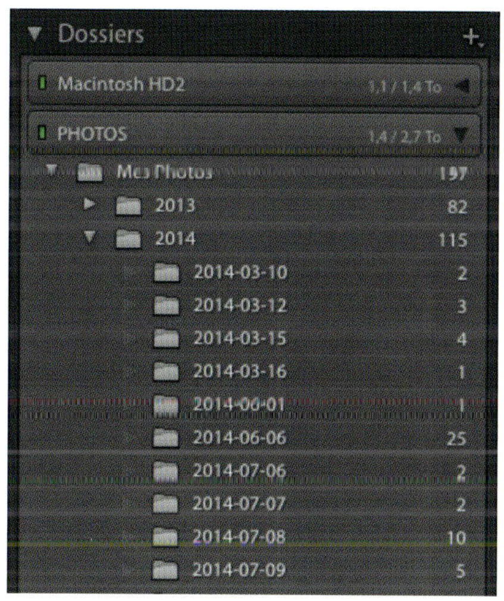

Étape 8

Les albums de l'Organiseur PSE sont intégralement et automatiquement transférés en tant que collections dans Lightroom. Le principe de fonctionnement de l'un et de l'autre est parfaitement identique, et l'Organiseur PSE propose également des albums dynamiques qui reprennent tout simplement le principe des collections dynamiques de Lightroom.

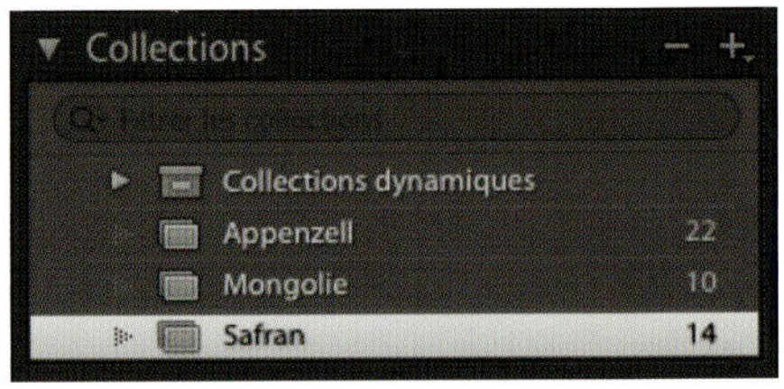

Étape 9

Bien entendu, la totalité des métadonnées et des mots-clés créés dans l'Organiseur PSE ont été importés dans le catalogue Lightroom. On les trouvera dans le panneau « Liste des mots-clés », sous l'intitulé « Étiquettes de mots-clés importées ». Libre à vous de les réorganiser par la suite comme bon vous semble.

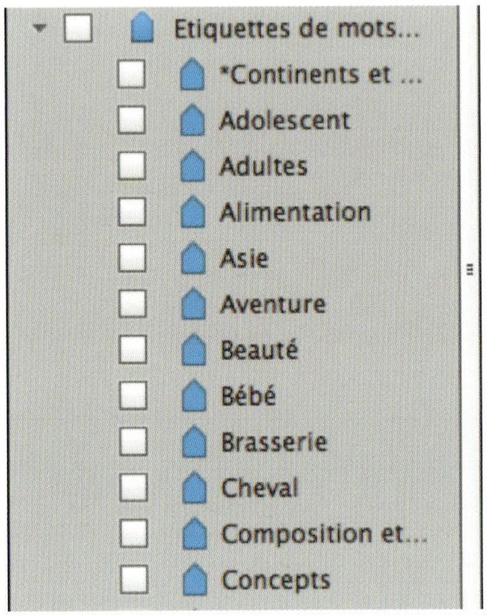

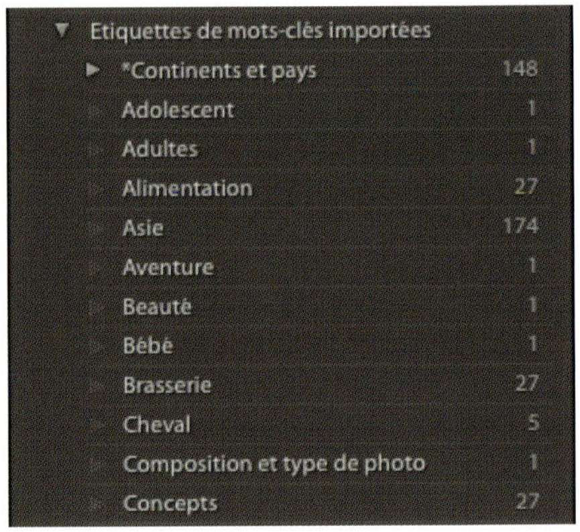

Conclusion : l'importation d'un catalogue Photoshop Elements est une tâche particulièrement fluide et aisée, facilitée par les points communs existant entre l'Organiseur PSE et Lightroom, notamment au niveau de la compatibilité des fichiers et des métadonnées.
Pour les utilisateurs de Mac, cette fonction d'importation automatique n'est possible qu'à partir de Photoshop Elements 10, puisque l'Organiseur n'existe sur cette plate-forme que depuis cette version. Ceux qui utilisent d'anciennes versions de PSE pour Mac peuvent se rabattre sur la méthode d'importation traditionnelle (exercice 09). Dans ce cas, seuls les éléments spécifiques, comme les albums, ne seront pas pris en compte.

23 Importer à partir d'Aperture et iPhoto

Adobe propose désormais un module externe d'importation aux utilisateurs d'Aperture ou de iPhoto qui souhaitent migrer toute leur production photographique dans Lightroom. Le module permet de récupérer les drapeaux, la note en étoiles, les mots-clés, les coordonnées GPS, les images rejetées, les fichiers cachés ainsi que les libellés de couleur, les piles et les visages sous forme de mots-clés. Les projets, dossiers et albums sont convertis en collections, et les versions d'images en copies virtuelles. Les corrections Aperture/iPhoto sont reprises sous forme d'aperçus empilés avec les originaux, mais la migration ne permet pas de récupérer les albums intelligents et des champs de métadonnées personnalisés.
Attention : avant de procéder à la migration, il est important de faire par sécurité une sauvegarde de votre catalogue Lightroom (exercice 02, étapes 4 et 5), ce qui vous permettra de revenir en arrière en cas de problème.

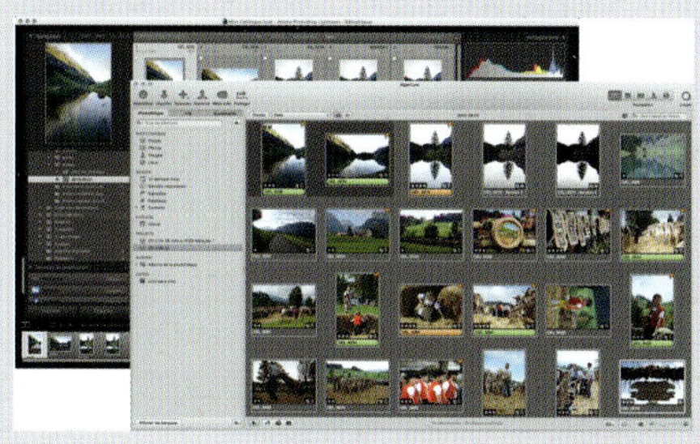

Étape 1

Le module externe d'importation Aperture et iPhoto est intégré à l'interface de Lightroom depuis la version 5.7, alors qu'il fallait le télécharger et l'installer dans la version 5.6. L'accès à l'importation Aperture/iPhoto se fait dans le menu **Fichier>Module externe – Extras>Importer depuis une bibliothèque Aperture** (ou **Importer depuis la bibliothèque iPhoto**).
Le menu permet également d'accéder à une fenêtre informant l'utilisateur des données qui seront récupérées dans l'opération.

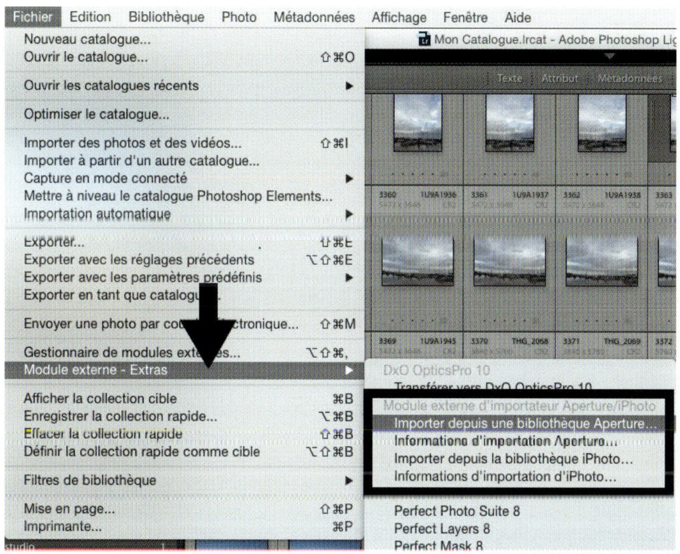

Étape 2

Une fois que vous avez sélectionné l'importation Aperture, une fenêtre « Importer depuis Aperture » s'affiche. Elle comporte un certain nombre d'informations sur les différents emplacements des images (photos et vidéos) et de la bibliothèque Aperture, que vous pouvez sélectionner à la main en cliquant sur les boutons adéquats, ainsi que sur les espaces requis et le nombre d'images. Cliquez sur le bouton Options, en bas à gauche.

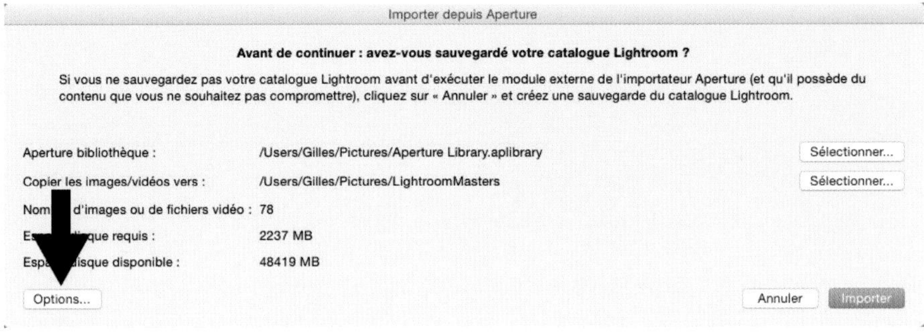

Étape 3

Une nouvelle et copieuse fenêtre « Options de l'importateur Aperture » s'ouvre, dans laquelle vous allez configurer le transfert des images et du travail effectué dans Aperture. Le réglage de ces options va dépendre de la manière dont vous confiez la gestion de votre photothèque à Aperture :

- en mode Géré : vos images sont dans une base de données propriétaire, et l'importation dans Lightroom se fera en copiant toutes les images dans une nouvelle structure de dossiers AAAA/AAAA-MM-JJ ;
- en mode Référencé : vos images sont indexées par Aperture dans une hiérarchie de dossiers que vous avez vous-même créée et développée. Dans ce cas, par défaut, l'importation Lightroom se fera par copie des fichiers.

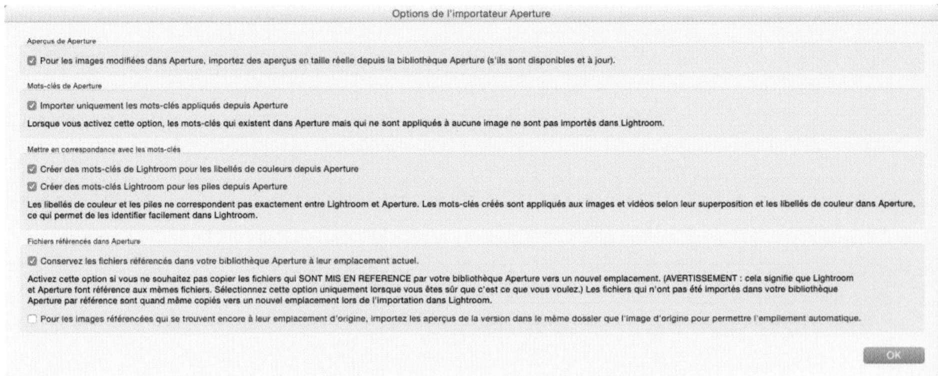

Étape 4

Pour éviter de dupliquer un stock d'images conséquent, passez en mode Référence (commande **Fichier>Déplacer les originaux**) si votre bibliothèque Aperture est en mode Géré. Vous pourrez ainsi transférer le contenu de votre photothèque Aperture dans une hiérarchie de dossiers classiques, organisée à votre convenance et prête à être importée telle quelle dans Lightroom (voir étape 5).

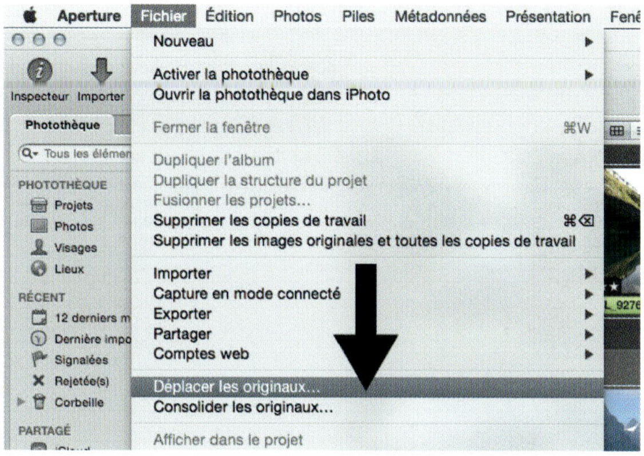

> Remarque : pour plus d'informations sur la gestion des images dans Aperture, référez-vous au guide utilisateur Aperture, chapitre 3.

Étape 5

Une fois en mode Référencé et après avoir réorganisé vos images dans des dossiers personnalisés, cochez « Conservez les fichiers référencés dans votre bibliothèque Aperture à leur emplacement actuel ». Cela permettra l'importation des images et de leurs dossiers tels que vous les avez créés, sans duplication inutile des fichiers. (Cette option désactive automatiquement celle qui permet de créer des aperçus des images qui resteraient en mode Géré.)

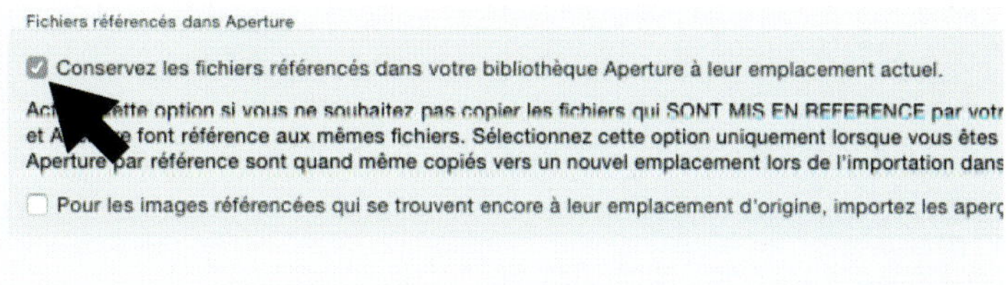

> Remarque : cocher certaines options entraîne l'analyse de la bibliothèque Aperture, avec affichage d'une barre de progression dans une boîte de dialogue.

Étape 6

Parmi d'autres options, vous pouvez choisir d'importer tous les mots-clés Aperture ou seulement ceux qui ont été utilisés (attention aux risques de doublons avec ceux de Lightroom), et demander la conversion des libellés de couleur et des piles Aperture en mots-clés ; cela facilitera la recherche des photos concernées dans Lightroom, pour les réorganiser à votre guise dans les fonctions équivalentes.

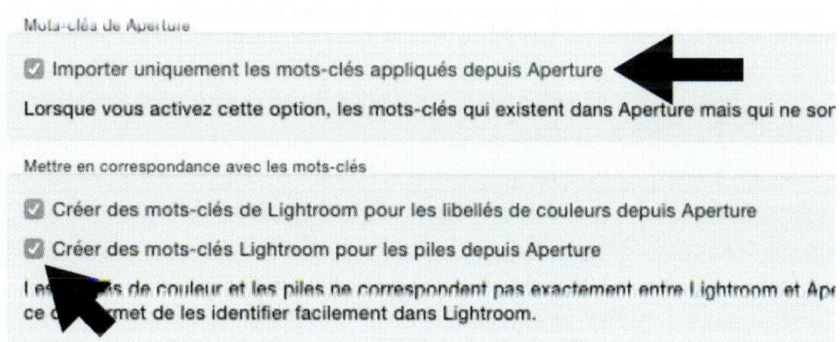

Étape 7

Dans la section « Aperçus de Aperture », vous pouvez cocher l'option ci-contre si vous souhaitez garder des images de référence avec le rendu et les corrections Aperture grâce à la création à la volée d'aperçus JPEG. Ces aperçus seront automatiquement empilés avec les originaux et également regroupés dans une collection « Photos modifiées dans Aperture ».

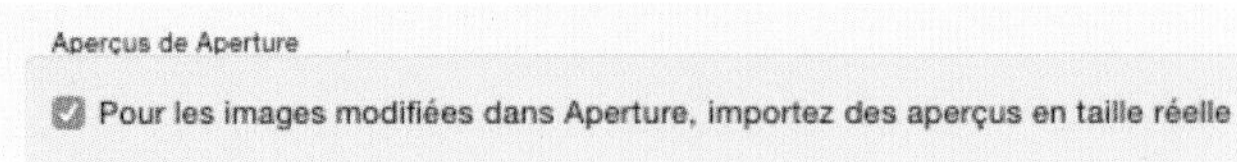

Étape 8

Cliquez sur OK : vous revenez à la fenêtre « Importer depuis Aperture ».
Elle vous demande si vous avez pensé à sauvegarder votre catalogue Lightroom au préalable. N'hésitez-pas à le faire, c'est une sécurité et cela ne prend que quelques minutes (exercice 02, étapes 4 et 5). Lorsque tout est prêt, cliquez sur Importer, en bas à droite.

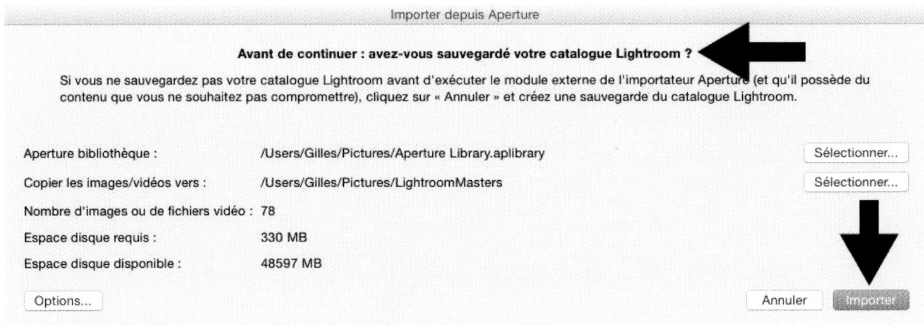

Étape 9

Le temps d'importation dépendra du volume de la photothèque Aperture. Vous verrez Lightroom s'animer, avec une boîte de dialogue exprimant la progression en pourcentages. Lorsque l'importation sera terminée, la boîte de dialogue vous invitera à valider en cliquant sur Terminer. Une autre boîte s'affichera, avec un certain nombre d'informations utiles quant à l'emplacement des images et données importées. Toutefois, le processus d'importation ne sera complet que lorsque le centre d'activité Lightroom n'affichera plus de barres de progression.

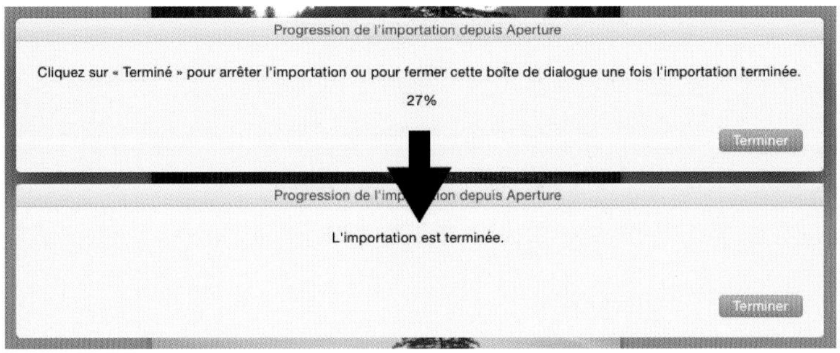

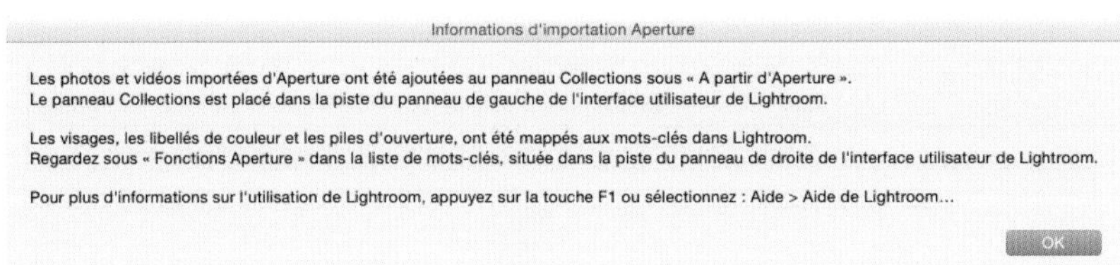

Étape 10

Dans le panneau Collections de Lightroom, vous pouvez voir que l'importation a créé des ensembles de collections et des collections reprenant vos projets Aperture, ainsi que, par exemple, les images utilisées dans un livre photo (le livre lui-même n'est pas récupéré).

Dans le panneau « Liste des mots-clés », vous trouverez également des mots-clés hiérarchiques liés à votre travail dans Aperture et, notamment, les libellés de couleur, les piles et les visages indexés convertis en mots-clés lors de l'importation.

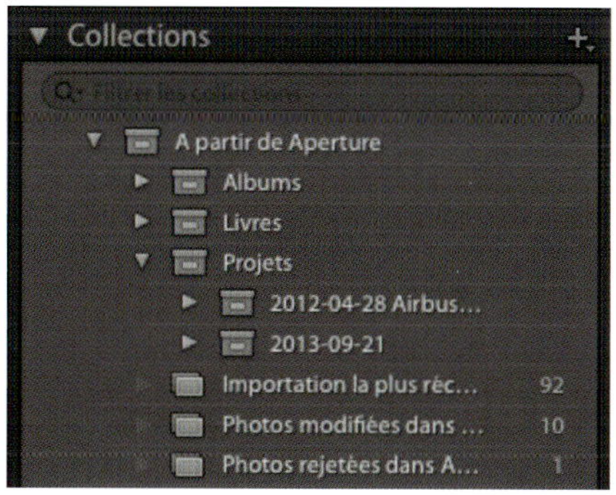

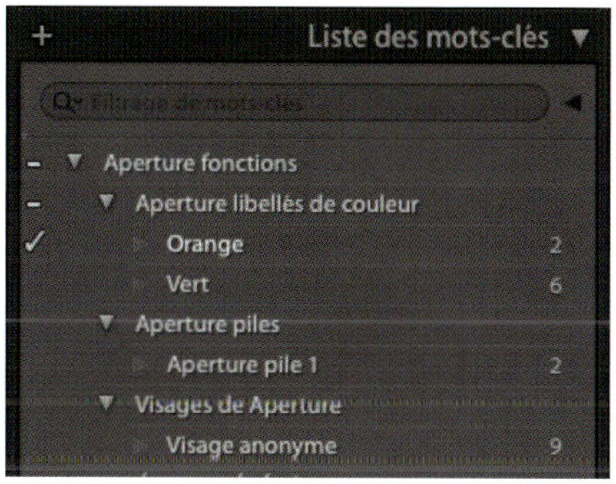

Étape 11

Bien entendu, les dossiers ont été importés et les versions d'images, avec les rendus et corrections Aperture, ont été converties en aperçus JPEG représentés sous forme de copies virtuelles empilées avec les fichiers originaux.

Vous disposez ainsi d'une excellente base de départ pour vous atteler à la réorganisation de votre photothèque, après sa migration dans Lightroom.

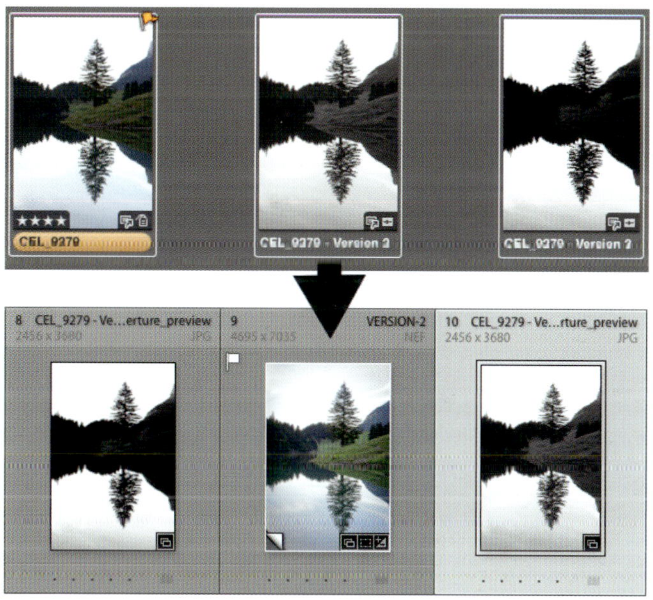

Étape 12

L'importation iPhoto se déroule exactement de la même manière, en suivant les étapes précédentes, une fois que vous avez sélectionné la commande, dans Lightroom, **Fichier>Module externe – extras>Importer depuis la bibliothèque iPhoto**.

La sauvegarde de précaution du catalogue Lightroom s'applique également ici. Si vous cliquez sur Options, en bas à gauche, une fenêtre de dialogue similaire à celle utilisée pour Aperture s'affichera, mais avec un peu moins d'options (libellés de couleur et piles). Après avoir fait vos choix (voir étapes 3 à 7), cliquez sur OK.

> **Remarque** : iPhoto utilise par défaut le mode Géré, c'est-à-dire l'importation des images dans une base de données appelée « iPhoto Library ».

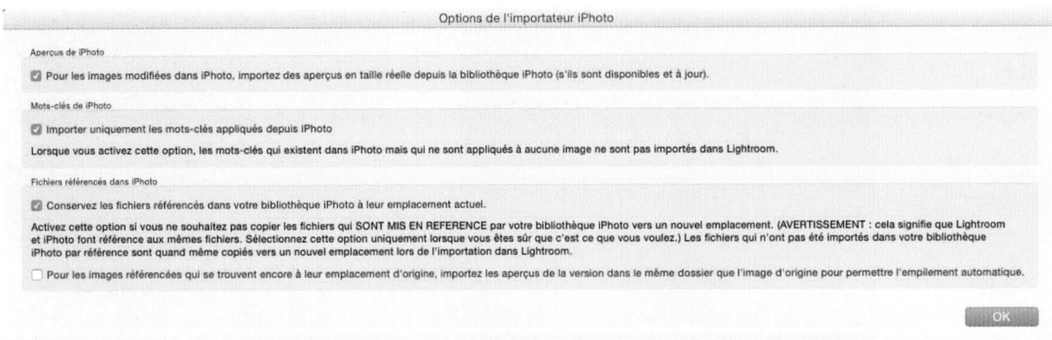

Étape 13

L'importation se déroule de la même manière qu'avec Aperture (étapes 9 à 11), en fonction du contenu de votre photothèque iPhoto.

Si vous utilisiez iPhoto en mode Géré, les images sont dupliquées par copie et stockées dans des dossiers Lightroom, organisés par date.

Avant de supprimer la photothèque iPhoto, prenez le temps de vérifier que tout a été correctement copié et importé.

24 Le flux de travail DNG

Le format DNG a été créé par Adobe dans le but de se substituer aux nombreux formats RAW des fabricants d'appareils photo. Il présente un certain nombre d'avantages technologiques, comme la vérification intégrée de corruption de fichier, la possibilité d'embarquer plusieurs profils colorimétriques ou d'inclure le fichier RAW original.

Aujourd'hui, il est tout à fait crédible d'avoir un flux de production entièrement basé sur le DNG, ce qui permet de rationaliser la gestion de fichiers issus de différents modèles et marques d'appareils de prise de vue, le photographe ayant la liberté d'intégrer ou pas les fichiers natifs, c'est-à-dire les fichiers RAW des fabricants d'appareils.

Les fichiers DNG issus de la « Fusion de photos » de Lightroom 6/CC seront abordés dans les exercices 49 et 50.

Étape 1

La première chose à faire avant de se lancer dans un flux de travail au format DNG est de se rendre dans les Préférences pour y effectuer quelques réglages.

Allez dans le menu **Lightroom>Préférences>Gestion des fichiers** (Mac) ou **Édition>Préférences>Gestion des fichiers** (PC), section « Importer les fichiers DNG ». Vous pouvez laisser le choix de l'extension DNG en minuscules et l'aperçu JPEG (incorporé au DNG) en taille moyenne.

Cet aperçu, comme dans tout fichier RAW, permet l'affichage de l'image dans les programmes compatibles.

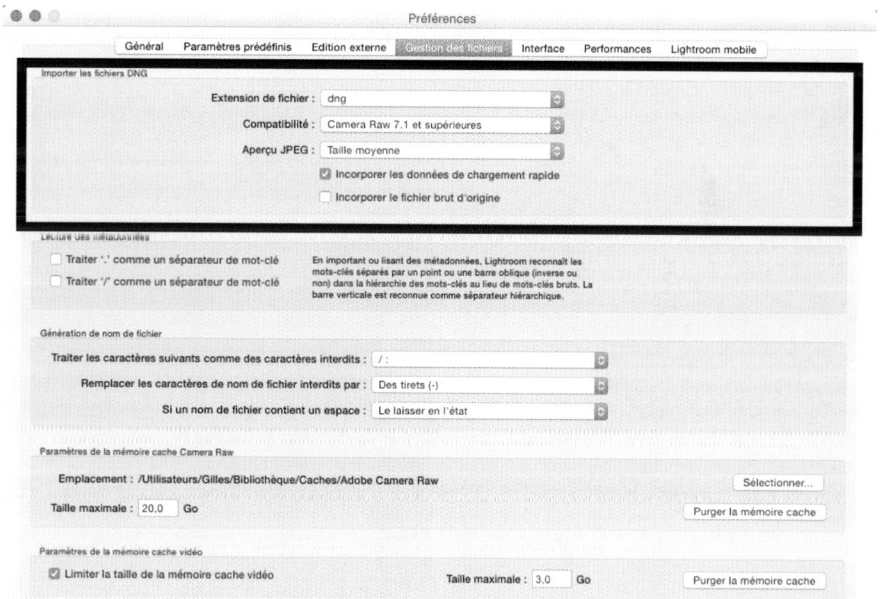

Étape 2

La liste Compatibilité permet d'assurer la compatibilité des fichiers DNG avec les différentes générations de Camera Raw depuis la version 2.4 jusqu'aux versions 7.1 et supérieures (Lightroom 4.1 et supérieures). Si vous utilisez encore une ancienne version de Photoshop et de Camera Raw, procédez au choix approprié, sinon choisissez la version la plus récente « Camera Raw 7.1 et supérieures ».

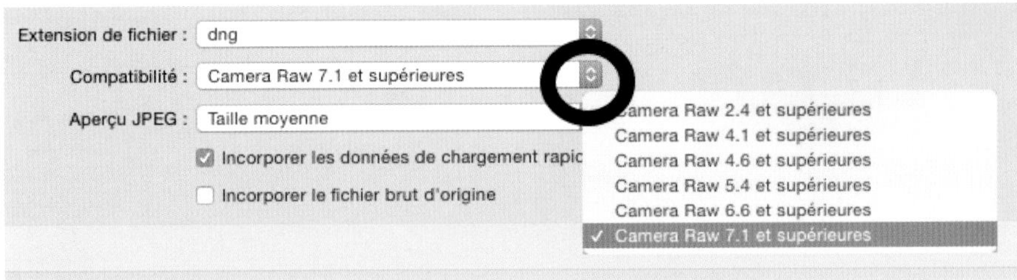

Étape 3

L'option « Incorporer le fichier brut d'origine » permet d'encapsuler le fichier RAW original lors de sa conversion en DNG, ce qui peut s'avérer utile pour l'archivage mais au prix d'une forte augmentation du poids des fichiers.

L'option « Incorporer les données de chargement rapide » intègre, aux fichiers DNG, des algorithmes accélérant l'affichage dans le module Développement, sans qu'il soit nécessaire de créer un aperçu dans le cache Camera Raw. Cette option fait prendre un léger embonpoint aux fichiers DNG.

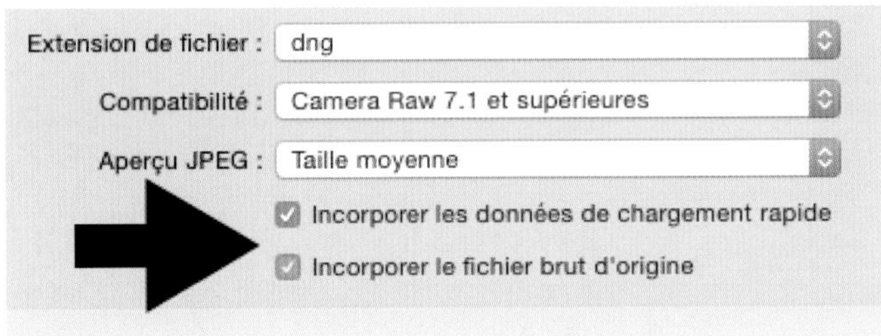

Étape 4

Vous pouvez convertir les fichiers RAW en fichiers DNG à l'importation. Dans le menu Importer, cliquez sur « Copier au format DNG », dans l'en-tête de la fenêtre.

Lightroom 6/CC introduit un nouveau comportement : afin d'assurer des importations plus rapides, la conversion DNG se fait dorénavant après le transfert des images, en tâche de fond, ce qui explique pourquoi vous verrez d'abord les vignettes au format RAW d'origine.

Dans le « Centre d'activités », vous pouvez arrêter la conversion DNG en cours, et la reprendre ultérieurement, conformément à l'étape 5.

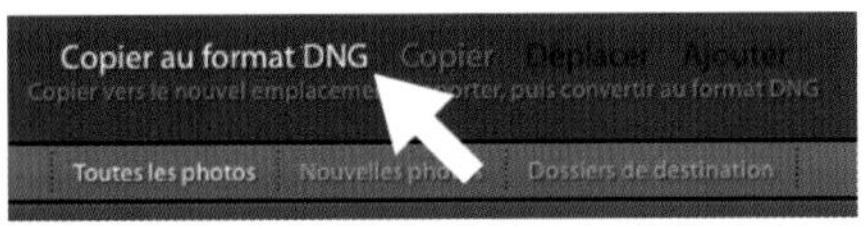

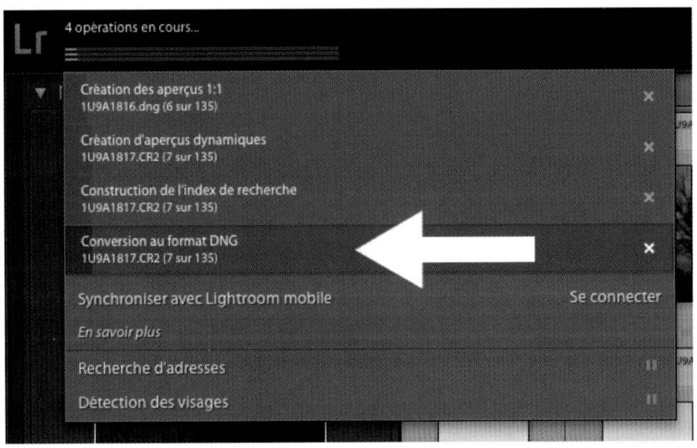

Étape 5

La conversion DNG est aussi possible dans **Bibliothèque>Convertir la photo au format DNG**. Une fenêtre équivalente aux Préférences de l'étape 1 s'affiche. L'option « Supprimer les fichiers d'origine une fois la conversion terminée » ne supprimera pas le RAW original : vous ne le verrez plus dans Lightroom, mais il sera toujours visible dans votre disque dur (clic droit + « Afficher dans le Finder/l'Explorateur »). La seule différence entre un RAW brut d'appareil et un DNG, c'est que le premier intègre les métadonnées dans un fichier annexe XMP, alors qu'elles sont incorporées dans le second.

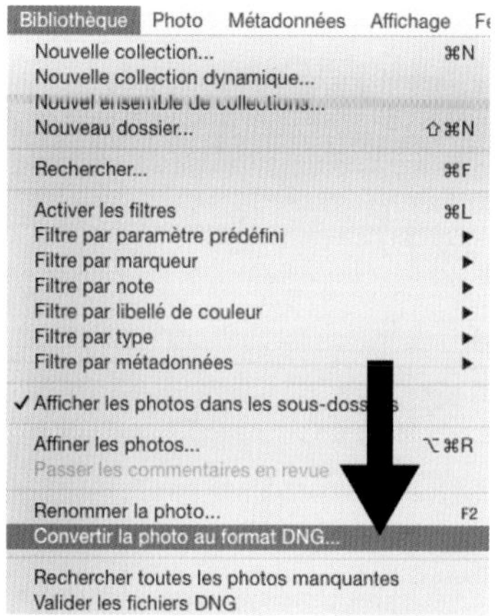

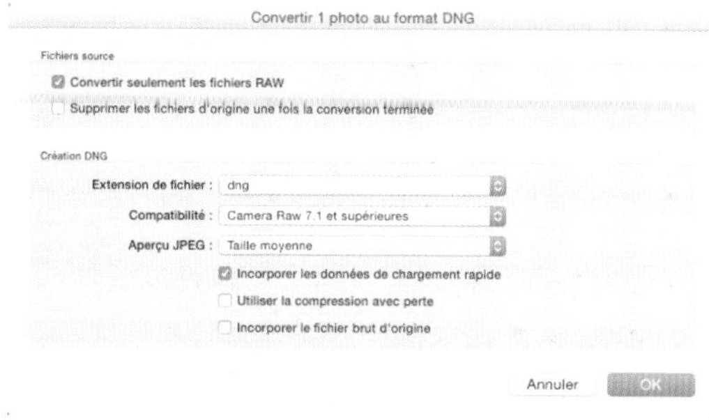

Étape 6

Si vous traitez et corrigez un fichier DNG dans Lightroom, la mise à jour des métadonnées et de l'aperçu se fera automatiquement. Mais elle est possible manuellement : sélectionnez les fichiers DNG à mettre à jour et, dans le module Bibliothèque, allez dans **Métadonnées>Mettre à jour l'aperçu DNG et les métadonnées**. L'aperçu JPEG incorporé sera rafraîchi avec les corrections effectuées sur le fichier DNG.

Étape 7

On peut se retrouver avec deux fichiers DNG, non compressés et compressés (étape 9), qui semblent identiques et portent la même extension « .dng ». Mais le « Filtre de bibliothèque » et les collections dynamiques discernent ces variantes :

- « Digital Negative (DNG) » : totalité des fichiers DNG, toutes variantes confondues ;
- « DNG/Sans perte » : fichiers non compressés ;
- « DNG/Compressé avec perte » : fichiers compressés ;
- « DNG/Résolution réduite » : fichiers compressés et redimensionnés.

Le critère « DNG avec données à chargement rapide » n'existe que dans les collections dynamiques.

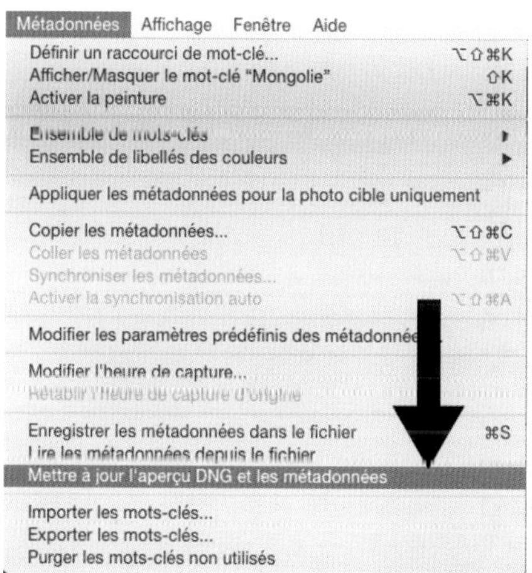

Étape 6

Étape 7

Étape 8

Le panneau Métadonnées est doté d'une section dédiée aux fichiers DNG. On y trouvera des informations comme la version des spécifications DNG, la compatibilité descendante avec les anciennes versions de Lightroom, la présence ou non des données de chargement rapide, de la compression avec perte, d'un fichier RAW encapsulé ou de données de transparence. De même que le nom du fichier RAW original, ses dimensions et celles de l'aperçu JPEG incorporé.

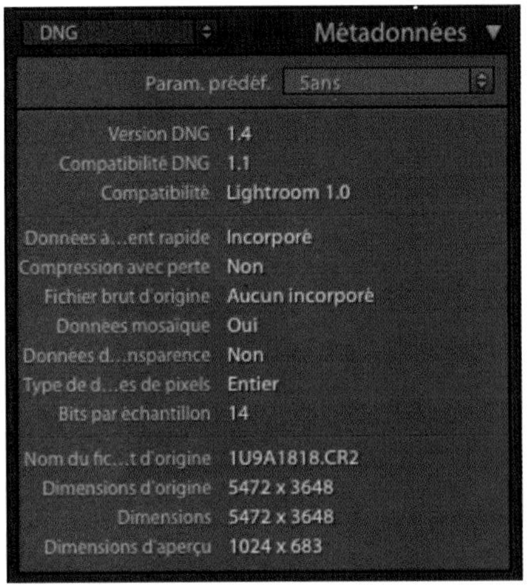

Étape 9

Le menu Exporter offre des options pour créer des fichiers DNG. Ce sont les mêmes que celles des Préférences, à savoir la compatibilité avec d'anciennes versions, la taille de l'aperçu JPEG, l'incorporation de données de chargement rapide et du fichier brut d'origine, ainsi que la compression avec perte, cette dernière activant également la section « Dimensionnement de l'image ».

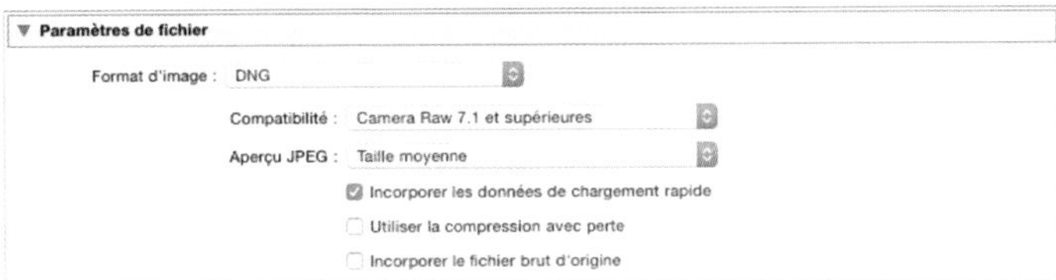

Étape 10

La commande **Bibliothèque>Valider les fichiers DNG** du module Bibliothèque contrôle l'intégrité des fichiers DNG. Les fichiers incorrects sont rassemblés dans une collection quand vous cliquez sur « Afficher dans la bibliothèque », dans la fenêtre qui apparaît après l'analyse. Seuls les DNG créés par les logiciels Adobe sont pris en charge, les autres, notamment utilisés par certains boîtiers, n'incorporent pas les routines de vérification nécessaires.

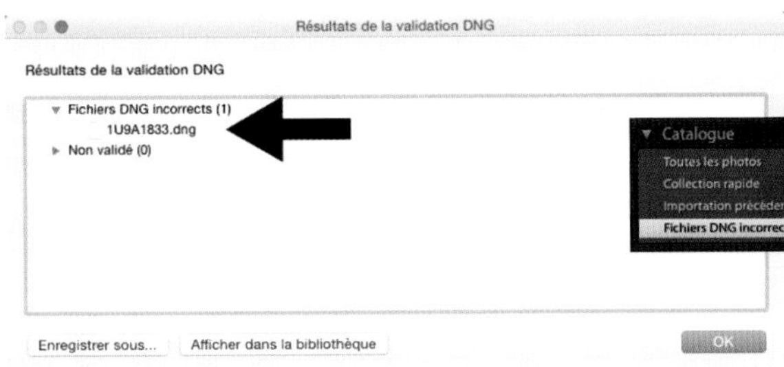

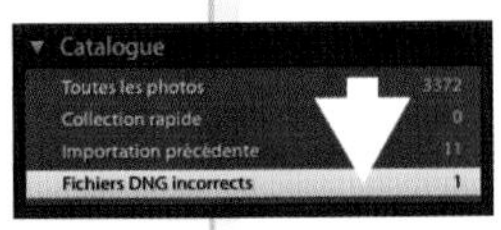

> Remarque : le symbole de fichier corrompu – un point d'exclamation dans un disque noir – s'applique aussi bien aux fichiers DNG qu'aux autres fichiers pris en charge par Lightroom.

25 Le flux de travail vidéo

Le catalogage de vidéos est possible depuis Lightroom 3. Depuis, Lightroom est allé encore plus loin en offrant la possibilité de couper les vidéos, de les corriger avec les outils du panneau « Développement rapide » du module Bibliothèque, et d'ajouter des films à un diaporama.
Bien entendu, Lightroom n'a pas la vocation de remplacer un programme spécialisé comme Premiere, Final Cut ou iMovie, mais il a le mérite de proposer des outils de base qui suffiront à ceux qui font occasionnellement de la vidéo avec leur appareil photo, tout en profitant de ce qui reste, à nos yeux, le plus important : l'accès à la totalité des fonctions de catalogage.

Étape 1

Les vidéos enregistrées avec les appareils photo (ou dans l'un des formats cités en conclusion) peuvent être importées dans Lightroom de la même manière que les photographies, y compris en mélangeant photos et vidéos.
Le menu Importer permet également de leur attribuer des mots-clés, un modèle de copyright et des paramètres de développement. Les vidéos se distinguent des photos par une icône de caméra logée dans le coin inférieur gauche des vignettes.

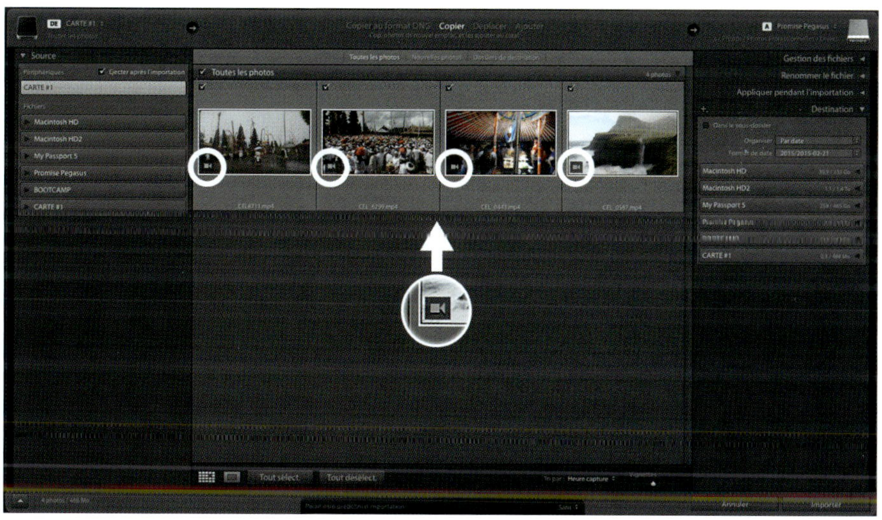

Étape 2

Une fois importées dans le module Bibliothèque, les vidéos ont le même aspect que les vignettes des photos, à part l'incrustation de la durée du film, en bas à gauche. Parmi les collections dynamiques livrées d'emblée, l'une d'elles, « Fichiers vidéo », regroupe automatiquement toutes les vidéos présentes dans le catalogue.

Étape 3

Les vignettes (ou cellules) des vidéos présentent une caractéristique particulière : si vous placez le pointeur de la souris sur l'image et que vous le déplacez latéralement, vous ferez défiler le contenu de la vidéo. Cette fonction vous permet ainsi d'avoir un aperçu rapide du film.

Notez que si la lecture se fait dans le programme, Lightroom s'appuie sur QuickTime pour décoder certaines vidéos (installé d'office sur Mac mais pas sur PC).

Étape 4

Après un double-clic sur une vignette, la vidéo s'affiche en mode Loupe, avec une barre de lecture flottante située en contrebas du panneau d'affichage principal. Cette barre présente, de gauche à droite, un certain nombre d'outils, dont un bouton Lecture/Pause, un indicateur de progression et le temps, ainsi que deux autres icônes que nous verrons dans les étapes suivantes.

Le bouton de progression repositionne la vidéo à la souris, en avant ou en arrière.

Étape 5

En cliquant sur l'avant-dernière icône à droite, vous accédez à un menu qui propose deux fonctions : « Capture d'image » et « Définir l'image de vignette ». La première permet d'extraire un fichier JPEG de la vue de votre choix ; il sera automatiquement empilé sur la vidéo originale. Lancez la lecture, faites pause sur l'image de votre choix et sélectionnez « Capture d'image ».

Les vidéos HD permettent d'obtenir un fichier de qualité suffisante, y compris pour l'impression.

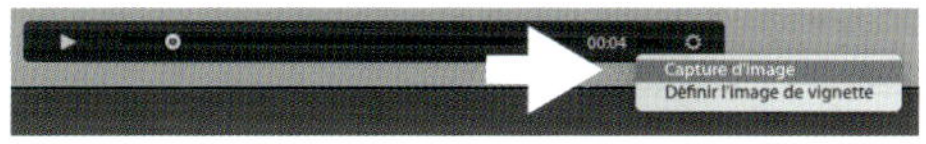

Étape 6

La fonction « Définir l'image de vignette », comme son nom l'indique, vous permettra de choisir une vue extraite de la vidéo pour illustrer la vignette. Comme dans l'étape précédente, lancez la lecture, faites pause sur la vue qui vous convient, puis sélectionnez « Définir l'image de vignette » dans le menu. Bien entendu, vous pouvez revenir sur votre choix à tout moment.

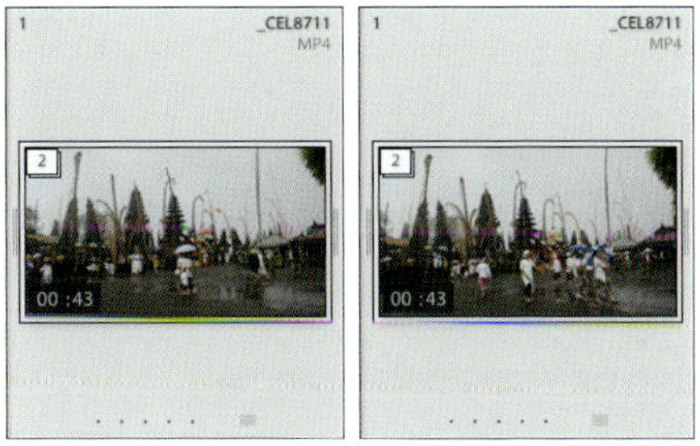

Étape 7

La fonction pour couper les vidéos est accessible en cliquant sur l'icône en forme de roue dentée. La barre flottante s'élargit pour afficher les vues séquentielles de la vidéo. Pour élargir la barre, placez la souris à l'une des extrémités et tirez vers la gauche ou la droite. En revanche, on ne peut pas augmenter la taille de la barre, ni des vues. Le bouton de progression de lecture est paré d'une barre verticale orange, et le bouton Lecture/Pause est entouré de boutons Avant/Arrière opérant vue par vue.

Étape 8

Couper une vidéo consiste à définir un point d'entrée et un point de sortie à l'aide des volets coulissants placés de part et d'autre de la séquence : déplacez-les en plaçant la souris sur les icônes composées de deux petites barres verticales blanches, façon bouton Pause. Lorsque les points d'entrée et de sortie sont établis, cliquez sur le bouton Lecture pour vérifier la vidéo.

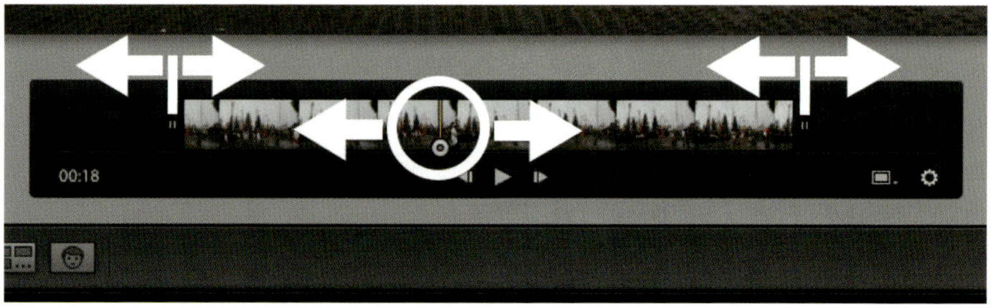

Étape 9

Bien entendu, nous restons dans un flux non destructif, et seule la vidéo exportée sera réellement modifiée, même si le fait de l'avoir coupée, comme expliqué dans l'étape 8, se verra aussi dans Lightroom.

Vous pouvez créer plusieurs versions avec différents réglages, tout simplement en créant des copies virtuelles de vos vidéos.

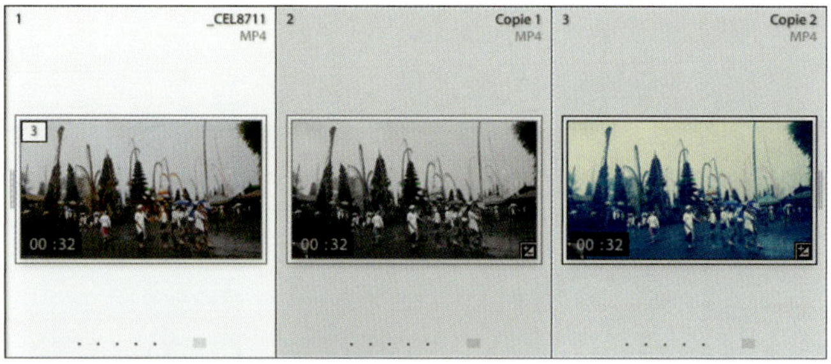

Étape 10

Vous pouvez corriger les vidéos à l'aide du panneau « Développement rapide » du module Bibliothèque.

Une fois que vous avez sélectionné un film dans la grille ou le « Film fixe », des commandes sont désactivées mais les outils de balance des blancs, d'exposition et de contraste, l'écrêtage des blancs et des noirs, la vibrance (ou la saturation, en appuyant sur la touche Alt/Option) ainsi que la tonalité automatique et le traitement couleur ou noir et blanc sont pleinement opérationnels.

Étape 11

Il est possible d'appliquer des paramètres prédéfinis en allant dans la liste **Param. Préd. enregistré>Paramètres prédéfinis vidéo de Lightroom**, où vous pourrez faire votre choix parmi quelques réglages fournis d'origine, y compris en monochrome ou du traitement croisé.

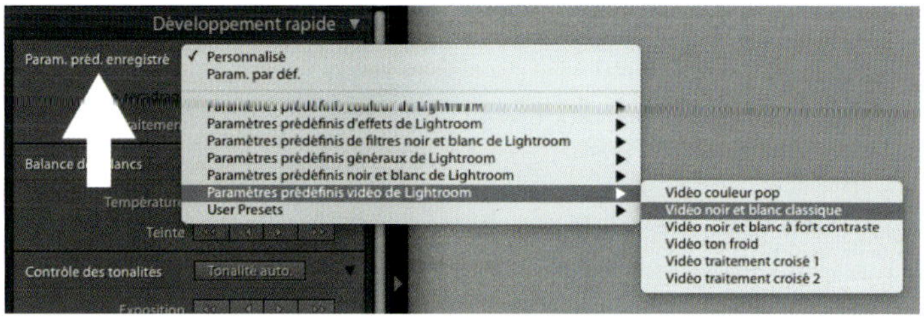

Étape 12

Si vous tentez d'appliquer des paramètres prédéfinis conçus avec des outils incompatibles aux fichiers vidéo, une boîte de dialogue vous renseignera sur les réglages qui peuvent être appliqués aux fichiers vidéo. Ceux-ci sont tout de même assez nombreux et nécessitent un passage par le module Développement, à l'aide de l'astuce décrite à l'étape suivante.

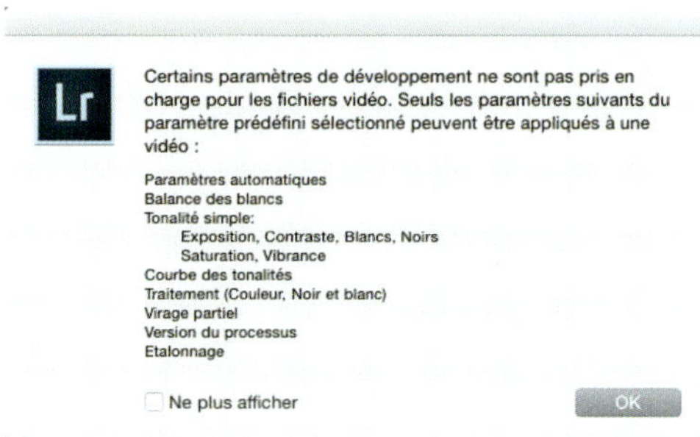

Étape 13

Le module Développement ne prenant pas les vidéos en charge, créez un fichier JPEG extrait de la vidéo (étape 5), puis passez dans ce module. Appliquez les corrections et réglages souhaités au fichier JPEG, puis sélectionnez la vidéo originale dans le « Film fixe », en cliquant sur la touche Ctrl/Cmd. Ensuite, cliquez sur « Synchroniser », en bas à droite.

Dans la boîte de dialogue, cochez les réglages appropriés (notez les reglages grisés non compatibles), puis cliquez sur Synchroniser : les réglages du JPEG s'appliqueront à la vidéo.

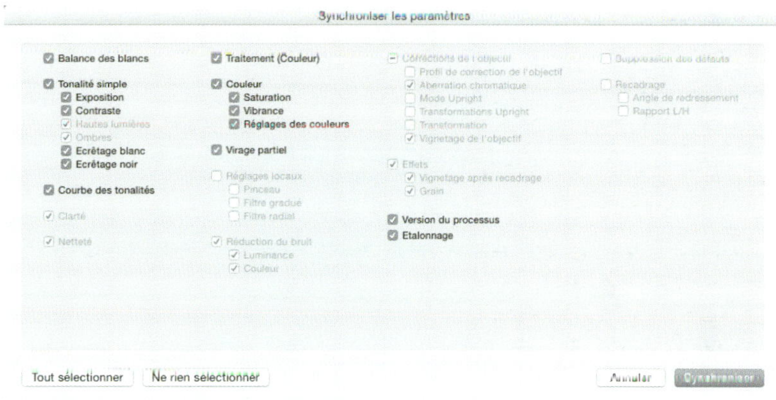

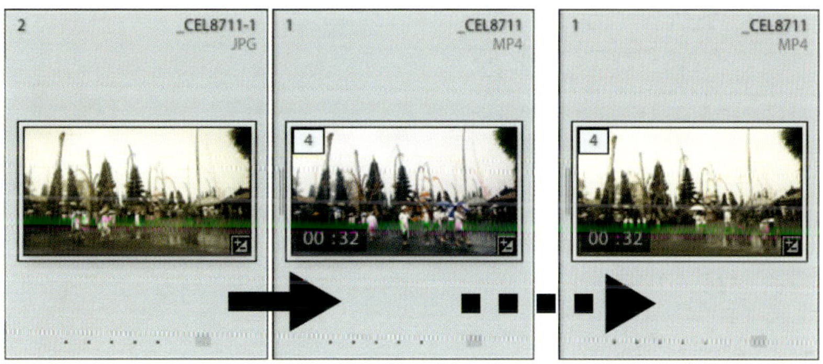

Étape 14

Vous pouvez également en profiter pour créer un paramètre prédéfini : effectuez vos réglages sur le fichier JPEG, dans le module Développement, puis cliquez sur le bouton « + » du panneau « Paramètres prédéfinis », à gauche. Cochez les réglages à enregistrer, nommez le paramètre prédéfini, choisissez le dossier « Paramètres prédéfinis de l'utilisateur » (ou tout autre dossier créé par vos soins), puis validez en cliquant sur Créer.

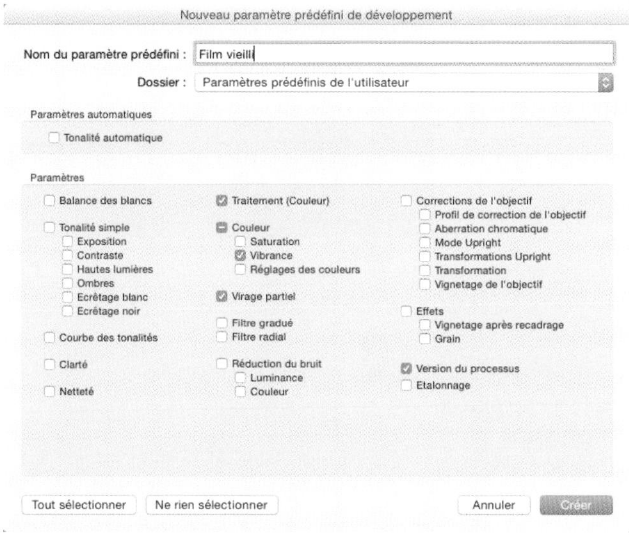

Étape 15

Le paramètre prédéfini ainsi créé sera disponible en permanence dans le panneau « Développement rapide », situé dans le module Bibliothèque. La raison pour laquelle les vidéos ne sont pas prises en charge par le module Développement tient au fait que ce dernier utilise le moteur Camera Raw, exclusivement destiné aux fichiers photographiques.

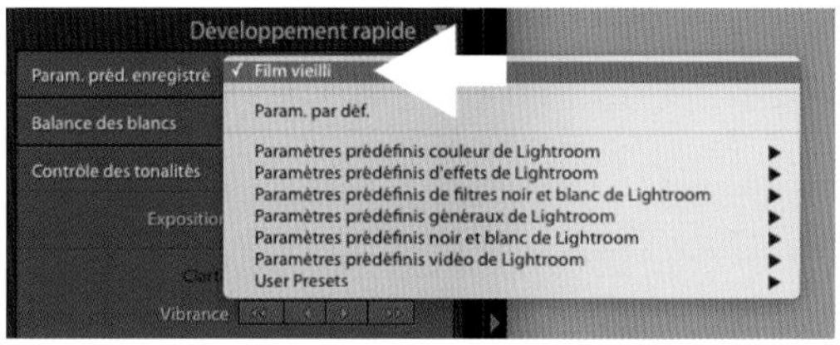

Étape 16

L'exportation se déroule de la même manière qu'avec les photos. La section Vidéo du menu Exporter permet, une fois coché le bouton « Inclure des fichiers vidéo » (en cas d'exportation mixte photos + vidéos), de choisir entre trois formats : « Fichier d'origine non édité », H.264 (avec plusieurs qualités) et DPX *(Digital Picture Exchange)*, un format de cinéma numérique exploité par des logiciels spécialisés, comme Premiere. Le panneau affiche également la taille et le nombre d'images par seconde de l'original et de la version exportée.

Étape 17

Le panneau Métadonnées, dans le module Bibliothèque, dispose d'une section Vidéo permettant de saisir un grand nombre d'informations liées à la prise de vues, à l'équipe de tournage, au projet lui-même ainsi que des informations techniques comme l'angle (contre-plongée, à l'épaule, etc.) ou le mouvement (travelling, panoramique, etc.) du matériel de prise de vues.
Vous y trouverez aussi les caractéristiques techniques comme la durée du film, le nombre d'images par seconde, les dimensions en pixels de l'image et le taux d'échantillonnage audio.

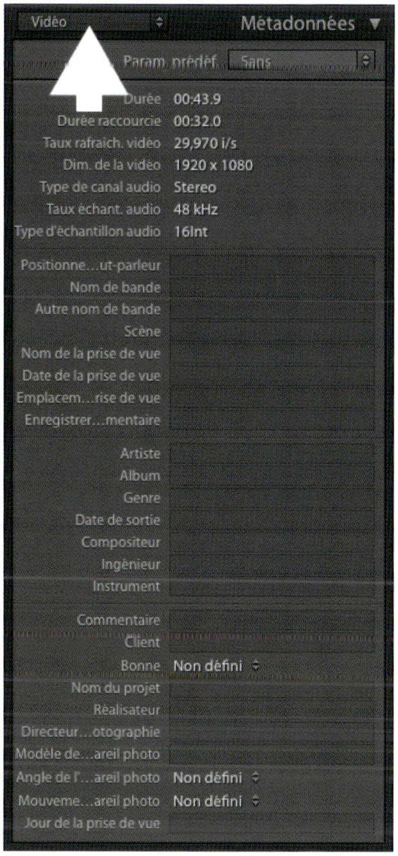

Étape 18

Les services de publication, dans le module Bibliothèque (exercice 81), permettent aussi de configurer la diffusion de vidéos dans les services de galeries web compatibles (Flickr, SmugMug, etc.). Les options sont les mêmes que dans le menu Exporter (étape 16). Le « Filtre de bibliothèque » et les collections dynamiques permettent de filtrer et rassembler les vidéos gérées par le catalogue.

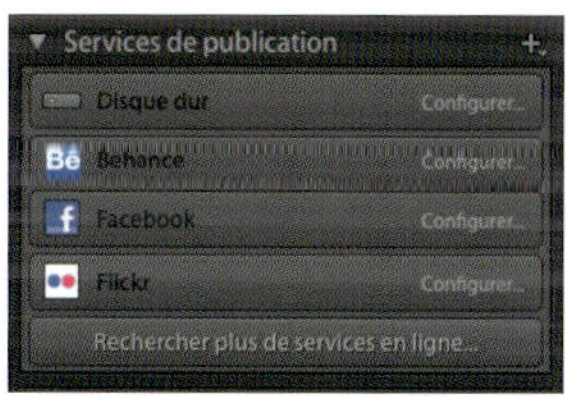

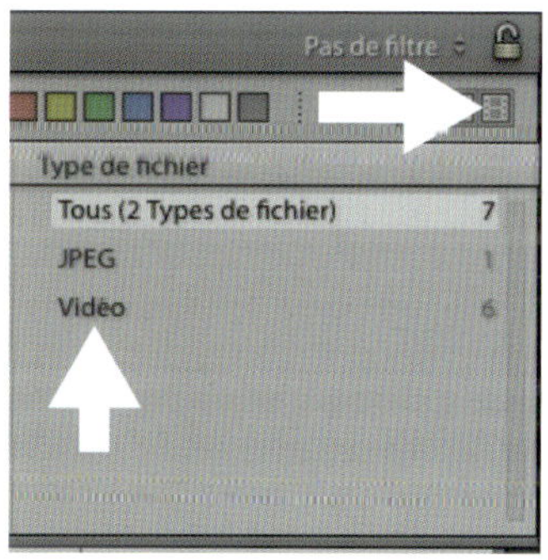

Conclusion : Lightroom peut gérer un certain nombre de formats vidéo, dont la plupart des films enregistrés avec un smartphone, un reflex, un compact ou un hybride. Le format AVCHD/AVCHD2 est aussi pris en charge ainsi que, d'une manière générale, les vidéos « .mov », « .avi » et « .mp4 ». Pour une compatibilité maximale, installez les plus récentes versions de QuickTime, sur PC comme sur Mac (depuis Lightroom 4, la lecture vidéo se fait dans le module Bibliothèque et non plus par l'utilitaire du système d'exploitation). Toutes les fonctions de catalogage, y compris les copies virtuelles et l'empilement ou la création de collections, fonctionnent avec les vidéos importées.

26 Le module Cartes

Le module Cartes va vous permettre de localiser vos photos selon trois méthodes : par le récepteur GPS propre à l'appareil photo, par l'utilisation d'un récepteur GPS externe (fréquemment un smartphone), ou par un balisage à l'aide des cartes et des vues satellites de Google.
L'utilisation du module Cartes exige une connexion Internet, les plans n'étant pas stockés dans Lightroom, de même que pour faire fonctionner la fonction « Recherche d'adresses » (auparavant, « Géocodage inversé ») qui renseigne automatiquement les champs IPTC d'emplacement (ville, région, pays, etc.) à partir des coordonnées géographiques. Lightroom 6/CC n'apporte pas de nouvelle fonction au module Cartes, mais le « moteur », qui devrait apporter plus de fluidité et de fiabilité, est entièrement nouveau.

Étape 1

Le module Cartes se présente comme les autres modules : à gauche, le panneau Collections et un panneau permettant d'enregistrer ses emplacements favoris, à droite, le panneau Métadonnées du module Bibliothèque calé sur Emplacement, et enfin, sous le panneau central, la barre d'outils pour choisir le type de carte et gérer les relevés d'itinéraire *(tracklogs)*. Le module propose quatre types de cartes : Satellite (photo), Plan (carte routière), Hybride (photo + carte routière superposée) et Terrain (carte de type IGN, avec courbes d'élévation). Deux versions supplémentaires facilitent la lecture : Claire (tons gris clair) et Foncée (gris foncé). Le temps de chargement des cartes dépendra, bien entendu, de la qualité de votre connexion Internet.

Étape 2

Le « Filtre d'emplacement », dans la partie supérieure du panneau central, comporte un certain nombre de fonctions et de critères permettant de n'afficher dans le « Film fixe » que les images qui y répondent (images avec ou sans coordonnées géographiques, etc.), et un champ de recherche. Si vous saisissez par exemple « Port de Lamarque », le module affichera ce lieu. En cours de frappe, plusieurs lieux possibles (même nom) seront proposés sous forme de liste dans un panneau flottant. Les résultats de recherche sont représentés par un pictogramme jaune d'or pourvu d'un point noir.

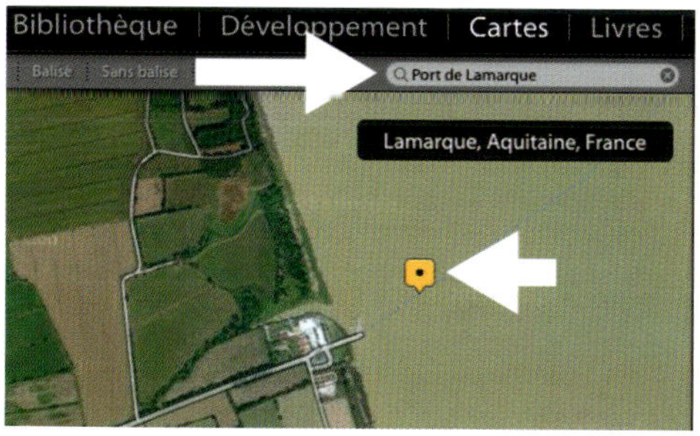

Étape 3

Par défaut, le module Cartes affiche la description des pictogrammes incrustés dans les cartes. Nous vous conseillons de la laisser en permanence pour vous faciliter la tâche, mais pouvez la fermer en cliquant sur la croix, en haut à droite. Pour la rappeler, allez dans le menu **Affichage>Afficher la légende de la carte.**

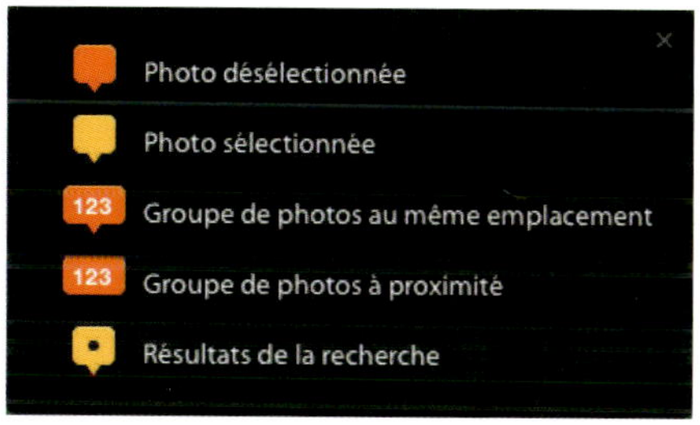

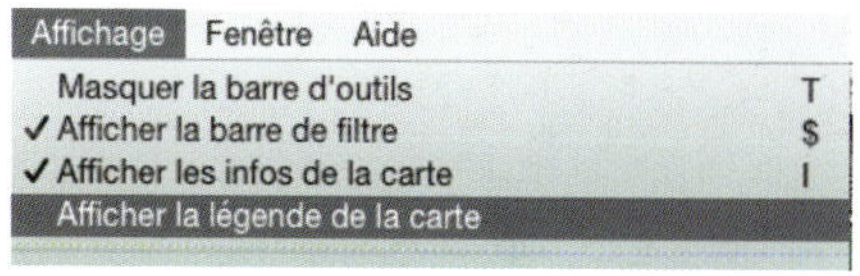

Étape 4

Un tour par **Paramètres du catalogue> Métadonnées** permet d'activer les fonctions de recherche d'adresses. La première option permet le renseignement automatique des champs d'emplacement, selon les coordonnées GPS enregistrées dans les images, la seconde autorise le remplissage de ces champs s'ils sont vides au moment de l'exportation. Lors de la première installation de Lightroom, une boîte de dialogue propose d'activer la recherche d'adresses, que l'on peut mettre en pause dans le « Centre d'activités ».

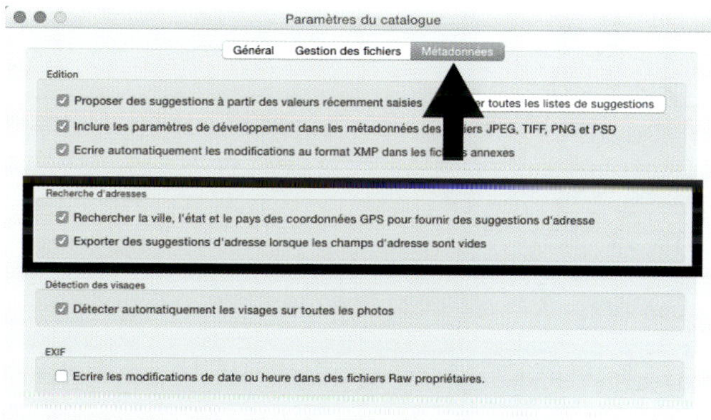

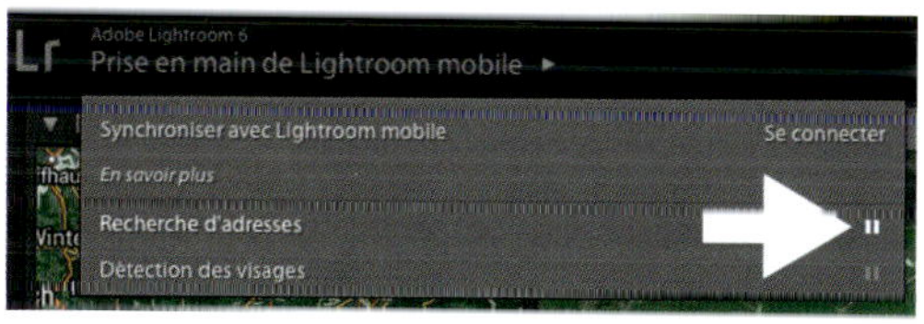

Étape 5

La première méthode de géolocalisation – la plus simple – consiste à importer des photos contenant déjà des coordonnées GPS dans les métadonnées EXIF, notamment si votre boîtier est équipé de son propre récepteur GPS (interne ou sous forme d'accessoire externe). Dans ce cas, après importation, une icône de géolocalisation apparaît dans la vignette, et les coordonnées géographiques sont visibles dans les champs EXIF du panneau Métadonnées (ainsi que les informations dans les champs IPTC d'emplacement, si le géocodage inversé est actif).

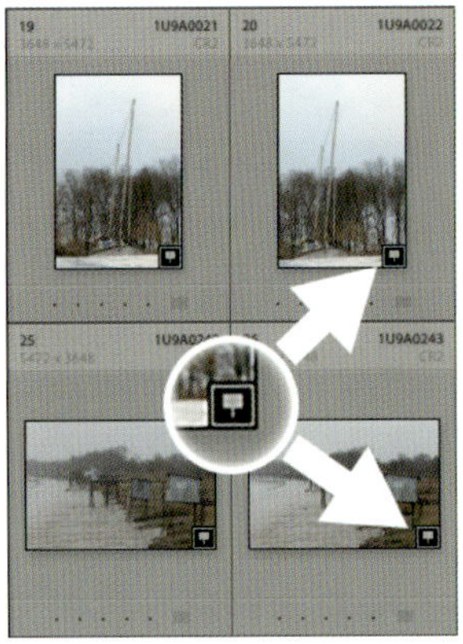

Étape 6

Par un clic sur l'icône de vignette ou la flèche à droite des coordonnées GPS, vous passez dans le module Cartes, avec affichage des pictogrammes d'emplacement sur la carte ou l'image satellite. Ils contiennent le nombre d'images. La couleur jaune d'or correspond à une photo sélectionnée, la couleur orange est celle des photos géolocalisées (ou balisées, pour reprendre la terminologie Adobe) mais non sélectionnées.

Le système peut différencier les groupes de photos pris au même emplacement ou à proximité. Les premiers ont logiquement les mêmes coordonnées géographiques, mais si vous vous êtes déplacé de quelques mètres ou dizaines de mètres, ces groupes seront considérés comme pris « à proximité », comme la fonction l'indique. Tout dépend de la précision d'enregistrement des coordonnées GPS, de la qualité de la réception ou des obstacles du terrain. L'autre facteur déterminant est le grossissement de zoom dans la carte : plus vous vous rapprochez, plus les photos regroupées se détacheront en petits groupes (étape 8).

Étape 7

En passant la souris sur l'une des bulles, une fenêtre flottante s'affiche aussitôt, avec une photo et quelques informations liées à la prise de vue. S'il y a plusieurs images, vous pouvez passer de l'une à l'autre en cliquant sur les flèches situées à gauche et à droite, ou tout simplement en utilisant la molette de la souris (à condition de laisser le pointeur dans la fenêtre).

Étape 8

Plus vous zoomez dans la carte ou la vue satellite, et plus vos groupes de photos, prises à différents endroits et à des heures variables, apparaîtront de façon précise. Dans cet exemple, une vue générale montre un pavé signalant l'existence d'un groupe de photos à proximité du même lieu. Si vous zoomez dans la carte, vous verrez apparaître les différents groupes avec plus de précision.

Étape 9

La recherche d'adresses (ex-géocodage inversé) permet à Lightroom de remplir automatiquement les champs de métadonnées IPTC « Ville », « Région », « Pays » et « Code de Pays ISO », si vous disposez de la connexion Internet et avez autorisé cette fonction (étape 4). Les informations sont grisées car elles sont modifiables.

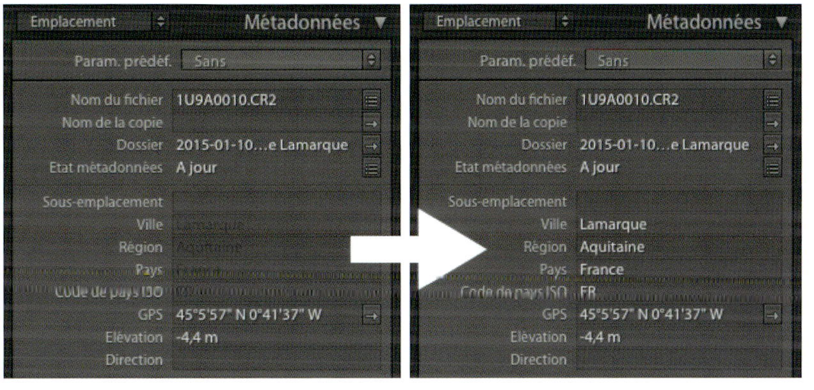

Remarque : pour valider les informations grisées, cliquez sur le libellé de chaque champ (Ville, Pays, etc.). Dans la fenêtre qui s'affiche, cliquez sur l'information. Cette opération ne peut se faire qu'un champ après l'autre, mais les informations étant inscrites dans le catalogue et pouvant être jointes aux images exportées, la validation ne sera utile que si vous souhaitez les intégrer à vos projets de livres photo, galeries web, etc.

Étape 10

La deuxième méthode consiste à combiner les relevés d'un récepteur GPS externe – un iPhone équipé d'une application comme gps4cam – aux photos importées dans Lightroom. Dans ce cas, il est essentiel de synchroniser la date et l'heure des deux appareils. Après la séance de prise de vue, allez dans l'application de votre iPhone et exportez votre dernière balade sous forme de fichier au format GPX, sous forme de Trackpoints (Lightroom ne prend pas de Waypoints, c'est-à-dire des points d'intérêt nommés et symbolisés).

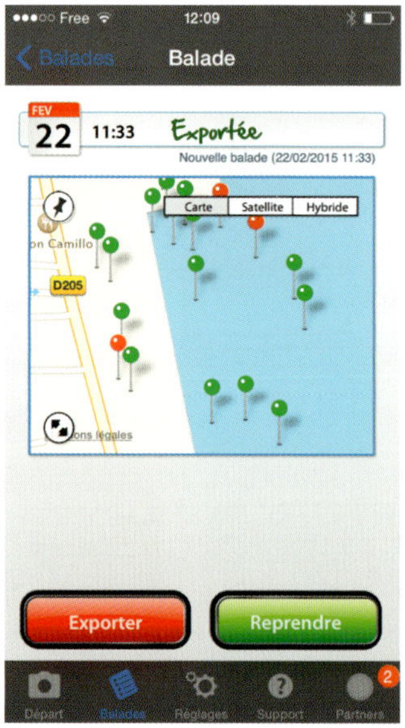

Étape 11

Dans le module Cartes, allez dans le menu **Cartes>Relevé d'itinéraire>Charger le relevé d'itinéraire** ou cliquez sur l'icône en forme de zigzag située dans la barre d'outils, puis sélectionnez « Charger le relevé d'itinéraire » dans le menu contextuel.

Une boîte de dialogue du système va vous inviter à repérer et choisir le fichier GPX (extension « .gpx ») exporté précédemment par votre récepteur GPS ou votre smartphone.

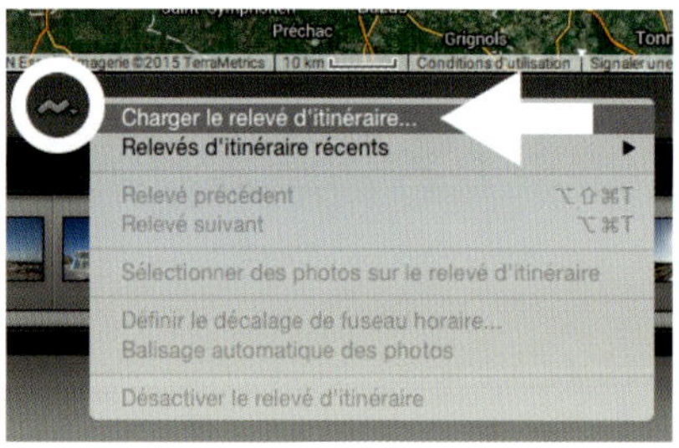

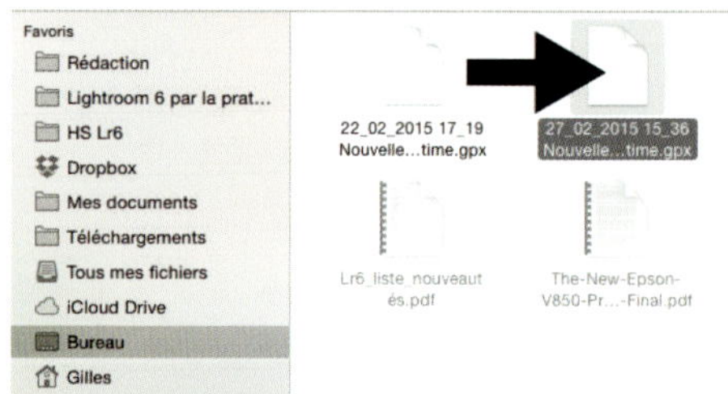

Étape 12

Après importation de l'itinéraire, celui-ci apparaît sur la carte ou la vue satellite. Si vous placez le pointeur de la souris à n'importe quel endroit du tracé, une infobulle va vous indiquer l'heure exacte enregistrée à cet emplacement précis.

Étape 13

Un menu garde en mémoire les derniers relevés d'itinéraire au format GPX, chargés dans le module Cartes : cliquez sur l'icône en zigzag dans la barre d'outils, sous la carte, puis allez dans « Relevés d'itinéraire récents ».

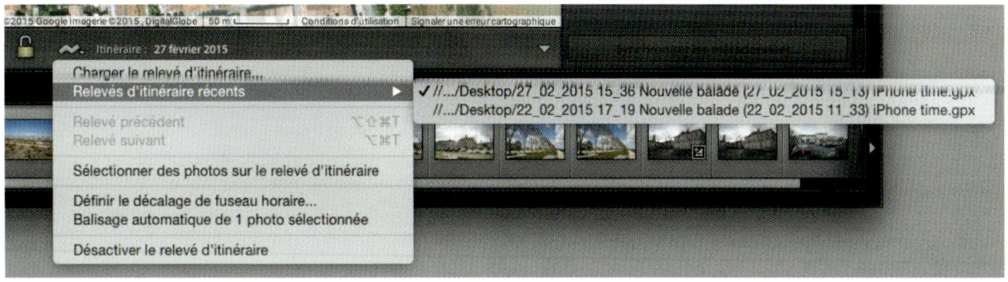

Étape 14

En revanche, si vous voulez géolocaliser vos photos de manière encore plus précise, en tenant compte de vos déplacements et arrêts pour les prises de vue, sélectionnez vos images après importation du relevé d'itinéraire, puis choisissez « Balisage automatique de X photos sélectionnées » dans le menu contextuel.

Vous pouvez constater, par rapport à l'étape 13, que la carte présente plusieurs groupes d'images correspondant aux différentes positions de prise de vue en cours de déplacement.

Étape 15

Le relevé d'itinéraire ne suit pas toujours à la perfection votre cheminement réel sur le terrain, cela est dû à la précision du récepteur utilisé et aux conditions parfois aléatoires de qualité de réception des signaux émis par les satellites GPS (terrain accidenté, obstacles, lieux confinés, etc.).

Étape 16

La troisième méthode de géolocalisation vaut si l'on n'a pas de récepteur GPS. Faites une recherche du lieu de prise de vue (étape 2) et sélectionnez vos photos dans le « Film fixe ». Glissez-les sur la carte à l'emplacement exact de la prise de vue : les coordonnées GPS et les informations de la recherche d'adresses seront automatiquement saisies. Méthode alternative : après recherche du lieu et sélection des photos, cliquez droit dans la carte et sélectionnez « Ajouter des coordonnées GPS aux photos sélectionnées » dans le menu flottant.

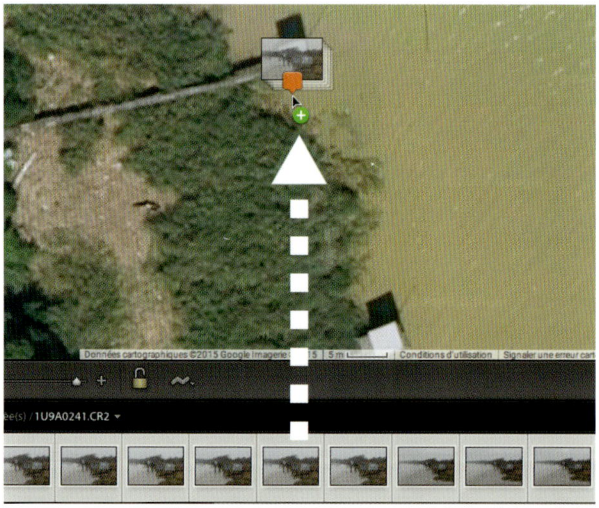

Étape 17

Le module Cartes permet de créer des listes d'emplacement personnalisées dans le panneau « Emplacements enregistrés », à gauche. Cliquez sur le bouton « + ». Dans la boîte de dialogue, saisissez le lieu et ajustez le rayon de pertinence de l'emplacement enregistré : toute image glissée dans ce cercle se verra attribuer les coordonnées de l'emplacement enregistré. Cliquez sur Créer pour ajouter l'emplacement à la liste des favoris.

> Remarque : vous pouvez attribuer les données de localisation enregistrées en faisant un glisser-déposer d'images sur un emplacement enregistré, ou en glissant-déposant un emplacement enregistré dans une sélection d'images du « Film fixe ».

Étape 18

Dans la fenêtre de création d'emplacements, l'option Privé est à considérer sérieusement. Activée, elle interdit l'enregistrement de données d'emplacement dans les images exportées.
Cela s'avère très utile pour protéger la vie privée et les droits de propriété de certains lieux, bâtiments ou tout emplacement privé. Si vous prenez en photo une magnifique maison, son propriétaire ne souhaitera probablement pas que n'importe qui, y compris des personnes mal intentionnées, puisse la trouver sur une carte grâce aux métadonnées...

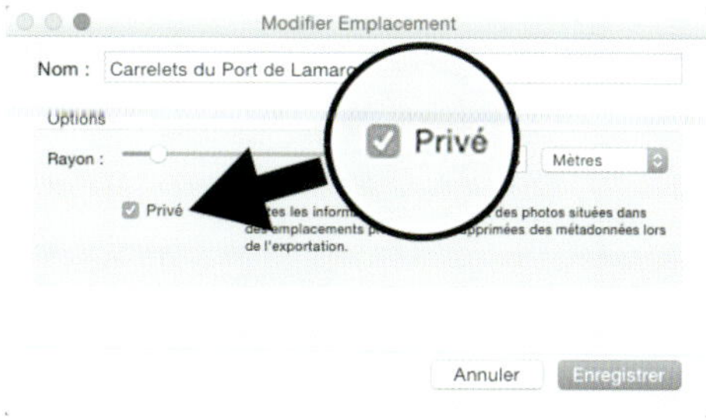

Étape 19

Dès que l'option Privé est activée, le cercle de pertinence passe du blanc au noir. Lorsque l'emplacement Privé est enregistré, il se retrouve paré d'un petit cadenas. Bien entendu, vous pouvez modifier à tout moment le rayon du cercle et le statut Privé de l'emplacement, en faisant un clic droit et en sélectionnant « Modifier l'emplacement » dans le menu contextuel.
Sachez enfin que vous pouvez organiser vos emplacements favoris sous forme de dossiers, toujours par l'intermédiaire du menu contextuel.

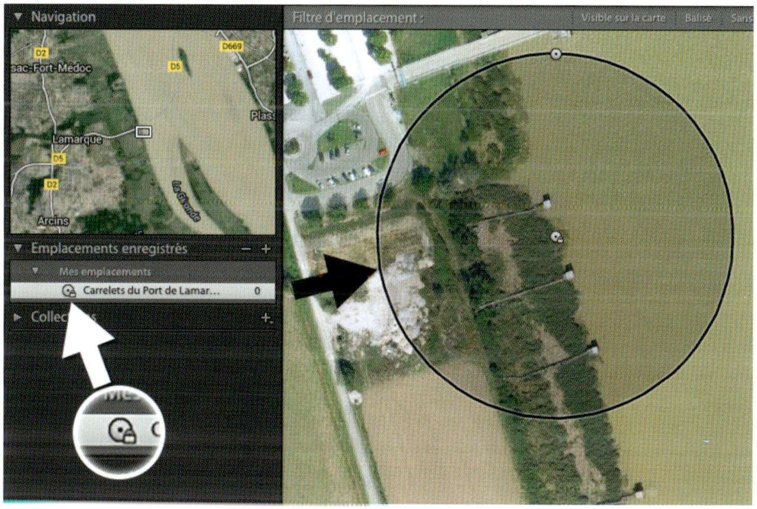

Remarque : le menu Exporter (exercice 57) comporte, dans la section Métadonnées, l'option « Supprimer les informations d'emplacement » qui interdit l'ajout de ces informations à toute image exportée.

Partie 3

Développer ses images

Le module Développement de Lightroom est entièrement basé sur Camera Raw, le module de traitement de fichiers RAW de Photoshop, dont il partage le moteur de dématriçage et les outils. Les deux applications sont d'ailleurs parfaitement compatibles, les corrections effectuées dans l'un pouvant être reprises dans l'autre. On parle bien ici de « développement d'images » et non de « retouche » : le fichier RAW est considéré comme un négatif à « développer » pour devenir une image. Le traitement des images dans Lightroom est non destructif, chaque modification est réversible à tout moment ; les corrections sont inscrites sous forme de métadonnées dans des fichiers annexes (pour les RAW) ou dans les en-têtes des images elles-mêmes (pour les JPEG, les TIFF, les PSD, les PNG et les DNG). Cette partie aborde les corrections de base : conversion dans le Processus de développement 2012 (qui reste le standard de Lightroom 6/CC), correction de l'exposition et du contraste, de la balance des blancs, du bruit, accentuation de la netteté... Nous verrons aussi comment améliorer la présence de l'image et quels sont les moyens mis à disposition pour changer ou modifier le rendu par défaut du module Développement.

Récolte de safran au Cachemire (Inde)

Exercices

27 Convertir les images dans le Processus 2012

Apparu avec Lightroom 4, le processus de développement 2012 continue sa carrière, sans modification. Il permet d'exploiter la totalité de la plage dynamique de votre appareil photo en assurant une excellente restitution à la fois dans les ombres et dans les hautes lumières, et cette fois sans dérives chromatiques ou montée excessive du bruit. La latitude de correction d'exposition est de +/-5 diaphragmes avec les fichiers RAW et de +/-10 diaphragmes sur des fichiers à point flottant 16 ou 32 bits, notamment les images HDR. Les images importées dans Lightroom 6/CC sont systématiquement traitées par le Processus 2012 ; si votre catalogue contient encore des images traitées dans les anciens processus (2003 et 2010), vous disposez de tous les outils pour faire la transition de manière transparente. Cet exercice présente les avantages du Processus 2012, et vous montre comment convertir vos anciennes images.

Étape 1

Avant de commencer, sachez que :

- lors d'une mise à jour d'un catalogue vers Lightroom 6/CC, les anciennes images traitées par le Processus 2003 ou 2010 ne sont pas automatiquement converties dans le Processus 2012 ;
- leur conversion pourra se faire au cas par cas ou par lots, selon vos besoins, au moment où vous le déciderez ;
- toutes les nouvelles images importées dans Lightroom 6/CC seront automatiquement converties dans le Processus 2012 (mais la reconversion inverse, vers les anciens Processus 2010 et 2003 est possible).

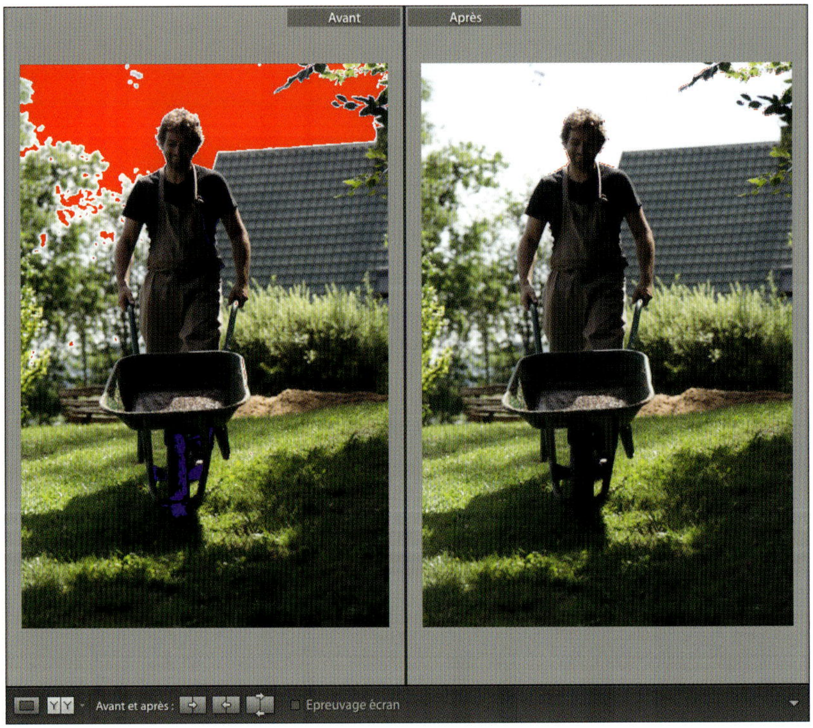

Remarque : rien ne vous oblige à convertir vos images traitées dans les précédentes versions de Lightroom, mais il y a fort à parier que vous serez vite convaincu par l'efficacité du Processus 2012.

Étape 2

Reconnaître des images qui n'ont pas encore été converties est très simple : lorsque vous passez dans le module Développement, une icône en forme d'éclair apparaît, sous l'histogramme, à sa droite. Vous pouvez vérifier la version du Processus en passant la souris dessus, ou aller dans le panneau « Étalonnage de l'appareil photo », elle s'affiche en haut. Troisième possibilité : allez dans le menu **Paramètres>Processus** (voir étape 5).

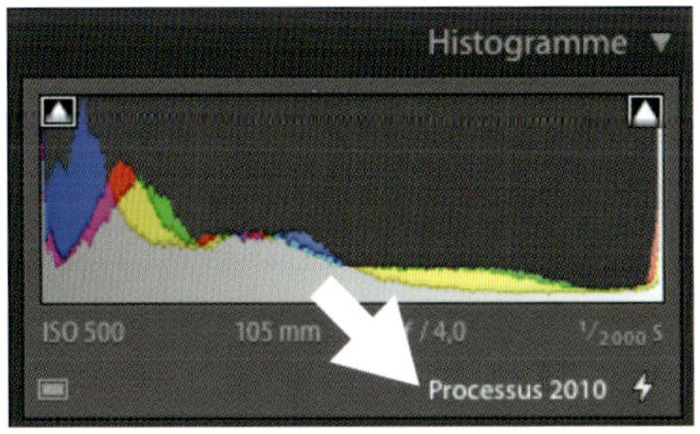

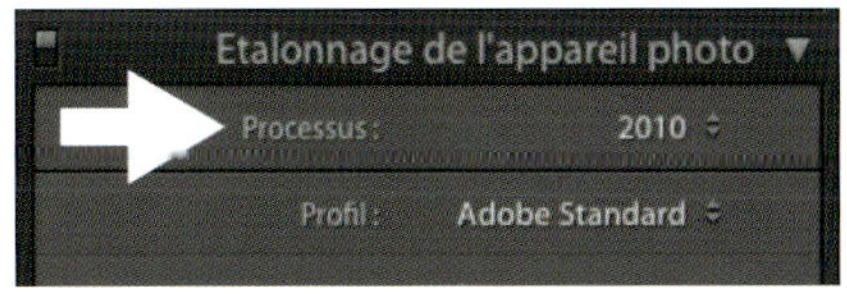

Étape 3

Si vous cliquez sur l'éclair, une boîte de dialogue propose de convertir l'image sélectionnée ou toutes les images présentes dans le « Film fixe ». Vous pouvez aussi inspecter les modifications en affichant l'image en mode Avant/Après. Nous vous conseillons cette option car, comme l'indique la boîte de dialogue, l'image peut changer d'aspect à cause des nouveaux algorithmes de traitement des tons (exposition et contraste). Ne travaillez qu'image par image, jusqu'à ce que vous ayez l'habitude du Processus 2012. Cliquez sur « Mettre à jour ».

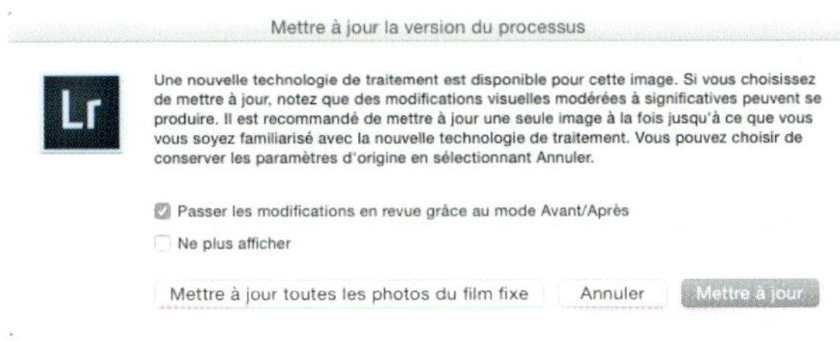

Étape 4

La conversion de l'image est quasiment instantanée. Dans le mode Avant/Après, vous pouvez zoomer pour visualiser les différences, notamment dans le traitement des hautes lumières et des parties sombres, mais c'est surtout au niveau des premières que l'on verra un changement : le Processus 2012 est capable d'aller chercher des informations utiles dans l'image, ce que le Processus 2010 ne permettait pas. En ce qui concerne le rendu des couleurs, il ne doit pas y avoir de dérives ni de modifications.

Étape 5

Vous pouvez vérifier à tout moment si la conversion a bien eu lieu, aussi bien dans le panneau Historique du module Développement qu'en retournant dans le panneau « Étalonnage de l'appareil photo » pour voir si « Processus : 2012 (actuel) » est bien affiché – ou encore dans le menu **Paramètres>Processus**. Si vous voulez revenir à l'ancien Processus, vous pouvez le faire à tout moment, aux mêmes endroits, en sélectionnant 2010 (ou même 2003, si vous êtes nostalgique de Lightroom 1 et 2) dans la liste.

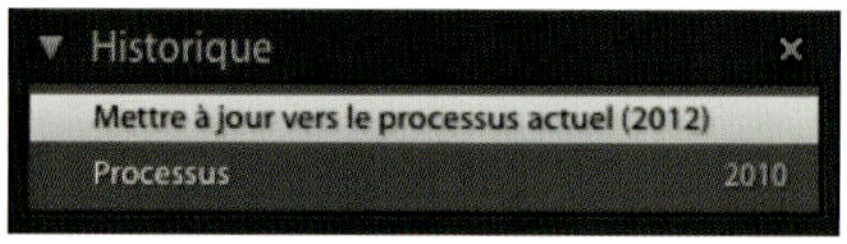

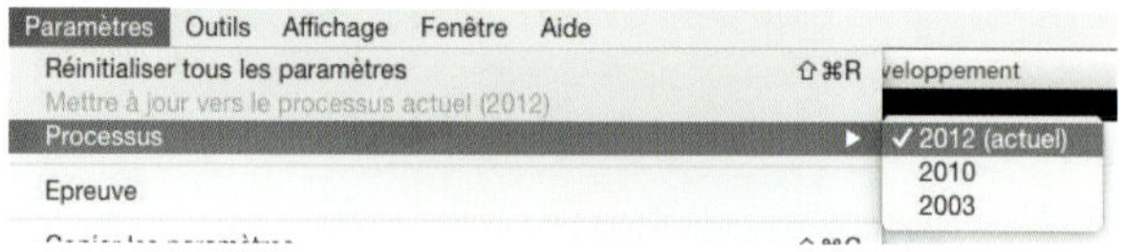

Étape 6

Lightroom donne en permanence la possibilité de rechercher, regrouper et afficher toutes les images du catalogue qui n'ont pas encore été converties au Processus 2012. Pour cela, allez dans le module Bibliothèque, puis dans le menu **Bibliothèque>Rechercher les photos du processus précédent** (inutile de sélectionner au préalable « Toutes les photos » dans le panneau Catalogue). La recherche et l'affichage des vignettes ne prennent que quelques dizaines de secondes.

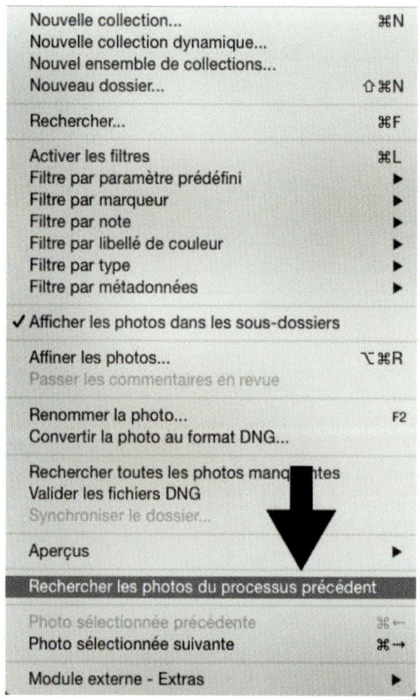

Étape 7

Une fois les images de l'ancien processus regroupées, une collection temporaire « Photos du processus précédent » est créée dans le panneau Catalogue, et elles s'affichent toutes dans la grille. Vous pouvez laisser la collection temporaire dans le panneau Catalogue, mais si vous convertissez d'autres photos, le décompte ne sera mis à jour que si vous faites une nouvelle recherche. Pour la supprimer du panneau Catalogue, faites un clic droit sur « Photos du processus précédent » et cliquez sur « Supprimer cette collection temporaire », dans le menu contextuel.

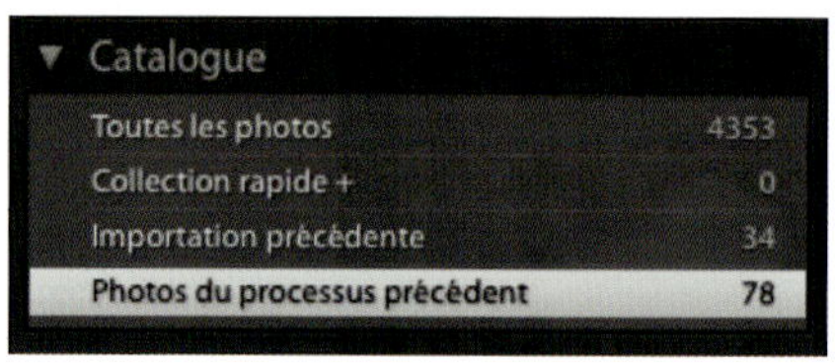

28 Étalonner l'appareil photo

Le panneau « Étalonnage de l'appareil photo » est situé tout en bas du volet droit du module Développement, comme s'il était délibérément placé hors de vue des utilisateurs de Lightroom. Ça n'est pas faux, puisque son utilisation s'adresse avant tout à des personnes averties, bien au fait de la gestion et du rendu des couleurs.
C'est dans ce panneau que vous trouverez le rendu par défaut (Adobe Standard), ainsi qu'un certain nombre d'autres profils que nous allons décrypter dans cet exercice. Nous aborderons également les profils de simulation de rendus constructeurs ainsi que l'utilisation de profils personnalisés pour améliorer le rendu des couleurs en se basant sur un profilage personnalisé du boîtier, comme ceux créés à la demande par Christophe Métairie (www.cmp-color.fr).

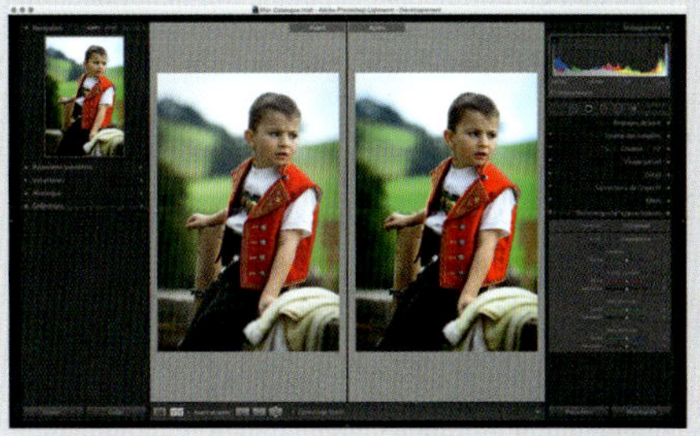

Étape 1

Le panneau « Étalonnage de l'appareil photo » se trouve dans le module Développement, tout en bas dans le volet de droite. Il est composé de trois sections :

- Processus : choix du « moteur » de développement, la version actuelle étant la 2012 ;
- Profil : choix du rendu des images, le profil par défaut étant Adobe Standard ;
- Curseurs : pour modifier la réponse colorimétrique au niveau des tons sombres, et des couleurs primaires RVB.

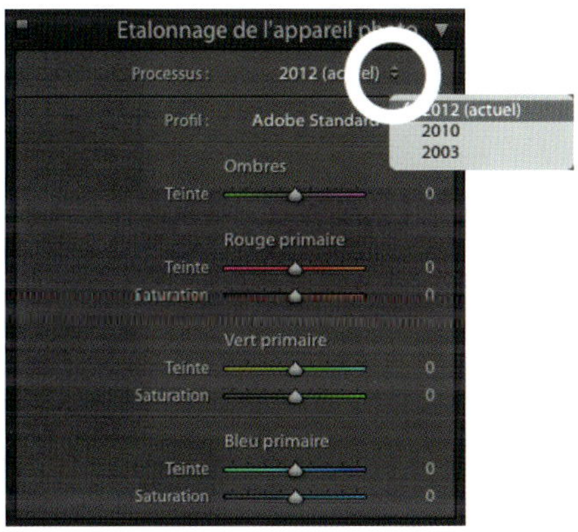

Étape 2

Le profil Adobe Standard n'est pas un profil générique qui tente d'unifier le rendu des images prises par différents modèles de boîtiers. Chaque matériel pris en charge par Lightroom (et Camera Raw) est étalonné dans les laboratoires d'Adobe, le rendu varie d'un appareil à l'autre. Ci-contre, à gauche, un rendu Adobe Standard, à droite, le rendu Camera Standard de Nikon : les couleurs tirent plus sur le jaune à droite (gilet plus orange à droite et visage moins rose, verts identiques).

Étape 3

Lightroom ne tient pas compte des styles d'image du fabricant mais embarque des profils simulant le rendu de certaines marques et modèles. À gauche, une liste de profils de simulation de rendus du Nikon D800. Les profils de simulation s'identifient au mot « Camera » et ne s'appliquent qu'aux fichiers RAW. Attention, le rendu est simulé AVANT toute correction : dès que vous commencez à corriger les images, le résultat obtenu n'est pas le même qu'avec le logiciel du fabricant de l'appareil.

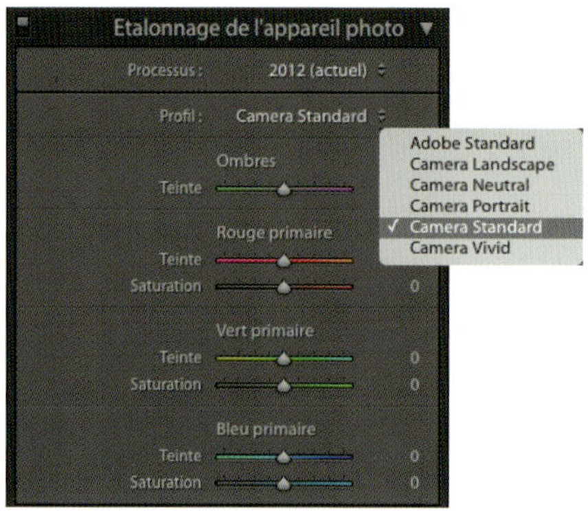

Remarque : Lightroom propose des profils de simulation *(Camera Matching Profiles)* pour les principaux boîtiers Canon, Fuji, Leica, Nikon, Olympus, Pentax et Sony.

Étape 4

Dans la liste des profils apparaît parfois un profil « ACR » suivi d'un numéro : ACR 4.4, ACR 3.3, etc. C'est le profil de la première version de Camera Raw (et Lightroom) ayant pris en charge votre appareil photo. Néanmoins, pour profiter du meilleur rendu par défaut, ignorez les anciennes versions et utilisez le Processus 2012 ainsi que le profil Adobe Standard.

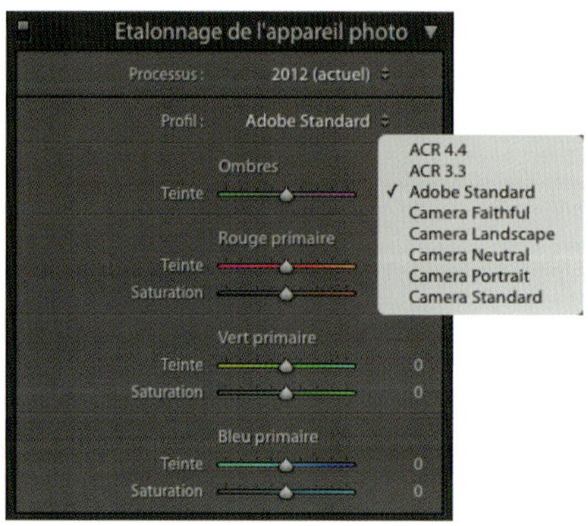

Étape 5

Le panneau « Étalonnage de l'appareil photo » vous permet également d'exploiter des profils personnalisés, réalisés par vous ou par des spécialistes comme cmp-color.fr, et qui se basent sur l'analyse d'une mire. Pourquoi des profils personnalisés ? Tout simplement pour améliorer le rendu, ou aligner le rendu de plusieurs appareils photo, y compris de marques différentes. Dans cet exemple, la vue de gauche présente le rendu Adobe Standard pour le Canon 7D MkII, celle de droite est un rendu personnalisé CMP Standard 2, dans lequel on peut voir qu'il récupère beaucoup plus efficacement les hautes lumières.

Étape 6

Le rendu de ces profils est parfois moins flatteur au premier abord que le profil Adobe Standard ou les profils de simulation de rendu. Ils vous demanderont un peu plus de travail, mais c'est la garantie de retrouver des couleurs plus justes et plus riches. Ci-contre, le rendu Adobe Standard à gauche, et CMP Standard 1 à droite (Canon EOS 7D Mark II).

Vous pouvez réaliser vos propres profils, où les confier à un spécialiste. Pour cela, vous devez photographier une mire (les profils de cet exercice ont été réalisés avec une mire CMP Digital Target 7), puis envoyer les images, ainsi qu'un échantillon de diverses photos prises en RAW à Christophe Métairie, par exemple, qui se chargera de les analyser et de produire les profils, lesquels vous seront retournés par e-mail avec les instructions d'installation et d'utilisation.

Que vous fassiez les profils vous-même ou que vous les confiez a bien sûr un coût mais qui reste modique et vous permettra d'améliorer la qualité de vos images et d'exploiter tout le potentiel de votre boîtier.

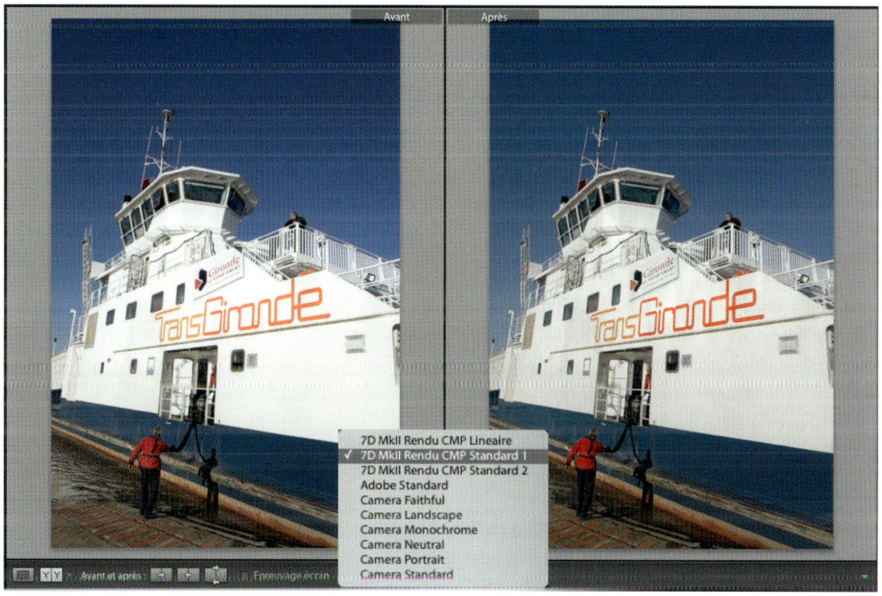

29 Régler la balance des blancs

Bien que la balance des blancs produite par l'appareil photo soit reprise d'emblée par Lightroom (réglage « Telle quelle »), il est évident que la prise de vue en RAW permet une grande souplesse quant aux réglages envisageables en postproduction. Dans cet exercice, nous allons voir comment équilibrer les couleurs globales d'une image sans toutefois perdre l'essentiel, c'est-à-dire l'ambiance particulière due à l'éclairage. Nous verrons également comment utiliser le pinceau Température/Teinte pour régler la balance des blancs de manière sélective (voir l'exercice 44 pour une présentation plus complète du fonctionnement du « Pinceau de retouche »). Notez que cet exercice se base sur les fichiers RAW. Si vous intervenez sur un fichier JPEG ou TIFF, la latitude de correction de la balance des blancs sera beaucoup plus restreinte, comme vous pourrez le voir dans l'étape 7.

Les fichiers associés à cet exercice disponibles sur editions-eyrolles.com.

Étape 1

Ouvrez le fichier Image_Ex29A.dng. Une rapide analyse de cette image, prise sous éclairage artificiel, permet de constater que l'appareil a interprété la scène de manière un peu trop froide (le papier tire sur le bleu). Nous allons essayer de la corriger, soit en utilisant les réglages automatiques, soit en faisant une balance des blancs à l'aide de la pipette.

L'outil de balance des blancs se situe dans le panneau « Réglages de base » du module Développement.

Étape 2

Essayons de corriger l'image avec un préréglage du menu « Balance des blancs ». Pour comparer des résultats, on peut créer des copies virtuelles et appliquer un réglage différent à chacune. Ici, dans le sens des aiguilles d'une montre, en partant d'en haut à gauche : « Telle quelle » (interprétation du boîtier, trop froide), Auto (mode automatique, le papier redevient blanc et l'image est plus chaleureuse), Ombre (trop chaud) et « Lumière naturelle » (encore trop bleu). L'image en mode Auto semble meilleure, mais au détriment de l'ambiance de la scène. Vous pouvez également utiliser un mode semi-automatique, en maintenant la touche Maj enfoncée et en double-cliquant sur les libellés « Température » et/ou « Teinte ». Dans ce cas, Lightroom n'indiquera pas le mode Auto, mais le mode Personnalisé.

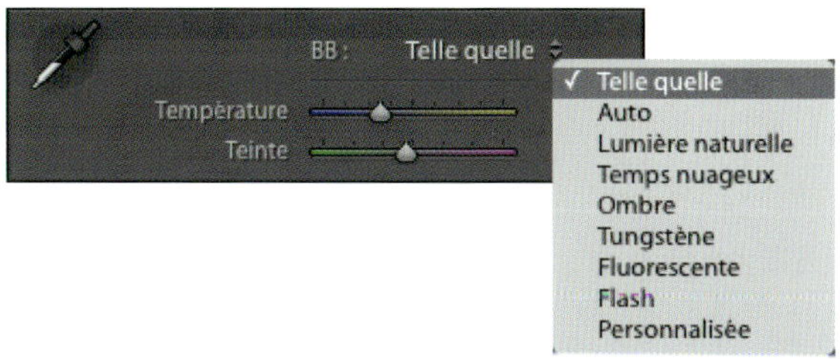

Remarque : pour réinitialiser la balance des blancs, double-cliquez sur le libellé « BB », à droite de la pipette.

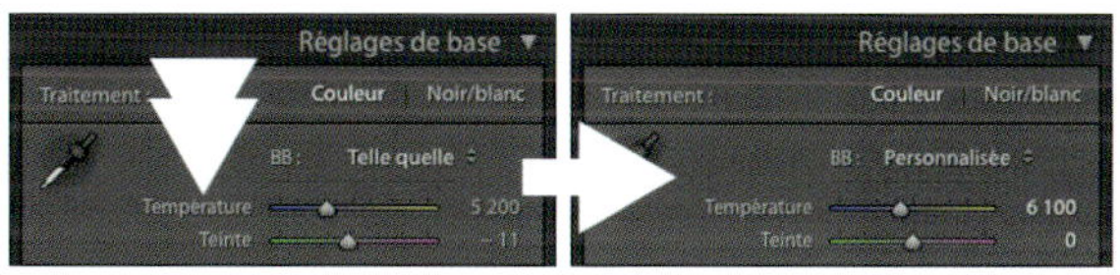

Étape 3

Revenez au réglage du boîtier « Telle quelle », puis cliquez sur la pipette. En la plaçant sur l'image, on voit qu'elle est accompagnée d'une palette flottante comportant une grille. Le pas de la grille est réglable avec la molette de la souris, au pixel près, pour un prélèvement de grande précision (sur une surface de 5 × 5 pixels). Les chiffres indiquent en pourcentages les valeurs RVB des pixels survolés. La fenêtre de navigation affiche en temps réel un aperçu de la correction calculé à partir du pixel (ou du groupe de pixels) survolé.

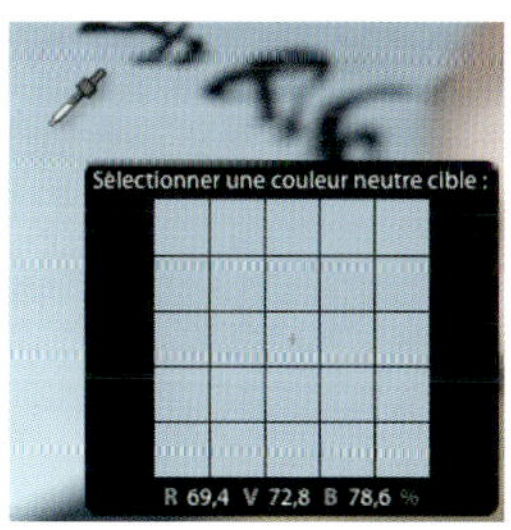

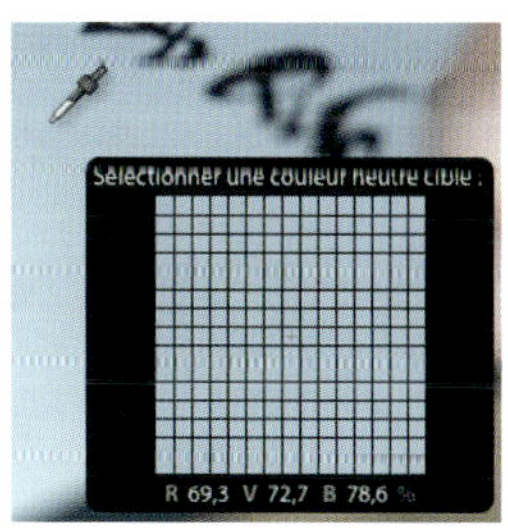

Étape 4

Ouvrez le fichier Image_Ex29B.dng. Le but est de trouver une zone neutre, de préférence un gris moyen ou du blanc, surtout pas trop brillante (ou il y aura risque d'écrêter certaines valeurs). Si les surfaces neutres sont minuscules, réglez le pas de la grille jusqu'à ce que vous puissiez travailler au pixel près. S'il n'y a pas de blancs ou de gris, vous pouvez chercher dans les noirs pour faire la balance des blancs. Pour cette image, le prélèvement a été fait sur la chemise de la personne de dos, en bas à droite.

Étape 5

L'image retrouve un aspect plus froid, qui nuit à l'ambiance de la scène originale, telle que la photographe l'a vue. Pour retrouver cette ambiance, dispensée par l'éclairage de rue et les lampions, allez dans le panneau « Réglages de base », et ramenez le curseur Température vers la droite, pour réchauffer légèrement l'image. Le curseur Teinte rééquilibre les dérives chromatiques vertes ou magenta qui peuvent se produire lors de la balance des blancs. Ici, le réglage de température a été ajusté de 3 950 à 4 070 K, le curseur Teinte de +13 à -3 : la balance des blancs a été corrigée de manière subtile, en supprimant une dominante magenta tout en conservant l'ambiance.

Étape 6

La balance des blancs ne sert pas seulement à compenser l'éclairage d'une scène. On peut aussi corriger une image marquée par une forte dominante, ou résultant d'une erreur de réglage à la prise de vue, comme cette image prise sur Tungstène, le résultat étant une forte dominante bleue. Dans le cas de cette image, le mode Auto de Lightroom a permis de rétablir aisément une balance correcte.

Étape 7

L'étape 6 a été réalisé avec un fichier RAW : la balance des blancs établie par le boîtier reste parfaitement réversible, une fois que l'image a été importée dans Lightroom. Mais si la prise de vue est faite en JPEG, la latitude de correction sera très restreinte, comme vous pouvez le voir ci-contre, et il sera difficile de compenser une erreur de réglage entraînant des dérives de couleur, elles seront quasiment impossibles à compenser.

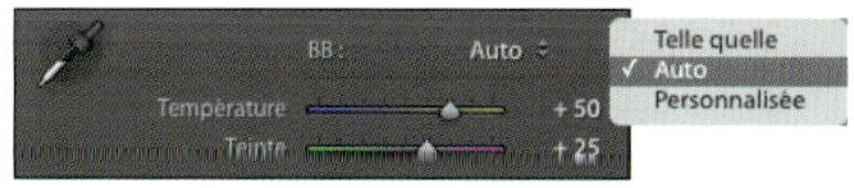

Étape 8

Lightroom dispose d'un pinceau de retouche locale de balance des blancs qui permet de corriger une portion de l'image sans toucher au reste, dans le but de faire des ajustements plus précis après un réglage global. Pour accéder au pinceau, cliquez sur l'icône en forme de pinceau, sous l'histogramme du module Développement. Les deux premiers curseurs permettent de corriger localement la température et la teinte.

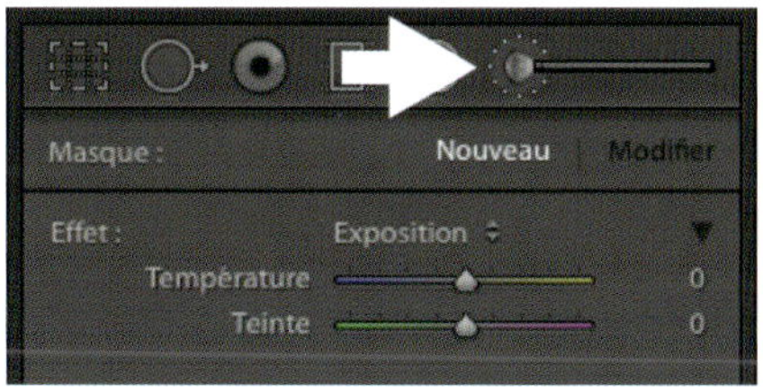

Remarque : la correction locale de la balance des blancs est bien entendu possible avec le « Filtre gradué » (exercice 45) et le « Filtre radial » (exercice 46).

Étape 9

Ouvrez le fichier Image_Ex29C.dng. La balance des blancs a été laissée sur « Telle quelle » (réglage du boîtier), ce qui se traduit par une dominante chaude assez excessive de l'intérieur éclairé par une simple bougie. Pour atténuer cette dominante orangée, nous avons passé un coup de « Pinceau de retouche » à l'intérieur du cadre de la porte, avec, dans le panneau « Effets du pinceau », le curseur Température réglé à -80 et le curseur Teinte laissé sur 0.

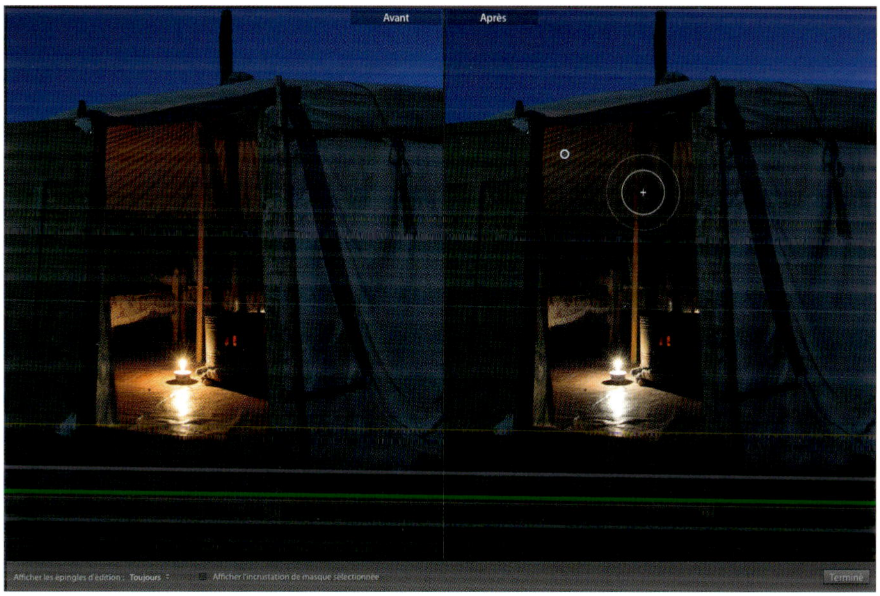

Conclusion : Lightroom permet, grâce à la possibilité de retoucher la balance des blancs de manière sélective, de multiplier les possibilités de traitement des images en vue d'obtenir des résultats parfaits et extrêmement précis. N'hésitez pas à vous servir des copies virtuelles pour créer plusieurs versions. La correction locale de la balance des blancs ouvre de nombreuses perspectives, aussi bien d'un point de vue technique qu'artistique.

30 Corriger la tonalité

Avec Lightroom 4, Adobe avait complètement revu les outils de correction des tons (luminosité, contraste) du panneau « Réglages de base » : plus logiques à utiliser, algorithmes beaucoup plus performants notamment sur les hautes lumières, possibilité d'exploiter la totalité de la plage dynamique de l'image avec une tolérance de +/-5 IL sans dégradation de qualité. Ces outils sont renforcés par les réglages de tonalité du « Pinceau de retouche », que nous abordons à la fin de cet exercice. En raison des progrès spectaculaires du Processus 2012, nous n'estimons plus nécessaire d'expliquer les anciens outils dans cet exercice. Sachez également que si vous importez un fichier 16 ou 32 bits à virgule flottante, pour l'imagerie HDR, la tolérance et la graduation du curseur Exposition passent à +/-10 IL. Cela vaut également pour les fichiers DNG créés avec l'outil « Fusion HDR » de Lightroom 6/Lightroom CC/Camera Raw 9 (exercice 50).

Les fichiers associés à cet exercice sont disponibles sur editions-eyrolles.com.

Étape 1

Le panneau « Réglages de base » du module Développement propose six curseurs de réglage organisés en deux groupes si le Processus de développement 2012 est actif (exercice 27). Le premier groupe comprend les curseurs Exposition et Contraste, et le second, les curseurs « Hautes lumières », Ombres, Blancs et Noirs. Tous les curseurs sont réglés à 0 par défaut. Il faut les utiliser par paires, du haut vers le bas, vers la gauche (assombrir) ou la droite (éclaircir) : si l'image est correctement exposée, Exposition et Contraste suffiront ; on pourra ensuite retoucher les parties plus claires et les ombres avec les curseurs « Hautes lumières » et Ombres, puis éventuellement traiter les écrêtages avec les curseurs Blancs et Noirs qui servent également à établir le point blanc et le point noir (les seuils dans la plage tonale).

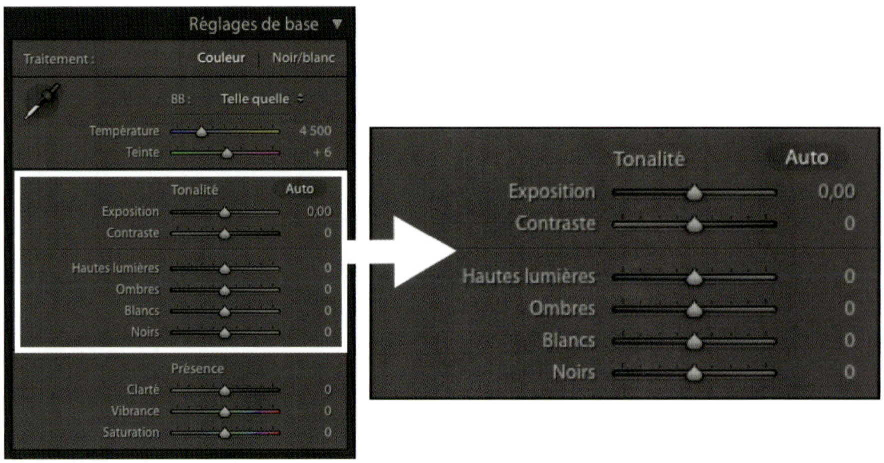

Étape 2

L'histogramme interactif est découpé de la même manière (excepté pour le curseur Contraste), mais de gauche à droite : Noirs, Ombres, Exposition, « Hautes lumières » et Blancs. Il est « interactif » car vous pouvez cliquer dans ces zones et les ajuster à la souris à la place des curseurs. Vous pouvez aussi placer le pointeur de la souris sur un des curseurs ou dans une des zones de l'histogramme, et ajuster avec les flèches Haut et Bas du clavier. Pour le curseur Exposition par exemple, la correction se fera par incréments de +/-0,1 diaphragme (IL). En combinant les touches Haut et Bas avec la touche Alt/Option, les incréments seront de 0,02 IL, et de 1/3 IL avec la touche Maj.

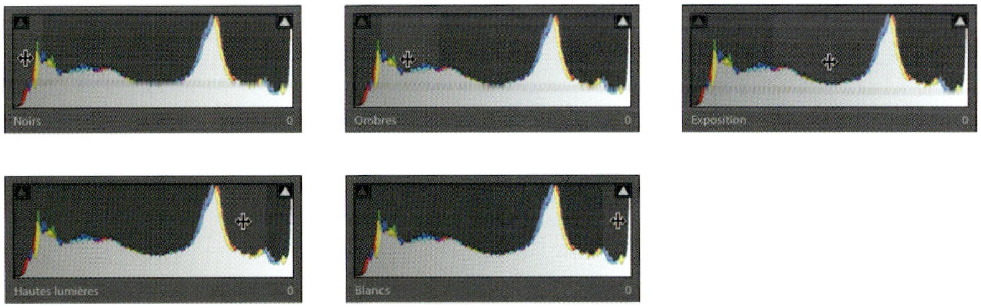

Étape 3

Les triangles en haut de l'histogramme sont des indicateurs d'écrêtage des noirs (à gauche) et des blancs (à droite). Lorsqu'on y place le pointeur de la souris, les zones écrêtées sont signalées en bleu pour les tons sombres et en rouge pour les tons clairs. Pour un affichage permanent de ces indications d'écrêtage, cliquez sur chacun des triangles : ils se pareront d'un pourtour blanc. Recliquez pour désactiver l'affichage permanent. Parfois, les triangles prennent la teinte d'un canal de couleur lorsque celui-ci est écrêté (voir étape 4).

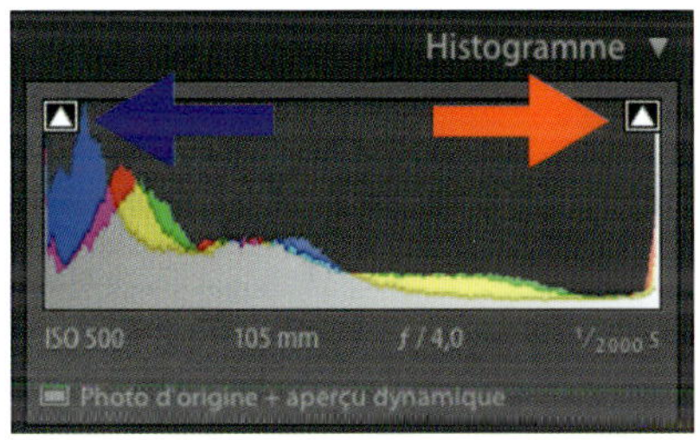

Étape 4

Le graphique gris indique la tonalité globale, incluant les canaux Rouge, Vert et Bleu. On peut voir séparément les tons de ces trois canaux et ceux des couleurs complémentaires (synthèse additive) : cyan (Bleu + Vert), magenta (Rouge + Bleu) et jaune (Rouge + Vert). Mais les outils de Lightroom étant très visuels, préoccupez-vous surtout du graphique gris, et surveillez l'écrêtage des tons (hautes et basses lumières hors gamme).

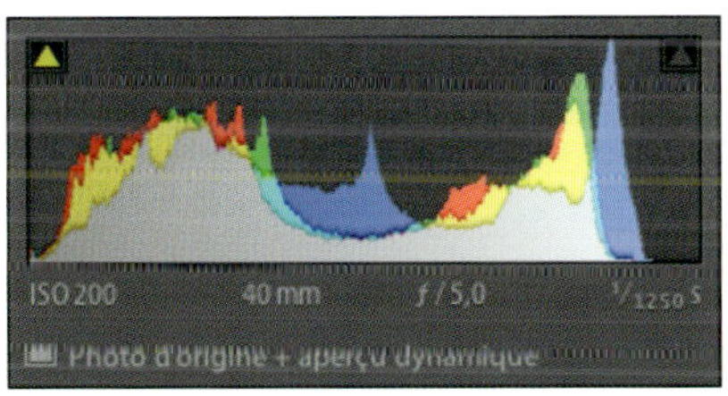

Étape 5

La visualisation des valeurs écrêtées peut se faire encore plus facilement avec la touche Alt/Option du clavier.

Ici, nous avons pu récupérer les blancs écrêtés très facilement. L'image montre les tons clairs écrêtés (en blanc) et les tons non écrêtés (en noir). En fait, la touche Alt/Option affiche les seuils des valeurs écrêtées, facilitant ainsi les travaux de correction. À noter qu'une correction modeste du curseur « Hautes lumières » sera suffisante pour tout récupérer ici, et qu'il est inutile de tenter de récupérer les hautes lumières qui correspondent à un néon allumé (barre blanche en haut, au centre de l'image).

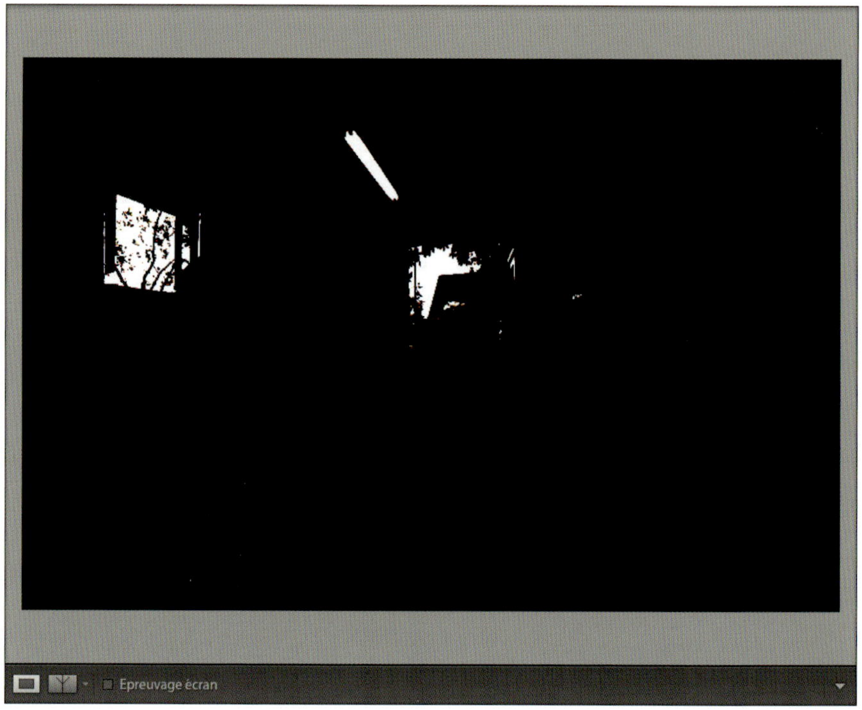

Étape 6

La même chose est possible pour visualiser l'écrêtage des tons sombres bouchés. Quand vous pressez la touche Alt/Option, les noirs hors gamme sont signalés par une multitude de points colorés correspondant aux canaux dans lesquels se produit l'écrêtage ; les tons non écrêtés sont en blanc. Le fait d'éclaircir avec le curseur Noirs, même de manière modérée, permet de ramener l'histogramme dans la limite de la plage tonale, à gauche.

Ce système d'affichage des seuils fonctionne avec les curseurs Exposition, « Hautes lumières », Ombres, Blancs et Noirs.

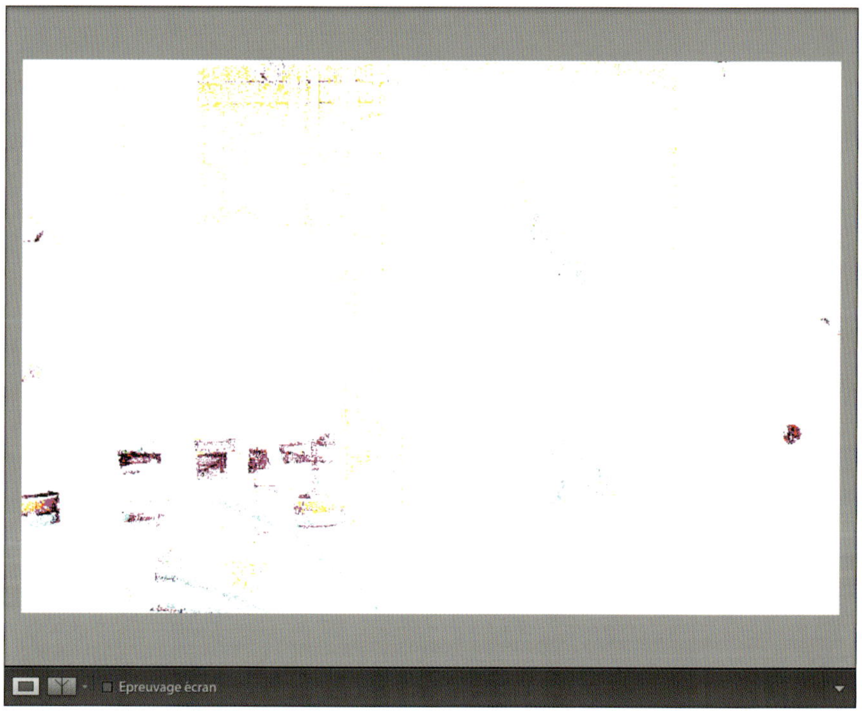

Étape 7

Ouvrez le fichier Image Ex30A.dng. Cette photo ne présente pas de problèmes d'exposition particuliers, l'histogramme est centré et bien fourni dans les tons moyens, en revanche, il est tronqué à chaque extrémité, ces dernières n'atteignant pas les limites gauche et droite.

Le seul défaut de l'image est d'avoir un aspect terne et grisâtre, ce qui est souvent le lot des fichiers RAW, même correctement exposés. Nous allons donc redonner un peu de « pêche » à cette image.

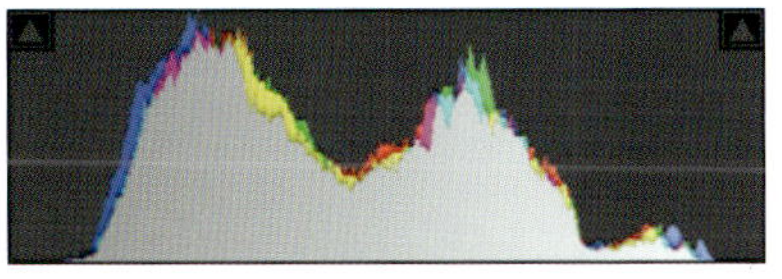

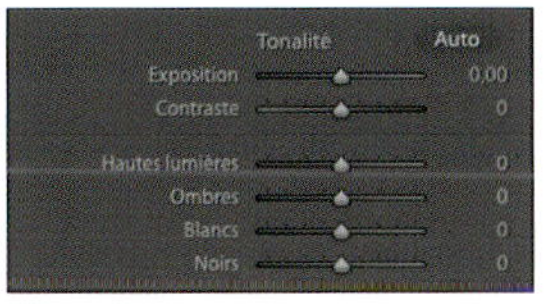

Étape 8

On éclaircit d'abord l'ensemble de l'image avec le curseur Exposition réglé aux alentours de 0,50, puis le curseur Blancs à +25, ce qui va donner de l'éclat aux parties claires et les redistribuer vers la zone vide à droite de l'histogramme. Le but est d'exploiter toute la plage tonale mais sans aller jusqu'à l'écrêtage (= perte d'informations).

Même chose pour les parties sombres, en fixant le seuil du curseur Noirs à -45, ce qui va redonner de la densité à l'image, que l'on rehaussera encore avec le curseur Contraste positionné à +15.

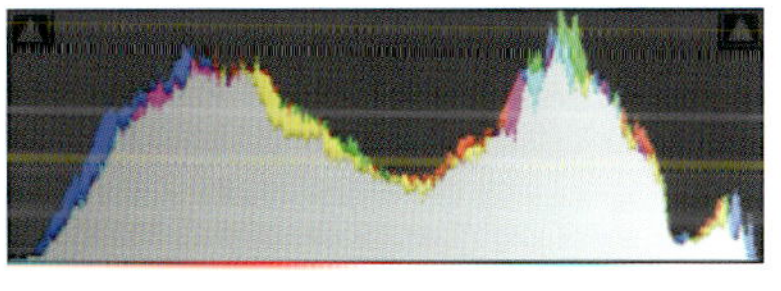

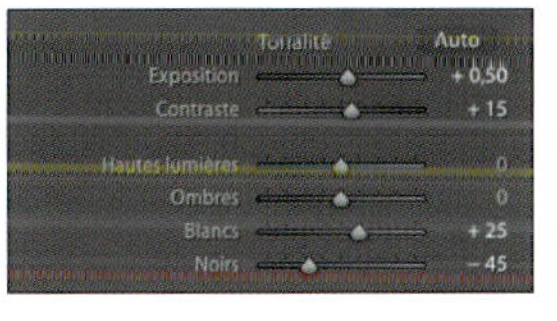

Remarque : si les valeurs de correction peuvent vous sembler excessives (-45 pour les noirs, par exemple), n'oubliez pas que vous disposez de la latitude de correction d'un fichier RAW, combinée aux +/-5 diaphragmes de tolérance du logiciel !

Étape 9

Ouvrez le fichier Image_Ex30B.dng. D'après son histogramme, cette photo manque de densité et subit les effets du voile atmosphérique ; tout l'arrière-plan manque singulièrement de contraste. La photo manque aussi globalement de « présence », ce qui va nous donner l'occasion de travailler avec une bonne partie des curseurs de tonalité.

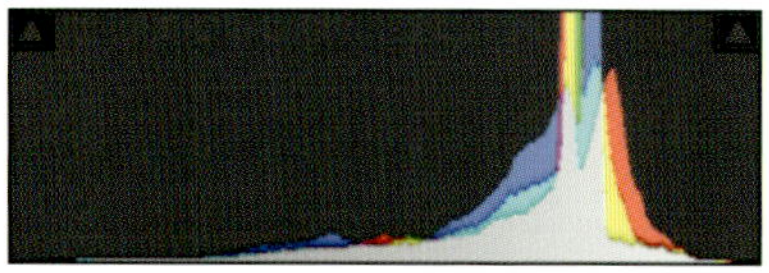

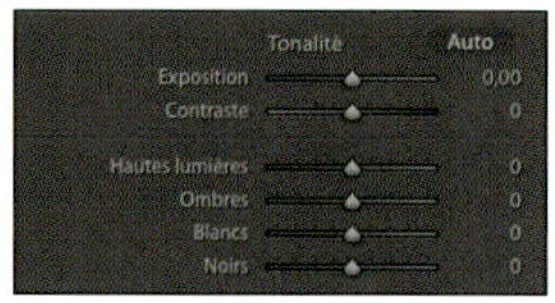

Étape 10

En premier lieu, l'exposition globale a été réduite d'un demi-diaphragme (-0,50) via le curseur Exposition. Pour redonner de la « pêche » à l'ensemble, le point blanc et le point noir ont été établis en réglant respectivement les curseurs Blancs à 15 et Noirs à -19. Le contraste global a été renforcé en positionnant le curseur Contraste à 30.

Notez que pour redonner de la présence à l'arrière-plan, le curseur Clarté (exercice 32), qui agit sur le microcontraste, a été réglé à 30.

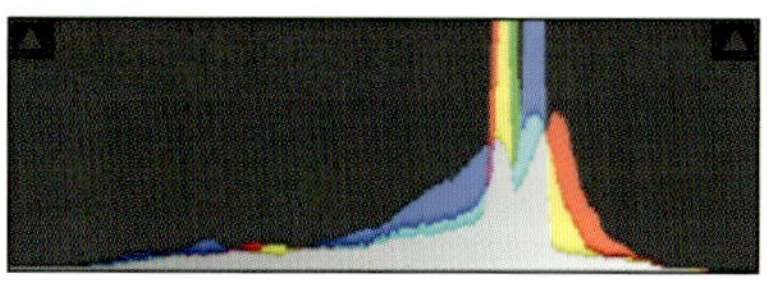

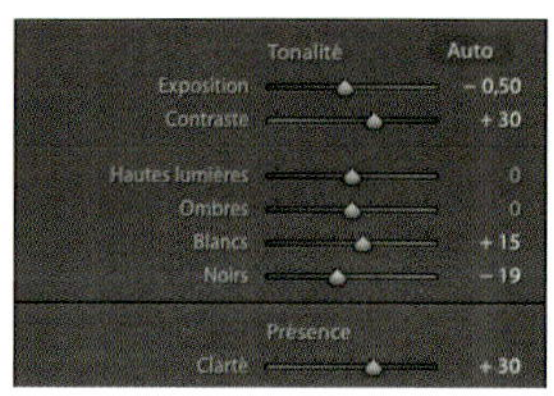

Remarque : vous pouvez comparer l'image corrigée avec l'original en exécutant le raccourci clavier Maj + S, très pratique pour se rendre compte de l'évolution de l'image en cours de correction.

Étape 11

Ouvrez le fichier Image_Ex30C.dng. Cette photo est sombre, sous-exposée comme en témoigne l'histogramme complètement décalé à gauche. Il y a des valeurs écrêtées à la fois dans les noirs mais aussi dans les hautes lumières, à droite – ces dernières sont liées aux flammes présentes dans l'image.

Il n'est généralement pas utile de tenter de récupérer ces tons très clairs, comme c'est souvent le cas des reflets, des phares de voiture, etc. mais, pour cette image, la situation est différente.

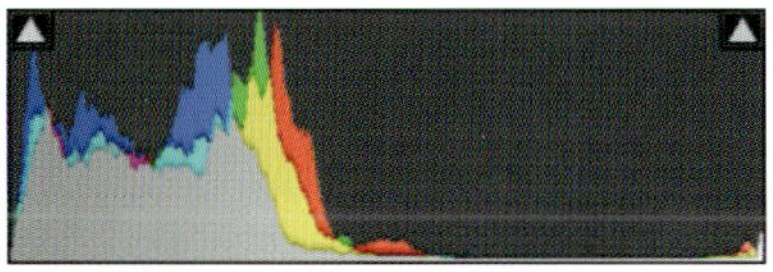

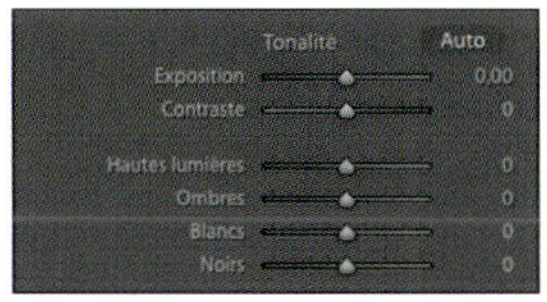

Étape 12

Le défi, ici, est de corriger l'image sans pour autant dénaturer l'ambiance de la scène. Le curseur Exposition sera réglé à +0,75 (3/4 de diaphragme) et le contraste laissé tel quel : cela permet de faire ressortir la personne.

Tentons de voir ce que donne un ajustement à -75 du curseur « Hautes lumières » : les flammes sont beaucoup plus belles, et l'on distingue bien plus de détails dans le foyer. Le curseur Blancs est réglé à +40 pour étaler l'histogramme et exploiter toute la plage tonale, ce qui donne un peu de brillance à l'image ; l'écrêtage des tons les plus sombres est éliminé avec le curseur Noirs à +18.

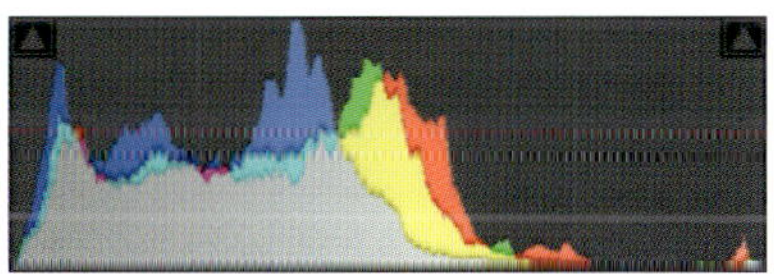

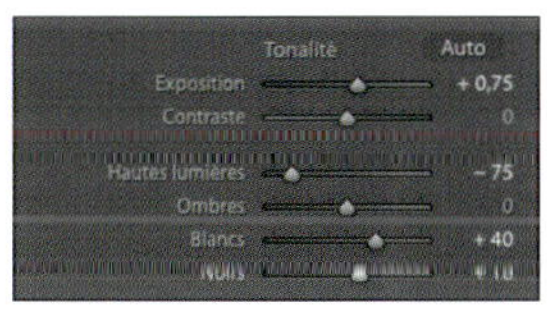

Étape 13

Les cas et les situations sont multiples, il n'y a pas de règle absolue en ce qui concerne la correction de l'exposition et du contraste. Les outils Tonalité de Lightroom sont remarquables de puissance et d'efficacité, ils vous permettent de transformer radicalement une image si vous le désirez, sans effet opposé sur la qualité, sans risque de montée de bruit dans les ombres et sans dérives colorées. L'exemple ci-contre est parlant, le but étant de corriger les photos sans les dénaturer.

> **Remarque** : si vous ne maîtrisez pas totalement les outils de correction de tonalité de Lightroom, rien ne vous interdit d'utiliser le réglage de tonalité automatique (exercice 31) comme base de travail, puisque vous pouvez modifier les corrections à votre guise.

Étape 14

Les curseurs de tonalité que nous venons de voir font partie des outils de correction globale de l'image. Il est toutefois possible de corriger localement l'exposition, le contraste, les tons clairs et les tons foncés à l'aide de l'outil « Pinceau de retouche » (exercice 44).

Bien entendu, ces outils, qui tiennent compte des particularités du Processus 2012, doivent être appliqués avec parcimonie et ne sont pas conçus pour faire de la retouche en profondeur, comme dans Photoshop. Vous pouvez les utiliser soit pour une correction à part entière, soit pour affiner une correction globale exécutée au préalable.

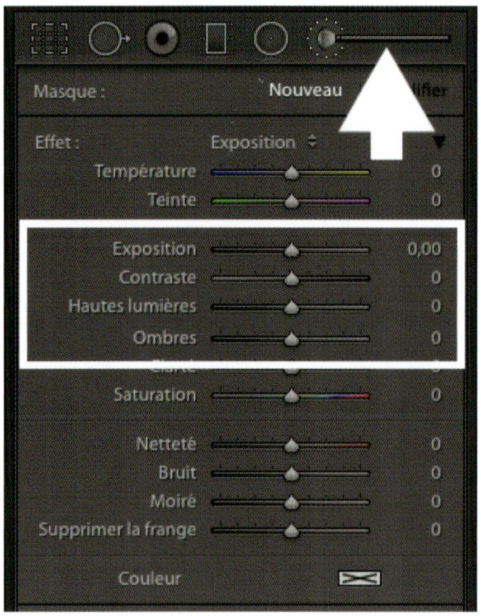

Étape 15

Ouvrez le fichier Image_Fx30D.dng. Cette photo de paysage et de lac de montagne présente les difficultés habituelles de ce genre de sujet, avec de gros écarts de luminosité entre le ciel, les parties à l'ombre et les reflets dans l'eau. Appliquer un réglage de tonalité automatique (exercice 31) ne produit pas de résultat acceptable (les ombres sont débouchées, mais le reste de l'image est surexposé).

La correction à la main permet d'obtenir un résultat à peu près correct, à condition de pousser les réglages des curseurs Exposition (-0,35), « Hautes lumières » (-75), Ombres (+40) et Blancs (-65). Nous sommes donc dans un cas où la subtilité de la retouche locale prend tout son intérêt.

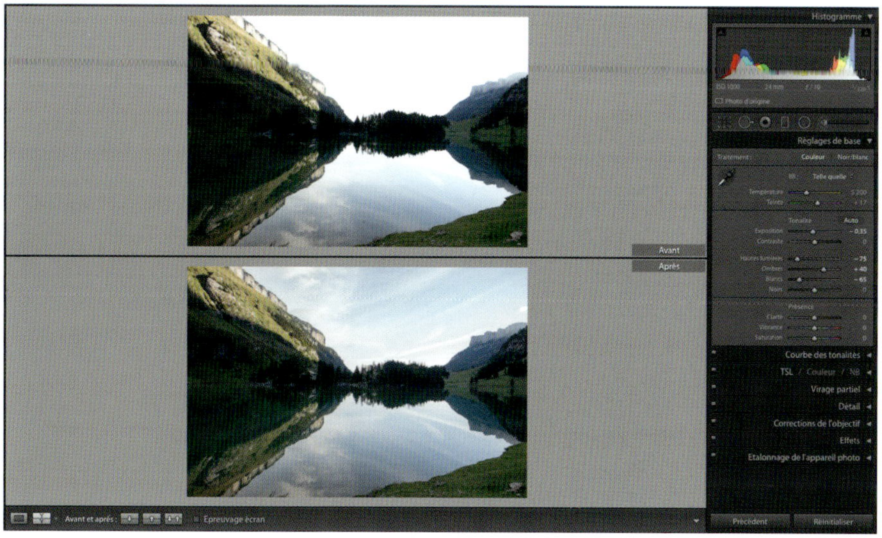

Étape 16

Effectuez d'abord une légère correction globale de la tonalité, en réglant les curseurs Exposition à -0,35, « Hautes lumières » à -35, Ombres à 15 et Blancs à -25, le curseur Noirs restant à sa valeur par défaut, c'est-à-dire 0. L'histogramme est bien étalé, d'une extrémité à l'autre de la plage tonale, et il n'y a pas de valeurs écrêtées.

Cette première étape est en quelque sorte une phase de « préparation du terrain », qui consiste à disposer d'une image sans problème d'exposition majeur avant de passer à la retouche locale.

Étape 17

Activez le « Pinceau de retouche » en cliquant sur le petit pinceau de la barre d'outils dans l'histogramme. Dans le panneau qui s'ouvre, réinitialisez d'éventuels anciens réglages en double-cliquant le libellé « Effets ».

Nous allons d'abord traiter le ciel pour retrouver le même aspect que dans le lac : travaillez progressivement, avec des réglages modérés. Après avoir peint, accentuez les réglages jusqu'à obtenir l'effet désiré. Ici, les réglages utilisés pour le ciel sont : curseur Exposition à -0,70 et curseur « Hautes lumières » à -35. La présence du ciel est accentuée par un réglage des curseurs Clarté (microcontraste) et Saturation (bleu du ciel) à 30.

Étape 18

Passons à la reprise des zones les plus sombres, mais sans les dénaturer et en évitant de donner un effet « pseudo-HDR » à l'image. Dans le panneau du pinceau, cliquez sur Nouveau, pensez à réinitialiser les réglages de l'étape 17 (les corrections ne seront pas supprimées puisque nous travaillons sur un deuxième masque indépendant du premier). La correction ne se fera que sur les parties sombres au centre de l'image (pas sur le reflet dans l'eau). On combine les curseurs Ombres et Clarté à 15, ce dernier permettant de compenser une perte de densité. Quittez le « Pinceau de retouche » et ajustez les paramètres Clarté et Vibrance pour accentuer la présence de l'image.

Conclusion : la correction de tonalité du module Développement ne se limite pas aux outils présentés dans cet exercice. Vous pouvez aller plus loin avec la « Tonalité automatique » (exercice 31) et la « Courbe des tonalités » (exercice 33). Retrouvez également les principes de base du « Pinceau de retouche » dans l'exercice 44.

31 Corriger automatiquement la tonalité

Pour répondre aux besoins des photographes pressés ou pas suffisamment à l'aise avec les outils de correction de la tonalité, Lightroom propose une correction automatique de la tonalité, l'équivalent du mode Programme des appareils photo. Cet automatisme n'est pas seulement là pour vous faciliter le travail, vous pouvez l'utiliser comme base de départ pour apprendre le mode opératoire des différents outils.

La tonalité automatique fonctionne bien, mais dans certains cas, comme pour tout automatisme, elle peut se faire piéger et ne pas régler tel ou tel curseur de façon pertinente. Pour contourner ce problème, on peut l'employer de manière sélective, outil par outil.

Les fichiers associés à cet exercice sont disponibles sur editions-eyrolles.com.

Étape 1

Ouvrez le fichier Image_Ex31A.dng. Voici un cas simple, avec une image agréable mais un peu plate du point de vue de l'exposition et du contraste, et dans laquelle le réglage de tonalité automatique va fonctionner presque à tous les coups.

Allez dans le panneau « Réglages de base », cliquez sur le bouton Auto de la section Tonalité : votre image change aussitôt du tout au tout, le résultat a bien plus de « pêche ». L'automatisme a décidé d'éclaircir l'image en augmentant l'exposition de 0,50, et d'établir le point blanc et le point noir à respectivement 27 et -20.

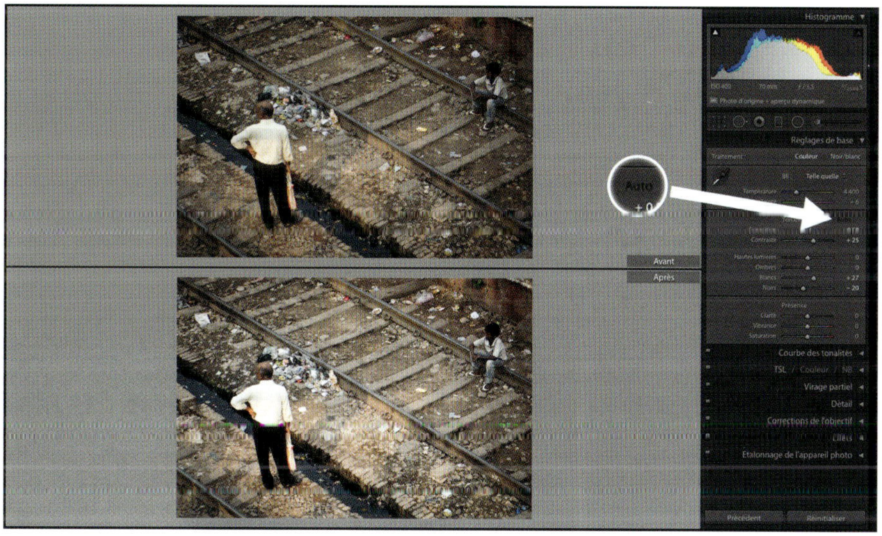

Étape 2

Autre exemple : cette photo est prise à l'intérieur, dans un endroit peu éclairé, mais avec une situation de contrejour à cause de la porte ouverte.

Le réglage de tonalité automatique a permis d'éclairer le sujet de manière très efficace, sans dénaturer l'ambiance, sans éliminer totalement l'effet de léger contre-jour, en ajustant l'exposition de la manière suivante : curseur Exposition à +0,95 (quasiment 1 diaphragme de surexposition), curseur « Hautes lumières » à -29 (récupération), curseur Ombres à +29 (éclaircissement), plus un léger renforcement du contraste (+4). Bien entendu, toutes ces corrections peuvent être affinées à la main.

Étape 3

La tonalité automatique se tire également très bien de situations assez extrêmes comme sur cette photo au départ largement sous-exposée. Cette fois, tous les curseurs ont été mis en œuvre : Exposition (+0,95), « Hautes lumières » (-32), Ombres (+32), Blancs (+15), Noirs (+24) et Contraste (-25). Là encore, on conserve l'ambiance (l'image n'a pas été dénaturée) tout en permettant d'observer bien plus de détails, qui remettent l'image dans son contexte.

Étape 4

Ouvrez le fichier Image_Ex31B.dng. Dans certains cas, les automatismes ne fonctionnent pas de façon optimale. Ici, la tonalité automatique s'est contentée d'éclaircir globalement l'image, ce qui est correct pour la moitié inférieure mais a sacrifié la présence des nuages à cause d'une utilisation excessive du curseur Blancs (+47) et du curseur Exposition (+1,05).

Ces corrections automatiques peuvent bien sûr être reprises à la main, mais il existe une astuce pour appliquer l'automatisme de manière sélective.

Étape 5

Réinitialisez les réglages en faisant un double-clic sur le libellé « Tonalité ». La tonalité automatique sélective s'utilise par un double-clic sur le nom des curseurs, l'un après l'autre, en maintenant la touche Maj enfoncée.

Ainsi, vous corrigez étape par étape avec deux avantages : vous pouvez observer la manière dont fonctionne chaque outil et comprendre pourquoi un réglage est appliqué par les automatismes, et vous pouvez définir facilement quelle correction n'est pas adaptée à la situation.

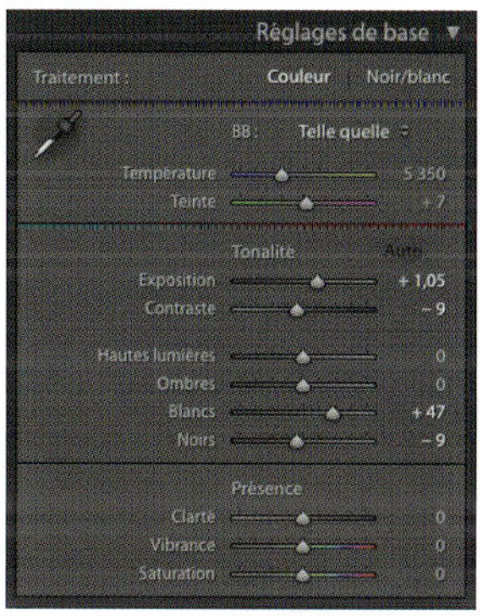

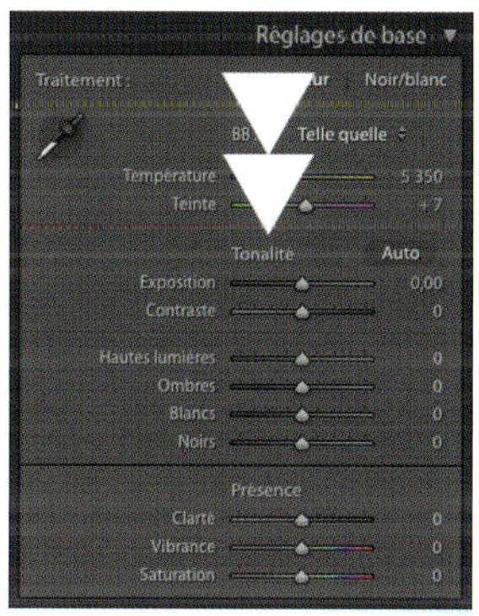

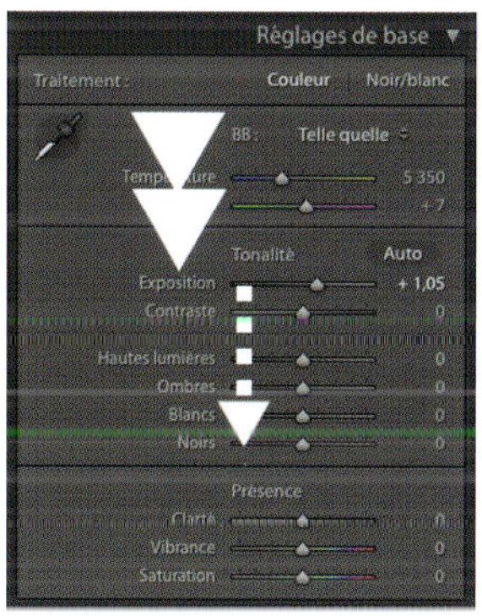

Étape 6

Pour obtenir le résultat ci-contre, nous avons utilisé la tonalité automatique sélective avec les curseurs Exposition (+1,05), Contraste (-9) et Noirs (-18). Le responsable de l'éclaircissement excessif du ciel est le curseur Blancs, nous avons ramené à la main de + 47 à -17, et réglé le curseur « Hautes lumières » à -36 (il n'avait pas été utilisé par l'automatisme).

Étape 7

La tonalité automatique a continué à évoluer au cours du cycle de vie de Lightroom 5. Depuis la version 5.3, donc bien entendu dans la version 6/CC, son comportement a quelque peu changé.

Les curseurs Blancs et Noirs permettent d'établir le point blanc et le point noir en tenant compte non plus de l'image d'origine mais de l'image corrigée. Les automatismes tiennent également compte de nouveaux facteurs, comme le recadrage ou la taille de l'image, mais les résultats obtenus peuvent être très subtils. Dans ce dernier cas, le comportement ne sera pas forcément le même si l'on travaille sur les vignettes avec le panneau « Développement rapide » (voir l'exercice 55, « Flux de travail pour photographes pressés ») ou en mode Loupe.

Conclusion : si l'on est tenté par l'utilisation des automatismes il ne faut pas hésiter. Après tout, la plupart des photographes ont adopté depuis longtemps l'exposition semi-automatique, les modes Programme au flash ou encore l'autofocus. La tonalité automatique fonctionne bien, et elle permet les ajustements manuels si nécessaire. À la fin, vous gagnerez du temps que vous pourrez consacrer à la prise de vue au lieu de vous scotcher à un écran d'ordinateur. Rien ne vous empêchera, par la suite, de reprendre manuellement vos réglages, aux petits oignons...

32 Renforcer la présence de l'image

Après avoir parcouru la quasi-totalité du panneau « Réglages de base », il nous reste à aborder une mystérieuse section nommée « Présence », qui regroupe les curseurs Clarté, Vibrance et Saturation. Ces outils vont nous permettre de renforcer l'impact de l'image (sa « présence »). Le curseur Clarté renforce le contraste des microdétails et donne de la « pêche » à l'image – d'autant plus que sa puissance a été multipliée avec le Processus 2012 – tout en empêchant l'apparition de halos. Les curseurs Vibrance et Saturation vont agir sur les couleurs : le premier de manière non linéaire, en préservant les couleurs déjà très saturées, le second de manière linéaire, en renforçant toutes les couleurs de manière égale.
Les réglages de clarté et de saturation sont également disponibles dans les outils de retouche locale (Pinceau, « Filtre gradué », « Filtre radial »).

Les fichiers associés à cet exercice sont disponibles sur editions-eyrolles.com.

Étape 1

Ouvrez le fichier Image_Ex32A.dng. Les sujets comme l'architecture, les machines, les véhicules, les paysages se prêtent parfaitement bien à l'utilisation du curseur Clarté qui, dans les valeurs positives, va tout simplement faire ressortir les détails en agissant sur le microcontraste de l'image.
Vous obtiendrez ainsi des images avec beaucoup plus de pêche ; le réglage du curseur Clarté constitue également une bonne préparation à l'accentuation de la netteté.

Étape 2

Ouvrez le fichier Image_Ex32B.dng. Avec des valeurs négatives (de 0 à -100), le curseur Clarté va agir très différemment, en diffusant les détails de l'image.

Autant la clarté positive est à proscrire pour les portraits, puisqu'elle va renforcer tous les détails de la peau, autant la clarté négative s'avère utile pour donner une touche légère ou onirique en portrait, en photo de mode ou de charme.

Étape 3

Vous pouvez également appliquer un réglage de clarté sur une portion de l'image grâce au « Pinceau de retouche » (exercice 44). Activez le pinceau, pensez à réinitialiser d'éventuels anciens réglages, puis réglez le curseur Clarté avant de commencer à peindre.

Dans cet exemple, nous avons utilisé une valeur négative du curseur Clarté (-60) combinée à un peu de Netteté (25) pour conserver les textures, ce qui nous a permis d'adoucir la peau du visage tout en gardant un rendu naturel et sans dérive des couleurs.

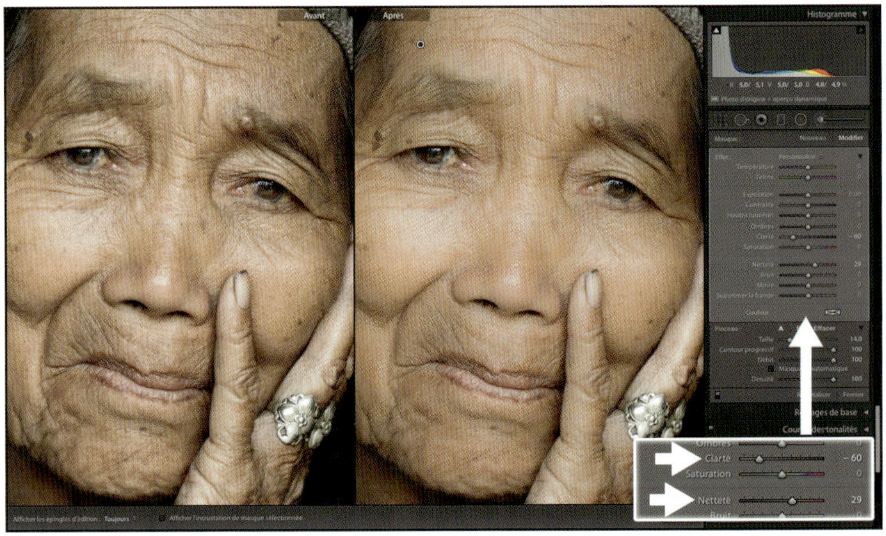

Étape 4

Ouvrez le fichier Image_Ex32C.dng. Dans le panneau « Réglages de base », section Présence, poussez le curseur Vibrance aux alentours de +60. Vous constaterez que, malgré ce réglage assez poussé, les couleurs sont soutenues mais restent agréables, et qu'il n'y a pas de dérive.

Le réglage Vibrance est une forme de saturation non linéaire qui permet de renforcer les couleurs moins saturées tout en protégeant celles qui sont déjà saturées.

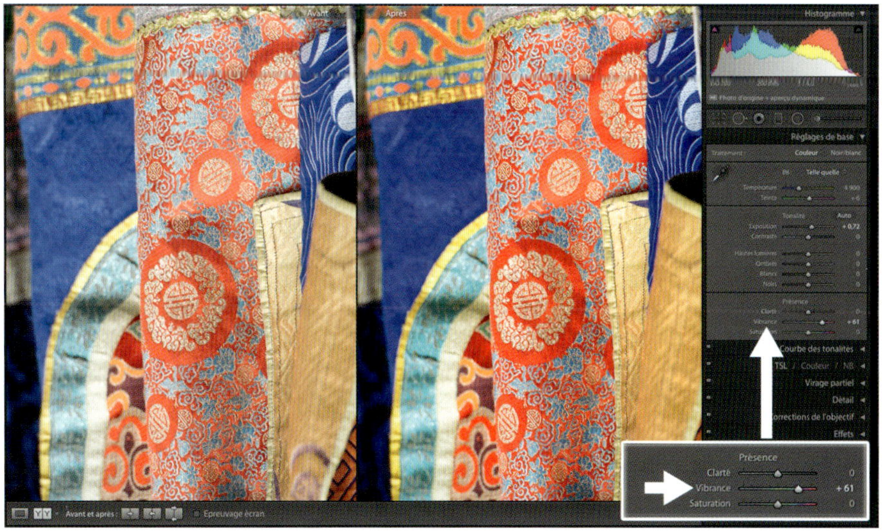

Étape 5

Réinitialisez le réglage du curseur Vibrance avec un double-clic, puis réglez cette fois le curseur Saturation aux alentours de +60 lui aussi.

Comme vous pouvez le voir sur ces images, mais encore plus à l'écran, les couleurs naturellement saturées, comme le rouge et l'orange, dérivent vers des teintes quasiment fluorescentes.

Tout est question de goût personnel, les deux outils ont leurs avantages et leurs inconvénients, mais ils donnent suffisamment de latitude pour faire face à tous les besoins en fonction des images qui se présentent.

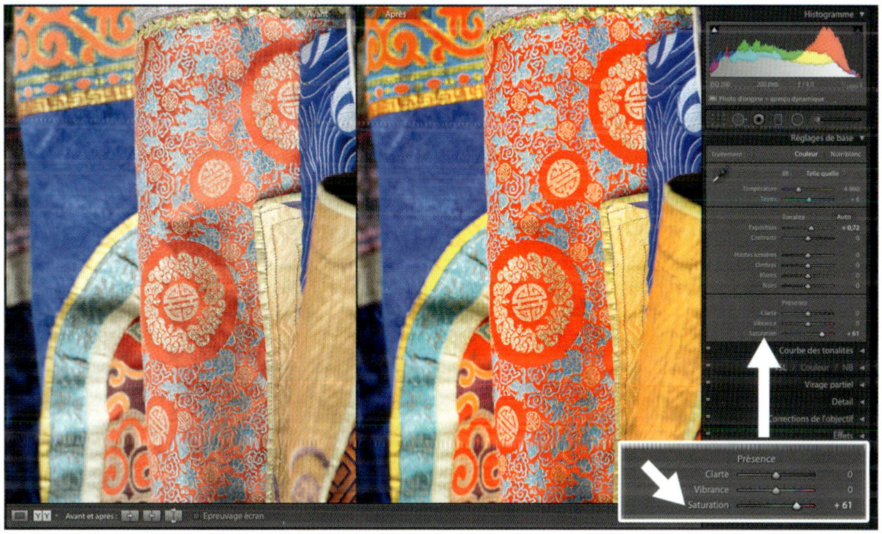

Étape 6

Il y a un cas où le curseur Vibrance est un choix incontestablement plus judicieux que le curseur Saturation : celui du portrait. En effet, le mode de fonctionnement non linéaire de Vibrance présente l'avantage de protéger les tons chair.
Comparez : à gauche, le curseur Saturation est à +40, à droite, le curseur Vibrance est à la même valeur. Le résultat est sans appel : les couleurs du vêtement et du chapeau sont renforcées, les teintes chair ont presqu'immédiatement viré couleur carotte à gauche (Saturation), tandis qu'à droite (Vibrance) la peau ne perd pas son aspect naturel.

Étape 7

Bien entendu, rien ne vous empêche de combiner les deux curseurs Saturation et Vibrance. Dans l'exemple ci-contre, le curseur Vibrance a permis de renforcer le bleu du ciel, ainsi que son reflet dans l'eau, et le curseur Saturation a agi sur les éléments architecturaux, leur conférant une teinte plus chaude.
Retenez simplement que le curseur Vibrance renforce les couleurs moins saturées en protégeant celles qui sont déjà vives, tandis que le curseur Saturation renforce l'ensemble des couleurs, qu'elles soient déjà vives ou qu'elles ne le soient pas.

33 La « Courbe des tonalités »

La « Courbe des tonalités » est un outil destiné aux travaux pointus de correction du contraste et de la luminosité sur des zones précises de l'image. Lightroom permet de travailler séparément sur les couches RVB, ce qui autorise entre autres la correction de dominantes ou même la création d'effets de traitement croisé. La « Courbe des tonalités » a deux modes de fonctionnement : la courbe paramétrique, qui privilégie les corrections visuelles grâce à l'outil TAT, disponible également dans le panneau TSL (exercice 34), et la courbe à points, qui autorise des interventions plus complexes dans la gamme de tons – avec elle, les utilisateurs de Photoshop devraient être en terrain connu.
Cet exercice traite de la courbe paramétrique, qui cible surtout les utilisateurs de Lightroom à la recherche de simplicité et de rapidité d'exécution.

Les fichiers associés à cet exercice sont sur disponibles sur editions-eyrolles.com.

Étape 1

Ouvrez le fichier Image_Ex33.dng. Cette photo présente plusieurs problèmes : le contraste est fort car le sujet principal (l'arbre) est à contre-jour, le ciel et son reflet sont trop lumineux. La photo est également affectée d'une légère dominante bleue. Nous allons voir comment la réchauffer avec la courbe sans avoir à passer par un réglage de balance des blancs.
Toutes ces opérations sont possibles en combinant des outils aussi variés que les curseurs de tonalité, ceux du panneau TSL et la retouche locale. Cependant, la « Courbe des tonalités », si elle est aussi efficace, permet de travailler plus rapidement et plus facilement.

Étape 2

Nous allons d'abord corriger la dominante bleutée de la scène prise à l'ombre. Dans le panneau « Courbe des tonalités », cliquez sur le bouton en bas à droite. Le panneau passe de la configuration de courbe paramétrique à la courbe à points, dans laquelle vous pouvez choisir l'un des canaux de la liste, en l'occurrence, ici, le canal Bleu.

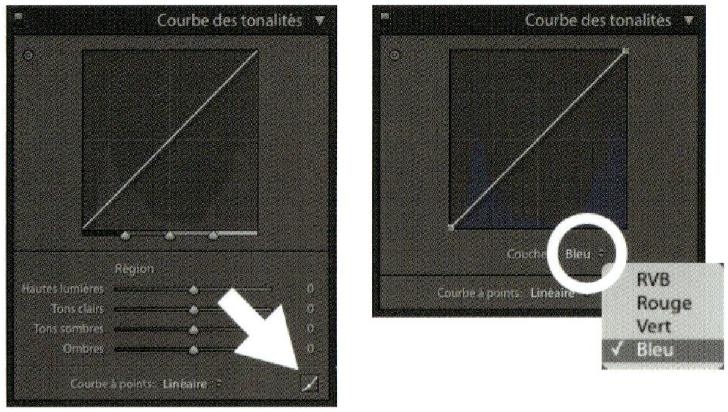

Étape 3

Placez le curseur TAT sur le versant de la montagne, à droite. L'outil TAT, abréviation de *Target Adjustment Tool* (outil de réglage ciblé), est un pointeur qui indique où la courbe doit agir, cet endroit ayant des valeurs de luminosité, contraste et couleur. La méthode la plus pratique consiste à utiliser les flèches Haut et Bas du clavier. Pour réduire ici la dominante bleutée, la flèche Bas va incurver la courbe vers le bas. Un déplacement à peine perceptible suffit à compenser la dominante.

Étape 4

Retournez dans la courbe paramétrique (cliquez sur le bouton du coin inférieur droit) pour travailler la luminosité et le contraste. Si vous déplacez l'outil TAT dans l'image, des zones claires s'afficheront sur la courbe en fonction des mesures de l'outil : « Hautes lumières », « Tons clairs », « Tons sombres » ou Ombres. En montrant les limites du déplacement de la courbe, ces zones évitent des corrections excessives. Avec la courbe paramétrique, vous travaillez visuellement, à l'instinct, alors que la courbe à points a une approche bien plus technique.

> **Remarque** : pour désactiver l'outil TAT, appuyez sur la touche Esc/Échap de votre clavier.

Étape 5

Le travail avec la « Courbe de tonalités » se fait en général après les corrections de tonalité du panneau « Réglages de base », avec lequel on va essayer de récupérer au préalable un maximum de matière dans le ciel, très blanc dans la photo d'origine, proche de l'écrêtage. Les réglages appliqués sont les suivants : « Hautes lumières » (-60), Blancs (-68), Noirs (-19).

Placez ensuite successivement l'outil TAT sur les zones à éclaircir ou à assombrir. Les corrections retenues pour la courbe sont ici : « Hautes lumières » (-50), « Tons clairs » (-11), « Tons sombres » (+10) et Ombres (+55).

Étape 6

Il est illusoire de penser que la correction d'images peut se faire avec des outils agissant seuls. Il faut parfois faire appel aux autres possibilités.

Après l'étape 5, il s'avère que le ciel n'a aucune couleur en raison du peu de matière disponible dans l'image originale pour que les algorithmes puissent faire leur travail. Nous avons donc fait appel au « Pinceau de retouche » pour peindre du bleu prélevé dans le bas de l'image (voir l'exercice 44, étape 20).

Conclusion : la « Courbe des tonalités » est un outil puissant qui intimide bien des photographes à cause de son côté mathématique. Pourtant, il suffit d'un peu d'entraînement pour s'y habituer ; avec de la volonté, on arrive à corriger les images en bénéficiant à la fois d'une grande souplesse d'emploi, de finesse et de rapidité d'exécution. Combinée à d'autres outils comme les réglages de tonalité et de couleur de Lightroom, elle s'avère d'une redoutable efficacité.

34 Corriger les couleurs

Après avoir corrigé la balance des blancs puis l'exposition et le contraste, nous allons faire un tour par les outils de correction des couleurs avec le panneau TSL – pour « Teinte Saturation Luminance » – qui vous permettra de modifier une teinte en particulier grâce à l'outil d'ajustement ciblé, dont nous retiendrons, pour simplifier, l'appellation anglaise « TAT » *(Target Adjustment Tool)*.
Lightroom propose d'autres outils de correction des couleurs, notamment les curseurs Saturation et Vibrance (exercice 32), ou encore la « Courbe des tonalités » qui permet d'intervenir séparément sur les canaux RVB afin de corriger une dominante ou créer des effets de type traitement croisé (exercice 33).

Les fichiers associés à cet exercice sont disponibles sur editions-eyrolles.com.

Étape 1

Le panneau TSL du module Développement regroupe un certain nombre de fonctions pour travailler de manière sélective sur les couleurs d'une image, et des outils de conversion et de mélange de couches pour le travail en noir et blanc (exercice 47). Les onglets TSL et Couleur sont semblables, seule l'approche ergonomique change : l'onglet TSL permet d'agir séparément sur la teinte, la saturation et la luminance ou sur les trois, par l'intermédiaire de 8 curseurs correspondant à 8 canaux de couleur, tandis que l'onglet Couleur permet de choisir l'un des canaux, puis de travailler avec trois curseurs Teinte, Saturation et Luminance, séparément ou ensemble (étape 7). Ne vous inquiétez pas de cette apparente complexité, dans la pratique vous travaillerez de manière purement visuelle avec l'outil TAT.

Étape 2

Ouvrez le fichier Image_Ex34.dng. Le ciel bleu de cette photo est un peu pâlot, nous allons donc essayer de lui donner plus de profondeur.

Dans l'onglet Teinte, cliquez sur le bouton de l'outil TAT, en haut à gauche du panneau, et placez-le dans le bleu du ciel. La section Teinte permet de modifier la couleur : dans le cas présent, l'outil TAT active le curseur Bleu et le déplace vers la droite, pour renforcer la couleur, et agit même légèrement sur le canal Bleu vert. Notez que les autres couleurs et canaux n'ont pas été affectés.

Remarque : attention aux dérives de teintes quand les réglages sont trop poussés.

Étape 3

Passez dans l'onglet Saturation, et répétez l'opération avec l'outil TAT et les flèches du clavier.

L'onglet Saturation va renforcer la teinte qu'on essaye de corriger. Dans ce cas, le curseur du canal Bleu est activé, nous l'avons réglé à +30. Les autres teintes présentes ne changent toujours pas parce que l'outil sait être sélectif. Néanmoins, s'il y avait des traces de bleu ailleurs dans l'image, elles finiraient également par être affectées.

Étape 4

Si, au contraire, vous diminuez la saturation du canal, la couleur va progressivement disparaître ; à la valeur minimale (-100), elle sera substituée par du gris. Vous pouvez vous servir de cet effet pour corriger une dominante, atténuer la présence d'une couleur ou créer des effets d'image noir et blanc colorisée : par exemple, si vous mettez tous les curseurs de l'onglet Saturation à -100, l'image passe en niveau de gris, mais vous pourrez récupérer les couleurs localement avec le « Pinceau de retouche » et son curseur réglé à +100.

Étape 5

L'onglet Luminance permet d'agir sur la luminosité de la couleur sélectionnée par l'outil TAT selon les mêmes procédures. Ici, le canal Bleu s'assombrit (curseur déplacé à gauche à -35). Lorsqu'on corrige le bleu du ciel, il arrive souvent que le curseur Pourpre (ou Magenta) s'active aussi, car l'outil TSL a détecté des traces de cette teinte ; vous pouvez réinitialiser la correction Pourpre (ou Magenta) en double-cliquant le curseur approprié.

Notez que la robe bleue du personnage à droite a fini par être affectée par toutes ces corrections (vous pouvez éventuellement compenser avec l'outil Saturation du « Pinceau de retouche »).

> **Remarque** : vous pouvez modifier l'incrémentation des curseurs avec certaines touches du clavier. En temps normal, avec les flèches Haut et Bas, les valeurs progressent par paliers de 5, si vous pressez la touche Maj, ils passent à 20, et avec la touche Alt/Option, les incréments sont de 1 point.

Étape 6

Retournez dans l'onglet Teinte et placez l'outil TAT sur une autre couleur de l'image. Cette fois, nous avons choisi de modifier la robe orange d'un des personnages en lui donnant une dominante un peu plus jaune avec les réglages suivants qui affectent les canaux Orange/Rouge : Teinte (+20/+5), Saturation (+13/+2), Luminance (+13/+2). Si la correction a assez légèrement influencé la couleur du visage, vous noterez que ni le ciel, ni l'herbe, ni les autres teintes n'ont été affectés.

Étape 7

Dans les étapes précédentes, nous avons vu comment travailler avec l'outil TAT et l'onglet TSL. L'approche de l'onglet Couleur est assez différente car il n'a pas d'outil TAT, et les curseurs Teinte, Saturation et Luminance sont regroupés par canal de couleur.
Vous pouvez afficher tous les canaux en cliquant sur le libellé « Tout », n'afficher qu'un seul canal en cliquant dans le pavé de couleur correspondant, ou afficher plusieurs canaux en faisant une sélection multiple (touche Ctrl/Cmd + clic dans les pavés souhaités). Avec cette méthode, les corrections se font de manière purement visuelle, en déplaçant les curseurs.

35 Réduire le bruit

Pour être honnête, il devient de plus en plus difficile de réaliser des exercices sur la correction de bruit, les boîtiers et les logiciels étant devenus très performants... Lightroom propose une correction du bruit remarquable qui présente l'avantage d'agir au moment du dématriçage des fichiers RAW ; dans la majorité des cas, le réglage par défaut est suffisant. La version 6/CC, de ce point de vue, n'apporte pas de changement. Dans cet exercice, nous allons passer en revue tous les curseurs du panneau Détail, voir comment ils interagissent et à quoi ils servent. Lightroom propose également un pinceau de réduction du bruit de luminance.
Important : certains outils présentés ici agissent parfois de manière très subtile. Pour une meilleure lisibilité, certaines corrections ont été volontairement exagérées, avec des réglages extrêmes (0 ou 100).

Les fichiers associés à cet exercice sont disponibles sur editions-eyrolles.com.

Étape 1

Ouvrez le fichier Image_Ex35A.dng. Lors de l'importation, Lightroom applique des réglages par défaut, dont la correction de bruit. Elle varie d'un modèle de boîtier à l'autre, d'une valeur ISO à l'autre (différente pour des fichiers de Canon 5D MkIII et de Nikon D800 à 800 ISO tous les deux). En général, les réglages par défaut sont suffisants ; pour voir la correction, affichez l'image en mode Avant/Après, allez dans le panneau Détail et ramenez le curseur Couleur de +25 (par défaut) à 0. Il faut corriger le bruit avec l'image affichée à une valeur de zoom d'au moins 1:1, ou utiliser la loupe du panneau Détail (mais Lightroom affiche la correction de bruit à toutes les valeurs de zoom).

Remarque : vous pouvez aussi utiliser l'outil Loupe décrit à l'exercice 36 (étape 1), consacré à l'accentuation de la netteté.

Étape 2

Les commandes de réduction de bruit sont divisées en deux groupes, Luminance et Couleur.

Le curseur Luminance est réglé par défaut à 0 (aucune correction n'est appliquée), il contrôle, comme son nom l'indique, le niveau de correction du bruit de luminance qui se manifeste à l'image par du grain plus ou moins serré. Pour atténuer le grain sans lissage excessif des détails, une valeur maximale de 25 est conseillée (19 dans l'exemple ci-contre).

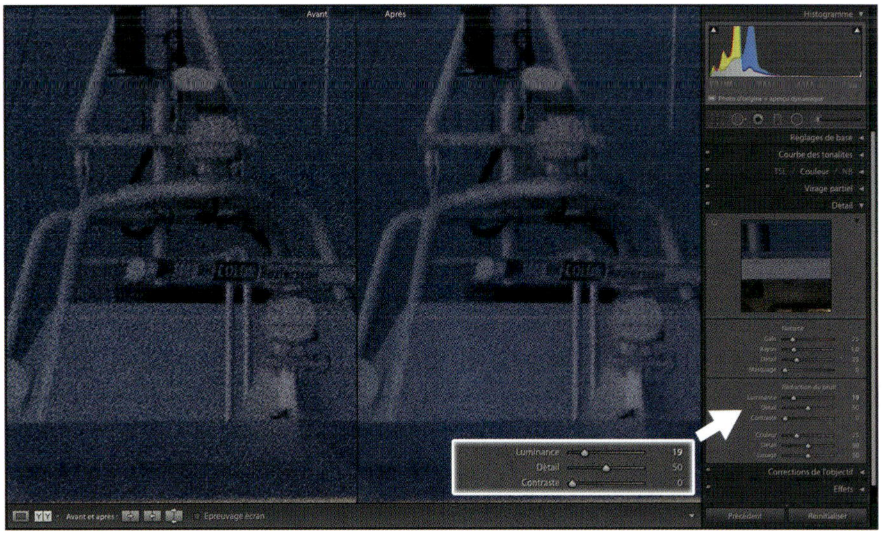

> **Remarque** : pour mieux percevoir les corrections de bruit de luminance, vous pouvez presser la touche Alt/Option du clavier pour passer en mode d'affichage monochrome.

Étape 3

Le curseur Détail permet d'améliorer les détails de l'image. Sa valeur par défaut est de 50. Si on le déplace vers la droite, il préservera plus de détails ; vers la gauche, il les adoucira – il y a toujours un risque que les plus fins détails soient pris pour du bruit.

Ce curseur est utile pour les images très bruitées ; si vos originaux sont très propres à haute sensibilité, le réglage par défaut n'aura pas besoin d'être modifié.

Ci-contre, le curseur est réglé à 0 pour la vue de gauche, et à 100 pour la vue de droite (agrandissement 2:1).

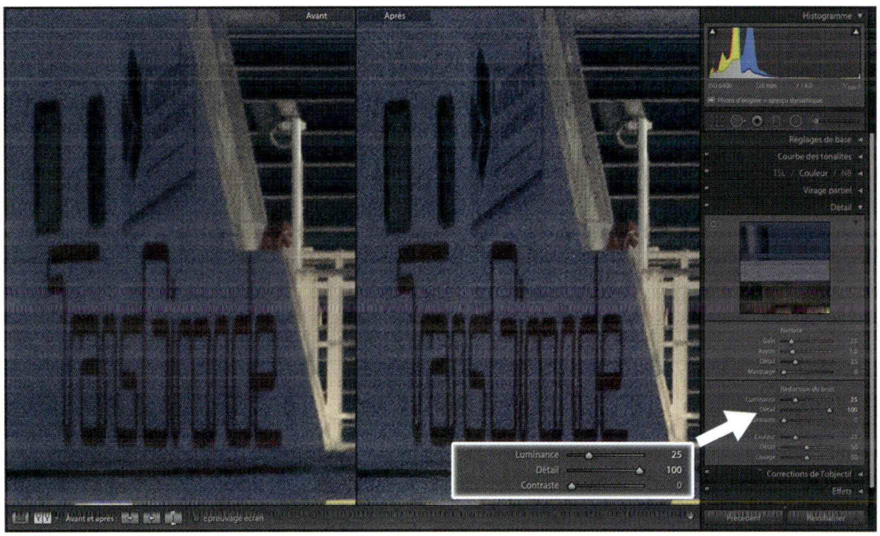

Étape 4

Le curseur Couleur permet d'atténuer ou de supprimer le bruit qui se manifeste sous forme de grain ou d'amas verts et magenta (image de gauche). La valeur par défaut est de 25 pour les fichiers RAW et de 0 pour les autres.

Si on déplace le curseur sur 0, aucune correction n'est appliquée ; au-delà de 25, la correction est de plus en plus agressive, avec des risques de dérive des couleurs.

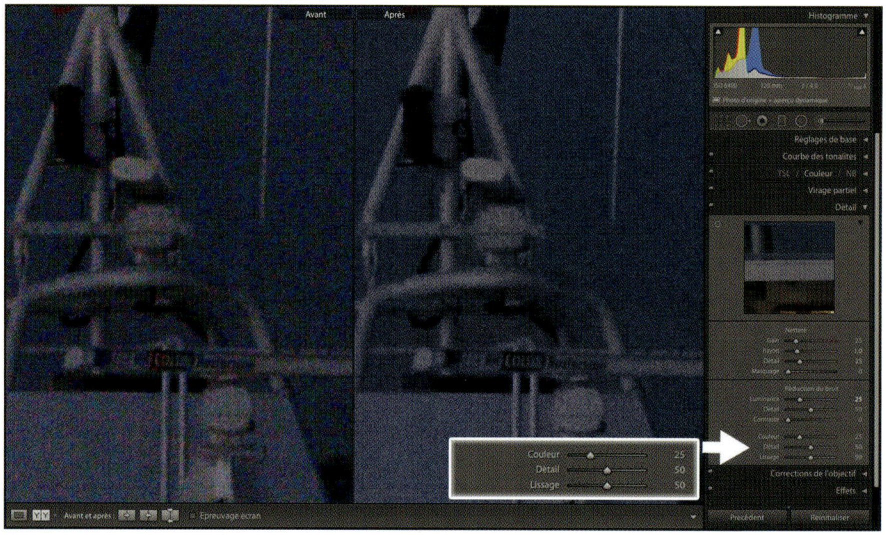

Étape 5

Les curseurs Contraste pour la Luminance et Détail pour la Couleur ont un mode de fonctionnement particulier, si subtil qu'ils exigent un agrandissement de 400 % au moins pour voir leur effet, et sur des images de plus de 6 400 ISO. Il est virtuellement impossible de montrer ces effets dans une capture d'écran imprimée.

Le réglage Contraste/Luminance protège les textures contre un lissage excessif, et le réglage Détail/Couleur permet de compenser les pertes et dérives de certaines teintes, comme l'objet rouge dans l'exemple ci-contre : dans ce cas, régler le curseur Détail/Couleur à 100 permettrait de récupérer une bonne partie de la saturation perdue.

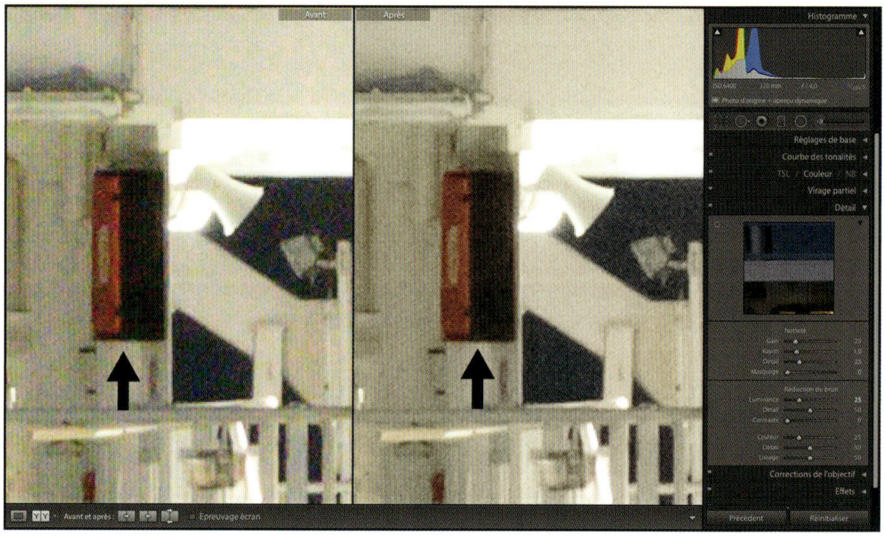

Étape 6

Le curseur Lissage permet de s'attaquer aux amas et paquets de pixels colorés que l'on peut parfois déceler dans les images et qui se manifestent aussi sous forme de bruit résiduel après la correction, comme vous pouvez le voir dans la zone sombre de l'exemple ci-contre. Le curseur Lissage est à 0 dans l'image de gauche, et à 100 dans l'image de droite.

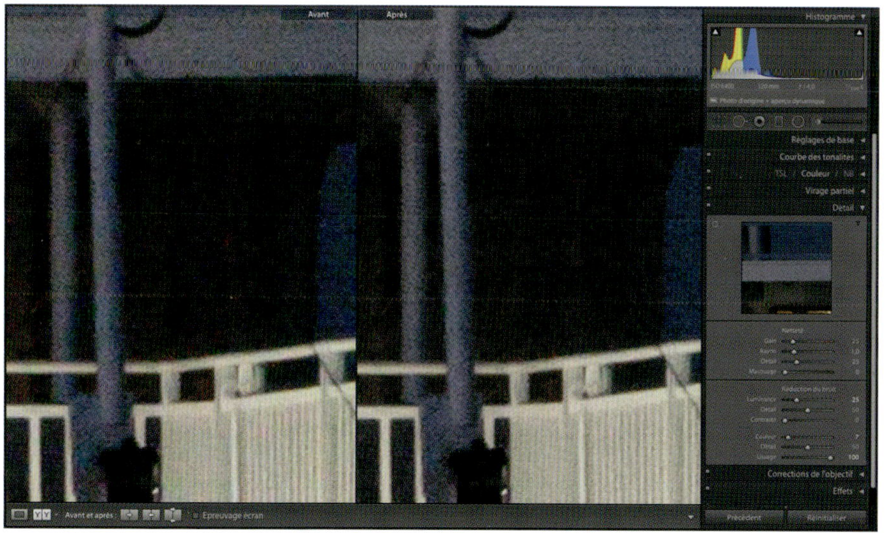

Étape 7

Le bruit de luminance, c'est-à-dire le grain, peut être corrigé localement avec l'un des outils de retouche, comme le Pinceau ou les Filtres gradué et radial. Le « Pinceau de retouche » (exercice 44) est certainement le plus souple d'emploi : vous pouvez par exemple l'utiliser pour lisser le bruit d'un arrière-plan sans toucher au sujet principal qui conservera, ainsi, tous ses détails.
Vous pouvez également utiliser les valeurs négatives du curseur Bruit (0 à -100) pour atténuer ou annuler une correction de bruit globale sur un élément de l'image dont vous voulez conserver le maximum de détails.

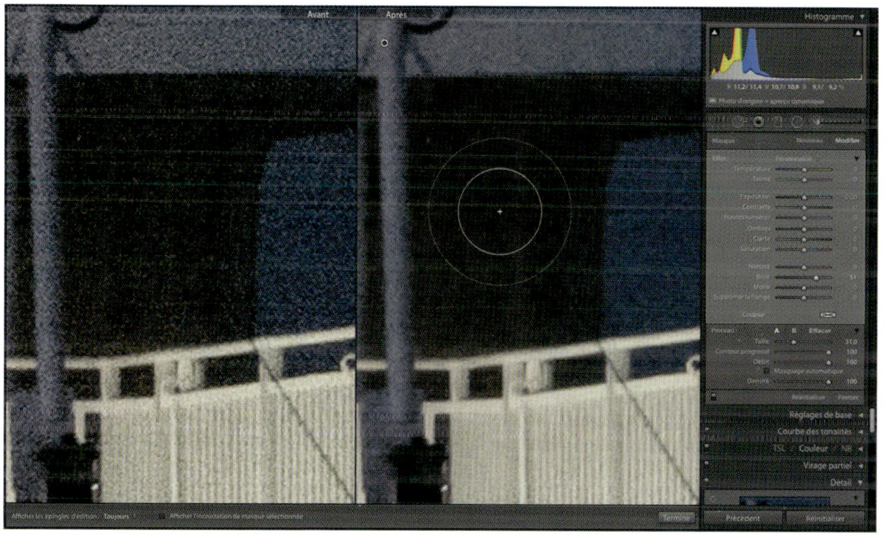

36 Accentuer la netteté

Adobe préconise une accentuation de la netteté en trois étapes : après l'importation des images (pour compenser l'adoucissement dû au filtre passe-bas du capteur de l'appareil photo), lors de la phase créative (retouche) et à l'exportation, en fonction du support de sortie (papier ou électronique). De ce point de vue, les outils de Lightroom 6/CC n'ont pas changé par rapport aux versions précédentes.
L'efficacité du curseur Clarté (exercice 32) – qui ne fait pas partie des outils d'accentuation – contribue à mettre en valeur les microdétails de l'image. Il faudra en tenir compte lors du renforcement de la netteté.

Les fichiers associés à cet exercice sont disponibles sur editions-eyrolles.com.

Étape 1

Ouvrez le fichier Image_Ex36A.dng. Le travail d'accentuation doit se faire à 1:1, pour mieux voir les effets des outils. Vous pouvez également vous servir de la loupe du panneau Détail : cliquez sur le pictogramme en haut à gauche, le pointeur de la souris se transforme en croix que vous pouvez placer dans l'image, puis cliquez pour verrouiller la position. Vous pouvez déplacer l'image directement dans la loupe du panneau Détail (le pointeur se transforme en Main). Si vous cliquez droit dans la loupe, vous pouvez sélectionner un agrandissement de 1:1 (100 %) ou de 2:1 (200 %).

> Remarque : cet outil est utilisable de la même manière pour la réduction de bruit (exercice 35).

Étape 2

Finalement, il est beaucoup plus pratique de travailler à 1:1 en mode d'affichage Avant/Après (2e bouton dans la barre d'outils, sous l'image). Sur le fichier Image_ex36A.dng, nous allons d'abord utiliser le curseur Gain qui applique une netteté globale à l'image : réglez-le à 90.

Bien que l'image d'origine, avant accentuation, soit piquée, on peut percevoir une grosse différence au niveau de l'extraction des détails dans la vue Avant/Après.

Étape 3

Le curseur Rayon permet de déterminer le nombre de pixels adjacents aux contours qui seront affectés par l'accentuation. Plus vous allez à droite, plus l'accentuation des petits détails sera grossière.

Le sujet se prête très bien à ce genre d'expérience. À gauche, le rayon est de 3 pixels, à droite, de 1,0. Pour des images très détaillées, optez pour une valeur comprise entre 0 et 1, 1 étant le rayon par défaut qui conviendra à la plupart des images.

> Remarque : vous pouvez appuyer sur la touche Alt/Option en manipulant les curseurs, cela aura pour effet de basculer en mode d'affichage monochrome afin de mieux percevoir les effets des curseurs Rayon, Détail et Masquage.

Étape 4

Si l'accentuation est exagérée (ici à 120), des halos peuvent se former et être visibles. Le curseur Détail, dont la valeur par défaut est 25, a un double rôle : déplacé vers la droite, il permet d'extraire encore plus de détails et de mettre en valeur les textures, comme vous pouvez le voir ci-contre dans la vue de droite, avec un réglage de 100. En revanche, l'extraction de détails va engendrer l'apparition de halos blancs le long des contours, que l'on pourra atténuer ou supprimer en déplaçant le curseur Détail vers les plus petites valeurs, à gauche.

Tout est donc question de compromis entre niveau de détails et présence plus ou moins acceptable de halos.

Étape 5

Le curseur Masquage permet de cantonner le renforcement de netteté aux contours. Il est très utile pour augmenter la netteté d'une image sans faire monter les détails dans les textures, pour éviter, par exemple, la montée du bruit dans un ciel bleu ou même du grain dans une image argentique numérisée. Avec le curseur à 0 et en appuyant sur Alt/Option, l'image est toute blanche. Au fur et à mesure du déplacement du curseur, les détails montent et, petit à petit, se fondent dans le noir. Les détails blancs représentent les éléments accentués, et les plages noires les éléments non accentués, grâce au masque. Dans l'image ci-contre, le masque est à 90, et l'on voit que l'accentuation ne se fera que sur les contours, en blanc.

Remarque : pour réinitialiser un réglage d'accentuation, faites un double-clic sur le curseur concerné ou sur son nom. Pour réinitialiser tous les curseurs, faites un double-clic sur le libellé « Netteté ».

Étape 6

Ouvrez le fichier Image_Ex36B.dng. Vous pouvez également renforcer la netteté localement, tout particulièrement avec le « Pinceau de retouche ». Cela constitue l'étape créative de l'accentuation selon Adobe. Vous pouvez vous en servir, par exemple, pour renforcer la netteté des yeux et de la bouche d'un portrait, sans toucher à la peau. À l'inverse, avec un réglage négatif (0 à -100), le pinceau applique du flou. Vous pouvez accumuler la netteté ou le flou en superposant les masques (voir l'exercice 44 sur le fonctionnement du pinceau), deux corrections à +100 étant égales à +200.

Le curseur Netteté pour la retouche locale est un simple renforcement positif (gain) ou négatif (flou), il n'y a pas de réglages de rayon, de détail et de masquage.

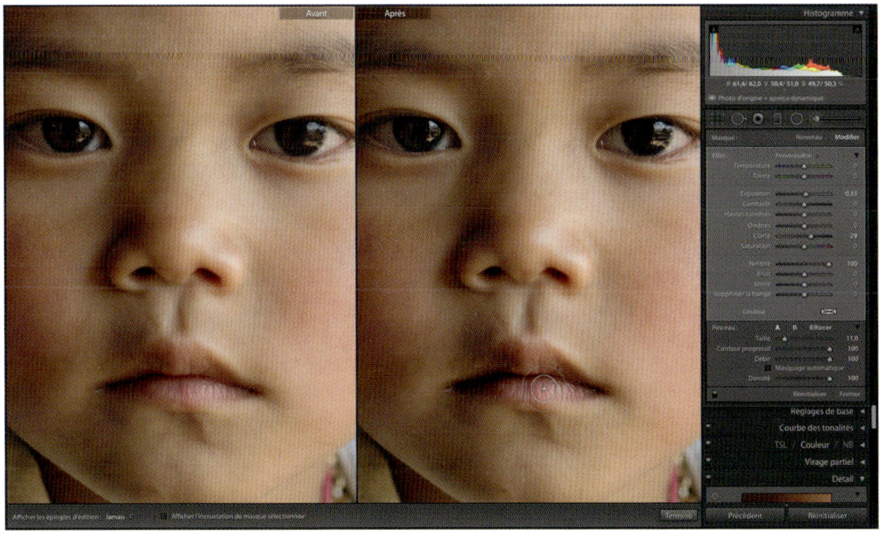

Conclusion : nous venons d'aborder les deux premières étapes de l'accentuation préconisées par Adobe et qui se pratiquent simultanément dans Lightroom puisque le moteur de dématriçage se charge d'extraire les détails de l'image. La partie créative prend le relais avec les outils du panneau Détail et peut être complétée par le « Pinceau de retouche locale » ou le « Filtre gradué » qui possèdent tous les deux un réglage de netteté (valeurs positives) et de flou (valeurs négatives).

En ce qui concerne l'accentuation de sortie, on trouvera des réglages dans le menu Exporter ainsi que dans les modules Impression, Web et Livres (aux formats PDF et JPEG). L'accentuation de sortie est hautement automatisée par Lightroom, avec des algorithmes qui s'adaptent à la nature, la taille et la résolution du document. Elle doit toujours être effectuée à la fin du flux de travail après toutes les corrections nécessaires aux images.

Partie 4

Corriger ses images

Après la partie 3 consacrée au développement et au traitement de base des images, voici le moment de passer à la vitesse supérieure avec des outils de correction qui, s'ils sont parfois techniques, n'empêchent pas une expression plus artistique.

Nous commencerons par le nettoyage des traces dues aux poussières collées au capteur du boîtier et à la suppression de détails indésirables avant de traiter de la correction des défauts des objectifs, du redressement des perspectives, aussi bien automatique que manuel, puis du recadrage. Nous aborderons ensuite des outils de correction plus pointus qui permettent très facilement et très naturellement un travail de grande précision, le « Pinceau de retouche », ainsi que le « Filtre gradué » et le « Filtre radial » qui ouvrent des possibilités plus créatrices. Après avoir fait un tour par la conversion noir et blanc et l'ajout d'effet créatifs, nous finirons cette partie avec l'une des principales nouveautés de Lightroom 6/CC : l'assemblage de panoramas et la fusion HDR.

Cônes de houblon pour préparer un brassin de bière (France)

Exercices

37 Supprimer les défauts

Tous les reflex numériques sont désormais équipés de dispositifs anti poussière efficaces, mais qui ne protègent pas vos clichés de tous types de taches : ils n'ont par exemple aucun effet sur celles qui proviennent de projections de graisse. Par ailleurs, les plus anciennes de vos photos, de même que vos archives numérisées, comportent forcément de nombreuses traces que vous souhaiterez sans doute faire disparaître. Dans cet exercice, nous vous proposons une méthode de nettoyage rapide et efficace, qui met en œuvre l'outil de suppression des défauts de Lightroom. À cela s'ajoute le pinceau non circulaire, qui permet d'éliminer des détails gênants, comme les fils électriques, les poteaux, etc.
Dans Lightroom 6/CC, la qualité de la fusion des corrections dans l'image a été améliorée.

Les fichiers associés à cet exercice sont disponibles sur editions-eyrolles.com.

Étape 1

Ouvrez le fichier Image_Ex37A.dng.
Pour ouvrir l'outil de suppression des défauts, appuyez sur la touche Q ou cliquez sur la deuxième icône en partant de la gauche, sous l'histogramme. Dans le panneau, veillez à choisir l'option Corriger au lieu de l'option Dupliquer – cette dernière se contente en effet de copier des pixels sans tenir compte de la luminosité, du contraste et des couleurs de la zone à corriger (voir étape 16).
Réglez ensuite l'opacité sur 100 et le contour progressif sur 0 ; le diamètre du pinceau se règle, lui, avec la molette de la souris.

Étape 2

La photo à nettoyer doit être affichée à 1:1, le coin supérieur gauche étant notre base de départ. Dans le panneau Navigation, déplacez le pavé dans le coin gauche, si besoin. Nous naviguerons avec les flèches « Haut de page »/« Bas de page ». En bas de page, Lightroom passera automatiquement en haut de la colonne suivante. Si vous préférez un déplacement latéral, appuyez sur Maj en plus des flèches.

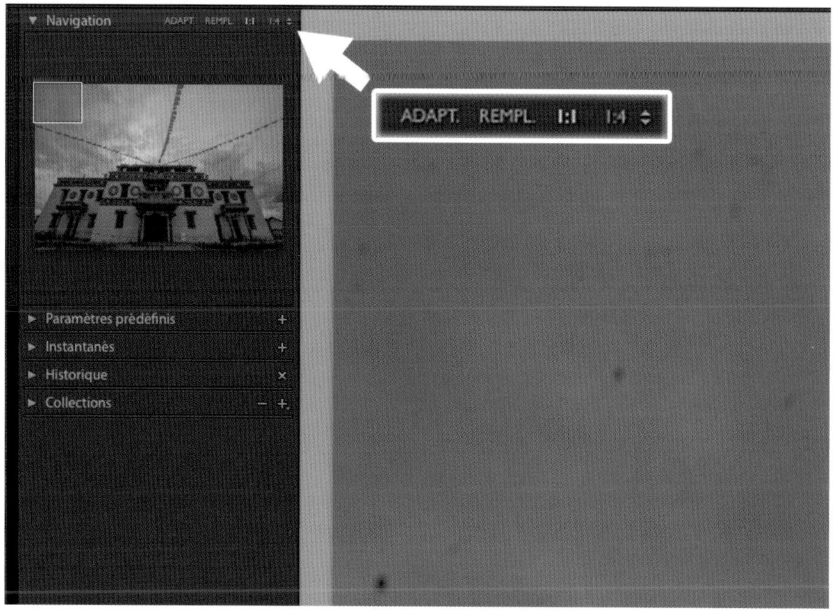

Remarque : ne confondez pas les touches « Haut de page » et « Bas de page » avec les flèches Haut et Bas. Les premières sont placées dans le groupe de touches supérieur situé entre le clavier alphabétique et le pavé numérique.

Étape 3

S'il est parfois difficile de discerner les poussières à l'écran, vous risquez malheureusement de les distinguer dans un tirage qui revient du labo ou qui sort de votre imprimante photo, ce qui vous oblige à des frais supplémentaires. Fort heureusement, l'outil « Suppression des défauts » est doté d'un système de visualisation monochromatique dans lequel seuls les contours sont affichés, en blanc sur fond noir, ce qui rend le moindre petit défaut visible. Pour activer cette fonction, allez dans la barre d'outils, sous l'image, et cochez « Afficher les défauts ».

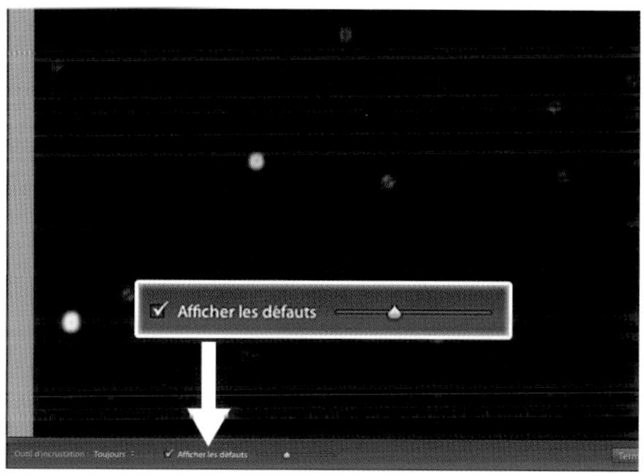

Étape 4

Le curseur « Afficher les défauts » permet de faire varier l'intensité d'affichage des contours. Si les poussières sont à peine visibles, déplacez le curseur vers la droite, ce qui aura pour effet d'amplifier l'affichage des détails et même, jusqu'à un certain point, le grain et le bruit, toujours présents dans le bleu du ciel. Le curseur est réglé à 50 % par défaut, il suffit de faire un double-clic pour le réinitialiser.

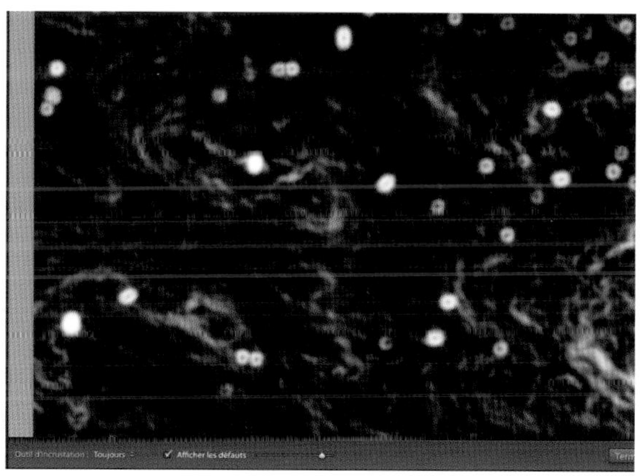

Étape 5

Pour éliminer une tache, englobez-la complètement à l'aide du pinceau circulaire, puis cliquez : la tache est supprimée. Vous verrez alors le cercle de correction relié à un cercle plus épais, qui indique la source, c'est-à-dire là où Lightroom a trouvé la zone idéale à dupliquer.

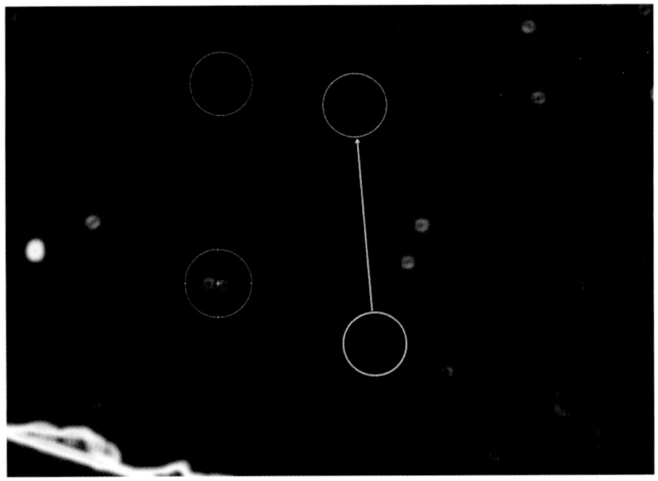

> Remarque : si vous ne voyez pas les cercles à l'écran, regardez dans quel mode d'affichage des incrustations vous êtes, à gauche du bouton/curseur « Afficher les défauts ». Si vous êtes en Auto, ils ne s'affichent que lorsque le pointeur de la souris passe dans l'image. Si l'option Jamais est sélectionnée, passez en mode Auto ou Toujours.

Étape 6

Si vous devez supprimer une tache près d'un objet, vous risquez de retrouver les contours de l'objet dans le cercle de sélection : déplacez légèrement le cercle de la source de prélèvement, soit à la souris, soit, plus finement, à l'aide des quatre flèches du clavier (petits incréments) ou des flèches et de la touche Maj (grands incréments). Si vous voyez encore des artéfacts (résidus des contours proches) dans le cercle de sélection, diminuez légèrement son diamètre.

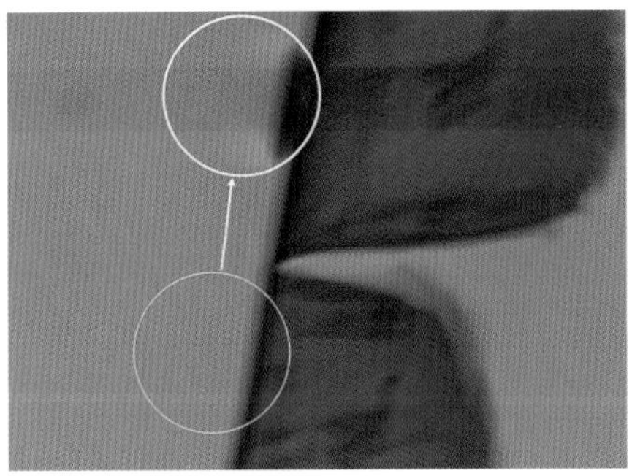

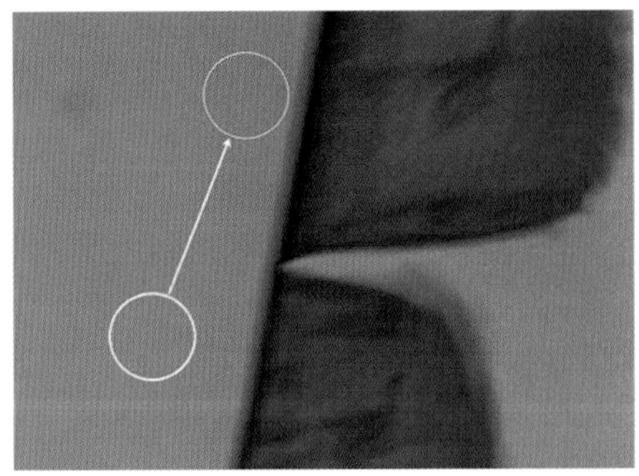

Étape 7

Voici à quoi ressemble l'image après nettoyage, en mode d'affichage monochrome. Faire défiler dans la photo par colonnes avec les flèches « Haut de page »/« Bas de page » permet un travail et une vérification extrêmement rapides.

Cette photo est constellée de poussières mises en valeur par une ouverture de diaphragme de f/22 : la grande profondeur de champ révèle la quantité réelle de poussières sur votre capteur.

Étape 8

Attention à la correction de poussières très rapprochées : les cercles tolèrent mal la superposition, vous devrez parfois les déplacer manuellement et faire plusieurs essais pour trouver le meilleur compromis. Si la correction proposée ne vous convient pas, vous pouvez demander à Lightroom de choisir une autre source de prélèvement : cliquez droit sur une correction et choisissez, dans le menu flottant, « Sélectionner une nouvelle source ».

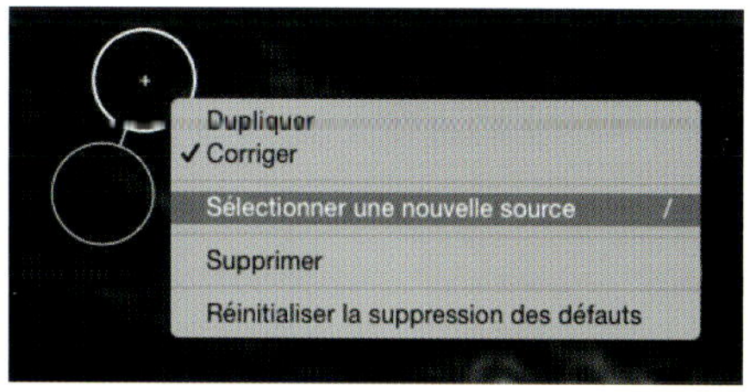

Étape 9

Lorsqu'une série de photos présente les mêmes imperfections, on peut synchroniser les corrections d'une image active vers une sélection d'images : sélectionnez toutes les photos (l'image active qui sert de source a le cadre le plus clair), puis cliquez sur le bouton Synchroniser ; dans la fenêtre qui s'affiche, cochez « Suppression des défauts » et cliquez sur « Synchroniser ». Limitez toujours la synchronisation des corrections de poussières à une même série d'images (mais les différences d'orientation des images sont bien prises en compte).

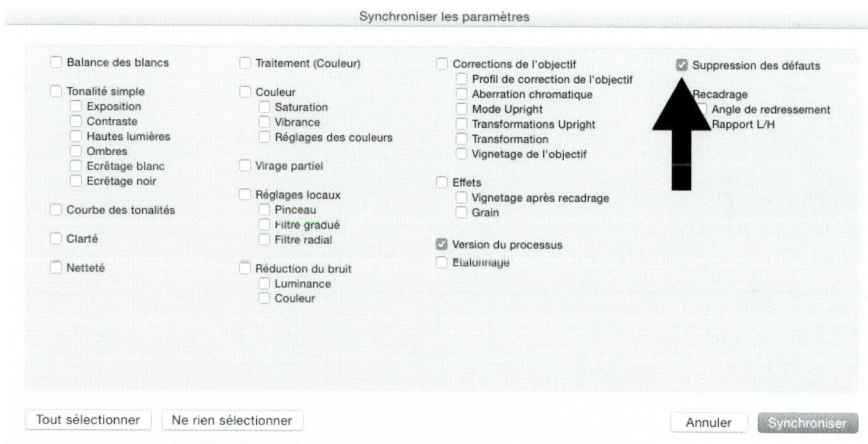

Étape 10

Si beaucoup se sont essayés à la suppression d'objets indésirables avec le pinceau, appelé « Pinceau de retouche des tons directs » avant Lightroom 5, les résultats étaient assez aléatoires malgré parfois beaucoup d'efforts. Ce temps est révolu grâce au pinceau non circulaire intégré à l'outil « Suppression des défauts ». Il ne prétend pas remplacer les outils spécialisés de Photoshop et ne permet pas la reconstruction du contenu ; il repose sur le principe du clonage, son efficacité se borne en général aux éléments sur fond uni, même si le curseur « Contour progressif », ajouté au cours du cycle Lightroom 5, permet d'en faire un peu plus.

Étape 11

Ouvrez le fichier Image_Ex37B.dng. L'outil s'utilise en peignant sur l'objet indésirable, ou, si ce dernier est un fil ou un objet fin et rectiligne, en faisant un clic à une extrémité et un Maj + clic à l'autre. Il n'a pas d'icône : cliquez dans l'image, maintenez le bouton de la souris enfoncé et peignez sur l'objet à supprimer. Le pinceau se présente sous forme d'une croix et applique un masque blanc jusqu'à ce que vous relâchiez le bouton de la souris. Privilégiez le mode Corriger qui tient compte de la luminosité, du contraste et des couleurs, contrairement au mode Dupliquer.

Étape 12

Quand vous relâchez le bouton de la souris, deux épingles d'édition (disque gris avec un point noir) et deux zones délimitées par un filet blanc s'affichent : l'une est la zone retouchée, l'autre la source dans laquelle l'outil a cloné une portion de l'image pour masquer l'objet à supprimer. Chacune peut être replacée pour tenter d'améliorer une correction qui ne serait pas parfaite, le problème le plus courant étant le recouvrement des détails à chaque extrémité du masque (voir l'étape 16).

Étape 13

L'utilisation du pinceau entraîne le risque de produire des artéfacts dans l'image, comme au départ ou à l'arrivée d'un fil électrique, et ces portions restent difficiles à corriger. Il est conseillé de démarrer le coup de pinceau un peu avant le début du fil à supprimer, et de finir après, afin que les algorithmes clonent ces portions du mieux possible. Si cela ne fonctionne pas, il faudra zoomer dans la photo et tenter de tamponner au mieux.

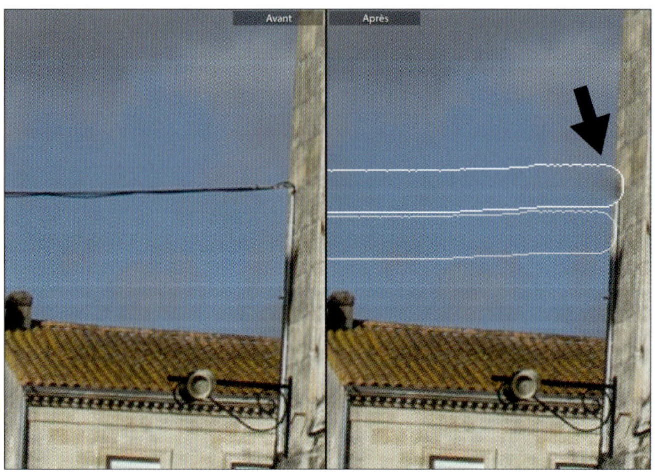

Étape 14

L'autre solution consiste à tricher un peu en déplaçant manuellement la source de prélèvement, afin de superposer, comme ici, un détail dupliqué pour masquer les artéfacts. Vous pouvez également demander à Lightroom d'essayer une autre source, en faisant un clic droit sur la correction et en choisissant « Sélectionner une nouvelle source » dans le menu flottant (étape 8).

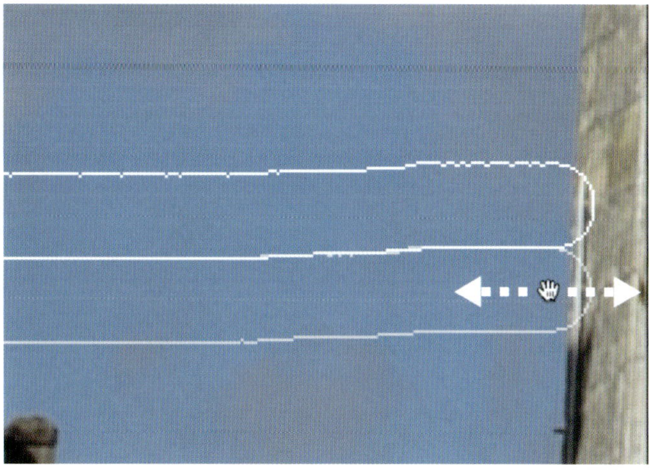

Étape 15

Qu'en est-il des objets non rectilignes ? L'outil est assez peu efficace car, d'une part, il ne reconstruit pas le contenu, comme Photoshop, et parce qu'il doit d'autre part retrouver dans l'image une zone à cloner qui comporte les mêmes caractéristiques de luminosité, de contraste et de couleur, et qui a une forme au moins aussi complexe. Cela demande beaucoup de travail pour un résultat assez hasardeux, les meilleures chances de réussite étant avec des sujets aux contours imprécis, sur fond uni, comme des nuages.

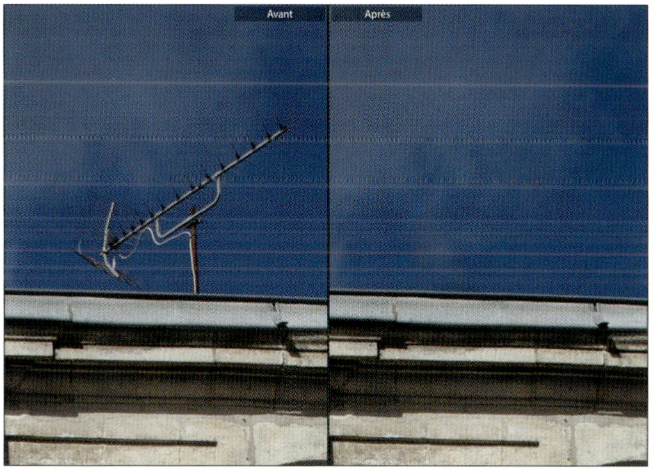

Étape 16

Quelle est la différence concrète entre le mode Dupliquer et le mode Corriger ? Le premier se contente de reproduire à l'identique la source choisie pour la correction, comme vous pouvez le voir ci-contre, à gauche. Le mode Corriger, lui, va tenir compte des couleurs, de la luminosité et du contraste pour mieux fondre la correction dans l'image, ce qui explique pourquoi, à droite, la fusion est quasiment invisible alors qu'elle présente des contours beaucoup plus nets et visibles à gauche.

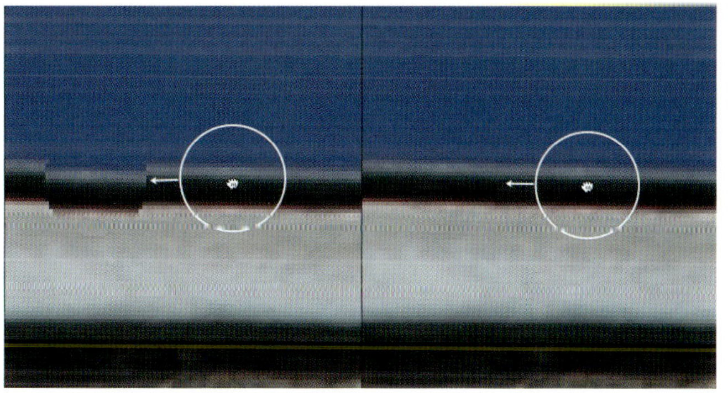

Étape 17

Le curseur « Contour progressif », arrivé dans Lightroom 5.2, permet de mieux fondre la suppression de défauts dans l'image, notamment lorsqu'on cherche à supprimer un objet placé devant un fond détaillé. Comme son nom l'indique, ce curseur permet d'agir sur la dureté du bord de la correction, comme vous pouvez le voir dans la comparaison ci-contre, avec le curseur positionné à 0 à gauche et à 65 à droite. Si le curseur est réglé à 100, l'élément qui a été supprimé refait son apparition.

Étape 18

Pour terminer, abordons la commande Opacité, qui permet d'atténuer un défaut dans l'image au lieu de le supprimer complètement. Un exemple concret d'application est la retouche de visage : l'image de gauche montre un bouton, non corrigé, à gauche, puis corrigé avec un réglage de l'opacité de 40 %, à droite.

Cela permet d'atténuer un détail de peau parfois disgracieux – boutons, rides, grains de beauté – mais qui, malgré tout, doivent rester un signe distinctif et naturel de la personne.

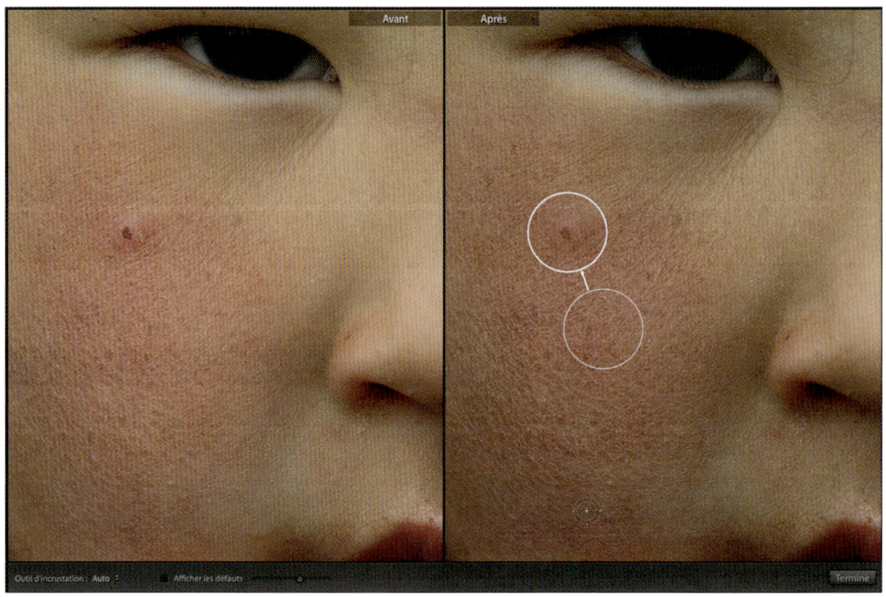

Remarque : cet exercice prend un peu le contrepied de tous les autres, puisqu'une grande partie des étapes vous montre ce qui ne fonctionne pas toujours parfaitement avec la suppression des défauts de Lightroom. Le but ici est de vous mettre en garde et de vous empêcher d'attendre des miracles : le seul moyen de retoucher les images avec des résultats impeccables est encore de passer par les outils et les techniques offerts par des logiciels comme Photoshop.

38 Corriger les défauts de l'objectif

La correction des défauts liés aux objectifs est apparue dans Lightroom 3 ; Lightroom 4.1 avait apporté quelques améliorations en désolidarisant la correction des aberrations chromatiques du système de profils (exercice 39), l'avantage étant de pouvoir corriger les aberrations pour tous les objectifs, même s'ils n'étaient pas pris en charge par un profil. De plus, les algorithmes utilisés s'avéraient particulièrement efficaces pour contrer les aberrations chromatiques latérales.
Lightroom 6/CC apporte une petite nouveauté : un message indiquant que les corrections optiques ont été faites automatiquement par le logiciel, en se basant sur les informations inscrites dans les métadonnées des fichiers par l'appareil photo.

Les fichiers associés à cet exercice sont disponibles sur editions-eyrolles.com.

Étape 1

Ouvrez le fichier Image_Ex38A.dng. Allez dans le panneau « Corrections de l'objectif », onglet Profil, et cochez « Activer le profil de correction ». Le défaut le plus marquant est le vignetage (assombrissement en périphérie, sur les bords et dans les angles, d'autant plus visible que le fond est clair). Cette photo a été prise à pleine ouverture (f/5,6) avec un Canon 100-400 mm IS II. On constate à quel point le vignetage peut assombrir une bonne portion de l'image, et l'on voit l'efficacité du profil de correction optique associé de Lightroom.
Si un profil est disponible pour l'objectif, Lightroom affichera la marque, le modèle et le profil dans le panneau tout en appliquant les corrections de vignetage et de distorsion (étape 3).

Étape 2

Ouvrez le fichier Image_Ex38B.dng. La distorsion affecte tous les objectifs, à des degrés divers. Sur les compacts et les hybrides, elle peut être très marquée, voire monumentale, mais elle est corrigée en interne sauf si vous ouvrez les fichiers RAW dans Lightroom. Dans l'exemple ci-contre, pris avec un hybride, notez, à gauche, la courbure de l'horizon assez prononcée, totalement corrigée, à droite, après application du profil.

Étape 3

Le panneau « Corrections de l'objectif » comporte quatre onglets. L'onglet Profil est composé de trois sections : l'activation du profil, les informations sur le profil d'objectif et les curseurs Distorsion et Vignetage (voir l'étape 5). La section « Profil d'objectif » comprend trois listes qui regroupent les marques de matériel, le modèle d'objectif utilisé et le nom du profil, précédé de « Adobe » ce qui indique qu'il a été produit et validé, soit par l'éditeur, soit par une marque partenaire (Leica, Hasselblad, Pentax, Sigma...).

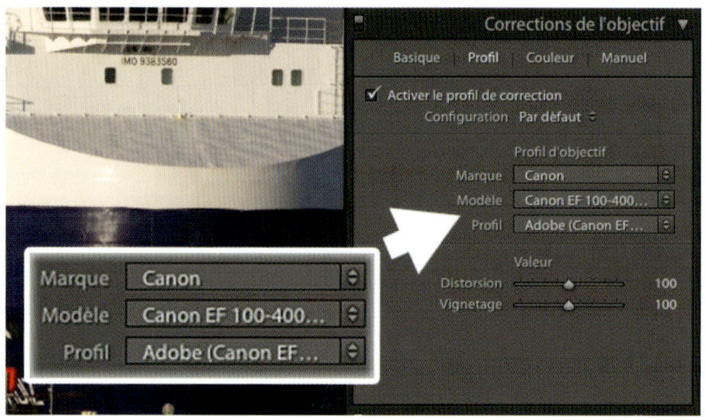

Étape 4

Lightroom applique aussi des corrections optiques automatiques en se basant sur les instructions inscrites dans les métadonnées par certains modèles de boîtiers (en général compacts et hybrides). Il n'y a donc pas besoin d'appliquer un profil de correction. Depuis la v6, Lightroom affiche une notice d'information dans le panneau si une correction optique intégrée a été effectuée. Cliquez sur le pictogramme « i », en bas du panneau : une fenêtre confirme l'application et le type de correction effectué (qui dépend de la marque et du modèle d'appareil).

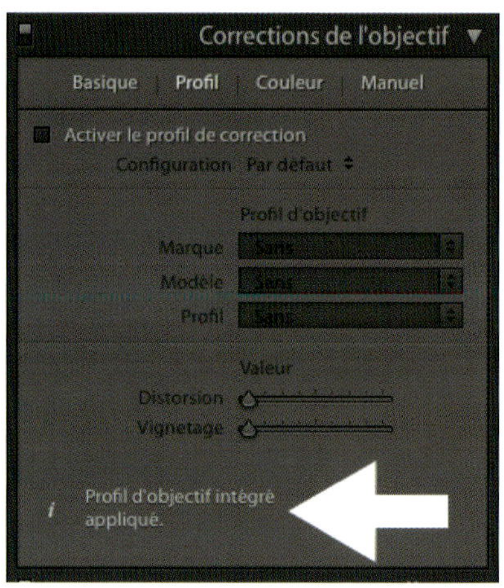

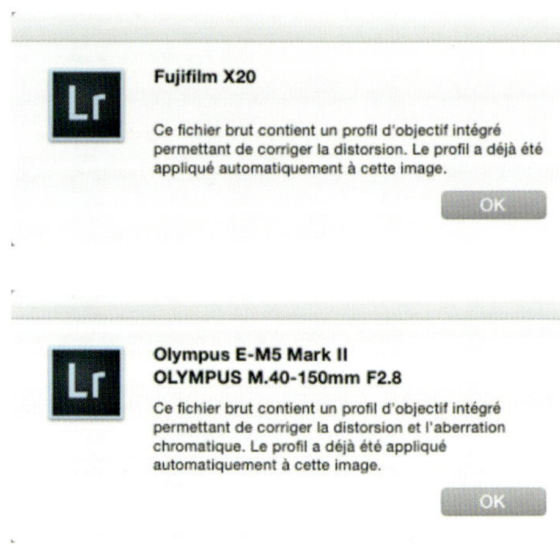

Étape 5

Les corrections automatiques peuvent être modifiées manuellement avec les curseurs Distorsion et Vignetage, dans la section Valeur de l'onglet Profil, notamment si vous estimez que le profil sélectionné agit de manière excessive ou insuffisante. Dans le panneau, le libellé du menu Configuration passe au statut Personnalisé : vous pouvez altérer le profil original avec les nouveaux réglages en enregistrant les modifications en tant que nouveau profil dans le menu déroulant Configuration, et en choisissant « Enregistrer les nouveaux profils d'objectif par défaut ».

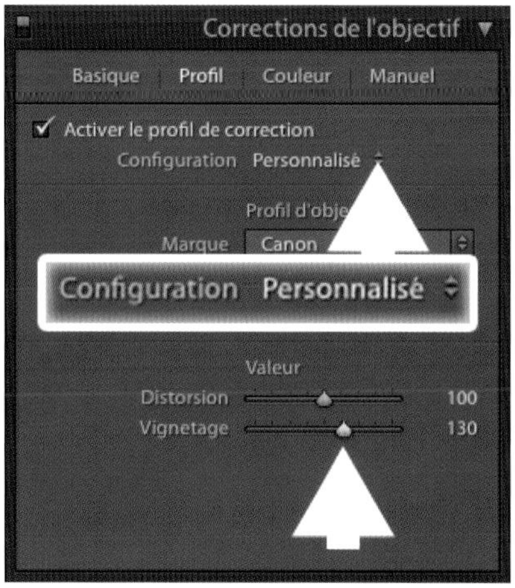

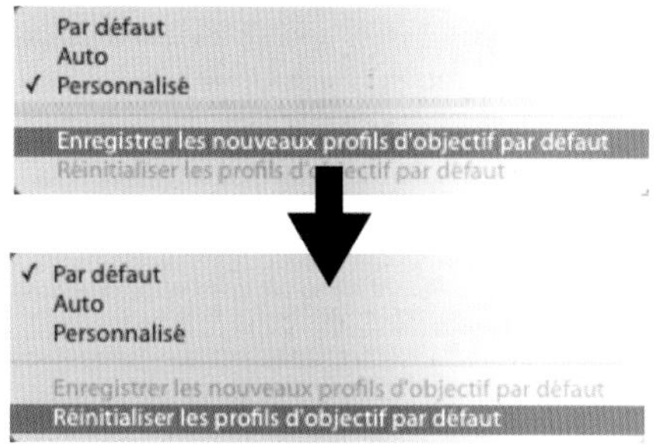

Remarque : si vous voulez annuler la modification, allez dans le menu et sélectionnez « Réinitialiser les profils d'objectif par défaut » : les curseurs altérés par vos réglages reviendront automatiquement à leur valeur par défaut (100).

Étape 6

Bien qu'il soit possible d'appliquer la correction optique par lot ou par synchronisation (exercice 51), vous pouvez l'automatiser avec un paramètre prédéfini de développement (exercice 52) et l'appliquer à l'importation. Quel que soit le profil d'objectif actif dans le panneau, le menu Configuration doit être sur « Par défaut ». Allez dans le panneau « Paramètres prédéfinis », cliquez sur « + » puis saisissez un nom (« Corrections optiques »). Cochez « Profil de correction de l'objectif » et « Aberration chromatique », puis cliquez sur Créer. Vous n'aurez plus qu'à choisir le paramètre de développement « Corrections optiques » dans le panneau « Appliquer pendant l'importation » du menu d'importation (exercice 09). Lightroom corrigera les images et saura détecter les modèles d'objectifs utilisés à la prise de vue.

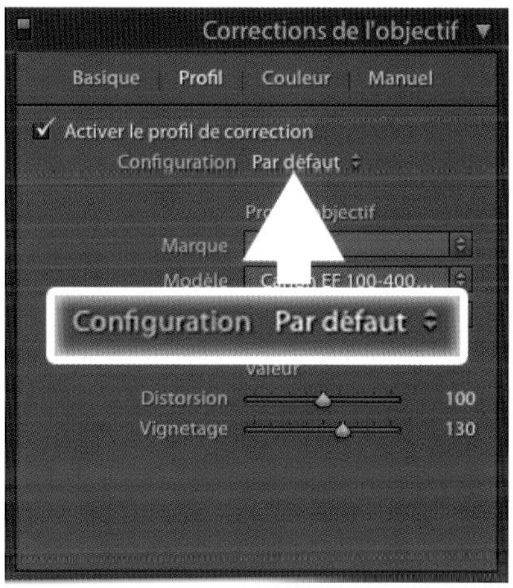

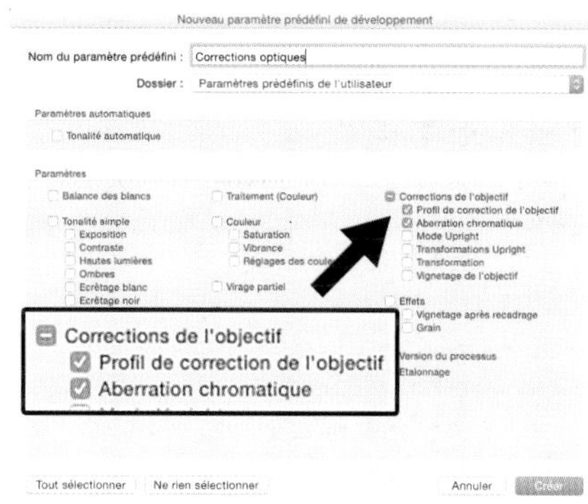

Remarque : les mises à jour successives de Lightroom permettent d'installer de nouveaux profils produits, soit par Adobe, soit en collaboration avec les fabricants d'objectifs eux-mêmes. Les profils sont conçus, à quelques exceptions près, pour les fichiers RAW et sont créés en tenant compte des différentes tailles de capteurs des boîtiers.

39 Corriger l'aberration chromatique

L'aberration chromatique est un phénomène qui affecte tous les objectifs, quelle que soit leur qualité, et qui se niche principalement en périphérie d'image, le long de contours exposés à un fort contraste (comme des branches devant un ciel très lumineux).

En réalité, l'aberration chromatique est présente un peu partout dans l'image, parfois sous forme d'aplats que le système de visualisation de l'outil de correction de Lightroom sait si bien révéler. Désolidarisés de la correction optique par l'intermédiaire de profils d'objectifs, les algorithmes et outils de traitement de l'aberration chromatique (AC), introduits à partir de Lightroom 4.1, sont si sophistiqués qu'ils justifient la présence d'un onglet à part entière dans le panneau « Corrections de l'objectif », ainsi qu'un curseur dédié dans l'outil « Pinceau de retouche ».

Les fichiers associés à cet exercice sont disponibles sur editions-eyrolles.com.

Étape 1

Ouvrez le fichier Image_Ex39A.dng. Appliquer un profil de correction d'objectif (exercice 38) ne corrigera pas l'aberration chromatique, puisque les algorithmes de traitement sont intégrés au logiciel. La première méthode, en général la plus efficace, est de faire appel aux automatismes en cochant « Supprimer l'aberration chromatique » dans l'onglet Couleur du panneau « Corrections de l'objectif ».

Le traitement des franges vertes et rouges, comme dans cette photo, ne pose absolument aucun problème et ne réclame pas l'utilisation des outils de correction manuelle. Agrandissez l'image à 2:1 ou 3:1 pour apprécier les résultats.

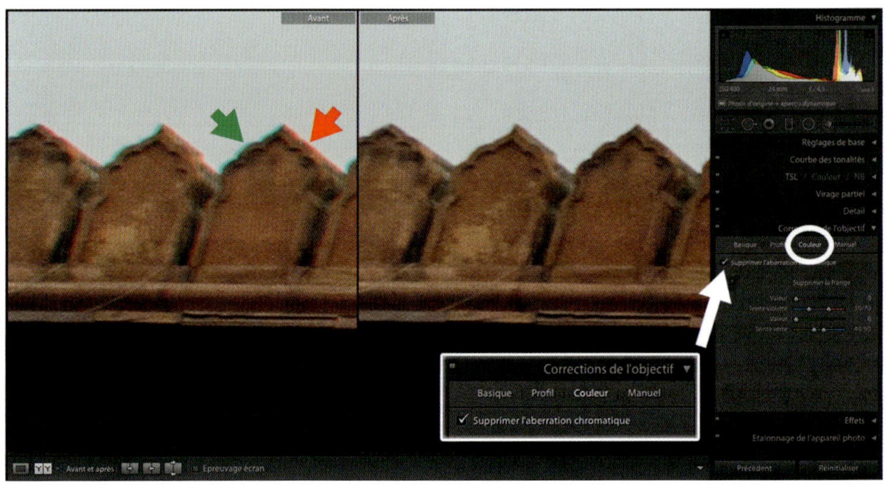

Étape 2

En plus des franges vertes et rouges de l'exemple de la page précédente, on peut voir d'autres formes d'aberration chromatique : du violet (voir ci-contre), du jaune et du bleu. Il existe en fait plusieurs formes d'aberration chromatique : l'aberration chromatique axiale et l'aberration chromatique latérale.

L'aberration chromatique latérale, qui se manifeste sous la forme de franges rouges/vertes et jaunes/bleues est en général facile à corriger. L'aberration chromatique axiale, elle, se produit en avant du pan de netteté (franges violettes), ou en arrière (franges vertes), et ce décalage la rend plus difficile à corriger (voir ci-contre), d'autant qu'elle a tendance à se diffuser dans toute l'image.

Étape 3

Il arrive parfois que la correction ne soit pas efficace à 100 % et que vous trouviez encore des résidus colorés, particulièrement visibles en agrandissant l'image bien au-delà de 1:1 (c'est-à-dire de 100 %).

Dans ce cas, activez le « Pinceau de retouche », réglez le curseur « Supprimer la frange » à 100 %, puis passez le pinceau, en plaçant la croix centrale sur les franges résiduelles : cela devrait les supprimer, tout simplement par désaturation des teintes détectées.

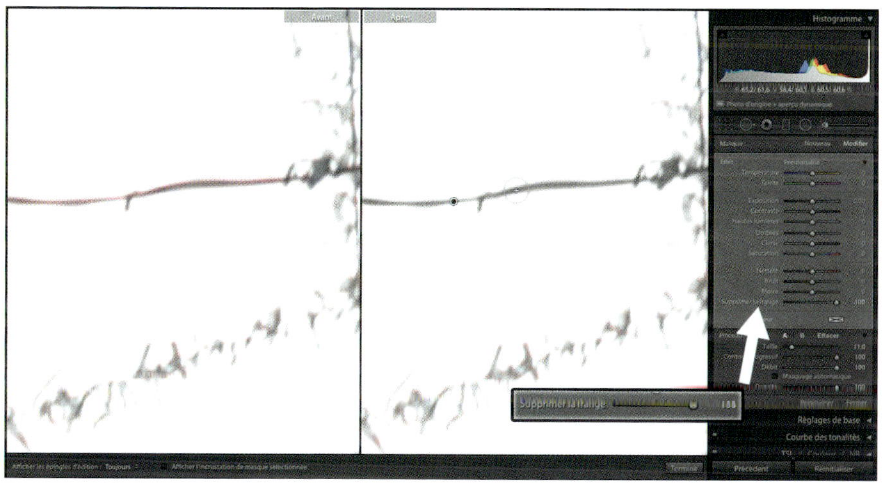

Étape 4

Ouvrez le fichier Image_Ex39B.dng. Dans cette image, la suppression de l'aberration chromatique a laissé des franges violettes assez marquées, que nous allons traiter avec les outils de la section « Supprimer la frange » qui présente un certain nombre de curseurs au fonctionnement un peu complexe au premier abord – mais que nous allons expliquer dans les étapes suivantes.

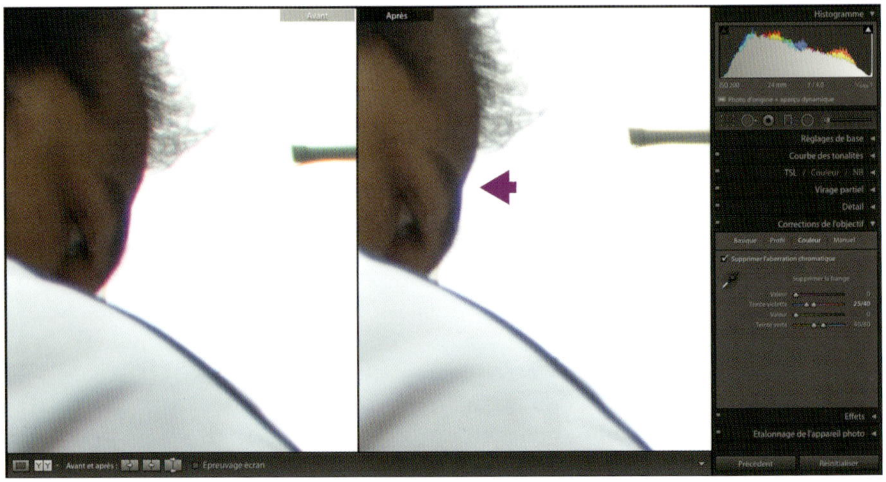

Étape 5

Le principe de fonctionnement de la pipette se rapproche de celle de la balance des blancs. Cliquez sur la pipette et placez-la sur un élément de l'image affecté par les aberrations violettes. Si elle détecte une teinte qu'elle peut corriger, elle prendra une couleur violette (ou verte) ; si elle détecte une couleur qu'elle ne peut traiter, un message s'affichera à l'écran et vous devrez essayer à un autre endroit dans l'image.

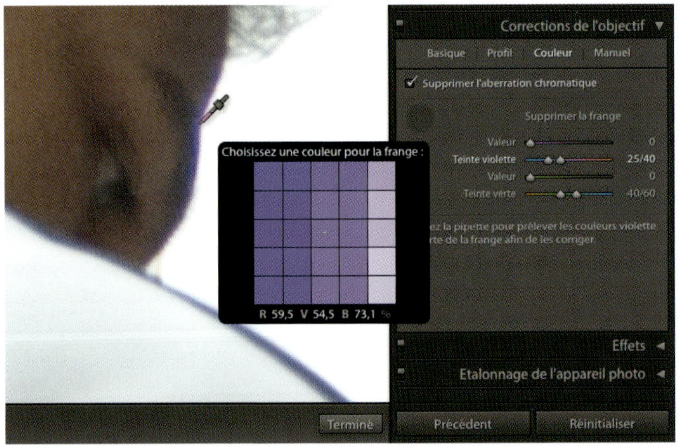

Étape 6

La frange violette a été supprimée et le curseur Valeur indique 9, c'est l'intensité de la correction (échelle de 0 à 20) ; « Teinte violette » délimite, entre les deux curseurs, la plage des teintes détectées par la pipette. Vous pouvez renforcer la correction en déplaçant le curseur Valeur vers la droite, et modifier la teinte en déplaçant les deux curseurs indépendamment l'un de l'autre pour élargir ou limiter la plage des teintes à traiter, ou tous les deux en même temps en pointant l'espace entre les deux curseurs avec la souris.

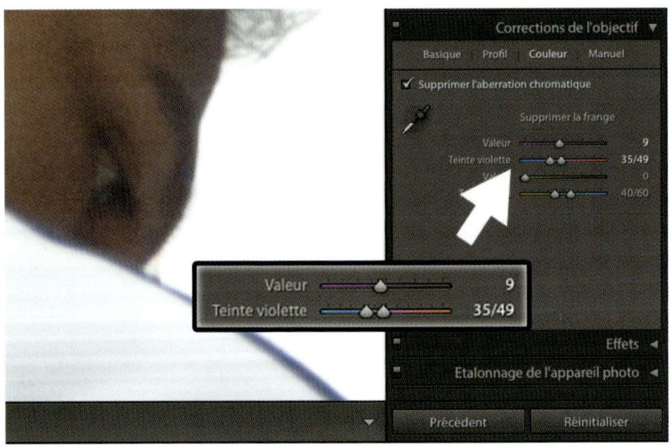

> **Remarque** : dans cet exemple, nous utilisons les curseurs de teinte violette – bien entendu, les explications s'appliquent aussi aux curseurs de teinte verte.

Étape 7

Un bon moyen de visualiser l'aberration chromatique ainsi que les corrections est d'appuyer sur la touche Alt/Option du clavier, tout en manipulant les curseurs Valeur ou Teinte. Dans ce cas, les portions d'images affectées par l'aberration chromatique sont indiquées en noir, ou en différents niveaux de gris, selon leur gravité. Avec ce système, vous comprendrez à quel point les aberrations chromatiques peuvent affecter toute l'image, pas seulement les contours, et qu'elles ne se cantonnent pas toujours aux bords ou aux coins.

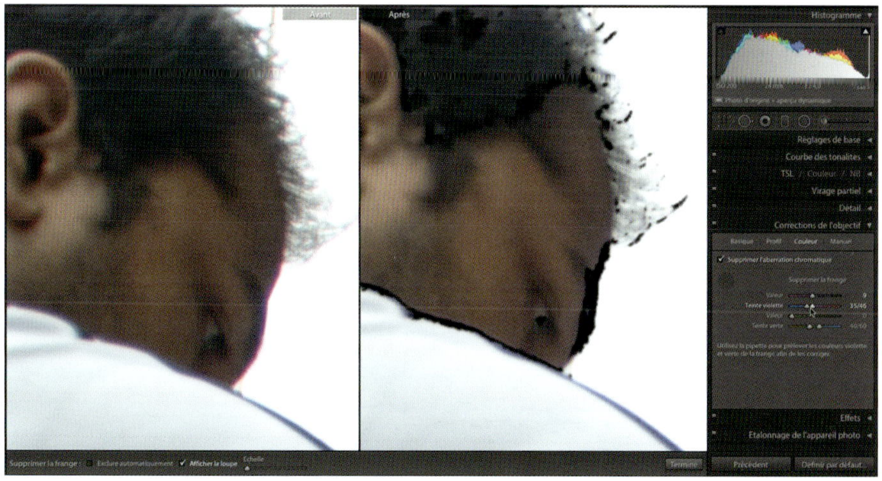

Étape 8

Revenons au pinceau « Supprimer la frange » : il est gradué de -100 à 100. Dans les valeurs positives, il corrige les aberrations chromatiques résiduelles (étape 3). Dans les valeurs négatives, il sert à protéger les teintes équivalentes ou proches de celles des aberrations chromatiques, notamment en cas de correction poussée. Ici, nous avons volontairement exagéré la correction des franges violettes en poussant le curseur Valeur à fond, et en élargissant l'écart des curseurs « Teinte violette » à toute la plage rouge, ce qui se traduit, à l'image, par une disparition pure et simple des éléments rouges.

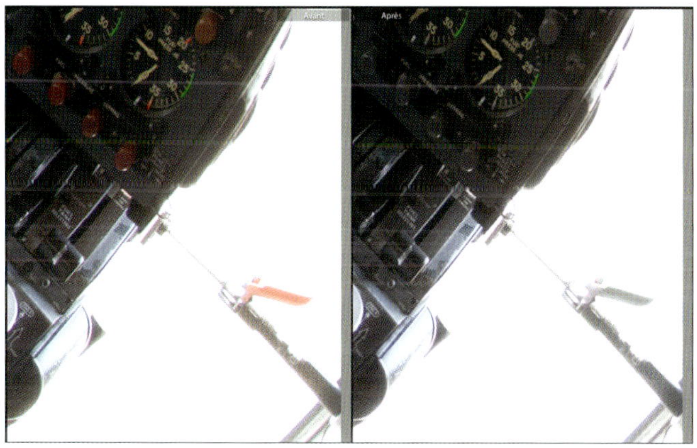

Étape 9

Pour éviter ce problème, nous avons d'abord passé un coup de pinceau « Supprimer la frange » sur les éléments rouges de l'image, en réglant le curseur à -100. Le pinceau applique un masque protecteur : si nous retournons dans l'onglet Couleur du panneau « Corrections de l'objectif » et que nous appliquons les réglages de correction poussés de l'étape précédente, vous vous apercevez que les teintes rouges sont conservées et parfaitement protégées.

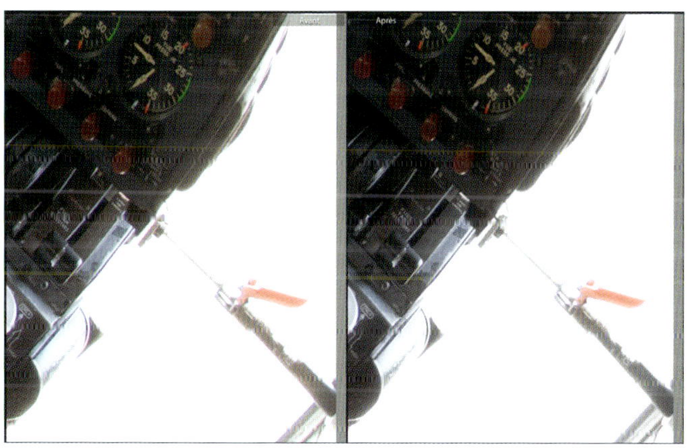

40 Corriger la perspective avec Upright

Upright est un outil automatique de redressement d'horizon et de perspectives qui vient épauler, voire remplacer l'outil Transformation (exercice 41). Ses algorithmes ont été spécialement conçus pour les images comportant des éléments d'architecture. Ils se basent sur le contenu de l'image pour effectuer leurs calculs sophistiqués de redressement. Quel que soit votre choix – Upright ou Transformation –, il est important d'appliquer d'abord le profil de correction d'objectif afin d'éliminer la distorsion et d'obtenir des résultats optimaux.

Upright dispose de plusieurs modes de fonctionnement. À partir de Lightroom 6/CC, vous pouvez passer de l'un à l'autre avec les touches Ctrl + Tab, ce qui vous évite de cliquer sur les boutons.

Les fichiers associés à cet exercice sont disponibles sur editions-eyrolles.com.

Étape 1

L'outil Upright se trouve dans le panneau « Corrections de l'objectif », dans un onglet nommé « Basique » qui regroupe un certain nombre de commandes dans deux sections différentes.

La première section permet d'appliquer les corrections automatiques de défauts optiques, comme il se doit, avec les boutons à cocher « Activer le profil de correction » (le même que dans l'onglet Profil, exercice 38) et « Supprimer l'aberration chromatique » (exercice 39). Le bouton « Contraindre le recadrage » applique en temps réel le recadrage des images redressées. La deuxième section comprend les 5 boutons de commande de l'outil Upright.

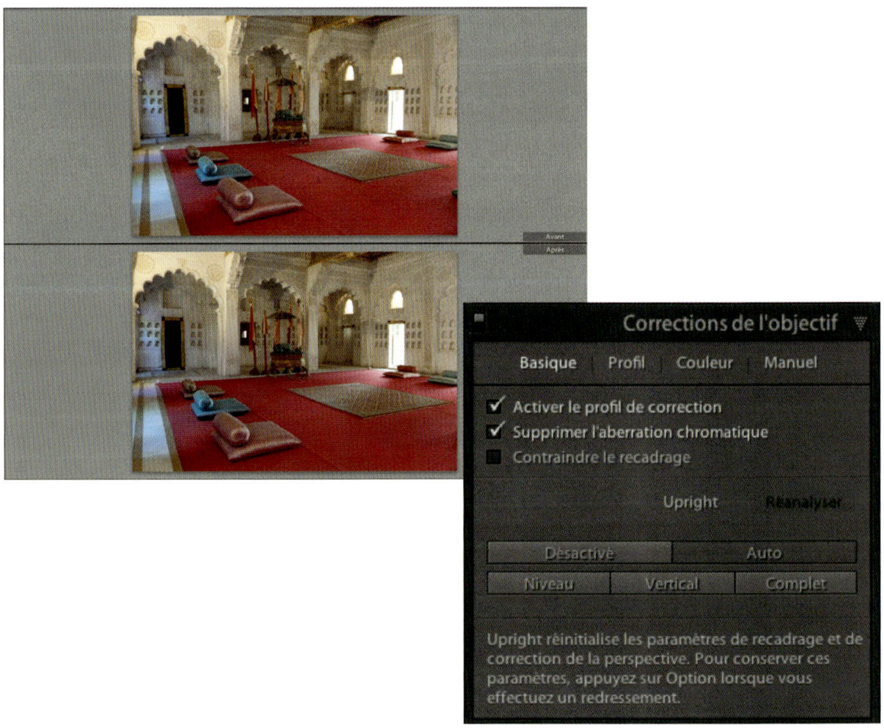

Étape 2

Ouvrez le fichier Image_Ex40A.dng. Le mode par défaut d'Upright est le mode Désactivé. Après avoir ouvert l'image, cliquez sur Auto : les murs se redressent et l'horizon est compensé instantanément.

Ce mode applique une correction aux lignes convergentes, à la fois verticales et horizontales, et remet la photo à niveau si elle est penchée à la prise de vue. L'approche ici est classique, sans tentative de surcorrection, pour un résultat le plus naturel possible.

> Remarque : le bouton Réanalyser s'active et s'utilise si, en cours de corrections avec Upright, vous activez ou désactivez le profil de correction d'objectif.

Étape 3

Vous pouvez afficher une grille en allant dans le menu **Affichage>Incrustations de loupe>Grille**. Elle permet de vérifier les corrections en comparant l'horizontalité et la verticalité des droites dans l'image, et de reprendre si nécessaire les corrections à la main dans l'outil Transformation (exercice 41).

Si vous maintenez la touche Alt (PC) ou Cmd (Mac) enfoncée, un panneau de commande vous permettra de régler l'opacité et la taille de la grille. Vous pouvez également afficher des lignes de repère (exercice 04).

Étape 4

Sur certaines images, le mode Vertical peut donner des résultats dont la différence est parfois subtile par rapport à ceux du mode Auto. Dans ce cas en effet, seules les droites verticales sont corrigées au mieux (sans approche conservative pour un rendu naturel), ainsi que le niveau ; les lignes horizontales ne sont pas corrigées.

Cette image montre assez bien la différence : en mode Auto en haut (verticales + horizontales + niveau), en mode Vertical en bas (verticales + niveau).

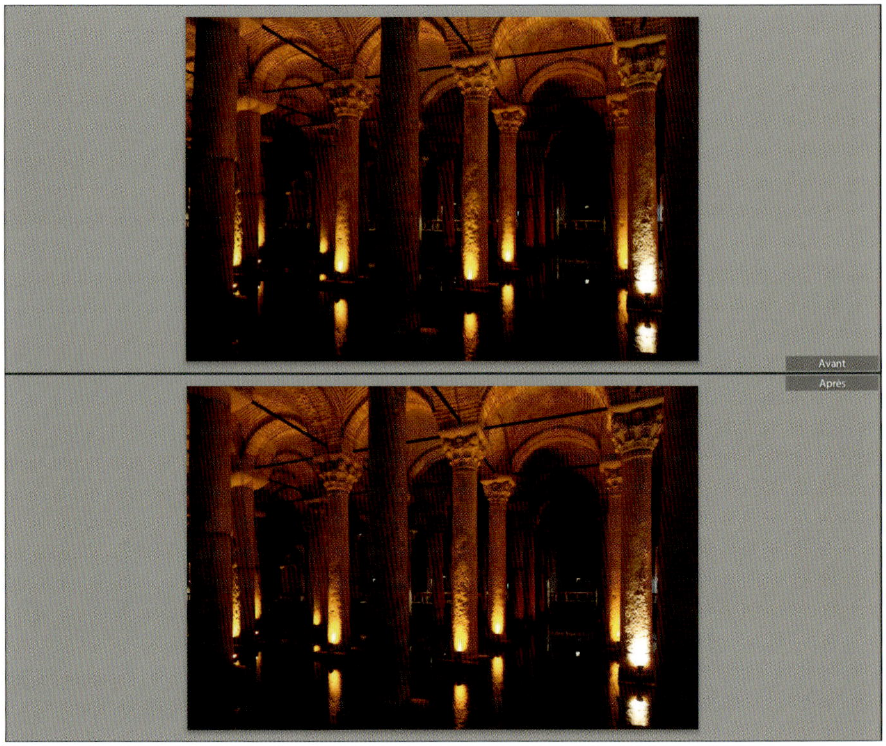

Étape 5

Ouvrez le fichier Image_Ex40B.dng. Le bouton Niveau a un rôle très simple : redresser l'horizon et seulement lui, sans que les verticales et les horizontales ne soient affectées. L'outil s'avère très efficace, notamment pour les images dans lesquelles on ne distingue pas de ligne d'horizon à proprement parler, au point que vous ne toucherez quasiment plus à l'outil « Recadrer et redresser » (voir l'exercice 42).

Remarque : à partir de Lightroom 6/Lightroom CC, l'outil Angle, du panneau « Recadrer et redresser », dispose d'un bouton Auto qui fonctionne exactement comme la commande Niveau d'Upright.

Étape 6

Le mode Complet procède à une analyse en trois dimensions du contenu de l'image et tente une correction de l'horizon, des verticales et des horizontales sans faire de compromis – et sans essayer de conserver un résultat naturel, même si cela implique une rotation importante de l'image ainsi que le non-respect du rapport largeur/hauteur original après recadrage pour éliminer les zones sans informations, matérialisées en blanc.

Étape 7

Dans ce cas, nous vous conseillons fortement de comparer les résultats avec le mode Auto, comme ici. Pour cette image, le résultat reste bien plus naturel qu'en mode Complet.

La méthode idéale de travail avec Upright est d'essayer les boutons les uns apres les autres : les corrections sont immédiates et vous irez beaucoup plus vite qu'avec les outils plus classiques comme Transformation ou « Recadrer et redresser ».

Étape 8

Si vous utilisez Upright avec une image déjà recadrée ou dont les perspectives ont été redressées au préalable avec l'outil Transformation, ces corrections seront systématiquement annulées, comme indiqué par les instructions affichées dans l'onglet Basique. Néanmoins, il est possible d'éviter ce comportement en pressant la touche Alt/Option tout en manipulant les commandes de Upright.

Étape 9

Vous pouvez synchroniser les corrections de Upright d'une image source vers une sélection d'images de destination en utilisant l'un des deux modes disponibles dans la boîte de dialogue – attention à la nuance :

- « Mode Upright » : chaque image sera analysée et corrigée selon le contenu qui lui est propre ;
- « Transformations Upright » : les corrections de l'image source seront appliquées exactement de la même manière aux images de destination (à réserver pour une série d'images semblables).

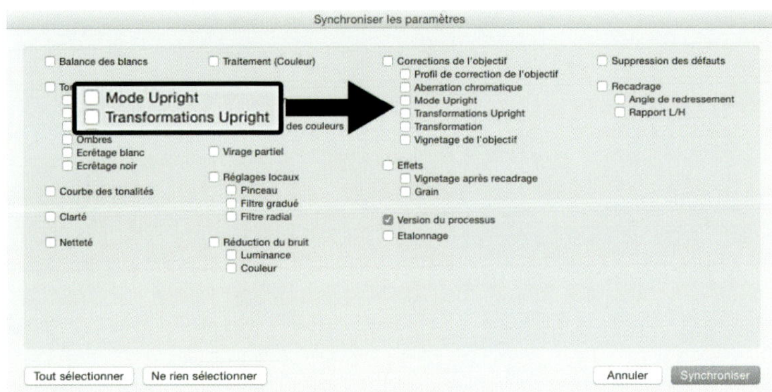

41 Corriger manuellement la perspective

Après l'outil automatique de redressement Upright (exercice 40), voici les outils traditionnels de correction des perspectives qui se cachent sous un ensemble de curseurs appelé « Transformation ».

Avec ces outils, vous pourrez par exemple redresser les lignes verticales convergentes d'un bâtiment pris en contre-plongée. Toutefois, sachez que la correction logicielle de la perspective souffre de certaines limites, notamment de l'obligation de sacrifier une partie de la surface de l'image par recadrage. Prenez conscience qu'en photo d'architecture, un logiciel ne peut pas se substituer à un objectif à décentrement ou à une chambre photographique et que, dans tous les cas, vous devrez cadrer le plus large possible à la prise de vue.

Les fichiers associés à cet exercice sont disponibles sur editions-eyrolles.com.

Étape 1

Ouvrez le fichier Image_Ex41.dng. Il faut appliquer un profil de correction d'objectif pour éliminer la distorsion et le vignetage qui assombrit la photo (voir l'exercice 38), avant de passer dans l'onglet Manuel du panneau « Corrections de l'objectif » et aux curseurs Transformation. Si aucun profil n'est disponible pour votre matériel, voyez l'étape suivante pour le fonctionnement du curseur Distorsion.

Une analyse rapide de l'image montre qu'elle est de travers et qu'elle s'évase vers le haut.

Étape 2

Le curseur Distorsion va vous permettre de compenser la déformation en coussinet ou en barillet de l'image. Vers la gauche, vous accentuez la distorsion en barillet, vers la droite, vous accentuez la déformation en coussinet.

Si vous vous sentez perdu dans vos réglages, à force de chercher le meilleur compromis, n'hésitez pas à réinitialiser les corrections en faisant un double-clic sur le curseur concerné.

Étape 3

Faites pivoter l'image vers la gauche à l'aide du curseur Rotation. Dès que vous passez le pointeur de la souris sur l'un des 5 curseurs, une grille d'alignement s'affiche automatiquement dans l'image, en incrustation. Déplacez le curseur vers la gauche pour pivoter à gauche, et vers la droite pour pivoter à droite.

Essayez d'aligner le mieux possible les lignes horizontales et verticales principales sur la grille. La valeur retenue ici est d'environ -0,8.

Étape 4

Pour redresser les lignes verticales, saisissez le curseur du même nom : si vous le déplacez vers la gauche, le sujet s'évase en haut, si vous le déplacez vers la droite, il s'évase en bas. Faites quelques allers et retours pour comprendre le fonctionnement de cette commande, puis essayez de trouver le meilleur réglage pour que les verticales soient bien droites. Surveillez l'extrémité gauche, puis la droite, et enfin le centre. Alignez-vous le mieux possible sur la grille.
Là encore, il faudra trouver le meilleur compromis et peut-être jongler un peu avec la rotation. Dans notre cas, nous nous arrêterons à une valeur de +11.

Étape 5

Les curseurs Transformation vont finir par déformer les bords de l'image en chassant des pixels hors du cadre de la photo et en ramenant certains angles ou bords à l'intérieur du cadre. Ces zones particulières seront signalées par un espace blanc qui sera positionné entre le bord de l'image déformée et le cadre – c'est ce que vous pouvez constater ci-contre.
Bien entendu, plus vous corrigez et plus vous dénaturez l'image originale en perdant beaucoup de surface, d'où l'utilité de toujours prévoir d'éventuelles corrections en cadrant suffisamment large à la prise de vue... Ce qui justifie la course aux pixels des fabricants d'appareils photo : plus la résolution est élevée, plus la marge de manœuvre pour ce type de correction sera grande.

Étape 6

L'image a également besoin d'être redressée en ce qui concerne les lignes horizontales : dans le haut, les lignes du plafond penchent à droite malgré la rotation imprimée à l'étape 3.

Si vous déplacez le curseur Horizontal vers la gauche, l'image pivotera vers la droite autour d'un axe vertical ; si vous déplacez le curseur vers la droite, l'image basculera vers la gauche.

Cet outil servira notamment à récupérer des lignes convergentes horizontales qui ne sont pas forcément dans le même plan, parallèles au capteur de l'appareil photo. La correction appliquée est ici de +3.

Étape 7

Après redressement des lignes verticales et horizontales, le haut de l'image, et notamment la frise dorée, semble encore déformé. C'est là que le curseur Distorsion va nous être utile : une très légère correction à +4, en coussinet (droites s'incurvant vers le centre de l'image), permet de compenser.

Étape 8

Le curseur Échelle permet de zoomer dans l'image pour éliminer les zones blanches évoquées dans l'étape 5, mais le bouton à cocher « Contraindre le recadrage » est un bien meilleur choix, d'une part parce que le recadrage va être automatique, d'autre part parce qu'il va s'appliquer au pixel près : dans ce cas, l'automatisme se révèle plus précis et plus fiable qu'un ajustement manuel.

Ci-contre, un montage montrant l'image originale à gauche et l'image corrigée et recadrée à droite.

Étape 9

Lightroom propose également un curseur nommé « Aspect ». Il permet d'étirer ou de comprimer l'image dans le sens de la largeur, en allant vers la gauche, ou dans le sens de la hauteur, en allant vers la droite. L'illustration ci-contre reflète ces ajustements.

Il sera surtout utile pour redonner des proportions naturelles, d'un point de vue visuel, aux éléments d'image déformés par les différentes manipulations dans l'outil Transformation.

42 Recadrer et redresser une image

Lightroom dispose d'un outil de recadrage particulièrement complet et très convivial à utiliser. Il satisfera tous les spécialistes des horizons obliques – dont votre obligé – ainsi que ceux qui sont très attachés aux cadrages pointus, grâce à ses six différentes grilles dont une spirale de Fibonacci basée sur le nombre d'or. Dans cet exercice, nous allons voir comment redresser une image avant de passer aux outils de recadrage, avec ou sans verrouillage du rapport largeur sur hauteur. Nous verrons également comment mémoriser un cadrage personnalisé et afficher une incrustation de cadre.

Avec Lightroom 6/CC, l'outil Angle se voit doté du redressement automatique de l'horizon, une recopie du mode équivalent de l'outil Upright (voir l'exercice 40).

Les fichiers associés à cet exercice sont disponibles sur editions-eyrolles.com.

Étape 1

Ouvrez le fichier Image_Ex42A.dng. L'image originale (que vous ne voyez pas ici) est inclinée sur la gauche. On peut la redresser avec la grille de recadrage, l'outil Angle ou le bouton Auto. Pour lancer l'outil de recadrage, cliquez sur la première icône sous l'histogramme du module Développement, ou pressez la touche R. Dans cette première méthode, il suffit de rapprocher le pointeur de la souris de l'angle inférieur droit de l'image jusqu'à ce qu'il se transforme en double flèche coudée, et de faire pivoter l'image jusqu'à ce qu'une ligne de référence horizontale ou verticale soit alignée sur la grille. Ici, on utilisera des droites dans l'image dont on sait qu'elles sont de niveau, l'horizon n'étant pas visible. Pour annuler, cliquez sur Réinitialiser, dans le panneau de l'outil.

Étape 2

La seconde méthode consiste à tracer une ligne sur une droite de référence verticale ou horizontale, après avoir cliqué sur l'outil Angle pour le libérer. C'est l'outil idéal pour du travail de grande précision.

Dans cette image, on ne voit guère la ligne d'horizon, on tracera donc une ligne horizontale en partant du principe que les constructions sont de niveau. Dès qu'on relâche la souris, l'image se redresse. Si la correction ne s'avère pas suffisante ou correcte, on peut l'ajuster à la main avec la méthode de l'étape 1 – à moins de réinitialiser et choisir une autre ligne de référence dans l'image.

Étape 3

Le mode automatique est un déport de la commande Niveaux de l'outil Upright (exercice 40). Il permet de redresser l'horizon à condition que l'image contienne des éléments sur lesquels les calculs puissent se faire. Quand il n'y en a pas, comme dans l'image des étapes précédentes, un message d'avertissement vous alerte ; il vous faut alors vous replier sur les méthodes décrites dans les étapes 1 et 2.

Dans la photo ci-contre, les algorithmes ont pu se baser sur la détection d'une ligne d'horizon, ainsi que, probablement, sur les structures verticales du bateau.

Étape 4

Ouvrez le fichier Image_Ex42B.dng. Le recadrage peut être effectué, soit en respectant les proportions de l'original, soit librement. Dans le premier cas, il faut que le petit cadenas situé dans le panneau soit fermé. Pour recadrer, on saisit le bord ou le coin de la grille et on resserre le cadrage jusqu'à l'obtention du résultat désiré.

Si le sujet n'est pas bien aligné ou bien placé, on peut déplacer l'image librement, dans tous les sens. En effet, dans Lightroom, ce n'est pas la grille que l'on déplace, mais l'image qui est derrière.

Étape 5

Si, pour une raison ou pour une autre, vous voulez basculer d'un recadrage vertical à un recadrage horizontal, ou l'inverse, appuyez sur la touche X. La zone de recadrage va basculer et vous pourrez continuer à l'agrandir, la réduire ou la faire pivoter à votre guise.

Une autre astuce pour changer d'orientation consiste à réduire le plus possible la grille de recadrage : au bout d'un moment, elle finira par basculer.

Étape 6

Quand le cadenas est ouvert, on peut tracer un recadrage aux proportions libres avec l'outil Aspect, qui a la forme d'une équerre. Cliquez sur son icône dans le panneau Recadrer, puis emmenez l'outil au point d'origine et tracez un rectangle qui corresponde grossièrement au cadrage désiré. Dès que vous relâchez l'outil, vous pourrez affiner le recadrage en déplaçant l'image derrière le cadre et, éventuellement, redimensionner l'image recadrée avec les angles ou les bords de la grille.

Étape 7

L'outil « Recadrer et redresser » propose un certain nombre de formats prédéfinis, listés juste à côté du cadenas. Vous y trouverez notamment le format carré 1 × 1, le 5 × 7 ou le 2 × 3 (qui correspond au 24 × 36). Avec Lightroom 4 sont apparus trois formats supplémentaires, plus en rapport avec les formats écran, comme le 4 × 3 (1 024 × 768), le 16 × 9 (1 920 × 1 080) et le 16 × 10 (1 280 × 800). Pour appliquer l'un de ces formats prédéfinis, cliquez dessus dans la liste, puis ajustez dans l'image si nécessaire.

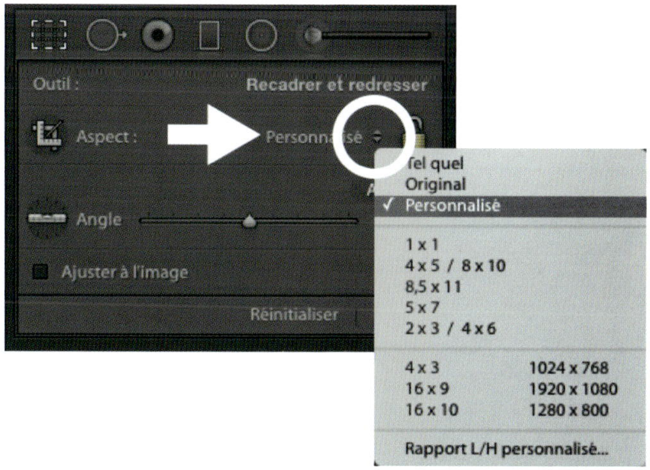

Étape 8

Vous pouvez également mémoriser des réglages personnalisés en allant dans le menu des formats, puis en sélectionnant « Rapport L/H personnalisé » dans la liste. Une boîte de dialogue s'affiche, vous devrez y saisir un rapport dont les valeurs sont comprises entre 0,001 et 10 000,000 (si vous les dépassez, un message vous avertira de votre erreur).
Lorsque le rapport a été saisi et validé, le cadre de recadrage se met en place sur l'image. Le système permet d'enregistrer jusqu'à cinq rapports personnalisés ; au-delà, tout nouvel enregistrement chassera le dernier de la liste.

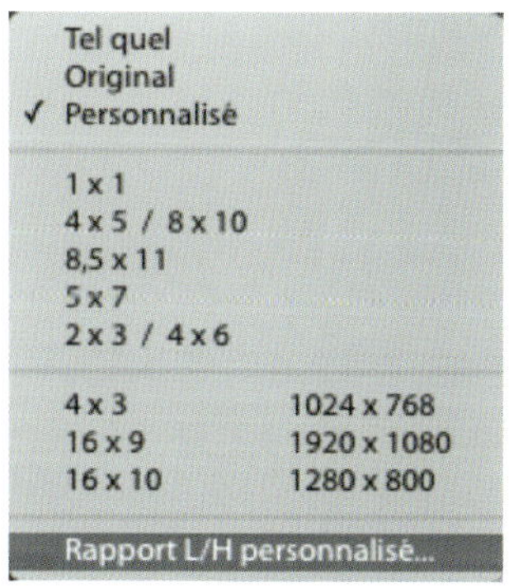

Étape 9

L'outil de recadrage de Lightroom propose six grilles différentes, sélectionnables en appuyant successivement sur la lettre O du clavier. Certaines, comme la spirale du nombre d'or, peuvent être orientées différemment avec la combinaison de touches Maj + O.

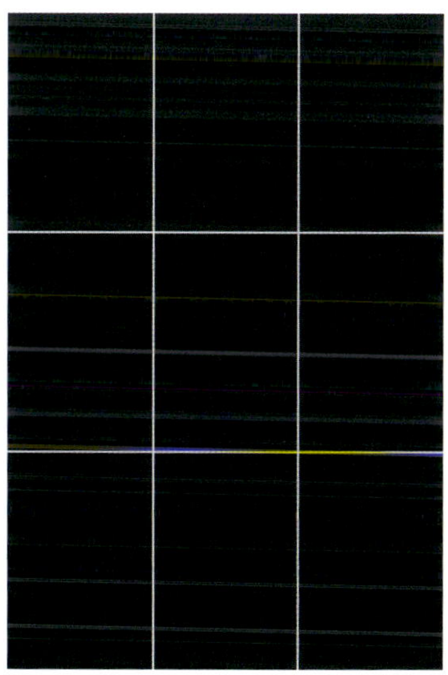

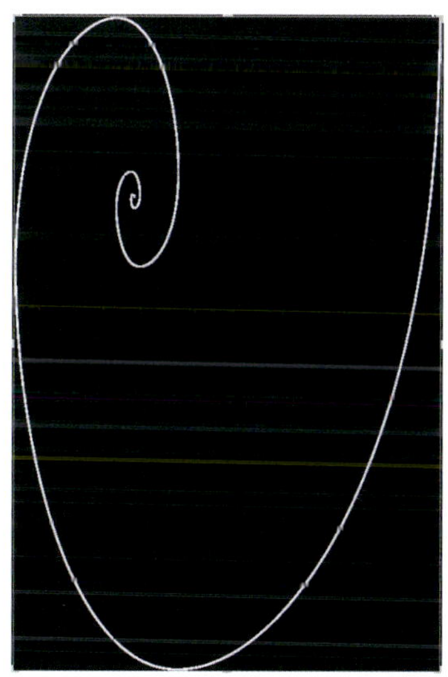

Étape 10

Il est également possible d'incruster des cadres de rapports largeur/hauteur dans l'image afin de faire des essais de recadrage directement dans le module Développement. Là aussi, la touche X permet de pivoter en horizontal ou vertical.

> Remarque : les illustrations des étapes 9 et 10 ont été réalisées sur fond noir pour plus de clarté.

Étape 11

L'affichage des cadres de rapports largeur/hauteur se fait par l'intermédiaire du menu **Outils>Grilles>Rapports L/H**.

Pour sélectionner les rapports qui seront affichés, allez dans le menu **Outils>Grilles>Sélectionnez les rapports L/H** puis, dans la boîte de dialogue qui s'affiche, cochez les rapports que vous voulez voir à l'écran.

> Remarque : le panneau « Recadrer et redresser » comporte aussi une option à cocher, « Contraindre jusqu'au recadrage », liée aux outils de correction des perspectives. Pour de plus amples détails, reportez-vous à l'exercice 41.

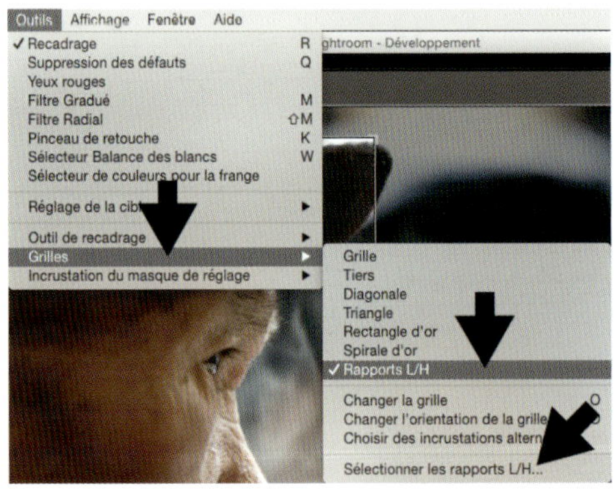

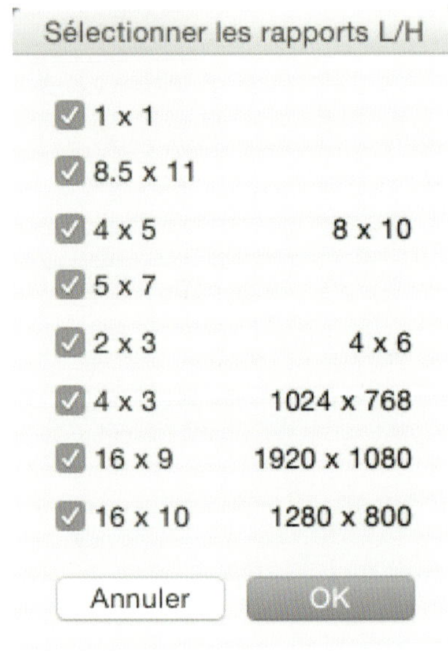

43 Corriger les yeux rouges et les yeux d'animaux

L'outil de correction des yeux rouges de Lightroom est si simple à utiliser qu'il ne faisait plus l'objet d'un exercice dans cet ouvrage lors de sa précédente édition, consacrée à la version 5 de Lightroom.
Cependant, Lightroom 6/CC apporte un peu de changement avec l'ajout d'un outil de correction des yeux d'animaux, qui ont la particularité de prendre une teinte jaune-vert lorsqu'on les prend en photo au flash. Il nous a donc paru judicieux de réintroduire dans ce livre un exercice sur la correction des yeux rouges et des yeux d'animaux.

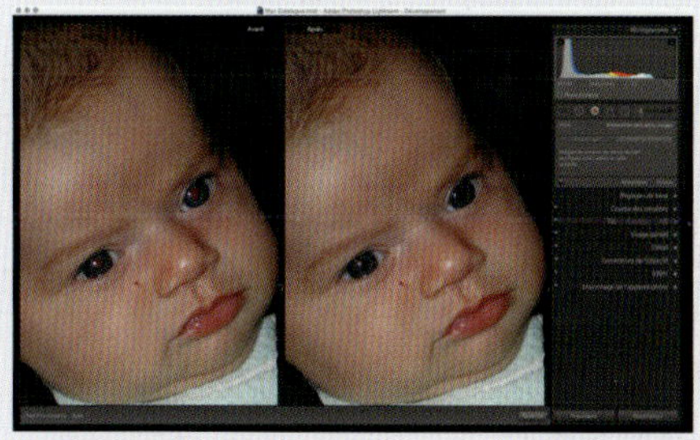

Les fichiers associés à cet exercice sont disponibles sur editions-eyrolles.com.

Étape 1

Ouvrez le fichier Image_Ex43A.dng. Allez dans le module Développement puis activez l'outil « Correction des yeux rouges » en cliquant sur le 3e bouton en partant de la gauche, dans la barre d'outils placée sous l'histogramme – vous remarquerez que lorsque vous passez le pointeur de la souris, le bouton reproduit une pupille teinte en rouge.
Le panneau est composé de deux boutons : « Yeux rouges » et « Yeux d'animaux », car les algorithmes de correction sont totalement différents. C'est pour cette raison qu'il n'était pas possible, jusqu'alors, de traiter les yeux d'animaux avec l'outil « Correction des yeux rouges » – de même que, d'ailleurs, dans tous les logiciels proposant cette fonction.

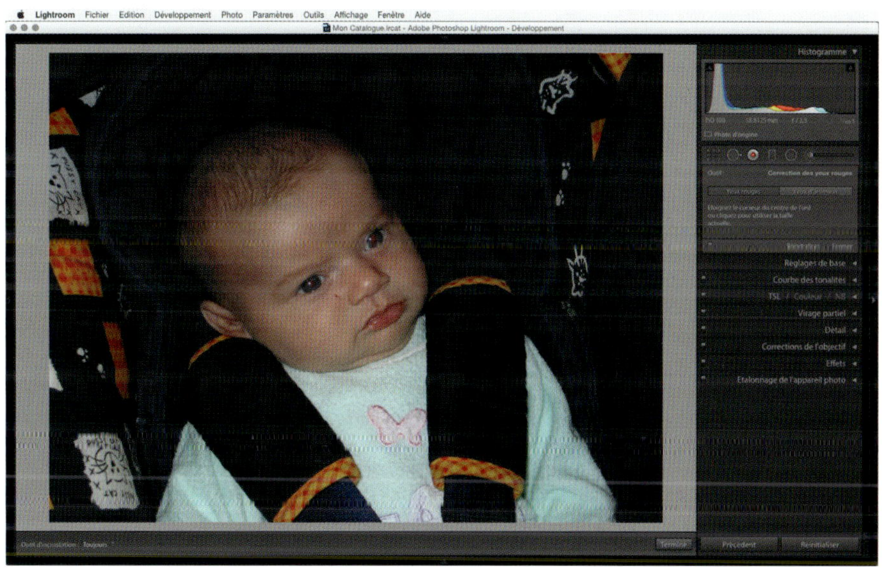

Étape 2

Quand vous placez la souris sur l'image, son pointeur se transforme en réticule ovale, avec une croix et un point rouge au centre. Positionnez le réticule sur un œil et, avec la molette de la souris, agrandissez-le de sorte qu'il le couvre complètement. Vous pouvez même aller un peu au-delà, en englobant l'arcade sourcilière.

Assurez-vous de bien placer la croix centrale dans la pupille. N'hésitez pas à zoomer si nécessaire et notez que vous ne pouvez corriger qu'un seul œil à la fois.

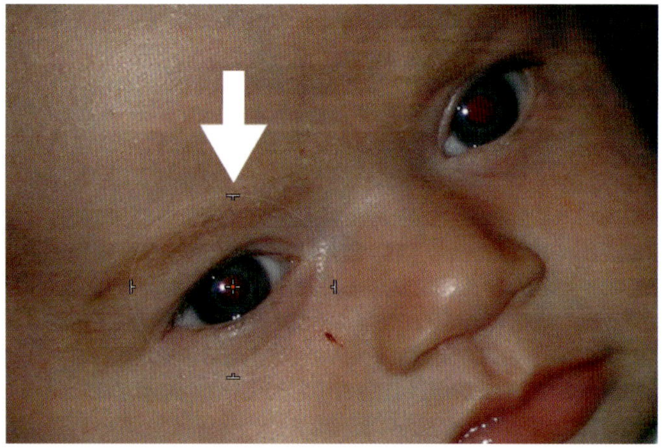

Étape 3

Dès que le réticule est correctement positionné, cliquez : un masque noir apparaît sur la pupille rouge et le réticule se transforme en cercle blanc. Dès que vous bougez la souris, un autre réticule se matérialise, prêt à l'emploi pour le deuxième œil que vous pouvez corriger comme dans l'étape précédente.

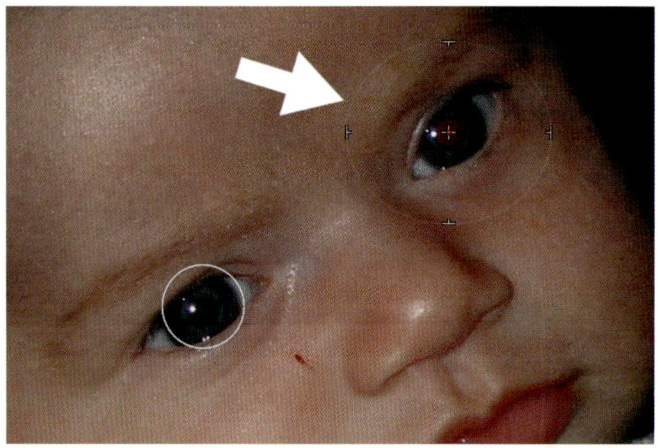

Étape 4

Chaque œil est maintenant cerclé de blanc, le cercle actif étant le plus brillant. Vous pouvez reprendre la correction en supprimant le cercle actif (cliquez pour l'activer puis appuyez sur la touche Suppr/Delete de votre clavier). Le cercle actif peut être déplacé en le saisissant à la souris. Vous pouvez également modifier sa taille, toujours à la souris : dans le sens vertical en saisissant en haut ou en bas du cercle, dans le sens horizontal avec l'un des deux côtés, ou tout à la fois en le saisissant entre chaque côté. Notez qu'en diminuant le diamètre du cercle, vous risquez de faire réapparaître le rouge de la pupille.

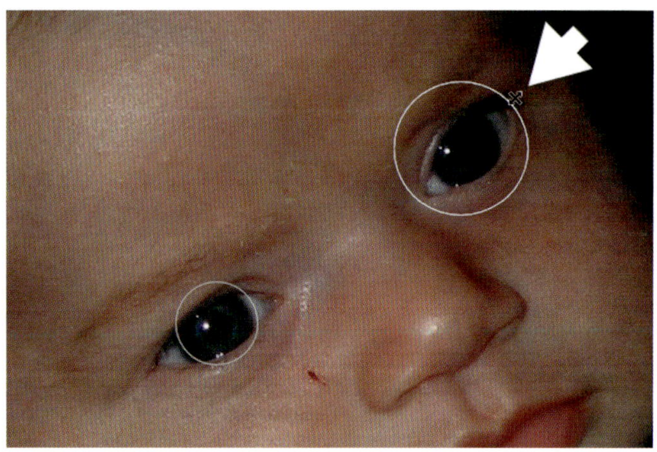

Étape 5

Dans le panneau « Correction des yeux rouges », vous trouverez deux curseurs. Le premier, « Taille des pupilles », permet d'ajuster le masque noir apposé sur la pupille rouge, et le second, Obscurcir, permet de faire varier la densité de la correction, plus sombre vers la gauche, plus claire vers la droite. Lorsque la correction est terminée, cliquez sur Fermer, toujours dans le panneau « Correction des yeux rouges ».

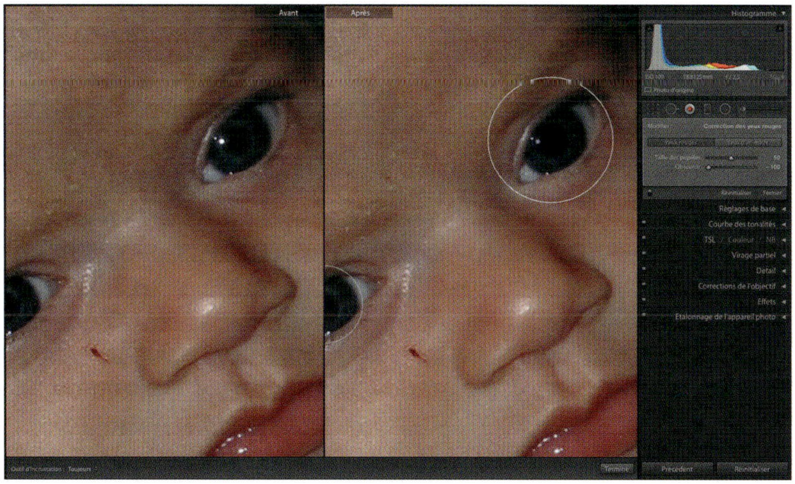

Étape 6

Pour les yeux d'animaux, le principe de fonctionnement est similaire, mais les outils et le comportement sont légèrement différents. Dans le panneau de l'outil, cliquez sur « Yeux d'animaux » et servez-vous du réticule comme indiqué dans l'étape 3 mais maintenant, il faut vraiment adapter la taille du réticule à celle de la pupille verte, sinon le masque noir risque de recouvrir l'intégralité de l'iris. Vous pouvez ajuster le recouvrement de la pupille avec le curseur « Taille des pupilles ».

Étape 7

Pour redonner de la vie à un regard qui risque sinon de ressembler à un puits sans fond, vous pouvez ajouter un point lumineux dans les yeux de l'animal. Il suffit pour cela de cocher l'option « Ajouter un reflet lumineux ». Vous pouvez même le déplacer à votre guise à la souris, en saisissant le petit cercle blanc visible dans l'illustration de l'étape précédente. Cette possibilité n'est pas disponible pour la correction des yeux rouges.

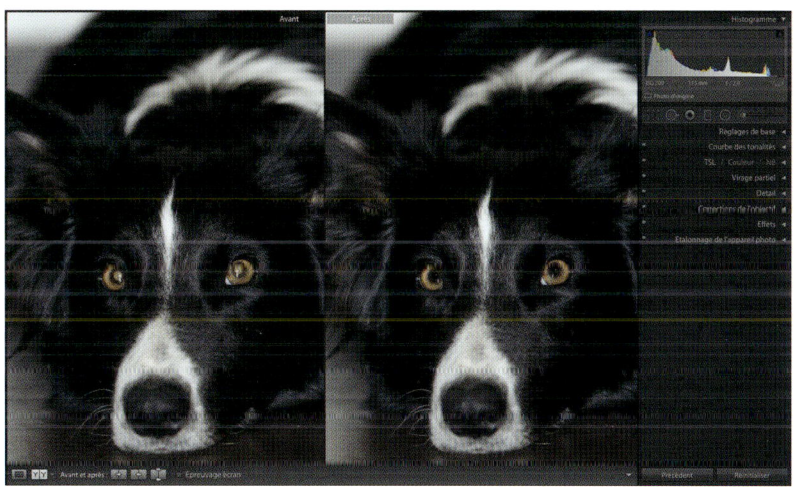

Photos de la chienne Gaïa, par Olivier Jubert.

44 Le « Pinceau de retouche »

Le « Pinceau de retouche » de Lightroom permet la retouche locale tout en restant dans un flux non destructif. Son maniement est aisé et d'une grande souplesse, mais il est très gourmand en termes de puissance du processeur. Lightroom 4 avait ajouté de nombreux réglages à la panoplie des curseurs de retouche locale : la balance des blancs, la correction des tonalités conforme au nouveau Processus 2012, la réduction du bruit et du moiré. Lightroom 6/CC permet enfin de déplacer les épingles d'édition. Cet exercice a pour but de vous apprendre tous les rudiments de base – et ils sont nombreux – pour maîtriser le pinceau. Vous retrouverez d'ailleurs de nombreux cas d'utilisation de ce pinceau dans les exercices 29 (balance des blancs), 30 (tonalité), 32 (présence de l'image), 35 (réduction du bruit), 36 (netteté) et 39 (aberration chromatique).

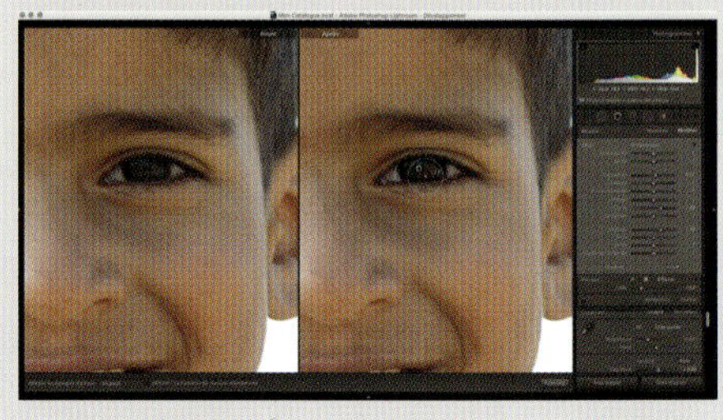

Les fichiers associés à cet exercice sont disponibles sur editions-eyrolles.com.

Étape 1

Pour activer le pinceau de réglage, cliquez sur l'icône en forme de pinceau sous l'histogramme, dans le module Développement. Le panneau qui se déploie comporte quatre sections :

- Masque : un masque correspond à une utilisation du pinceau. Pour créer un nouveau masque, cliquez sur Nouveau ; pour reprendre un masque existant, cliquez sur Modifier ;
- Effet : contient la liste de tous les pinceaux et permet d'accéder aux paramètres prédéfinis ;
- Pinceau : permet de régler les caractéristiques du pinceau (dimensions, opacité) ;
- Réinitialiser/Fermer : annule temporairement toutes les corrections locales (bouton On/Off) ou définitivement (cliquer sur Réinitialiser). Actionne également la fermeture du panneau.

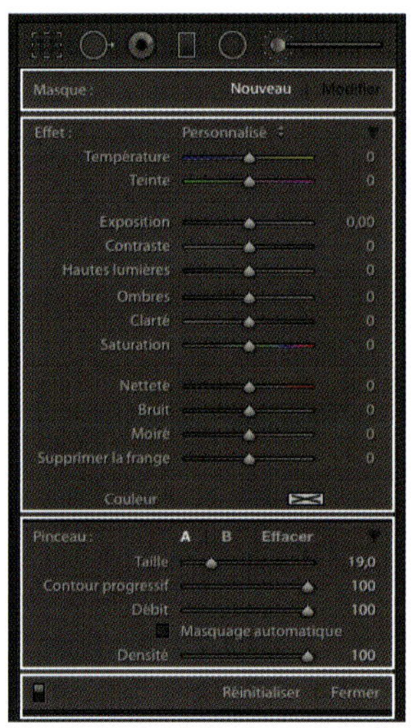

Étape 2

Ouvrez le fichier Image_grise.dng. Il va vous servir à assimiler le mode de fonctionnement du pinceau. Dans le module Développement, panneau « Réglages de base », réglez l'exposition à -2 pour assombrir l'image puis, dans le panneau Effet du pinceau, réglez-la à 4. Le pinceau de retouche comprend deux cercles concentriques : l'intérieur délimite son application (signe « + » au centre), son diamètre se règle avec la molette de la souris ou le curseur Taille, dans la section Pinceau. L'espace entre les cercles détermine la progressivité du contour : plus il est petit, plus les contours seront nets (voir ici, de bas en haut, réglage sur 100, 50 et 0). Il se règle avec le curseur « Contour progressif », ou avec la touche Maj et la molette de la souris.

Étape 3

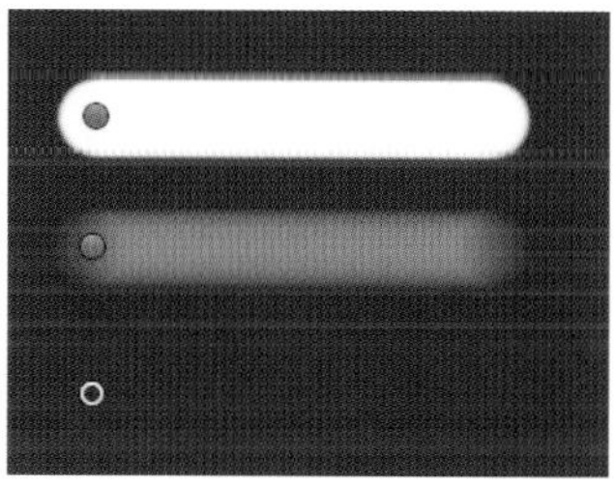

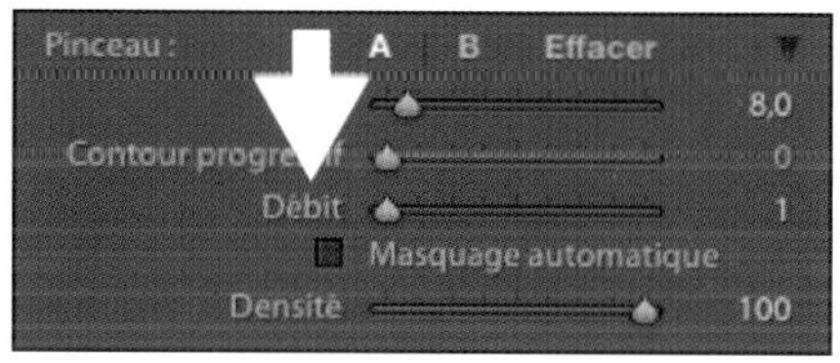

Le curseur Débit, lui, détermine l'opacité de l'effet appliqué au pinceau. Dans cet exemple, le contour progressif est à zéro, et, de haut en bas, le réglage du débit est de 100, 50 et 1. Vous constaterez qu'à 50 le coup de pinceau est plus discret, et bien sûr, à peine discernable à 1.

Étape 4

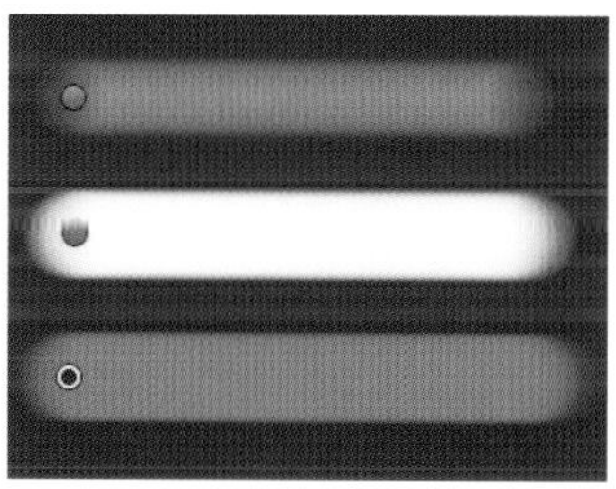

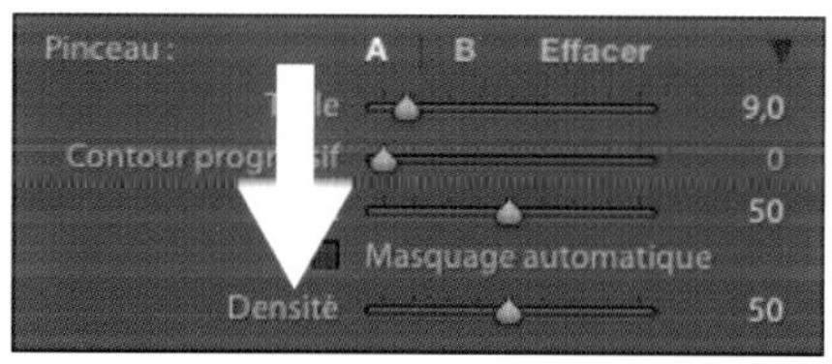

Dans le même style de démonstration, intéressons-nous au curseur Densité. Il va agir comme un seuil et bloquer l'action du pinceau à un certain stade, en fonction du réglage retenu.

Le coup de pinceau du haut a été fait avec un débit de 50 et une densité de 100. Celui du milieu représente l'accumulation de 8 coups de pinceau avec les mêmes réglages, et celui du bas, également 8 coups de pinceau superposés, mais avec la densité réglée à 50.

Étape 5

Ouvrez le fichier Image_Ex44B.dng. L'option « Masquage automatique » de la section Pinceau permet de protéger les contours lors de l'utilisation du pinceau. Le système se base sur les différences de tons et de couleurs. À gauche, avec le « Masquage automatique » désactivé, le pinceau a largement débordé sur le ciel bleu, comme le montre le masque d'effet rouge. À droite, le masque a parfaitement rempli son rôle puisque le coup de pinceau donné sans précaution particulière n'a pas dépassé sur le ciel bleu.

Étape 6

Si vous débordez, il suffit d'appuyer sur la touche Alt/Option pour que le pinceau se transforme en gomme, avec le signe « - » au centre.

Sachez que vous pouvez également régler le diamètre de la gomme et l'épaisseur du contour progressif, le masquage automatique étant également pris en compte.

Remarque : pour activer l'affichage et modifier la couleur des masques d'effets, voir l'étape 10.

Étape 7

Une autre astuce importante concerne le comportement du masquage automatique quand on passe le pinceau à l'intérieur d'un objet comportant beaucoup de détails : s'il est actif, l'effet ne s'appliquera pas partout (voir à gauche), il faut repasser plusieurs fois au même endroit ; si on le désactive, il s'applique partout, le recouvrement est total (à droite).

En cours d'application d'effet, il faut donc parfois désactiver ou réactiver le masque. Ceci est facilité par la touche A du clavier, qui permet de passer d'un état à l'autre en cours d'utilisation du pinceau.

Étape 8

Lorsqu'on clique sur Nouveau, on crée un nouveau masque d'effet symbolisé par une épingle d'édition. Elle indique le point de départ des coups de pinceau. Une épingle inactive est composée d'un disque gris ; un point noir apparaît lorsqu'on l'active. On ne peut pas déplacer une épingle à la souris, mais on peut la supprimer en l'activant, puis en appuyant sur la touche Suppr du clavier.

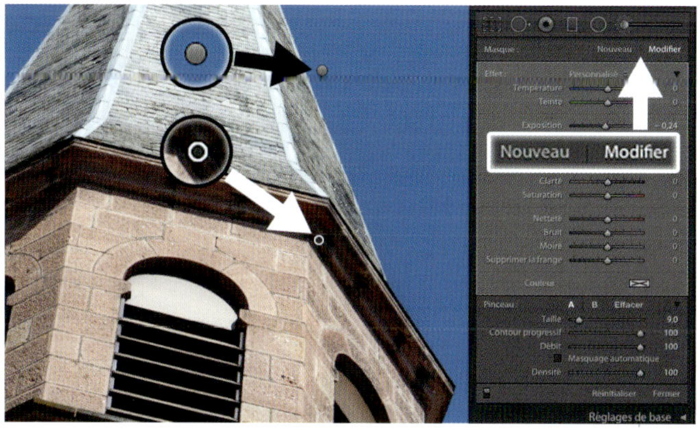

Étape 9

Si vous faites un clic droit sur une épingle d'édition, qu'elle soit active ou pas, un menu flottant s'affiche, dans lequel vous pouvez dupliquer ou supprimer l'épingle – et les corrections associées – ou encore réinitialiser tous les réglages. Vous pouvez également déplacer l'épingle et les corrections associées à la souris, après l'avoir activée en cliquant dessus.

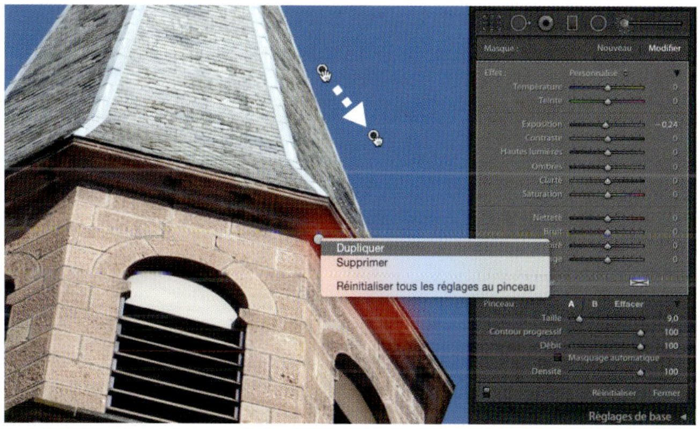

Étape 10

On peut afficher les masques d'effets en permanence ou en survolant les épingles d'édition avec la souris. Les options d'affichage du masque et des épingles sont dans un menu de la barre d'outils, sous l'image : Auto (les épingles apparaissent lors du survol de l'image), Toujours (affichage permanent), Sélectionné (n'affiche que l'épingle active) et Jamais. La touche H du clavier est une touche panique si vous ne savez plus où vous en êtes. Les masques existent en quatre couleurs (Maj + O) : vert, gris clair, gris foncé et rouge. L'affichage permanent s'active avec l'option « Afficher l'incrustation de masque ».

Étape 11

Pour peindre à deux endroits différents, vous pouvez créer un nouveau masque à chaque endroit qui nécessite une retouche, en gardant les mêmes réglages d'effet. Vous pouvez aussi utiliser le même masque et passer d'un endroit à l'autre : la retouche locale permet d'appliquer des effets discontinus. On peut aussi cumuler et additionner les effets en empilant plusieurs masques après avoir sélectionné Nouveau pour chacun d'entre eux.

Étape 12

Dans la section Pinceau du panneau d'outils, vous avez la possibilité de mémoriser deux pinceaux (A et B) ayant des réglages de taille, de contour progressif et de débit différents, ainsi que l'activation ou pas du masquage automatique. Il n'y a pas d'enregistrement à faire : passez du pinceau A au pinceau B en cliquant sur les lettres A ou B, puis faites vos réglages : ils ne changeront pas tant que vous ne les modifierez pas.

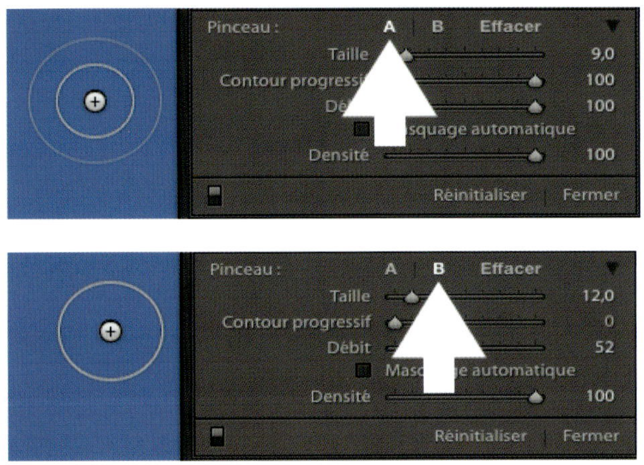

Étape 13

La liste des curseurs comprend douze effets qui peuvent s'utiliser aussi bien individuellement que simultanément dans le même masque. Par exemple, vous pouvez créer un effet combinant plusieurs corrections, et l'enregistrer sous forme de paramètre prédéfini en allant dans le menu déroulant **Personnalisé>Enregistrer les paramètres actuels en tant que nouveau paramètre prédéfini**.

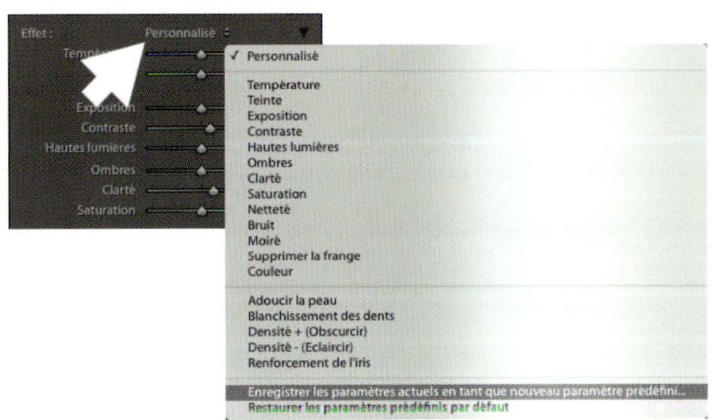

Étape 14

Une boîte de dialogue vous invitera à saisir le nom du paramètre prédéfini. Nous vous conseillons d'utiliser une dénomination pertinente rappelant facilement les effets utilisés et leur force. Validez en cliquant sur Créer : votre nouveau paramètre prédéfini apparaît dans la liste. Notez que vous pourrez le supprimer ou le renommer dans cette dernière, et même le mettre à jour si vous modifiez les réglages.

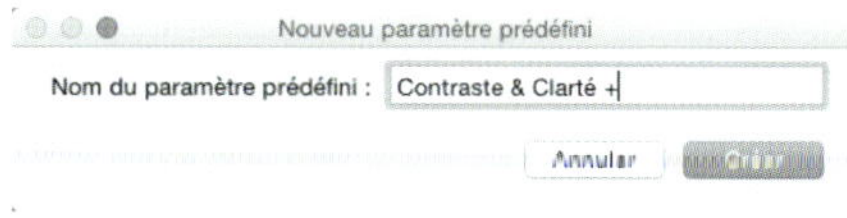

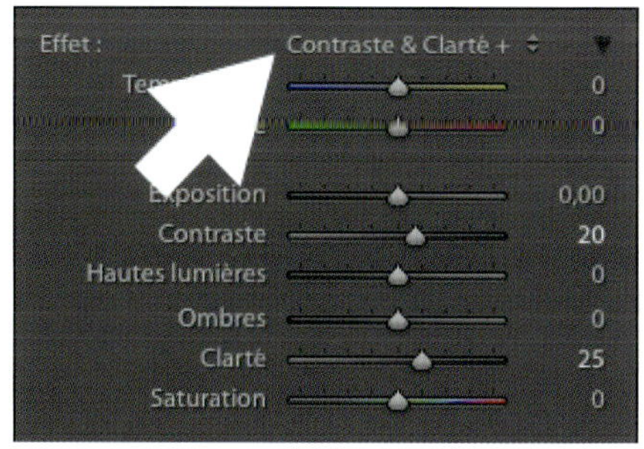

Étape 15

Lightroom est livré avec un certain nombre de paramètres prédéfinis, y compris pour la retouche locale : « Adoucir la peau », « Renforcement de l'iris », « Blanchissement des dents », « Densité + » et « Densité - ». Bien entendu, vous pouvez mettre à jour ces paramètres en modifiant les réglages puis en choisissant la commande « Mettre à jour le paramètre prédéfini » dans le menu contextuel.

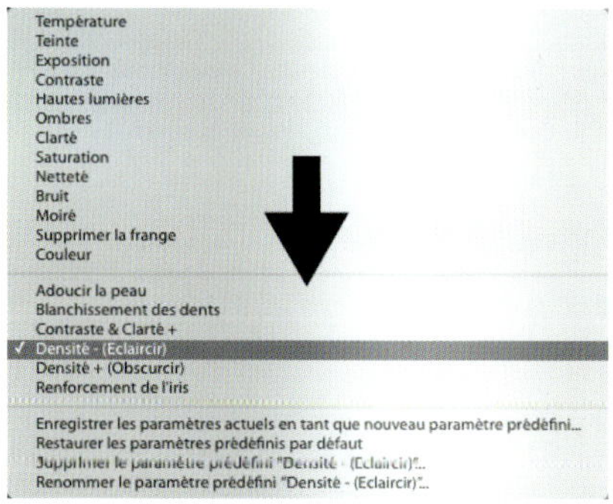

Étape 16

La plupart des corrections du « Pinceau de retouche » ont été abordées dans différents exercices (voir l'introduction de celui-ci pour les renvois), reste à traiter de la correction du moiré, et de la retouche de couleur. Ouvrez le fichier Image Ex44C.dng. Réglez le curseur à +100, désactivez le masquage automatique, et peignez les zones affectées. Inutile d'être précis, le pinceau va agir uniquement sur les artéfacts colorés en tenant compte de la luminosité, du contraste et des teintes. S'il est assez efficace, il ne peut reconstruire les détails estompés par le moiré, notamment en bordure des artéfacts colorés. Notez que les valeurs négatives n'ont aucun effet.

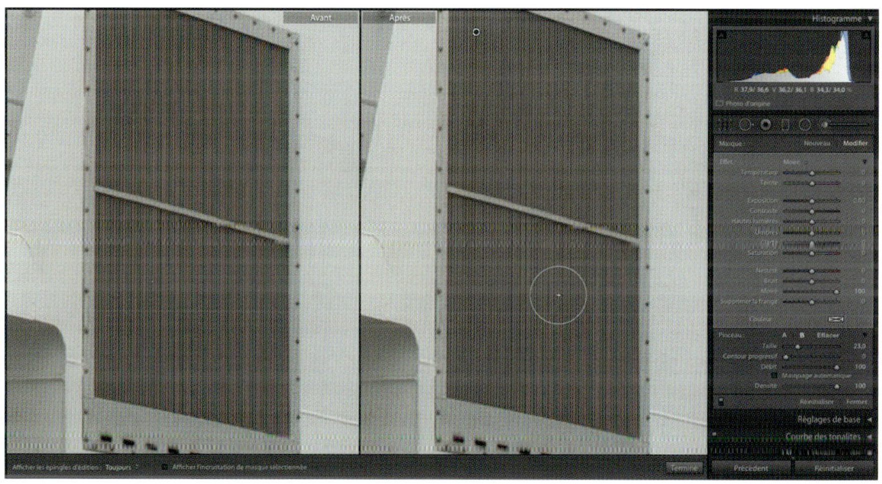

Étape 17

Ouvrez le fichier Image_Ex44D.dng. Le pinceau Couleur a une place à part et ne dispose pas de curseur : c'est un nuancier dans lequel on choisira une teinte pour retoucher une couleur. Bien entendu, il ne s'agit pas de remplacer une couleur dans l'image, et la portée de la modification dépendra évidemment de la couleur du fond.
Pour ouvrir le nuancier, cliquez sur le pavé situé en face du mot « Couleur ». Une fois ouvert, choisissez la teinte, puis peignez dans l'image. Ici, nous avons ajouté une teinte bleue au ciel laiteux.

Étape 18

Pour choisir une teinte dans le nuancier, cliquez avec la pipette à l'endroit désiré, puis fermez la fenêtre en cliquant sur X dans le coin supérieur gauche. Lorsqu'on déplace la pipette dans le nuancier, les valeurs de teinte (H pour *Hue*, en bas à gauche) varient dans le sens horizontal, et les valeurs de saturation (curseur S, en bas à droite) dans le sens vertical.

Étape 19

Les cinq pavés situés dans le bandeau supérieur du nuancier permettent de mémoriser des teintes. Choisissez une couleur avec la pipette puis déplacez-la dans l'un des pavés et faites un clic prolongé : la teinte sélectionnée y sera mémorisée. Le grand pavé, en haut à droite, indique la teinte active. S'il est divisé en deux (deux teintes), celle de droite indique la couleur active et celle de gauche, la couleur active précédente.

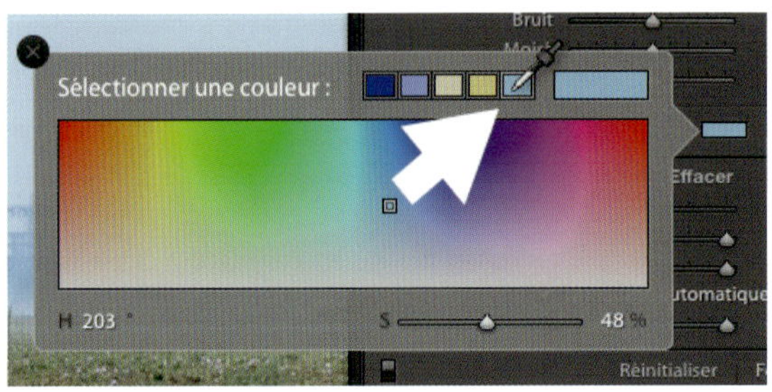

Étape 20

Une astuce permet de prélever une couleur dans l'image et de la mémoriser dans le nuancier.

Lorsque le nuancier est ouvert, gardez le bouton gauche de la souris enfoncé, allez dans la photo et relâchez le bouton dès que vous êtes sur la teinte à prélever : le sélecteur, dans le nuancier, se place sur la teinte correspondante, vous n'avez plus qu'à la mémoriser comme dans l'étape précédente.

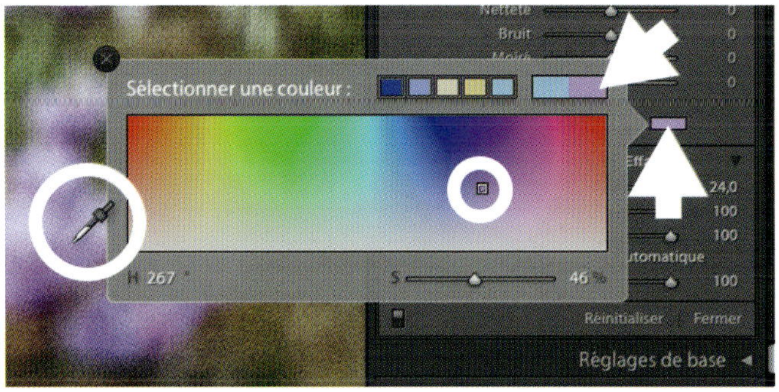

Étape 21

Si vous quittez le nuancier, la dernière couleur sélectionnée restera active. Pour réinitialiser, faites un double-clic soit sur le mot « Effet », soit sur le mot « Couleur ». Lorsque le nuancier est inactif, le pavé situé à droite est gris, barré par un X.

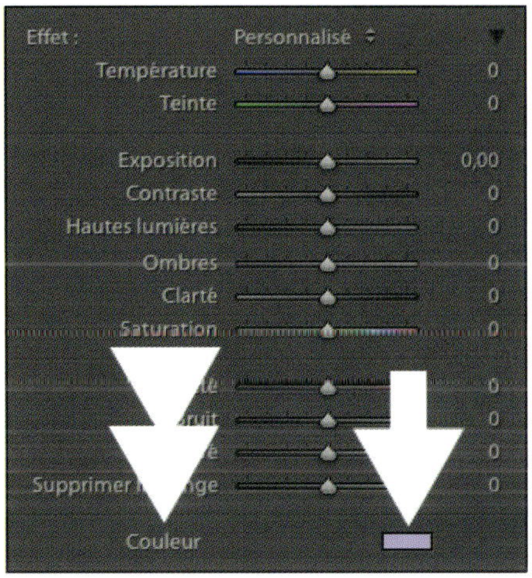

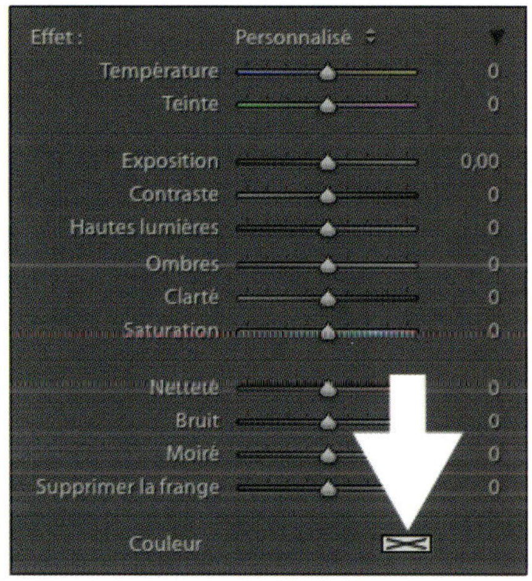

Étape 22

Dernière petite astuce : si vous combinez plusieurs corrections dans le même masque et que vous cliquez sur la flèche noire en haut à droite de la section Effet, cette dernière va se refermer et vous n'aurez plus qu'un seul curseur Gain ; il va vous permettre de moduler l'ensemble des corrections combinées, moins vers la gauche, plus vers la droite, sur une échelle de 0 à 100, et de manière proportionnelle pour chaque correction. Si toutes les corrections sont à 75, et que vous diminuez le Gain à 50, toutes les corrections passeront à 50. Si vous avez une correction à 50 et l'autre à 100, et que vous diminuez le Gain de 100 à 50, les corrections seront respectivement de 25 et 50.

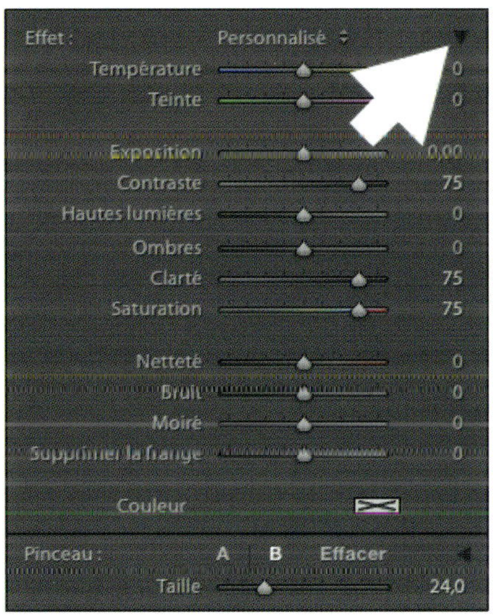

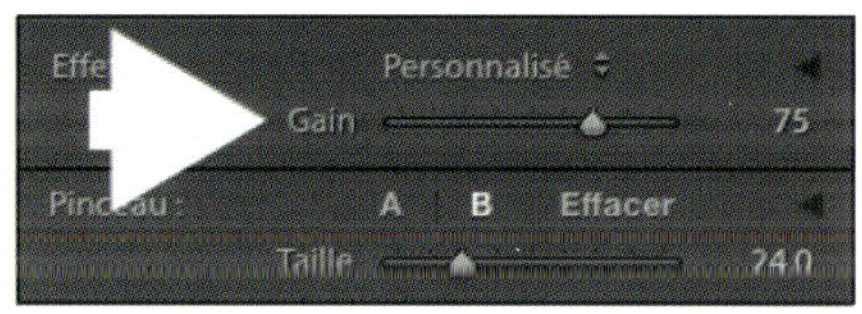

45 Le « Filtre gradué »

Le « Filtre gradué » de Lightroom reprend exactement les mêmes réglages et possibilités que le pinceau de réglage présenté à l'exercice précédent. Ses applications concrètes pourraient être nombreuses, mais la majorité des photographes l'utilise pour donner plus de présence à un ciel, comme nous allons le voir ici. Cependant, sachez que le « Filtre gradué » est très exigeant en termes de puissance de l'ordinateur. Si vous en appliquez plusieurs dans la même image, vous risquez le plantage, tout simplement. Lightroom 6/CC propose un pinceau additif/soustractif qui permet notamment d'annuler localement d'annuler l'effet du « Filtre gradué ».

Les fichiers associés à cet exercice sont disponibles sur editions-eyrolles.com.

Étape 1

Pour comprendre le fonctionnement du « Filtre gradué », vous aurez besoin du fichier Image_grise.dng que vous avez déjà utilisé pour l'exercice 44 sur le « Pinceau de retouche ». Supprimez toutes les corrections en cliquant sur Réinitialiser, en bas à droite du module Développement.

Pour lancer le « Filtre gradué », allez sous l'histogramme, dans le module Développement, puis cliquez sur la quatrième icône à partir de la gauche. Le panneau des réglages se déploie : il est identique à celui du pinceau de réglage, à l'exception bien entendu des commandes spécifiques du pinceau. Vérifiez que tous les réglages sont à zéro sinon, faites un double-clic sur le mot « Effet ».

Étape 2

Réglez le curseur Exposition à -2,00 puis placez le pointeur de la souris en haut de l'image. Une croix va remplacer le pointeur : appuyez sur la touche Maj pour rester parfaitement vertical et faites un trait avec la souris, du haut vers le bas, jusqu'au milieu de l'image : voici votre filtre gradué !

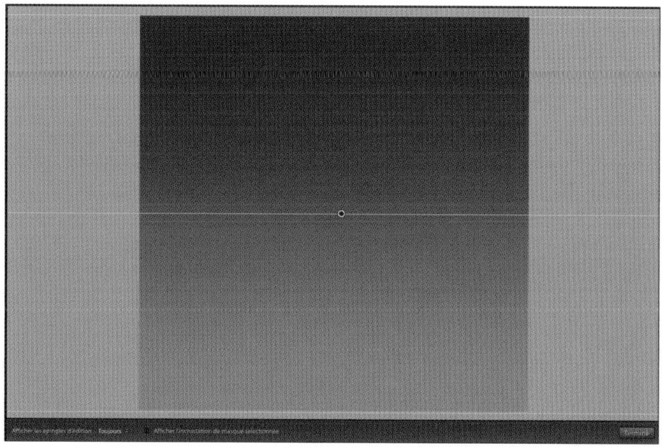

Étape 3

Le filtre gradué est constitué d'une épingle d'édition et de trois lignes parallèles : l'espace entre la ligne du haut et celle du milieu correspond au champ d'application maximal de l'effet, qui se dégrade petit à petit pour devenir quasiment nul entre la ligne du milieu et celle du bas.

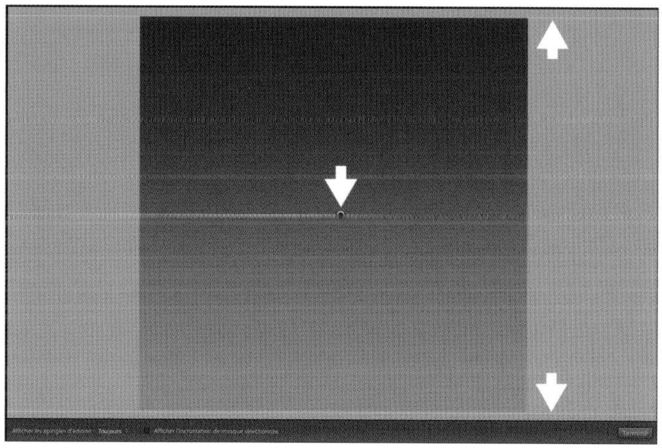

Étape 4

On peut effectuer une rotation totale du filtre gradué en saisissant la ligne centrale à la souris. Il est également possible de déplacer l'épingle d'édition partout dans l'image, contrairement aux épingles du pinceau de réglage. Sachez enfin que l'on peut tirer un filtre gradué de n'importe quel côté de l'image, avec n'importe quelle inclinaison et autant de fois qu'on le désire à condition d'être raisonnable vis-à-vis des performances de l'ordinateur.

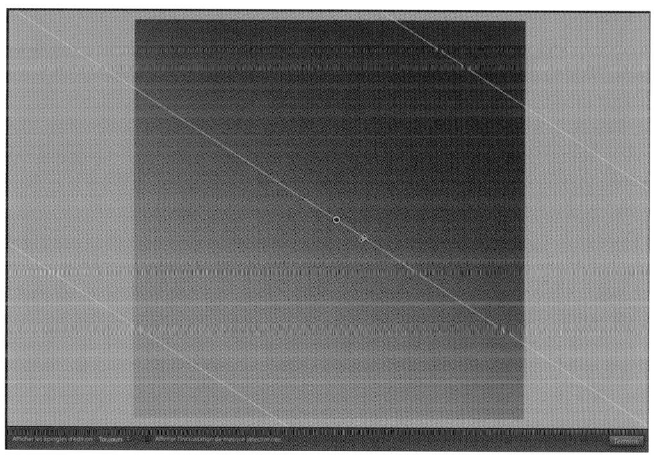

Étape 5

La touche Alt/Option du clavier permet de déplacer simultanément les lignes extérieures sans déplacer la ligne centrale ni l'épingle d'édition du filtre gradué.

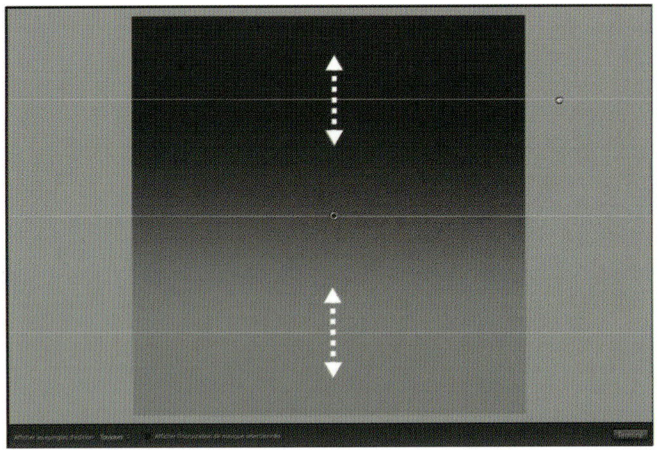

Étape 6

Si vous ne pressez pas la touche Alt/Option, vous pourrez agrandir ou réduire la taille du filtre en tirant l'une des lignes extérieures, la ligne centrale et l'épingle d'édition se déplaceront proportionnellement. Vous pouvez également inverser le filtre gradué en pressant la touche « , » (virgule).

Si vous faites un clic droit sur une épingle d'édition, un menu flottant vous permet de dupliquer le filtre gradué, de le supprimer, de réinitialiser les corrections et de réinitialiser les coups de pinceau additionnel/soustracteur (étapes 8 à 10).

Lorsque vous faites un clic droit sur une épingle, le pointeur de la souris active l'affichage du masque coloré de correction, ici en rouge (exercice 44, étape 10).

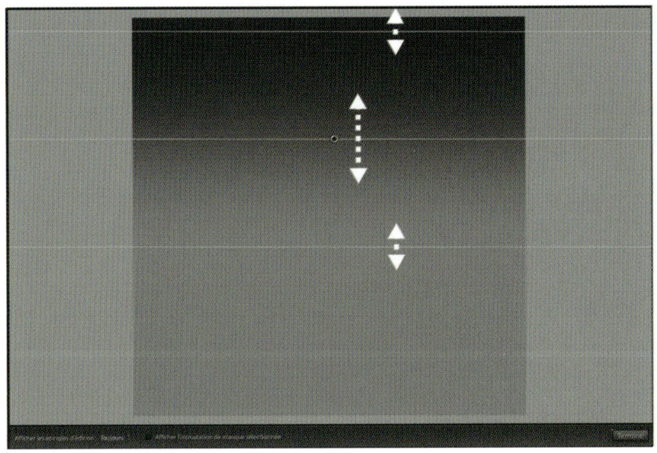

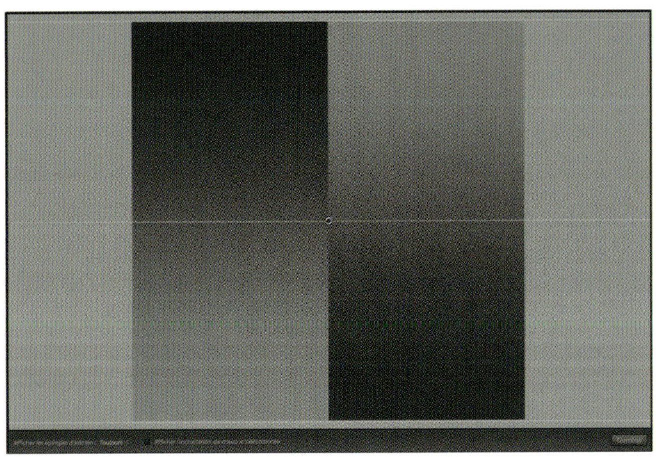

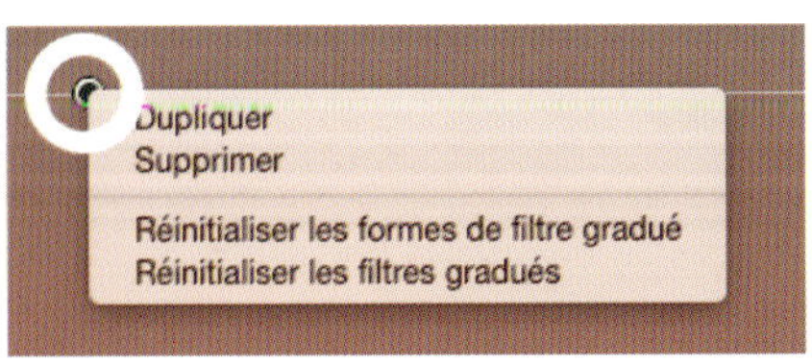

Étape 7

Ouvrez le fichier Image_Ex45A.dng, puis activez le « Filtre gradué ». Réinitialisez les éventuels réglages précédents par un double-clic sur le mot « Effet ».

Dans un premier temps, réglez les curseurs Exposition à -1,30, Contraste à +30, Clarté à +40 et Saturation à +20. Tracez un filtre gradué en partant du haut de l'image. La ligne du bas doit atteindre le bord inférieur de la photo, de sorte que l'épingle d'édition soit pile au milieu de l'image.

On peut voir que la présence du ciel a été bien renforcée, ce qui est le but recherché, mais l'effet affecte également une bonne partie de la colline.

Étape 8

Depuis Lightroom 6/CC, vous pouvez soustraire – ou ajouter – à la correction du filtre gradué avec le pinceau. Dans cet exemple, nous souhaitions renforcer le ciel, sans que l'effet ne s'applique à la colline.

Le panneau « Filtre gradué » est désormais composé de trois onglets : Nouveau, pour ajouter un filtre gradué, Modifier, pour reprendre les corrections d'un filtre gradué et, enfin, Pinceau qui, une fois activé, déploie la même section de réglage que le « Pinceau de retouche » (exercice 44), avec les réglages Taille, « Contour progressif », Débit, Densité, « Masquage automatique » et mémorisation de deux types de pinceaux (A et B).

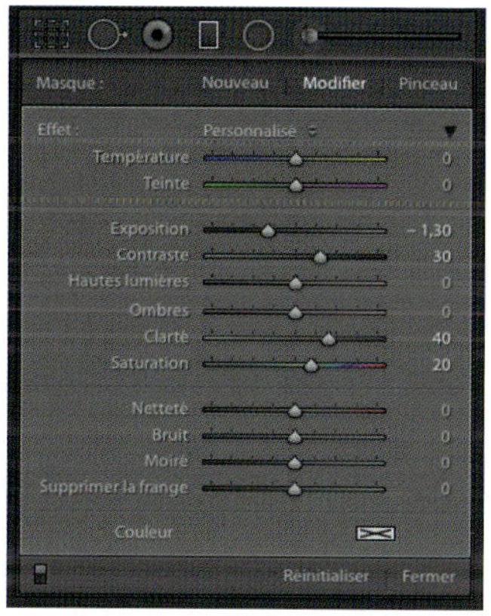

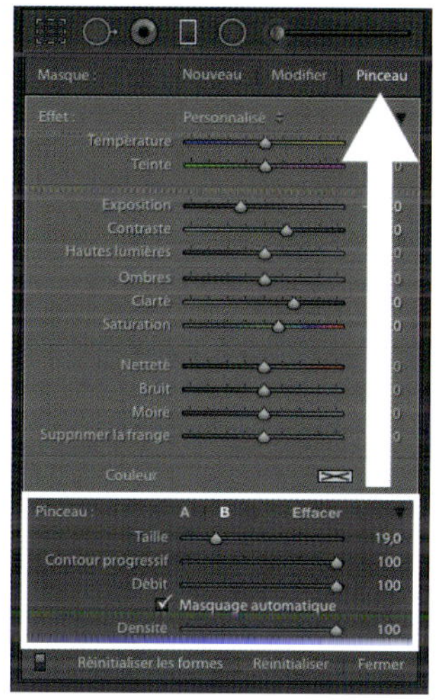

Étape 9

Pour soustraire la correction appliquée à la colline, et après avoir cliqué sur l'onglet Pinceau, appuyez sur la touche Alt/Option pour transformer ce dernier en gomme (signe « - » au centre), puis peignez sur la colline pour retirer l'effet du filtre gradué.

Bien entendu, pour éviter une différence trop marquée entre la zone corrigée par le filtre gradué et la soustraction avec le pinceau, vous pouvez jouer sur les réglages de ce dernier, notamment le débit. L'option « Masquage automatique » devra également être activée pour recouvrir parfaitement des zones avec des textures (exercice 44, étape 7).

Étape 10

Pour réinitialiser complètement des corrections additionnelles au pinceau, qu'il s'agisse d'ajout ou de soustraction, cliquez sur « Réinitialiser les formes », en bas du panneau, lorsque l'onglet Pinceau est activé. L'autre commande, « Réinitialiser », supprime complètement les filtres gradués appliqués à l'image.

Remarque : le pinceau a également été ajouté au « Filtre radial » (exercice 46), et propose les mêmes réglages.

46 Le « Filtre radial »

Le « Filtre radial » de Lightroom exploite les mêmes outils que le « Filtre gradué » et le « Pinceau de retouche » abordés dans les deux exercices précédents. Ses applications concrètes seront plutôt d'ordre artistique : vous pourrez créer un effet de vignetage décentré, ce que l'outil « Vignetage après recadrage » ne permet pas, ou mettre en valeur un élément composant l'image avec un effet de vignetage flou renforcé par l'empilement de plusieurs masques, ce qui permet d'additionner les réglages.
Le pinceau additif/soustractif ajouté au « Filtre gradué » (exercice 45) dans Lightroom 6/CC est également disponible dans le « Filtre radial ».

Les fichiers associés à cet exercice sont disponibles sur editions-eyrolles.com.

Étape 1

Ouvrez le fichier Image_grise.dng, et si vous venez de l'utiliser dans l'exercice précédent, réinitialisez les corrections, en bas à droite du menu Développement. Activez le « Filtre radial » en cliquant sur la cinquième icône en partant de la gauche, dans la barre d'outils située sous l'histogramme du module Développement. Les curseurs sont exactement les mêmes que les autres outils de retouche locale.
Réglez le curseur Exposition à -2 au moins, placez la souris dans l'image grise (le pointeur se transforme en croix), cliquez puis tirez : un cercle se matérialise, et la correction est appliquée, toujours à l'extérieur du cercle.

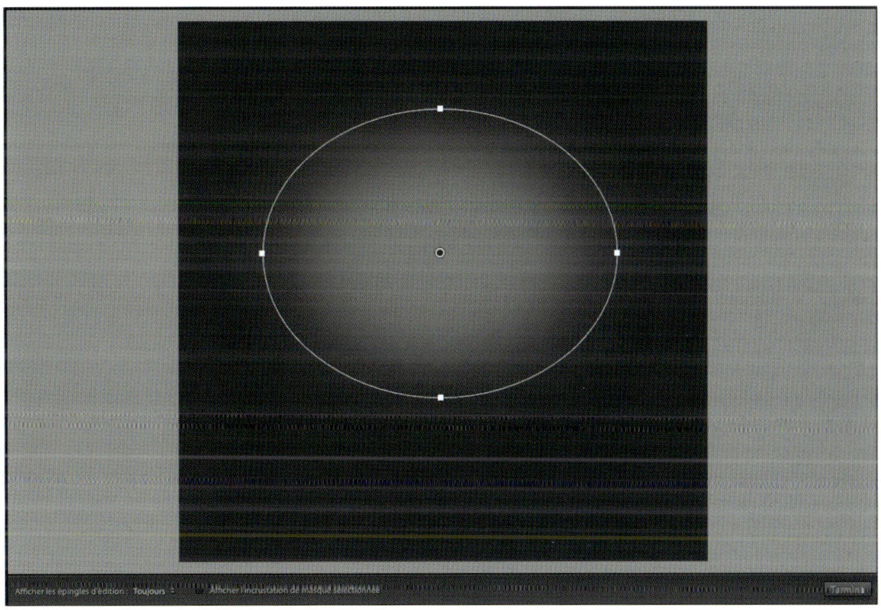

Étape 2

Lorsque vous relâchez la souris, le filtre radia se matérialise sous une forme circulaire, avec l'habituelle épingle au centre et quatre poignées permettant d'ajuster la taille. Si vous saisissez l'une des poignées, la taille sera modifiée dans un axe. En pressant Alt/Option, seul le côté saisi sera déplacé et, avec la touche Maj, ce sont les deux axes qui seront agrandis ou réduits.

> **Remarque** : pour tracer un cercle parfait, appuyez d'abord sur la touche Maj.

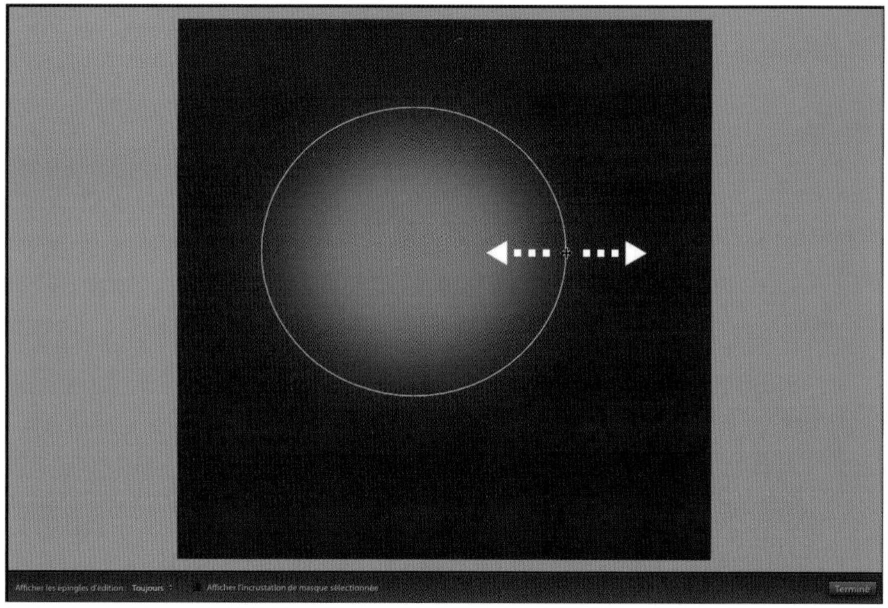

Étape 3

Vous pouvez déplacer un filtre radial actif à votre guise (ci-contre, en haut), en le saisissant par l'épingle d'édition. Si vous cliquez droit sur l'épingle d'édition, un menu flottant vous permet de dupliquer le filtre radial ou de le supprimer. Vous pouvez également annuler les corrections appliquées avec la commande « Réinitialiser les filtres radiaux », et supprimer les coups de pinceau additionnels ou soustractifs avec « Réinitialiser les formes de filtre radial ».
Vous pouvez également faire pivoter le filtre radial : approchez le pointeur jusqu'à ce qu'il se transforme en double flèche courbée, puis déplacez la souris.

> **Remarque** : l'illustration ci-contre (ainsi que celles des étapes 4 et 5), est un montage car il n'est pas possible d'activer plusieurs épingles d'édition en même temps.

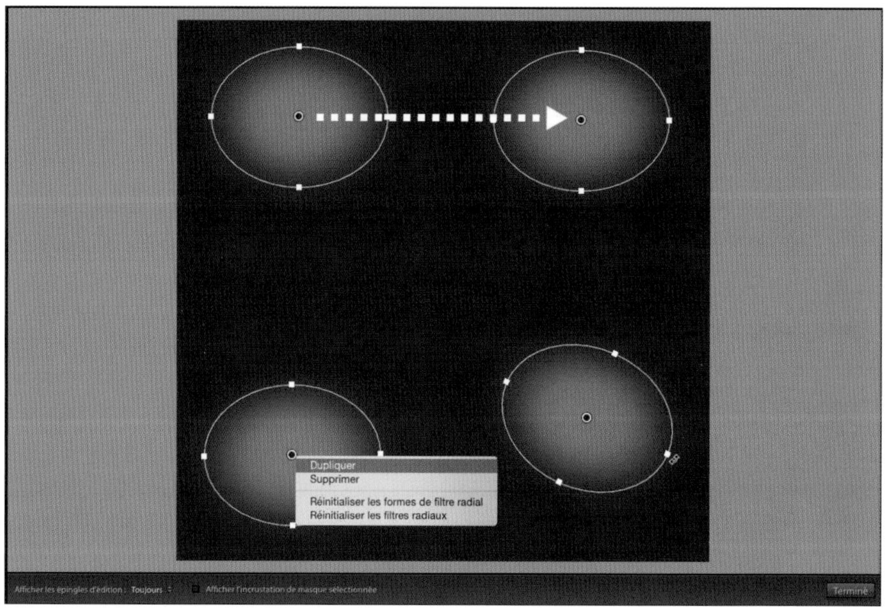

Étape 4

Le curseur « Contour progressif », situé dans le panneau de contrôle, permet de régler la douceur de la transition entre l'effet ou la correction appliquée et le reste de l'image. Dans ce montage, le curseur a été successivement réglé :

- en haut à gauche : à 50, sa valeur par défaut ;
- en haut à droite : à 0 ;
- en bas : à 100.

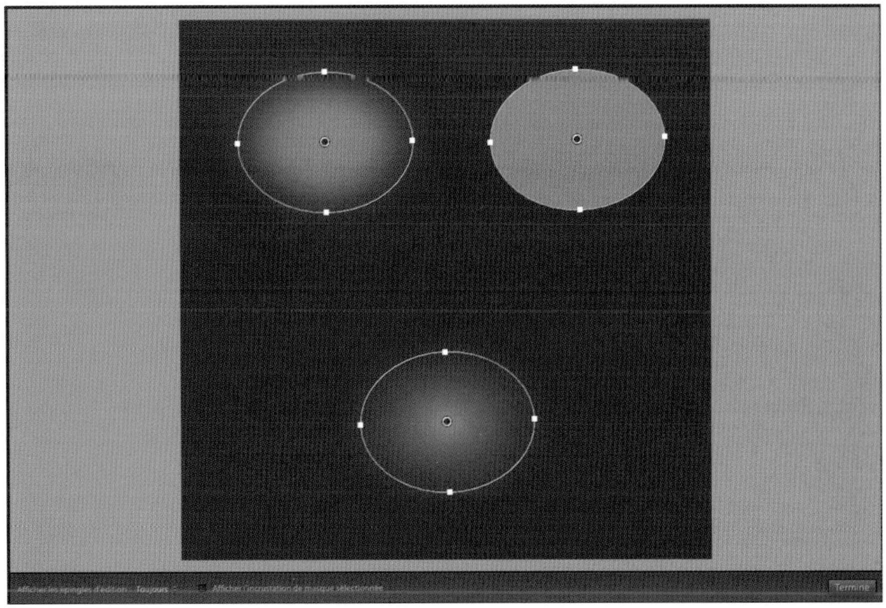

Étape 5

Le bouton à cocher « Inverser le masque », dans le panneau des outils, permet d'inverser l'effet du filtre radial en appliquant la correction à l'intérieur du cercle au lieu de l'appliquer à l'extérieur, ce qui est le comportement normal.

Bien entendu, le curseur « Contour progressif » fonctionnera de la même manière.

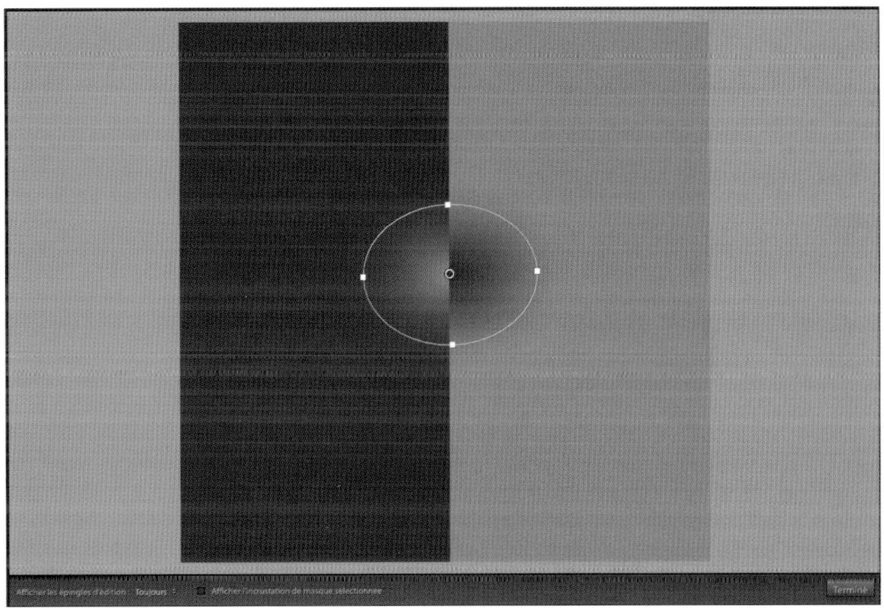

Étape 6

Ouvrez le fichier Image_Ex46.dng. Ouvrez le « Filtre radial » et réinitialisez les réglages précédents par un double-clic sur le libellé « Effet ». Nous allons créer un effet de vignetage décentré sur ce portrait pour le mettre plus en valeur. Réglez le curseur Exposition sur -1,50. Placez le pointeur de la souris dans l'image, puis tracez un filtre de façon à englober le visage, comme ci-contre. Positionnez et ajustez le filtre à l'aide des méthodes décrites dans les étapes précédentes.

Remarque : vous pouvez visualiser l'étendue des parties corrigées et non corrigées en affichant temporairement le masque coloré : placez le pointeur de la souris sur l'épingle d'édition et attendez une fraction de seconde. Vous pouvez également contrôler l'affichage de ce masque avec les options de la barre d'outils, sous l'image.

Étape 7

Le visage étant un peu trop dense après application du filtre radial, on peut étendre la zone claire en déplaçant le curseur « Contour progressif » vers la gauche, mais légèrement, car la transition entre l'intérieur et l'extérieur du filtre sera trop franche (voir étape 4).

Pour un travail plus précis, vous pouvez vous servir du pinceau soustractif. Dans le panneau de contrôle du « Filtre radial », cliquez sur Pinceau puis maintenez la touche Alt/Option enfoncée : le pinceau se transforme en gomme (avec le signe « - » en son centre). Peignez sur le visage et le cou pour éclaircir : le coup de pinceau annule l'effet de sous-exposition obtenu avec le curseur Exposition réglé à -1,50 dans l'étape précédente. Le résultat est à la fois subtil et plus plaisant.

Remarque : lorsque vous utilisez le pinceau pour retoucher un filtre radial (ou un filtre gradué – exercice 45), ne touchez pas aux curseurs de la section Effet, car les réglages concernent le filtre, et pas le pinceau. Si vous souhaitez ajouter une correction au pinceau – par exemple, un renforcement de netteté des yeux – vous devrez utiliser le « Pinceau de retouche » (exercice 44).

47 Convertir une image en noir et blanc

Les amateurs de noir et blanc connaissent parfaitement le mélangeur de couches de Photoshop, en raison de ses qualités intrinsèques et de sa très grande souplesse d'emploi. Celui de Lightroom n'est pas en reste puisqu'il s'appuie sur les mêmes méthodes et outils que son grand frère.
Cet exercice vous donnera quelques bases pour bien démarrer avec le noir et blanc dans Lightroom, et se prolongera dans l'exercice 48, consacré au virage partiel et à l'ajout de grain et de vignetage.

Les fichiers associés à cet exercice sont disponibles sur editions-eyrolles.com.

Étape 1

Ouvrez le fichier Image_Ex47A.dng. Après avoir effectué les éventuelles corrections de base (balance des blancs et tonalité), vous n'avez plus qu'à convertir l'image en noir et blanc en cliquant sur l'onglet Noir/blanc (panneau « Réglages de base »). Si vous avez suivi l'ordre des exercices, l'option « Appliquer le mélange automatique lors de la conversion initiale en noir et blanc » est cochée dans les Préférences (exercice 01, étape 4) ; Lightroom va proposer une conversion qui vous servira de base de travail.

Vous pouvez aussi passer directement au panneau TSL et cliquer sur NB, ce qui vous permettra de vérifier les réglages proposés automatiquement dans l'un des huit canaux de couleurs, et que vous pourrez modifier à votre guise.

Étape 2

Dans cette section NB, activez l'outil d'ajustement ciblé (TAT) et placez-le successivement :

- sur le visage, pour le rendre moins dense : les curseurs Orange et Rouge vont s'activer, augmentez les valeurs avec la flèche Haut du clavier ;
- dans les cheveux, à éclaircir via le canal Jaune en déplaçant le curseur vers la droite (si vous le faites avec l'outil TAT, vous risquez de modifier les valeurs corrigées précédemment) ;
- au plafond, à éclaircir pour faire un beau contraste avec le sujet – ce sont alors les canaux Bleu vert et Bleu qui sont sollicités par l'outil TAT.

L'image est maintenant moins terne et plate que la conversion originale, qui servira toujours de base de travail.

Étape 3

L'aspect du visage a été retravaillé avec le « Pinceau de retouche » (exercice 44), de la manière suivante :

- curseur Exposition à +0,45, ce qui permet de légèrement éclaircir le visage ;
- curseur Clarté à +15, pour rehausser les détails du visage ;
- curseur Netteté à +30, ce qui renforce encore plus les détails du visage.

Le but est de bien mettre en valeur le visage – élément central de l'image –, quitte à le durcir un peu avec l'ajout de netteté et le renforcement du microcontraste. Notez la différence par rapport à la vue de gauche, où le visage est uniformément dense et sans relief.

Étape 4

Lightroom propose également une vaste palette de paramètres prédéfinis pour le noir et blanc. Les premiers sont regroupés dans le dossier « Paramètres prédéfinis noir et blanc de Lightroom », avec un certain nombre de réglages influant sur le contraste (« Noir et blanc – Aspect 1 à 5 »), ou des noirs et blanc teintés simulant des effets cyanotype, sélénium, sépia, etc. (étape 5). Les seconds sont regroupés dans le dossier « Paramètres prédéfinis de filtres noir et blanc » et simulent l'effet des filtres couleur qu'on vissait sur l'objectif pour modifier le rendu d'une pellicule noir et blanc (étape 6).

En passant la souris sur les paramètres prédéfinis, vous pouvez voir le résultat à la volée dans le panneau Navigation (ici un effet Cyanotype). Pour appliquer le paramètre prédéfini à l'image, cliquez dessus.

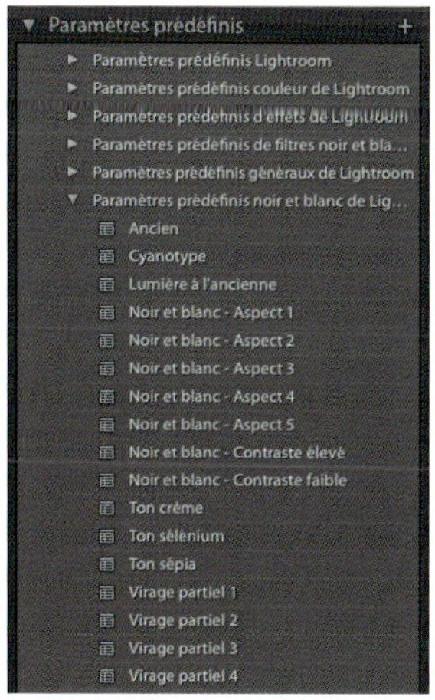

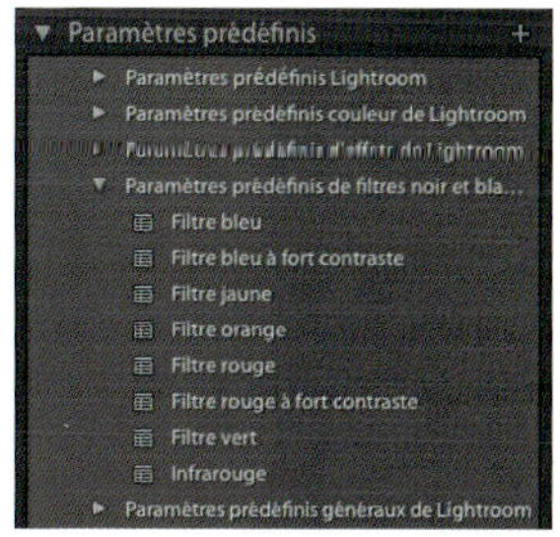

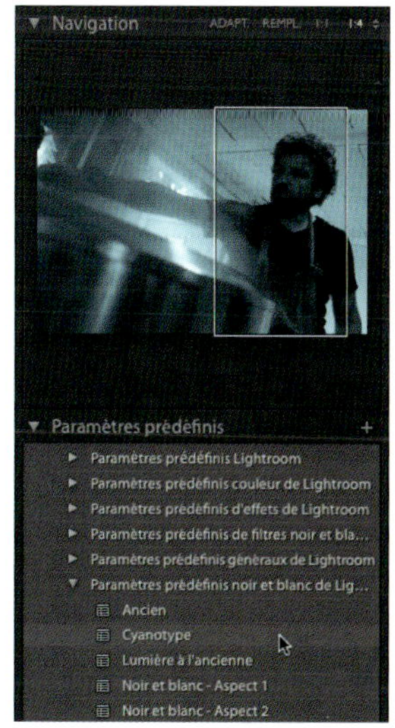

Étape 5

Dans l'illustration ci-contre, vous pouvez voir, à gauche, le résultat du paramètre prédéfini « Ton crème » et, à droite, celui du « Noir et blanc – Aspect 5 », qui produit un résultat assez dur.

Si vous êtes curieux, vous pouvez, après avoir appliqué un paramètre prédéfini, explorer le contenu des outils dans le volet de droite, pour voir quelles corrections ont été appliquées, pour vous en inspirer, les reproduire ou, tout simplement, vous en servir comme base de départ.

Étape 6

Les filtres colorés vont influencer le contraste global de l'image. Par exemple, dans la comparaison ci-contre, le « Filtre jaune » est appliqué à l'image à gauche, et le filtre Infrarouge à l'image à droite.

Ne vous contentez pas d'utiliser les paramètres prédéfinis tels quels : faites des essais, modifiez-les à votre goût et enregistrez-les en tant que nouveaux paramètres prédéfinis (exercice 52).

Étape 7

Voici pour finir une petite astuce pour un effet classique très prisé par de nombreux photographes : créer une image noir et blanc tout en conservant un élément en couleurs. Ouvrez le fichier Image_Ex47B.dng, allez dans le panneau TSL, onglet Saturation. Déplacez tous les curseurs (8 canaux de couleur) à fond vers la gauche (valeur : -100).

Activez ensuite le « Pinceau de retouche » (exercice 44), réinitialisez les réglages précédents en double-cliquant sur Effet et placez le curseur Saturation à fond à droite (valeur +100). Puis commencez à peindre soigneusement sur l'élément dont vous voulez retrouver les couleurs.

48 Ajouter un virage partiel et des effets

Dans cet exercice, nous allons nous livrer à un travail un peu plus artistique en convertissant une image en noir et blanc puis en lui appliquant un virage partiel, c'est-à-dire en la teintant avec une ou deux couleurs. Nous ajouterons ensuite un effet de vignetage et du grain argentique. Cet aspect vieilli peut redonner du cachet à une photo qui sinon aurait pu rester banale malgré l'intérêt éventuel du sujet ou du souvenir.

Nous ferons appel dans cet exercice à deux panneaux d'outils différents, situés dans le module Développement : les panneaux « Virage partiel » et Effets. Là encore, nous vous encourageons à créer différentes versions de l'image à l'aide des copies virtuelles (exercice 07) et à créer des paramètres prédéfinis pour conserver vos réglages (exercice 52).

Les fichiers associés à cet exercice sont disponibles sur editions-eyrolles.com.

Étape 1

Ouvrez le fichier Image_Ex48A.dng. Effectuez une conversion en noir et blanc en cliquant soit sur Noir/blanc dans le panneau « Réglages de base », soit sur NB dans le panneau TSL. Dans les deux cas, c'est le mélangeur de couches qui va assurer la conversion (exercice 47).

Pour donner un peu plus de pêche à l'image, je vous propose également de renforcer le contraste avec le curseur du panneau « Réglages de base » positionné à +25, et le curseur Clarté réglé à +40.

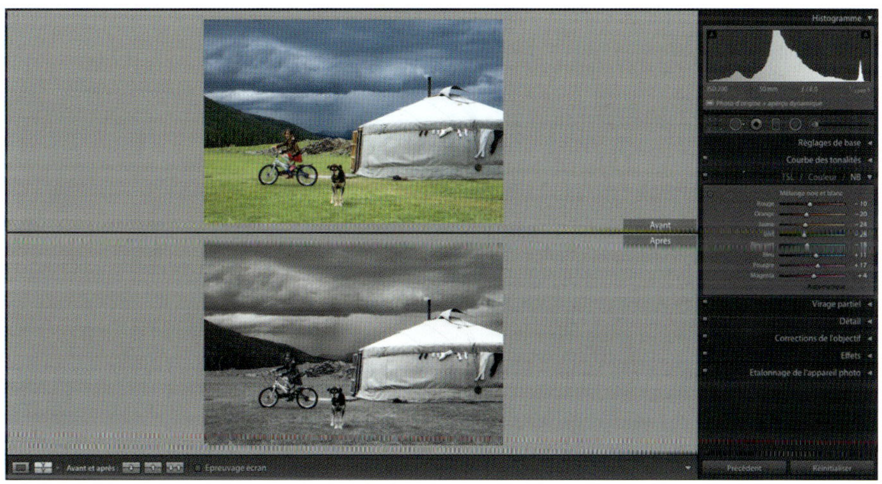

Étape 2

Passez dans le panneau « Virage partiel », à droite dans le module Développement (après le panneau TSL). Il est divisé en trois sections : « Hautes lumières », Ombres et Balance (pour modifier l'équilibre entre l'effet appliqué aux tons clairs et celui appliqué aux tons foncés). Un clic sur le pavé gris à la droite des libellés « Hautes lumières » ou « Ombres », ouvre le nuancier (pour son fonctionnement, voir l'exercice 44, étapes 17 à 21). Le plus difficile à ce stade est de trouver deux teintes qui se marient et qui donnent une belle atmosphère à l'image.

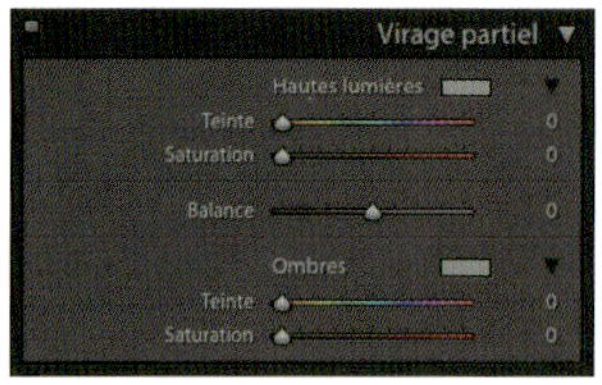

Étape 3

Nous allons d'abord choisir et appliquer une teinte pour les hautes lumières. Notre choix se porte sur une couleur qui oscille entre le crème et le tabac. Après avoir ouvert le nuancier, on sélectionne un jaune orangé (H = 61, S = 15) que l'on mémorise dans l'un des petits carrés avant de quitter le nuancier. Il y aura certainement quelques ajustements à faire lorsque la teinte foncée sera également appliquée.

Étape 4

Dans la section Ombres, cliquez sur le pavé du nuancier et recherchez une teinte franchement opposée et bien marquée, dans les bleus (H = 235, S = 23). Le fait d'exagérer quelque peu les réglages au départ permet de diminuer progressivement les corrections jusqu'à trouver le meilleur compromis et un bon équilibre. Notez que les teintes sélectionnées apparaissent dans les deux pavés du panneau « Virage partiel » et que les curseurs indiquent les valeurs de teinte et de saturation.

Étape 5

Essayez de peaufiner les deux teintes à l'aide de leurs curseurs Teinte et Saturation respectifs. Le curseur Teinte va modifier la couleur et le curseur Saturation définir sa présence et son impact dans l'image.

Augmentez la saturation des hautes lumières et des ombres aux alentours de 30, pour renforcer l'effet. Bien entendu, c'est une question de goût, ce qui donne tout son intérêt aux copies virtuelles qui permettent de créer plusieurs versions de la même image.

Étape 6

Pour finir le travail de virage partiel, vous pouvez essayer de soigner l'équilibre entre les hautes lumières (jaunâtres) et les ombres (bleutées), à l'aide du curseur Balance. Vers la droite, on privilégie les tons clairs, vers la gauche, les tons foncés.

Dans l'exemple ci-contre, le curseur Balance a été déplacé vers la gauche pour renforcer le virage bleu des tons foncés (image de gauche), dans l'image de droite, il a été déplacé vers la droite pour privilégier à l'inverse le virage crème de la teinte claire.

Étape 7

Passez maintenant au panneau Effets. Il permet d'appliquer des effets de vignetage et de simuler le grain du film argentique. Attention, le vignetage ici n'a aucun rapport avec celui de l'objectif, et nous vous recommandons de corriger ce dernier au préalable (exercice 30) afin d'éviter tout problème d'ordre esthétique, un vignetage optique important pouvant interférer avec l'effet appliqué ici.

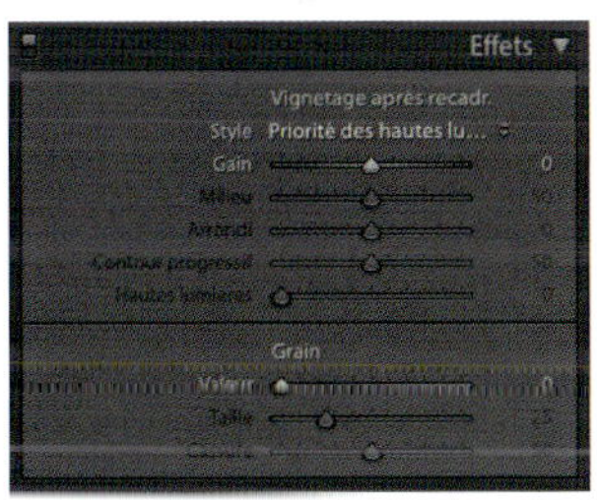

Étape 8

Pour appliquer l'effet de vignetage, nous conservons l'option « Priorité des tons clairs », puisque la périphérie de la photo est principalement constituée de zones assez claires.
Avec l'option « Priorité de la couleur », il aurait été plus difficile d'assombrir ou d'éclaircir les coins. Réglez le curseur Gain à +12 pour éclaircir la périphérie de l'image.

> **Remarque** : nous vous déconseillons l'option « Incrustation de peinture », simple masque gris qui se rajoute sur l'image sans tenir compte de la luminosité.

Étape 9

Le curseur Milieu permet d'étendre plus ou moins l'effet de vignetage. Réglez-le sur 40, ce qui donne l'aspect passé d'une vieille photo qui perd ses détails sur les bords. Pour obtenir cet effet de cadre à coins arrondis, réglez ensuite le curseur Arrondi à -90 puis réglez le « Contour progressif » à 25, pour une transition plus franche.

Étape 10

Appliquons maintenant du grain argentique (panneau Effets). Le curseur Valeur contrôle la quantité appliquée. Pour cette image, commencez avec un réglage de 50, tout en observant le résultat global, puis zoomez pour voir l'effet produit au niveau des détails (il commence à se faire sentir à partir de 15 ou 20), et ajustez à votre goût.

> **Remarque** : ajouter un peu de grain permet de redonner de la matière à une image numérique assez lisse de nature, ou à une image lissée pour corriger un bruit excessif.

Étape 11

Déplacez le curseur Taille, qui agit sur les particules de grain : vers la gauche, on resserre le grain, vers la droite, il devient plus grossier. Le réglage par défaut est à 25, et le curseur ne s'active que si du grain a été appliqué à l'image. Ci-contre, le grain a une taille réglée à 25 (à gauche), et une taille de 50 (à droite) : on voit que le grain plus grossier s'attaque à la finesse des détails. Pour cette photo, nous retiendrons une taille de 25 (réglage par défaut).

Étape 12

Le curseur Cassure agit sur l'uniformité et la rugosité du grain. Vers la gauche, le grain est resserré et plus régulier, au risque d'un aspect artificiel (image de gauche, curseur réglé à 0) ; vers la droite, il devient plus grossier, mais plus naturel (image de droite, réglé à 75). La cassure contribue à donner un aspect argentique à l'image, sans autant altérer les détails que le curseur Taille. C'est un réglage de 75 qui sera retenu pour l'image finale.

49 Assembler un panorama

Pendant de nombreuses années, les utilisateurs de Lightroom ont assemblé leurs panoramas dans Photoshop ou dans des éditeurs externes spécialisés. Désormais, depuis la version 6/CC de Lightroom, cette opération pourra être effectuée avec l'outil « Fusions de photos », dans le module Bibliothèque, à partir de fichiers RAW.

L'assemblage obtenu est un fichier au format DNG ; ce format va pouvoir être travaillé avec la totalité des outils de correction du module Développement, avec la même latitude que pour un fichier RAW.

Les fichiers associés à cet exercice sont disponibles sur editions-eyrolles.com.

Étape 1

L'assemblage de panoramas se fait dans le module Bibliothèque, avec l'outil « Fusion de photos ». Il peut bien sûr être effectué à partir de fichiers RAW déjà corrigés ou non dans Lightroom, mais Adobe conseille d'effectuer l'assemblage en premier, à partir des fichiers bruts, puis seulement de corriger le panorama dans le module Développement. Le fichier qui va être créé est au format DNG et doit donc être considéré comme un RAW. Pensez également à regrouper vos projets de panoramas dans une collection, pour faciliter leur gestion (en raison du grand nombre d'images à utiliser).

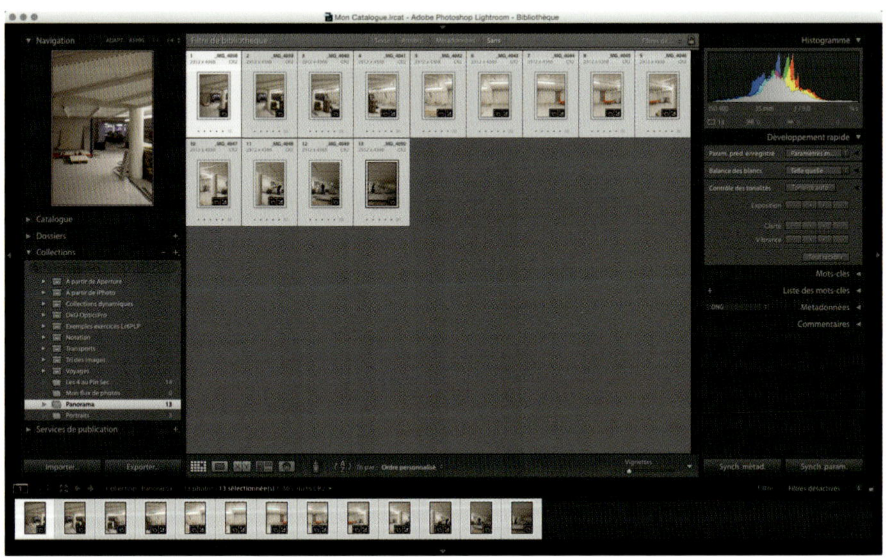

Remarque importante : si les fichiers RAW ont été corrigés avant assemblage, certaines corrections ne seront pas transférées des originaux vers le panorama, comme la retouche locale, les yeux rouges, la suppression des défauts, Upright et le recadrage.

Étape 2

Dans le module Bibliothèque, sélectionnez l'ensemble des photos destinées à l'assemblage, faites un clic droit et choisissez, dans le menu contextuel, la commande **Fusion de photos>Panorama**. Vous pouvez également passer par le menu **Photo>Fusion de photos>Panorama**.

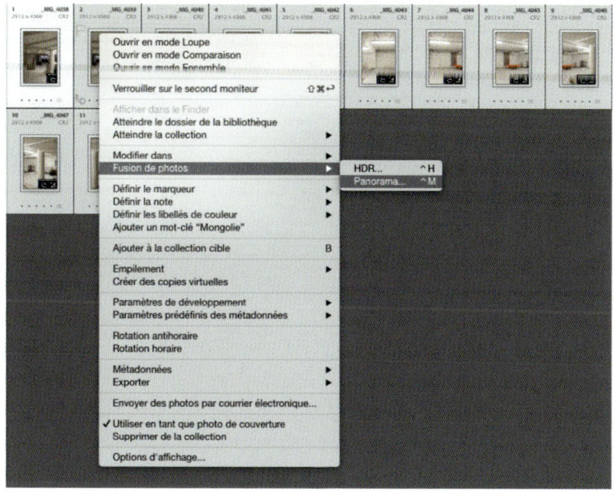

> Remarque : ne confondez pas **Fusion de photo>Panorama** avec l'outil « Fusion panorama » de Photoshop, accessible via la commande « Modifier dans ».

Étape 3

Une fenêtre « Aperçu de la fusion en panorama » s'affiche, avec une barre de progression, puis l'aperçu du panorama. La taille de la fenêtre peut être ajustée ; les possibilités de zoom et de navigation sont très limitées en raison de la taille maximale de l'aperçu. L'assemblage de panorama applique automatiquement le profil de correction de l'objectif s'il est disponible, sinon, un message d'erreur apparaîtra dans la fenêtre d'aperçu (voir ci-contre).

Étape 4

Le choix du type de projection est automatique, sélectionné en fonction des images et de ce que Lightroom estime être le résultat le mieux adapté. Les trois modes disponibles sont :

- Sphérique : essentiellement pour les panoramas à 360° (les images subissent une déformation sphérique) ;
- Cylindrique : pour les panoramas autres que 360° (les images subissent une déformation sphérique si l'angle de champ est supérieur à 90°) ;
- Perspective : le panorama est rectilinéaire (pas ou peu de déformation sphérique, mais les images situées aux extrémités sont étirées).

Dans les deux derniers cas, l'image de référence est celle du milieu.

> Remarque : dès que vous sélectionnez un autre type de projection, un nouvel aperçu est automatiquement créé.

Étape 5

Vous pouvez également cocher la case « Recadrage automatique » pour que Lightroom supprime le fond perdu (indiqué en blanc) en recadrant l'image, aussi bien dans la fenêtre d'aperçu que lors de la fusion définitive.

Étape 6

Cliquez sur Fusionner : Lightroom procède à l'assemblage, en tâche de fond, ce qui vous permet de continuer à travailler dans le programme. La fusion peut être suivie grâce à la barre de progression, en haut à gauche, ou dans le Centre d'activité si vous cliquez sous la plaque d'identité. La durée dépendra du nombre d'images à assembler, de leur poids et de la puissance de votre ordinateur.

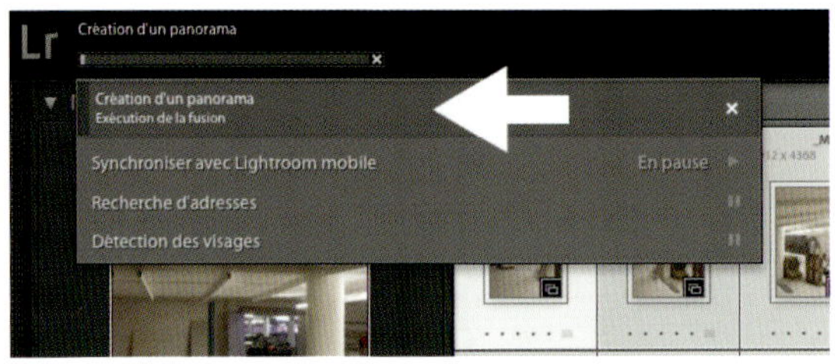

Remarque : vous pouvez lancer directement la fusion d'un panorama sans passer par la fenêtre d'aperçu par un clic droit sur la sélection de photos puis **Fusion de photo>Panorama** tout en maintenant la touche Maj enfoncée. L'assemblage se fera alors avec les réglages de la fusion précédente.

Étape 7

Le panorama terminé est placé aux côtés des images originales, aussi bien dans le dossier d'origine que dans une collection créée à cet effet. Petite astuce d'organisation : regroupez les images originales et l'image panoramique dans une pile, en plaçant le panorama, c'est-à-dire le résultat de l'assemblage, au-dessus (exercice 07).

Le nom du fichier assemblé est composé du nom de l'image de référence (en général la première) et du suffixe « -Panorama ». Le format du fichier est le DNG, ce qui signifie qu'il dispose de la même latitude de correction qu'un fichier RAW.

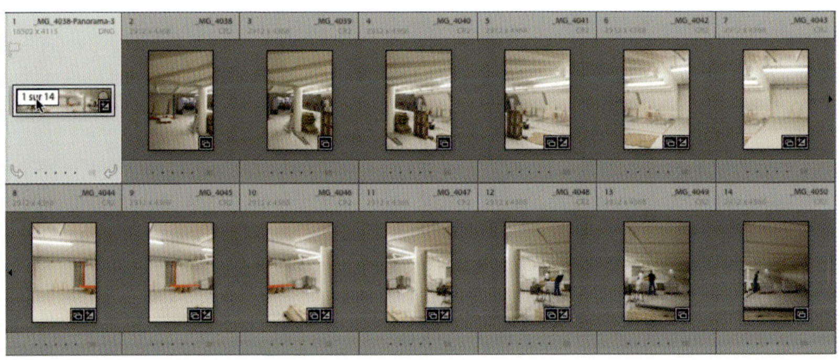

50 Fusion HDR

Comme pour les panoramas (exercice 49), jusqu'à présent les utilisateurs de Lightroom fusionnaient leurs images HDR dans des éditeurs ou des modules externes, en sortant du flux de travail RAW. Grâce à l'outil « Fusion de photos », il est désormais possible d'effectuer cette fusion dans Lightroom à partir de fichiers RAW bracketés (technique qui consiste à photographier plusieurs fois une scène avec plusieurs expositions, en donnant la priorité soit aux tons clairs, soit aux tons sombres). L'image obtenue est un DNG 16 bits à point flottant : vous pourrez bénéficier de toute la latitude de correction d'un fichier RAW dans le module Développement, et il sera possible d'effectuer du *tone mapping* en exploitant la plage tonale avec une tolérance de +/-10 diaphragmes !

Les fichiers associés à cet exercice sont disponibles sur editions-eyrolles.com

Étape 1

La fusion d'images HDR s'effectue à partir de fichiers RAW dans le module Bibliothèque, avec l'outil « Fusion de photos ». Comme pour les assemblages de panoramas, Adobe conseille de commencer par la fusion des fichiers bruts de prise de vue avant de passer dans le module Développement pour les corrections. Le fichier généré est un fichier au format DNG 16 bits à point flottant (étape 7).

Remarque importante : si les fichiers RAW ont été corrigés avant la fusion, certaines corrections ne seront pas transférées des originaux vers le fichier HDR (corrections tonales de base, courbe des tonalités, retouche locale, yeux rouges, suppression des défauts, Upright, recadrage). D'autre part, la fusion HDR n'est possible qu'avec le Processus 2012 (exercice 27).

Étape 2

Contrairement à d'autres applications, vous n'aurez besoin que de peu d'images brackelées pour la fusion HDR. Dans une séquence de trois images – sous-exposée + surexposée + exposée normalement – la dernière est inutile : la fusion HDR de Lightroom donnera le meilleur d'elle-même avec deux images (sous-exposée + surexposée). Dans le module Bibliothèque, sélectionnez-les, cliquez droit et choisissez **Fusion de photos>HDR**. Vous pouvez aussi passer par le menu **Photo>Fusion de photos>HDR**.

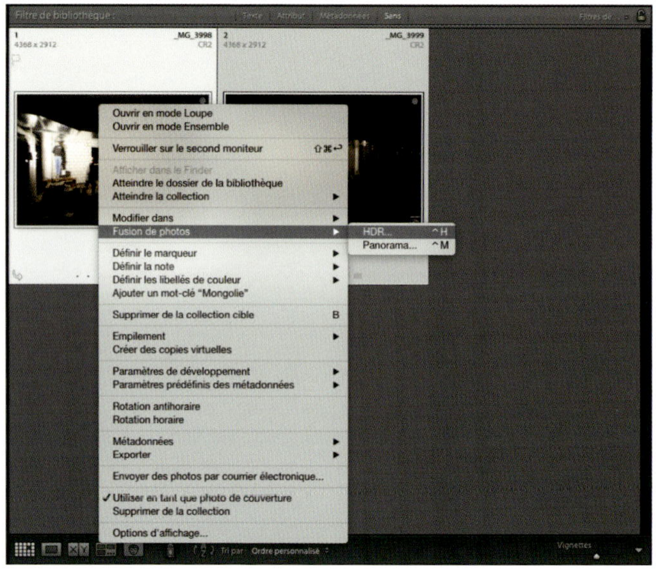

> **Remarque** : ne confondez pas **Fusion de photos>HDR** avec « Fusion HDR Pro » dans Photoshop, accessible via la commande « Modifier dans ».

Étape 3

Une fenêtre flottante « Aperçu de la fusion HDR » s'affiche. La barre de progression laissera place à l'aperçu HDR. Tout comme avec l'assemblage de panorama, la taille de la fenêtre peut être modifiée, mais les possibilités de zoom et de navigation restent très limitées en raison de la taille maximale de l'aperçu.

Étape 4

Dans les options de la fenêtre d'aperçu, « Alignement automatique » et « Tonalité automatique » sont activées par défaut. La première permet d'aligner des vues prises à main levée (travaillez sur pied autant que possible), la seconde va répartir des tons (étape 6). Pour la correction des décalages, vous disposez de quatre niveaux, de Nul à Élevé, qui permettent d'aligner des éléments en mouvement au moment de la prise de vue (personnes en train de bouger, par exemple). Dès que vous activez la compensation de décalage, l'aperçu est mis à jour, vous pouvez afficher un masque de visualisation (étape 5).

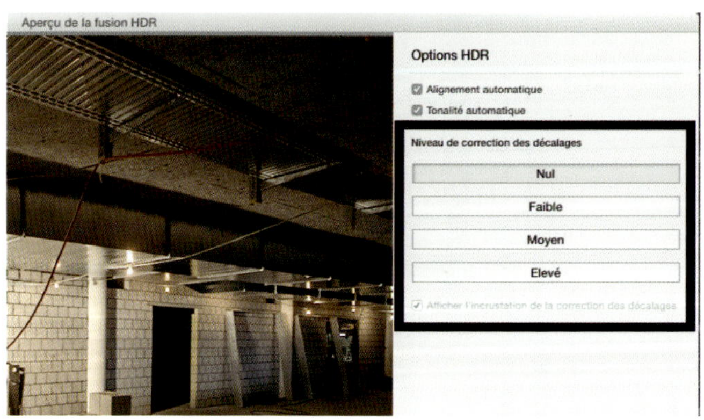

> **Remarque** : dès que vous sélectionnez un autre niveau de correction des décalages, un nouvel aperçu est automatiquement créé.

Étape 5

Le niveau de correction des décalages va tenter d'aligner des sujets en mouvement d'une vue à l'autre, ce qu'on appelle également des éléments/images « fantômes ». Mais plus le niveau de correction est élevé et complexe, plus il y aura d'artéfacts dans ces zones de l'image. Vous pouvez visualiser l'étendue des corrections de décalage en cochant « Afficher l'incrustation de la correction des décalages » : les zones concernées sont recouvertes d'un masque translucide rouge.

Étape 6

Cliquez sur Fusionner : Lightroom procède à la fusion, en tâche de fond, ce qui vous permet de continuer à travailler dans le programme. La fusion peut être suivie grâce à la barre de progression, en haut à gauche, ou dans le Centre d'activité si vous cliquez sous la plaque d'identité. La durée dépendra du nombre d'images à assembler, de leur poids et de la puissance de votre ordinateur.

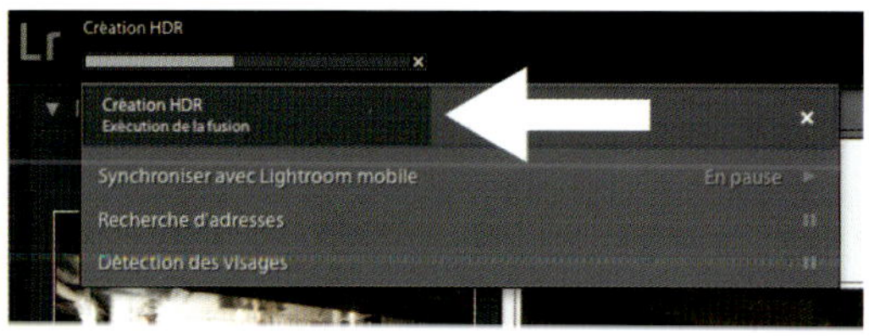

Remarque : vous pouvez lancer directement la fusion HDR, sans passer par la fenêtre d'aperçu, en cliquant droit sur la sélection de photos, puis **Fusion de photo>HDR**, tout en maintenant la touche Maj enfoncée. Dans ce cas, la fusion se fera avec les réglages précédents.

Étape 7

Lorsque la fusion est terminée, l'image HDR est placée à côté des originaux. Le nom du fichier assemblé comprend le nom de l'image de référence et le suffixe -HDR. Le format du fichier est un DNG 16 bits à point flottant qui dispose de la latitude de correction d'un fichier RAW, nous l'avons dit, laquelle s'étend à +/-10 diaphragmes, ce que vous pouvez vérifier en déplaçant le curseur Exposition (exercice 30) à chaque extrémité.

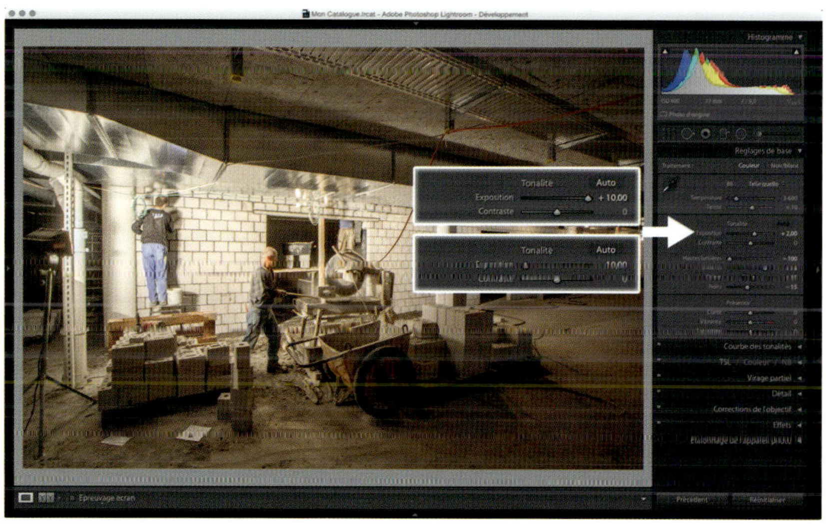

Partie 5

Optimiser son flux de travail

Dans cette partie, nous allons revenir à des notions de flux de travail. En effet, traiter une grande quantité d'images oblige à accélérer la postproduction. Lightroom dispose, à tous les niveaux, de moyens de traitement des images par lots, avec des outils de synchronisation permettant d'appliquer rapidement les corrections d'une image source à une autre série de photos, et ce quels que soient les outils utilisés. Vous découvrirez également la synchronisation automatique pour appliquer en temps réel des corrections d'une image à un groupe d'autres images. Les paramètres prédéfinis ne seront pas en reste puisqu'ils vous permettent d'enregistrer des réglages et de les appliquer à un lot de photos, aussi bien dans le module Développement que dans le module Bibliothèque, sans oublier la phase d'importation dans le catalogue. Nous vous proposerons aussi une méthode de travail pour photographe pressé, car Lightroom n'est pas seulement réservé à ceux qui peaufinent et retravaillent leurs images sans fin. Cette courte partie se terminera par une présentation des aperçus dynamiques et du flux de travail hors ligne de Lightroom, qui permet de traiter et de diffuser votre travail même quand les originaux ne sont pas disponibles.

Ciel d'orage sur le monastère Erdene Zuu (Mongolie)

Exercices

51 Synchroniser les réglages

Lightroom dispose de tous les outils nécessaires pour un traitement minutieux des images, ce qui implique d'y consacrer beaucoup de temps. Face à l'afflux constant d'images, encouragé par le passage au numérique, il est malgré tout possible d'accélérer considérablement le flux de travail et le traitement des images avec les fonctions de synchronisation.
Cet exercice va vous faire découvrir la synchronisation ainsi que sa variante, moins connue, la synchronisation automatique.

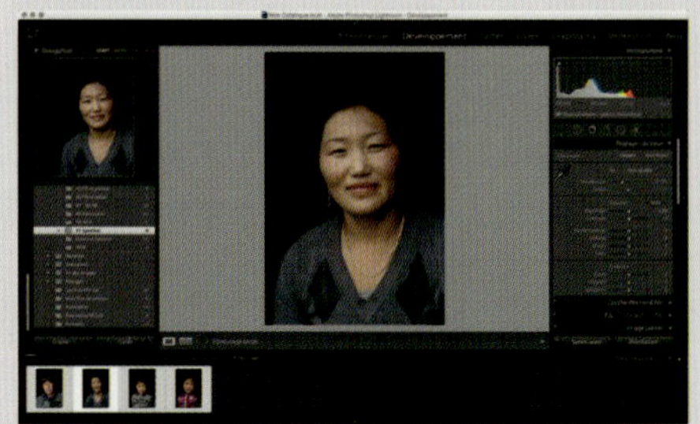

Les fichiers associés à cet exercice sont disponibles sur editions-eyrolles.com.

Étape 1

Dans cet exercice, nous allons appliquer un certain nombre de corrections de base à l'image source (à gauche dans l'illustration), puis vers une autre image de la même séquence. En fin d'exercice, nous aborderons la synchronisation automatique et les problèmes liés à la retouche locale.
Pour cela, ouvrez les fichiers Image_Ex51A.dng, Image_Ex51B.dng, Image_Ex51C.dng et Image_Ex51D.dng.

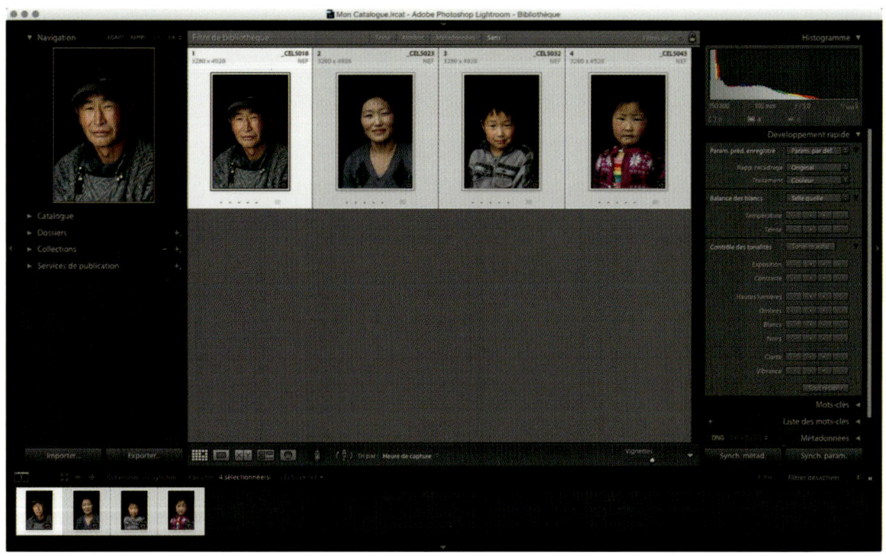

Étape 2

Sélectionnez votre image source (ici, Image_Ex51A.dng), qui deviendra active quand vous cliquerez dessus. Cette série de photos présente peu ou prou les mêmes paramètres caractéristiques d'exposition, de contraste et de couleurs. Allez ensuite dans le panneau « Réglages de base » et procédez aux corrections suivantes :

- balance des blancs : préréglage Auto, qui compense ici une dominante un peu chaude ;
- curseur Exposition : +0,33, pour éclaircir un peu et rendre l'image moins dense ;
- curseur Clarté : -20, pour adoucir le visage ;
- curseur Gain : +40, pour accentuer la netteté globale.

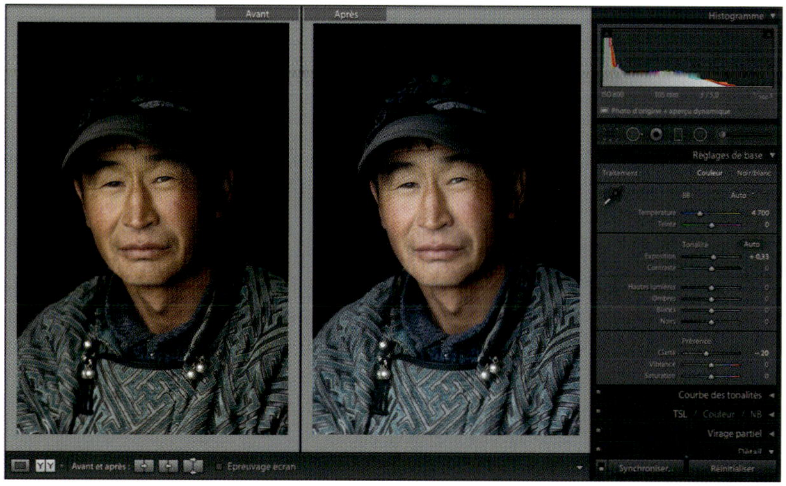

Étape 3

Pour appliquer ces corrections aux autres images, sélectionnez-les en cliquant dessus tout en appuyant sur Ctrl/Cmd. L'image de départ est active, elle se reconnaît à son cadre plus clair (vignette de gauche ici). Cliquez ensuite sur le bouton Synchroniser, en bas à droite dans le module Développement.

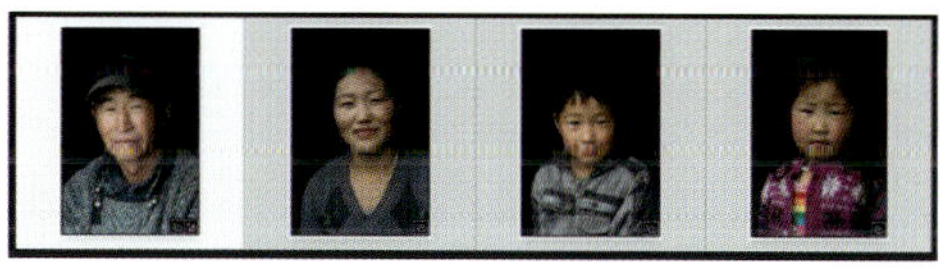

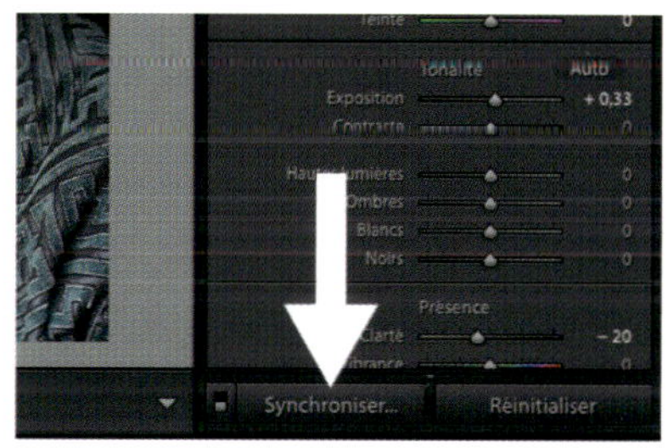

Étape 4

Dans la boîte de dialogue « Synchroniser les paramètres » qui s'affiche, cochez les outils utilisés dans les étapes précédentes : « Version du processus » (voir remarque), « Balance des blancs », « Tonalité simple/Exposition », Clarté et Netteté. Si vous cochez un outil qui n'a pas été utilisé, il n'y aura aucun effet sur les images de destination dès lors qu'aucun réglage n'a été effectué avec. Cliquez sur Synchroniser pour appliquer les réglages à toutes les images.

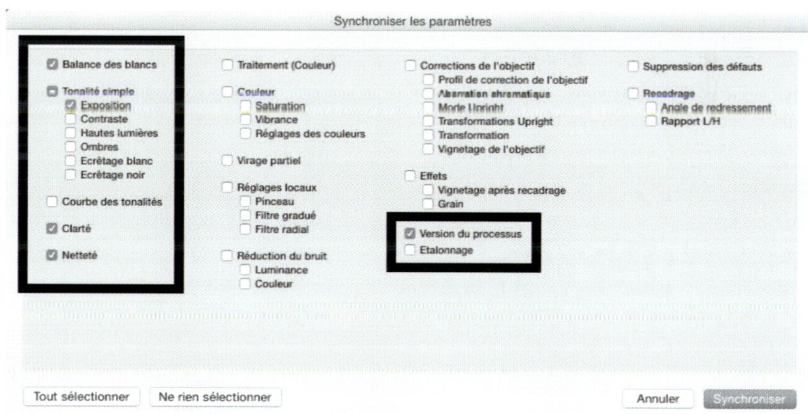

> **Remarque :** avant de cocher les outils, prenez l'habitude de réinitialiser le contenu de la boîte de dialogue en cliquant sur « Ne rien sélectionner ». Cela vous évitera d'appliquer involontairement une correction oubliée. Cette action entraînant aussi la réinitialisation du processus, n'oubliez pas de le réactiver en cliquant sur « Version du processus ».

Étape 5

Après avoir cliqué sur Synchroniser, les corrections sont appliquées de l'image source vers les autres images sélectionnées. Vous verrez, dans les vignettes, apparaître puis disparaître trois petits points qui indiquent que Lightroom inscrit les corrections dans le catalogue et, éventuellement, dans les fichiers annexes XMP si l'option est activée dans les Préférences (exercice 01). Notez que la balance des blancs a été reprise à la main pour la dernière photo, la couleur du vêtement ayant influencé le résultat.

Étape 6

Lightroom propose aussi un mode de synchronisation automatique des corrections de l'image source vers les autres images sélectionnées, mais cette fois en temps réel, au fur et à mesure de l'exécution. Pour activer cette fonction, cliquez sur le petit interrupteur inclus dans le bouton Synchroniser. Dans ce cas de figure, il n'y aura pas la boîte de dialogue de l'étape 4.

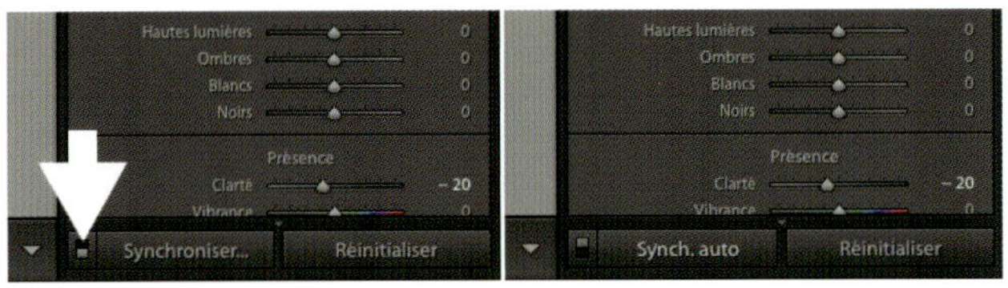

Étape 7

Toutes les corrections et tous les réglages sont reportés en temps réel de l'image source vers les autres images – ici une simple réduction de la saturation et du contraste, pour l'exemple. La synchronisation automatique prend une fraction de seconde mais, bien entendu, et en fonction de la puissance de votre ordinateur, cela dépendra du nombre d'images sélectionnées.

Étape 8

Faites attention si vous cherchez à synchroniser des corrections locales, notamment avec le « Pinceau de retouche ». En effet, tant que les images sont parfaitement identiques, cela ne posera aucun problème. En revanche, si elles ne le sont pas, le masque du pinceau risque d'être décalé, comme vous pouvez le constater dans cette illustration. Si le cas se présente, vous pouvez déplacer l'épingle d'édition (exercice 44) ; si cela ne suffit pas, il faudra reprendre la retouche à la main.

Étape 9

Si vous préférez un moyen plus classique pour appliquer les corrections d'une image source vers d'autres images, vous pouvez aussi utiliser la fonction Copier/Coller que vous trouverez dans :

- le module Bibliothèque, dans le menu **Photo>Paramètres de développement> Copier (ou Coller) les paramètres** ;
- le module Développement, dans le menu **Paramètres>Copier (ou Coller) les paramètres**.

Là encore, la boîte de dialogue permettant de cocher les corrections s'affiche (étape 4), le bouton Synchroniser étant remplacé par Copier.

Une troisième option, « Coller les paramètres de la photo précédente », vous servira tout simplement à appliquer sur n'importe quelle photo sélectionnée les dernières corrections copiées.

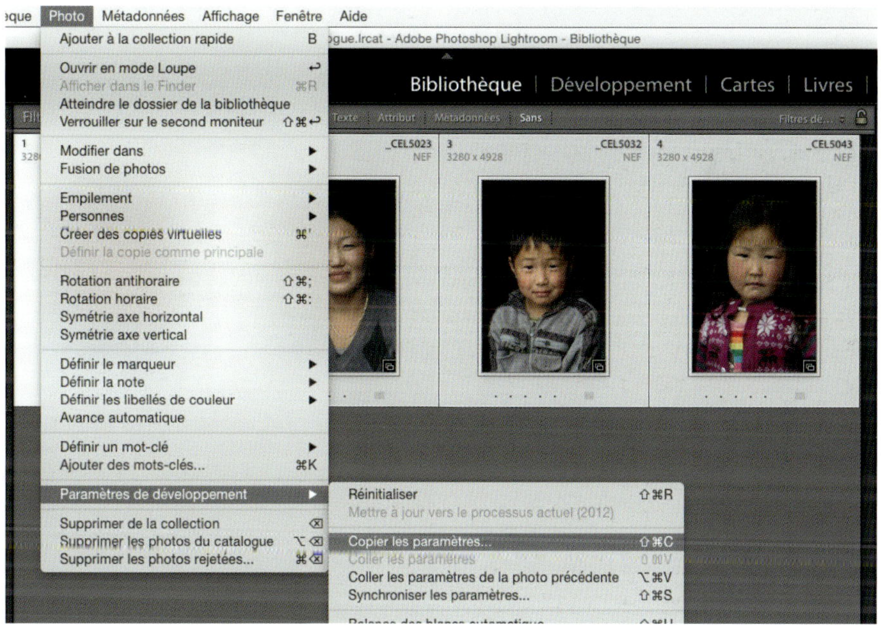

> **Remarque** : dans le module Développement, une commande agit exactement comme « Coller les paramètres de la photo précédente » : il s'agit du bouton Précédent situé en bas, dans le volet de droite.

52 Créer des paramètres prédéfinis de développement

Les paramètres prédéfinis de développement sont constitués des réglages utilisés lors de la correction des images.
Enregistrés dans des dossiers, ils peuvent être appliqués aussi bien dès l'importation qu'à tout moment dans le flux de travail au sein de Lightroom.
Nous allons apprendre dans cet exercice comment créer et organiser des paramètres prédéfinis.

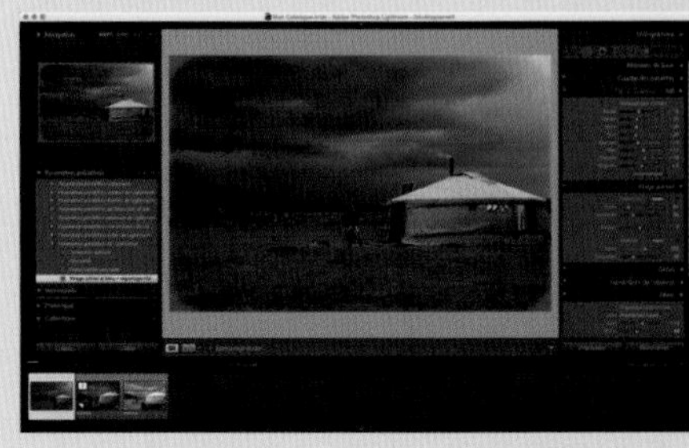

Les fichiers associés à cet exercice sont disponibles sur editions-eyrolles.com.

Étape 1

Ouvrez le fichier Image_Ex48.dng utilisé dans l'exercice 48 « Ajouter un virage partiel et des effets ». Nous allons exploiter les corrections faites avec les outils suivants :

- « Réglages de base » : Noir/blanc, Contraste +40, Clarté +40 ;
- « Virage partiel »/« Hautes lumières » : Teinte 61, Saturation 15 ;
- « Virage partiel »/Ombres : Teinte 235, Saturation 23 ;
- Effets/Vignetage : « Priorité des hautes lumières », Gain +12, Milieu 40, Arrondi -90 et Contour progressif 25 ;
- Grain : Valeur 25, Taille 25 et Cassure 75.

> **Remarque** : les paramètres prédéfinis de Lightroom sont parfaitement compatibles avec ceux de Camera Raw, et inversement. Assurez-vous juste que les versions coïncident (certains outils ne sont pas disponibles dans des versions plus anciennes).

Étape 2

Pour créer un paramètre prédéfini de développement, vérifiez d'abord tous les réglages et corrections dans les différents panneaux et outils, puis allez dans le panneau « Paramètres prédéfinis » (à gauche).

Cliquez sur « + » pour ouvrir la boîte de dialogue « Nouveau paramètre prédéfini de développement ».

Étape 3

Dans la boîte de dialogue, cliquez d'abord sur « Ne rien sélectionner », pour réinitialiser le contenu et éviter d'enregistrer un réglage oublié ou incongru.

Saisissez ensuite le nom du paramètre prédéfini. Le panneau « Paramètre prédéfini » vous oblige à enregistrer le paramètre dans le dossier de l'utilisateur ; vous ne pouvez pas le placer dans les paramètres Lightroom fournis par Adobe, en revanche, vous avez la possibilité de créer un nouveau dossier dans le menu déroulant Dossier.

Cochez les paramètres correspondant à tous les outils cités dans l'étape 1, puis validez en cliquant sur Créer.

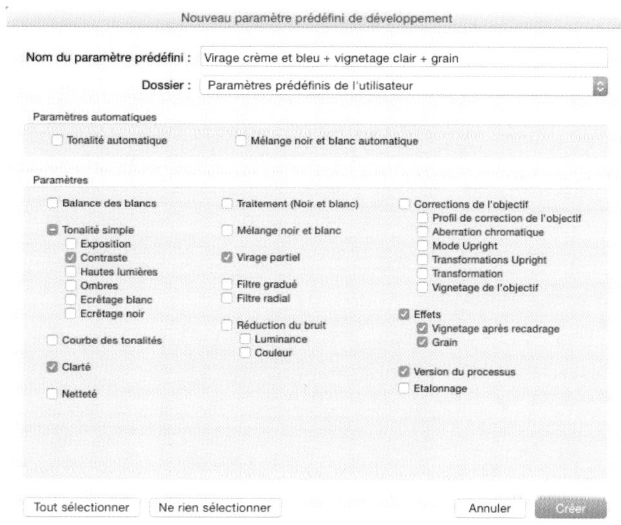

> **Remarque** : vous pouvez modifier après coup vos paramètres prédéfinis. Après avoir procédé aux nouveaux ajustements des outils concernés, faites un clic droit sur le paramètre prédéfini et sélectionnez « Mettre à jour avec les paramètres actuels ».

Étape 4

Le nouveau paramètre prédéfini apparaît dans la liste des paramètres prédéfinis de l'utilisateur. Parmi plusieurs fonctions, par un clic droit un menu flottant propose l'option « Appliquer à l'importation » qui place le paramètre dans la section « Appliquer pendant l'importation » du menu Importer. Attention avec cette fonction, vous risquez de voir vos images nouvellement importées transformées par un paramètre prédéfini que vous auriez oublié… Le signe « + » visible après le nom rappelle que le paramètre est actif à l'importation.

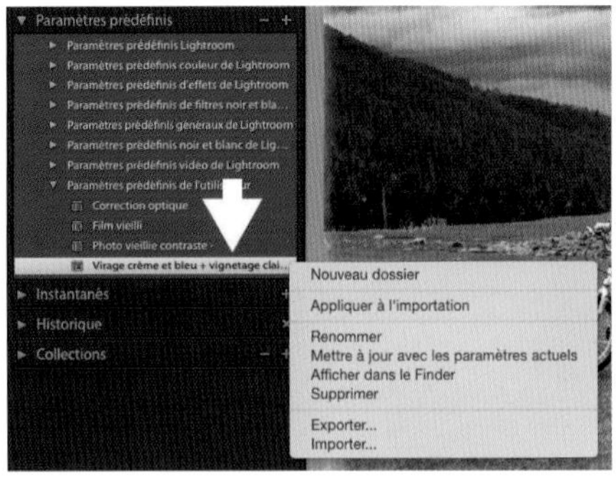

Étape 5

Si vous voulez créer un nouveau dossier, cliquez droit sur le paramètre prédéfini ou n'importe où dans le panneau. Saisissez un nom puis cliquez sur Créer : si vous avez cliqué droit sur le paramètre prédéfini, il sera automatiquement rangé dans le nouveau dossier, sinon vous pouvez glisser les paramètres prédéfinis dedans.

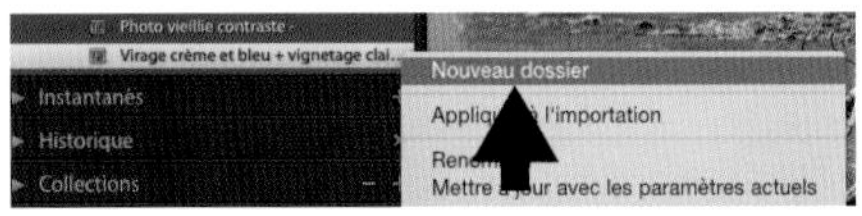

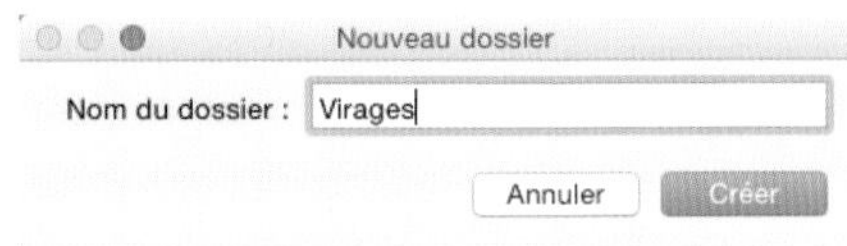

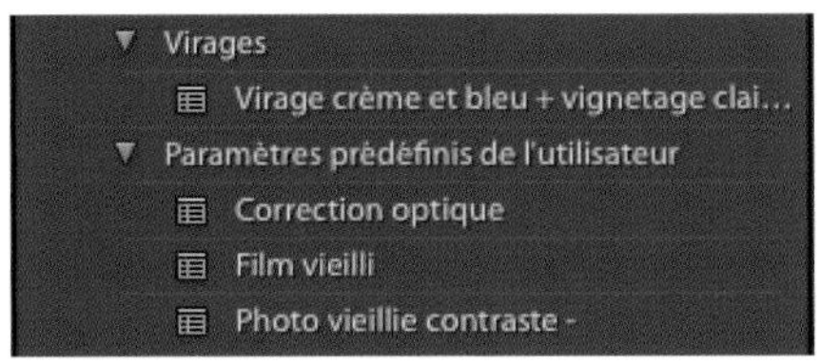

Étape 6

Il existe plusieurs méthodes pour appliquer un paramètre prédéfini. Dans le module Développement, sélectionnez d'abord une image. Ensuite, dans le panneau « Paramètres prédéfinis », passez la souris sur le paramètre en question pour avoir un aperçu dans le panneau Navigation. Pour l'appliquer, cliquez dessus, tout simplement.

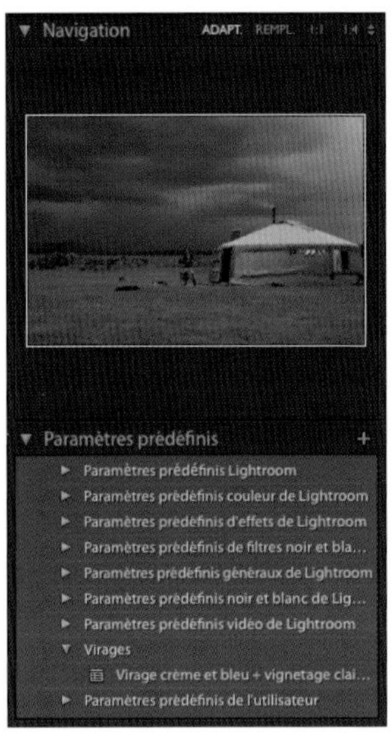

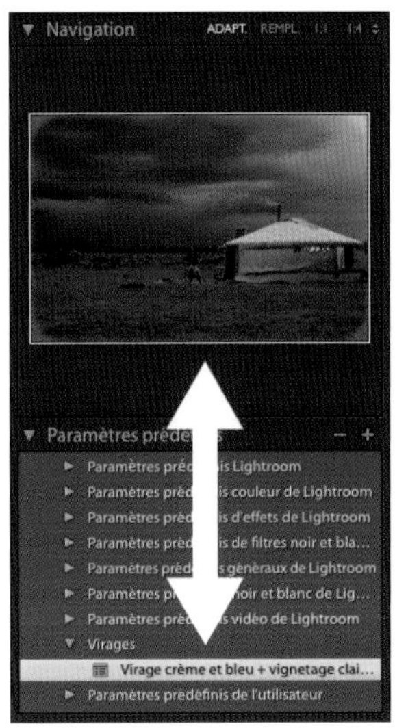

Étape 7

On peut également appliquer le paramètre prédéfini dans le panneau « Développement rapide » du module Bibliothèque en le sélectionnant dans le menu déroulant « Param. préd. enregistré ». Depuis Lightroom 4, la liste est hiérarchique. Si plusieurs images ont été sélectionnées, elles seront toutes modifiées.

Le menu d'importation vous permet également d'appliquer un paramètre de développement (voir l'étape 4). Malgré tout, nous vous déconseillons d'appliquer des paramètres de développement dès l'importation (faites-le dans le menu Développement, où vous pourrez aisément retoucher les réglages), gardez cette option pour les applications plus techniques (correction optique, correction du bruit...).

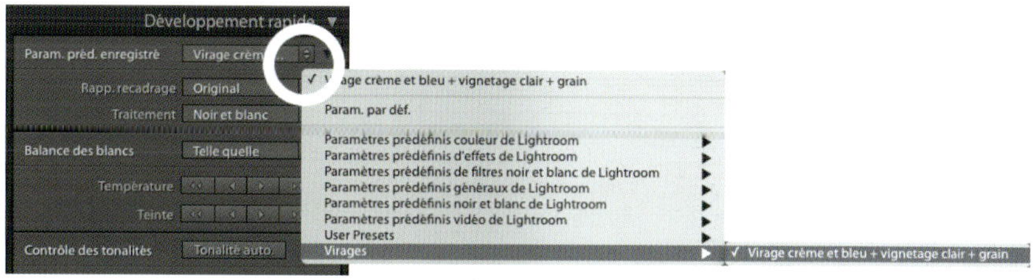

Étape 8

Les paramètres prédéfinis ne pesant que quelques dizaines de Ko, vous pouvez les partager aisément avec d'autres photographes : faites un clic droit sur un de vos paramètres et choisissez la commande Exporter dans le menu contextuel. Dans la boîte de dialogue du système, indiquez l'emplacement d'exportation (par exemple sur le Bureau). Il ne vous restera plus qu'à le joindre à un e-mail, comme n'importe quelle pièce jointe.

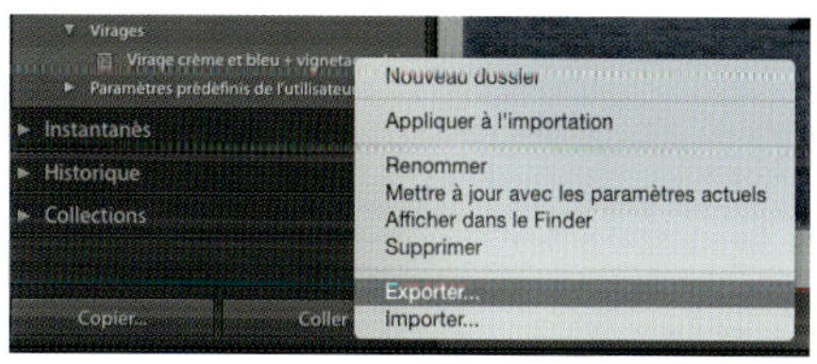

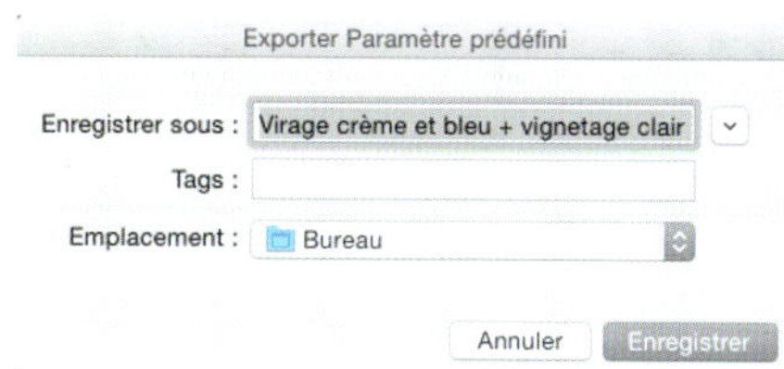

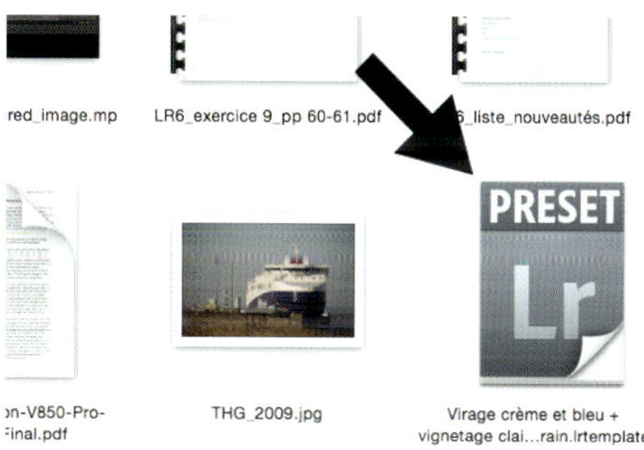

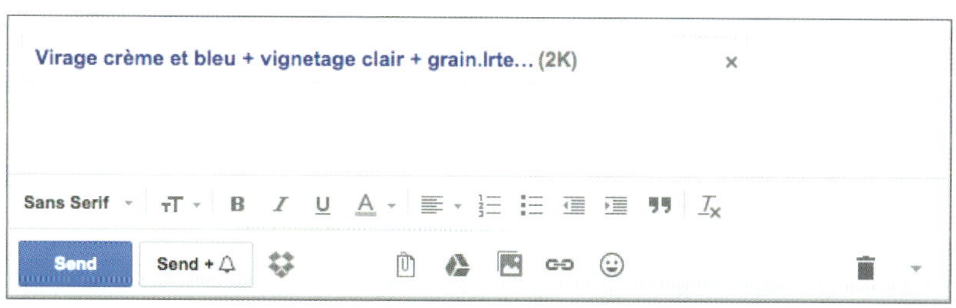

> Remarque : pour savoir où sont stockés vos paramètres prédéfinis, allez dans les Préférences, onglet « Paramètres prédéfinis », et cliquez sur le bouton « Afficher le dossier des paramètres prédéfinis Lightroom » : une fenêtre du système vous montrera l'ensemble des dossiers de paramètres prédéfinis sur votre disque dur.

Étape 9

Le destinataire de votre e-mail pourra importer le paramètre prédéfini très facilement : il lui suffira de faire un clic droit sur un dossier du panneau « Paramètres prédéfinis » et de choisir la commande Importer dans le menu contextuel : une boîte de dialogue s'ouvrira alors sur son écran, lui permettant d'installer le paramètre que vous lui avez envoyé.

Le menu contextuel permet également de supprimer, de renommer ou même de rafraîchir un paramètre prédéfini si vous avez modifié quelques réglages. Vous pouvez aussi afficher son emplacement dans le Finder (Mac) ou dans l'Explorateur (Windows).

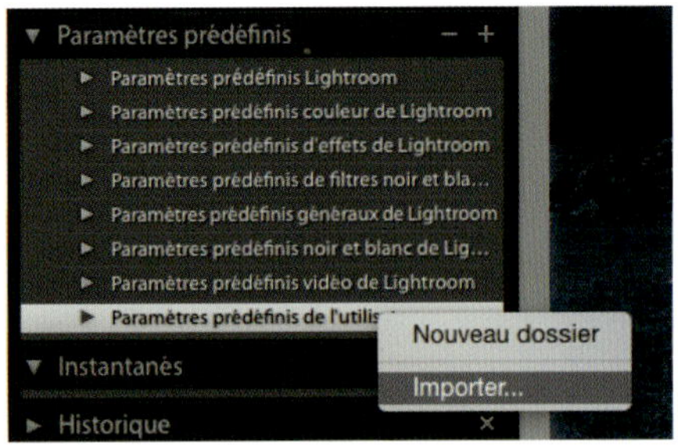

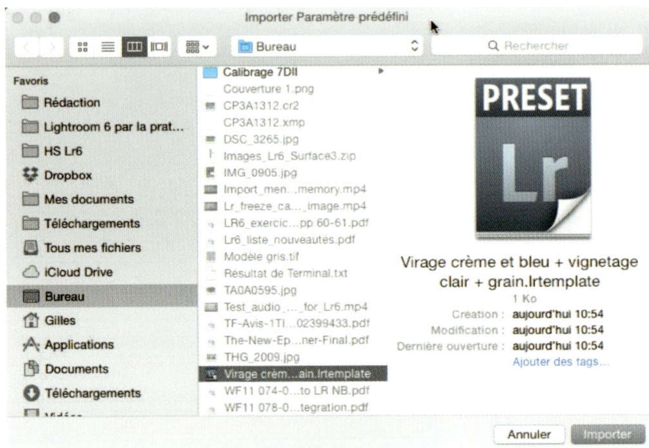

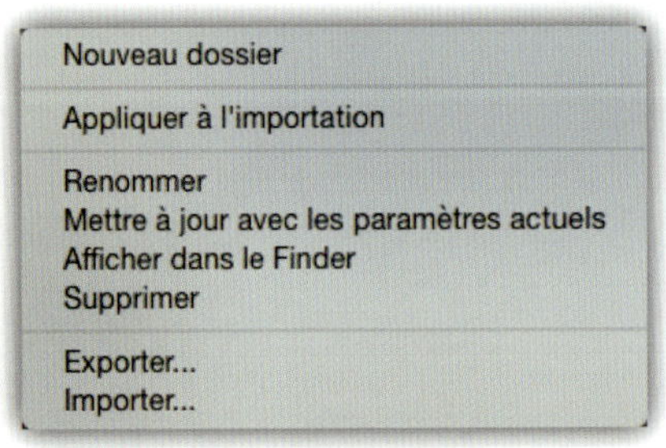

> **Conclusion** : les paramètres prédéfinis de développement sont un élément essentiel du flux de travail dans Lightroom, car ils s'adaptent aussi bien à une démarche artistique, pour corriger quelques images, qu'aux besoins des photographes pressés ou qui ont une grosse production. Les paramètres prédéfinis pour Lightroom ne manquent pas sur Internet, et il y en a pour tous les goûts.

53 Personnaliser les réglages de développement par défaut

Les paramètres prédéfinis (exercice 52) sont parfaitement adaptés à un usage ponctuel, mais saviez-vous que Lightroom permettait également de modifier les réglages de développement par défaut afin de les appliquer à un appareil photo en particulier, ou en fonction d'une sensibilité ISO, et ce dès l'importation ?
C'est ce que nous allons voir avec cet exercice, qui sera particulièrement utile à ceux qui ont une grosse production, qui utilisent un certain nombre d'appareils photo ou qui ne sont pas entièrement satisfaits des réglages originaux de Lightroom.

Étape 1

Lorsque vous importez des images dans Lightroom, peut-être aimeriez-vous que le module Développement applique, par défaut, plus de contraste, plus de netteté, plus de saturation que les réglages d'origine, ou peut-être souhaiteriez-vous appliquer de manière permanente un profil personnalisé (exercice 28) ?
La procédure de base est très simple : sélectionnez un fichier RAW pris avec l'appareil dont vous souhaiter modifier l'aspect des images dès l'importation, passez dans le module Développement puis commencez par réinitialiser tous les réglages en cliquant sur le bouton du même nom, tout en bas du volet de droite.

Étape 2

Procédez aux différents réglages de tonalité, couleur, netteté et bruit que vous aimeriez appliquer par défaut aux images nouvellement importées.

Dans cet exemple, les curseurs Clarté et Gain (Netteté) ont été légèrement ajustés. Vous pouvez aller plus loin en changeant, par exemple, le profil colorimétrique par défaut Adobe Standard par un profil personnalisé ou, comme ici, un profil de simulation de rendu « Camera Vivid », qui rend les couleurs plus vives et acidulées.

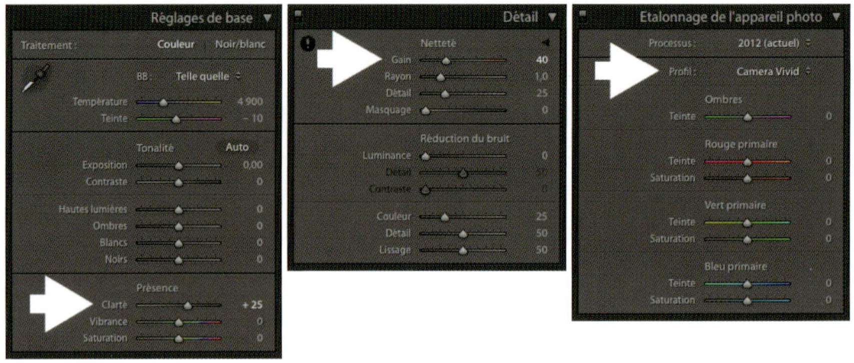

Étape 3

Après les réglages, appuyez sur la touche Alt/Option du clavier : le bouton Réinitialiser va se transformer en bouton « Définir par défaut ».

Cliquez dessus : une boîte de dialogue va s'ouvrir, afin de vous permettre de valider le changement des paramètres de développement par défaut.

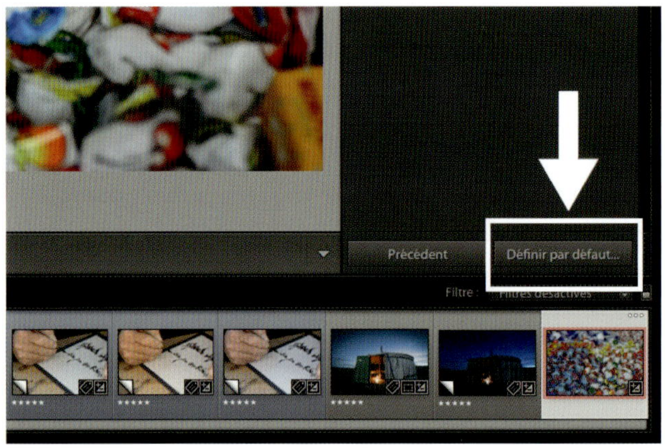

Étape 4

Le modèle d'appareil photo est précisé ; pour valider, cliquez sur « Mettre à jour les paramètres actuels ». Ainsi, à chaque nouvelle importation, ces nouveaux réglages par défaut seront appliqués à ce modèle de boîtier – mais pas à un autre.

Par ailleurs, les images déjà présentes dans le catalogue et prises avec cet appareil ne seront pas modifiées.

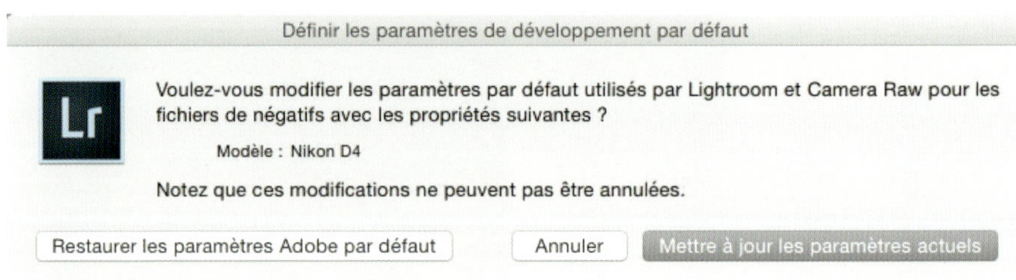

Étape 5

La boîte de dialogue indique « Notez que ces modifications ne peuvent pas être annulées ». Cela s'applique aux nouveaux réglages par défaut qui seront appliqués aux fichiers importés : si vous cliquez sur Réinitialiser (module Développement) ou sur « Tout rétablir » (module Bibliothèque, panneau « Développement rapide »), les réglages après réinitialisation seront ceux définis à l'étape 2. Le procédé lui-même peut être annulé ultérieurement (voir étape 7).

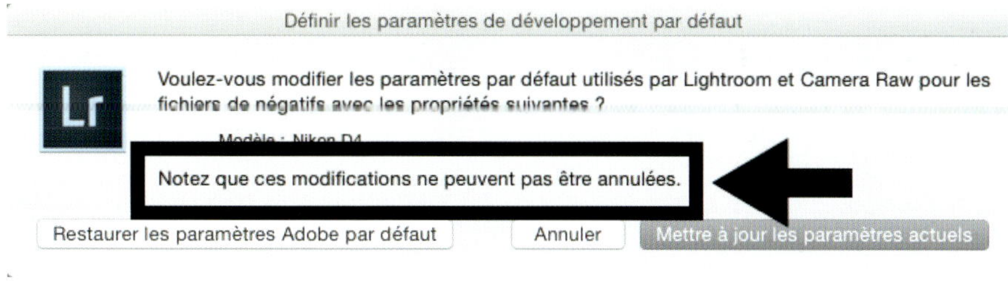

Étape 6

Vous pouvez aller encore plus loin dans la précision en appliquant un paramètre de développement par défaut par numéro de série du boîtier, notamment si vous avez plusieurs exemplaires du même modèle, et même en fonction de la sensibilité ISO des fichiers importés. Dans **Préférences>Paramètres prédéfinis**, cochez « Valeurs par défaut spécifiques au numéro de série de l'appareil photo » ou « Valeurs par défaut spécifiques au paramètre ISO de l'appareil photo », ou les deux puisque vous pouvez les combiner – la boîte de dialogue de l'étape 4 va s'enrichir alors d'informations supplémentaires : numéro de série de l'appareil et sensibilité ISO retenue.

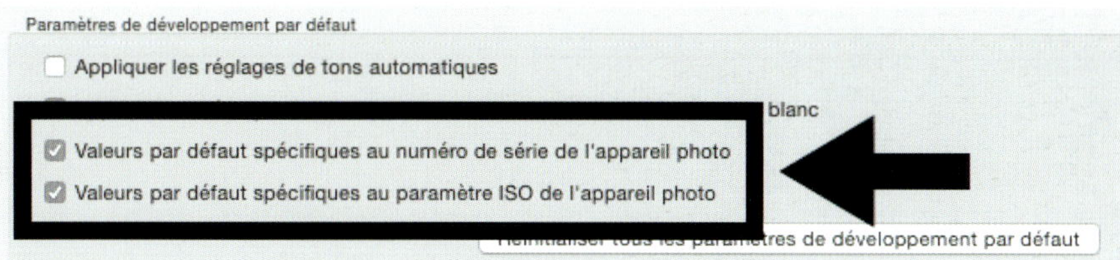

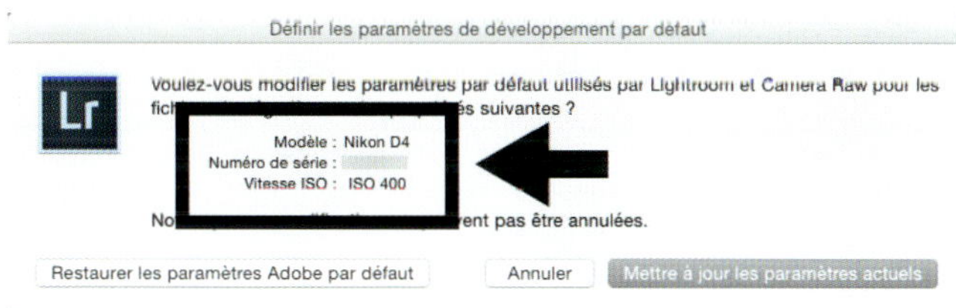

Étape 7

Pour revenir au comportement normal et aux réglages d'usine du module Développement, allez dans **Préférences>Paramètres prédéfinis**, cliquez sur « Réinitialiser tous les paramètres de développement par défaut » : tous les paramètres enregistrés sont supprimés. Si vous préférez travailler au cas par cas, allez dans **Développement>Définir les paramètres par défaut** du module Développement, puis, dans la boîte de dialogue, cliquez sur « Restaurer les paramètres Adobe par défaut ». L'autre bouton, « Mettre à jour les paramètres actuels », permet d'enregistrer toute modification au paramètre par défaut sélectionné.

54 Créer des actions de post-traitement

Si vous disposez de Lightroom et de Photoshop, vous savez que les deux logiciels communiquent parfaitement bien par l'intermédiaire du mécanisme d'édition externe (exercice 05).
Il est possible de lancer des actions Photoshop à partir du menu « Exporter Lightroom » grâce, notamment, au système des droplets du célèbre éditeur d'images. Un *droplet* (« gouttelette »), est un ensemble d'instructions qui va lancer l'action Photoshop. Cela vous sera particulièrement utile pour automatiser le flux de travail Lightroom/Photoshop.

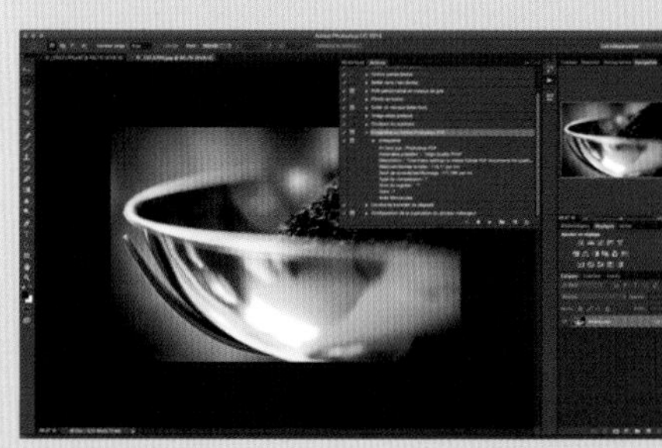

Note : dans les versions antérieures à Photoshop CC 2014, les actions s'appelaient « scripts ».

Étape 1

La première chose à faire est de déterminer ou de créer une action dans Photoshop. Vous pouvez également partir d'une action fournie par quelqu'un d'autre et chargée dans Photoshop.
Dans notre exemple, nous allons créer des fichiers au format Photoshop PDF grâce à ce système. Si vous possédez Photoshop et que vous ne maîtrisez pas les actions, vous pourrez vous entraîner sur celui-ci, puisqu'il est livré avec le logiciel. Vous le trouverez dans le panneau Actions – si vous ne le voyez pas, allez dans le menu Fenêtre de Photoshop et sélectionnez Actions.
Dans le panneau Actions, sélectionnez l'action « Enregistrer au format Photoshop PDF », simplement en cliquant dessus.

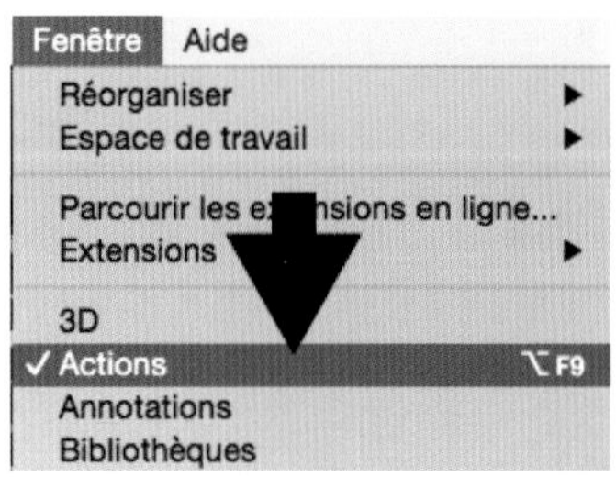

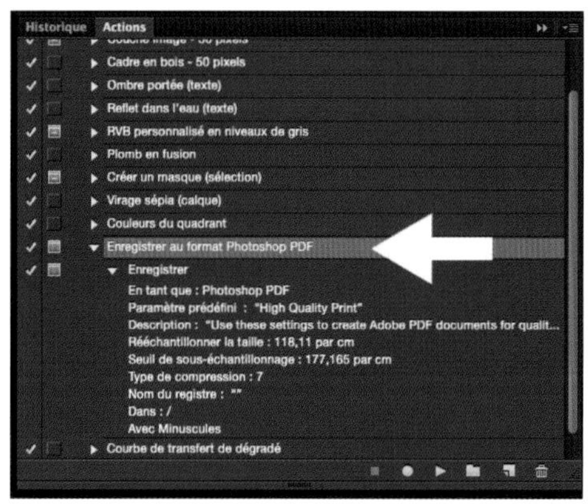

Étape 2

Pour créer un *droplet*, et toujours dans Photoshop, allez dans le menu **Fichier> Automatisation>Créer un droplet**.
Dans la boîte de dialogue qui s'ouvre, vérifiez que l'action sélectionnée est bien « Enregistrer au format Photoshop PDF ».

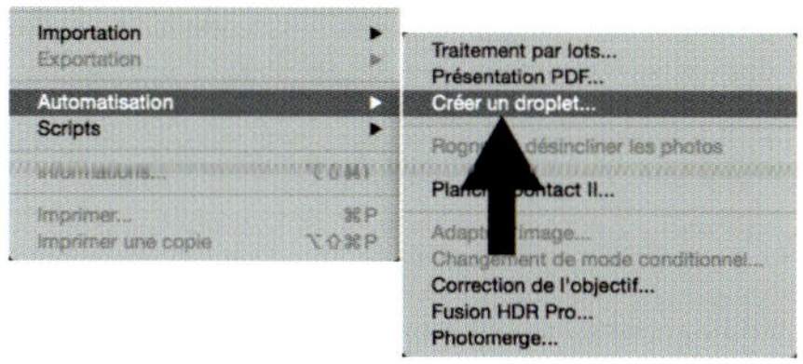

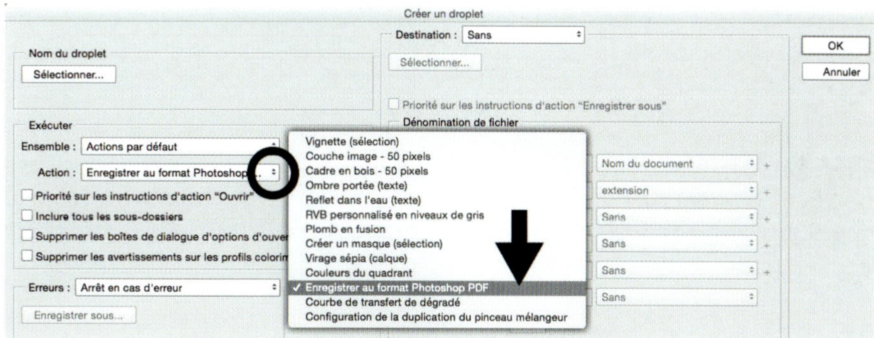

Étape 3

Toujours dans la boîte de dialogue, cliquez sur Sélectionner, dans la section « Nom du droplet », en haut à gauche. Une autre fenêtre vous invite à saisir le nom du *droplet* et à choisir un dossier de destination.
Si vous avez l'intention d'en créer d'autres, autant les rassembler dans le même dossier ; vous pouvez aussi les déposer directement dans le dossier « Export Actions » de Lightroom (étape 5). Cliquez sur Enregistrer : le chemin d'accès s'affiche dans la fenêtre « Créer un droplet ». Cliquez sur OK, la fenêtre se referme.

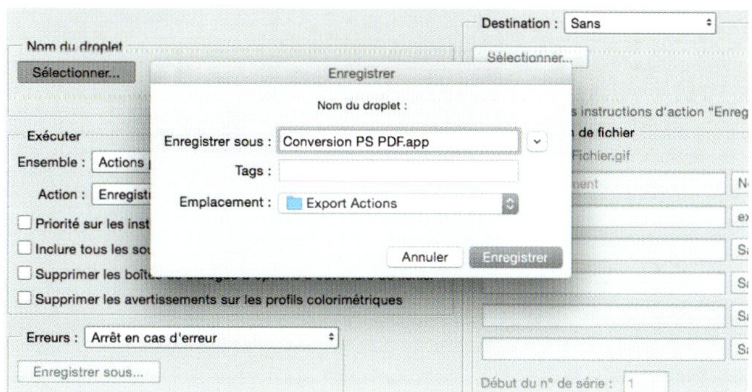

Étape 4

Nous en avons terminé avec Photoshop. Retournez dans Lightroom, sélectionnez une image, puis ouvrez le menu Exporter (exercice 57), en faisant un clic droit puis en sélectionnant dans le menu contextuel **Exporter>Exporter**. Dans le menu Exporter, allez tout en bas, dans la section Post-traitement puis, dans le menu « Après l'exportation » : vous verrez le droplet que vous venez de creer.

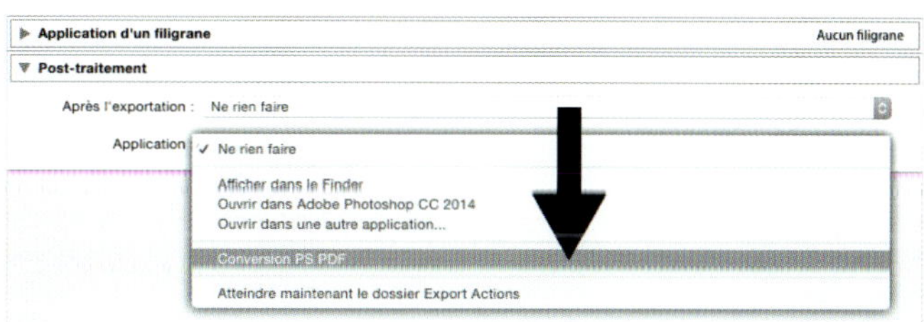

Étape 5

Vous pouvez aller voir le contenu du dossier des actions d'exportation dans une fenêtre du système en sélectionnant, toujours dans le menu « Après exportation », « Atteindre maintenant le dossier Exports action ». Ceci vous sera utile si vous recevez des actions d'autres personnes et que vous souhaitez les glisser à cet emplacement.

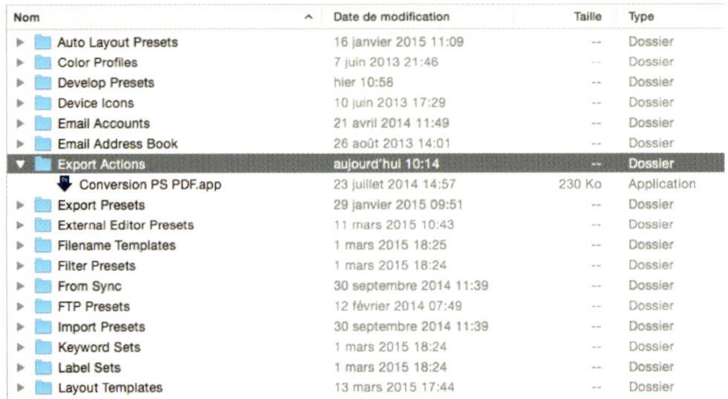

Étape 6

Il ne vous reste plus qu'à retourner dans Lightroom, sélectionner les images à convertir, lancer le menu Exporter, paramétrer les options de sortie, sélectionner le *droplet* dans le menu de la section Post-traitement, et cliquer sur Exporter.

Dès que les images ont été exportées, Photoshop s'ouvre automatiquement pour exécuter l'action demandée.

55 Flux de travail pour photographes pressés

Beaucoup d'utilisateurs se demandent pourquoi le module Bibliothèque dispose d'un histogramme et d'un panneau de développement rapide bien fourni en outils de correction. La réponse est très simple : Lightroom est parfaitement équipé pour répondre aux besoins du photographe qui travaille dans l'urgence.

Nous ne prétendons pas donner ici une méthode universelle, mais nous vous proposons quelques pistes pour vous aider à trier, corriger et diffuser les images d'un reportage aussi vite que possible. Notez aussi que le flux de travail hors ligne et les aperçus dynamiques de Lightroom (exercice 56) vont dans le sens de la mobilité et de la rapidité d'exécution. Si vous créez une collection dès l'importation, vous pouvez faire en sorte qu'elle soit aussitôt synchronisée dans Lightroom mobile (voir la partie 7).

Étape 1

Dans le menu Importer, procédez aux réglages suivants :

- « Créer des aperçus » : Minimum, suffisant pour le mode Loupe ;
- activez la création d'aperçus dynamiques pour traiter les images si les originaux restent hors ligne ;
- pas de copie de sauvegarde, mais conservez le contenu de la carte mémoire ;
- créez/sélectionnez une collection Urgent (et importez par dates pour les dossiers) ;
- appliquez votre modèle de copyright.

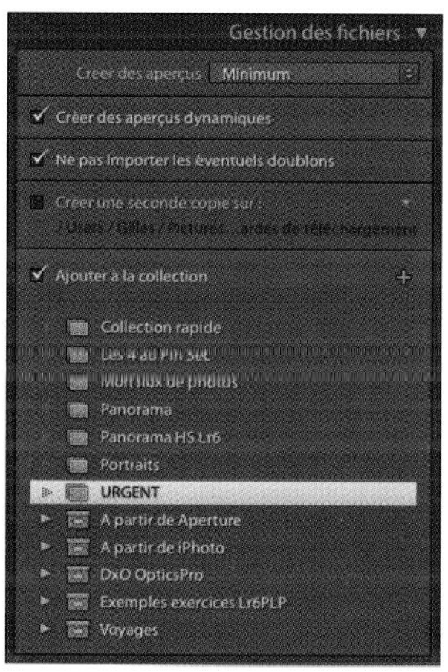

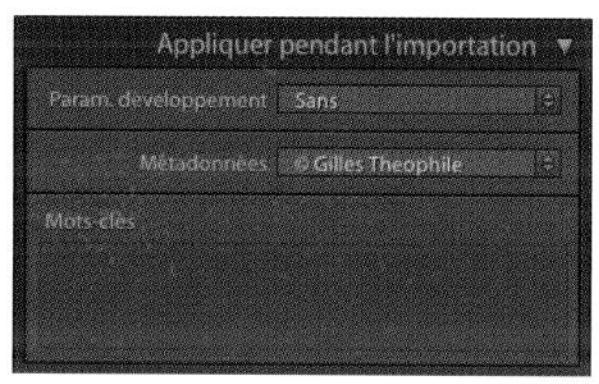

Étape 2

Vous pouvez également passer le menu Importer en mode Compact (exercice 09). Enregistrez un paramètre prédéfini d'importation nommé tout simplement « Urgent ». Votre menu Importer est prêt pour faire face aux situations dans lesquelles vous devrez vous montrer très rapide ; si vous êtes attentif, vous verrez que le mode Compact affiche une synthèse des réglages de l'étape 1 avec la source et la destination des images.

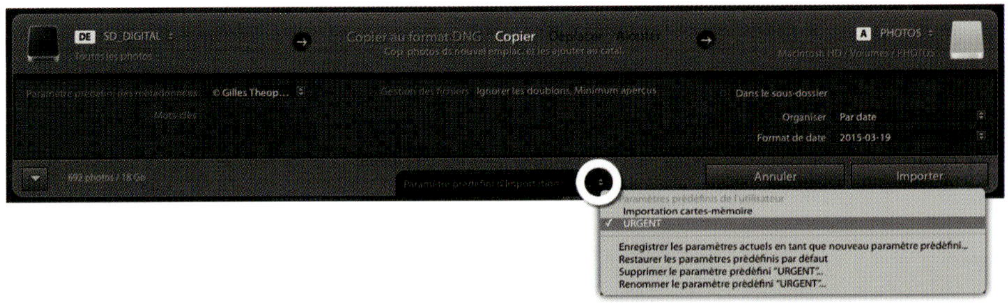

Étape 3

Lors de l'importation, n'attendez pas que toutes les images soient chargées pour commencer le tri avec la méthode expliquée dans l'exercice 10. Faites un double-clic sur la première image de la grille pour l'afficher en mode Loupe, verrouillez les majuscules et attribuez-lui un marqueur Retenue ou Rejetée avec les touches P et X du clavier ; Lightroom passera automatiquement à l'image suivante. Vous pouvez zoomer rapidement en appuyant sur la barre d'espace sans la relâcher (relâchez-la ensuite pour revenir en arrière). Mais attention, sauf en cas de doute sur la netteté, ne zoomez pas : les aperçus étant de qualité minimale, Lightroom est obligé de recalculer l'affichage ce qui allonge le temps de chargement.

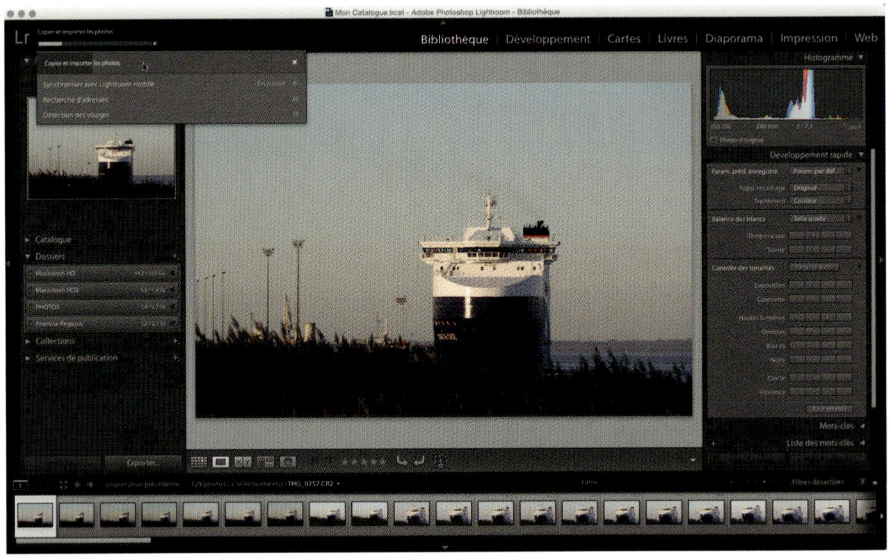

Étape 4

Vous pouvez vous déplacer manuellement dans le « Film fixe » avec les flèches Gauche et Droite du clavier. Pour faire un bond rapide en avant ou en arrière, servez-vous du mode Turbo : gardez le doigt appuyé sur la flèche Gauche ou Droite, les images défileront à toute vitesse en mode Loupe mais à faible résolution.

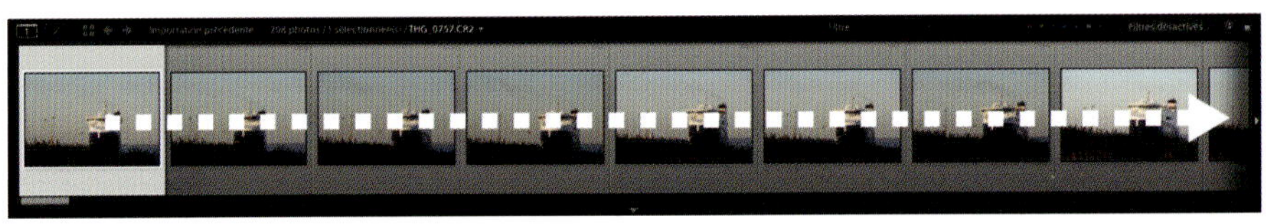

Étape 5

Lorsque le tri est fait, cliquez sur le fanion blanc du filtre situé dans le bandeau supérieur du « Film fixe » : ceci aura pour effet de n'afficher que les images retenues.

Pour passer à la phase de correction, vous pouvez vous mettre en mode Grille (touche G) ou rester en mode Loupe. Dans le premier cas, vous pouvez agrandir les vignettes tout en gardant une vue d'ensemble sur les corrections ; dans le second, si vous êtes un peu moins pressé, vous pourrez corriger les images avec plus de précision.

Étape 6

C'est là qu'intervient le panneau « Développement rapide ». Vous pouvez corriger la balance des blancs, l'exposition, le contraste, utiliser la tonalité automatique ou appliquer un paramètre prédéfini sans aller dans le menu Développement.

Les boutons sont affublés d'une flèche simple ou double pour la correction par paliers. Pour l'exposition, la flèche simple correspond à 1/3 de diaphragme (1/6 si vous pressez la touche Maj), la double à 1 diaphragme. Si vous appuyez sur Alt/Option, les boutons Clarté et Vibrance deviennent des boutons Netteté et Saturation. Changez de vignette avec les flèches du clavier et appliquez les corrections nécessaires.

Le développement rapide s'utilise également pour les vidéos, avec certaines restrictions (exercice 25).

Étape 7

Dans le cas d'un flux de travail rapide, contentez-vous de corriger la balance des blancs et l'exposition en surveillant l'histogramme. Inutile de toucher au reste, sauf absolue nécessité. Vous pourrez renforcer automatiquement la netteté lors de la phase d'exportation.

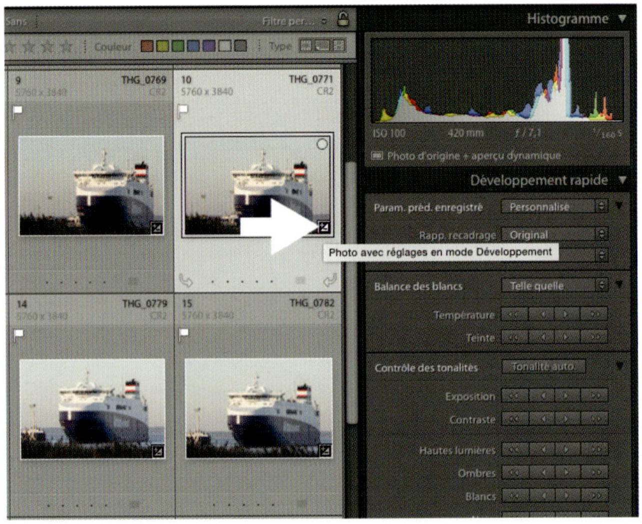

Étape 8

Si vos images n'ont pas trop de problèmes de balance des blancs et d'exposition, vous pouvez utiliser les automatismes : Auto pour la balance des blancs, et la tonalité automatique. Sélectionnez toutes les images de la grille (Ctrl/Cmd + A) et appuyez sur « Tonalité automatique ». Les résultats ne seront pas parfaits partout, mais c'est un bon réglage de base que vous pourrez reprendre manuellement avec les outils de développement rapide. Vous pouvez annuler les corrections en sélectionnant les images concernées et en cliquant sur « Tout rétablir ».

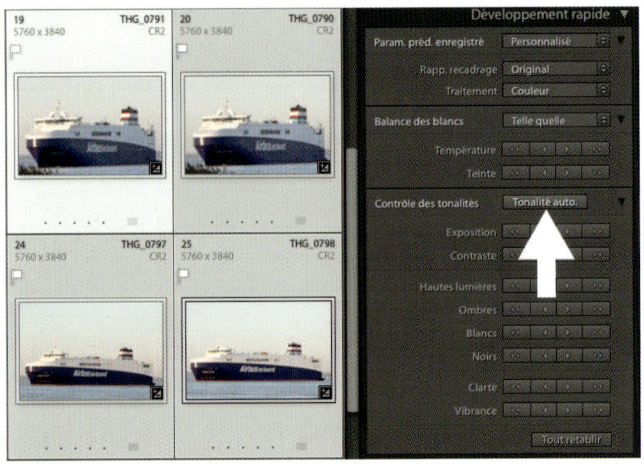

Étape 9

Pour une série dont l'exposition varie d'une vue à l'autre, il existe une fonction peu connue : « Reproduire toutes les expositions ». Cliquez sur la photo la mieux exposée (rendez-la active), puis sélectionnez les images candidates à la correction. Allez dans **Photo>Paramètres de développement>Reproduire toutes les expositions**. Lightroom va automatiquement corriger l'exposition des images candidates en se basant sur la première image sélectionnée. Les résultats sont rapides et assez fiables.

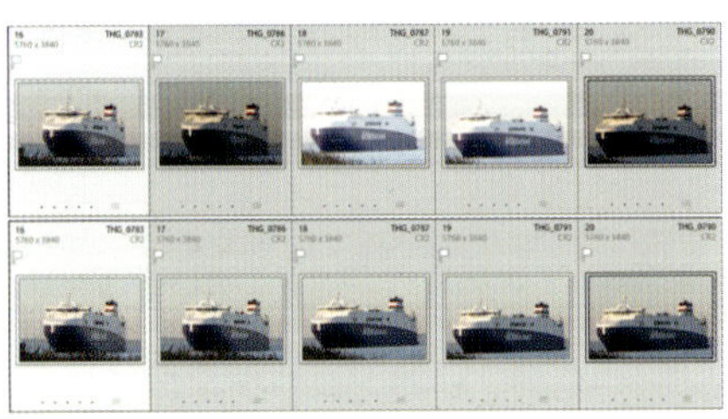

Étape 10

Il ne reste plus qu'à exporter les images. Comme pour le menu Importer, vous devrez configurer à l'avance le menu Exporter et créer des paramètres prédéfinis en fonction de la destination des images : diffusion électronique, envoi à un client pour impression, tirage sur papier par un labo... Les choix sont multiples, il est difficile de donner des réglages universels, mais n'oubliez pas les réglages de netteté à la sortie. Les algorithmes sont de très bonne qualité et, que le support soit électronique ou papier, vous êtes certain de ne jamais vous tromper avec les réglages Faible ou Standard.

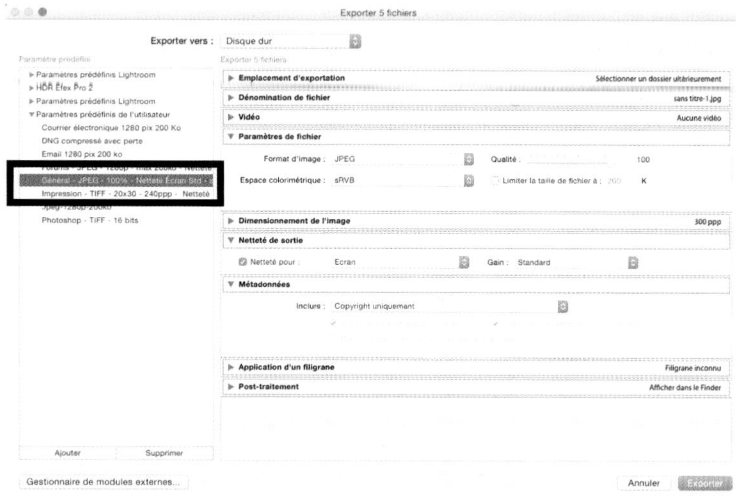

Étape 11

Lorsque vous aurez créé des paramètres prédéfinis d'exportation (exercice 57), votre flux de travail sera encore plus rapide car vous n'aurez plus besoin de lancer le menu Exporter. Il suffira de faire un clic droit sur les images sélectionnées et de choisir l'un des paramètres prédéfinis dans le menu contextuel. Si vous souhaitez exporter une seconde fois les mêmes images avec les mêmes paramètres, faites un clic droit et sélectionnez **Exporter>Exporter avec les réglages précédents**. Bien entendu, vous pouvez lancer une deuxième exportation (ou plus) parallèlement à la première, tout dépend de la puissance de votre ordinateur.

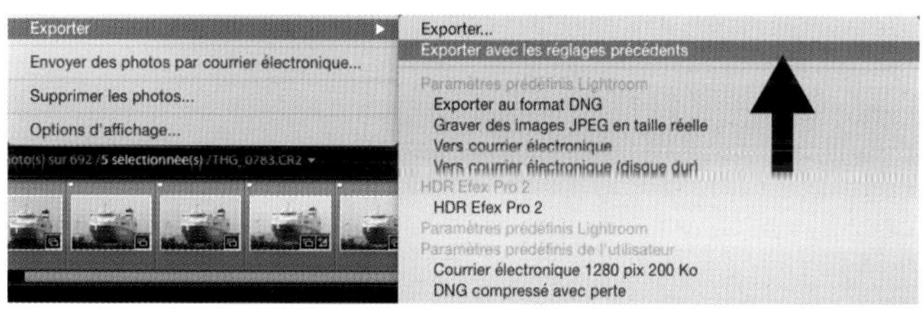

Conclusion : Lightroom peut sembler dédié avant tout aux photographes non soumis aux impératifs et aux délais parfois exigés par la presse ou les services de communication des entreprises : l'abondance des outils laisse entendre qu'il est destiné à ceux qui aiment traiter leurs photos minutieusement. Ce n'est pas tout à fait faux mais le flux de travail est aussi sa grande force. Le système de paramètres prédéfinis, qui permet d'optimiser les menus d'importation ou d'exportation, la possibilité de se passer d'aperçus trop lourds, le panneau de développement rapide et la tonalité automatique sont tous à la disposition du photographe pressé, même s'il travaille en RAW et avec des vidéos. Bien entendu, une fois que le travail aura été exécuté et livré, vous devrez faire une copie de sauvegarde des images, et éventuellement créer des aperçus de qualité standard ou 1:1 si vous avez l'intention de revenir plus tard sur vos images... Sans parler des tâches de catalogage – notation, mots-clés, champs IPTC, collections – que nous avons volontairement ignorées ici pour parer au plus pressé.

56 Aperçus dynamiques

L'une des fonctions les plus intéressantes de Lightroom est certainement le flux de travail hors ligne impliquant la création d'aperçus dynamiques (fichiers DNG compressés pouvant se substituer temporairement aux originaux). Il devient possible de corriger les images dans le module Développement (ou dans le panneau « Développement rapide ») si les originaux sont indisponibles (stockés sur un disque dur externe ou un serveur distant, par exemple). Les modifications seront reportées sur les originaux dès leur disponibilité. On peut aussi exporter (exercice 57), utiliser les services de publication (exercice 60), la messagerie (exercice 62), ils seront importés lors de la fusion de catalogues et créés lors de l'exportation en tant que catalogue (exercice 03). Les aperçus dynamiques accélèrent aussi l'indexation pour la reconnaissance de visages (exercice 14), et sont employés par Lightroom mobile (voir partie 7).

Étape 1

Dans cet exercice, nous aborderons tout ce que Lightroom propose pour la gestion des aperçus dynamiques.

Il y a trois occasions de créer des aperçus dynamiques : la première dès l'importation, dans le menu Importer, section « Gestion des fichiers », en cochant l'option « Créer des aperçus dynamiques » ; la deuxième est de le faire quand bon vous semble, dans le module Bibliothèque, en sélectionnant une série de photos puis en allant dans le menu **Bibliothèque>Aperçus>Créer des aperçus dynamiques**.

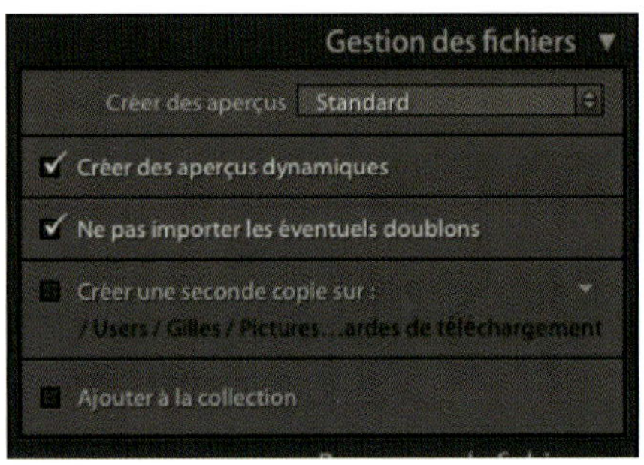

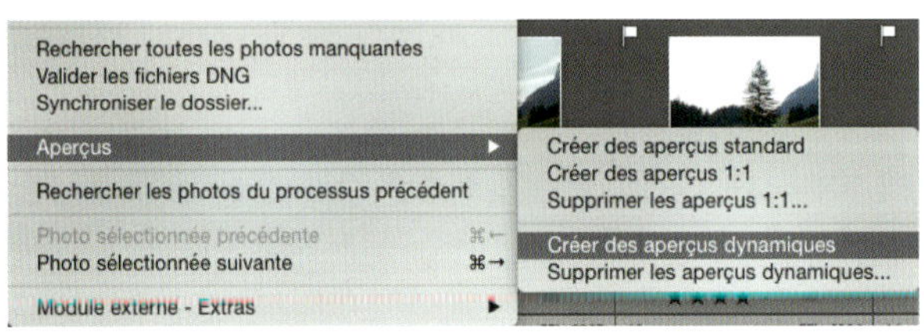

Étape 2

Troisième possibilité, vous pouvez vous rendre sous l'histogramme du module Développement, dans le bandeau d'information de statut de fichier, et cliquer sur « Photo d'origine » : une boîte de dialogue s'affiche et vous propose de créer un aperçu dynamique soit à partir de l'image sélectionnée, soit avec l'ensemble des images présentes dans le « Film fixe » et non pourvues d'aperçus dynamiques.

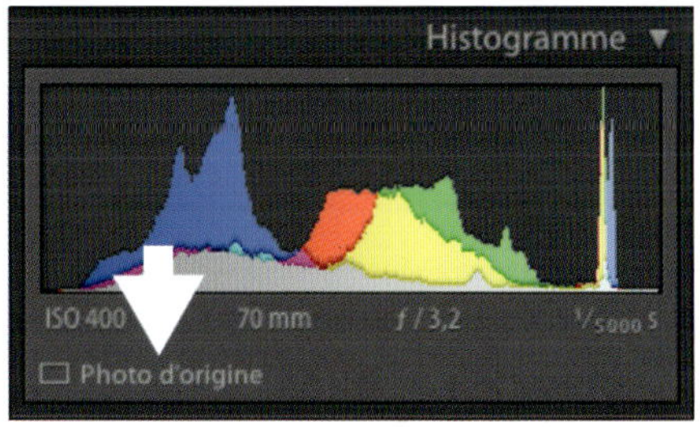

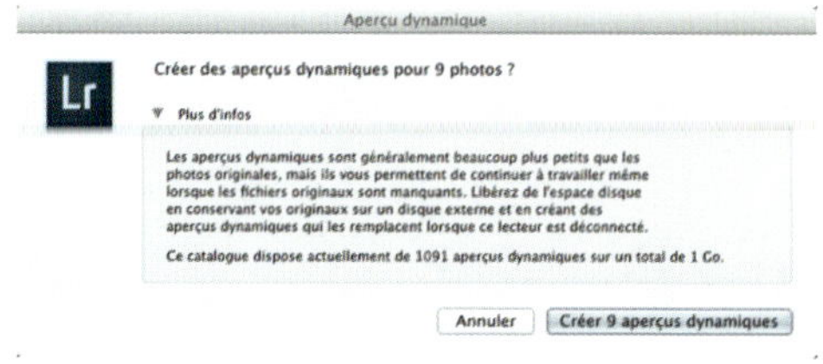

Étape 3

La signalétique sous l'histogramme dépend du module. Dans le module Développement, elle est liée à l'image active :

- « Photo d'origine » (pavé vide à bord uni) : l'image sélectionnée est une photo originale *en ligne* et dépourvue d'aperçu dynamique ;
- « Photo d'origine + aperçu dynamique » (pavé plein à bord uni) : l'image sélectionnée est une photo originale *en ligne*, pourvue d'un aperçu dynamique ;
- « Aperçu dynamique » (pavé plein à bord en pointillés) : l'image sélectionnée est un aperçu dynamique, la photo originale est *hors ligne*.

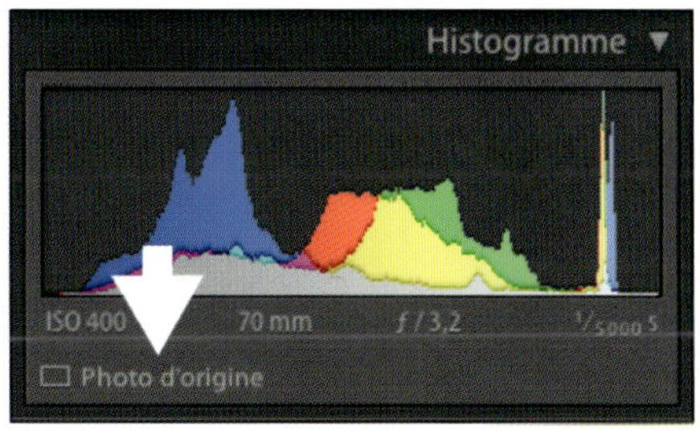

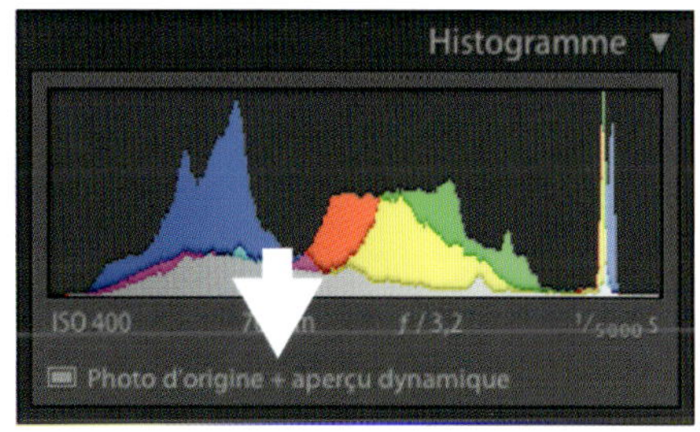

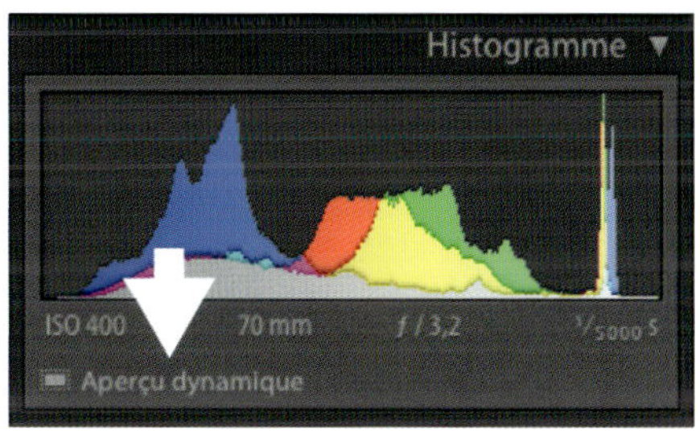

Étape 4

Dans le module Bibliothèque, elle indique le statut des originaux et des aperçus dynamiques selon les dossiers ou le catalogue sélectionnés. Ici, nous avons sélectionné toutes les photos du catalogue, les pictogrammes indiquent, de gauche à droite :

- le nombre d'originaux sans aperçus dynamiques et *en ligne* ;
- le nombre d'originaux pourvus d'un aperçu dynamique et *en ligne* ;
- le nombre d'aperçus dynamiques dont l'original est *hors ligne* ;
- le nombre d'images manquantes.

Le « + » indique que le décompte total dépasse 1 000 fichiers, limite de Lightroom pour ne pas affecter les performances liées à l'analyse du contenu de la photothèque.

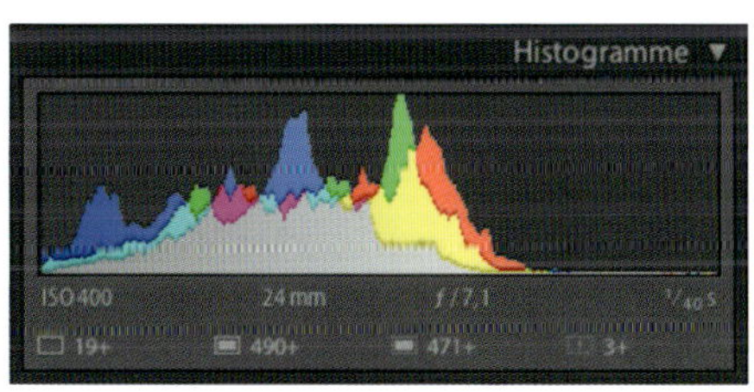

Étape 5

Il y a également une signalétique au niveau des vignettes. En mode en ligne, lorsque les originaux sont disponibles, rien de particulier n'est affiché. En mode hors ligne, lorsque les originaux ne sont plus disponibles, un pavé plein à bord pointillé s'affiche dans le coin supérieur droit des vignettes. Dès reconnexion des originaux, il disparaît, le flux de travail rebasculant automatiquement sur les originaux.

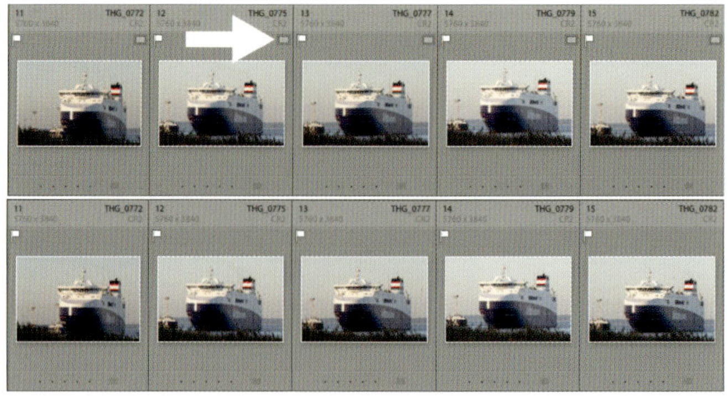

> **Remarque** : Lightroom ne propose pas à l'heure actuelle de commande ou de bouton pour passer de but en blanc de l'original à l'aperçu dynamique et inversement. Pour cela, il faut déconnecter ou reconnecter le disque dur sur lequel se trouvent les fichiers.

Étape 6

Lorsque vous cliquez sur le pavé dans la vignette d'un aperçu dynamique, une boîte de dialogue vous informe du statut du fichier et vous propose de rechercher éventuellement l'original via une boîte de dialogue du système, lorsque vous cliquez sur Rechercher. Cette dernière possibilité n'est guère utile dans la pratique, puisque l'original est censé être hors ligne.

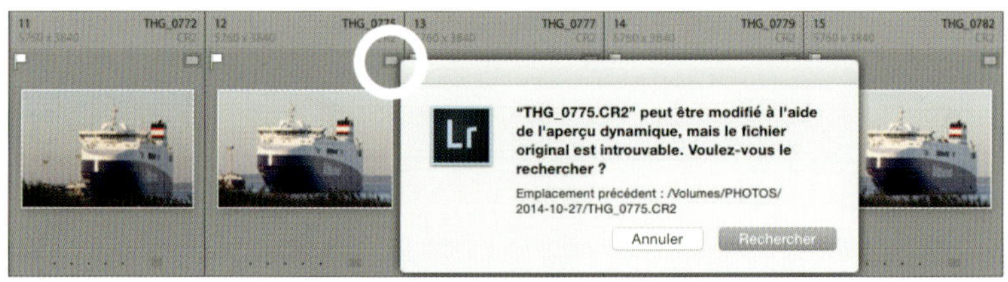

Étape 7

Vous pouvez rassembler les images pourvues (ou non pourvues) d'aperçus dynamiques avec une collection dynamique (exercice 11), en sélectionnant les règles « Dispose d'un aperçu dynamique » + « est vrai » (ou « est faux » si vous ne voulez rassembler que les images dépourvues d'aperçus dynamiques). Le « Filtre de bibliothèque » permet également de filtrer les images avec ou sans aperçus dynamiques.

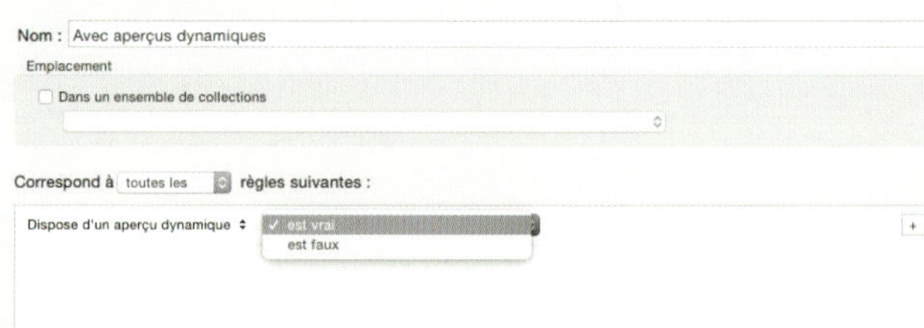

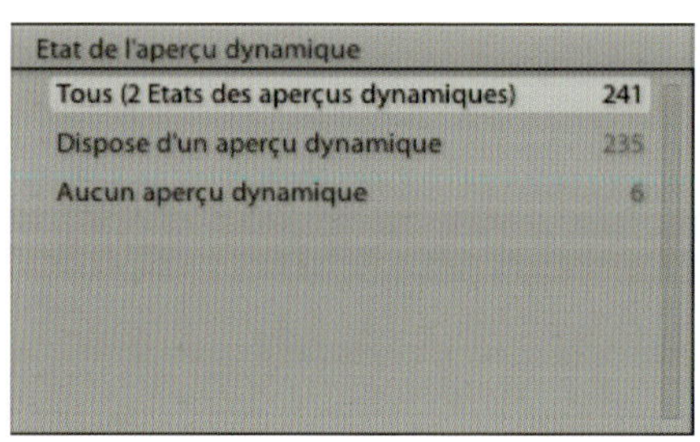

Étape 8

Les aperçus dynamiques sont stockés dans le même dossier que le catalogue, que vous pouvez afficher en ouvrant les « Paramètres du catalogue », onglet Général, et en cliquant sur Afficher (exercice 01). Les aperçus dynamiques sont des fichiers DNG de taille modeste (2 560 pixels maximum sur le bord large, jusqu'à 3 Mo en fonction du fichier RAW d'origine), stockés dans des sous-dossiers.

La suppression du dossier « Smart Previews.lrdata » n'affecte aucunement le fonctionnement du catalogue, la seule conséquence est la disparition de vos aperçus dynamiques.

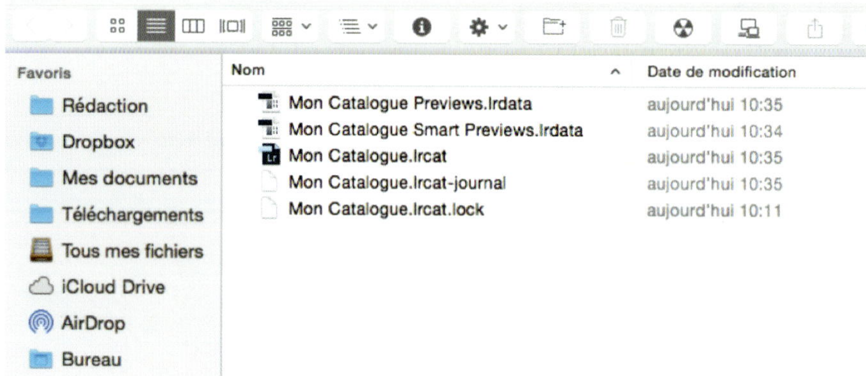

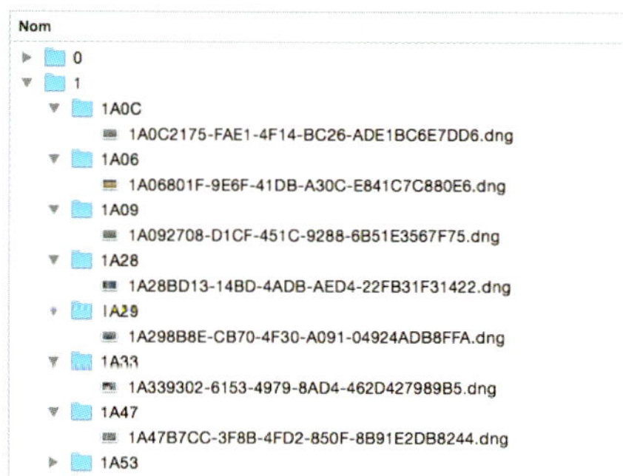

Conclusion : le flux de travail hors ligne de Lightroom, basé sur les aperçus dynamiques, a marqué un tournant dans le rôle et l'utilisation du logiciel. Même si le principe n'est pas nouveau, de nouvelles perspectives d'utilisation se sont ouvertes au photographe. En effet, là où certains espéraient un jour une version multi-utilisateurs du logiciel, ce qui aurait exigé un changement de système de base de données et une refonte complète de l'architecture, Adobe privilégie un autre besoin essentiel : la mobilité. La taille réduite des aperçus et la réversibilité des corrections, puisqu'il s'agit de fichiers DNG compressés, vont permettre au photographe d'emporter partout avec lui l'essentiel de sa photothèque alors qu'auparavant il avait le choix entre une quantité limitée d'originaux ou une pile de disques durs externes. Cette technologie continue à se développer notamment sur les tablettes numériques ou les smartphones, avec Lightroom mobile.

Une autre possibilité souhaitée par les utilisateurs est l'implantation d'un mode Brouillon qui permettrait de choisir, par l'intermédiaire d'une simple commande dans un menu, de basculer à l'envi sur les aperçus dynamiques ou les originaux (pour compenser la faiblesse d'un ordinateur, par exemple), alors que le système actuel est purement automatique, basé sur la présence ou pas des fichiers originaux.

Partie 6

Diffuser ses images

Il est temps maintenant de diffuser et publier vos photos. Cette partie a été profondément modifiée dans cette édition sur la version 6/CC de Lightroom, puisque la description détaillée de tous les modules de sortie a été remplacée par des exercices consacrés aux tâches de diffusion les plus courantes, que tout photographe fera immédiatement après le traitement des images. Vous retrouverez donc le menu Exporter, l'impression de photos, précédée de l'épreuvage écran, la création d'un diaporama, puis la diffusion des images sur une galerie Flickr par l'intermédiaire des services de publication, avant de conclure par l'envoi d'images par courrier électronique à partir de Lightroom.
Lightroom 6/CC n'apporte pas de différences ni de nouveautés marquantes, si ce n'est la possibilité d'ajouter jusqu'à dix morceaux de musique à un diaporama, ou la possibilité de faire de l'épreuvage écran avec des profils CMJN. Enfin, sachez que le module Web, qui n'est plus abordé ici, abandonne les galeries Flash au profit de HTML5.

Exercices

Désert de Gobi, campement de nomades éleveurs de chèvres (Mongolie)

57 Le menu Exporter

Exporter est, fort logiquement, la dernière étape du flux de travail dans Lightroom – en réalité l'une des dernières puisque le travail peut aussi se poursuivre dans un des modules de sortie (Impression, Diaporama, etc.). Nous n'allons pas détailler ici tous les outils du menu Exporter, mais mettre l'accent sur ses options les plus importantes et sur certaines fonctions moins évidentes. Nous nous intéresserons ensuite à la meilleure manière de les configurer pour accélérer et automatiser le travail dans le menu Exporter, notamment grâce aux paramètres prédéfinis qui vont prendre ici tout leur sens.

Étape 1

Pour lancer le menu Exporter, le plus simple est de faire un clic droit sur une image ou sur un groupe d'images et de choisir Exporter dans le menu contextuel. Vous pouvez aussi aller dans le menu **Fichier>Exporter**. Nous reviendrons plus tard sur la fonction « Exporter avec les réglages précédents » qui permet de relancer une exportation sans passer par le menu Exporter, et sur l'exportation conditionnée par des paramètres prédéfinis.

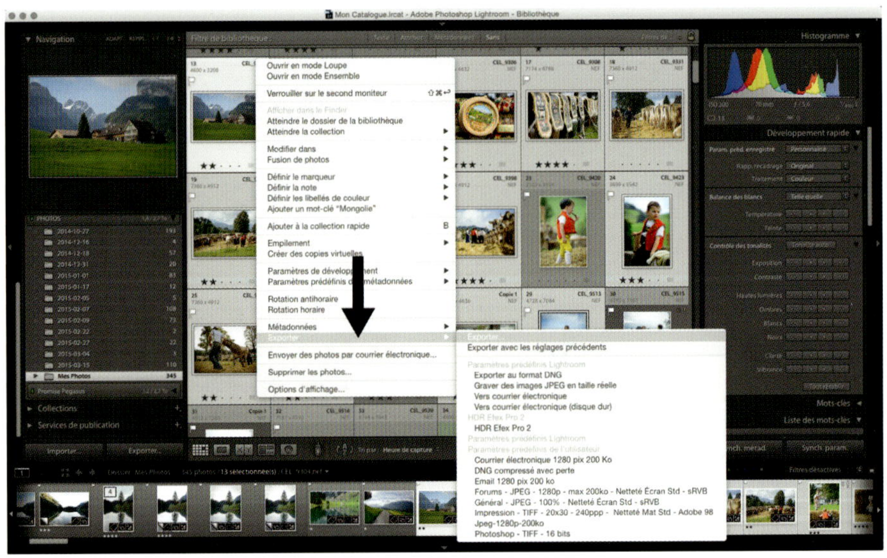

Étape 2

La zone principale du menu Exporter contient toutes les options et tous les outils regroupés en sections, que l'on peut ouvrir ou fermer en cliquant sur la flèche près de leur intitulé (lorsqu'une section est fermée, un récapitulatif des réglages est rappelé dans la barre à droite).

La zone « Paramètre prédéfini », en haut à gauche, permet de créer et gérer des paramètres prédéfinis d'exportation.

La zone « Actions de post-traitement », en bas à gauche, contient les outils de certains modules externes qu'on peut mêler à ceux de Lightroom.

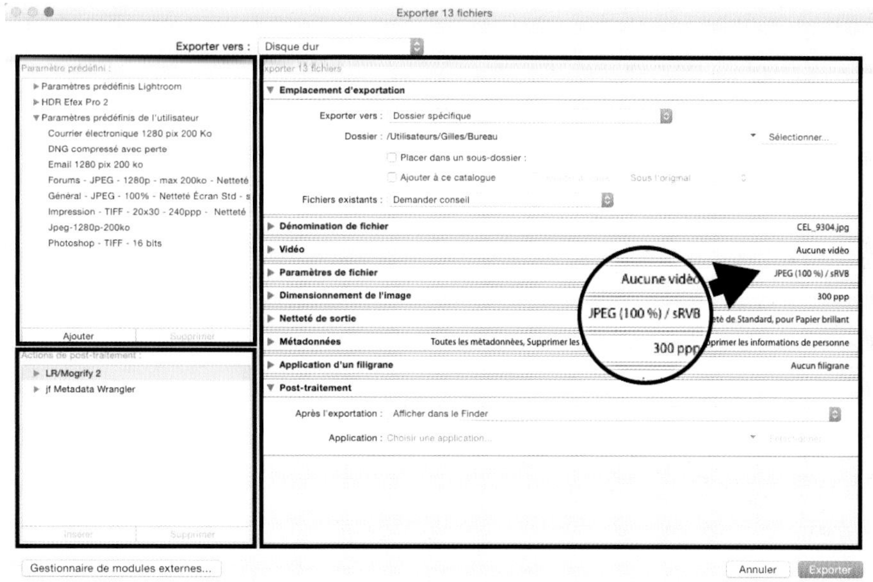

Étape 3

Le menu déroulant « Exporter vers : », dans le bandeau supérieur, offre trois options : « Courrier électronique » (exercice 62), « Disque dur », pour toute exportation quelle que soit la destination, et « CD/DVD » pour graver les images. Certains modules externes y installent une commande.

Étape 4

« Emplacement d'exportation » est une section importante, on y choisit le dossier de destination. Les fonctions sont classiques, avec possibilité de créer des sous-dossiers à la volée, mais des points méritent d'être clarifiés. Dans le menu « Exporter vers », on trouve, entre autres, les options :

- « Dossier spécifique » : vous pouvez indiquer n'importe quel dossier de destination ou en choisir un dans la liste du bouton Sélectionner. Si vous cochez « Ajouter à ce catalogue », le nouveau dossier et ses images seront automatiquement importés ;
- « Sélectionner le dossier ultérieurement » : si vous créez des paramètres prédéfinis d'exportation, vous ne savez pas toujours où vos images seront exportées, cette option laisse le choix de la destination.

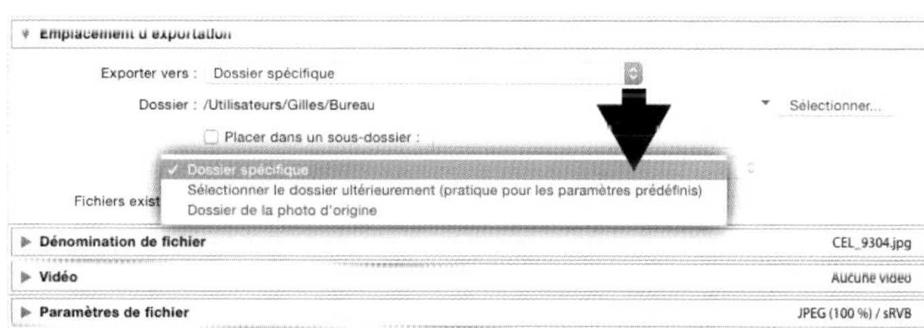

Étape 5

Vous pourrez choisir « Dossier de la photo d'origine » pour réimporter dans le catalogue les images exportées, et plus précisément dans le dossier des images originales (cochez « Ajouter à ce catalogue »). Empilez les images réimportées sur ou sous les originaux via « Ajouter à la pile » (choisissez l'empilement dans le menu à droite – option inactive si export à partir d'une collection). « Fichiers existants » contrôle l'écrasement de fichiers déjà exportés ; laissez-le sur « Demander conseil » : en cas de risque, Lightroom proposera de renommer les fichiers ou de remplacer les précédents.

Étape 6

Dans « Paramètres de fichier », choisissez le format JPEG, PSD, TIFF, DNG ou Original. Déterminez la qualité du JPEG (65 est admis pour correspondre à 8 dans Photoshop) et son espace colorimétrique. Le bouton « Limiter la taille de fichier à : » oblige Lightroom à produire des JPEG de taille inférieure à la valeur en Ko saisie. Pour les PSD et TIFF, choisissez l'espace colorimétrique et la profondeur en bits. Pour le TIFF, vous disposez d'une fonction de compression et la préservation des transparences. Bien que le PNG soit pris en charge par Lightroom, on ne peut exporter à ce format.

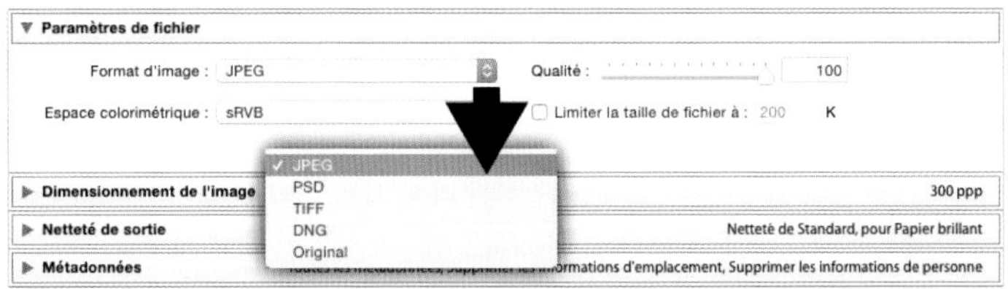

Étape 7

Les autres formats sont le DNG et Original, lequel permet d'exporter un duplicata au même format que l'image originale : par exemple pour un fichier NEF (RAW Nikon), vous exporterez un NEF identique incluant dans le fichier annexe XMP les corrections effectuées dans Lightroom, qui pourront être reprises dans une autre session du programme ou de Camera Raw. Seuls l'historique et le filigrane de copyright ne seront pas du voyage. Pour le DNG et les vidéos, reportez-vous aux exercices 24 et 25.

Étape 8

Le dimensionnement peut poser problème aux non-initiés. Pour exporter à des dimensions précises, choisissez « Largeur et hauteur » dans le menu Redimensionner. Si vous voulez une image de 50 × 75 cm pour un tirage, saisissez ces dimensions sans oublier de sélectionner « cm ». Bien sûr, veillez à ce que l'original ait les proportions adéquates et soit de résolution suffisante. La résolution est réglée par défaut à 240 ppp, inutile d'y toucher sauf si vous avez des besoins précis.

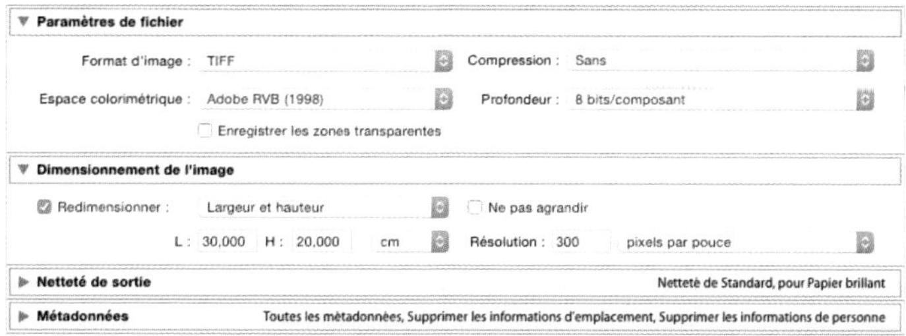

Étape 9

Autre exemple : pour exporter des images dont le bord le plus large ne doit pas dépasser 1 280 pixels, choisissez « Bord large » et entrez « 1280 » dans le champ de saisie (en pixels). Si vous cochez « Ne pas agrandir », les images d'une taille inférieure à 1 280 pixels ne risqueront pas d'être « gonflées » jusque-là. Cette fonction est très utile si vous exportez un lot d'images de différentes tailles.

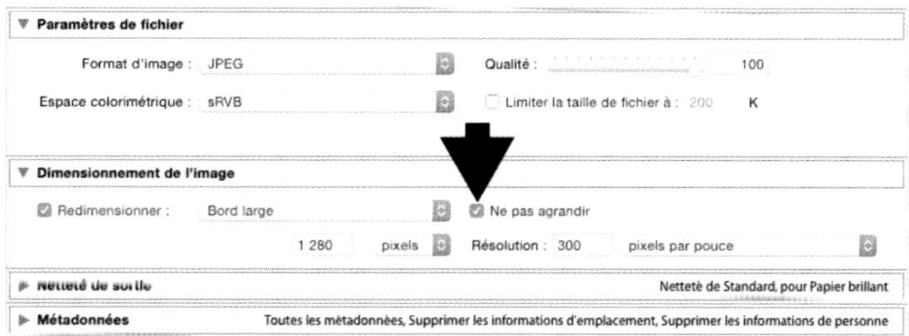

> **Remarque** : le redimensionnement est inaccessible pour les formats DNG et Original.

Étape 10

La section « Netteté de sortie » permet d'accentuer l'image en fonction de sa destination (affichage à l'écran, impression), de ses dimensions et de sa résolution. Cette accentuation s'ajoute aux renforcements de netteté exécutés dans le module Développement, sans aucune corrélation entre elles. Vous avez le choix entre des réglages pour l'écran et pour du papier mat ou brillant, avec un gain à trois niveaux : Faible, Standard, Élevée. Si vous ne voulez pas d'accentuation, décochez le bouton « Netteté pour ».

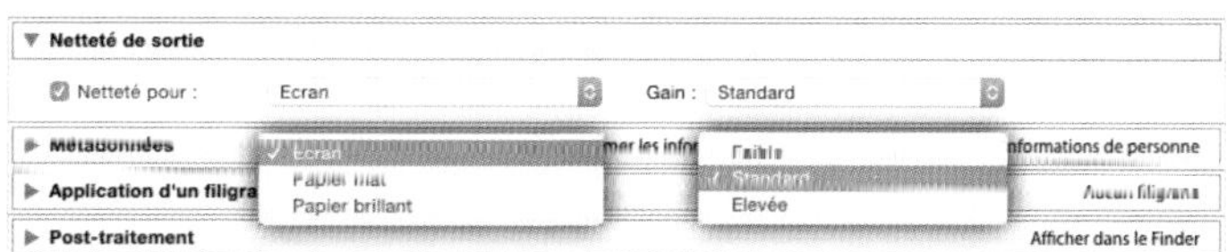

> **Remarque** : la netteté de sortie est indisponible pour les formats DNG et Original.

Étape 11

La section Métadonnées comporte le menu Inclure, pour choisir le type de métadonnées exportées avec les images :

- « Copyright uniquement » : seuls les champs Copyright des métadonnées IPTC seront joints ;
- « Informations de copyright et de contact uniquement » : seuls les champs Copyright et « Contact des métadonnées IPTC » seront joints ;
- « Tout sauf les informations sur l'appareil et sur Camera Raw » : toutes les métadonnées seront jointes, sauf les EXIF liées à la prise de vue et au traitement des images ;
- « Toutes les métadonnées » : aucune restriction.

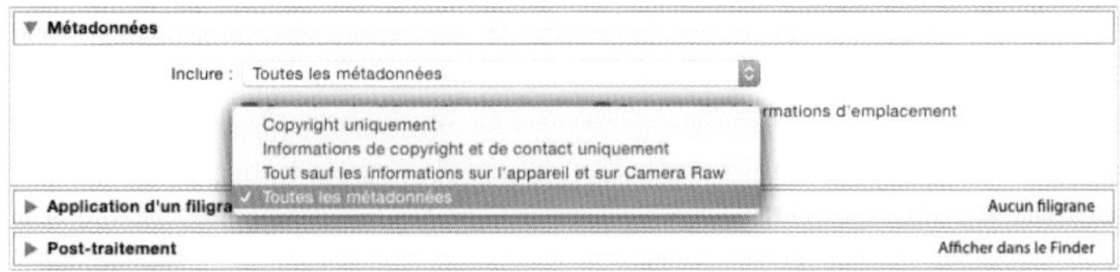

Remarque : ces options ne sont pas disponibles pour les formats DNG et Original.

Étape 12

Dans cette section, on trouve aussi :

- « Supprimer les informations de personne » : interdit l'exportation des mots-clés de personnes (indisponible pour les fichiers DNG ou Original) ;
- « Supprimer les informations d'emplacement » : interdit l'exportation d'informations (indisponible pour les fichiers DNG ou Original) ;
- « Écrire les mots-clés selon la hiérarchie Lightroom » : conserve les mots-clés hiérarchiques (attention à la compatibilité avec d'autres logiciels).

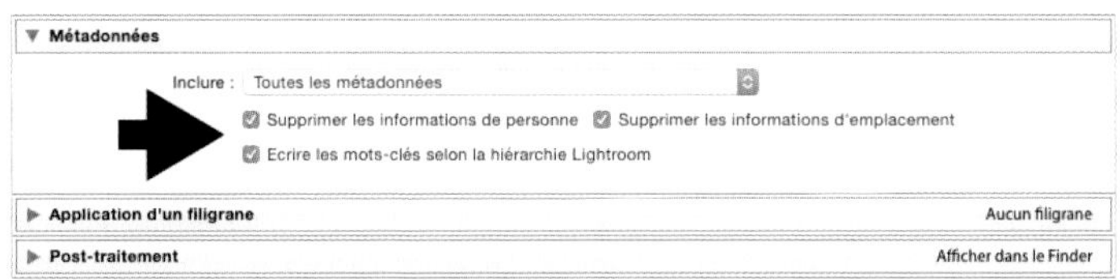

Étape 13

La section Post-traitement permet de lancer une action après exportation. On peut ouvrir les images dans le programme de son choix ou ne rien faire ! Nous vous conseillons de vérifier vos images fraîchement exportées avec l'application de votre choix ou, pour simplifier, dans Windows Explorer (PC) ou dans le Finder (Mac).

Remarque : cette section vous permet également de faire fonctionner des actions Photoshop enregistrées sous forme de *droplets* (exercice 54).

Étape 14

Pour automatiser le processus d'exportation, vous pouvez créer un paramètre prédéfini à partir de n'importe quel ensemble de réglages dans les sections du menu Exporter. La procédure est très simple : après avoir effectué tous les réglages, cliquez sur Ajouter, sous la section « Paramètre prédéfini », en haut à gauche. Dans la boîte de dialogue, saisissez un nom et choisissez le dossier « Paramètres prédéfinis de l'utilisateur » (vous avez également la possibilité de créer d'autres dossiers). Pour garder le libre choix d'un dossier de destination, n'oubliez pas de choisir « Sélectionner le dossier ultérieurement » dans la section « Emplacement d'exportation » (voir l'étape 4).

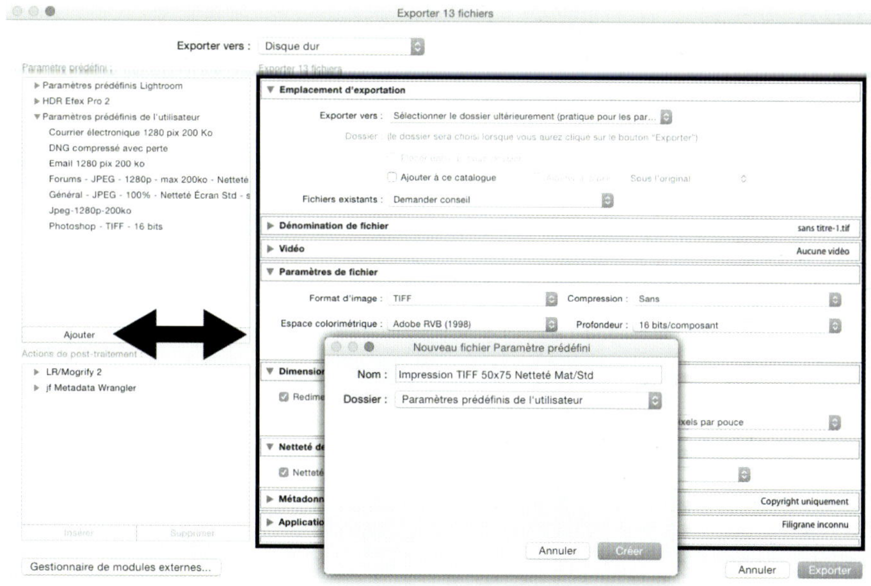

Étape 15

Les paramètres prédéfinis d'exportation sont affichés dans la section « Paramètre prédéfini » du menu Exporter. Vous trouverez ceux livrés avec Lightroom et les vôtres, ces derniers étant dans le dossier « Paramètres prédéfinis de l'utilisateur ». Il suffit de cliquer sur l'un d'entre eux pour reconfigurer le menu Exporter et exporter les images conformément aux réglages enregistrés.

Étape 16

Pour exporter directement avec un paramètre prédéfini, faites un clic droit sur une image ou un groupe d'images, sélectionnez Exporter, puis le paramètre prédéfini dans le menu contextuel. L'exportation sera directe, sans avoir à ouvrir le menu Exporter.

Étape 17

Si vous devez exporter des images avec les mêmes réglages que la fois précédente, vous n'avez pas besoin de relancer le menu Exporter ou de sélectionner encore une fois le même paramètre prédéfini : il suffit de choisir **Exporter>Exporter avec les réglages précédents**.

Vous pouvez lancer plusieurs exportations en parallèle – tout dépend de la puissance de votre ordinateur – mais en tout cas, durant chaque exportation en cours, vous pourrez revenir travailler dans Lightroom.

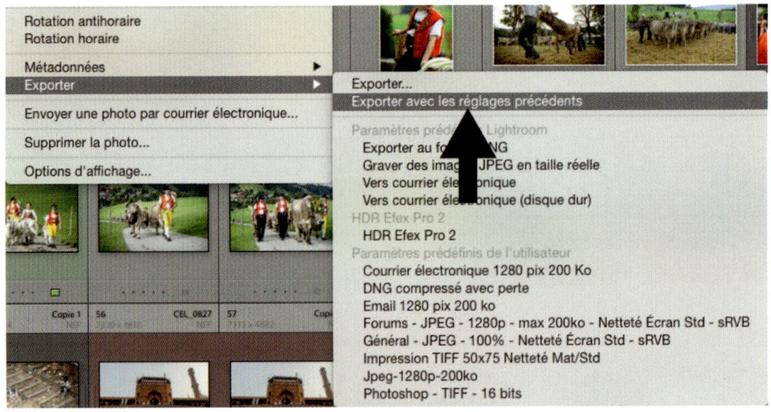

Étape 18

Si vous avez installé un module externe dont les outils s'utilisent à l'exportation, vous le trouverez dans la section « Actions de post-traitement ». Les outils de ce module externe seront affichés sous forme de liste. Pour les insérer dans les options du menu Exporter, faites une sélection dans la liste puis cliquez sur le bouton Insérer situé sous la section : l'outil sélectionné se retrouvera sous forme de section additionnelle dans la zone principale.

Bien entendu, vous pouvez créer un paramètre prédéfini combinant les options originales de Lightroom et celles du module externe.

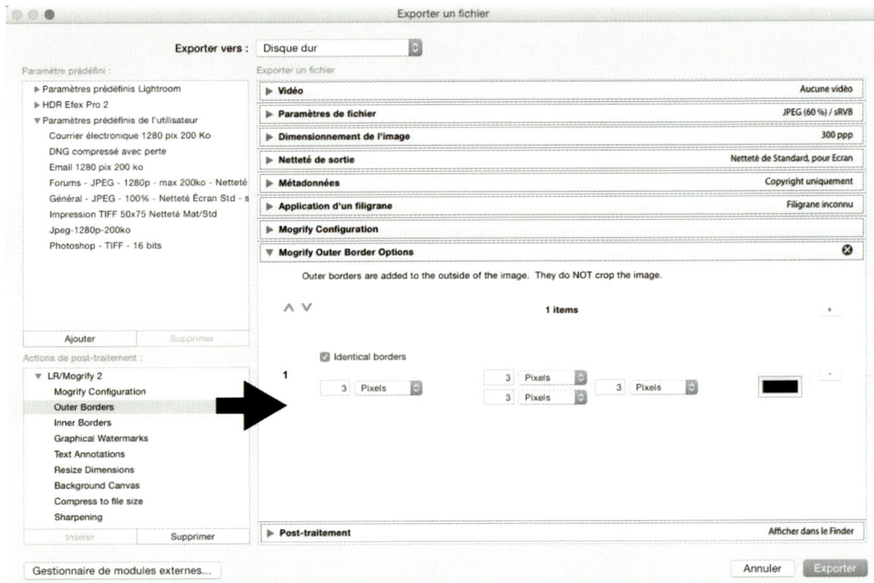

> **Conclusion** : le travail dans le menu Exporter peut vite devenir répétitif - éditer, exporter, modifier, exporter. N'hésitez pas à configurer ce menu et à créer des paramètres prédéfinis, vous gagnerez un temps considérable.

58 L'épreuvage à l'écran

Lightroom propose l'épreuvage à l'écran, soit la simulation de rendu d'un tirage papier sur un moniteur. Plus connu sous son terme anglais, le *soft-proofing* consiste à charger le profil ICC du papier sur lequel vous allez imprimer, et de vérifier à l'écran si les couleurs sont toutes reproductibles, si le contraste est correct et permet aussi d'entreprendre les corrections éventuelles. L'épreuvage à l'écran exige bien entendu que le moniteur et toute la chaîne jusqu'à l'imprimante soient calibrés. Lightroom 6/CC permet l'épreuvage avec des profils RVB ou CMJN.
Cette fonction fait partie du module Développement mais, par simple bon sens, l'exercice précède celui consacré à l'impression (exercice 59).

Étape 1

Pour commencer, passez dans le module Développement, masquez le panneau latéral gauche pour gagner de la place puis cliquez sur « Épreuvage écran » : le fond du panneau central d'affichage passe du gris habituel au blanc, et un panneau « Épreuvage écran » se substitue au panneau Histogramme – l'histogramme reste présent mais avec quelques modifications (nous y reviendrons).
Le fond blanc a deux rôles définis : d'une part, sa présence va rendre la perception de l'image plus sombre, pour la rapprocher le plus possible de l'aspect sur papier (toujours moins lumineux qu'un écran), d'autre part, il sera possible de simuler le blanc du type de papier choisi, dont nous savons tous qu'il varie d'une référence ou d'une marque à une autre, du bleuté au jaunâtre.

Étape 2

Le fond blanc dépend du profil ICC du papier, et sa justesse de la qualité de ce profil. Si son intensité ne vous convient pas, faites un clic droit sur le fond et changez sa valeur dans le menu contextuel. Vous pouvez également supprimer temporairement l'affichage de l'application en appuyant sur la touche L : vous ne verrez plus que l'image sur le fond blanc.

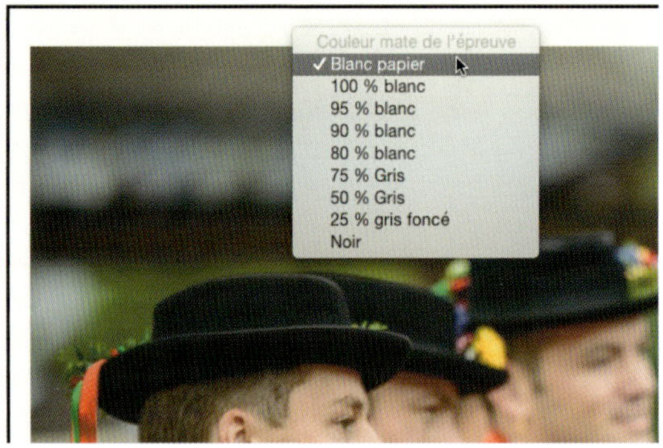

Étape 3

Le panneau « Épreuvage écran » se décompose de la manière suivante :

- un histogramme : les indicateurs d'écrêtage sont remplacés par un indicateur de couleurs hors gamme du moniteur (en haut à gauche) et de la destination (à droite) ;
- le bouton « Créer une copie d'épreuve », pour créer une copie virtuelle d'épreuve avec attribution du profil ICC du papier ;
- les sections Profil et Mode, pour sélectionner un profil ICC et un mode de rendu (Perception ou Relatif) ;
- l'activation de la simulation encre et papier.

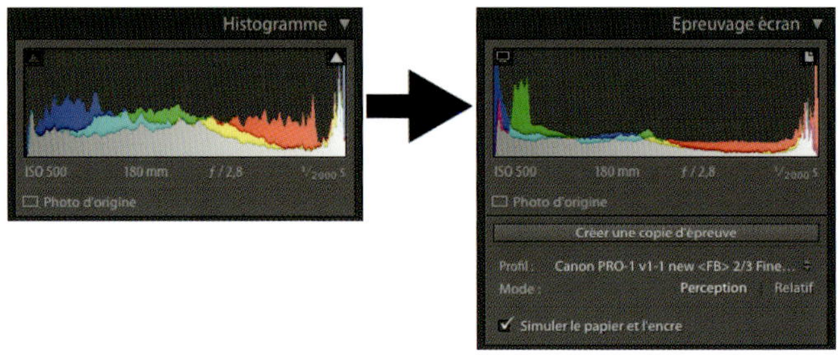

Étape 4

À condition d'avoir des profils ICC déjà installés sur votre ordinateur (en général avec le pilote de l'imprimante), vous pouvez en choisir un dans le menu déroulant **Profil>Autres**. Sélectionnez les profils dans la boîte de dialogue du système ; après que vous aurez validé en cliquant sur OK, ces profils resteront dans la liste du panneau « Épreuvage écran ».

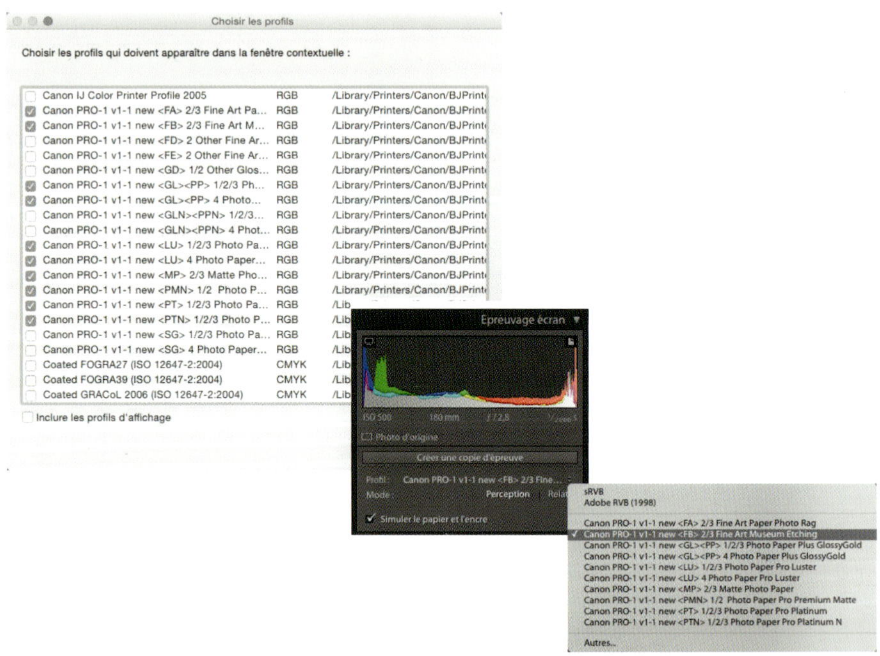

Étape 5

Le rendu Perception s'utilise pour des photos aux couleurs très saturées avec beaucoup de teintes hors gamme : il essaye de les rentrer dans l'espace colorimétrique en préservant au mieux les relations entre les teintes. Le rendu Relatif ajuste les couleurs hors gamme au plus près des couleurs reproductibles (ou imprimables). Si vous imprimez, le choix peut également se faire dans le module Impression.

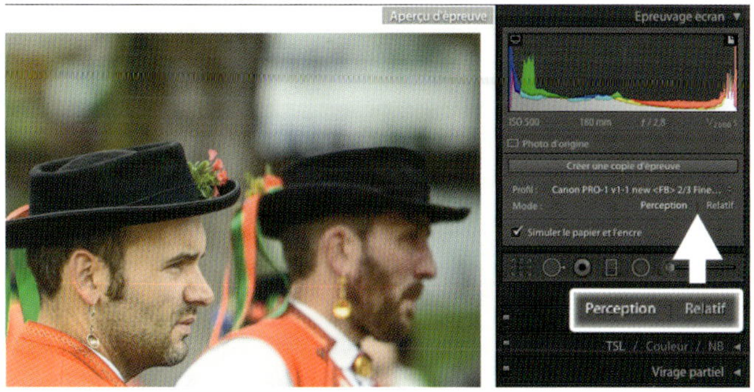

Étape 6

Les indicateurs de l'histogramme permettent d'afficher dans l'image les couleurs hors gamme du moniteur, en bleu, et de la destination (support papier), en rouge. Pour limiter ces dernières, essayez de diminuer la saturation de ces zones avec les outils de traitement couleur du module Développement, ou cherchez un profil ICC de meilleur qualité, soit sur le site du fabricant du papier, soit via un prestataire spécialisé – à moins que vous ne soyez équipé pour réaliser des profils personnalisés.

Étape 7

Pratiquer l'épreuvage dans le module Développement permet de faire directement d'éventuelles corrections de couleurs et de contraste, pour diminuer au maximum les zones hors gamme. Ici, nous avons baissé les réglages de saturation et de vibrance. Lightroom propose de créer une copie d'épreuve. Cliquez sur « Créer une copie d'épreuve » (le menu offre d'utiliser l'original comme épreuve mais, pour clarifier le flux de travail, nous vous conseillons de créer des copies d'épreuve : vous aurez aussi plusieurs versions de travail). Vous pouvez créer une copie d'épreuve à tout moment en cliquant sur le bouton adéquat dans le panneau « Épreuvage écran ».

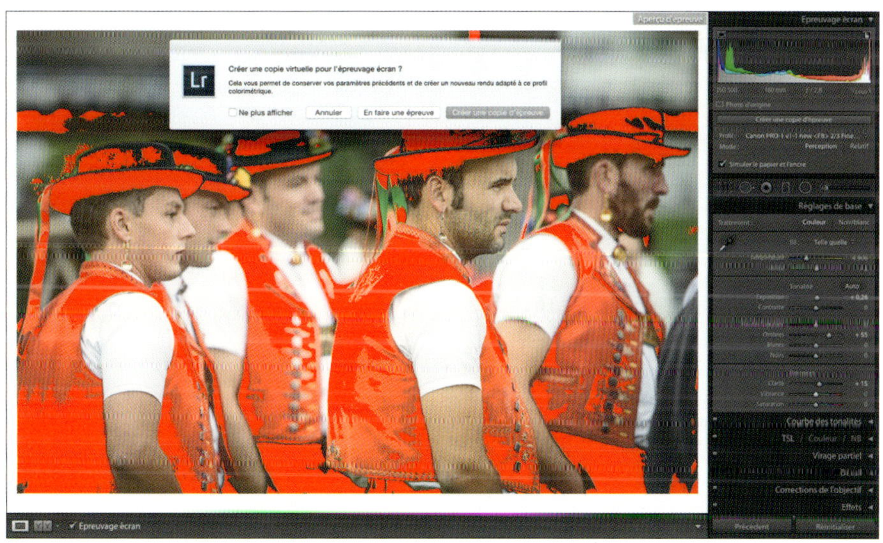

Étape 8

La copie d'épreuve se présente sous la forme d'une copie virtuelle et est identifiable grâce à son nom de copie incluant le nom du profil ICC du type de papier sélectionné. Les collections dynamiques (exercice 11) permettent de regrouper les copies d'épreuve (**Développer>Est une épreuve)** et d'utiliser les règles **Couleur>Profil colorimétrique source** ou **Couleur>Mode colorimétrique source**.

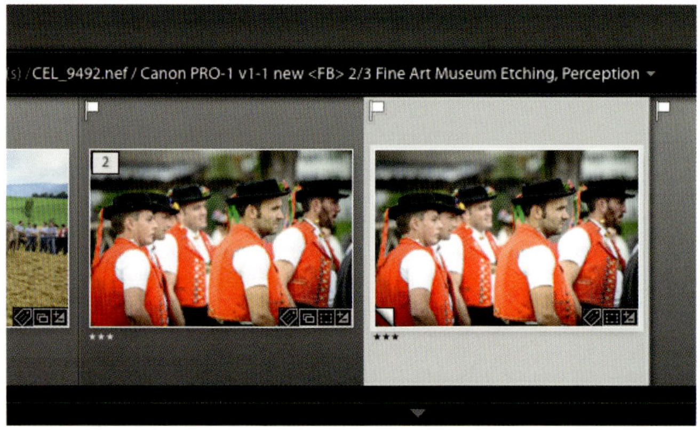

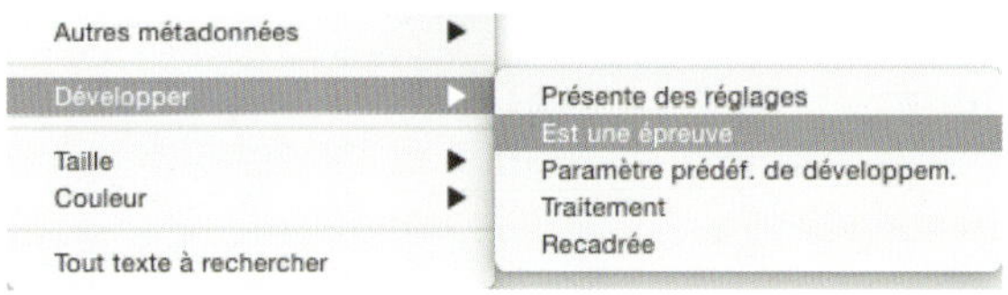

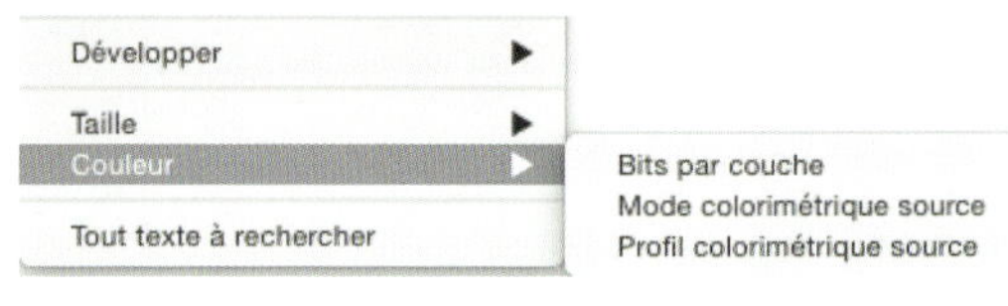

Étape 9

Nous vous conseillons de vous servir des modes d'affichage Avant/Après pour comparer l'image originale et son aspect dans le cadre de l'épreuvage. Dans ce cas, un menu supplémentaire Avant s'affiche dans la barre d'outils : lorsqu'une copie d'épreuve est sélectionnée, la vue de gauche montre la « Photo principale », c'est-à-dire l'image originale incluant les corrections faites dans Lightroom, et la vue de droite montre la copie d'épreuve avec application du profil ICC et du mode de rendu choisis.

Conclusion : dès que l'épreuvage est terminé, vous pouvez basculer dans le module Impression pour les tirages papier. Dans ce cas, les réglages de gestion des couleurs doivent être faits conformément à vos choix effectués lors de l'épreuvage à l'écran. Pour en savoir plus, passons à l'exercice suivant.

59 Imprimer ses photos

Le module Impression de Lightroom est très certainement l'une des interfaces les plus abouties et les plus complètes de tous les logiciels capables d'imprimer des images. Il est pourvu d'outils de mise en page accompagnés d'un grand choix de modèles complémentaires, aussi bien pour des photos uniques que pour plusieurs photos par page. Des curseurs Luminosité et Contraste, présents depuis Lightroom 4, aident à compenser la sensation de tirages trop sombres par rapport à l'écran. Cette solution s'adresse avant tout à ceux qui ne calibrent pas leur chaîne graphique et qui n'utilisent pas la fonction d'épreuvage à l'écran que nous avons vue à l'exercice précédent.

Cet exercice a pour but de vous donner quelques notions de base avant de vous lancer dans l'impression des photos.

Étape 1

Le module Impression propose trois styles de disposition, à choisir dans le panneau « Style de disposition », en haut du panneau de droite :

- « Une seule image/planche contact » : impression d'une seule image ou de plusieurs dans une grille. C'est l'option la plus courante ;
- « Collection d'images » : impression multiple de la même photo en différentes tailles, sans placement libre. Cette option s'adresse plus particulièrement aux portraitistes, photographes de mariage ou photographes scolaires ;
- « Collection personnalisée » : mise en page libre de différentes photos à l'aide de cellules indépendantes.

Étape 2

Le module Impression dispose d'un « Explorateur de modèles » avec de nombreux modèles incluant planches-contacts, triptyques, chevauchements personnalisés, cellules multiples, etc. Vous pouvez avoir un aperçu de ces modèles en les survolant avec la souris. Vous pouvez aussi créer des modèles personnalisés et les enregistrer en cliquant sur le bouton « + » : une boîte de dialogue vous invitera à saisir le nom du modèle et à l'enregistrer dans vos dossiers de modèles utilisateur.

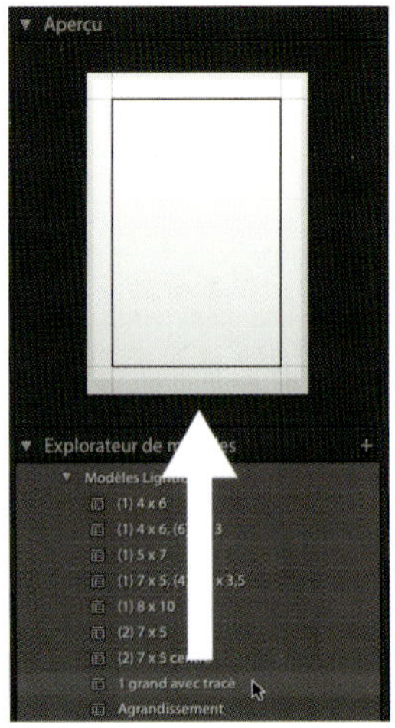

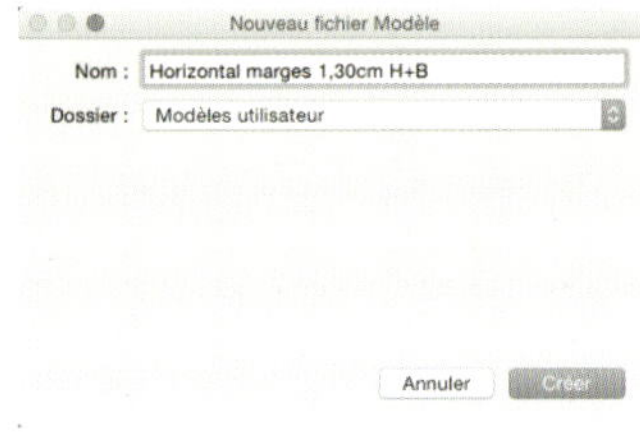

Étape 3

Pour le flux de travail dans le module Impression, pensez d'abord aux réglages de mise en page du pilote d'imprimante, que vous pouvez effectuer en cliquant sur le bouton « Mise en page » en contrebas du panneau latéral gauche. Dans la boîte de dialogue, réglez la taille du papier, l'orientation et l'échelle (en général 100 %). Cliquez sur OK pour valider : si vous avez changé l'orientation de vertical à horizontal dans les réglages (ou inversement), l'image affichée dans le module Impression pivotera en conséquence.

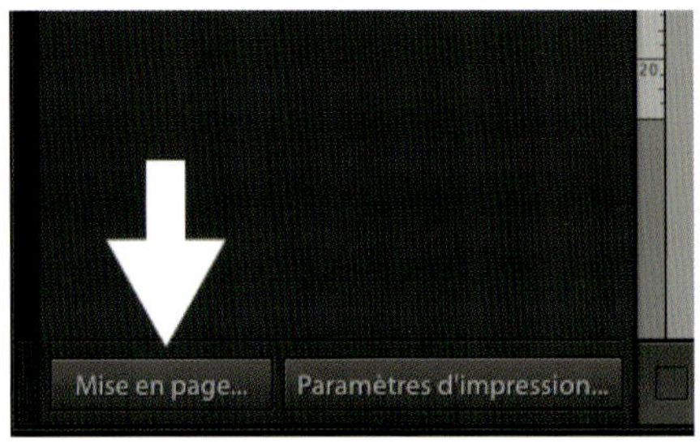

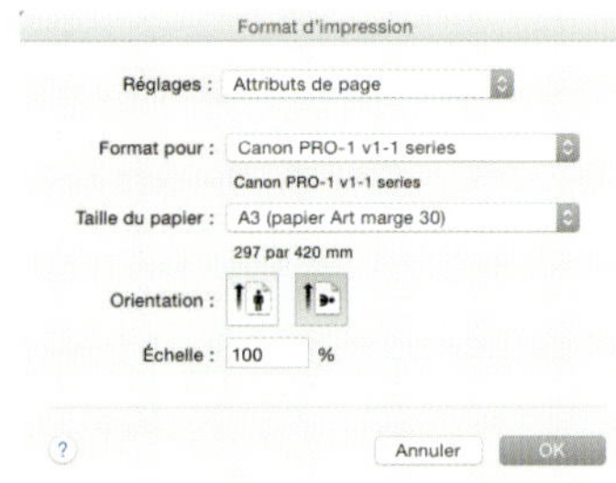

Étape 4

Le panneau latéral de droite contient tous les outils de mise en page et de personnalisation des photos : marges, quadrillage, taille des cellules, affichage des repères (marges, gouttières, fond perdu), couleur d'arrière-plan, incrustation de la plaque d'identité, d'un filigrane (copyright ou logo) ou d'informations en provenance des métadonnées IPTC de l'image.

Étape 5

La barre d'outils offre des commandes pour sélectionner les images du « Film fixe » à utiliser (« Photos sélectionnées », « Photos marquées » ou toutes les photos). Si votre travail d'impression concerne plusieurs photos et s'étale sur plusieurs pages, vous trouverez également des outils de navigation (flèches « Page précédente »/« Page suivante », retour à la première page). Si votre projet comporte un très grand nombre de pages, vous pouvez vous rendre directement à une page de votre choix en cliquant sur l'intitulé « Page x sur x », à droite, et en saisissant le numéro de page dans la boîte de dialogue.

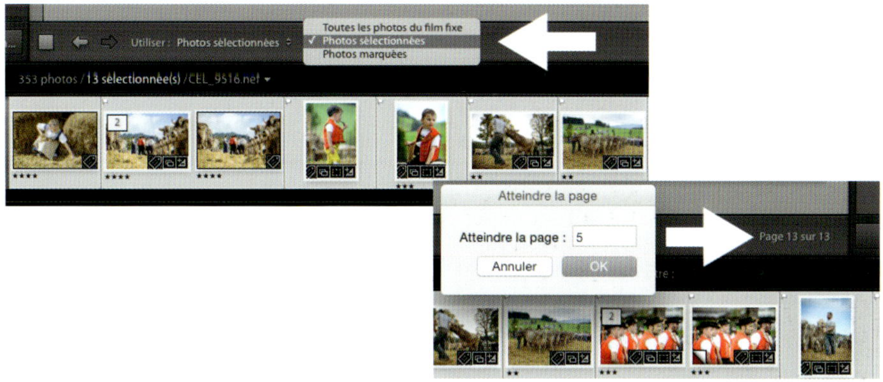

Étape 6

En mode « Collection personnalisée », vous pouvez faire glisser les images du « Film fixe » dans la page, les agrandir ou les réduire à la souris en saisissant le cadre des cellules, les déplacer et les repositionner à votre guise. N'oubliez pas que vous pouvez enregistrer à tout moment le modèle de mise en page (voir l'étape 2).

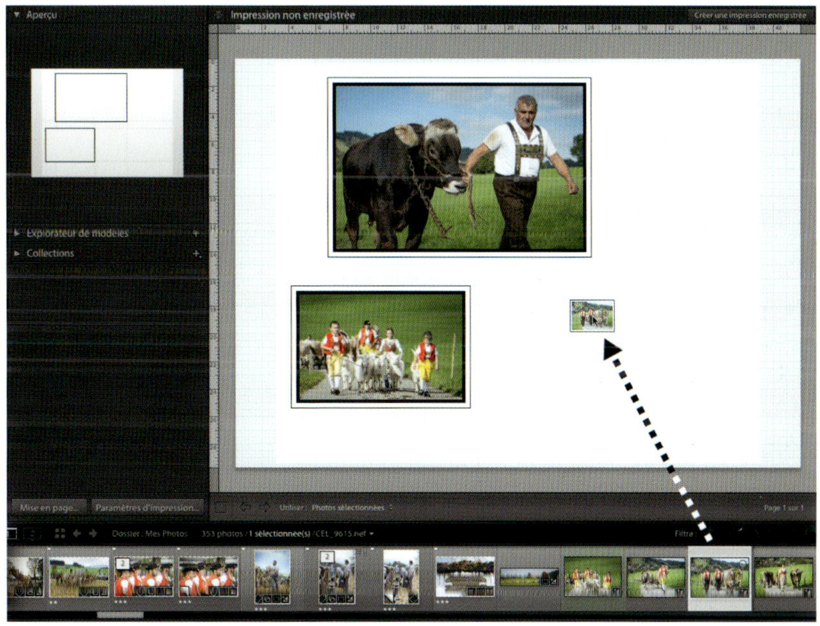

Étape 7

Vous pouvez ajouter des pages et créer des cellules dans le panneau Cellules, situé à droite. Chaque bouton propose un format prédéfini, que vous pouvez changer ou remplacer par un format personnalisé dans le menu contextuel accessible via la petite flèche située à droite de chaque bouton. Après avoir créé plusieurs cellules, il ne vous restera plus qu'à y déposer des images en provenance du « Film fixe ».

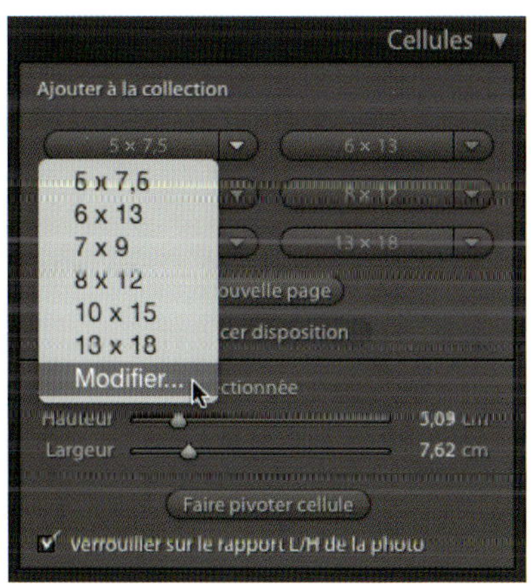

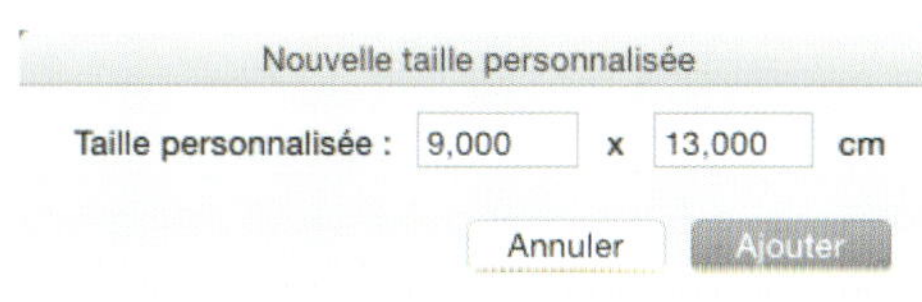

Étape 8

Un clic droit sur une cellule ouvre un menu contextuel où des options permettent de reléguer la photo à l'arrière ou à l'avant-plan, dans le cas de chevauchement d'images, de faire piloter la cellule ou de faire en sorte qu'elle s'adapte exactement au rapport L/H de la photo. La commande « Ancrer la cellule » permet de placer une cellule au même endroit dans toutes les autres pages. Vous l'utiliserez principalement pour joindre un logo ou une signature.

Étape 9

Comme c'est la règle dans les autres modules de sortie (Livres, Diaporama et Web), enregistrez votre projet en allant dans la barre supérieure du panneau central puis en cliquant sur le bouton « Créer une impression enregistrée ». Cette action entraînera la création d'une collection spécifique au module Impression, qui apparaîtra dans le panneau Collections, à gauche.

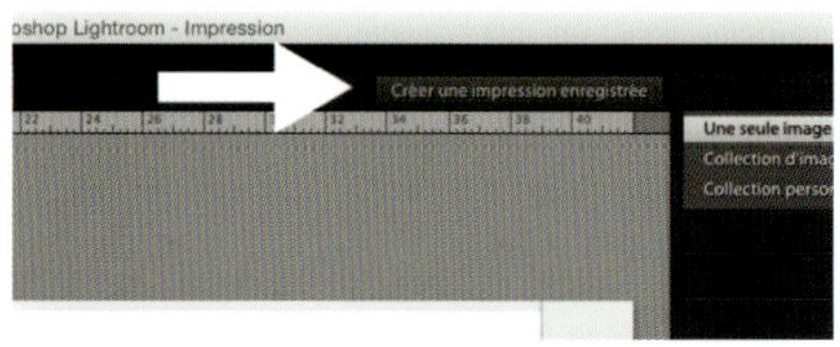

Étape 10

Le panneau « Travaux d'impression » est divisé en quatre parties principales :

- « Imprimer au format » : choisir impression classique ou conversion JPEG (étape 11) à envoyer à un labo ou à publier électroniquement. En mode JPEG, vous pourrez choisir la résolution, la qualité et les dimensions ;
- « Impression en mode Brouillon » : impression d'épreuves rapides, basées sur l'aperçu, pas sur l'original (autres options inactives) ;
- résolution et netteté : réglage de la résolution d'impression et choix du degré d'accentuation (étape 12). La résolution par défaut de 240 ppp (max. 1 440 ppp, alerte dès 480 ppp) suffit dans la majorité des cas. La sortie 16 bits (meilleures gradations à l'impression), ne concerne que le Mac et certaines imprimantes ;
- « Gestion des couleurs » et « Réglage d'impression » : voir les étapes 13 et 14.

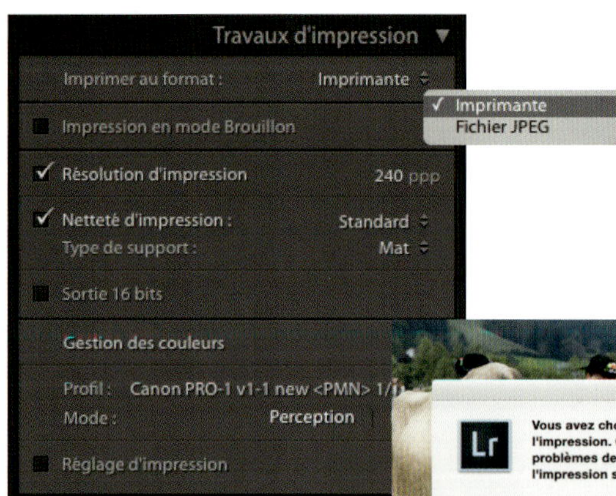

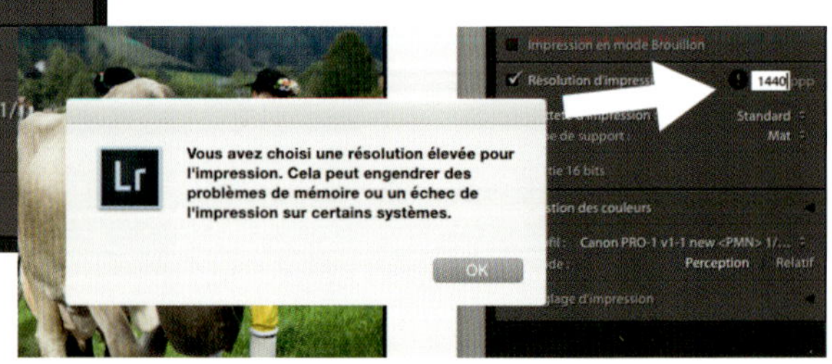

Étape 11

Le mode d'impression JPEG consiste tout simplement à convertir vos mises en page en fichiers JPEG que vous pourrez imprimer dans un labo photo, inclure dans une présentation ou un diaporama ou diffuser électroniquement. Vous pouvez définir la résolution, le maximum étant 1 200 ppp ; dès que vous dépassez 600 ppp, un point d'exclamation apparaît (cliquez pour afficher le message d'information). Les réglages incluent également le niveau de compression, les dimensions, le profil colorimétrique (le réglage par défaut est sRVB) et le mode de rendu.

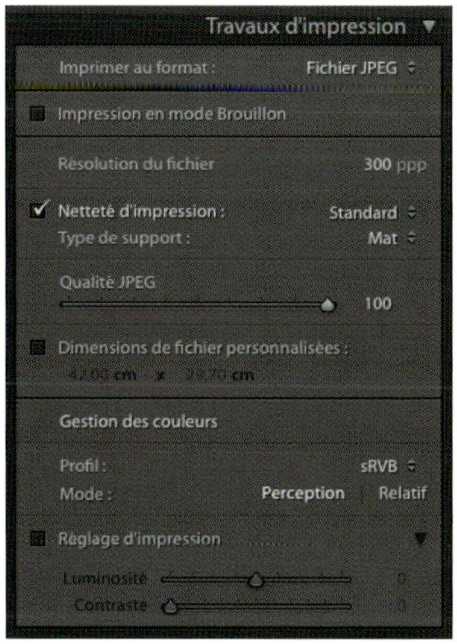

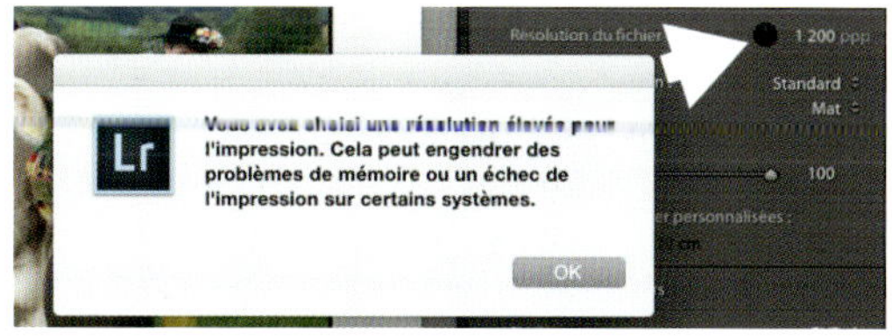

Étape 12

La netteté d'impression dépend du type de support, brillant ou mat, et comprend quatre options : pas de netteté (option non cochée), Faible, Standard, Élevée. La taille de sortie et la résolution du fichier sont prises en compte, et l'accentuation s'ajoute au renforcement préliminaire de netteté effectué lors de la correction des images dans le module Développement (exercice 36). N'hésitez pas à imprimer des épreuves pour déterminer le réglage qui vous convient le mieux.

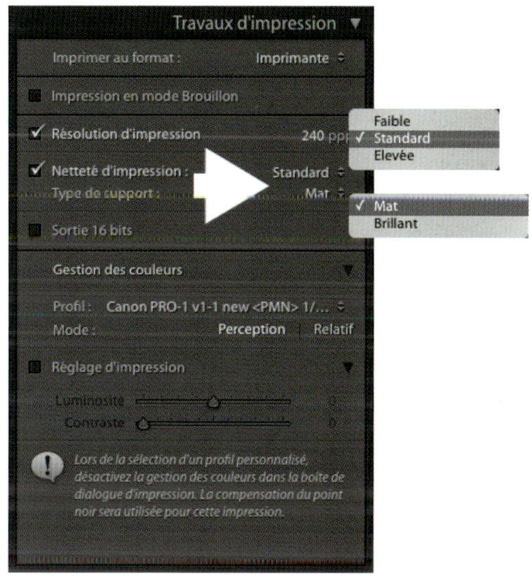

Étape 13

Laissez Lightroom se charger de la gestion des couleurs en choisissant Autres dans la liste déroulante Profil. Une boîte de dialogue va s'ouvrir, vous devrez y choisir un profil correspondant à l'imprimante, à l'encre et au type de papier à utiliser. Cliquez sur OK pour valider, le profil restera désormais dans la liste.

Avant d'imprimer, pensez à simuler le résultat avec l'épreuvage à l'écran (exercice 58 – vous y trouverez également des explications sur les modes Perception et Relatif).

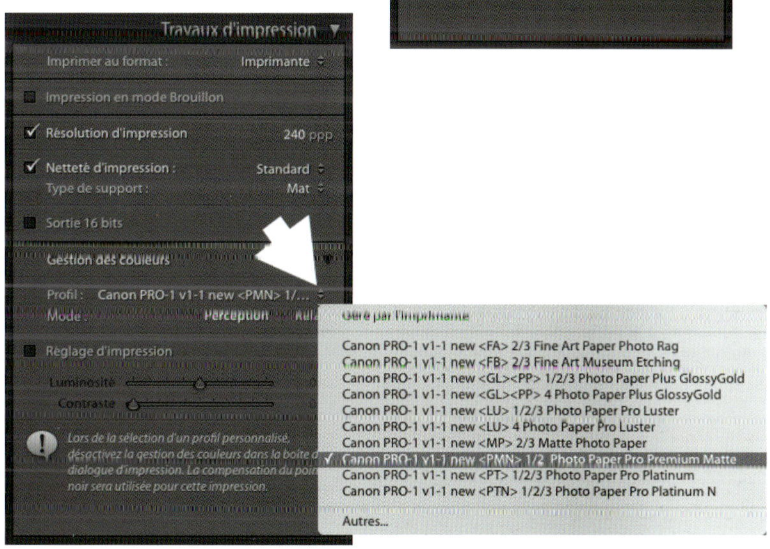

Étape 14

Comme le message d'information situé en bas du panneau l'indique, laisser Lightroom gérer les couleurs à l'impression exige de désactiver la gestion des couleurs dans le pilote de l'imprimante. Pensez-y, ou vous pourrez vous retrouver avec des couleurs complètement erronées.
Si l'impression à l'aide de profils vous rebute, vous obtiendrez aussi de bons résultats en mode « Géré par l'imprimante » : c'est le pilote qui se chargera de la gestion des couleurs (vérifiez qu'elle y soit activée).

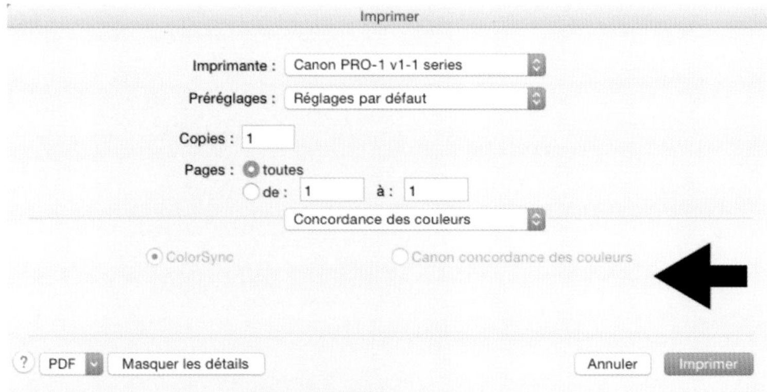

Étape 15

Certains utilisateurs pourraient se plaindre de tirages systématiquement trop sombres par rapport à l'écran, notamment si celui-ci n'est pas calibré et adapté au travail d'impression. Lightroom propose deux curseurs, Luminosité et Contraste, pour compenser le problème. C'est un pis-aller, d'autant que leur action n'est pas visible à l'écran : il faut imprimer des essais. En revanche, les réglages sont sauvegardés dans les modèles ou les projets d'impression.

60 Créer un diaporama

Le module Diaporama de Lightroom est conçu pour une présentation locale des photos au sein de l'application même, par exemple pour un photographe désireux de montrer des images à ses clients. Il ne prétend pas se substituer à un logiciel spécialisé, mais il permet d'exporter les présentations en vidéo (format .mp4) et en PDF, et de créer des JPEG en vue d'un montage dans un logiciel spécialisé (PowerPoint, Keynote, etc.).
Lightroom 6/CC ajoute la possibilité de sonoriser un diaporama avec dix morceaux (au lieu d'un seul précédemment), la synchronisation des transitions avec la musique, un effet panoramique et zoom, le choix du format de sortie et de la qualité pour les aperçus.

Étape 1

La première chose à faire est de sélectionner une série de photos destinées au diaporama, et de les regrouper dans une collection. Sinon, attention au nombre d'images qui risque d'avoir un impact important sur les ressources de votre ordinateur.
Prenez soin de choisir, dans la barre d'outils, sous l'image, l'option « Utiliser : Photos sélectionnées », et pas « Toutes les photos du film fixe », surtout si la source sélectionnée est le catalogue complet ou un dossier très volumineux ! Même si vous pouvez choisir une qualité d'aperçu plus basse, pensez également au volume du fichier si vous exportez le diaporama en vidéo HD.

Étape 2

Avant de commencer la mise en page, il faut choisir un modèle de diaporama dans le panneau « Explorateur de modèles ». Nous allons partir sur la base du modèle nommé « Légende et note ». Vous pouvez voir à quoi ressemblent les modèles dans la fenêtre Aperçu lorsque vous les survolez avec la souris.

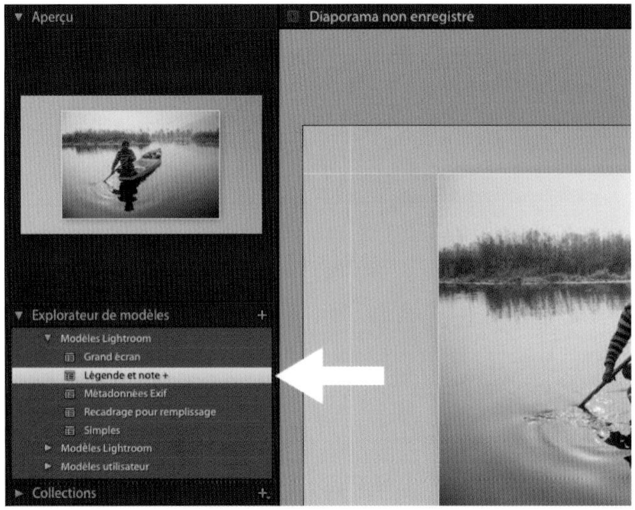

> Remarque : pour sélectionner un modèle par défaut pour le « Diaporama Impromptu » pouvant être lancé depuis n'importe quel autre module (Ctrl/Cmd + Entrée), allez dans l'« Explorateur de modèles », cliquez droit sur un modèle et sélectionnez « Utiliser pour le Diaporama Impromptu ». Un « + » s'affichera à côté du nom du modèle retenu.

Étape 3

Dans le panneau Fond, cliquez sur « Dégradé de couleurs », puis choisissez un gris. Si vous pensez réutiliser la teinte sélectionnée dans un autre projet, mémorisez-la dans l'un des cinq pavés d'échantillonnage du bandeau supérieur : choisissez une teinte en cliquant dans le nuancier avec la pipette, faites un clic prolongé dans un pavé jusqu'à ce qu'il adopte la couleur retenue et réglez l'angle à -45° pour un dégradé sombre à gauche et plus clair à droite. Vous pouvez combiner la couleur du dégradé avec une autre couleur de fond en activant « Couleur d'arrière-plan » et en faisant une autre sélection.

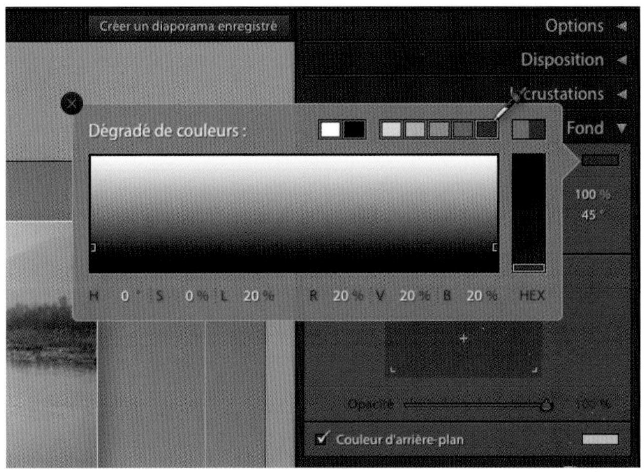

Étape 4

Dans le panneau Options, tout en haut, définissez un cadre pour l'image. Cochez l'option « Contour du cadre » et choisissez un blanc dans le nuancier après avoir cliqué sur le pavé. L'épaisseur sera de 3 pixels. Pour créer un effet de relief, comme si la photo flottait, allez dans la section « Ombre portée » et procédez aux réglages suivants : Opacité 50 %, Translation 50 px, Rayon 15 px, Angle -45°.

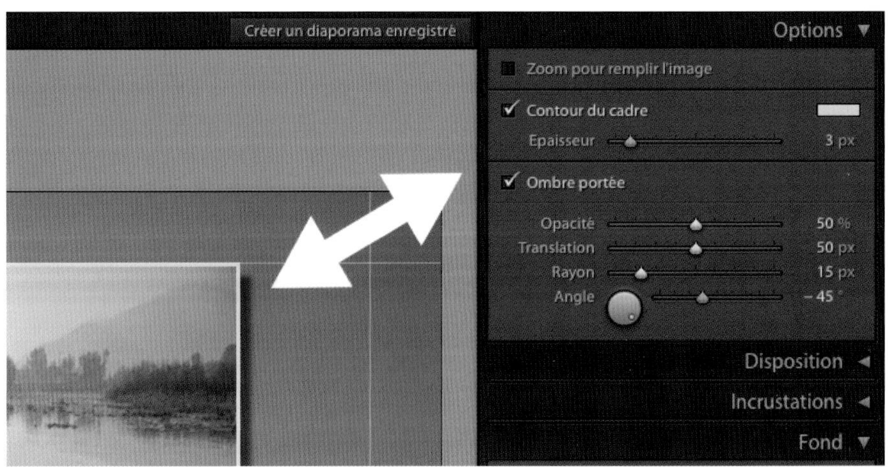

Étape 5

En cliquant sur ABC dans la barre d'outils, vous pourrez saisir un texte pour toutes les diapositives, déplaçable avec la souris. S'il vous faut un texte pour chaque vue, utilisez le champ Légende du panneau Métadonnées (module Bibliothèque) ; couleur, opacité, police et style sont modifiables dans le panneau Incrustations. Ajoutez la « Plaque d'identité » (qui remplace le logo Lightroom si elle est activée) en cochant l'option adéquate. La mise en page terminée, désactivez « Afficher les repères » dans le panneau Disposition.

Étape 6

Les derniers réglages se font dans le panneau Lecture. Nous n'avons pas prévu d'ajouter de diapositive d'introduction et de fin, ni de bande-son, mais on peut régler la durée d'affichage de la diapositive et le fondu. Par défaut, le mode est Automatique ; en mode Manuel, les options de synchronisation audio et l'effet pano/zoom ne sont pas accessibles. Vous pouvez également choisir un ordre de passage aléatoire. Pour un diaporama en boucle, cochez « Répéter le diaporama ». Si vous avez deux écrans, cliquez sur celui que vous voulez utiliser.

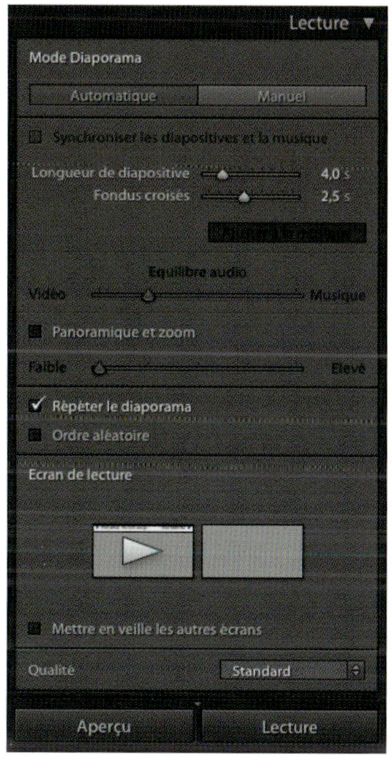

Étape 7

Le bouton Aperçu, en bas à droite, permet de voir le diaporama dans la fenêtre centrale. Le bouton Lecture permet de le passer en mode « Plein écran ». Pour interrompre une lecture, appuyez sur Échap. Si votre ordinateur est un peu à la peine pour générer et lire le diaporama, sélectionnez une qualité d'aperçu Brouillon, en bas du panneau Lecture (le réglage normal est Standard). Par défaut, le diaporama sera adapté au format de votre écran, mais vous pouvez sélectionner un format 16/9 ou 4/3 dans le menu « Aperçu d'aspect » du panneau Disposition.

Étape 8

Vous pouvez enregistrer ce modèle de diaporama en allant dans le panneau « Explorateur de modèles » et en cliquant sur « + ». Dans la boîte de dialogue, saisissez le nom du modèle et le dossier dans lequel vous voulez le placer. Profitez-en pour enregistrer votre projet de diaporama en cliquant sur « Créer un diaporama enregistré », dans la barre supérieure du panneau d'affichage central.

Une boîte de dialogue vous propose de nommer et d'enregistrer la présentation en tant que collection (ou dans un ensemble de collections). Le diaporama apparaîtra alors sous forme de collection spécifique dans le panneau Collections.

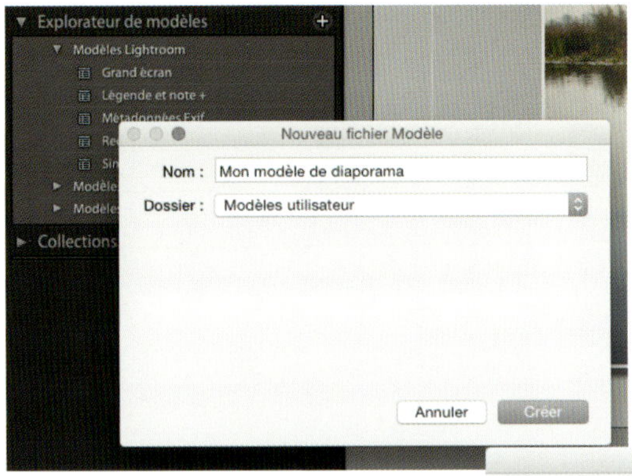

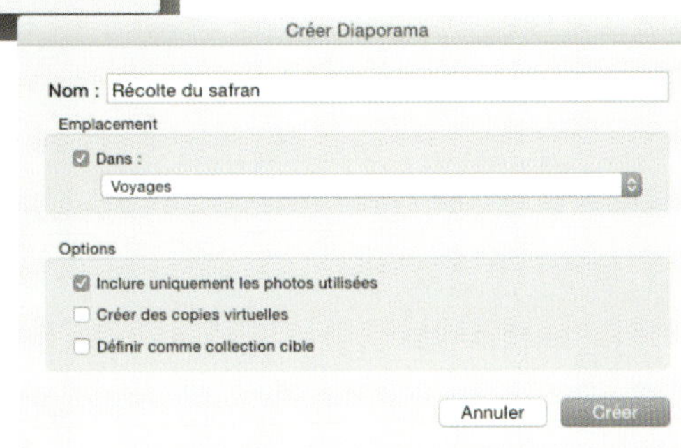

Étape 9

Pour exporter le diaporama, cliquez sur le bouton « Exporter la vidéo », en bas à gauche. Dans la boîte de dialogue, saisissez le nom du diaporama et choisissez la destination puis l'un des formats vidéo. Chaque format est accompagné d'une explication relative à son usage. Vous n'avez plus qu'à cliquer sur le bouton Exporter.

La création du diaporama peut prendre beaucoup de temps selon le nombre d'images et la qualité demandée. La lecture sera assurée par des utilitaires prenant en charge le format MPEG-4 (QuickTime, VLC, WMP, etc.).

Vous pouvez également exporter en PDF et, si vous pressez la touche Alt/Option, en JPEG.

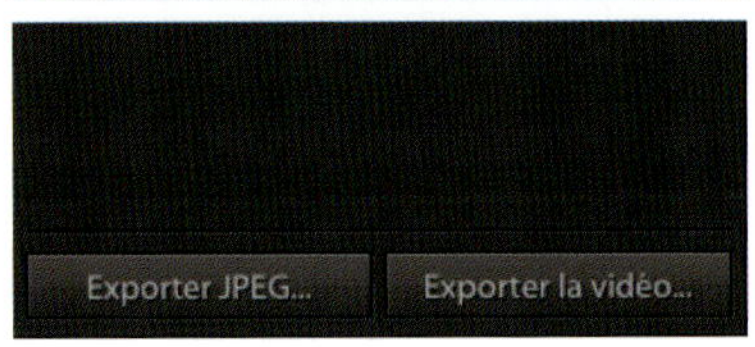

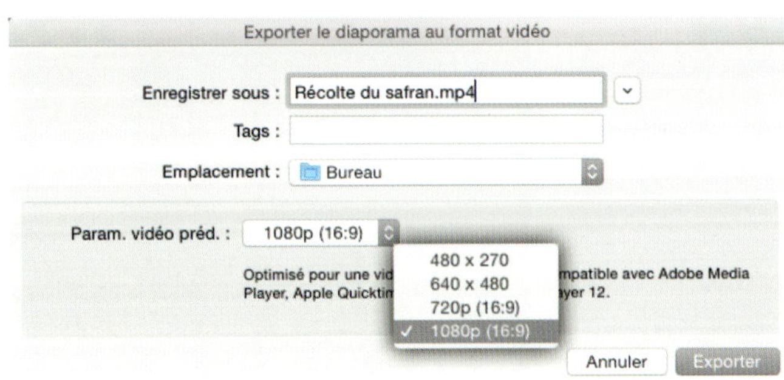

61 Créer une galerie Flickr avec le service de publication

Le module Web permet de créer des sites et des galeries très sophistiqués. Pour ceux que cette tâche rebute, par manque de temps ou de connaissances, il existe des galeries web d'excellente qualité livrées « clés en main », ainsi que de nombreux outils pour les gérer à partir de Lightroom. C'est ce que nous allons voir dans cet exercice, en créant une galerie de photos Flickr à l'aide des services de publication du module Bibliothèque, ce qui nous donnera l'occasion de comprendre à quoi sert cet outil très puissant et pourtant méconnu.

Étape 1

Les services de publication de Lightroom permettent de créer des galeries web ou des dossiers d'images situés sur un réseau et de les gérer à distance depuis le module Bibliothèque. Vous pourrez collecter des images à la manière d'une collection et les charger sur vos galeries. Si vous modifiez des photos, le service de publication proposera automatiquement de les republier. Nous allons créer une galerie de A à Z sur Flickr : création de compte, configuration du service de publication, avant de passer à des fonctions ludiques et étonnantes, comme charger les commentaires des visiteurs et y répondre. La plupart des services de galeries web connus sont disponibles sous forme de modules externes, soit livrés avec Lightroom (Facebook, Flickr), soit disponibles chez les prestataires eux-mêmes (SmugMug) ou créés par des développeurs tiers.

Étape 2

Vous devez tout d'abord créer un compte Flickr chez Yahoo, le propriétaire de ce service, pour disposer d'un nom d'utilisateur et d'un mot de passe que vous devrez saisir un peu plus tard dans le menu de configuration du service de publication de Lightroom. Pour toute information relative à l'inscription sur Flickr, consultez l'aide en ligne.

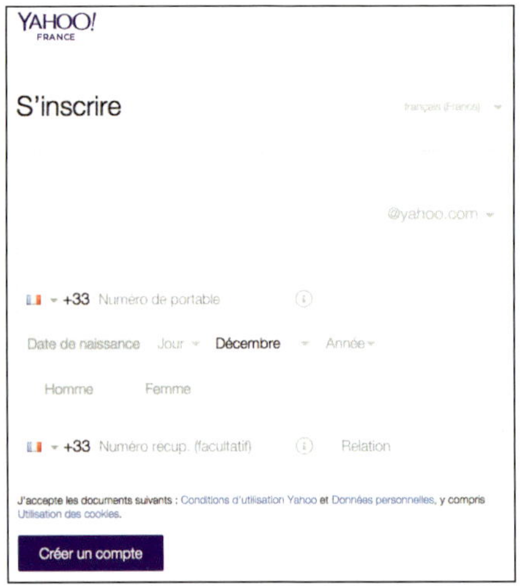

Étape 3

Vous devez ensuite configurer le service de publication en allant dans le panneau « Services de publication », en bas à gauche du module Bibliothèque. Chaque service se présente sous la forme d'un pavé avec, à droite, le mot « Configurer » sur lequel il faudra cliquer pour ouvrir le « Gestionnaire de publication Lightroom ».

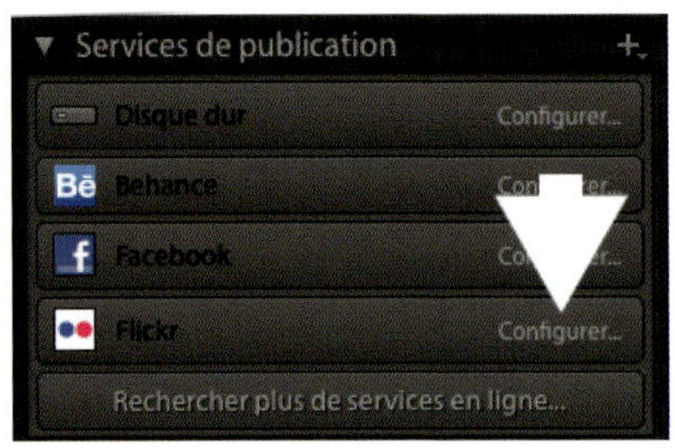

Étape 4

Le Gestionnaire ressemble à s'y méprendre au menu Exporter (exercice 57). La section principale contient tous les outils concernant à la fois les images (dénomination, dimensions, format, netteté, gestion des métadonnées, filigrane de copyright, etc.) et la gestion du compte (description du service, identification et connexion au compte Flickr, réglages de confidentialité, etc.) ; à gauche, vous trouverez la liste des services (en haut) et la section « Actions de post-traitement » destinée à accueillir les outils de certains modules externes.

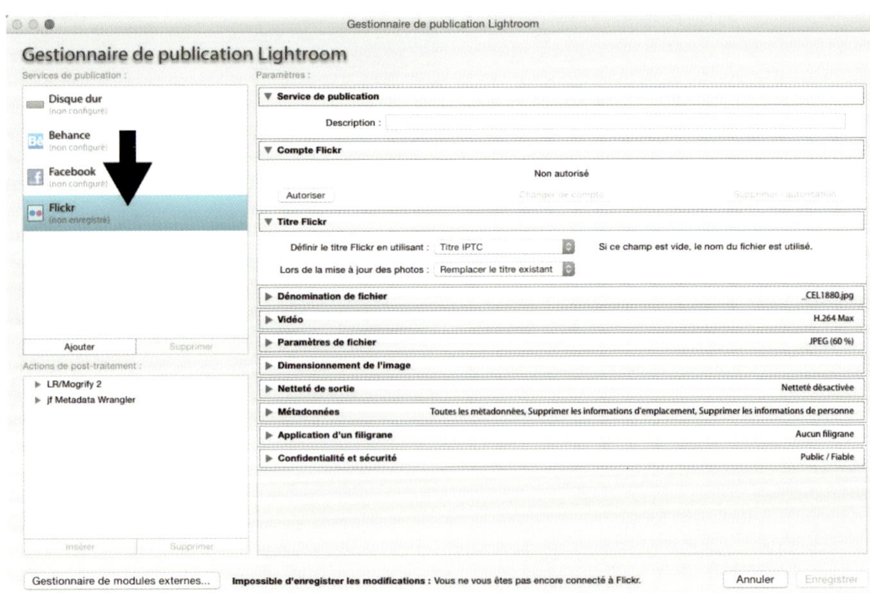

Étape 5

En haut du champ Description de la section « Service de publication », entrez le nom du service (par exemple « Mes Photos »). Cliquez sur Autoriser dans la section « Compte Flickr ». Votre compte aura été créé au préalable et la connexion Internet établie. Lors de la toute première connexion, on vous demandera d'autoriser le chargement d'images sur Flickr, cliquez sur Autoriser.

Étape 6

Après que vous aurez cliqué sur Autoriser, votre navigateur web va automatiquement ouvrir une page Flickr vous annonçant que Lightroom veut créer un lien vers votre compte Flickr. Après avoir lu les conditions et les informations, cliquez sur « OK, Je l'autorise ».

Retournez dans Lightroom : une nouvelle boîte de dialogue vous invite à valider la procédure d'autorisation en cliquant sur Terminé. La section « Compte Flickr » du Gestionnaire confirme la connexion : vous voilà prêt pour les autres réglages.

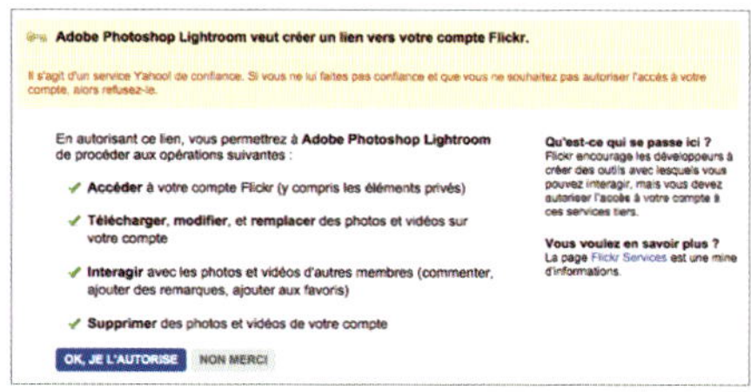

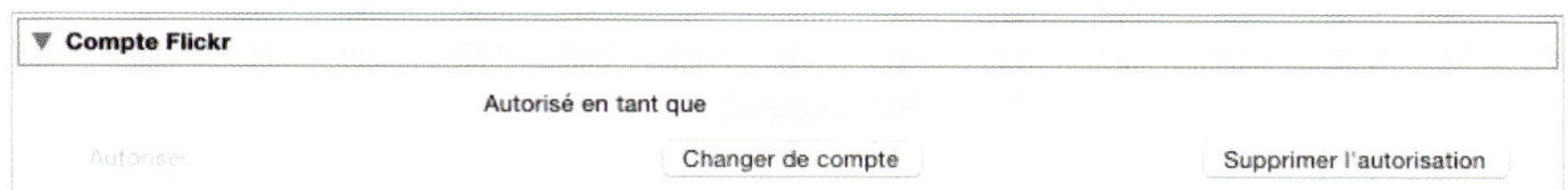

Étape 7

Dans « Paramètres de fichier », le format JPEG est préétabli à 60 %, ce qui suffit largement, et il n'est pas nécessaire de régler la dimension. Réglez la netteté sur Écran et Standard. Libre à vous de publier toutes les métadonnées ou seules les informations de copyright. Attention aux informations d'emplacement (exercice 26) et de personnes (exercice 14), que vous pouvez autoriser ou interdire ici. Si le vol de photos vous inquiète, incrustez un filigrane de copyright dans vos images (exercice 08).

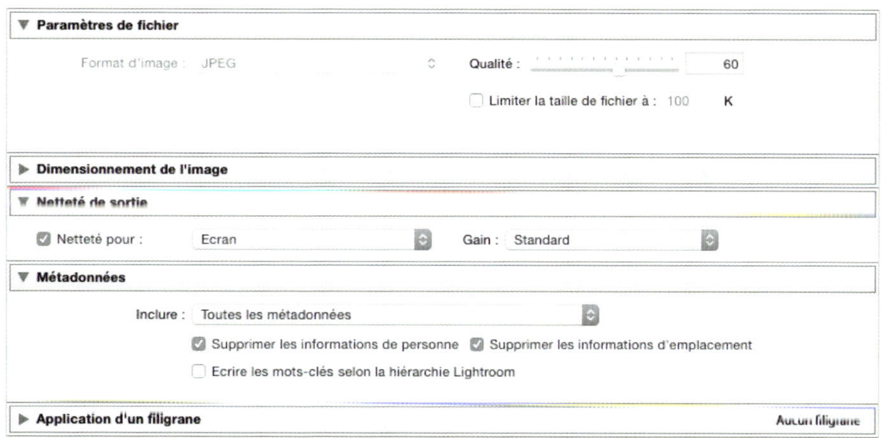

Étape 8

Une dernière section propose des options de confidentialité et de protection des images. Là encore, c'est à vous de faire votre propre choix. Ici, nous ferons en sorte que la galerie soit publique.
Tous les réglages ayant été faits, il ne reste plus qu'à valider en cliquant sur le bouton Enregistrer, en bas à droite.

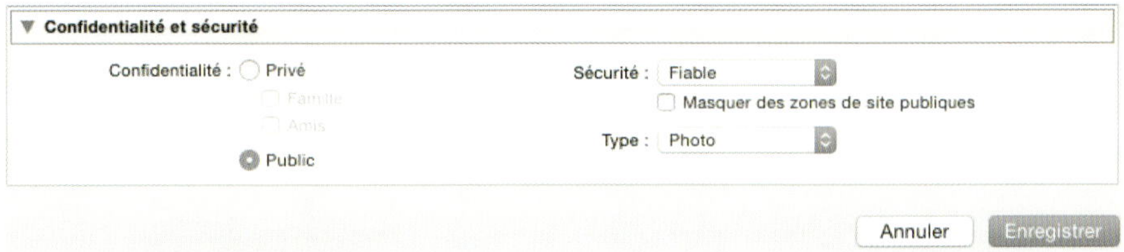

Étape 9

Retournez dans le panneau « Services de publication » : votre compte Flickr est prêt à accueillir vos premières photos. Faites un clic droit sur la ligne « Flux de photos », puis, dans le menu contextuel, sélectionnez « Définir comme collection cible », ce qui est confirmé par le signe « + » qui apparaît après « Flux de photos ».
Il ne vous reste plus qu'à collecter les images que vous voulez charger sur la galerie : parcourez vos collections et dossiers, cliquez sur une photo candidate puis, en pressant la touche B, attribuez-la à la collection cible.

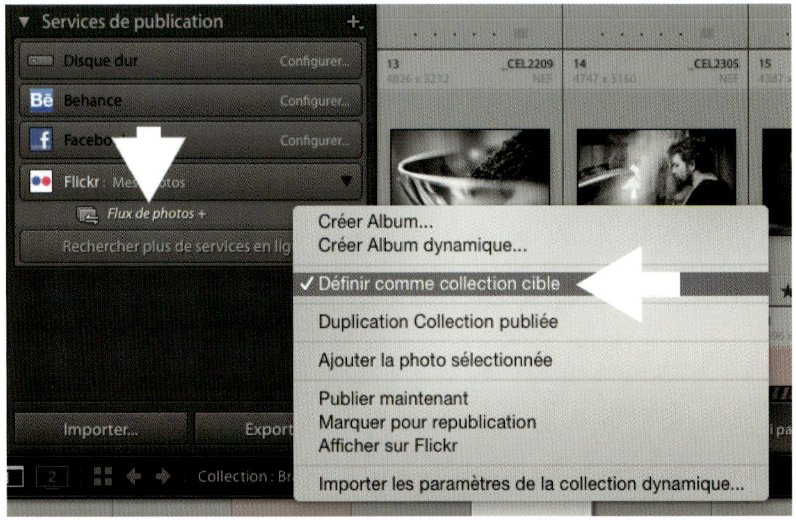

Étape 10

Après la collecte des photos, retournez dans le « Flux de photos ». Les vignettes sont affichées dans le panneau central, en mode Grille, sous une barre appelée « Nouvelles photos à publier ». Le service de publication attend tout simplement votre ordre de transfert, que vous donnerez en cliquant sur Publier, dans le coin supérieur droit du panneau central.

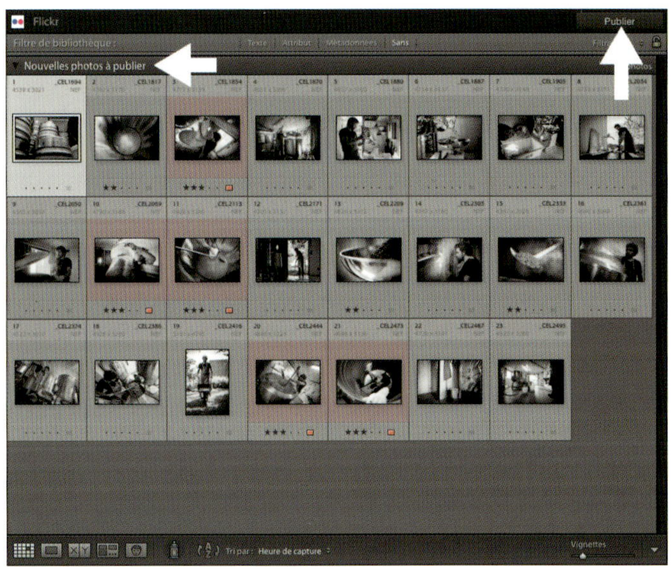

Étape 11

Lightroom prépare les images puis les charge sur votre galerie Flickr. Vous pouvez voir l'exécution de la tâche dans le panneau central d'affichage – « Nouvelles photos à publier » (en haut) et « Photos publiées » (en bas) – ainsi que dans le « Centre d'activités », après avoir cliqué sous la barre de progression, en haut à gauche.

Étape 12

Lorsque le transfert est terminé, retournez dans le panneau « Services de publication », et faites un clic droit sur la ligne « Flux de photos » de votre service Flickr. Sélectionnez « Afficher sur Flickr » dans le menu contextuel : aussitôt, la galerie nouvellement créée s'affiche dans votre navigateur web.

Étape 13

Que se passe-t-il si vous supprimez ou modifiez une image de la galerie dans Lightroom ? Si vous cliquez droit sur une image et choisissez « Supprimer de la collection », une section « Photos supprimées à effacer » contenant l'image sélectionnée va apparaître dans la section centrale d'affichage. Si vous modifiez l'une des photos (recadrage...), une section « Photos modifiées à republier » apparaît aussi, avec l'image concernée. Pour appliquer les changements, cliquez sur Publier puis sur Remplacer : Lightroom mettra votre galerie Flickr à jour.

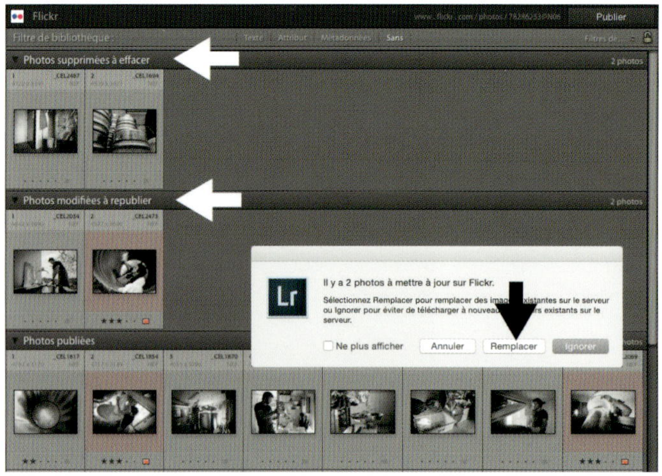

Étape 14

Voici la galerie après modification : les photos à supprimer ont été effacées, et les autres remplacées conformément à ce qui a été demandé et fait dans le service publication de Lightroom à l'étape précédente. En revanche, la synchronisation inverse n'est pas permise : une image supprimée dans la galerie ne le sera pas automatiquement dans la collection du service de publication Lightroom (certains prestataires le permettent).

Étape 15

Il y a un certain degré d'interactivité selon les fournisseurs de services. Avec Flickr, vous pouvez rapatrier dans Lightroom les commentaires des visiteurs et voir le nombre de favoris : assurez-vous que la connexion Internet soit établie, puis allez à droite du module Bibliothèque dans le panneau Commentaire. Dans l'en-tête, cliquez sur la flèche de mise à jour. Au bout de quelques secondes, les commentaires seront chargés dans le panneau.

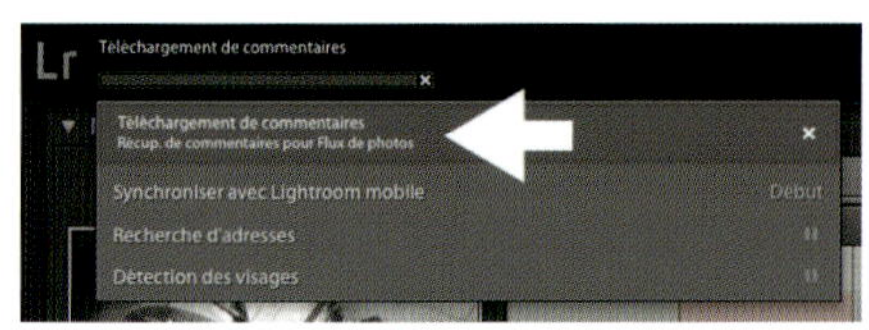

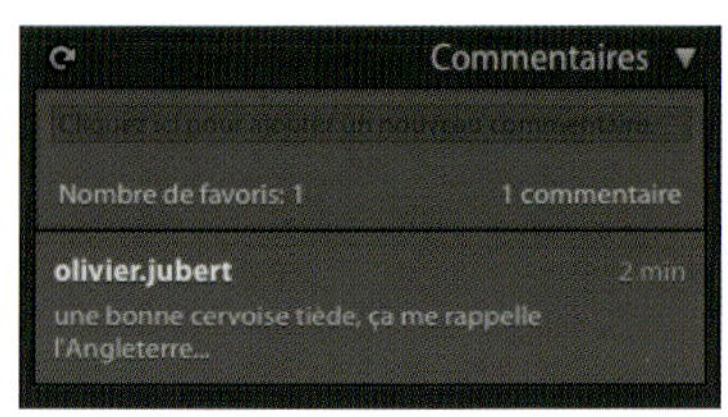

Étape 16

Pour voir les commentaires et y répondre, sélectionnez les images une à une. Si des visiteurs ont choisi une photo comme Favori, vous verrez le nombre s'afficher dans la section du bas.
Pour répondre à un commentaire, cliquez et commencez la saisie dans le champ situé dans la section du haut. Appuyez sur Entrée pour valider et envoyer votre réponse.
Si votre réponse au commentaire n'apparaît pas alors que vous êtes connecté à la galerie, rafraîchissez la page du navigateur web.

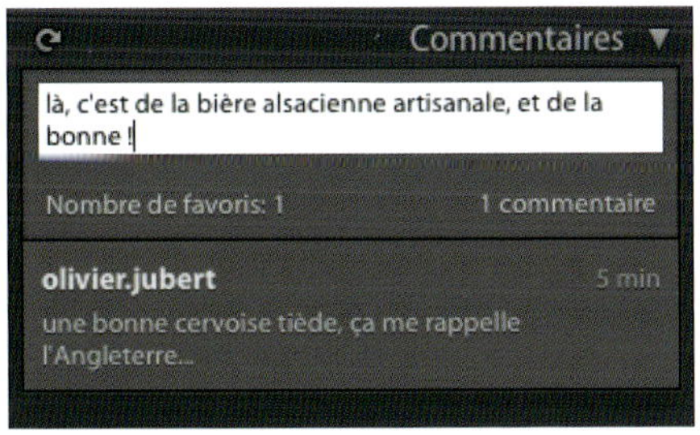

Étape 17

Deux commandes importantes apparaissent via un clic droit sur les vignettes : « Marquer pour republication » et « Marquer comme à jour ».
La première indique que la photo doit être republiée, et elle sera assignée à la section « Photo(s) modifiée(s) à republier ». Si vous faites des changements mineurs à une image et que cela ne justifie pas de mettre à jour la photo en question dans la galerie web, faite un clic droit et choisissez « Marquer comme à jour » : elle restera dans la section « Photos publiées ».

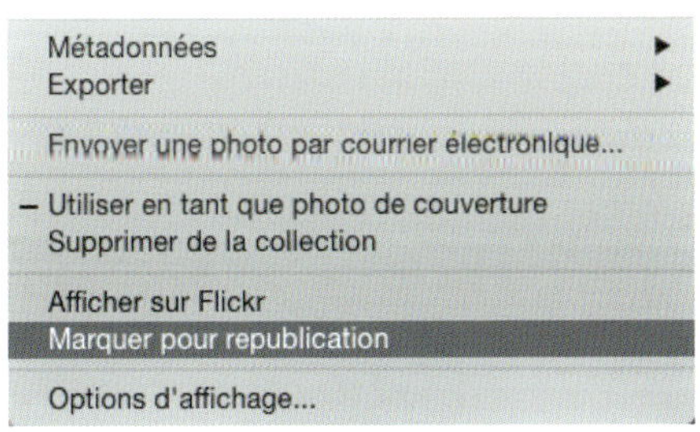

Étape 18

Il y a certaines règles de fonctionnement à retenir. D'abord, Lightroom ne publie ou ne republie jamais les photos automatiquement, sinon il le ferait en permanence en tâche de fond. Vous êtes donc obligé de cliquer sur le bouton Publier pour chaque transfert ou modification.
Enfin, supprimer des photos de votre catalogue n'affectera pas le contenu de la galerie web tant que vous ne republiez pas la galerie !

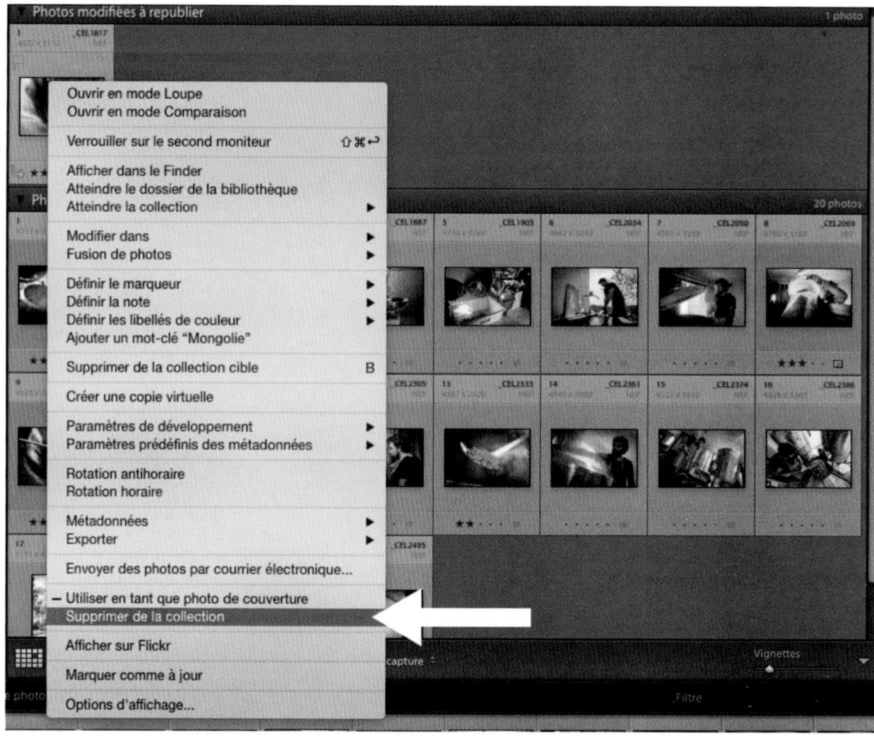

> **Conclusion** : les services de publication ne se limitent pas aux galeries web, vous pouvez gérer des dossiers de la même manière en pilotant le contenu à distance. Les applications sont nombreuses : si vous êtes un photographe corporate, vous pouvez placer des images dans le dossier du service communication qui pourra y puiser à loisir et dont vous assurerez la gestion depuis votre poste de travail. Autre exemple, vous pouvez créer un dossier d'images destinées à la réalisation d'un livre, et la personne faisant la mise en page s'en servira pour les importer dans InDesign.

62 Envoyer ses images par e-mail

La fonction de courrier électronique de Lightroom permet de lancer votre client e-mail par défaut, ou les services de webmail comme AOL, Gmail, Hotmail et Yahoo!. En revanche, elle ne peut pas accéder au carnet d'adresses ou à l'agenda de votre système d'exploitation : vous devrez en constituer un manuellement, sans possibilité de transfert automatique. Autre défaut, il n'y a pas moyen d'utiliser les noms de destinataires ou leurs adresses e-mail pour filtrer et regrouper les images expédiées à l'aide de collections dynamiques ou du « Filtre de bibliothèque ».

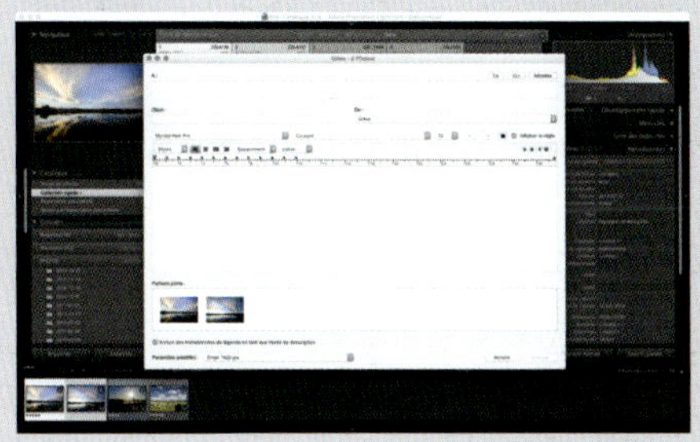

Étape 1

L'accès à la fonction e-mail est très simple : il s'effectue en faisant un clic droit sur une sélection de vignettes et en choisissant, dans le menu contextuel, « Envoyer des photos par courrier électronique ». Vous trouverez la même commande par l'intermédiaire du menu Fichier.

Il n'y a pas de réglages à faire au préalable dans les Préférences de Lightroom ; si vous utilisez un webmail, vous devrez configurer l'application lors de son premier lancement. Bien entendu, pensez à activer votre connexion Internet au préalable.

> **Remarque** : cet exercice a été réalisé sur Mac, en partie avec le client de messagerie standard d'Apple, Mail, mais bien entendu les instructions s'appliquent à n'importe quel autre logiciel, et également au PC.

Étape 2

Si vous utilisez un client e-mail sur votre ordinateur (Mail, Outlook, Thunderbird, etc.), la fenêtre de l'utilitaire de Lightroom va s'ouvrir sans champ de saisie de texte. Vous trouverez votre client e-mail par défaut dans le menu « De : » situé à droite, et les images préalablement sélectionnées apparaîtront dans un bandeau, avec une taille moyenne prédéfinie. Vous pouvez changer ce paramètre et même enregistrer des réglages personnalisés sous forme de paramètres prédéfinis (étapes 11 à 13).

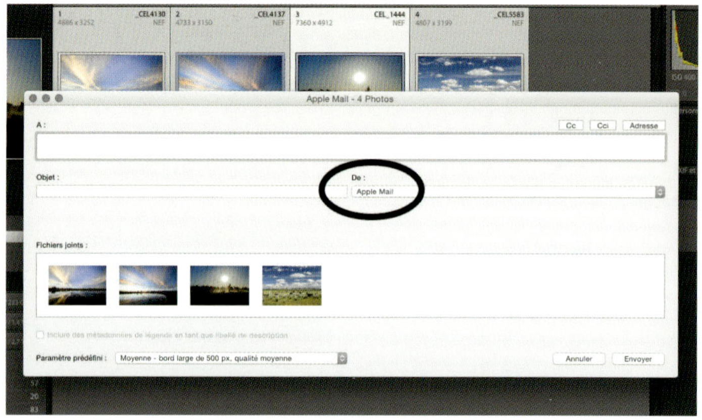

Étape 3

Dès que vous cliquez sur Envoyer, Lightroom va préparer les images puis lancer directement votre client de messagerie avec un nouveau message contenant les photos. Il ne vous restera plus qu'à saisir le destinataire, le sujet et votre texte. L'avantage est que vous disposez du carnet d'adresses utilisé par votre client e-mail.

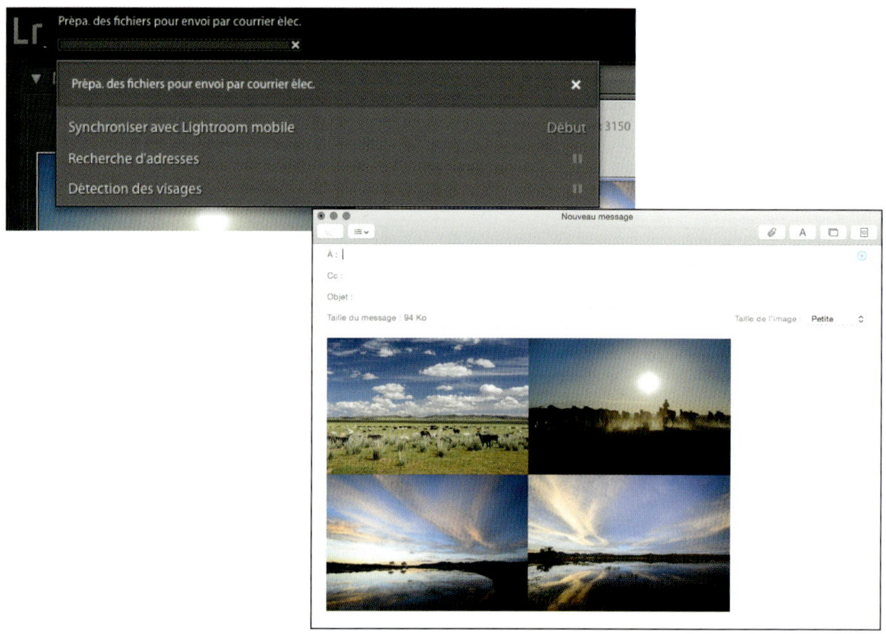

Étape 4

Si vous utilisez un webmail, la procédure est un peu différente mais il faut paramétrer le compte e-mail. Prenons comme exemple Gmail (ce sera la même chose pour Hotmail, Yahoo! Mail et AOL). Sélectionnez « Envoyer une photo par courrier électronique » puis, dans le menu « De : » de la fenêtre de messagerie, choisissez « Accéder au gestionnaire de messagerie ». Dans le gestionnaire, cliquez sur Ajouter puis, dans la fenêtre « Nouveau compte », choisissez le prestataire et entrez le nom du compte.

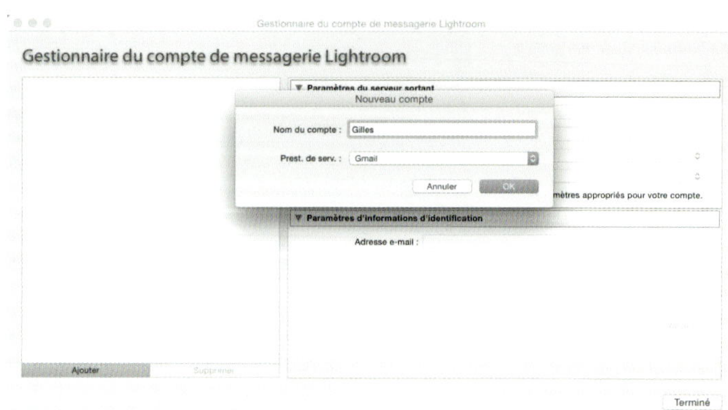

Étape 5

Dans le gestionnaire, validez les paramètres du serveur – automatiquement configurés – et d'identification (e-mail et mot de passe). Cliquez sur Valider : si les paramètres sont corrects, le compte sera validé (voyant vert dans la liste à gauche). Vous pouvez ajouter ou supprimer autant de comptes que vous le désirez. Lorsque le compte de messagerie est validé, cliquez sur Terminé : vous voilà prêt à envoyer des e-mails à partir de Lightroom.

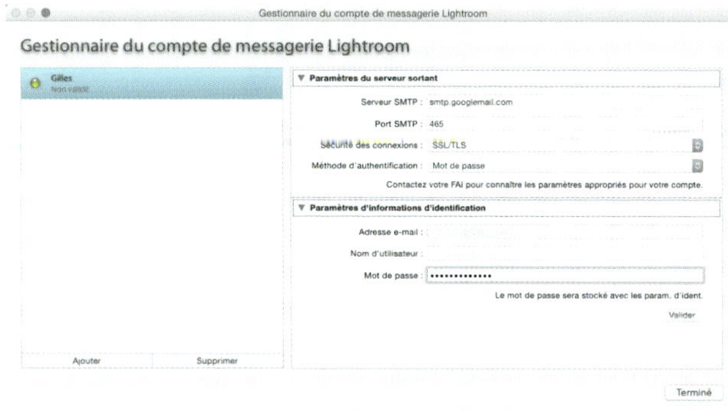

Étape 6

Si vous utilisez plusieurs comptes, ils apparaîtront dans le menu « De : » de la fenêtre de messagerie. Vous pourrez changer à n'importe quel moment de compte en fonction des photos et du destinataire.

Étape 7

La fenêtre de messagerie offre les outils classiques de tout client e-mail : en haut, le champ du destinataire, les champs Cc/Cci activés par les boutons adéquats ; à droite, l'objet, le menu de sélection du compte expéditeur. Vous pouvez modifier et régler la police de caractères avec, en dessous, le champ de saisie du texte. Tout en bas se trouve la section des fichiers joints sur laquelle nous reviendrons.

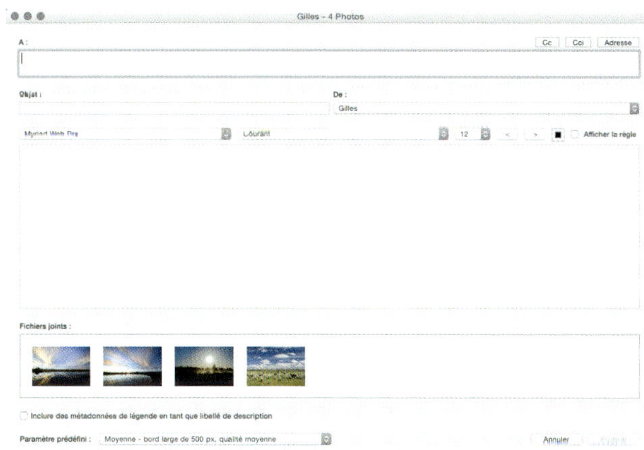

Étape 8

Si vous cliquez sur « Afficher la règle », des d'outils de mise en page apparaîtront au-dessus du champ de saisie du texte. Ils sont assez complets et incluent des tabulateurs, différents styles de polices, l'alignement des paragraphes, l'espacement et des préréglages pour créer des listes.

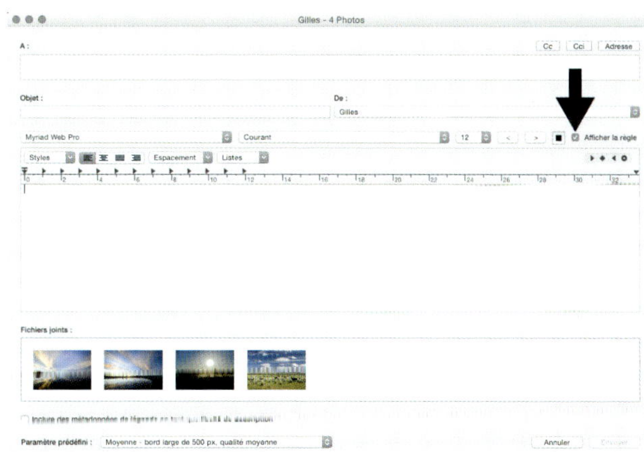

Étape 9

La partie inférieure comprend une section d'affichage des fichiers joints et une option pour inclure la légende IPTC en tant que description de la photo dans l'e-mail. Le champ Légende se trouve dans le panneau Métadonnées, dans le module Bibliothèque ; une fois saisie, cette légende apparaîtra dans le corps du message expédié, sous la photo.

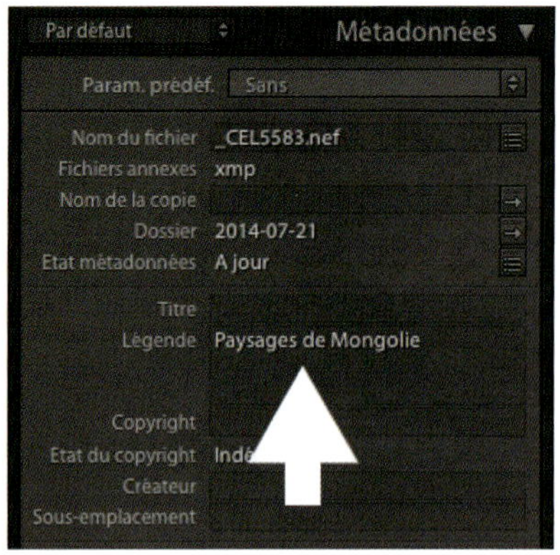

Étape 10

L'utilitaire de messagerie de Lightroom propose quatre tailles pour les fichiers joints. Le menu déroulant vous permet d'enregistrer vos propres réglages, sélectionnez « Créer un paramètre prédéfini ».

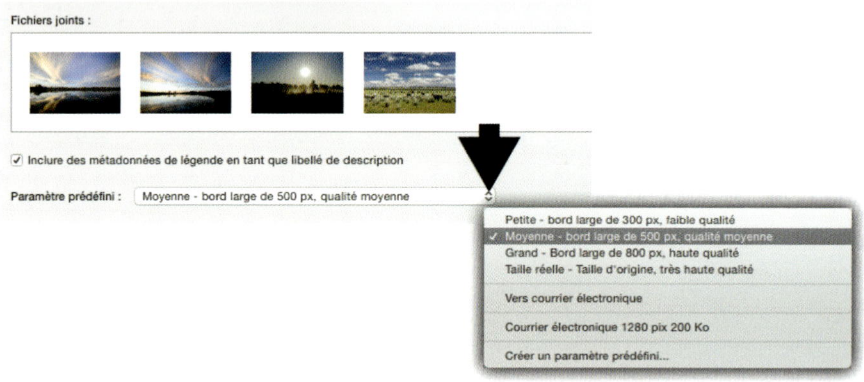

Étape 11

Cette commande emmène directement dans le menu Exporter. Dans le menu « Exporter vers », en haut, passez en mode « Courrier électronique ». Effectuez les différents réglages dans les sections du menu : redimensionner, netteté, métadonnées à inclure, filigrane, etc. À noter que le format JPEG est sélectionné par défaut, et qu'il n'est pas possible d'en choisir un autre. Créez un paramètre prédéfini d'exportation (exercice 57, étape 14), puis cliquez sur Exporter.

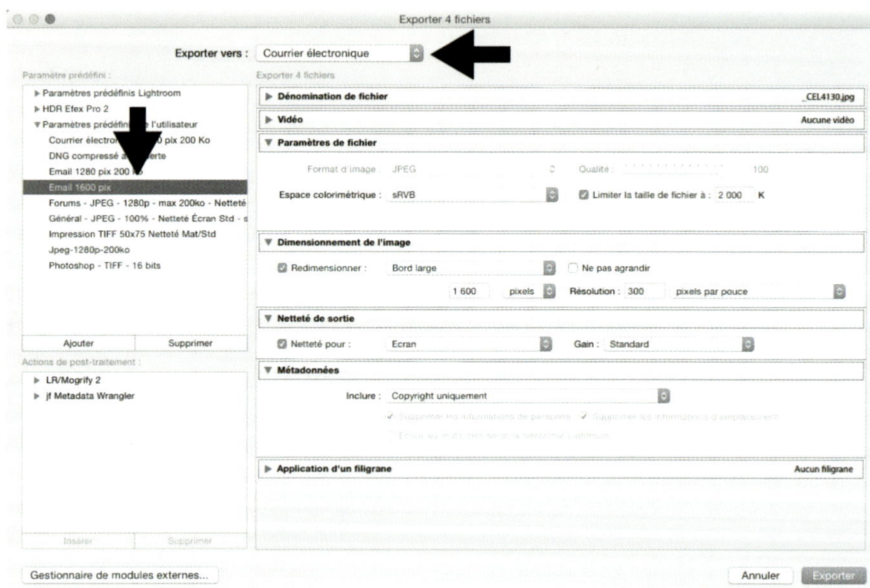

Étape 12

Le paramètre prédéfini créé à l'étape précédente apparaît dans le menu « Paramètre prédéfini », en bas à gauche de la fenêtre de l'e-mail.
Bien entendu, vous pouvez créer plusieurs paramètres prédéfinis, en fonction du destinataire.

Étape 13

Les paramètres prédéfinis de l'utilitaire de messagerie étant des paramètres d'exportation, on les retrouvera dans la section « Paramètres prédéfinis » du menu contextuel d'exportation, par un clic droit sur une image ou une sélection de plusieurs photos. La sélection du paramètre prédéfini ne lancera pas le menu Exporter mais l'utilitaire de messagerie.

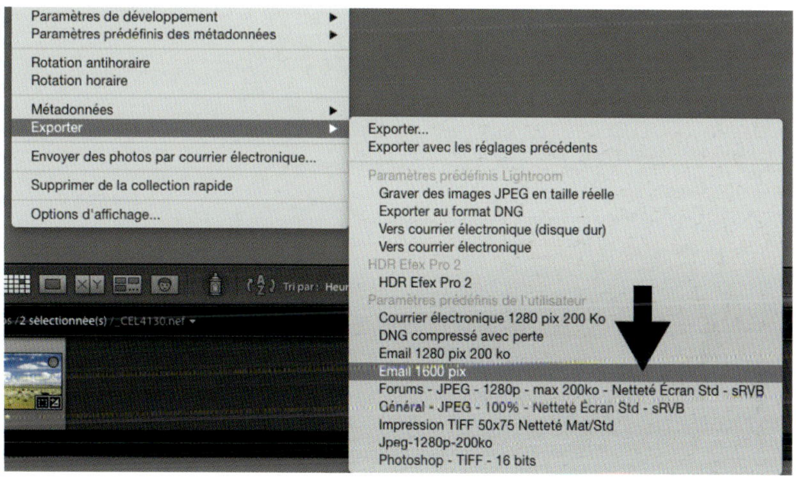

Étape 14

Cliquer sur le bouton Adresse, en haut à droite, lance le carnet d'adresses Lightroom, indépendant du carnet d'adresses du système d'exploitation de votre ordinateur. Vous devrez entrer toutes les adresses e-mail, une par une, après avoir cliqué sur « Nouvelle adresse ».

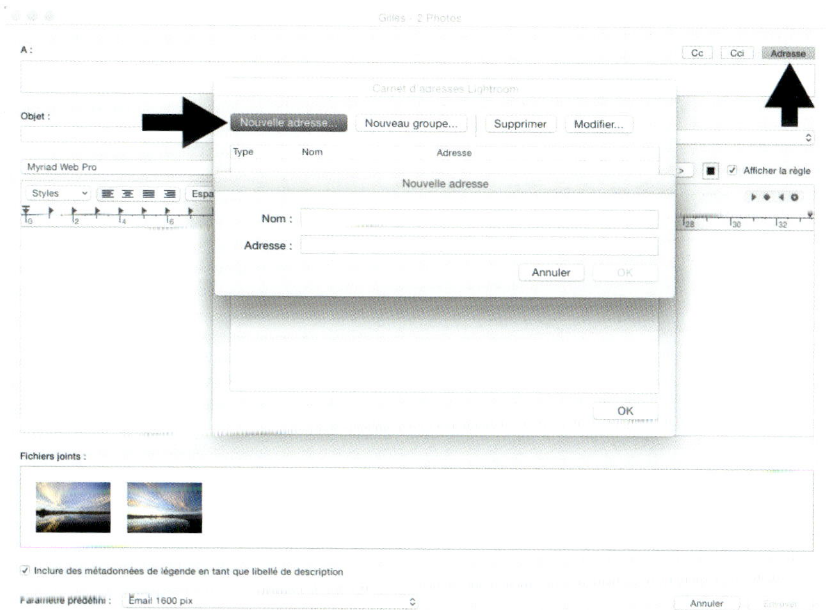

> **Remarque** : vous avez également la possibilité de créer des groupes de distribution après avoir cliqué sur le bouton « Nouveau groupe ». Bien entendu, vous avez la possibilité de modifier ou de supprimer les adresses à votre guise – individuelles ou par groupes.

Partie 7

Bouger avec Lightroom mobile

Lightroom mobile est une extension de Lightroom sur tablettes et smartphones qui permet la présentation, la correction et le partage des images. Lightroom mobile n'est disponible qu'avec un abonnement Creative Cloud (et en version d'essai 30 jours si vous n'êtes pas abonné).

Le principe repose sur la synchronisation des collections de Lightroom, à l'aide d'aperçus dynamiques qui vont être hébergés sur un serveur et visibles sur l'appareil mobile. En cas d'absence de connexion Internet, il est possible de charger au préalable les aperçus dynamiques pour travailler en mode hors ligne.

Lightroom mobile ne transfère que des aperçus dynamiques, et pas de fichiers RAW ; l'avantage est celui de la compacité alliée au traitement non destructif.

Lightroom mobile prend également en charge les photos prises avec l'appareil mobile, et les synchronise avec la version pour ordinateur de Lightroom (ou « Lightroom *desktop* »).

L'ensemble des démonstrations de cette septième et dernière partie repose sur la version 1.3 pour iPad et pour iPhone (système iOS).

Bébé sur le dos de sa mère, dans un costume traditionnel (Yunnan, Chine)

Exercices

63 Gérer ses images avec Lightroom mobile

L'utilisation de Lightroom mobile passe obligatoirement par une connexion Internet et un abonnement au Creative Cloud. Il vous faudra donc disposer d'un identifiant Adobe ID pour vous connecter à ce service. La synchronisation par tout autre moyen – réseau local, P2P – est en effet exclue. Cet exercice est consacré aux différents réglages à effectuer dans Lightroom mobile, à la description de son interface et de ses modes de fonctionnement de base, avec un focus tout particulier sur la synchronisation entre Lightroom mobile et Lightroom *desktop*.

Étape 1

La vocation de Lightroom mobile, dans sa première version, est la correction des images sur appareil mobile (exercice 64), leur présentation avec un diaporama – ou comme portfolio mobile – et le partage, notamment à partir de la tablette ou du smartphone, ainsi que de l'interface web, appelée « Lightroom Web Viewer » (exercice 65).

La toute première chose à faire est de vous procurer un identifiant Adobe ID, à moins d'être abonné au Creative Cloud. Si vous voulez tester Lightroom mobile avec sa version d'essai, utilisez l'identifiant qui vous permet de télécharger les mises à jour de vos logiciels Adobe.

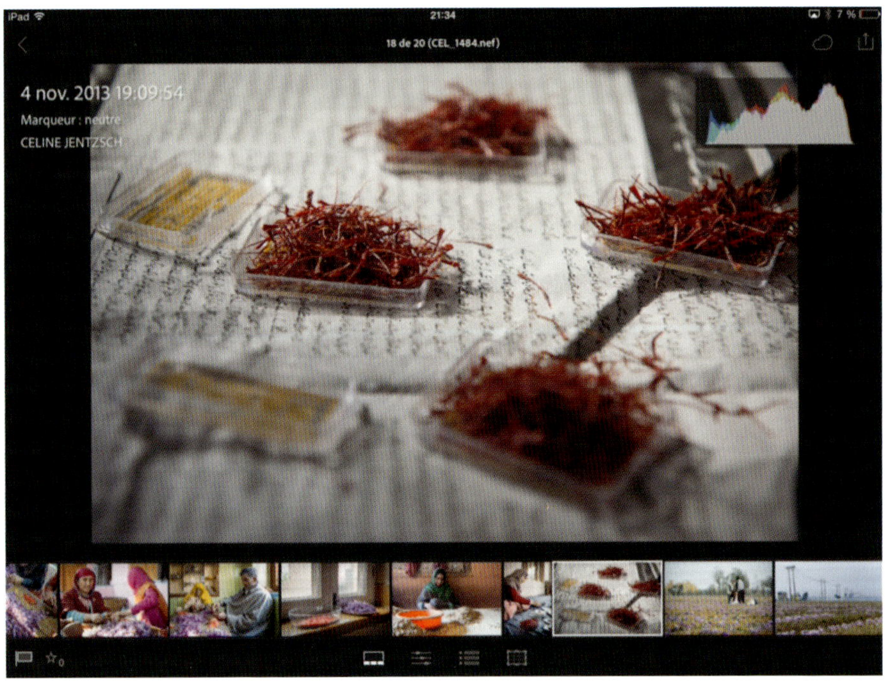

Étape 2

Au premier lancement de Lightroom CC, une fenêtre vous invite à confirmer l'activation de la synchronisation avec Lightroom mobile. Par défaut, le bouton est positionné sur ACTIVE, il ne vous reste qu'à cliquer sur Continuer.

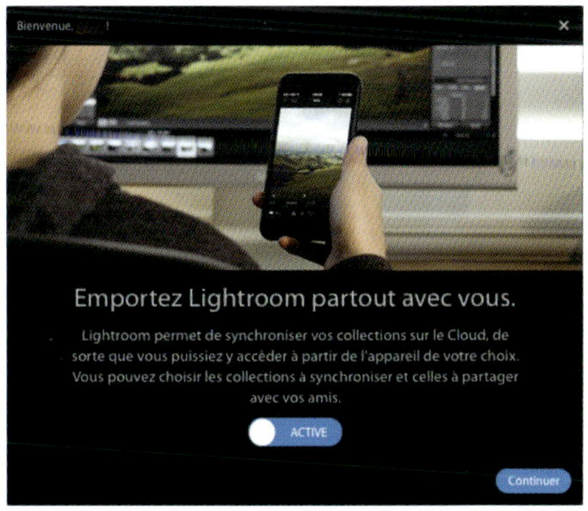

Remarque : la fenêtre d'activation fait partie des nouveautés de Lightroom CC. Elle a été introduite afin que l'utilisateur prenne concrètement connaissance de l'activation du service.

Étape 3

Ouvrez les Préférences via le menu Lightroom (Mac) ou Édition (PC), puis allez dans l'onglet « Lightroom mobile ». Si la connexion est établie, vos identifiants Adobe sont affichés, de même que le statut. Vous pouvez vérifier votre compte en cliquant sur « Plus d'informations sur le compte en ligne ». Le bouton « Supprimer toutes les données » va effacer le contenu des collections synchronisées (aperçus, métadonnées et corrections) sur votre appareil mobile et dans Lightroom Web Viewer.
Cochez le bouton « Empêcher la mise en veille du système durant la synchronisation » dans la section Options : il empêche l'ordinateur de se mettre en veille tant qu'une synchronisation est en cours.

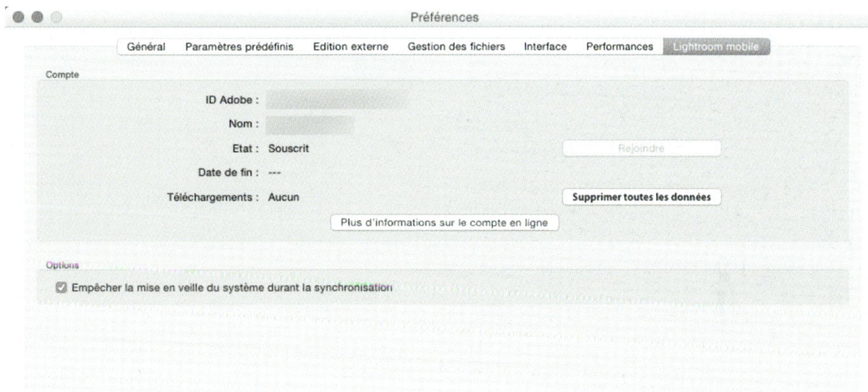

Étape 4

Le « Centre d'activités » affiche le statut de la synchronisation avec Lightroom mobile. Passez la souris sur la plaque d'identité Lightroom CC, en haut à gauche de l'interface de Lightroom : une petite flèche blanche, pointée vers le bas, apparaît. Cliquez dessus pour afficher le « Centre d'activités », qui indique « Synchroniser avec Lightroom mobile ». Si vous cliquez sur le bouton pause (II), la synchronisation est suspendue. Cliquez sur le bouton de lecture (▷) pour la réactiver.

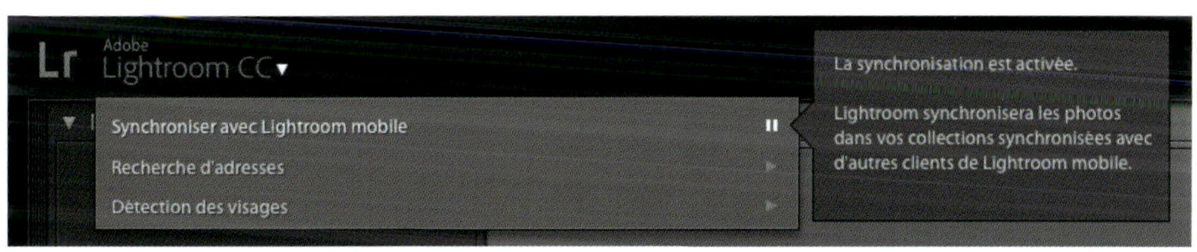

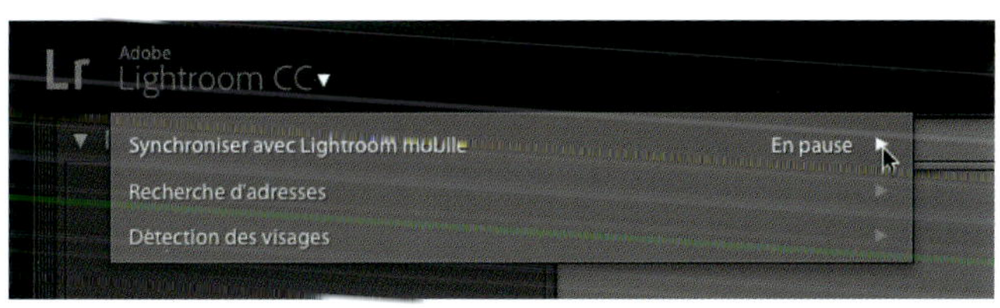

Étape 5

Il faut aussi se connecter côté appareil mobile. Après avoir installé l'application Lightroom mobile, lancez-la : une page d'accueil vous invite à taper sur Commencer, ce qui affiche la fenêtre de saisie de votre identifiant Adobe ID. Confirmez en tapant sur « Se connecter ». Vous arrivez sur une page noire qui indique qu'aucune collection n'est pour l'instant disponible (aucune synchronisation).

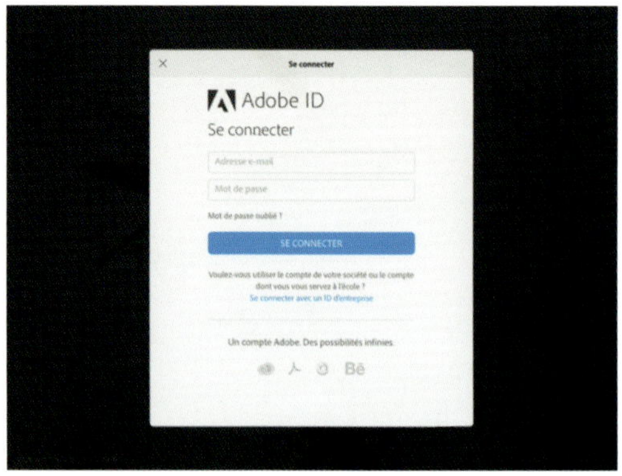

Étape 6

Si vous changez de catalogue, une boîte de dialogue vous demandera de confirmer si vous voulez modifier le catalogue à synchroniser ou non. Si oui, les collections déjà présentes sur l'appareil mobile seront perdues.

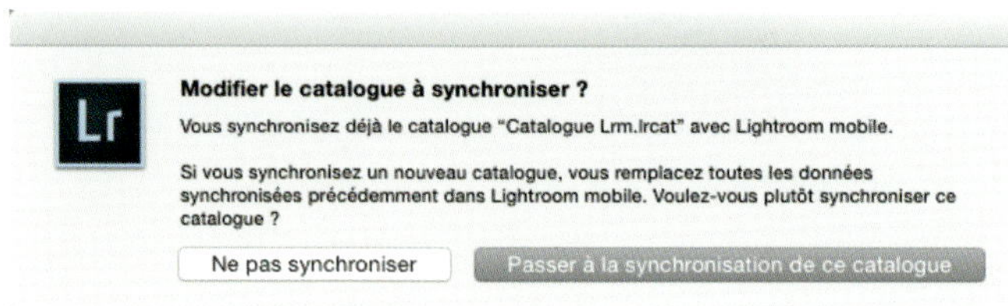

Remarque : le changement de catalogue à synchroniser, ou l'effacement des collections, n'entraîne pas la suppression des images et des collections dans Lightroom *desktop*.

Étape 7

Il est temps de synchroniser les premières images. Rassemblez les photos à transférer au sein d'une collection (exercice 12). Seules les collections classiques peuvent être synchronisées, sont donc exclus les dossiers et les collections dynamiques. Pour synchroniser une collection, cochez le bouton à gauche du nom de la collection ou cliquez droit sur la collection et sélectionnez « Synchroniser avec Lightroom mobile ». Vous pouvez aussi cocher « Synchroniser avec Lightroom mobile » dans la boîte de dialogue de création de collections.

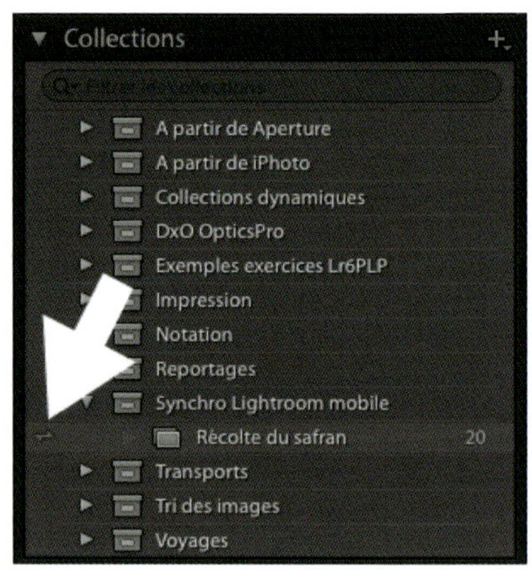

Remarque : les collections spécifiques aux modules de sortie (Livres, Diaporama, etc.) peuvent être synchronisées. Mais pour faciliter la gestion avec Lightroom mobile, reposez-vous sur les collections classiques et, éventuellement, regroupez-les dans un ensemble de collections dédié.

Étape 8

La progression de la synchronisation peut être suivie dans le « Centre d'activités » ; s'il n'est pas ouvert, elle s'affiche au-dessus de la plaque d'identité. La rapidité de transfert dépendra de la quantité d'images, de la puissance de l'ordinateur pour la création des aperçus dynamiques, du débit de la connexion Internet, du débit de votre réseau local (Wi-Fi, Ethernet, CPL, etc.) entre l'ordinateur et la box.

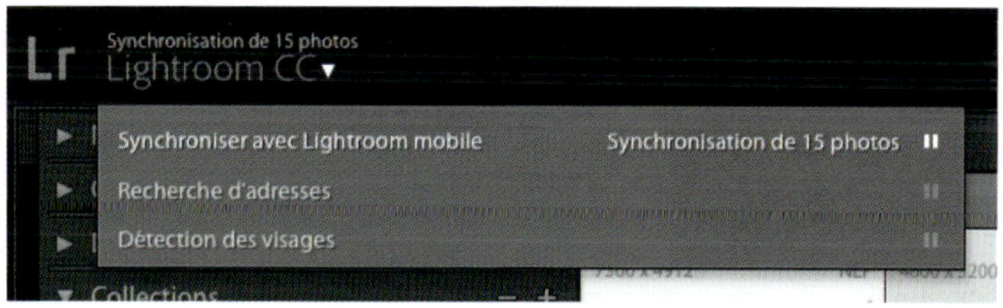

Étape 9

Sur votre appareil mobile, la collection synchronisée apparaît dans Lightroom mobile sous forme d'une vignette carrée, avec le nom à droite. Si vous tapez à deux doigts plusieurs fois d'affilée près du nom, vous verrez s'afficher successivement un certain nombre d'informations, comme le nombre de photos, la taille en Mo et la date de la dernière synchronisation.

Étape 10

Si vous tapez sur les trois points en bas à droite de la vignette, elle se retourne et dévoile un menu (tapez à côté pour revenir à la vignette). Les deux premières options permettent d'importer les images de l'appareil mobile dans Lightroom mobile (exercice 65) ou d'importer dans la collection toute nouvelle image prise avec l'appareil. Vous pouvez aussi télécharger les aperçus dynamiques pour corriger les images en mode hors ligne (exercice 64) via ce menu ou le bouton « Téléchargement de l'image de couverture ». Si vous renommez la collection, cela se répercutera dans Lightroom *desktop*. La suppression, elle, n'interviendra que sur le périphérique mobile et dans Lightroom Web Viewer (exercice 65), la collection restera visible dans Lightroom *desktop* mais les images seront retirées.

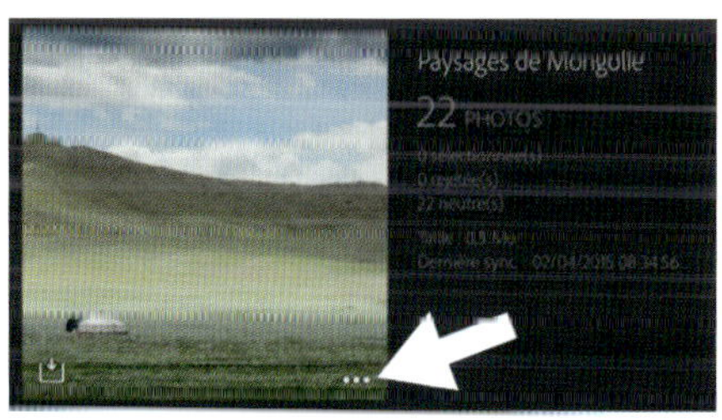

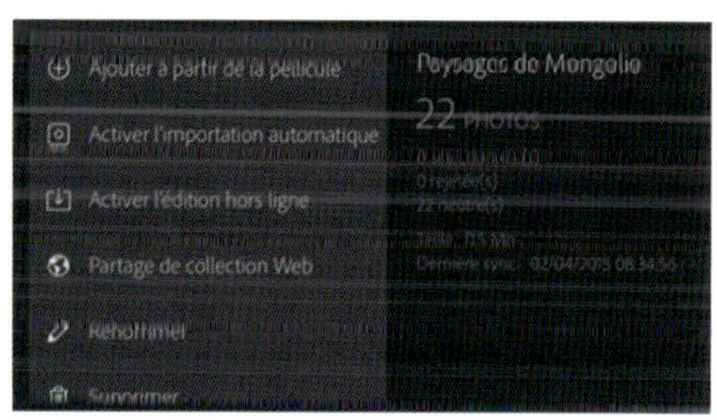

Étape 11

En tapant une fois sur la vignette, le contenu de la collection s'affiche en mosaïque. En tapant plusieurs fois de suite à deux doigts sur la mosaïque, vous affichez des informations comme le badge +/- indiquant une correction, les attributs (marqueurs de tri et note en étoiles), la présence de commentaires et de marqueurs « J'aime », les paramètres de prise de vue (ouverture, ISO, vitesse) ou les caractéristiques générales de chaque image (date de prise de vue, dimensions en pixels, nom de fichier). Tapez encore une fois pour afficher des vignettes nues.

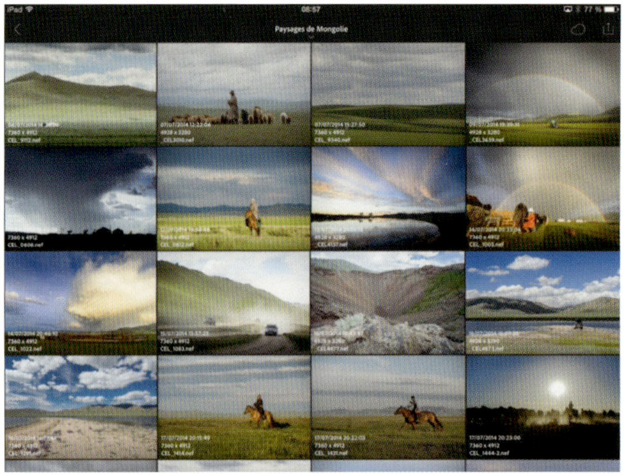

Étape 12

Vous pouvez accéder à un menu de tri en tapant sur le nom de la collection, en haut de l'écran. Par défaut, l'affichage est en mode Brut (étape précédente) ; en mode Divisions, vous pouvez afficher des séquences d'images selon un critère de tri (ci-contre, heure de capture). Dans les deux cas, vous pouvez afficher la mosaïque avec l'un des critères disponibles dans le menu.

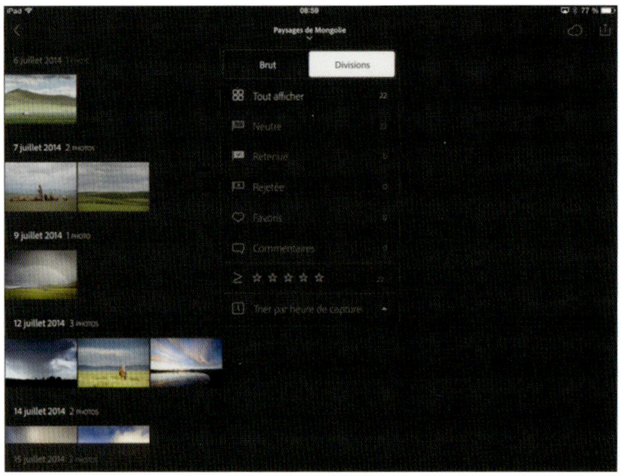

Étape 13

Dans la barre du haut, vous trouverez une flèche pour revenir à l'affichage des collections (en haut à gauche), un indicateur de suivi de la synchronisation (nuage en haut à droite) et un accès à certaines fonctions de partage (coin supérieur droit). Les commandes « Copier vers » et « Déplacer vers » permettent de copier ou transférer une sélection de photos dans une autre collection.

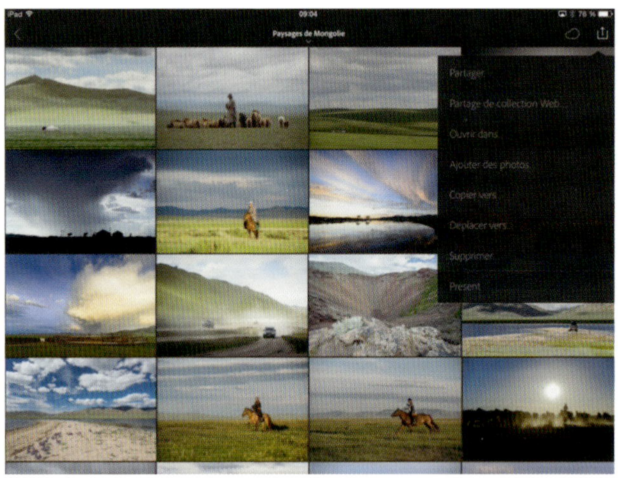

Étape 14

En tapant une fois avec un doigt une image dans la mosaïque, elle s'affiche en mode Loupe, occupant l'espace disponible dans l'interface de Lightroom mobile. Vous pouvez passer d'une photo à l'autre en feuilletant, ou en activant l'affichage du « Film fixe », en tapant sur le premier bouton sous l'image. Pour revenir à la mosaïque, tapez sur la flèche retour, en haut à gauche.

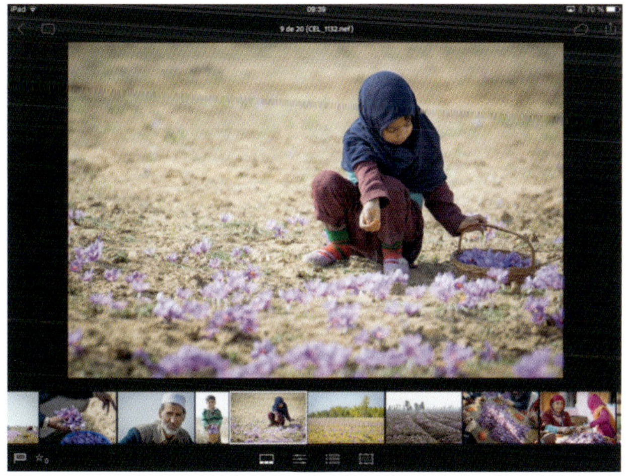

Étape 15

Pour afficher l'histogramme et/ou les informations liées à l'image, tapez à deux doigts dans la photo. Pour passer d'un ensemble d'informations à un autre, tapez avec un doigt sur le texte, en haut à gauche.
Dans le coin inférieur droit de l'écran, vous pouvez activer les attributs Retenue/Rejetée/Neutre ou les notes en étoiles. Pour marquer la photo, faites glisser le doigt verticalement dans l'image : les attributs s'afficheront en incrustation.

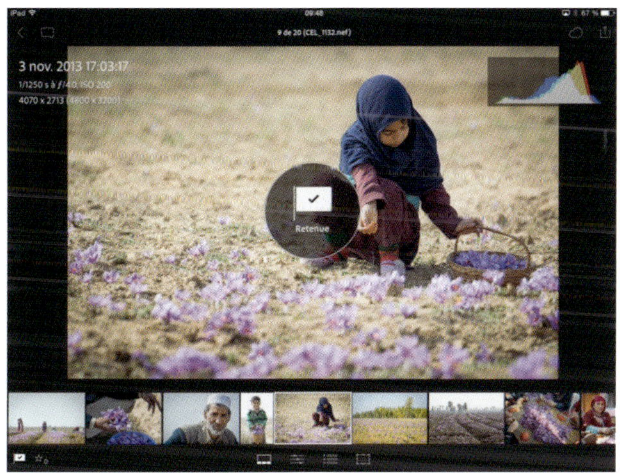

Étape 16

Si vous tapez une fois dans l'image, elle s'affichera en mode plein écran, sans autre indication ni élément d'interface. Vous pouvez zoomer en pinçant l'image avec le pouce et l'index : écartez les doigts pour agrandir, rapprochez-les pour réduire.
En tapant une fois avec deux doigts, vous afficherez les informations et éléments d'interface, y compris après avoir zoomé dans l'image. Pour revenir au mode Loupe, tapez une fois avec un doigt.

64 Corriger ses images avec Lightroom mobile

Lightroom mobile propose des outils de correction d'image équivalents au panneau « Réglages de base » de la version *desktop.* À cela s'ajoutent les paramètres prédéfinis ainsi que l'outil de recadrage et de redressement. Le but n'est pas de se substituer à Lightroom, mais de fournir au photographe un moyen de corriger les photos sans avoir les originaux sous la main, tout en étant assuré que les corrections seront répercutées quasiment en temps réel sur l'ordinateur, ou ultérieurement si une connexion Internet n'est pas disponible. Toutefois, attention aux images difficiles, présentant, par exemple, un fort contraste ou des tons écrêtés : il vaut mieux alors corriger les originaux que les aperçus dynamiques, ces derniers ne fournissant pas l'intégralité des données image pouvant être exploitées au mieux par les algorithmes de correction.

Étape 1

La correction d'images avec Lightroom mobile peut se faire de deux manières. Si vous disposez d'une connexion Internet active, avec un débit suffisant, les corrections et autres réglages s'appliqueront quasiment en temps réel – ou au bout de quelques secondes – sur les images dans la session Lightroom de votre ordinateur.

Dans le cas contraire, vous avez la possibilité de télécharger les aperçus dynamiques, en tapant sur l'icône située en bas à gauche de la couverture de collection. Avant le téléchargement, une boîte de dialogue vous informe du volume à télécharger et de l'espace disponible sur votre appareil mobile.

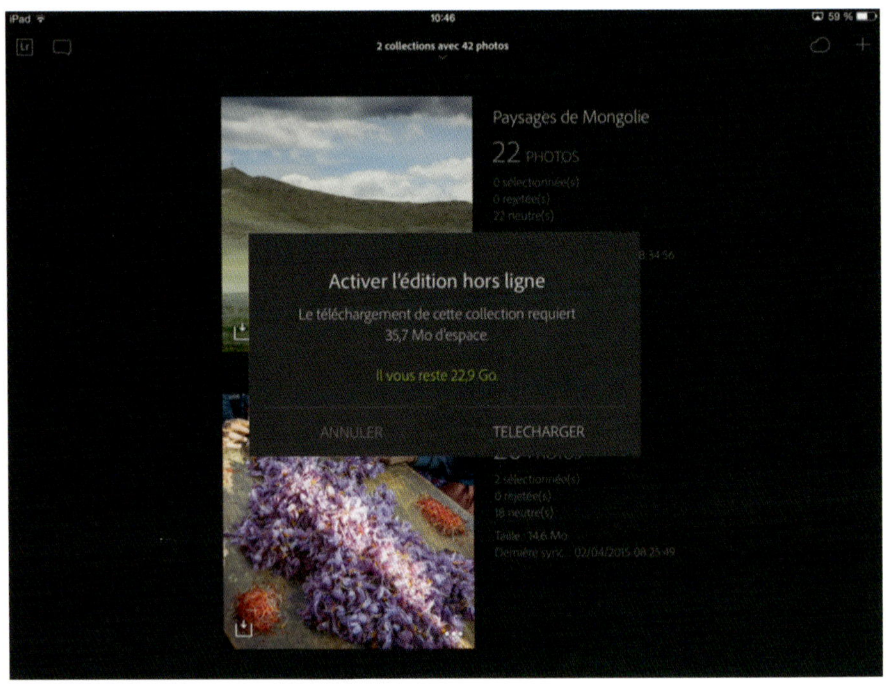

Étape 2

Affichez l'image en mode Loupe (exercice 63), puis tapez sur le deuxième pictogramme sous l'image. Cela active les outils de réglage de base, présentés sous forme de bandeau à défilement horizontal, directement sous la photo. Vous y trouverez les outils de balance des blancs, de correction de tonalité (exposition, contraste), de présence (clarté, vibrance, saturation), ainsi que les tuiles Précédent (appliquer les corrections de la photo précédente) et Rétablir (réinitialiser les corrections). En bas à droite, des flèches courbes permettent d'annuler ou rétablir la correction précédente.

Étape 3

Comme dans le module Développement, la première correction consiste à faire la balance des blancs (exercice 29) ; vous disposez des mêmes possibilités que Lightroom *desktop*. En tapant sur la tuile « Balance blancs », un menu affiche les préréglages habituels (Auto, « Lumière du jour », Nuageux, etc.) et un sélecteur, représenté par une pipette (voir l'étape suivante). Pour appliquer un préréglage, tapez dessus ; pour annuler, tapez sur la flèche annulation, en bas à droite.

Étape 4

Pour une balance des blancs manuelle, tapez sur la pipette : un outil circulaire apparaît sur l'image. Déplacez-le avec le doigt sur une zone neutre. N'hésitez pas à zoomer dans la photo (avec le pouce et l'index) pour faciliter la recherche de cette zone. Le contour intérieur de l'outil prend la couleur de l'élément survolé, et la correction se fait en temps réel. Pour la valider, tapez sur la coche blanche.

Étape 5

Peaufinez la balance des blancs avec les curseurs Température et Teinte, en tapant sur leurs tuiles respectives. Les curseurs des outils de correction s'affichent toujours sous l'image, le long du bandeau des outils. Le déplacement se fait vers la gauche ou la droite, avec un doigt. Pour réinitialiser, tapez deux fois sur le curseur.

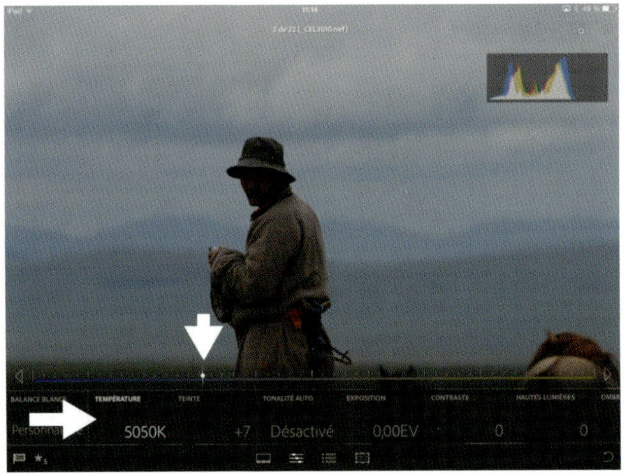

Étape 6

Pour un aperçu après/avant rapide, lorsque la correction a été faite, appuyez sur l'image avec trois doigts pour afficher la version avant correction. Pour revenir à la version corrigée, relâchez.

> **Remarque** : les points rouges ci-contre font partie des fonctions de Lightroom mobile. Pour les activer, retournez dans la page des collections, tapez sur l'icône Lightroom, en haut à gauche. Un volet d'options s'ouvre : tapez sur « Afficher les touches ». Pour revenir dans l'application, tapez à droite, hors du volet.

Étape 7

Les outils et le mode opératoire de correction de la tonalité sont identiques aux curseurs du panneau « Réglages de base » de Lightroom *desktop* : Exposition, Contraste, « Hautes lumières », Ombres, Blancs et Noirs (exercice 30). Commencez par le curseur Exposition, en tapant sur la tuile adéquate : l'image devient plus sombre vers la gauche, plus claire vers la droite. Surveillez l'histogramme afin de ne pas écrêter les noirs et les blancs. Vous disposez également de la commande « Tonalité automatique » (exercice 31) – vous pouvez bien sûr reprendre les réglages un par un, à la main.

> **Remarque** : par défaut, la « Tonalité automatique » est désactivée. En tapant sur sa tuile, elle s'active et écrase les réglages de tonalité précédents.

Étape 8

Comme dans Lightroom *desktop*, il est possible d'afficher uniquement les éléments de l'image qui sont écrêtés. Lorsque vous utilisez l'une des corrections Exposition, « Hautes lumières », Ombres, Blancs et Noirs, il suffit de presser le curseur avec deux doigts : l'affichage des éléments écrêtés se fait à l'aide de masques colorés. Pour revenir à l'affichage normal, relâchez le curseur.

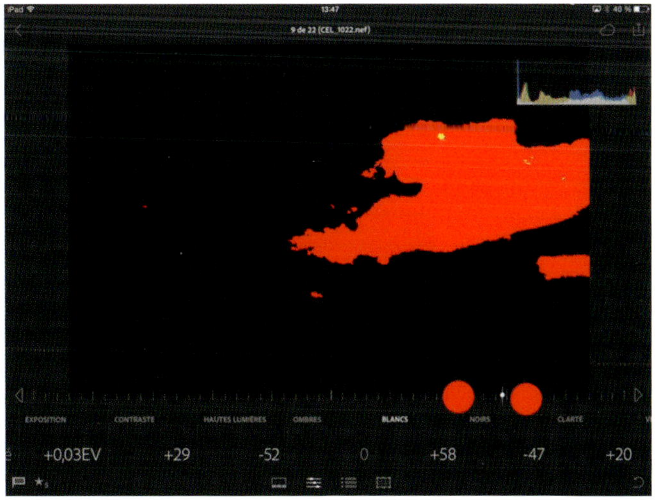

Étape 9

Les outils Présence du module Développement sont représentés avec les curseurs Clarté, Vibrance et Saturation (exercice 32). Leur usage est le même et permet de renforcer l'impact de la photo en réglant le micro contraste (Clarté) et la saturation. La commande Clarté pourra se substituer quelque peu à l'accentuation, absente de Lightroom mobile, notamment si vous devez présenter vos images sans avoir ni vos originaux, ni votre ordinateur à portée de main.

Étape 10

La commande Rétablir, tout au bout du bandeau d'outils, permet de réinitialiser les corrections en revenant à des versions précédentes de l'image, telle qu'elle était à l'importation, ou uniquement avec les corrections de tonalité, etc. Le bouton Précédent, lui, permet d'appliquer à l'image affichée les corrections qui ont été faites à l'image précédente. Là aussi, il suffit de taper sur une des options du menu flottant.

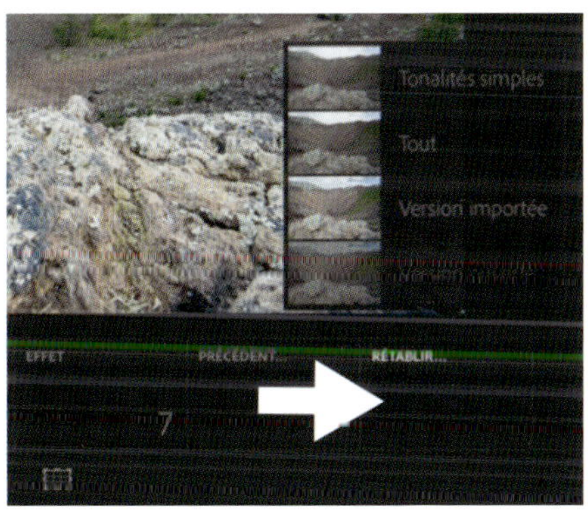

Étape 11

Le troisième bouton, sous le bandeau, permet d'accéder aux paramètres prédéfinis de développement. Ils sont assez différents de ceux du module Développement, puisqu'on y trouve des réglages optimisés pour la présentation sur votre tablette ou smartphone. Par exemple, vous trouverez une tuile Détail, avec des paramètres prédéfinis pour accentuer les détails mais aussi pour réduire le bruit. Dans la tuile Couleur, les paramètres Punch rendent les couleurs plus vives.

> Remarque : notez qu'il n'est pas possible de créer des paramètres prédéfinis de développement dans Lightroom mobile.

Étape 12

L'outil de recadrage et de redressement est activé par le quatrième bouton, en bas de l'écran. Son mode de fonctionnement est exactement le même que dans Lightroom *desktop* : lorsque le cadre de recadrage est affiché, c'est l'image, placée en arrière-plan, qu'on déplace ou qu'on pivote. Pour redimensionner le cadre de recadrage, il suffit de le saisir par l'un des coins (format contraint) ou l'un des côtés (format libre).
Le bandeau propose plusieurs formats de recadrage, y compris un format libre, ainsi que des commandes pour inverser l'image ou la centrer. Vous pouvez également changer le cadre de composition et passer des tiers à la grille ou au rectangle d'or : pour cela, tapez à deux doigts dans le cadre de recadrage.
Pour appliquer le recadrage, quittez simplement l'outil en tapant sur son pictogramme.

Étape 13

Si Lightroom mobile n'offre pas la possibilité de travailler par lots d'images, vous pouvez copier les corrections d'une photo à l'autre. Pressez l'image avec un doigt jusqu'à l'apparition du menu flottant, puis tapez sur « Copier les paramètres » : une boîte de sélection de paramètres à copier va s'afficher. Cochez ou décochez les corrections proposées puis tapez sur OK. Passez à l'image suivante, pressez avec un doigt, jusqu'à l'apparition du menu flottant, puis sélectionnez « Coller les paramètres ».

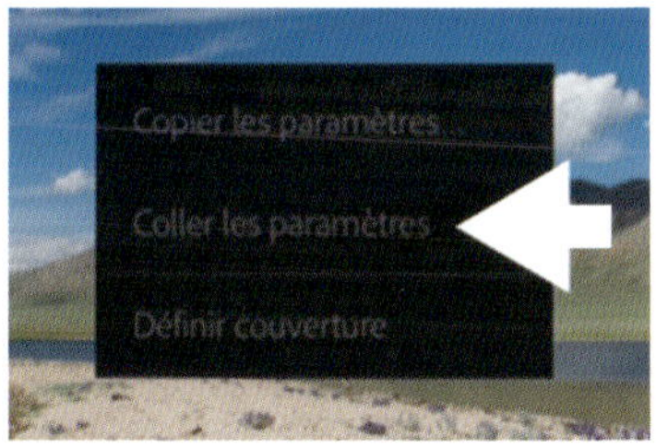

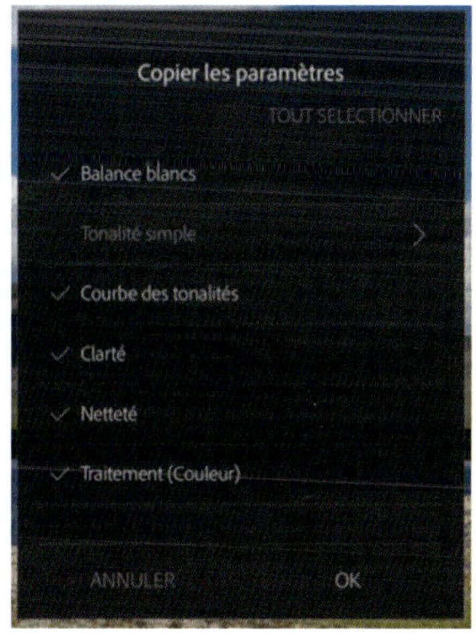

Remarque : la commande « Définir couverture » permet de choisir l'image affichée comme vignette de collection, aussi bien dans Lightroom mobile que Lightroom *desktop*.

Étape 14

Si vous êtes connecté – ou dès votre connexion, si vous avez travaillé en mode hors ligne – les corrections seront synchronisées et appliquées aux originaux dans Lightroom *desktop*.
Bien entendu, l'inverse est également vrai : les corrections effectuées dans Lightroom *desktop* seront aussi synchronisées avec Lightroom mobile.

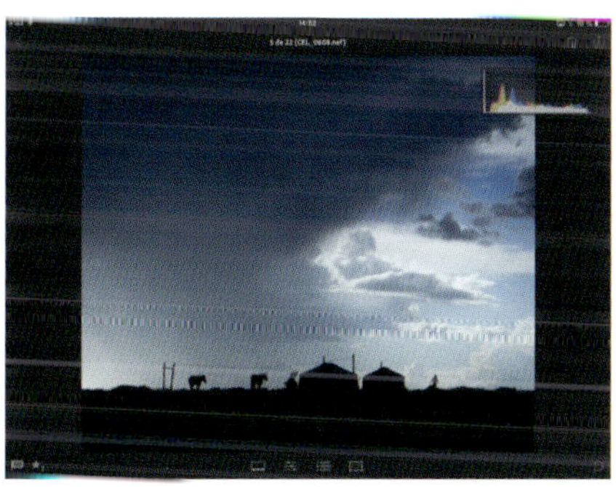

65 Partager ses images avec Lightroom mobile

Outre les options de partage via les réseaux sociaux, notamment sur tablettes et smartphone, Lightroom mobile s'appuie sur Lightroom Web Viewer, interface web pour votre navigateur qui permet de publier les collections synchronisées, avec des liens publics ou privés. Le contenu de Lightroom Web Viewer est automatiquement mis à jour dès que vous créez des collections Lightroom mobile. Dans ce dernier exercice, nous allons nous focaliser sur l'échange de commentaires avec des visiteurs (étapes 1 à 6), qui peuvent être rapatriés dans Lightroom *desktop*, et la synchronisation de la photothèque de votre smartphone vers Lightroom (étapes 7 à 12) – d'autant plus utile que la photo avec un téléphone a été largement adoptée, y compris par les professionnels qui y voient un formidable bloc-notes à images ; l'échange de commentaires, lui, leur sert à soumettre leur travail à des clients.

Étape 1

Lightroom Web Viewer est une interface sobre pour la présentation de vos photos gérées et synchronisées avec Lightroom *desktop* et Lightroom mobile. Il n'y a pas de manipulation particulière à faire, le site est créé, alimenté et automatiquement mis à jour dès vos toutes premières synchronisations (exercice 63). Vous pouvez même y créer directement des collections et charger des photos.

Les possibilités de partage incluent Facebook, Twitter, Google+, ainsi que la création d'un lien que l'on pourra rendre public ou privé.

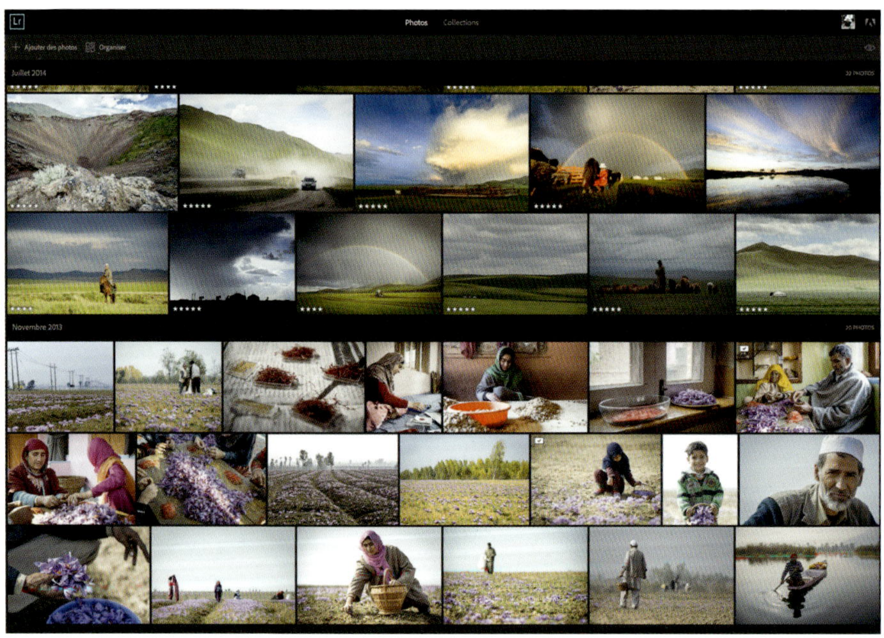

Étape 2

Vous pouvez demander aux visiteurs de commenter des photos et de sélectionner des favoris. Pour cela, vous devez partager le lien, et vos visiteurs doivent obligatoirement s'y connecter avec un identifiant Adobe ID. Cela permet de limiter l'accès à vos galeries et de ne pas perdre le contrôle du contenu, images et commentaires inclus.
À l'avenir, Lightroom Web Viewer devrait s'ouvrir à d'autres formes d'identification, via les comptes de webmail ou de réseaux sociaux.

> **Remarque** : pour créer un identifiant Adobe ID, allez sur le site adobe.com/fr puis cliquez sur « Se connecter », en haut à droite. Une page vous permet de créer puis de saisir vos identifiants. Les seules informations demandées seront vos nom, prénom, e-mail et date de naissance.

Étape 3

Les commentaires et les favoris sont automatiquement rapatriés dans Lightroom *desktop*, et signalés de différentes manières :

- une bulle jaune sur l'icône de la collection synchronisée, dans le panneau Collections, indique qu'il y a des commentaires non lus ;
- une bulle grise sur l'icône de la collection personnalisée indique que les commentaires ont été lus ;
- une bulle jaune sur les vignettes de la grille et du « Film fixe » indique également la présence d'un commentaire non lu pour cette image ;
- une bulle grise sur les vignettes de la grille et du « Film fixe » indique la présence d'un commentaire lu pour cette image.

Étape 4

Lorsque vous cliquez sur la bulle de la collection, un menu contextuel vous permet de passer les commentaires en revue, ou de marquer tous les commentaires comme lus. Dans le premier cas, les vignettes se placent selon le critère de tri « Heure du dernier commentaire », dans la barre d'outils, et le panneau Commentaires du module Bibliothèque (volet de droite), affiche les commentaires, le nombre de commentaires et le nombre de favoris (« J'aime »). Vous pouvez passer ainsi d'une image à l'autre pour lire et répondre, directement dans le champ de saisie, en haut du panneau Commentaires.

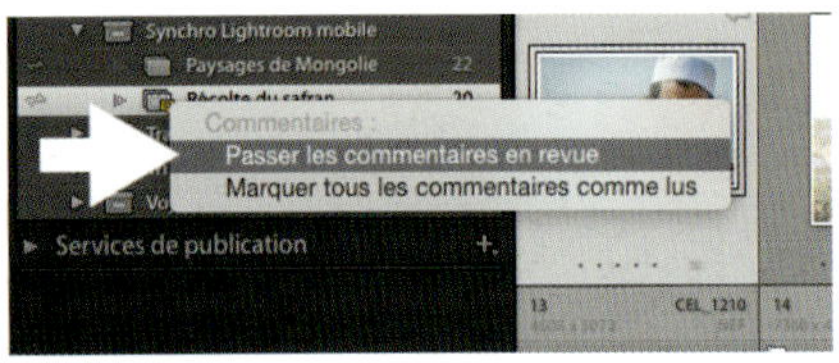

Étape 5

Les commentaires ajoutés dans Lightroom sont bien évidemment synchronisés avec Lightroom mobile, sur la tablette ou le smartphone, et également dans Lightroom Web Viewer.

Dans le panneau Commentaires, vous pouvez supprimer un commentaire ou le copier dans le presse-papiers, en faisant un clic droit et en choisissant la commande adéquate dans le menu flottant.

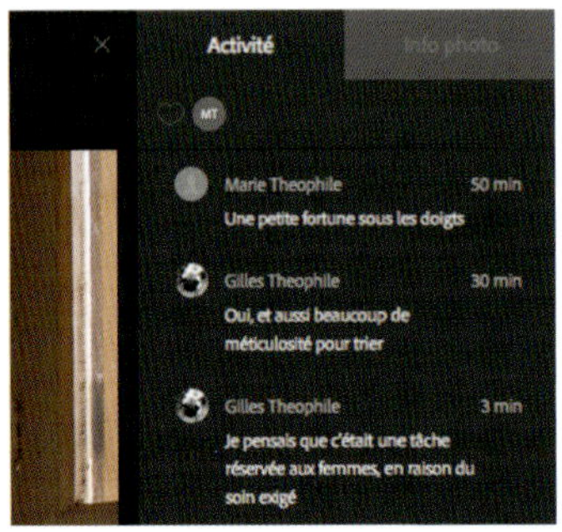

Étape 6

Vous pouvez également passer en revue les commentaires en cliquant directement sur une vignette, sans passer par l'étape 4. Les commentaires s'affichent dans le panneau Commentaires ; dans la vignette, la bulle jaune devient grise.

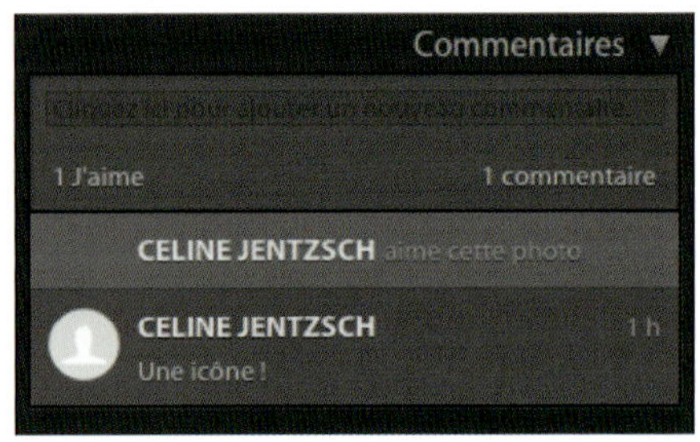

Étape 7

Les tablettes et smartphones sont tous capables de prendre des photos ; grâce à Lightroom mobile, il est possible de synchroniser sa photothèque, ses galeries ou la Pellicule (iPhone/iPad) vers Lightroom *desktop*. Ceci est d'autant plus intéressant que le smartphone a pris la place des compacts, mais est aussi très utilisé par les amateurs et les professionnels : toujours à portée de main, il sert de bloc-notes photo, vidéo et audio, et relève les coordonnées géographiques (GPS).

Remarque : vous pouvez synchroniser plusieurs appareils mobiles avec votre catalogue Lightroom *desktop*.

Étape 8

Sur votre smartphone, dans l'application Lightroom mobile, créez une collection. Sur la page des collections, tapez sur le signe « + », en haut à droite : une fenêtre vous invite à saisir le nom de la collection. Tapez sur OK : une collection vide s'affiche, avec, dans la couverture, un signe « + » et la phrase « Ajouter à partir de la pellicule ou de la galerie » (selon le modèle de smartphone). Tapez sur le signe « + » : l'appareil vous invite à sélectionner les images que vous voulez ajouter à la collection et synchroniser avec Lightroom.

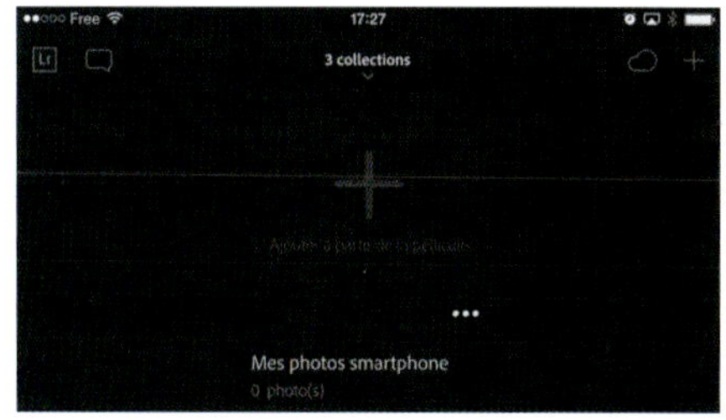

Étape 9

Après approbation, les photos sélectionnées sont ajoutées à la collection créée à l'étape 8. Si vous avez accumulé des centaines d'images, cela risque de prendre un peu de temps.

Remarque : votre collection créée à l'étape 8 sera également visible dans Lightroom Web Viewer, ainsi que dans tous les appareils connectés à cette session.

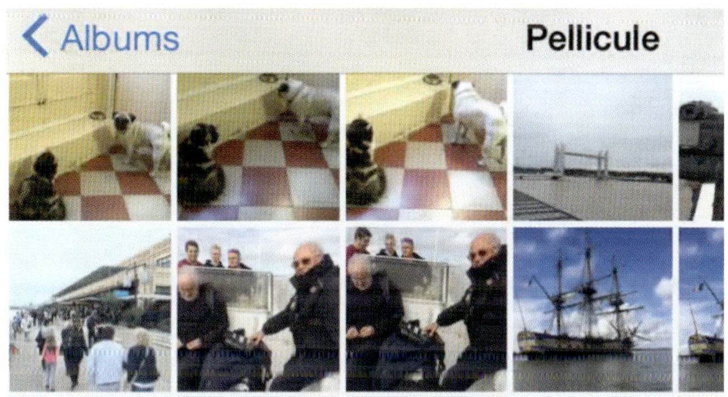

Étape 10

Lightroom mobile commence simultanément la synchronisation avec Lightroom *desktop*. Dans le panneau Dossiers (module Bibliothèque), votre smartphone se présente sous la forme d'une barre, au même titre qu'un volume (disque dur et autres), avec le nom de l'appareil et l'icône de synchronisation. Un dossier « Photos importées » est également créé puisque dans ce cas Lightroom mobile ne va pas créer d'aperçus dynamiques, mais transférer les photos originales stockées sur votre appareil mobile. Parallèlement au dossier d'importation, un ensemble de collections nommé « Depuis Lightroom mobile » est automatiquement créé dans le panneau Collections. Il contient la collection créée à l'étape 8.

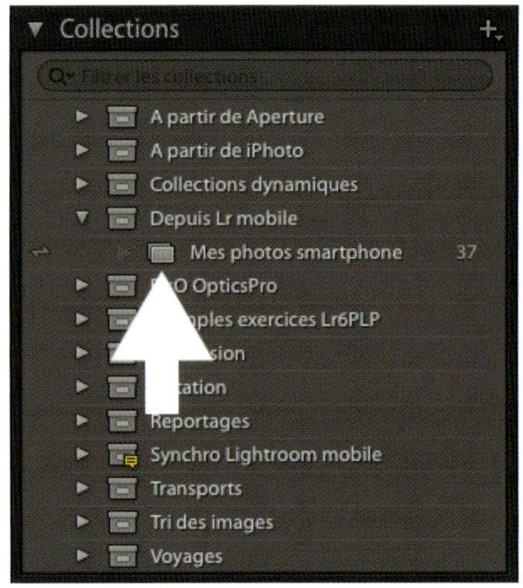

Étape 11

Pour ajouter systématiquement toutes les nouvelles photos prises avec votre smartphone à cette collection (ou à toute autre collection), tapez sur les trois points, en bas à droite dans la vignette. Celle-ci se retourne ; dans la liste des commandes, sélectionnez « Activer l'importation automatique ». Une boîte de dialogue vous demande de valider en cliquant sur Activer. La couverture de la collection affiche une icône d'appareil photo, pour indiquer que l'importation automatique est activée.

Chaque nouvelle photo sera ajoutée à cette collection, et automatiquement synchronisée avec Lightroom *desktop*, y compris la copie des originaux.

> Remarque : attention, si vous ne souhaitez pas synchroniser et partager certaines photos, vous devrez désactiver cette fonction.

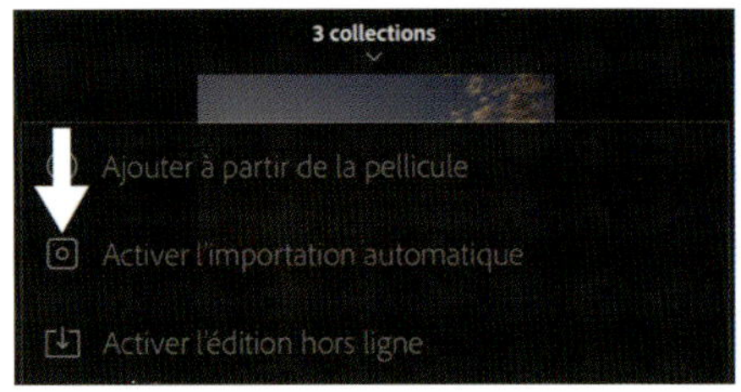

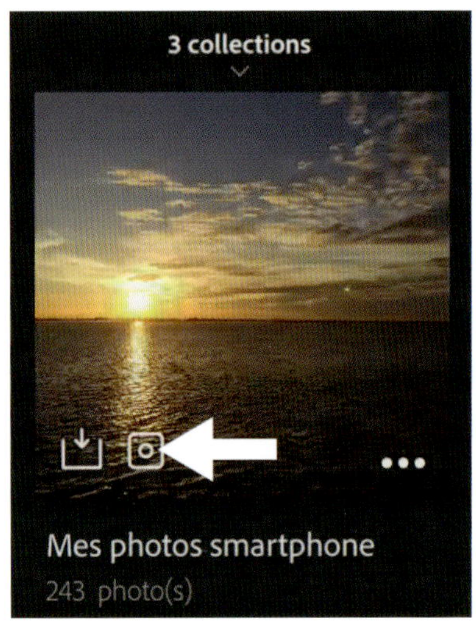

Étape 12

Les collections synchronisées proposent un certain nombre de fonctions de partage, dans un menu contextuel ; cliquez d'abord sur la collection, pour la sélectionner, puis cliquez droit pour afficher le menu. Cliquez ensuite sur « Liens Lightroom mobile » : un autre menu contextuel, divisé en deux sections (« Lien public » et « Lien privé ») propose les options suivantes :

- « Afficher sur le Web » (sections « Lien public » et « Lien privé ») : affiche la collection dans Lightroom Web Viewer, avec votre navigateur Internet ;
- « Copier le lien public » (section « Lien public ») : enregistre le lien dans le presse-papiers pour que vous puissiez le coller dans un e-mail, un texte, etc. ;
- « Rendre la collection privée » (section « Lien public ») : convertit la collection publique en collection privée et désactive les autres commandes de la section « Lien public » ;
- « Rendre la collection publique » (section « Lien public ») : convertit la collection privée en collection publique.

> **Remarque** : vous pouvez également rendre une collection privée ou publique en cliquant sur le bouton situé dans la barre Lightroom mobile, au-dessus de la grille.

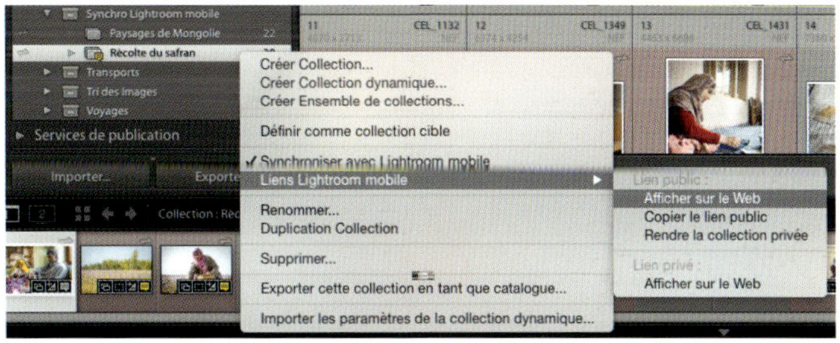

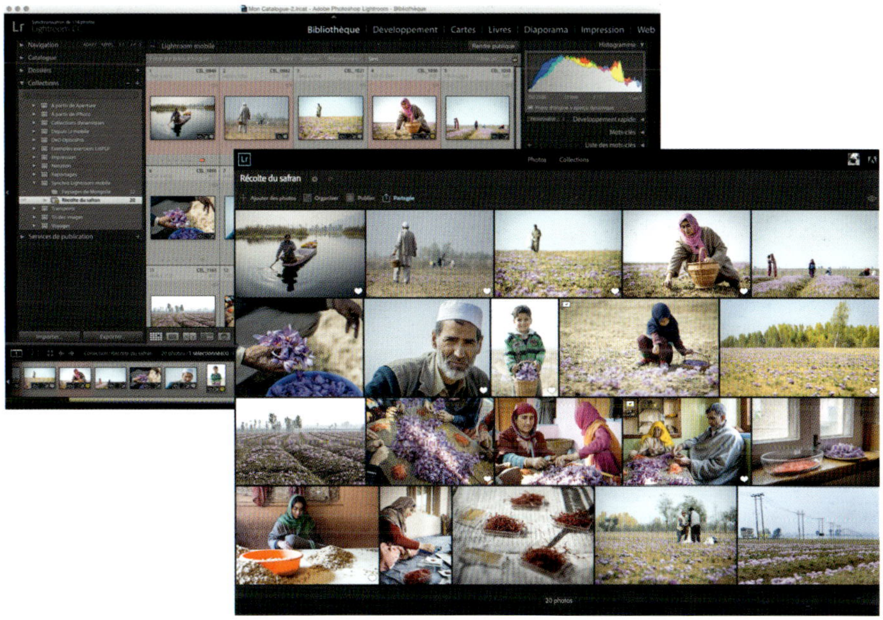

Conclusion

Vous voici arrivé au bout des 65 exercices ! À ce stade, vos connaissances de Lightroom sont solides et vous devriez être capable de transmettre à votre tour les bases du logiciel.

Le plus important, à mes yeux, est le catalogage, épine dorsale du flux de travail, garant d'efficacité, de rapidité et de sécurité. Tout le reste coule de source, que ce soit le développement ou la correction des images, et dépend aussi de votre sensibilité personnelle. Le catalogage va vous permettre d'optimiser votre temps dans Lightroom, en vous poussant à ne vous consacrer qu'aux images qui en valent vraiment la peine. L'ajout d'une fonction d'identification de visages au logiciel est une nouvelle étape, après la géolocalisation, dans l'automatisation de la gestion des images, en attendant de futures technologies ou fonctions qui permettront peut-être d'éviter les aspects fastidieux de description du contenu des images avec les mots-clés et les champs de métadonnées.

L'autre avantage de Lightroom est la puissance de ses outils de correction d'images, auxquels viennent aujourd'hui s'ajouter l'assemblage de panoramas et la fusion HDR, qui restent dans un flux purement RAW et évitent d'avoir à quitter Lightroom.

Lightroom est confronté à une forte concurrence dans le domaine des outils de correction et de traitement d'images, mais il tient la route avec brio, et sa grande force réside dans l'efficacité et la rapidité du flux de travail qui n'ont aucun équivalent. De plus, l'intégration à l'offre Creative Cloud va probablement permettre des évolutions permanentes du logiciel, au lieu d'attendre deux ans pour espérer y voir de nouvelles fonctions. Bien entendu, si vous ne souhaitez pas suivre la voie de l'abonnement, Lightroom continue d'être disponible en licence perpétuelle.

Bonnes photos à vous, aussi bien derrière votre appareil que devant Lightroom !

Maquette et mise en pages : Nord Compo
Imprimé en Slovénie par DZS
Dépôt légal : avril 2015
N° d'éditeur : 9464